津山三十人殺し
最終報告書

石川清

二見書房

プロローグ――「紫式部」伝説が残る集落での出来事

かつて私は『週刊新潮』で旅のエッセイを持ち回りで書いていた。

わずか1ページほどの短いエッセイだったが、2001年（平成13）の7月に発売された号で、岡山県加茂町の紫式部に関する伝説の話題を取り上げた。

紫式部伝説が残る加茂谷の集落で取材が終わり、地元の人たちと歓談していたときのことだ。

ひとりの古老が、私にこう耳打ちしてきた。

「この地区には紫式部だけじゃねえ。あの津山三十人殺しの生き残りの女もまだ住んでいるんじゃ」

私は聞き返した。

「津山三十人殺し？　生き残り？　それはどういうことですか？」

古老は教えてくれた。

「なんじゃ、おたく知らんのか。戦争前に起きた、それはそれはひどい事件じゃて。なんせひと晩で30人以上が殺されたんじゃからのう。それも、たったひとりの村の若者の手によって、なあ」

1938年（昭和13）5月21日未明、岡山県北部の山間の寒村で、わずか1時間あまりで30人もの老若男女がひとりの青年によって相次いで惨殺される事件が起きた。

犯人は都井(とい)睦雄(むつお)（22）。詳細については後述するが、犯人の睦雄が執心し、横恋慕を重ねたとされた女性――古老が言った事件の生き残りの女性とは寺井ゆり子のことだった。

「ほら、あそこを歩いている婆さんがそうだよ」

古老が指さす方向にはひとりの老婆の姿があった。

腰は曲り、手押し車を杖代わりにしながら、ゆったりとした足取りで歩いていた。

紫式部伝説の取材から9年後、事件から72年もの歳月が経過した、2010年（平成22）の秋――。

私は事件を再び掘り起こすために現地へ向かった。

人々が何百年もかけて谷地をえぐり築いた見事な棚田。その棚田の間のあぜ道に彼女はいた。

腰は「く」の字に曲り、手押し車を押しながら、ゆっくりと歩いている。

あぜ道を歩いている彼女こそが、寺井ゆり子だった。

彼女は、たしか睦雄の同級生……年齢は94歳のはずだ。

事件が起きた夜、ゆり子は睦雄の銃撃を受けたが、奇跡的に首のあたりのかすり傷ですんだ。

銃弾があとわずか数センチずれて飛んでいたら、おそらく死んでいたはずだ。

彼女は生き残ったが、事件当時家にいた彼女の家族5人は睦雄の凶弾に倒れ、全員が殺された。

事件のあと、彼女はどんな苦難の人生を歩んだのだろうか。

事件から72年が経過し、関係者の大半は亡くなり、生き残っているのはわずか数人にすぎない。

今、話を聞かなければ、手遅れになるかもしれない。

私は、ゆり子の家の呼び鈴を押した――。

「津山三十人殺し」関連年表

1864年（元治元）

● 11月：津山藩主が「第一次長州征伐」に出発（翌年1月帰国）

● 12月27日：睦雄の祖母いね誕生（父は貝尾の寺井豊年、母はかつ。4女）

1866年（慶応2）

● 1月：「薩長同盟」成立

● 6月：津山藩主が「第二次長州征伐」に出発（7月末に帰国）

● 11月24日：「美作改正一揆」発生（同月28日に藩が一揆側要求一部受け入れ）

1869年（明治2）

● 2月：津山藩主が「版籍奉還」を上奏

1871年（明治4）

● 7月：「廃藩置県」によって津山藩は津山県になる（貝尾は津山県だが、倉見は倉敷所管の幕府領だったため、倉敷県）

● 11月：美作一円が北条県となる

1873年（明治6）

5月：北条県一円に「美作血税一揆」勃発

1874年（明治7）

● 小中原（睦雄一家が最初に引っ越した地）、行重（貝尾の子供が通う）など加茂の4カ所に小学校設立

1875年（明治8）

● 睦雄が貝尾で暮らした屋敷で、不倫切腹自殺事件が発生

1880年（明治13）

●睦雄の父親の振一郎誕生（「明治20年誕生説」も有力）

1882年（明治15）

●倉見（睦雄の生まれた地）に小学校開校

1889年（明治22）

●6月：町村制施行で加茂村（倉見含む）、西加茂村（貝尾含む）、東加茂村、上加茂村誕生

1890年（明治23）

●小中原の高等郁々小学校が高等加茂小学校に改称。尋常加茂小学校が小中原（いねや睦雄が倉見を出て、最初に引っ越した地）に開校

1891年（明治24）

●2月21日：睦雄の祖母いねが倉見の都井家へ再婚入籍（旧津山藩領の貝尾から、旧幕府領の山奥の倉見への嫁入りは当時は希有）

1894年（明治27）

●8月：「日清戦争」勃発

1904年（明治37）

●2月：「日露戦争」勃発

●7月25日：寺井マツ子誕生（睦雄と関係あった人妻）

1913年（大正2）

●小中原―津山間に乗り合い馬車営業開始

1914年（大正3）

●7月：「第一次世界大戦」勃発

●8月14日：睦雄の姉みな子が誕生（加茂村倉見にて。届け出は八月十七日）

1916年（大正5）

●12月：加茂水力発電会社が設立され、加茂に初めて電灯がつく

1917年（大正6）

●3月5日：睦雄が誕生（加茂村倉見にて）。この年に寺井ゆり子誕生（本来の学年は睦雄のひとつ下だが、小学校では同学年）

1918年（大正7）

●7月18日：睦雄の祖父死亡（いねが墓石を建立）
●12月1日：睦雄の父振一郎死亡。睦雄への家督相続手続きを親権者である母の吉代が役所に届け出（睦雄は1歳）

1919年（大正8）

●1月25日：役所が睦雄への家督相続届け出を受付
●4月29日：睦雄の母君代が死亡（睦雄は2歳）

1920年（大正9）

●10月6日：祖母いねが睦雄の後見人に就いた届け出を役所に提出
●10月11日：いねが睦雄の後見人に就いた届け出を役所が受理。この頃、いねは睦雄とみな子を連れて、加茂村小中原塔中へ転居（戸籍は倉見に残す。睦雄、3歳）

1922年（大正11）

●いねと睦雄、みな子が、西加茂村貝尾へ転居（「大正10年4月5日」という説もある）

1924年（大正13）

●4月：睦雄が西加茂尋常小学校へ入学（睦雄、7歳）
●7月：加茂村が加茂町となる
●7月12日：マツ子が寺井弘と結婚し、池沢家から寺井家にくる

1928年（昭和3）

●3月：鉄道の因美線津山—美作加茂間が開通する

1929年（昭和4）

●1月：津山町が津山市になる
●3月：睦雄が西加茂尋常小学校を卒業（12歳）
●4月：睦雄が西加茂高等小学校入学
●10月：アメリカで「世界恐慌」が始まる

1931年（昭和6）

●3月：睦雄が高等小学校を卒業（14歳）。卒業のすぐ後に肋膜炎を患う

●9月：「満州事変」勃発（大戦の幕開け）

1932年（昭和7）

●7月：鉄道の因美線が全線開通（津山—鳥取）

1933年（昭和8）

●睦雄はこの頃青年学校に入学する（16歳）

1934年（昭和9）

●3月：姉のみな子が結婚して、高田村（現津山市）に転出（戸籍は貝尾のまま。睦雄、17歳）

1935年（昭和10）

●この頃、慶応2年の美作改正一揆の記念碑を貝尾のあたりに建てようという運動が盛り上がる。西加茂村が岡山県から教化村に指定される。睦雄はこの頃までに初めて女性との関係を体験したとされる。巡査や小学校教員になるための勉強を開始（睦雄、18歳）

●4月2日：睦雄の戸籍が倉見から貝尾へ転籍（この頃に睦雄の復讐や殺意の念が生じたと思われる）

●春頃：西川トメに恥辱を受ける（関係を迫り拒絶されたことを暴露）

●12月31日：睦雄が万袋医師に初診で「肺尖カタル」と診断される

1936年（昭和11）

●2月26日：「二・二六事件」発生

●春：睦雄は不眠症で悩み、睡眠薬を使用し始める（19歳）

●4月：西加茂村で教化村指定の宣誓式が催される

●春頃：睦雄が寺井マツ子に乱暴。この年の中頃に、西加茂村内で新興宗教が特高に取り締まられる

1937年（昭和12）

●3月4日：被後見人（睦雄）が成年に達して、いねの後見が終了（睦雄、20歳）

●4月26日：睦雄は土地を担保に岡山県農工銀行から

４００円を借り入れる

●4月28日：睦雄の後見終了の届け出が役所に受理される

●5月：睦雄が寺井マツ子と関係

●5月2日：徴兵検査で睦雄は丙種合格（事実上の不合格。睦雄は混乱し、自身の結核を医師に告発）

●5月22日：夜に友人の内田某と津山市の遊郭へ（1円で娼婦を買う）

●6月初旬：この頃から1ヵ月弱の間、たびたび津山の片山銃砲店を訪ねて、銃の仕組みを尋ねる

●7月：この頃以後の日中戦争への出征兵士の歓送会に睦雄は一度も出席せず（警察はこの時から凶行の計画を立て始めたと考える）

●7月：睦雄が犯行時に胸につけた強力な発光器「ナショナルバンドライト」の販売が開始

●7月10日：睦雄が岸田つきよに金銭（10円）で関係を懇願

●7月：睦雄が寺井マツ子と関係（於マツ子宅座敷）

●7月25日：津山市の片山銃砲店でベルギー製十二番口径ブローニング五連発銃を購入（55円）

●8月9日：この日から西加茂村駐在所の巡査は不在になる

●8月：この頃、岡本和夫とみよが結婚

●10月：睦雄が友人の今田勇一の紹介で岡本和夫・みよ宅に出入り

●10月27日：睦雄は津山警察署から狩猟免許を取得、火薬の購入や射撃練習の開始

●11月：睦雄が寺井マツ子と最後の関係

●11月26日：今田勇一が津山の片山銃砲店で取引（睦雄の代わりか）

●12月：睦雄が岡本みよと関係

1938年（昭和13）

●1月9日：寺井ゆり子が集落内の丹羽卯一と結婚

●1月：西加茂村内の金貸しから６００円の借金（財産をほぼ使い果たす）

●2月28日：神戸の高橋銃砲店で五連発のブローニング銃を購入

●3月初旬：睦雄と岡本みよの姦通現場を夫の和夫が発見（以後、睦雄が来たら戸を閉めて妻のみよを隠すよう

になった）

- 3月初旬：睦雄が祖母いねに毒のような白い粉を飲ませようとする
- 3月7日：寺井勲、寺井勝の二人に対し「君の家に鉄砲があるそうな。見せてくれぬか。売ってくれぬか」と睦雄が申し入れ（睦雄、21歳）
- 3月：睦雄が自分の飼っていた犬を殺して、その肉を今田勇一と岡本和夫宅へ持ち込んで、鍋料理をして会食する
- 3月：睦雄はこの頃から「殺してやる」「生かしておけぬ」の発言を連発
- 3月：いねが寺井勲に対し、「睦雄の態度がおかしい。殺されそうな気がする」と不安を吐露
- 3月10日：西川昇、寺井勲、寺井マキオ（マツ子の夫）、寺井寛一（いねの親戚）の四人が東加茂駐在所米沢巡査に睦雄の対策を要請（睦雄の挙動不審を警察へ告発）
- 3月12日：津山警察署による睦雄への家宅捜索。猟銃や弾薬多数を押収。夕方に鉄砲、匕首、日本刀を再び購入開始
- 3月13日：午前6時頃に友人の今田勇一を通じて火薬の購入を手配（「睦雄と会ったのはこの日が初めて」今田勇一談）
- 3月中旬：この頃、寺井マツ子一家が津山や京都へ出稼ぎに出る。マツ子の転居以後、睦雄はひきこもり傾向になり、天井裏自室にこもりがちに
- 3月20日：この頃に寺井ゆり子と丹羽卯一が離婚
- 3月下旬：津山猟友会から神戸の銃器店へ「都井睦雄は危険人物なので、以後彼への販売は控えてほしい」との通告を出す
- 3月下旬頃：寺井マツ子が貝尾へ一時帰郷
- 4月上旬：睦雄は津山市の銃砲店で詰替え器やケース保護器を購入したが、一週間後にすべて返品
- 4月10日：睦雄が大阪へ日帰りで往復
- 4月17日：睦雄が大阪へ日帰りで往復
- 4月24日：翌日にかけて睦雄は大阪で銃や弾薬を購入
- 4月25日：この頃、寺井マツ子一家が京都へ転居
- 5月：この月に貝尾の女性4人が相次いで結婚。
- 5月1日：睦雄は大阪で、火薬と十二番口径ブローニング五連発銃を購入（睦雄はこれを九連発銃に改造）

●5月4日：天狗寺山の村有林の松の木に散弾12発、猛獣用弾44発の弾痕があるのが村人に発見された
●5月5日：寺井ゆり子が物見の集落へ嫁ぐ
●5月8日：加茂町の伊藤歯科医から日本刀を購入
●5月12日：睦雄は神戸で補増弾倉の修理を依頼（2月に神戸で買った銃のもの）。この日、睦雄は美作加茂駅の始発に乗って、終電で戻ったところを駅員に目撃されている。この日に寺井ゆり子が一時的に貝尾に里帰り（15日に婚家へ戻る）
●5月16日：この頃に寺井マツ子が役場へ戸籍謄本と身分証明書を受け取るために現れる（「自分が来たのは秘密にしてくれ」と役場職員に頼んでいた）
●5月18日：西川良子と寺井ゆり子が貝尾に里帰り
●5月18日：睦雄が遺書の執筆
●5月20日：睦雄は役場近くを自転車で徘徊。夕刻に睦雄（?）が貝尾への電線を切断
●5月21日：午前1時30分頃、睦雄による貝尾の集落での大量殺人が始まる
・午前2時10分頃：丹羽卯一ら2名が貝尾脱出に成功
・午前2時30分頃：加茂駐在所の今田巡査に通報
・午前3時頃：睦雄が最後の遺書をしたためる
・午前3時10分頃：津山署長以下の警官隊や消防団らが貝尾に急行
・午前4時頃：警官隊らが現場に到着
・午前4時30分頃：睦雄が自殺
・午前6時30分頃：岡山地裁津山検事局に事件報告
・午前10時30分頃：睦雄の自殺体が発見される
●5月22日：貝尾で合同の通夜
●5月23日：午後に睦雄と祖母いねの遺体が自動車で貝尾から倉見に運ばれて埋葬される
●5月24日：睦雄の家の家宅捜索
●5月28日：警察が背後関係などの報告書をまとめる
●5月30日：西加茂村駐在所に巡査が駐在を開始
●7月13日：貝尾にある睦雄の家が50円で売却される
●8月5日：貝尾で合同慰霊祭と座談会
●11月：貝尾の住人たちが、睦雄の事件の真相を究明してほしいという要請を出す
●11月25日：睦雄の家の引き渡し作業（取り壊し作業）が開始される。途中で子どもが火薬などを発見
●12月21日：睦雄の家の取り壊しが完了

まえがき――『津山三十人殺し 最終報告書』刊行に寄せて

本書の著者であるルポライター・石川清さんは、2022年6月に57歳で急逝した。

原稿は未完成の状態だったが、ブログ「事件研究所」を主宰し、津山事件に関する著作を自費出版されている森谷辰也氏、『つけびの村』の著者である高橋ユキ氏のご協力によって刊行に漕ぎつけることができた。お二方には改めて深くお礼申し上げたい。

近年における石川さんの活躍の場は、長期ひきこもりの支援活動だった。

津山事件同様、20年近く長期ひきこもりの取材と支援に携わっており、その活動の一端を『ドキュメント・長期ひきこもりの現場から』（洋泉社・2017年）として発表した。

そして、2020年にはNHKの情報・ドキュメンタリー番組『プロフェッショナル 仕事の流儀』が石川さんの活動を取り上げ、「人を癒やし、人に癒やされる～ひきこもり支援・石川清～」というタイトルで放送された。さらなる活躍が期待されていた最中での、あまりにも突然の訃報だった。

本書は石川さんの過去の著作『津山三十人殺し 最後の真相』（ミリオン出版・2011年）と『津山三十人殺し 七十六年目の真実』（学研プラス・2014年）の内容を加筆・修正し、新たな取材成果を盛り込んで再構成したものである。

巻末には津山事件の優れた考察として知られる中村一夫氏の著作『自殺 精神病理学的考察』（紀伊國屋書店・1978年・新装版）の第四章［津山事件の犯人「都井睦雄」の自殺についての精神病理学的考察］、1939年に司法省刑事局によってまとめられた「津山事件報告書」（岡山縣苫田郡西加茂村に於ける三十三人殺傷事件）を掲載した。特に「津山事件報告書」は国内での閲覧が叶わなかった〝幻の資料〟であり、津山事件を理解するうえでの最重要資料である。

石川さんは本書の打ち合わせの際、いつも言っていた。

「津山事件はひとりの青年による大量殺人という、単純な事件ではないんです。調べても調べても、わからないことがまだまだあって、多くの謎が残されたままなんです」

本書はひとりのルポライターが津山事件という90年近く前に起きた謎多き事件の解明に挑んだ記録であり、最終報告書である。そして、石川清というルポライターの遺作でもある。

本書が読者の皆さまにとって、津山事件という謎多き事件の理解を深めるうえでの一助となれば、石川さんもきっと喜んでくれることと思う。

最後に、本書の刊行に賛同してくださった石川さんのご遺族にお礼申し上げる。

2024年8月

編集部

津山三十人殺し　最終報告書——目次

＊本書に登場する個人名は犯人を除き、筑波昭氏の著作『津山三十人殺し 村の秀才青年はなぜ凶行に及んだか』（草思社）、『津山三十人殺し 日本犯罪史上空前の惨劇』（新潮文庫）において使用されている仮名を用いています。

＊本書で引用した文書の一部には、今日の人権感覚の見地に照らして、不適切な表現や語句がありますが、当時の時代背景や世相を鑑みて使用しています。

＊本文中の敬称は一部を除き省略しております。

第1章
惨劇の幕開け

漆黒の闇夜の惨劇

1938年（昭和13）5月21日未明——厚い雲が空を覆う漆黒の闇。まさに「丑三つ時」という表現がふさわしい闇夜だった。

岡山県北部の山間の寒村で、わずか1時間あまりで30人もの老若男女が相次いで容赦なく惨殺される事件が起きた。世にいう惨劇——〝津山三十人殺し〟である。

ひとりの青年によって、短時間にこれほどの大量殺人が引き起こされたケースは、近代の日本はおろか、当時の世界でも類を見なかった。事件の報は、ちょうど徐州（じょしゅう）陥落に沸く日中戦争の渦中にあった日本国民を震撼させた。

津山事件は、中国山地の奥深い鳥取県と県境の手前にある西加茂村（現在は津山市）の貝尾（かいお）集落で発生した。当時の貝尾の人口は22戸、わずか111人。このうち半数近くの10戸（うち1戸は隣接の村）が青年による襲撃を受け、一瞬にして村人の4分の1以上が殺された。

犯人は貝尾在住の青年、都井睦雄（22）。

睦雄は犯行直前に村へ通じる電線を切断し、村を暗闇と化した。

日本刀と自ら改造した特殊猟銃を凶器に、手製の猛獣用弾丸や散弾を装備し、黒い学生服に身を包み、両足元には入念にゲートル（脚絆）を装着し、動きやすいように身を固めた。

睦雄はまず、一緒に住む祖母のいね（75）の首を斧で一刀両断した。事態を把握できない状態でいねの首は枕を覆っていた手拭いの端を口で噛んだまま、数十センチ上方に吹き飛んだ。いねの眼は見開かれ、静かに虚空を見上げていたという。

そして、睦雄は頭と胸に懐中電灯や自転車用ライトをつけて、闇夜の貝尾集落の住人を次々と襲撃した。

いかにして三十人殺しは実行されたのか

事件の経過は次のとおりである。

【1人目】

［犠牲者＝都井いね（75）］

●5月21日・午前1時過ぎ、自宅にて祖母・都井いね（75）の首を手斧ではね、さらに身体に銃弾を撃ち込み殺害。

【2人〜4人目】

［犠牲者＝岸田つきよ（50）／岸田吉男（14）／岸田守（11）］

●北隣の岸田勝之宅に侵入。未亡人であり、睦雄と肉体関係があった岸田つきよ（50）の首、胸などを日本刀で刺し殺害。さらにつきよの隣で寝ていた長男・吉男（14）と次男・守（11）を日本刀でメッタ斬りにして殺害。

【5人〜8人目】

［犠牲者＝西川とめ（43）／西川秀司（50）／岡千鶴子（22）／西川良子（22）］

●岸田家とは目と鼻の先の西川秀司宅に侵入。睦雄と肉体関係のあった妻・とめ（43）を銃殺。隣の部屋のこたつで寝ていた秀司（50）、とめの妹・岡千鶴子（22）、そして肉体関係があり凶行の理由になったともいわれた長女・良子（22）を至近距離から銃殺。3人とも貫通銃創で体には大きな穴が開いた。西川家は全滅した。

【9人〜11人目】

［犠牲者＝岸田高司（22）／西川智恵（20）／寺上猛雄（18）］

●岸田高司宅に侵入。布団で寝ていた高司（22）と高司の内妻で5人目の犠牲者西川とめの次女・西川智恵（20）を銃殺。智恵は妊娠6ヵ月だった。そして、たまたま遊びにきていた甥・寺上猛雄（18）は睦雄に飛びかかるも銃床で殴り倒され、下顎が陥没。最後は猟銃で胸を撃ち抜かれた。

【12～16人目】

［犠牲者＝寺井政一（60）／寺井貞一（19）／寺井とき（12）／寺井はな（12）／三木節子（22）］

●寺井政一宅に侵入。政一（60）、長男・貞一（19）、5女・とき（12）、6女・はな（12）、貞一の内縁・三木節子（22）を銃殺。そして、睦雄がこの家に侵入した最大の目的は、4女・ゆり子（22）だった。ゆり子は睦雄と関係があったとされたが、睦雄を捨て他家へと嫁いだ。ゆり子は寺井茂吉宅へ逃げ込んだことで、難を逃れた。

【17人目】

［犠牲者＝寺井孝四郎（86）］

●逃げたゆり子を追いかけた睦雄は寺井茂吉宅へ侵入。この家は当初襲撃計画には入っていなかったが、ゆり子が逃げ込んだために巻き添えとなった。茂吉の父・孝四郎（86）を銃殺。

【18人～19人目】

［犠牲者＝寺井好二（21）／寺井トヨ（45）］

●寺井好二宅に侵入。寝ていた好二（21）と金品による情交を睦雄と重ねていた好二の母・トヨ（45）を銃殺。トヨは睦雄を裏切った西川良子と寺井ゆり子の結婚の媒酌人を買って出たことで、睦雄の恨みを買った。

【20～22人目】

［犠牲者＝丹波つる代（21）／岸田みさ（19）／平岩トラ（65）］

●都井家の南隣の寺井千吉宅に侵入。かつて睦雄と肉体関係があり、この家に養蚕の手伝いにきていた丹波つる代（21）と岸田みさ（19）を銃殺。さらに同室で寝ていた長男・朝市の内妻、平岩トラ（65）を銃殺。

【23人目】

［犠牲者＝丹波イト（46）］

●一時、寺井ゆり子と結婚していた丹波卯一宅に侵入。何度か肉体関係のあった卯一の母・イト（46）に猟銃を向け発砲。イトは重傷を負い、6時間後に死亡。この時点で銃声によって目を覚ました卯一が脱出し、加茂町駐在所へ向かい、事件の発生を知らせた。

【24人～27人目】

［犠牲者＝池沢宮（34）／池沢昭男（5）／池沢ツル（72）／池沢勝市（74）］

●池沢末男宅に侵入。末男の妻・宮（34）を銃殺。さらに4男・昭男（5）、末男の母・ツル（72）、父・勝市（74）を銃殺。末男は睦雄が最も強い愛情と憎悪を同時に抱いていた寺井マツ子の異父兄だった。ちなみにマツ子は事件の直前に京都へ移り、難を逃れている。

【28人目】

［犠牲者＝寺井はま（56）］

●集落の高台にある村一番の財産家・寺井倉一宅へ侵入。倉一の妻はま（56）は睦雄の発砲によって重傷を負い、12時間後に死亡。倉一（61）は金にものを言わせて村の複数の女性と関係を持っていた。

【29人〜30人目】

［犠牲者＝岡本和夫（51）／岡本みよ（32）］

●貝尾地区の北西に位置する坂本地区の岡本和夫宅に侵入。和夫（51）、睦雄と肉体関係のあった妻・みよ（32）を銃殺。

約1時間半におよぶ凶行による被害者は次のとおり。

●死亡＝30人（**即死＝28人、重傷を負いのちに死亡＝2人**）

●重傷＝1人

●軽傷＝2人

睦雄は凶行後、猟銃自殺を図る。黒詰襟の学生服のボタンを外し、ブローニング9連発の猟銃を手に取った。そして、銃口を心臓部に当て、引き金を引いた。

睦雄の遺体が発見された現場には、懐中電灯、鉢巻、日本刀、匕首（あいくち）、自転車用ナショナルランプ、雑嚢が並べられ、地下足袋が揃えて置かれていた。

睦雄の死亡推定時刻は、午前5時ごろだった。

津山事件の惨劇を、当時の新聞記事は次のような見出しで報じた。

〝二十九人、皆殺し
　猟銃一丁と日本刀で部落を地獄へ投げ込む
白面二十二歳、血を吹く彼。記録になき大惨劇〟
〝血祭りには祖母
　軒並に飛び込む血ダルマの形相
自らも猟銃で自殺〟
〝破れた縁談から不満が爆発か
　遺書に漏らす動機〟
（「大阪朝日新聞」昭和13年5月21日夕刊）

〝彼一人の存在が
　部落の恐怖だった
　執念深い犯人睦雄〟
〝全滅は三家族〟

〝三十人殺し狂人にあらず
犯行に見る冷然たる態度
睦雄は稀代の変質者〟
（「大阪朝日新聞」昭和13年5月22日朝刊）

〝因美国境近く血の大惨劇
悪鬼さながら家々襲い、銃で二十九人殺し
「目的の人物殺すまでは」と書き残し
犯人、山中で自殺〟
（「大阪毎日新聞」昭和13年5月21日夕刊）

〝背き去った女の里帰りの日決行
冷遇に三年前からの復讐の念
呪いをこめた遺書三通〟
（「大阪毎日新聞」昭和13年5月22日朝刊）

〝暗闇の家に飛び込み、灯で照らして狙撃
　深夜、村の電燈線を切断、ナショナルランプと
　　猛獣用の銃を携行〟

〝殺人鬼の都井は村の嫌われ者
　病気で女に去られ変質青年に
　　快からぬ者、皆殺しを計画〟
（「大阪毎日新聞岡山版」昭和13年5月22日朝刊）

〝深夜に送る柩三十一
　悪夢生々しく陰惨の気放つ
　　全村民涙の合同葬〟
（「岡山合同新聞」昭和13年5月）

記事の見出しを並べただけだが、事件のすさまじい有り様が生々しく目の前によみがえってくるようだ。

事件による被害者のほとんどは、以前は睦雄と性的関係を持ちながらも、肺病（肋膜炎）を

患(わずら)ったとたんに睦雄を馬鹿にし、笑いものにした女性とその係累の人々だった。

恨みの少ない相手に対しては急所への1発で仕留めたが、強い恨みを抱いた相手に対しては、たとえ子どもであっても容赦なく、急所へ多数の直撃弾を撃ち込み刀傷を負わせた。

犯行を終えた睦雄は山中に逃げ、遺書を残して猟銃自殺を遂げた。遺書には村人への恨み節がつづられていた。

ただ、睦雄がいちばんの標的にしていたとされる同級生の寺井ゆり子は、隣家の床下に隠れ、急死に一生を得た。だが、ゆり子の親、そして弟や妹はことごとく睦雄によって殺された。

津山事件と横溝正史の『八つ墓村』

このあまりにも猟奇的な大量殺人をめぐっては小説、映画、ドラマなどの作品が数多く生み出された。なかでも有名な作品が横溝正史の著した『八つ墓村』（1949年初出）である。

横溝は太平洋戦争中、岡山南部の真備町(まびちょう)に一家5人で疎開していた。戦争直後の横溝作品の多くは岡山を舞台に描かれているが、それは彼自身の岡山の疎開体験が色濃く影響していることが理由だ。

『八つ墓村』における津山事件を模した大量殺人事件は大正末期に発生した設定だが、その犯行の経緯や手法、犯人のいでたちなどは、まさに犯人・都井睦雄を彷彿とさせる。

物語では、戦後になって、大正時代に村の旧家の当主が発狂して村人32人を惨殺した伝説の事件とのつながりを匂わせる連続殺人が八つ墓村で発生。旧家の怨念や妖しい鍾乳洞を舞台にした神秘性も刺激的で人気を博し、現在に至るまで何度も映像化されている。

探偵役は金田一耕助だが、実は『八つ墓村』には金田一はあまり登場せず、節目にだけ登場し、断続的に真実を暴いていく。旧家の怨念に巻き込まれた若い男性（辰弥）が事件の語り部に選ばれ、物語はあくまで辰弥のロマンとスリルあふれる冒険譚（いわばワトソン役の辰弥を中心にストーリーが展開する）の体裁をとっている。

数ある映画化作品のなかでは野村芳太郎が1977年（昭和52）に監督した作品が知られており、この作品では金田一耕助役を『男はつらいよ』シリーズの渥美清が熱演し話題となった。妖しさと美しさが際立っていた鍾乳洞のシーンは印象的だった。

実は横溝の疎開した真備町には『八つ墓村』の登場人物で、劇中で「祟りじゃー！」と叫ぶ妖しい老婆「濃茶（こいちゃ）の尼（あま）」がいる。真備町に実在するのは、正式には「濃茶のばあさん」といい、村の外部からの疫病の侵入を防ぐありがたい道祖神である。真備町にはほかにも横溝作品に登場するさまざまな建物や地名が実在している。

幻の資料「津山事件報告書」

横溝作品以外で触れておく必要があるのは、田中登監督の映画『丑三つの村』（1983）だろう。

『丑三つの村』は津山事件そのものをモデルに撮影された作品で、犯人の睦雄がモデルとされる村一番の秀才と誉れ高い青年・犬丸継男（いぬまるつぎお）を古尾谷雅人が、生き残ったゆり子をモデルとした、継男の幼なじみで彼を慕う女性・やすよは田中美佐子が演じた。原作は西村望の同名小説である。

『丑三つの村』では、祖母に溺愛された青年が夜這いの横行する村のなかで性に目覚めていくが、肺病を患ったことで徴兵検査に落ち、村の女たちは手のひらを返したように継男を捨てた。継男は村八分同然の憂き目に遭うことで傷心し、ついには村人に復讐する。継男はまさに都井睦雄そのもので、『丑三つの村』はフィクションではあるが、映像によって津山事件や当時の村の暮らしぶりをリアルに再現、再構成しようと試みた、挑戦的な作品だった。

『八つ墓村』、そして『丑三つの村』などの作品で描かれる津山事件像は、基本的に「闇に駆ける猟銃」（松本清張『ミステリーの系譜』所収）や『津山三十人殺し』（筑波昭）で世に広められた記述をもとに構成されている。このふたつのルポルタージュはどちらも「津山事件報告書」という、当時の公安警察の報告書を参考資料として書かれたものだ。この「津山事件報告書」はその後、原本の閲覧が国内ではほとんど不可能な状態となり、〝幻の資料〟となった。そのため、長らく津山事件研究は停滞し、主に筑波昭氏が『津山三十人殺し』で提示した事件像が、津山事件の定説・常識として定着してしまった。

だが、この旧来の津山事件像は２０１２年（平成24）に津山事件報告書が再発見され、新証言も飛び出し、さらに睦雄の人間像などが捏造されていた可能性も明らかになったことで崩壊した。それについてはあとの章で詳しく述べる。

多くの先入観や思い込みで語られてきた津山事件

津山事件を世に知らしめたのは、横溝正史による「名探偵・金田一耕助シリーズ」の長編推理小説『八つ墓村』であることはすでに述べた。

『八つ墓村』が何度も映像化されたことによって、津山事件は『八つ墓村』と常にパラレルで紹介されるようになった。

私もそうだが、津山事件が紹介される際に必ず使用されるのが、「あの『八つ墓村』のモデルとなった〝津山三十人殺し〟……」というフレーズである。

津山事件をイメージする際、多くの人が『八つ墓村』で語られた舞台や風景を脳裏に思い描いてしまう。横溝正史は戦時中、岡山県の山村に実際に疎開しており、当時の経験を踏まえて『八つ墓村』を執筆していることから、描写のすべてが誤っているわけではない。だが、小説のイメージが事件の実像を侵食するという事態が起こっているのだ。

では『八つ墓村』が〝創り上げた〟津山事件のメージとは具体的にはどういうものか。『八つ墓村』の冒頭部分から引用してみよう。

八つ墓村というのは、鳥取県と岡山県の県境にある山中の一寒村である。
むろん、山の中のことだから、耕地といってはいたって少なく、せいぜい十坪か二十坪(一坪＝約三〜三平方メートル)くらいの水田が、あちらにポツリこちらにポッツリあるくらいのものだし、しかも気候の関係からいって作柄も悪く、いかに食糧増産を叫んだところで、主食に関するかぎり、やっと村内の人口がまかなえるかまかなえないかの程度にすぎない。

(横溝正史『八つ墓村』)

そして小説では、「炭焼きや牛の飼育が貴重な村の財源となっている」という内容が続く。しかし、一般の読者は右のような文章を読むと、「途方もない山奥の僻地にある貧しい寒村」という印象を抱くはずだ。『八つ墓村』は小説だから問題はない。しかし、小説のイメージがあまりにも強烈すぎるため、津山事件の実際の現場も「途方もない山奥の僻地にある貧しい寒村」とイメージされてしまうケースが少なくない。

本来であれば、津山事件が主で『八つ墓村』が従であるはずの関係が、世間一般のイメージでは逆転現象が起きている。

実のところ、津山事件の取材を始めた当初の私自身にもそういう面があったことは否めない。だが、『八つ墓村』と津山事件はまったく異なるものだ。

もちろん、事件の現場となった集落「貝尾」は山に接した小村ではある。決して豊かといえる村でもなかった。しかし、山の奥の奥をわけ入ったところにある、険しく不便な時代遅れの山村でも貧しい村でもなかった。貝尾から最寄りの因美（いんび）線・美作（みまさか）加茂駅までは、道なりで約6キロの距離（直線距離では約3キロ）。事件が起きた昭和13年当時、1日で標高700メートル程度の山の峠を越えて20キロ近くも歩くことなど普通だった山間で暮らす人々（老人や子どもでも）にとって、6キロという距離は十分に徒歩圏という認識だった。

津山事件に関しては、先入観や思い込みで語られてきた部分がかなりある。本書では、これまで当然のように語られ、定着した津山事件をめぐる定説をできるだけ壊していきたいと考えている。そうしない限り、多くの謎に満ちたこの大量殺人事件の真相は見えてこないからだ。

「加茂は田どころ米どころ」「嫁にゆくなら加茂にゆけ」

事件が発生した貝尾や犯人の都井睦雄が生まれた倉見の村は、いずれも加茂谷にあった。周辺の町や村とは山で遮られた自立性の強い地域で、さまざまな独自の文化や生活様式も育まれた。城下町のあった開けた市街地を有する津山とは明らかに異なる地域だ。

つまり、正確には津山事件というよりも「加茂谷三十人殺し」や「加茂三十人殺し」という名称のほうが文化的・地理的には実態と合致している。

加茂谷（旧加茂町）の広さは159・53平方キロメートルで、東京都千代田区の14倍の面積に匹敵する広大な領域だ。南と西南辺は津山市、そして北辺は中国山地を境に鳥取県の佐治村と接している。

加茂谷は「農山村」に分類されるが、中国山地の一般的な山村と比べると、水田面積が広いのが特徴であり、『八つ墓村』のイメージで語られる、水田がほとんどない寒村とは様相を異にする。1975年（昭和50）発行の「加茂町史」によると、加茂町において山林が占める面積の割合は「約90％」で水田が「5・4％」（8・6平方キロ）、そして畑は「1％弱」とある。集落密度のまばらな加茂谷では、昭和50年当時の農家1戸あたりの水田面積はおよそ0・8ヘクタールで、この数字は温暖で平地の多い岡山県南部における農家の水田面積の平均と比べて約2倍の数値になるという。

そのため、山間であるにもかかわらず、「加茂は田どころ米どころ」と周辺地域からもてはやされた。中国山地を越えた北側に位置する鳥取県の山村の間では当時、「嫁にゆくなら加茂へゆけ」とまで言われたほどだ。実際、山陰地方の女性たちが好んで南下して嫁にやってきたことから、加茂谷では嫁に不自由することはあまりなかったという。

さらに『八つ墓村』でも紹介されている育牛は江戸時代から知られているほど盛んで、戦前の時点で〝加茂牛〟はすでにブランドとして認知されていたという。

もちろん、豊富な山林も貴重な天然の資源となっており、戦前から戦後にかけて貴重な燃料源となった木炭の生産や、建築資材として珍重された杉や檜などの木材も数多く出荷された。

昭和初期の段階ですでに過疎化の傾向はあったものの、当時は大勢の人が暮らす集落だった。少なくとも我々が思っているほど、当時の加茂谷は人口の少ない、貧しい寒村などではなかったのである。

津山事件のルーツ・倉見

津山市街から車で国道53号線を北東に進むと野村という交差点で県道6号線との分岐点に至る。そこからさらに加茂川に沿って県道6号線を北上すると、JR因美線・三浦駅のあたりで山々が両側から迫ってくる狭いエリアを通過する。その隘路(あいろ)を過ぎると広大な盆地が広がっているエリアがある。そこが加茂谷だ。

県道をさらに北上すると、10分ほどで市街地の分岐点に至る。加茂川を渡った左側の方に旧加茂町役場(現在の津山市役所加茂支所)がある。ここが旧加茂町で、戦前の加茂町や加茂村の中心地だった場所だ。旧加茂役場より南側の一帯を「小中原(こなかばら)」といい、大正9年から11年ごろまで、睦雄一家が暮らした場所である。

加茂川はこのあたりで二手にわかれる。加茂川本流はそのまま北東の物見峠の方へ向かい、西にわかれた川が倉見川だ。

アスファルトで整備された県道336号線を倉見川に沿ってさらに北へ進む。この道が整備されているのは、途中に黒木ダムがあるからだ。ただし、この黒木ダムが建設されたのは1968年(昭和43)であり、睦雄が生きていた時代はでこぼこの道しかなかったはずだ。

睦雄と祖母いね、姉のみな子の3人は、おそらくこの狭いでこぼこ道を倉見から小中原まで歩いて下ってきたはずだ。

旧加茂町役場から10キロほど県道を北上すると、そこは睦雄が生まれた「倉見」だ。倉見には三叉路があって、そのあたりで倉見川から西方に床原川がわかれている。倉見川本流をそのまま北上すると、やがて倉見温泉という施設があるが、そこから先へは車では進めない。

倉見の三叉路から床原川に沿って、西の越畑（苫田郡鏡野町）に抜ける道路がある。そこを少し進んだ山際に睦雄の生家や墓はあった。

津山事件の犯人・都井睦雄が生まれた倉見は山奥でありながら水田が多い、典型的な加茂谷の村だった。日本における都井家は、この倉見をルーツとする一族である。都井家は倉見における支配層の末裔であり、長く庄屋の家柄で分限者（金持ち）として、地元では昔から有名だった。

睦雄の生まれた倉見は、津山事件のルーツともいえる地だった。

倉見を代々治めてきた支配層の末裔・都井家

睦雄が生まれて、しばらく住んでいた屋敷は、2016年（平成28）に取り壊されてしまった。2017年（平成29）の5月末、私が訪れたときには、家の跡地には草が乱雑に生い茂っていた。現存していたときには、すべて茅葺き（かやぶ）ではなく、一部トタン葺きに替わっていたが、建物自体は当時のものがかなり残っていた。現代でもさほど違和感がない造りで、100年前の大正時代であれば相当立派な屋敷だったはずだ。

2020年（令和2）の統計によれば、倉見は世帯数18、人口29人で、その大半は高齢者である。しかし、睦雄が暮らしていた当時は、現在の10倍以上の人々が暮らしていた。明治時代には、倉見は単独で「倉見村」というひとつの自治体だったほどで、明治15年（1882）には小学校（晩誠小学校）も建設された。

ところで、倉見とはそもそもどういう意味なのだろうか。〝クラ〟は「倉」ではなく、「闇で暗いこと」を意味し、地名としては昼でも十分な太陽が当たらない「深い谷」のことを指していた。〝ミ〟は古語の「〝み〟そなわす」の意味で、「統治する」意味。つまり、倉見とは「深い谷の数々を統治する場所」という意味だ。もともと倉見は加茂谷の西方にある谷の中心であり、その谷を治める者が住んでいた場所なのである。

興味深い符合だ。なぜなら、都井家は古くからこの倉見を代々治めてきた支配層の末裔であり、睦雄はその都井本家の〝嫡流〟だったのだから。

都井本家の嫡流である睦雄が相続するはずだった都井家の遺産は、莫大なものだった。しかし、睦雄は嫡子でありながら、それらの遺産を引き継ぐことが許されなかった。

私は睦雄が事件を起こした背景には、倉見時代に起きた〝何か〟が深く関係しているのではないかという疑問を抱いた。

そして、私は倉見に何度も足を運んで、倉見時代に睦雄に降りかかった、ある悲劇的なエピソードの一端にたどり着いた。

睦雄が倉見で生まれた時点で、津山事件の悲劇の〝黒い芽〟はすでに萌芽していたのかもしれない……。

惨劇の地——貝尾に残された事件の傷跡

津山事件が発生した「貝尾」は、加茂谷のなかでは緯度的に最も南に位置する集落のひとつである。

現在、車や鉄道で加茂谷に入る際の出入り口はだいたい南東部の加茂川沿いを走る鉄道の因美線か県道6号線に限られる。そのルートで貝尾に行き着こうとすると、まず因美線の三浦駅のあたりから加茂谷に入り、その後いったん旧加茂町役場のあたりまで北上してから、欠場川沿いの県道68号線を通って、真福寺のあたりから左側のわかれ道（南方向）を選ぶ。そのまま道なりにゆるやかな坂道を上っていくと、貝尾の集落にようやく到着する。

加茂谷の入り口である三浦駅のあたりからだと、ゆうに十数キロ移動しないと貝尾まで行き着けないことになる。

事件が起こった1938年（昭和13）当時は、どんな様子だったのだろうか。

前述したルートはすでに整備されつつあり、大正時代になると小中原から津山までは、少なくとも馬車が通れる程度に道路は整備されていた。1913年（大正2）の段階で、旧加茂町役場近くの小中原から津山まで、乗り合い馬車の営業が始まっていた。

また、1928年（昭和3）には鉄道の因美線が津山から美作加茂駅まで開通しており、鉄道で津山まで出かけることもできた。

とはいえ、それまでの加茂谷の住人は峠を越えて周辺地域と自由に往来するほうが普通で、事件が起きた昭和13年当時も峠を徒歩で越えて往来していた。

津山事件の現場となった貝尾は加茂谷の南西端に位置していた。標高831メートルの集落南の天狗寺山に連なる峠道を越えれば、すぐに隣の高田村（昭和29年に津山市と合併）の横野（よこの）や大篠（おおささ）に行き着く。

貝尾は加茂谷と津山をつなぐ交通の要所で、峠を越えて行き交う人通りは日常的にかなり多かったという。貝尾周辺から津山へ抜けるいちばん交通量の多い街道は、荒坂峠（睦雄が自決した最期の地）を越えて高田村の上横野（かみよこの）に至るルートだった。

睦雄が津山の病院へ診察で訪れるときは、この荒坂峠越えのルートで行き来したという。また、睦雄の姉のみな子が高田村に嫁ぐときも、荒坂峠を越えて嫁入りしていったそうだ。荒坂峠は、当時の人々にとっては、けっして険しい山道ではなかった。

貝尾からは、荒坂峠のほかにも天狗寺山頂上のすぐ西側を抜けて高田村大篠へ向かう下茅峠（さがりや）

越えのルートと、荒坂峠と下茅峠のちょうど中間あたりの利元峠を抜けて上横野へ至るふたつの峠越えの道があった。このうち、下茅峠越えの沿道の近くには、睦雄が犯行を実行するために、射撃練習をした場所もあったという。

これらの峠道を越えると、貝尾から高田村の領域までは直線距離で1キロもない。加茂川沿いを遠回りして津山に向かうルートと比べて、10分の1以下の距離の移動ですむ。

昭和13年の津山事件発生当時、貝尾の人口は世帯数22戸で111人が暮らしていた。しかし、令和2年の統計によれば、貝尾の人口はわずか世帯数13戸で37人。

津山事件のような大事件が起きても、そこに暮らす人々の大半は生まれ育った土地に住み続けた。だが、いずれ貝尾に住む人はいなくなるかもしれない。

2013年（平成25）の4月半ば、濃いピンクの八重桜と淡いピンクの山桜が集落を艶やかに彩っていたころ、私は貝尾の睦雄の家があった土地の前にいた。

すぐそばには津山事件発生当時から存在し続ける札所が佇んでいた。その札所の裏には津山事件で睦雄の襲撃を受け、皆殺しにされた一家の墓所があり、「没年昭和十三年五月二十一日」と刻まれた墓が並んでいた。

当時はまだ土葬が普通だったため、墓はひとりにひとつか、せいぜい夫婦でひとつ建てるのが通例だった。

私は黙って、札所と墓地に黙礼した。

事件発生から75年が経っているというのに、貝尾の家並みは当時の名残りを今にとどめていた。まるでここだけが、時間のエアポケットにすっぽり落ち込んで、時の流れを止めているかのようだった。

札所の近くにある大きな物置の上屋は、事件当時から変わらず存在するし、集落の北側や南側にある古い土塀の家は、やはり睦雄が暮らしていたころよりも以前からこの土地に存在していた。

どこからかホトトギスの鳴き声が響いてきた。睦雄も、おそらくこの鳴き声を聞いていたことだろう。

八重桜の濃いピンクと山桜の淡いピンクが艶やかに彩り、ホトトギスの鳴き声が響く春の貝尾——だが、この地には決して消えることのない、津山事件の深い傷跡が残っていた。

2013年3月、貝尾在住で津山事件の被害者（睦雄に襲撃された家の生き残り）である最後の男性が静かに息を引き取った。

生前には、取材にきたレポーターを追い返すほどの気骨ある老人だったという。

津山事件の被害者である女性の生き残りは、地元にも周辺の地域にもまだ暮らしている。しかし、女性よりも男性のほうが、さまざまなこだわりや心の傷を引きずりやすいのか、津山事件の詳細を村人が外部の人に語ることに、強く抵抗していたのは、村ではほとんどが男性だった。

だから、そろそろ解禁してもいいだろう……私が貝尾で見聞きした話を……村全体が被った〝心の傷〟にまつわる話を……。

惨劇の終焉にして睦雄の最期の地――荒坂

貝尾を訪ねたあと、私はなぜか荒坂峠へ向かっていた。

荒坂峠は睦雄が自身の猟銃で自決した、事件の終焉の地にして、睦雄が最期を迎えた地でもある。睦雄が猟銃の引き金を引いた瞬間、事件は多くの謎を残したまま、闇へ葬られてしまった。

警察の事件調査や処理はおざなりな点も少なくなく、必ずしも津山事件の実像を解明したものではなかった。というより、当局の都合のいい形で事件に幕引きが図られた、と私は考える。

貝尾特有の悪しき「夜這い」の風習が事件の原因とされてしまったこと。

睦雄個人の人格に問題があり、事件は異常な殺人者による猟奇的所業であったこと。だが、はたして本当にそうだったのだろうか……そんな疑問を抱えたまま、私は睦雄が自決した、貝尾や倉見も望める荒坂峠を目指して、木立の藪に足を踏み入れた。

無数に茂る雑木の合間には、身長１８３センチの私が抜けられる隙間はあまりなかった。だから、強行策で無数の枝をへし折りながら、強引に前へ前へと突き進んだ。ところが、木々のなかに鋭い刺をまとっているものがたくさんあったため、着ていた服の表面は枝や刺でほつれ、露出していた手足の表皮はところどころ薄く細く裂けて、赤いものがにじんでいた。

なんとか行き着いた。

ここが、睦雄が息を引き取った終焉の地なのだろうか。

「もし君が生きていたならば、まだ聞きたいことがたくさんあるのに……」

津山事件が起こった集落・貝尾

九連發の獵銃を亂射
十二戸の寢込を襲擊
先づ祖母を慘殺、部落を暗黑化
今曉作州西加茂の兇劇

戰慄ノ二十八名を射殺

血塗れで民家へ
紙と鉛筆を貰って山中へ
犯人遁入の山狩

斧、鎌も磨ぐ
發作期て各戸締りなし
開かぬ家にも彈の

被害者氏名

事件を報じる『合同新聞』の記事

横溝正史疎開宅（道の突き当たり）の近くにある「濃茶のほこら」。横溝は祀られている「濃茶のばあさん」をヒントに、『八つ墓村』に「濃茶の尼」という人物を登場させた（写真提供◉朝日新聞社）

岡山での疎開生活中に数々の小説の構想を練った横溝正史。そして、昭和24年（1949）に発表した小説が津山事件をモデルとした『八つ墓村』だった（写真提供◉朝日新聞社）

加茂谷集落

アメリカに眠っていた幻の資料「津山事件報告書」

睦雄がかつて
住んでいた倉見の家
（2014年撮影）

かつて睦雄が住んでいた倉見の家は
取り壊されていた（2017年撮影）

貝尾の墓所にある津山事件の被害者の墓。
没年日が「昭和十三年五月二十一日」と
刻まれた墓が複数並んでいた

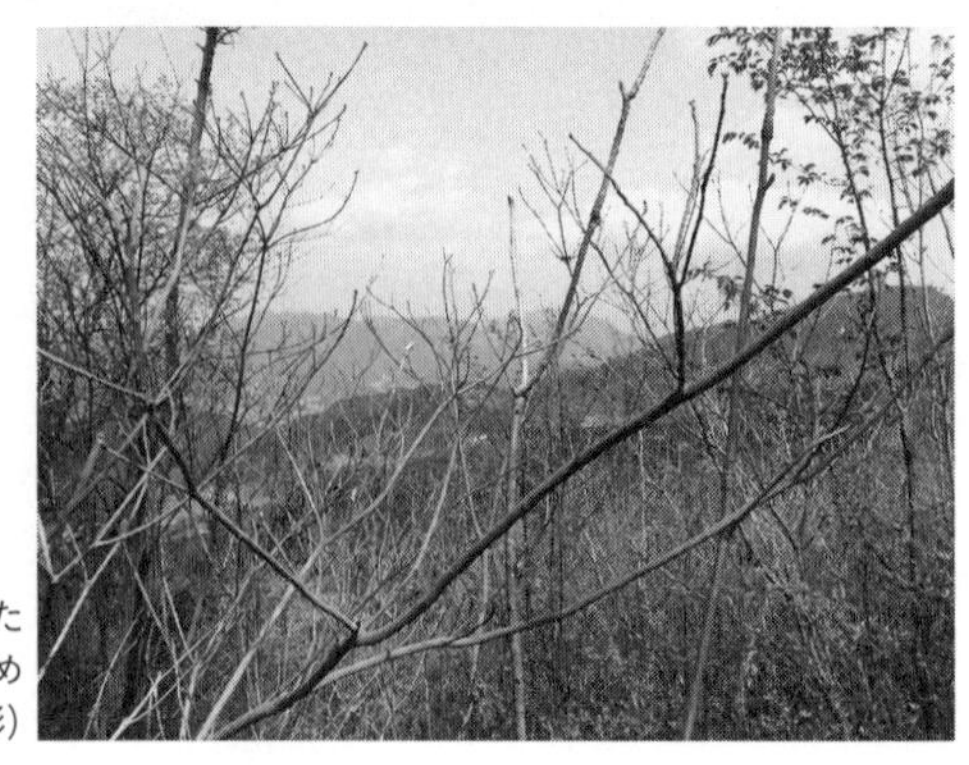

荒坂峠の睦雄が自決した
場所付近からの眺め
（2014年撮影）

第2章
睦雄が残した3通の遺書

２００６年（平成18）、都井睦雄が生まれた倉見で、睦雄やその家族（祖母、両親）の墓を守る女性。この女性は睦雄の従兄弟と結婚しており、従兄妹の姻族にあたるが、睦雄と親交のあった従兄弟たちを通じて、間接的に睦雄の人間性を知る人物でもあった。

事件発生時、この女性は倉見の下流の集落に住む小学生だった。貝尾で大量殺人が発覚した直後の朝は、加茂谷とその周辺全体がパニックに陥っていた。睦雄が猟銃や日本刀を持ったまま、山中に逃亡していたと見られていたからだ。睦雄が再び、無差別殺人に走るのではないか――とまことしやかに囁かれ、実際に学校では生徒たちに注意を促し、睦雄の自殺が判明するまで休校の措置などもとられたという。

倉見で墓を守るこの女性も、当時は睦雄の凶行に恐怖した子どものひとりだった。だが、倉見の都井家に嫁に来て、睦雄の性格や事件当時の睦雄を取り巻く深刻ないじめ、いわば村八分のような事情を知った。そして、睦雄に対するイメージが変わったことで、直接面識のなかった亡き従兄妹の睦雄を「むっちゃん」と親しみを込めて呼んでいる。

「ここが殺人犯の屋敷だったことは知っています」

貝尾の集落に入ると、左側に古い土塀の廃屋が見えてきた。つい最近まで人が住んでいた気配がする家で、土壁がところどころひび割れていた。この家は事件当時にもあったが、睦雄の襲撃を受けなかった。

少し歩くと、睦雄の家があった場所にたどり着いた。

事件後に担当検事が「構えだけは大きく立派であるが、古式蒼然かつ相当荒廃しているばかりでなく、屋内ははなはだ暗く文字通り鬼気迫るの感ある家」と評した当時の家屋はもちろん今はなく、2階建ての立派な家があって人が暮らしている。

事件後、相続人のなくなった睦雄の家は近親者によって50円で他村の者に売られ、その後はその子どもや孫たちが住んでいる。たまたま私が訪ねたとき、この家に住む女性と庭先で話すことができた。

「ここが昔の殺人犯の屋敷跡だったことは知っています。ですが、どういう経緯でわたしたちの祖父がここを買って移り住んだのかは知りません。貝尾では事件のことを話すのは憚(はば)かられますので、これ以上はお話できません。まだ当時の生き残りのお年寄りも近所にはいますが、やはり話しませんよ。前に記者やレポーターが話を聞きにきたときも、血相を変えて怒鳴って追い返していましたから」

石塔の代わりに置かれた川の石

睦雄の墓は貝尾にはない。貝尾から20キロほど倉見川をさかのぼった山の奥地、倉見にある。倉見から鏡野町へ抜ける幹線道路のすぐ脇にある山の斜面に睦雄と祖母の墓はある。

睦雄の墓に石塔はない。ただ握りこぶし3、4個分ほどの石がぽつんと置かれているだけの粗末な墓だ。その右隣には祖母いねの立派な石塔をあつらえた墓がある。

この墓を守っているのが、冒頭で触れた睦雄の従兄弟に嫁いだ女性・菊代さん（取材当時80歳）で、事件当時の記憶を残す数少ない生き証人のひとりである。睦雄の祖母いねは、この女性の夫の祖母にあたる。

私が訪ねると、笑顔で家に迎え入れてくれた。菊代さんは睦雄のことを〝むっちゃん〟と親しみを込めて呼んでいた。

「むっちゃんは頭が良くて、よくできた子でしたよ。事件のあとはみんな驚きました。よほどほかの村人にいじめられていたんだろうなあ、って。うちのおじいさん（夫）は荒坂峠で自殺したむっちゃんの亡骸を5、6人で出かけて、ここ（倉見）まで運んできたんですよ。血染めの遺書には貝尾の人にいじめられた恨みの言葉がたくさんつづられていたそうです」

荒坂峠で死んだ睦雄の遺体は倉見まで運ばれ、ささやかながら葬儀も執り行なわれたという。睦雄の姉みな子も臨月をおして、津山一宮の嫁ぎ先から駆けつけてきた。

倉見では事件当時は土葬が一般的であり、睦雄の遺体も一族の眠る墓地の下に土葬された。墓石を設けるかどうかというときに、ちょっとした口論が起きたという。

睦雄の姉は「せめて立派な石塔を作ってやりたい」と願った。しかし、姉の夫は「石塔なんてもってのほか。睦雄の墓だということは絶対他人に知られてはいけない」と言って、結局倉見の家の近くを流れる倉見川から拾ってきた、何の変哲もない川の石を石塔代わりに睦雄の遺体を埋めた上に置いた。

祖母の遺体も倉見まで運ばれてきた。運搬に先立って、切断されていた首と胴体を糸と針で縫いつけ、睦雄の右隣に埋葬した。

「むっちゃんは、それは小さいときから賢いいい子でしたよ」

「むっちゃんは、それは小さいときから賢いいい子でしたよ」

睦雄の父親は、祖父が亡くなったあと、倉見の都井家の本家を継いだ。嫁（睦雄の母親）は山を越えた阿波の山村からもらった。

「昔は山の者は山の者と結婚することが多かったです。ですから、倉見の者はだいたい阿波や物見、越畑などと嫁のやりとりをしておりました。貝尾とはほとんど人の交流はありません。ただ、うちの人の祖母（睦雄の祖母でもある）だけは貝尾から嫁いできていました」

山の民から見れば、貝尾はどちらかといえば里の平地民である。だから、睦雄の祖母は慣れない山奥の暮らしには相当難儀したはずだ。

睦雄の父親が継いだ都井家は財産家だった。山と畑を所有していた。山は睦雄の墓のあるすぐ裏の大きな山である。睦雄の父親には兄弟が多くいたが、全員が家を出て、弟ふたりは隣に分家を作って暮らした。そのほかの兄弟はそもそも倉見自体を出て行ったという。

睦雄が2歳のときに父親が肺病（結核）で死に、また3歳のときには母親も結核で失った。家に残ったのは祖母いねと姉みな子、そして睦雄の3人だけとなった。

睦雄が4歳のときに祖母は突如睦雄姉弟を連れて、下流にある西加茂村の市街地の小中原に移住した（突然の移住の理由については後述する）。

睦雄が6歳のとき、祖母は都井本家の山林を500円で処分し、そのお金で故郷貝尾に土地と家を買って移り住んだ。このとき山林を売った相手は、都井本家から別れて隣に移り住んだ分家（祖母にとっての息子、睦雄にとっての叔父）だった。500円の受け取りには睦雄がひとりで倉見を訪れた。

「むっちゃんはよく頭の回る子でねえ。お金を落としちゃいけないと、わざわざ服の裾の裏にお金を縫いつけて持ち帰ったんですよ」

睦雄の犯した理不尽な凶行を容認するわけではもちろんないが、一方で睦雄が犯行に走らざるを得ないほどまでに追いつめられた哀しい事情も菊代さんは承知していた。

「お姉さんが嫁いだあとは、あまり話し相手もいなかったようですよ。しかも変な噂を流されて、かわいそうに相当傷ついていたようです。最初に村ぐるみでいじめたのはほかの村の人たちだったと聞いています。もちろん事件は悪いことなんですけれども」

そして、津山事件が発生した。

「わたしはまだ小学生でしたが、先生があわてて授業を中止にして〝家に帰りなさい〟と言いました。そのころ、倉見のほうではむっちゃんが自殺したなんて知らないから、親戚筋の人は〝猟銃で襲われたら大変だ〟と言って、何日か蔵で寝泊りしたんです。

ですが、実際にはむっちゃんが殺したのは、自分について悪い噂を流したり、自分をいじめたり、捨てた女性ばかりだったそうです。貝尾の近くに住むわたしらの親戚の家にもやってきたんですが、紙と鉛筆（最後の遺書を書くため）を借りていっただけで、危害はまったく加えませんでしたから」

菊代さんは睦雄が最後に訪ねた武元市松一家とも親戚関係にあった。

遺書をめぐる謎

睦雄は、自殺の直前に書き残した3通目の遺書のなかで、事件を起こした動機についてこう述べている。

今日決行を思いついたのは、僕と以前関係のあった寺井ゆり子が貝尾に来たから、又西川良子も来たからである、しかし寺井ゆり子は逃した……。

こう書き記した一方で、睦雄は数ヵ月前から犯行の準備をしていた形跡も残しており、ふたりの女性の帰省が犯行の実行を早めた要因とも考えられる。

睦雄は幼いころから頭のいい子どもだった。学校の成績も常に優秀で、地元の尋常小学校始まって以来の秀才ともてはやされていた。色黒で筋肉質の男性が多い山村にあって、色白で華奢な睦雄は異色の存在だった。家も裕福で毛並みもいいことから、女性にはけっこうもてたという。

岡山の山中には、古くから夜這いの風習が残っていた。女性の寝所には鍵をかけておかず、夜になると秘かに男性が忍んで逢い引きするというものである。時には昼間でも人目につかないところで逢い引きしたりもした。独身者だけでなく、既婚男女も夜這いの風習を大いに楽しんだらしい。

女性に人気のあった睦雄は、前述の寺井ゆり子や西川良子だけでなく、集落内の10人以上の女性と性的な関係を持っていたとされる。特に年上の既婚女性にもてていたようだ。当時の山村にはいない優男タイプの睦雄は、母性本能をくすぐったのだろう。当時の農村は総じて早婚の傾向にあり、睦雄より年上の女性は既婚者である場合が普通だった。

村内の女性にもてた睦雄は夜這いの風習を謳歌していた。しかし、そんな睦雄にある日、悲劇が訪れた。

19歳のとき「肺尖(はいせん)カタル」、すなわち軽度の結核の診断を受けた。今でこそ、結核は治療可能な病だが、結核は当時の死亡率の上位に入る重病であり、〝不治の病〟と考えられていた。

睦雄が集落内で頻繁に女漁りを始めたのは結核にかかる前からだとも、結核に感染したあとからだとも言われており定かではないが、結核に感染した噂が集落内に広まったことで、睦雄は以前のように女性にはもてなくなった。なかには睦雄が夜這いで出向いても手のひらを返したような冷たい対応をした女性もいたという。

そして、睦雄は集落内で女性と関係を持つ際には対価、つまり金を支払うようになった。金をもらえるのであれば、睦雄と関係を持つことも厭(いと)わないと考える女性も少なからずいたようで、睦雄は19歳から50歳までの集落内の女性を口説いて関係を持とうとした。なかには若い娘を狙って白昼に夜這いをかけたものの娘の母親しかいなかったため、仕方なくその母親を口説いて関係を持ったこともあったという。

金は自分の家の畑などを売り払うなどして工面していた。当時、睦雄は両親と死別し、家族は祖母と姉しかいなかった。姉はすでに他家へ嫁いでおり、事実上、睦雄は当主として、自分の家の財産を自由に処分できる立場にあった。より詳細に事情を検証すれば、睦雄が自家の財産を本当に自由にできるようになったのは、睦雄の誕生日である昭和12年（1937）3月5日以後の話となる。それ以前は、睦雄の後見人の立場であった祖母いねが財布の紐を握っていた。いねは金銭面の管理は比較的しっかりしていたことから、睦雄の金遣いが本格的に荒くなったのは、昭和12年3月以後のことだろう。それ以前からも小遣いは十分にもらっていたはずだが、限度があった。「かなり昔から都井睦雄が金にあかせて、女を買っていた」という噂もあったが、それは誤りだろう。

とはいえ、いくら当時の農村が性に関して開放的だったとはいえ、睦雄の行動と執着心は明らかに常軌を逸脱したレベルにあった。睦雄と関係を持ち、いい小遣い稼ぎをしていた女性たちも、やがて次々と睦雄から距離を置くようになった。なかにはかなりの額の金を受け取りながら、睦雄を恐れて凶行数日前に家族を挙げて京都まで引っ越した女性もいた（これについては後述する）。時には堂々と、時には陰で睦雄の悪口雑言を口にする者もあちこちに現れた。睦雄にとって、山村での暮らしはストレスの多い環境となったことは言うまでもない。

地元の古老の話によると、前述した遺書のなかで名前が登場した寺井ゆり子や西川良子らも、睦雄からかなりの額の金額を受け取り、関係を結んでいたという。しかし、本人たちはその後の警察などの取り調べで都井との肉体関係を否定しているため、真偽のほどは定かではない。いずれにしろ、ふたりは事件の起きる数ヵ月前に睦雄を捨てるように、他家へ嫁いでいってしまった。

そうしたふたりの女性の行動は、彼女たちが意図したものだったかどうかはともかく、睦雄にとっては裏切り行為以外の何物でもなかった。

睦雄は傷ついた。折から戦火は拡大しつつあり、村の若い男性は次々と兵隊に取られていった。しかし、睦雄は結核を患っていたため、兵役にさえ就けない。正確には、睦雄は徴兵検査に「丙種合格」だった。当時の徴兵検査の合格には、上から甲種、乙種、丙種などランクがあり、甲種と乙種合格までが一般的な合格ラインとされた。そして丙種合格は、「戦場では使い物にならない欠陥品」という、いわば負の烙印といえるものだった。これは睦雄のプライドを大きく傷つけ、コンプレックスとなったはずだ。

そんな鬱々とした気分の最中、自分を裏切って他家へ嫁いだふたりの女性がたまたま里帰りした。

この機会を逃すことなく、睦雄は凶行に走った——。

「助平屋敷」という夜這いの名残

津山事件が発生した貝尾とは市街地を挟んで反対側に「物見」という集落がある。

2001年（平成13）8月、私は津山事件の取材で物見を訪れた。

物見には旧因幡国（今の鳥取県）と津山を結ぶ因幡街道が通っていた。物見の集落の外れ、旧因幡街道の山道のすぐ脇に草が鬱蒼と茂った平地がある。その平地には戦前のある時期まで、〝助平屋敷〟と呼ばれていた屋敷があったという。

それにしても助平とは何やら所以のありそうな名前だ。いったい、助平屋敷の所以とは何なのだろうか。物見に住む古老に聞いてみた。

「ああ、そこは昔の賭場の開かれたところだよ。山の中の村じゃ、娯楽なんてほとんどないからねえ。数少ない娯楽のひとつが博打だったわけさ。サイコロや花札など、いろんな博打が開かれたようだよ」(物見に住む古老)

だが、なぜ博打を意味する言葉ではなく、助平などという枕詞がつけられているのだろうか。

「助平といえば、そりゃひとつしかないだろうよ。男と女の例のスケベのことさ。昔はなあ、博打をやって負けたとき、よく自分の女房を一晩とか二晩、貸し借りしたものなんだよ。負けが込んで支払う金がなくなったときは、女房や娘を代金がわりに勝った奴に貸したんだよ。でもね、昔はこの辺の山の村にはどこでも助平屋敷みたいな賭場があってさ。必ず金がないのにやってきては大負けする奴がいたもんさ。そんなときは、代金がわりに女房や娘を差し出すのが普通でさ。えっ、もし女房や娘が借金のカタになるのを嫌がったらどうするのかって？ そうしたら、着ているものとか身ぐるみはがされて、ひどいときには家や土地まで取られるわけだからさ。仕方なく我慢するしかないんだよ。時にはなあ、バクチに負けたら、助平屋敷のすぐ裏とかで、すぐに女房を抱かせたりしたこともあったそうだよ。そうしたら、女房のほうもさ、どうせ身を任せなきゃいけないなら、楽しまなくちゃ損って感じで、かえって亭主以外の男との情交を割り切って楽しんでいたらしいよ。まあ、博打に女房を賭けるような男なんて、どうせろくでもないダメ亭主だしね」

もともとこの地の山間には夜這いの風習が残り、性的にかなり開放的だった。だから、夫が自分の妻を他人に貸すのも、妻が隣人に抱かれたりするのも、現代に比べれば抵抗は少なかったのだろうか。

外部に対して普段はかなり閉鎖的な山の集落だが、いざ一歩村の内部に入ると、博打の代金の代わりに妻や娘を貸し借りしていたという驚くべき状況の存在に直面する。しかもそんな状況が日常的に、半ばオープンに存在していたのだ。

「だからさ、明らかに亭主の顔とは違った子どもがあちこちで産まれたりしたものさ。でも、それは異常じゃないんだ。一種の文化だったわけよ」

睦雄は、このような農村独特の開放的な雰囲気のなかで育ったのだ。

事件の動機は集落の女性たちとの痴情のもつれだったのか

都井睦雄は、なぜ大量殺人に走らなければならなかったのだろうか。

当時の警察は関係者への取り調べや捜査、そして睦雄の残した遺書などから、事件の大きな動機のひとつは睦雄と集落の女性たちの間で起きた痴情のもつれと判断した。

前述した睦雄の女性に対する執着や行動を振り返れば、彼の異常なまでの性欲や女性に対する執着は性犯罪者を想起させる一面があるかもしれない。ただし、当時の貝尾周辺の山村は性に対してはきわめて開放的な文化を有する地だった。

その開放的な雰囲気は質実剛健の国民づくりを目指す当時の政府の方針にそぐわないとして、大正から昭和初期にかけて、たびたび風紀を取り締まる法令がこの山間の地に出されている。政府が対策に乗り出さなければならないほど、この地域の性風俗は乱れていたというのである。実際、夜這いに走る者は、共産主義者同然の扱いを受けて、特別高等警察の取り締りの対象にもなったりしたケースも時にはあったという。

しかし、性風俗の乱れが大量殺人の直接の原因となることなどがあるのだろうか。実際、男女の痴情のもつれが殺傷沙汰に発展したケースもあったというが、大量殺人に発展してはいない。だが、警察はなぜ、津山事件を男女間の痴情のもつれが原因であると判断したのだろうか。

遺書はすべて真実か――?

睦雄の最大の犯行の動機は、痴情のもつれと自分を裏切った女性たちへの復讐――警察はそう結論した。同様の主旨の告白を睦雄も遺書で残している。

しかし、一方でそんな短絡的な理由に、私はずっと疑問を抱き続けてきたことも事実だ。睦雄が3通の遺書を残していることはすでに述べた。そして、遺書のなかで自分の犯行の動機を断片的に述べている。まずは、祖母殺害のくだりを遺書から引用する。

……ああ祖母にはすみませぬ、まことにすまぬ、二歳の時からの育ての祖母、祖母は殺してはいけないのだけれど、後に残る不憫を考えてついああしたことを行った、楽に死なせる様にと思ったらあまりみじめなことをした、まことにすみません、涙、涙、ただすまぬ涙が出るばかり……。

そして、事件を起こした動機については、次のように述べている。

今日決行を思いついたのは、僕と以前関係のあった寺井ゆり子が貝尾に来たから、又西川良子も来たからである、しかし寺井ゆり子は逃した。

取材を開始した当初から、「たしかに遺書は都井睦雄が書いた。しかし、はたしてすべてが真実なのだろうか」という疑念を私は抱いていた。

もしかしたら、睦雄が自身の犯行を正当化するために書いた言い訳のような側面もあったのではないか。「偽書」とまではいわないが、遺書の検証はきちんとなされるべきだと考えていた。

3通の遺書は都井睦雄の直筆であり、都井睦雄という人間に触れることができる最も重要な資料といえる。

自宅にあった2通の遺書は、睦雄の祖母いねの死骸が残された部屋（6畳）の奥の8畳間にあったコタツの上に、白い封筒に入れられて置かれていた。

以下に津山事件報告書に掲載された3通の遺書を紹介する。読みやすいように適宜現代語に訳し、若干の補足説明やルビも施した。

遺書1——自宅にあったもの

自分がこのたび、死するにのぞみ、一筆書き置きます。

ああ、思えば小学校生時代はマジメな児童として、先生にもかわいがられたこの僕が、現在のごとき運命になろうとは、僕自身夢にさえ思わなかったことである。

卒業当時は若者の誰もが持つ、楽しい未来の希望に胸躍らせながら社会に出立した僕が、まず突きあたった障害は、肋膜炎(結核の一種)であった。

医師は「三ヶ月ほどで病気は全快する」と言ったが、はかばかしくなく、二年ほどぶらぶら養生したが、このために(二年ほどぶらぶら怠惰な暮らしをしたために)強固だった僕の意志にも、少しゆるみがきたのであった。その後、一年ほど農作業の労働をするうち、昭和十年一九歳の春、(肋膜炎が)再発ときた。

これがそもそも、僕の運命に一八〇度の転換をきたした原因だった。

このたびの病気は以前のよりはずっと重く、真の肺結核であろう。痰はどんどん出る。血線は混じる。床につきながら、とても再起はできないかもしれないと考えた。

こうしたことから、自棄的気分も手伝い、ふとしたことから西川トメのやつに大きな恥辱を受けたのだった。病気のために心の弱ったところに、このような恥辱を受けて、心に取り返しのつかない痛手を受けたのであった。

それは僕も悪かった。

だから僕はあやまった。両手をついて涙をだして。

けれど西川トメは僕を憎んだ。ことあるごとに僕につらくあたった。僕のあらゆることについて、事実でないことまで捏造して(僕を)ののしった。

僕はそのために世間の笑われ者になった。僕の信用というか、徳というか、とにかく人に敬われていた点は、ことごとく消滅した。顔をよごされてしまった。

僕は、そのために、この世に生きていくべき希望を次第に失うようになった。病気はよくなく、どちらかといえば悪くなるくらい。どうもはかばかしくなく、昔から言うとおり、やはり不治の病ではないかと思うようになり、西川トメのやつは冷たい目をむけ、陰で他人に会うごとに（僕の）悪口を言うため、それが耳にはいるたびに心を痛め、昼も夜ももんもんとすること一年。その間、絶望し、死んでしまおうかと思ったこともたびたびあった。

けれど、年老いた祖母のことを思い、先祖からの家のことを思うたびに、強く強く、そして正しく生きていかねばならないと思いなおしていた。

けれど、病気は悪くなるばかり。とても治らぬような気分になり、世間の人の肺病者に対する嫌悪感や白い眼。特に西川トメという女のつらくあたること。僕はついにこの世に生きていく望み、若者の持つすべての希望を捨てた。

そうして死んでしまおうと決心した時の悲しさは筆舌につくせない。

僕は悲しんで泣いた。幾日も、幾日も。そうして悲しみのうちに芽生えてきたのは、西川トメのやろうに対する呪であった。

これほどまでに、こうまでに、僕を苦しめて、憎むべき奴に、（僕を）さげすむかの女に、どうせ治らぬこの身なら、いっそ身を捨てて、思い知らせてやろう。

あいつ（西川トメ）は以前はつらかった（貧しかった）のだが、今は何不自由なく元気に暮らしているから、おごりたかぶって、僕のような病める弱い者まで、憎んでバカにするのだろう。憎みたいなら、僕を憎め。

よし、必ず復讐して、あいつ（西川トメ）をこの社会から消してしまおう、と思うようになった。

そのほかにも、僕が死のうと考えるようになった原因がある。

寺井弘の妻、マツ子である。

彼女（マツ子）と僕は、以前（性的な）関係をしたことがある。彼女（マツ子）は誰とでも関係するというような女で、僕が知っているだけでも十人以上と関係している。

そのため、病気になる以前は親しくして、僕も親族が少ないから、お互いに助け合っていこうと言っていた。しかし、病気に僕がなってからは、心がわりがして、（僕に）つらくあたるばかりだ。

腹がたってたまらなかったが、じっとこらえていた。

あれほど深く（関係）していた女でさえ、病気になったと言ったら、すぐ心がわりがする。

僕は人の心の冷たさを、つくづく味わった。

けれども、これは（僕が）病気なのだから、しかたないのだろう。病気さえ治ったら、あの女（マツ子）くらい見返すぐらいになってやる、と思っていたが、病気は治るどころか、悪くなるばかりに思えた。医師の診断も悪い。

そうするうちに一年たったある日、マツ子がやってきた。

僕はマツ子に対して、

「いつも睨みあったりしないで、少し笑顔で話してもいいけれどね」

と言ってやった。すると、マツ子のやつは笑顔どころか、にらみつけてきて、上鼻で笑って、さんざん僕の悪口を言った。

だから、自分も腹を立てて、

「そう言うなら殺してやるぞ」

と脅し気分で言った。

ところがマツ子は、

「殺せるものなら殺してみろ。おまえらのような肺病患者に殺されるものなんて、いるもんか」

と、言って返してきた。

この時の僕の怒り、心中煮えくりかえるとは、このことだろう。

「おのれ！」

と思って、庭先に飛び出したが、いかんせん（病気で）弱っている僕は（マツ子の）後を追えない。マツ子は逃げ帰ってしまった。

僕は、悲憤の涙にくれて、しばらく顔が上がらなかった。

そうして泣いたあげく、それほどまでに人をバカにするなら、

「ようし、必ず殺してやろう！」

と深く決心した。

けれど、その当時僕は病床から少しもはなれることができないくらい、弱っていたから、あいつ（マツ子）が僕を見くびったのも無理はなかった。百メートルも歩けなかった僕だった。

けれども、それ以来、西川トメの奴やマツ子の奴の仕打ちに深く恨みをいだき、そのうえ病気の悪化なども手伝い、全く自暴自棄になってしまった。

その後は治るという考えを捨ててしまって、養生した。

それは、養生したのは、少しでも丈夫になって、あいつらに復讐してやるためにだった。それからは、前とは考えを変えて、丈夫になるように努めた。

そうして神様に祈った。

「どうか身体を丈夫にしてくださいまして、あいつらを殺させてください。あいつらを殺しましたら、その場でこの命を神様に差しあげます」

と、全く復讐に生きる僕だった。

すいぶん無理をして起きもし、また歩きもした。ひたすら恨みに燃えて、動悸の高い心臓をおさえ、病がでていた胸をおさえた。

ところが、不思議に治ろうという観念を捨てたら、今までのような心配がなくなったせいか、少しも快方に向かっていなかったのが、次第によくなっていった。

その時のうれしさ。

「これなら西川トメやマツ子のやつらにも復讐できる！」と思った。

こういう考えが自分の心中にあるからなのか、僕の動作に不審な点があったのか、世間一般の人が疑惑の目を持って（僕を）見だした。親戚の者も同様で、時々祖母に注意するらしい。

祖母が僕の動作に気をつける。僕は隠しに隠した。

けれど、いったん疑った世間の目は冷たい。にわかに僕を憎みだした。

それにつれて、僕の感情も変わって、トメの奴やマツ子の奴ばかりでなく、殺意を感じ出したのは、多数の人に対してだった。

しかし、その間にも以前、小学校時代に先生やみんなの人にかわいがられて、幸福にしていた当時を思い起こして、懐かしい時もあった。そういう時には小さい感情にとらわれず、人に対する憎しみを捨てて、真面目だった以前のような自分に戻ろうかと考えたこともあった。

ああ、身体さえ丈夫であったら、こんな（小さなこと）気にもならないのに、とため息をついたこともあった。

けれど、世間の人は疑惑、そして（僕への）憎しみへと次第につのっていった。僕もそれを見て、また感じる時、良いほうに立ち返るというような考えを消していった。

そうして心をいよいよ決めると、殺人に必要（こう考えた頃は昭和十二年の初め頃だっただろう。この頃には身体はだいぶ丈夫になってきていた）な道具を準備した。

農行（本当は〝行〟ではなくて〝工〟）銀行から金を借用して、銃砲を買い、猟銃免許を受けて、火薬を買った。そうしたら、（買った）銃（の状態）が悪いので、また金を個人借用して、新品（の銃）を神戸より買った。そして、刀を買い、短刀を求めた。

ようやくして、大部分の品を準備できた。

ここまで準備するのにもいろいろと苦心した。人に知られてはいけない。親族や祖母、姉などに知られてはいけない。そうして極力秘密を守ったが、マツ子の奴はこれを感づいて、自分が殺される、と思ったのか、子供を連れて津山のほうへ逃げてしまった。

こうしたことが原因になったのか、世間の人もいろいろ（僕の）噂をするようになったので、自分は評判が高くなって、警察に知れては全てが水の泡になるから、なるべく早く決行すべきと考えた。

そう考えていた矢先に、ふとしたことから祖母の恐れるところとなった。姉は（津山市の）一宮のほうへ嫁いでいるので、少しも知らなかったが、祖母が気づいたらしい。親族に相談したのだろう。一同の密告を受けて、その筋（警察）の手入れをくらい、すべてのものを（取り）あげられてしまった。

その時の僕の失望落胆。実際、なんとも言えない。火薬はもちろんのこと、雷管一つもないように、散弾の類まで、全部とられてしまった。

僕は泣いた。

これほどまで苦心して準備をし、今一歩で目的に向かえるものを、と。

けれども考えようでは、この一度手入れを受けたこともよかったのかもしれない。その後は、世間の人はどうか知らないが、祖母をはじめ、親族の者は安心したようである。

僕はまたすぐ活動を開始した。

加茂駐在所で説諭を受けて帰ると、そのあくる朝、今田勇一氏を訪ねて、金四円で、マーツ火薬一個、雷管付きケース百個ばかりを津山片山銃砲店より買ってきてもらった。銃も大阪に行って買った。刀は、桑原伊藤歯科医より買い、短刀を神戸より買った。

これまでの準備は、ごく秘密に秘密を重ねてしたのだから、おそらく誰も知るまい。

これでいよいよ西川トメや、その他の恨み重なる連中に復讐ができるのだ。こんな愉快なことはない。どうせ命は捨ててかかるのだ。

けれど、マツ子一家が逃げたのは、実際、残念だ。あいつは、僕が一度（警察の）手入れをくうや、家にいったん帰り、家具を少々持って、一家全部京都か東京の方面に逃げていってしまった。

やつらをほおっておいて死ぬのは情けないけれど、仕方がない。自分としては、ほかには何も思い残すことはないが、くれぐれもマツ子のやつらを残すことは情けない。

けれど、考えてみれば、小さい人間の感情から、一人でも殺人をするということは、非常時下の日本国家に対しては、すまないわけだ。

また僕の二歳のときに死別した父母様に対しても、先祖代々の家をつぶすとは、はなはだすまないわけである。この点、冥途とやらへ行ったら、深くお詫びする考えである。

また、たった一人の姉さんに何も言わずにこのまま死するのも、心残りのようではあるが、さとられてはいけないから、言わずに死のう。つまらぬ弟を持ったとあきらめてもらうより仕方がない。

ああ、思えば不幸なる僕の生涯ではあった。

実際、体なりと丈夫にあったら、こんなことにもならなかったのに。もしも生まれ変われるものなれば、今度は丈夫な、丈夫なものに生まれてきたい考えだ。

本当に病弱なのにはこりごりした。
僕の家のこと、姉のことなどを考えないのではないけれど、どうせこのまま活していたら、肺病で自滅するよりほかはない。そうなると、無念の涙をのんだまま、僕は死なねばならぬ。西川トメたちは手をたたいて喜ぶべきだろう。そうなったら、僕は浮かばれない。決して僕の恨みは、そうなまやさしいものではないのである。

以上が僕の懺悔と言うか、こうなった動機である。

五月十八日これを記す
〔早く決行しないと、身体の病気のため、弱るばかりである〕
僕がこの書物を残すのは、自分が精神異常者ではなくて、前もっての覚悟の死であることを、世の人に見てもらいたいためである。
不治と思える病気を持っているものであるが、近隣の厭迫（えんはく）冷酷に対し、またこのように女とのいきさつもあって、復讐のために死ぬのである。少々のことならいかに虐げられても、こう心持ちを悪い方に変えないけれど、長年月の間、虐待されたこの僕の心は、とても持ち帰ることはできない。まして病気も治らないのに、どうして真面目になれよう。また、なったとして、どうなるものか。

寺井マツ子のやつは、金を取って（性的に）関係しておきながら、それと感づき、逃げてしまった。あいつらを生かしておいて、僕だけ死ぬのは残念だが、しかたがない。

＊＊＊

日付のあとに続く文章は別の便箋に書かれていたが、警察関係者は便宜上、また前後のつながりから最後の文章と解釈しているが、冒頭部分の文章である可能性もある。

また、この遺書と次の姉宛の2通の遺書は、実はどちらが最初に書かれたものかもわかっていない。警察関係者は、便宜上、先に紹介した遺書を「1通目」としたが、姉宛の遺書が1通目の可能性もある。2通の遺書はそれぞれ白い封筒に入れられて、重ねて置かれていた。

いずれにしろ、1通目とされる遺書が、事件の経緯や動機を最も詳細に説明したものといえるだろう。

遺書2――姉宛てのもの

非常時下の国民として、あらゆる方面に老若男女を問わず、それぞれの希望をいだき、はつらつと活動している中で、僕は一人、幻滅の悲哀を抱き、さみしくこの世を去っていきます。

姉上様、何ごとも少しもお話しせずに死んでいく睦雄を、何とぞお許しください。

自分も強く正しく生きていかねばならない、とは考えてはいましたけれども、不治と思われる結核を病み、大きな恥辱を受けて、加えて近隣の冷酷厭迫に泣き、ついに生きていく希望を失ってしまいました。

たった一人の姉さんにも、生前は世話になるばかりで、何一つ恩返しもせずに死んでいくこの僕を、どうか責めないで、不幸なるものとして、何とぞお許しください。

僕も、よほど一人で、何ごともせずに死のうかと考えましたけれど、取るに取れない恨みもあり、周囲の者のあまりの仕打ちに、ついに殺害を決意しました。

病気になってからの僕の心は、まったく砂漠か敵地にいるような感じでした。

周囲の者は、みんな鬼のようなやつばかりで、つらくあたるばかり。病気は悪くなるばかり。僕は世の冷酷に自分の不幸の運命に毎日のように泣いた。泣き悲しんで、絶望の果て、僕は世の中を呪い、病を呪い、そうして近隣の鬼のような奴も……。

僕は、ついにこれほどまでにつらくあたる近隣の者に、身を捨てて、少しではあるが、財産をかけて復讐してやろうと思うようになった。

それが発病後、一年半もたっていた頃だろうか。それ以後の僕は、まったく復讐に生きているると言っても差し支えない。そうして、いろいろ人知れぬ苦心をして、今日までにいたったのだ。

目的の日が近づいたのだ。

僕は復讐を断行します。

けれど、後に残る姉さんのことを思うと、あれが人殺しの姉弟と、世間の冷たい目の向けられることを思うと、考えが鈍るようです。しかし、ここまで来てしまえば、仕方がない。

どうか姉さん、お許しのほどを。

僕は、自分がこのような死に方をしたら、祖母も長らえてはいますまいから、不憫ながら同じ運命に連れてゆきます。

道徳上から言えば、これは大罪でしょう。

それで、死後は姉さん、先祖や父母の仏様を祭ってください。祖母の死体は、倉見の祖父のそばに葬ってあげてください。

僕も父母のそばにゆきたいけれど、なにしろこんなことを行うのですから、姉さんの考えなさるようでよろしい。

けれども、僕はできれば父母のそばにゆきたい。

そうして冥土とやらへ逝ったら、父母のへりで暮らします。何しろ、二、三歳で両親に死別しましたから、親は恋しいです。

それから少しの田や家は、しかるべく処分してください。なお、簡易保険が二つ、五十銭ずつ毎月はるやつがあるのですが、もらえるようでしたら、もらってください。

お願いします。

ああ、僕も死にたくはないけれど、家のことを思わぬではないけれど、このまま話していたら、どうせ結核にやられるべきだろう。そうしたら、近隣の鬼のようなやつらは喜ぼうけれど、僕はとても浮かばれぬ。

どうしても、かなり丈夫でいる今の間に、恨みをはらすべきです。復讐、復讐すべきです。

では、取り急ぎ右死するにのぞみ、一筆かきおきます。僕がこのような大事を行ったら、姉さんは驚かれることでしょう。すみませんが、どうかお許しください。

こういうことは、日本国家のため、地下にいます父母にははなはだすまないことではあるが、仕方がありません。

兄さん（姉の夫）によろしく。

五月十八日これを記す

同じ死んでも、これが戦死。国家のために戦死だったらよいのですけれども、やはり事情はどうでも、大罪人ということになるでしょう。

［どうか姉さんは病気を一日も早く治して、強く強くこの世を生きてください。僕は地下にて、姉さんの多幸なるべきことを常に祈っています］

＊＊＊

いずれの遺書も、さりげなく自分を正当化もしくは体裁や世間体を取り繕（つくろ）おうとする、睦雄の言い訳じみた文言が印象的だ。同時に、睦雄の義民信仰（第7章参照）の一端も感じられる。

遺書３──死の直前に書かれたもの

いよいよ死するにあたり、一筆書き置き申します。

決行するにはしたが、討つべきを討たず、討たなくてもいい者も討った。時のはずみで、ああ祖母にはすみませぬ。

まことにすまぬ。

二歳の時からの育ての祖母。祖母は殺してはいけないのだけれど、後に残る不憫を考えて、ついああしたことを行った。

「楽に死ねるように」と思ったら、あまりにもみじめなことをした。まことにすみません。

涙、涙、ただすまぬ涙が出るばかり。

姉さんにもすまぬ。はなはだすみません。許してください。

つまらぬ弟でした。

このようなことをしたから（たとえ、自分の恨みからとは言いながら）、決して墓をして（作って）くだされなくてもよろしい。野に腐れれば、本望である。

病気四年間の社会の冷淡、厭迫には、まことに泣いた。

親族が少なく、愛というものが僕の身にとって少ないのにも泣いた。社会も少し、身寄りのない者や結核患者に同情すべきだ。

実際、弱いのにはこりた。今度は強い強い人に生まれてこよう。

実際、僕も不幸な人生だった。今度は幸福に生まれてこよう。

思うようにはいかなかった。

今日、決行したのは、僕と以前、関係のあった寺井ゆり子が貝尾に来たから。また、西川良子も来たからである。

しかし、寺井ゆり子は逃がした。

また寺井倉一というやつ。実際、あれを生かしたのは情けない。ああいうものは、この世から葬るべきだ。あいつは金があるからといって、未亡人でたつものばかりねらって、貝尾でも彼と関係しないという者(女)は、ほとんどいない。

岸田順一も、密猟ばかりで、土地でも人気が悪い。彼らのような者たちも、この世から葬るべきだ。

もはや夜明けも近づいた。死にましょう。

＊＊＊

3通目の遺書は犯行直後に自殺現場となった荒坂峠に着いてから、書き古された小学生の地理帳に鉛筆で走り書きしたものだった。

以上が睦雄の残した遺書である。

文章の構成や表現力などはかなり高度で、睦雄が教養豊かで、知能も高かったことがわかっていただけたのではないだろうか。一方、睦雄の遺書を検証する際にいくつかのポイントがある。以下、列挙しながら検証してみたい。

●祖母への複雑な感情

祖母に感謝の念を表しながらも、同時に祖母への複雑な感情の一端が感じられる。

後述するが、祖母が親戚らに睦雄の凶行準備を告げ口したことが端緒となって、警察に一度取り締まられ、銃器類をほとんど没収されたことで、計画を大幅に狂わされてしまった。自分が借金をしてまで進めていた計画が、祖母の告げ口によって破綻してしまったのだ。はたして、祖母への逆恨みの念は睦雄の胸中には存在しなかったのだろうか。むしろ、巧妙に隠されていただけではないのか。

いねは当時、「睦雄に殺されるかもしれない」という強迫観念にとらわれ、しばしば貝尾集落内の親戚の家に泊めてもらっている。もしかしたら、家庭内では日常的に睦雄による深刻な暴力や異常な振る舞いなどに発展していた可能性も考えられる。

また、警察の摘発を受けたことで、睦雄はせっかく用意した武器を一度失った。そして、家のほぼすべての残り財産を担保にして金を借り、次の凶行の準備を進めざるを得なかった。このため、睦雄はいよいよあとに引けなくなり、凶行に突き進まざるを得ない状況に陥った、とも見て取れる。

あえて祖母への恨みの念を遺書で封印したことで、かえって睦雄の心の奥には抜き差しならない祖母への恨みの思いがふつふつと煮えたぎっていたように思えてならないのである。

●直接的動機となったふたりの女性

1通目の遺書に書かれたふたりの女性、西川トメと寺井マツ子への強い恨みが一連の事件のそもそもの発端であったことを示唆している。マツ子を殺害することは叶わなかったわけだが、マツ子は睦雄の犯行計画を事前に察知していたのだろうか。どうしてマツ子だけが、貝尾から逃亡できたのだろうか。

ちなみにマツ子は事件後、京都から貝尾に戻り一家が全滅した自家の跡を継いだ。そのとき、「睦雄が死んだのだから、もう戻ってもかまわない」と周囲に言い放っていたという。やはりマツ子は睦雄の犯行計画の存在を事前に知っていたのだろうか。このため、実は睦雄は想いを寄せるマツ子をあらかじめひそかに逃がしたのではないか、などの仮説や推測も生じている。

もっとも、マツ子は貝尾で仲のいいほかの女性たちに対しても、睦雄の危険性を指摘したり、逃げ出すようにと勧めたりしていた。寺井ゆり子もそんな言葉をマツ子から聞いたという。

●3通目に登場したふたりの女性

1、2通目には登場しなかったふたりの女性、寺井ゆり子と西川良子が3通目の遺書には登場する。このふたりの女性は睦雄と深い関係、執着や因縁があったとされ、ふたりの帰省が睦雄の凶行実行のきっかけとなったとされている。印象としては、1、2通目に登場したトメやマツ子とは〝色〟(肉体関係)のつながりが強い一方、良子とゆり子の場合は、睦雄と年齢も近いことから〝恋愛〟や〝結婚〟などを意識した〝情〟のつながりを感じさせる。

このふたりも、良子が死に、ゆり子は生き残った。特にゆり子に対する睦雄の執着は相当なものがあり、「睦雄はゆり子と結婚したかったのではないか」とも噂された。

一方で別の解釈もできる。ゆり子たちが睦雄に対して、彼の肺の病や奇妙な行動を笑ったり、嫌ったことをうかがわせる言動はたしかにあった。私はゆり子本人に直接取材し、彼女がいかに睦雄を嫌っていたかについても聞いている。

だからこそ、もしかしたら睦雄はゆり子たちに言葉の上だけでも復讐しようとしたのかもしれない。つまり、実際に性的な関係はなかったとしても、遺書のなかであえて「性的関係があった」と書き残すことで、彼女たちの風評を落とし、中傷するなどして、復讐を果たすというものだ。まさか覚悟の自殺の際の遺書で睦雄が嘘を書き残すとは誰も思うまい、と考えほくそ笑んだかもしれない。

津山事件報告書によると、ゆり子と睦雄の間に性的関係があったという事実は、睦雄が匂わせているだけで、実際の証拠は必ずしも見つからなかった、とも書かれている。睦雄の姉みな子も事件後の警察での事情聴取で、マツ子と頻繁に会っていたことは知っていたが、ゆり子たちと会っていたのは知らなかった、とも証言している。

●強い自己愛

遺書全体から伝わるのは、睦雄の自己愛があまりにも強いことである。

自己愛とは、文字どおり自分を大切に思ったり、自分を第一に考えたりすることを意味するが、自己愛が強すぎてバランスを崩すと、〝自己愛性パーソナリティ障害〟という精神疾患を発症する場合がある。ありのままの自分を愛せず、認められなくなり、また自分は他者に対して優越的ですばらしく特別で偉大な存在でなければならないという思い込みに支配されてしまう。原因としては、幼いときの虐待や過保護などが考えられ、精神面の発達や成長が年齢の割に阻害された未成熟な状態になってしまうものだ。

心のバランスが崩れすぎると、自分の愛する家族に暴力を振るったり、暴言を吐いたり、責めたりすることがあり、深刻な引きこもり状態に陥ることがある。そうかと思えば、時には周囲の人を大勢巻き込んで、大騒動を引き起こすこともある。

睦雄は過度に自分をきちんとした人間であると見せようと意識していた、もしくは演技していたように思える。精神病者ではないなどと、わざわざ遺書で断る点など、心理的に自分は精神病者なのかもしれない、という恐怖心を逆に抱いていたとも解釈できる。

睦雄がどこまで心のバランスを崩していたかはわからない。しかし、事件を引き起こした背景には、あまりにも強すぎる自己愛の問題もあった可能性もある。

だとすると、祖母を殺害したことと祖母への表面的な愛着が、睦雄の心の内側に同居していることも理解できる。

●さりげない責任転嫁

前述の自己愛の強さとも関連するが、睦雄は遺書の端々でさりげなく周囲の人間や社会環境、あるいは結核という病気に、自分が犯行を決意・決行せざるを得なくなった事情の責任を転嫁している。

例えば、肋膜炎や結核も再発こそしたものの実際には深刻ではなく、十分に治癒する病状だった。医師もそう判断し、睦雄に伝えていた。短時間で30人を殺害した犯行時の睦雄の体力を考えれば、すでに結核や肋膜炎は完治していた可能性すらある。

だが、睦雄は自分の健康状態が回復したことを認めようとはしなかった。むしろ、終始自分は死の病に苦しんでいると、自分に言い聞かせるかのような発言を繰り返している。まるで、自分が死の病を患っていないと困るかのように。

自身が次第に追いつめられていったのも、睦雄は周囲からのイジメや嫌がらせで、精神的に追いつめられ、絶望したからである、と説明している。こうした説明も犯行の動機や理由の辻褄を合わせて、同時にさりげなく責任転嫁しているように思えてならない。

睦雄は、途中から自分自身を不幸のどん底の状態に追い込むようなストーリーを胸の内でつくり上げることで、かえって自分をがんじがらめに、窮屈にしていったのかもしれない。

疑問1——祖母を最初に殺した本当の理由

遺書について引っかかったポイントはふたつある。

ひとつ目は「なぜ、自分を育てた祖母を真っ先に、しかも残忍な方法で殺害したのか？」という点。

そしてふたつ目が「自分の母親と同じ世代という、かなり年上の女性に執着した」理由である。

祖母を真っ先に殺害した理由について、睦雄は遺書のなかで、憎き殺人者が身内にいては残された祖母は余生を貝尾で生きられまい、祖母に肩身の狭い思いをさせるのは嫌だ、だからこそ、自分を大事に育ててくれた大切な祖母を最初に殺した……そんな趣旨の言葉を遺している。

だが、睦雄は祖母いねに対するもっと深くどす黒い怨念のごとき想いを心の根っこに抱えていたのではないだろうか。

事件当時、貝尾の集落における都井家は睦雄と祖母のふたりだけで、もともと都井家は山の奥地の倉見地区の出身だった。孫の睦雄の教育を考えて、いねは睦雄を市街地の学校へ徒歩で通える貝尾まで引っ越してきた（理由については後述する）。

いねは睦雄を異常なまでに溺愛しており、少しでも雨が降っていれば、睦雄が学校へ行くのを止めさせるほどだった。当時の山村では考えられないほどの過保護、過干渉な祖母だった。見方によっては、いねは自分の愛情で睦雄をがんじがらめに縛って、拘束していたように見えなくもない。

そして、睦雄が殺人事件を起こし、仮にいねが生き残ったとしよう。当然、貝尾にはいづらくなる。それでもいねの行き場所（生活できる場所）は少なくともふたつはあった。ひとつは睦雄の姉みな子の嫁ぎ先、そしてもうひとつは倉見の都井家の実家である。

もちろん、どちらも暮らしやすい場所ではなかったろうが、祖母を路頭に迷わせるようなことはさせずにすんだはずだ。姉の嫁ぎ先や倉見の実家とは没交渉ではなかったし、事件後も睦雄に対して倉見の住民は悪い感情は抱いていなかった。当然、そうした事情は睦雄も承知していた。

つまり、睦雄が遺書に残した「自分は祖母に感謝していて、祖母をひとり残すのは不憫だった」という趣旨の言葉は、嘘だったのではないか。少なくとも真実のすべてではない。

私は、睦雄は自分の祖母をほかの誰よりも憎んでいたのではないかと思う。そして、同時に愛情も感じていた。普段から睦雄は祖母思いのいい子を常に装っており、実際その気持ちがなかったわけではない。だが、睦雄の心の奥底では、自分の自由を縛り、自分を結核にかかって徴兵検査に落ちて人生を棒に振るようなダメ人間にしたのは、ほかならぬ祖母のせいだ、と考えていたのではないだろうか。

もしかしたら、誰よりも真っ先に祖母を殺害して、同時に自分自身の存在をこの世から消去してすべてをリセットするのが、睦雄の本当の犯行の動機だったのかもしれない。だから、真っ先に斧を使って、絶対に生き返ることのないようにいねを首から切断した。ある意味、女性たちへの復讐劇という遺書で語ったシナリオは、そんな睦雄の本心を隠す隠れ蓑だった可能性すらある。

実は私がこのような考えに至ったのは、勝手な推測からではない。睦雄や2001年（平成13）に起きた池田小事件の宅間守、2008年（平成20）に起きた土浦連続殺傷事件の金川真大などに憧れて、「できることなら同様のことをしてやりたい」と考えている数人の若者たちと私は取材を通して出会った。そのうちの何人かは両親や祖父母などに溺愛され、何不自由なく育ち、才能はあるにもかかわらず社会では評価されない生き方を強いられていた。

そんな彼らのほぼ全員が、溺愛し、自分の人生に干渉してきた祖父母や両親を好きではある一方で同時に世界で最も憎んでいた。そして、できることなら思いつく限りの苦しみを味あわせて殺してやりたい、と考えていた。もちろん、そんな現代の彼らのメンタリティーが睦雄の心理とそのまま重ね合わせられるとは思えない。だが、睦雄の犯行の隠された第一の動機は、自分の人生をダメにした祖母への復讐と自分という存在をこの世から消し去ることだったのではないかと私には思えてしまうのである。

疑問2――年上の女性＝母性への執着

私は睦雄の恋愛、つまり女性への興味はふたつのパターンがあったと考える。

ひとつはほぼ同年代の女性に対する恋愛感情。そして、もうひとつは異性としての女性というより、母性としての女性に対する複雑で歪んだ欲求である。

同年代の女性への恋愛感情は、容易に理解できる一般的な恋愛感情である。おそらく彼女たちとの関係については、相手に自分をたくましく、そして強く頼れる男であると認知してもらいたいと考えていただろう。相手を、あくまで異性としての女性と意識し、交際を望み、そしていずれは結婚したいと考えていたはずだ。

しかし、一方で睦雄はひと回りもふた回りも年上の女性に激しい夜這いや誘惑のアプローチをかけて関係を結んでいた。若い女性に見向きもされないような立場ならまだしも、睦雄は前述のとおり集落ではけっこうもてた。若い女性との関係にも結核が発覚するまでは、さほどは不自由しなかった。にもかかわらず、実際の睦雄が同年代の若い女性以上にかなり年上の女性に執着したのは、なぜか。

睦雄の旺盛な性欲の前につい霞みがちになってしまうが、睦雄は〝母性の獲得〟に恋愛感情以上に執着していたのではないだろうか。

睦雄は実の母親とは幼くして死別した。祖母は睦雄を溺愛してこそいたが、それは前述のように女親が子どもを愛するようなものではなかった。睦雄は母性の温かみや愛情に触れる経験をすることなく成長した。祖母の過保護ぶりは見方によっては、ペットをかわいがるような育て方だったといえるかもしれない。

生活に不自由しなかったぶん、睦雄の心は触れることのなかった母性への渇望、強い飢えを慢性的に感じていた。だから、かなり年上の女性と積極的に関係を持とうとしたのではないだろうか。

年上の女性への執着は、長期ひきこもりの取材を通して知り合った前述の睦雄や宅間守の犯行に憧れを抱く若者たちにも共通して見られる傾向だった。彼らは母親と同年代の女性に対して性欲を感じながらも、同時に子どものように甘えて癒されたい欲求を持っていた。

彼らは大人になりきれない未熟な部分を心のなかに持っていた。しかも、その未熟な部分は心のかなり大きな割合を占めていた。

未熟な男性は折れやすく、傷つきやすい。未熟であるがゆえに自分を〝たくましい大人の男〟と周囲に認知されたい。しかし、そうは認知されずに焦り、疑問を感じ、未熟ゆえに自分自身の問題を見つめられずに周囲の人間や環境などに責任転嫁してしまう。自分が必ずしも満たされなかったり、自分がダメな人間に落ちこぼれてしまったのはなぜか、と考えるとき、彼らは自分のせいではなく、周囲の誰かの責任であると考える。それゆえ、どうしても自分を溺愛して育てた両親や祖父母に、真っ先に自分のダメな原因を責任転嫁する傾向がある。

そしてそれは、時に強い殺意にまで発展する。たいていの場合は殺意で終わるのだが、まれに犯罪にまで発展してしまうケースがある。

遺書の矛盾

事件直後、睦雄の遺書に対して私と似たような疑問を抱いた捜査関係者がいた。岡山地方裁判所の思想係検事・林隆行である。林は津山事件について短いレポートを残しており、その冒頭でこう書いている。

犯人の遺書にどれだけの信頼がおけるか疑わしい。

林がそのレポートの冒頭で遺書の内容に不審や矛盾を感じたのは、次の2点だった。

（1）犯行の3日前に記した遺書の目的「僕がこの書物を残すのは、自分が精神異常者でなくて、前もって覚悟の死であることを世の人に見てもらいたいためである」の言葉のなかには、睦雄が自分の犯行を事前にしっかり自覚しており、その犯行の必然性を主張していること。

（2）一方で睦雄は自分の犯意を全面的に肯定していないこと。自分の犯行がひとつの罪悪であることを認めていること。

自分の犯行を堂々と正当化しながら、同時に犯行の内容を正当化できるものではないと否定している。

林はこの睦雄の遺書の特徴を「おもしろい」と論評し、「遺書のいたるところで睦雄の分裂した心理や論理が見て取れる」と指摘している。

また、睦雄が妙に国民的道徳にこだわり、時に自分の犯行を正当化し、時に自分の犯行を否定したりして、自分が国民的道徳を自覚していることを主張している点にも注目していた。

例えば、次のような睦雄の言葉である。

「けれど、考えてみれば、小さい人間の感情から、一人でも殺人をするということは、非常時下の日本国家に対しては、すまないわけだ」

「非常時下の国民として、あらゆる方面に老若男女を問わず、それぞれの希望をいだき、はつらつと活動しているなかで、僕は一人、幻滅の悲哀を抱き、さみしくこの世を去っていきます」

「自分も強く正しく生きていかねばならない、とは考えてはいましたけれども、不治と思われる結核を病み、大きな恥辱を受けて、加えて近隣の冷酷厭迫に泣き、ついに生きていく希望を失ってしまいました」

「道徳上から言えば、これは大罪でしょう」

「同じ死んでも、これが戦死。国家のために戦死だったらよいのですけれども、やはり事情はどうでも、大罪人ということになるでしょう」

林は睦雄が国民的道徳などの呵責を抱えながら、自分の犯行の正当性を頑なに主張している点を取り上げて、次のように評論している。

犯人は国民的な良心や心情によって、自分の生活や環境への反省はするが、決して自分の決行しようとしている犯罪に対しては、一向に根底的な反省の目を向けない。〜中略〜遺書の目的は明らかに犯行の正義化のためである。ここに犯人のもつさらに複雑な人生観、倫理観の究明が必要となってくる。

一方で、林は睦雄の犯行の核心について、国民的道徳や社会的良心の美辞麗句をまぶしながらも、実は「徹底的に自己中心であり、個人主義的である。彼はあくまで利己主義的にものを解釈している」と断言している。

その一例として、睦雄が遺書のなかで「あいつら（自分を苦しめた女たち）は生かしておいて、僕だけ死ぬのは残念で仕方がない」と書いているが、この〝残念〟の根拠を探っていくと、次のような自己中心的な睦雄の主張に行き着くとしている。

・睦雄が他の人々に比べて体質が脆弱なこと
・小学校当時から抱いていた青年らしい希望を捨てなければならなかったこと
・死期を前にして世間一般が睦雄に対して冷酷であること
・深い関係だった女たちが、病気になったら心変わりしたこと
・彼ら（女たち）を生かしては自分も死ねないこと
・彼ら（女たち）を生かしては世のためにならぬこと
・祖母を愛するがゆえ、自分の死後のことを思い、殺害したこと

犯行の根拠や理由が、実はことごとく自己中心的な発想や主張であると書き、ある種の睦雄の心理的問題点を見抜いていた。

そして、睦雄は国家を論じ、非常時を論じてはいるが、実はその言葉ほどに睦雄は国家や非常時のことを考えていなかった、とまとめている。

睦雄の主張を頑なに悪く解釈し、あくまでも猟奇的な犯罪者として断罪しようとしているこ

だわりを感じはするが、このような分析が事件直後になされていた点は興味深い。

睦雄が寺井ゆり子や西川トメ、寺井マツ子たちを恨んでいたこと、そしてそうした恨みの根拠を遺書でつづっている。しかし、その恨みの根拠となる具体的な事例は、遺書にはあまり書かれていない。プライドの高い睦雄が、女性たちに中傷された具体的事実をつづることに抵抗があったからなのだろうか。それとも、睦雄が被害妄想的思考に陥り、具体的な事例が実際にはなかったため、書けなかったのだろうか。いずれにしろ、睦雄の遺書だけでは、周囲の人々（貝尾における事件の被害者たちのグループ）から、具体的にどのようなひどい仕打ちを受けたのかという判断材料が少なく、検証が難しいのも事実だ。そして、この点こそが、津山事件における取材の要点のひとつとなった。

はたして、本当に睦雄は周囲からひどい仕打ちを受けていたのか。

そして、それは大量殺人の動機となり得るものだったのか。

睦雄が祖母いねを真っ先に殺した理由とともに、睦雄が犯行を決行した理由の背景には、もっと大きなどす黒い闇が横たわっているのではないだろうか……。

都井家と睦雄のルーツとも
いえる集落・倉見

集落を流れる倉見川。
睦雄の墓石は
この付近にあった石が
使用されたという

倉見にある睦雄一族の墓

倉見川の石が使用された睦雄の墓

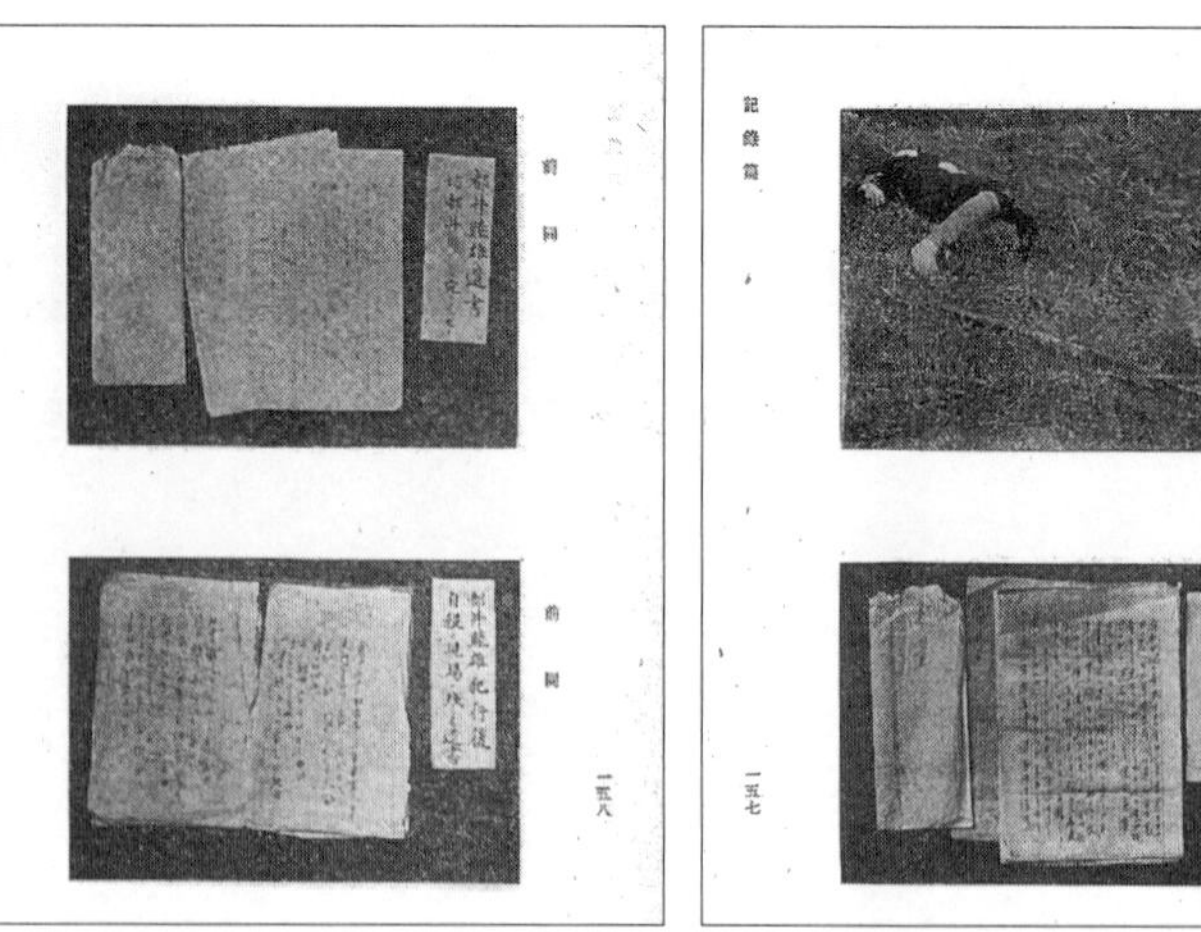

記録篇

前同

都井睦雄遺書

都井睦雄遺書

一五七

前同

前同

一五八

「津山事件報告書」に掲載されている睦雄の3通の遺書

第3章

矛盾と虚構——筑波昭『津山三十人殺し』

「津山事件」を知るうえでの必読書

歴史に残る大量殺人事件である津山事件をめぐっては、実に多くの小説、評論、映画、ドラマなどの関連作品がこれまで執筆、制作されてきた。特にフィクション作品に目を向ければ、錚々たる作品が並ぶ。

- 『八つ墓村』（横溝正史・1949〜1951年）
- 『丑三つの村』（西村望・1981年）
- 『神かくし』（山岸凉子・1986年）
- 『龍臥亭事件』（島田荘司・1996年）
- 『夜啼きの森』（岩井志麻子・2001年）
- 『ツバキ』（押切蓮介・2011年）
- 『夜見の国から〜残虐村綺譚〜』（池辺かつみ・2012年）

『八つ墓村』の初出から半世紀以上、津山事件発生から80年以上が経過したにもかかわらず、小説や漫画が相次いで出版されていることは特筆に値する。それだけ、津山事件は多くの人々を引きつける〝魅力〟（もしくは魔力）のようなものがあるということだろう。

評論やルポルタージュなどのノンフィクションも、同様に数多く出版されている。雑誌や新聞に掲載された記事、医学書や犯罪心理学の分野でも秀逸なものが数多くある。ここでは津山事件を理解するうえで最低限の必読書を列挙しておく。

●「闇に駆ける猟銃」（松本清張『ミステリーの系譜』所収・1967年）

『週刊読売』に連載されていた推理小説界の大家・松本清張によるノンフィクション。津山事件発生からまだ30年も経っていない時期に現地を取材してまとめられたため、事件を直接知る生き残りや関係者たちの貴重な証言も収録されている。また戦前の司法省刑事局がまとめた「津山事件報告書」も数多く引用され、かなり具体的に記述している。

事件現場となった貝尾の住民たちの間では、その信用度では長らく1位の座を保っていた。登場人物の名前が名字を一文字変えただけの「実名に近い仮名」であるため、リアリティーがあることがその理由として挙げられる。当時、松本清張が現地を取材で訪れたときは、有名人だけにちょっとした騒ぎになったという。しかし、睦雄の姉のみな子はすでに結核で死亡している、などの誤った情報も掲載されている。

●『津山三十人殺し 村の秀才青年はなぜ凶行に及んだか』（筑波昭・1981年）

言うまでもなく、長らく〝津山事件のバイブル〟とされてきた。前半部は、警察の事件記録「津山事件報告書」を数多く抜粋・引用していることから資料価値が高いとされていた。

後半部では、犯人の睦雄の生誕後から生活の様子を具体的に内面やその人間像までもがわかるように紹介している。「津山事件報告書」は、長らく一般の人が目にすることができない資料であったため、津山事件を考察する際には「津山事件報告書」からの引用が多い同書に依拠するしかなかった。そんな状態が2010年ごろまで続いてた。

本文を読む限り、現地で睦雄の姉や貝尾の住民、さらに睦雄と遊んだ近所の子どもたちなど、事件関係者へ実際にインタビューをしていなければ書けないような記述が並んでいる。また、睦雄が小説に熱中した様子や、阿部定事件に執着した様子、さらに悪友と遊郭で放蕩（ほうとう）する様子などが具体的に描かれており、睦雄の人間性を考察するうえでも貴重な本だった。

本書の刊行以降に出版された津山事件関連の作品の多くは、この筑波本（以後、便宜上筑波氏の著作を紹介する際はこの呼称を使わせていただく）をもとにして執筆されている。私自身も雑誌などに掲載した取材初期の津山事件のルポでは、筑波本をおおいに参考にさせてもらった。私の著作における登場人物の仮名は、すべて筑波本に準拠している。

2005年（平成17）に筑波昭氏は新潮文庫から『津山三十人殺し　日本犯罪史上空前の惨劇』を上梓しているが、同書は1981年（昭和56）に刊行された氏の著作の内容を踏襲した改訂版にすぎないため、特別なことがない限り、本書で〝筑波本〟と表記する際は、1981年に草思社から刊行された『津山三十人殺し　村の秀才青年はなぜ凶行に及んだか』を指すこととする。

●「津山事件報告書（岡山県苫田郡西加茂村における三十三人殺傷事件）」（司法省刑事局・1939年）

津山事件は被疑者の睦雄が事件直後に自殺してしまったために、起訴もされないまま、「被疑者死亡」で裁判も開かれずに終幕した。このために事件の全容は闇に葬られることとなりかけた。しかし、世界に例を見ない大量殺戮事件であることから、司法省刑事局では事件の捜査記録が散逸しないうちに、後世の犯罪研究のために資料をまとめようと考え、岡山地方裁判所の市島成一検事らが中心となってまとめられた捜査記録ファイルが「津山事件報告書」である。全体は3部構成で、第1部が「記録篇」、第2部が「資料篇」、第3部が「研究篇」となっている。「記録篇」では事件発生からの捜査記録が時系列で掲載されている。「資料篇」では生存者を含む事件関係者の供述調書の要旨、戸籍謄本などの被疑者の個人情報、事件についての報道記事などが掲載されている。「研究篇」では捜査関係者や医師、研究者、マスコミ関係者らによる事件を分析した論文が掲載されている。

私は2010年にアメリカのスタンフォード大学の図書館でこの資料を入手することができた。長らく〝幻〟とされてきた津山事件についての貴重な一次資料である。この資料が再び世に出たことで、皮肉にもそれまでのバイブルだった筑波本の評価が二転三転していくこととなった。

●『津山事件の真実（津山三十人殺し）』（事件研究所・2010年）

市井の研究者である著者が、手弁当で長年津山事件の調査を続け、その記録をまとめた労作である。私の手元には2010年（平成22）12月発行の初版本、2011年（平成23）8月発行の増補改訂版（第二版）、2012年（平成24）8月発行の第三版の3冊があり、それぞれ年を経るごとに内容が増補されている。初版本には、著者による長年の津山事件研究のレポートのほかに「津山事件報告書」の全文コピーが巻末に掲載されている（驚いたことに、私とほぼ同時期にスタンフォードで大学資料を入手していた）。第二版では筑波昭氏へのインタビューが掲載されており、筑波本に「創作がある」ことを告発し、問題提起している（筑波氏も自著の不完全性を認めたという）。第三版では、それらの一連の調査がまとめて報告されている。実は私と著者は雑誌

『映画秘宝』（洋泉社）の企画で対談しており、第二、第三版には私との対談も掲載されている。

著者の津山事件についての知識は豊富なものがあり、個人的にはこの著者との対談は、さまざまな意見や仮説が飛び出して、非常に楽しかった。本書を書くにあたっても、貴重な参考資料とさせていただいたことは言うまでもない。津山事件に関心のある方にはぜひ一読を勧めたい。

●『自殺　精神病理学的考察』（中村一夫・1963年）

犯罪心理や医療関係の研究者は、多くの人たちが、津山事件や都井睦雄の心理についての分析や考察のレポートを残している。それらを利用しての睦雄の心理分析については後述するため詳細は省略するが、1963年（昭和38）のこの著作は、松本清張が取材する数年前のものであり貴重なレポートといえる。「津山事件報告書」にも当然目を通しているほか、現地まで赴いて貴重な聞き取り調査も実施している。

津山事件のバイブルに浮上した数々の疑問

前述の『津山事件の真実』（第三版）の第5章の冒頭には次のような記述がある。

『津山事件報告書』を入手して読んでいくうちに、筑波本に対する疑念がどんどん膨らんできた。そのため、一度著者である筑波昭氏にお会いしたいと思うようになった。

著者が抱いた感覚については、私もまったく同感だった。しかし、筑波氏は高齢とあって、なかなか表に出てこない人物であったが、著者は２０１１年（平成23）にアポイントを取って直接対面し、筑波氏に質問をぶつけている。

筑波氏は、昭和3年（１９２８）生まれだから、津山事件発生時の年齢は10歳。筑波氏は地元が茨城県なだけに、津山事件の報道はリアルタイムではさすがに覚えてはいないと思うが、昭和初期の時代の空気は実体験として知っていたことになる。

『津山三十人殺し　村の秀才青年はなぜ凶行に及んだか』のあとがきで筑波氏は、１９５４年（昭和29）10月に、茨城県鹿島郡徳宿（とくしゅく）村（現在は鉾田（ほこた）市）で発生した「一家九人毒殺放火事件」を地元新聞の記者として取材したのが、津山事件に触れるそもそものきっかけとなったと記している。「一家九人毒殺放火事件」の取材時に、大量殺人事件の先例として、津山事件があると聞いたというのだ。

ちなみに、この一家九人毒殺放火事件は非常に謎の多い事件だった。

2013年（平成25）初頭に私も取材し、雑誌にルポを発表したが、事件の手口には特徴があった。1948年（昭和23）に発生した「帝銀事件」と手口が酷似していたのだ。

帝銀事件では銀行員12人が毒殺されたが、徳宿村の事件でも一家9人全員が毒殺された。不可解なことに全員が疑いなく毒薬を飲み、全員が死んだのである。事件発生からおよそ1ヵ月後に犯人は逮捕されたが、警察の取調室で隠し持っていた青酸カリを飲んで自殺している。

犯人の自殺という、なんともバツの悪い事件の結末は、津山事件の結末とも似ている。

ただ、筑波氏が1954年から津山事件の取材を開始したとなると、事件の発生からわずか16年後のことであり、前述の松本清張よりも早い段階で取材を開始していた計算になる。だとすれば、相当に突っ込んだ取材ができたはずだ。だからこそ、筑波本は津山事件のバイブルとなったのであり、私も筑波本を信じるしかなかった――事件の一次資料である「津山事件報告書」を入手するまでは……。

誰もが、筑波本をバイブルとして崇め、その内容に異論を挟む余地などなく、異論を唱える者などいなかった。

ところが、『津山事件の真実』で著者は、高齢でなかなか表舞台へ顔を出さなくなった筑波氏に直接対面取材することで、筑波本の虚構性の告発に成功したのである。

この対面取材の詳細は同書を入手して参照してほしいが、ここではその要点として、次の3

点については触れておく。

（1）睦雄が書いたとされる小説は、人づてに本人からもらったと話している。

（2）阿部定の調書の写しについて、睦雄が興味を持っていたという部分は、筑波氏の調査が浅くて間違っているかもしれない。また、阿部定の調書の写しも本人からもらったと話している。

（3）深く調べないで書いたので良心が痛んでいる。現地には一度しか行っておらず、取材期間はわずか1週間。しかも取材には筑波氏の夫人が同行し、夫人は現地で観光し、筑波氏は取材していた。

『津山事件の真実』の著者が2011年に対面したとき、筑波氏は83歳。年齢を考えると高齢による記憶違いが多少はあったのかもしれないが、それを差し引いても衝撃的な内容である。前述の（1）と（2）については、私自身も常々疑問に思っていたが、（3）に至っては筑波氏に対する私の印象を根底から覆してしまうほどだった。

『津山事件の真実』の著者は、自身の研究の成果として、筑波本の矛盾点のうち次の重要な4点を指摘している。

（1）睦雄が書いて近所の子どもに読み聞かせたという小説『雄図海王丸』は捏造・盗作である。『雄図海王丸』の構成や内容は、明治23年（1890）に『郵便報知新聞』（現在の報知新聞）に連載され、単行本化もされた矢野龍渓著の『浮城物語』という小説と登場人物の名前やストーリーがほぼ同一だった。

（2）睦雄の悪友として登場する「内山寿」は筑波氏の創作である。内山は睦雄に対して、卑猥な写真を販売したり、大阪の売春宿へ連れて行き筆下ろしさせたり、阿部定の調書を入手したり、匕首を調達するなど、間接的に睦雄の犯行を助けるような働きをした人物である。ちなみに、内山寿は睦雄の性格の歪みを分析・考証し、犯行の動機を考えるうえで、筑波本では最も重要な登場人物だった。

（3）睦雄が阿部定に強い興味を抱いていたという主張も筑波氏の創作である。筑波本では、睦雄は阿部定と自分自身を重ね合わせるような妄想に走っている面があり、「どえらいことをしてやる」と叫んでいた根拠のひとつとされていた。

（4）筑波本では、睦雄が祖母と交わした会話があまりにも生き生きと描かれている。睦雄の中学進学についての話題で、担任教師が睦雄に勧めたのは岡山一中であるはずはなかった。睦雄が岡山一中進学をあきらめさせられる一連の祖母との会話のなかに、睦雄がラジオを聞いて岡山一中での暴力事件を知るくだりがあるが、当時は西加茂村ではそもそもラジオは聞けなかった。

右の4点については、いずれも警察のまとめた資料である「津山事件報告書」にはまったく記載されていないものだ。筑波本で語られた睦雄の重要なストーリーの複数の箇所で、創作や虚偽の記述がなされた疑いが強いと筆者は断じている。

ほかにも『津山事件の真実』では、筑波本で睦雄が14歳のときに、1学年下の女性に似顔絵をプレゼントしたくだりや、睦雄の父親が死亡したときの年齢を39歳としたのも、現地取材をしていない証拠であると指摘している。

『津山事件の真実』では数々の批判が展開される一方で、筑波本の存在が津山事件を世に知らしめたという点で大きな功績があったことをきちんと評価もしている。この点については、私も同感である。

あまりにも不自然な記述の変化

『津山事件の真実』が提起した筑波本の資料批判に関する内容は卓越しており、要点はあますことなく記されていると思う。

そのうえで、ここからは私自身の考える筑波本の資料批判を記しておきたい。

1981年発行の草思社版では、睦雄が書いたという小説の原稿の写真が掲載されているが、素人目に見ても小説原稿と遺書の筆跡は似ていない。さらに小説『雄図海王丸』のストーリーの文章自体が記述されていたのに、2005年の新潮文庫版でそれらはすべてカットされてしまった。

決定的なのは、草思社発行版と新潮文庫版における記述の〝怪しい変化〟である。多少長くなるが引用する。あまりにも不自然な記述の変化に注目してほしい。

……都井は近所の子供たちを集めては、よくいろいろな物語を聞かせることを楽しみにし、子供たちもまたこれを楽しみにして、都井にはよくなついていた。

彼の語るストーリーは、少年倶楽部、キング、富士、講談倶楽部などで読んだ小説を子供向けに直したもので、都井の話術はなかなかに巧みだったから、子供たちにかなりの人気を博した。都井は自分の読んだものを、子供たちに効果的に物語るために、それを自分なりに再構成してノートに書きつける習慣で、こうした努力が子供たちを惹きつけた原因とみられ、その意味で、彼は少なくとも子供たちに対してはきわめて誠実であり勤勉だったといえようか。彼はこうして他人の物語を作り直しているうちに、創作欲を刺激されて自分でも書いてみる気になり、一編の長い物語を書き始めた。毎日少しずつ筆を進め、ある程度分量がまとまると子供たちに読んで聞かせ、さらに先を書きついでいったらしい。

……

……現在残っているのは『雄図海王丸』と題した四百字詰原稿用紙四百一枚に及ぶ長編で、筆跡は都井本人のものと確認できないが、物語自体は武井信夫その他によって、彼が読んで聞かせてくれた話にまちがいないとされている。都井がなにかの懸賞に応募すると洩らしていたところから、誰かに清書を頼んだのか、あるいは関心を持った誰かが写したのではないかとも見られるが、都井の作った物語であることは確かである。

(草思社版135ページ〜136ページ・傍線筆者)

……都井は近所の子供たちを集めては、よくいろいろな物語を聞かせることを楽しみにし、子供たちもまたこれを楽しみにして、都井にはよくなついていた。

彼の語るストーリーは、少年倶楽部、キング、富士、講談倶楽部などで読んだ小説を子供向けに直したもので、都井の話術はなかなかに巧みだったから、子供たちにかなりの人気を博した。都井は自分の読んだものを、子供たちに効果的に物語るために、それを自分なりに再構成してノートに書きつける習慣で、こうした努力が子供たちを惹きつけた原因とみられ、その意味で、彼は少なくとも子供たちに対してはきわめて誠実であり勤勉だったといえようか。その中でも、明治時代の小説家である矢野龍渓の作品『浮城物語』は、都井のお気に入りだったようだ。子供向けに改作する作業を毎日少しずつ進め、ある程度分量がまとまると子供たちに読んで聞かせ、さらに先を書きついでいったらしい。……

……現在残っているのは『雄図海王丸』と題した四百字詰原稿用紙四百一枚に及ぶ長編で、筆跡は都井本人のものと確認できないが、物語自体はまさしく『浮城物語』そのものである。

（新潮文庫版・188ページ～189ページ・傍線筆者）

いかがだろうか。まず前半の箇所について草思社版では、

〈彼はこうして他人の物語を作り直しているうちに、創作欲を刺激されて自分でも書いてみる気になり、一編の長い物語を書き始めた。〉

と書かれていたものが、新潮文庫版では、

〈その中でも、明治時代の小説家である矢野龍渓の作品『浮城物語』は、都井のお気に入りだったようだ。子供向けに改作する作業を〉

と書き換えられている。

当初は、都井の創作と明確にされていた記述が、突然『浮城物語』という小説を子ども向けに改作しているような記述に変わっている。

後半の箇所の変貌ぶりも見てみよう。

草思社版では、

〈物語自体は武井信夫その他によって、彼が読んで聞かせてくれた話にまちがいないとされている。都井がなにかの懸賞に応募すると洩らしていたところから、誰かに清書を頼んだのか、あるいは関心を持った誰かが写したのではないかとも見られるが、都井の作った物語であることは確かである。〉

と書かれていたものが、新潮文庫版では、

〈物語自体はまさしく『浮城物語』そのものである。〉

と見事なまでに変化しているのである。

大がかりなつじつま合わせ

前述した不自然な書き換えが成立する理由として考えられるのは、1981年の草思社版の時点では誰にも発覚しないと思っていた、何者か（都井睦雄ではない人）が書いた『浮城物語』

の原稿の丸写し（盗用）が、2005年に新潮文庫版を出版する際に、筑波氏の周辺の誰かに気づかれてしまったためだろう。慌てて盗作や捏造のそしりを受けたくないがために、苦肉の策として新潮文庫版のような記述に変更した——つまり、大がかりなつじつま合わせが行なわれた疑いがある。そうとしか説明できない。

さらに加えていえば、草思社版が書かれた1981年の時点で、筑波氏は『雄図海王丸』の原稿が、睦雄によって書かれたものではなく、すでに盗用だったことを自覚していながら、誰にもバレないと判断して派手に書きつづっていた疑いもある。

「読んだ小説を子供向けに直した」
「自分なりに再構成してノートに書きつける習慣」
「誰かに清書を頼んだのか、あるいは関心を持った誰かが写したのではないかとも見られる」
などの記述が草思社版の本文中にはあるが、これは万が一盗用が発覚してもあとで言い訳できるよう、あらかじめ細工していたのではないだろうか。

しかし、新潮文庫版を刊行するに際して、『浮城物語』の盗用であることが周囲に発覚してしまい、捏造が発覚するのは時間の問題という状況に追い込まれたのでないだろうか。

ならば『雄図海王丸』についての記述をすべて消せばよかったのだが、草思社版では、『雄図海王丸』関連の記述だけで実に22ページもの分量が割かれているだけでなく、重要なエピソードだったために、さすがにすべてをカットできないという事情があったのではないだろうか。結果、『浮城物語』からの盗用ということが発覚しても支障がないように、最低限の表現にわざわざ変更してから、新潮文庫版に掲載した。

『雄図海王丸』の記述については不自然な点がまだある。

草思社版、新潮文庫版のいずれにおいても、睦雄は当時の人気大衆雑誌である「少年倶楽部、キング、富士、講談倶楽部を好んでよく読んでいる」と書かれていながら、最も好きだった小説が、睦雄の時代からさかのぼること40年あまり前の『郵便報知』に連載された小説である点は、不自然だ。

睦雄と子どものころに遊んでもらった経験があり、睦雄に親しみを覚えている隣の集落の女性に私が取材したとき、「睦雄とどのようにして遊んでいたのか」について質問したことがある。

その女性によればご飯をわけてもらったり、近場を連れ回してもらった記憶のほうが多いという。睦雄は話はいろいろしてくれたというが、小説や物語を毎回聞かせてくれたということについては特に記憶していなかった。もちろん、本文で〝武井信夫〟なる、当時高等小学校1年生の男の子が聞いたという「ナントカ丸」の話など覚えていなかったし、睦雄と遊んでいた子どもは5、6歳から10歳くらいの小学生のほうが多く、高等小学校の生徒はほとんどいなかった、とも話してくれた。

筑波氏はなぜ、睦雄とはまったく関係ない『雄図海王丸』（『浮城物語』の盗用）のくだりを自著に入れたのか。

あくまでひとつの仮説だが、私は筑波氏の取材スタンスや書き方に注目してみた。『津山事件の真実』で明らかにされたように、筑波氏は現地取材をほとんどしていなかったため、「津山事件報告書」の引用以外で内容を埋める作業に窮していた。そのせいか、筑波氏は明治後半から昭和初期の資料を数多く集めていた節がある。その成果は、氏の作品の随所に出ている。

その一例が、睦雄が読んだとして筑波氏が列記している一連の結核や肺病の治療・療養についての数々の本である。『開放療法』という本をはじめ、『通俗肺病問答』や『強肺呼吸法』など、実に18冊もの本が挙げられており、睦雄はこれらをすべて読破していたと書いている。しかし、睦雄がすべて読んだと考えるのはあまりにも不自然だ。いくら睦雄が秀才だったとはいえ、尋常高等小学校しか出ていないのだ。これは『雄図海王丸』の原稿についても同様で、睦雄にはまだそこまでの文章は書くことはできなかったと私は考えている。

いずれにしろ、筑波氏は参考資料として、当時話題となった事件や世相に関する資料も集めた。もしかしたら、当時の時代背景を分析するつもりだったのかもしれない。そして、集めた数々の資料をあたかも睦雄が読んでいた資料として、睦雄が関わっていたかのようなエピソードとして随所に盛り込んでしまったのではないだろうか。

筑波本の虚構と矛盾が示唆する、恐ろしい可能性

睦雄の猟奇性を語るとき、筑波本では重要な局面で「内山寿」という人物が登場してくる。そして、内山はあまりにも〝都合良く〟登場し、そして振る舞うのだ。

睦雄は内山寿を通して女を知り、睦雄は内山寿を通して堕落していく。

阿部定に興味を抱いたのも内山寿が阿部定事件の調書の写しを睦雄に渡したからであり、内山寿といっしょに睦雄は大阪で女遊びをしていた。

『津山事件の真実』が「筑波氏の創作」と断じた内山寿という人物についての疑義は私も感じており、筑波氏の創作であると私も考える。

しかし、内山寿が存在しない、創作された人物であるとすると、筑波本が描く睦雄像はことごとく破綻し、崩壊するという事態が起こる。

内山寿が存在しなければ、筑波本で書き記されている睦雄の淫乱性や猟奇性、そして異常性がなぜ睦雄に備わったのかの説明が困難となるのだ。

そして、同時に筑波本に依拠して津山事件に関する記事や著作を発表してきた作家、ジャーナリスト、ルポライター（もちろん取材初期の私も含めて）や研究者、あるいは一般読者にまで波及する大きな問題となってしまう。

極端なことをいえば、これまで一般に語られ、表現され、記述されてきた、前代未聞の大量殺人の最大の要因とされてきた睦雄のパーソナリティと〝狂気〟を形成するかなりの部分が、創作をベースとする想像の産物であったかもしれないという、恐ろしい可能性を示唆している。

内山寿が匕首を入手して、睦雄に売り渡す記述が筑波本にはある。

内山が、やくざの高山銀三を通じて5円で匕首を入手し、睦雄に9円で売ったというのだ。

睦雄は犯行時に2本の匕首を所有していた。犯行自体には使われなかったようだが、この匕首の入手経路は警察が調べてもつかめず、津山事件報告書にもその旨が記載されている。それゆえ、筑波氏は内山寿を登場させて、睦雄がこの匕首を内山から入手したことにしたのではないだろうか。

筑波本の記述のおかしな点はほかにもある。

睦雄は内山と頻繁に大阪に行っており、そこで匕首を内山から受け取ったことになっている。

しかし、大都市の大阪であれば匕首や包丁の類は簡単に、そして9円よりもさらに安い金額で入手できたはずだ。9円といえば現在の3万円以上に相当し、当時の相場を考えても高すぎる。睦雄がより高級な包丁や匕首を入手しようとしていたのならば話は別だが、事件直前のタイミングを考えれば、睦雄にとっては刃物よりも銃器や弾薬を揃えることを優先したはずで、金は銃器や弾薬に投じていた可能性のほうが高いと考えられるからだ。

筑波氏が、内山の詳細な話を知ったのは、直接内山に会ったからではない。筑波本では、その経緯について次のように説明している。

津山事件から三年後の昭和十六年、東京浅草警察署に二人組の窃盗犯が捕まった。この一人内山寿という二十一歳の青年は、加茂五郷の某村の出身であり、事件前の一時期に都井と親しくして、都井を遊郭へ連れていったことなどを供述したが、すでに津山事件は終結していたところから、この記録はなんら顧みられないまま埋もれてしまった。

内山は都井より一歳年長で、昭和五年に村の高等小学校を出ると、二年ほど自宅で農業に従事した。その後、上京して川崎あたりの鉄工所に勤めていたが、やがて浅草界隈の不良の仲間となり（後略）

（草思社版・130ページ）

筑波氏は、この内山の供述調書を入手し、その調書には知られざる睦雄の動静があますことなく記されていたという。それは、「津山事件報告書」の隙間を埋めてあまりあるものであり、筑波本が成立した核の部分といっても過言ではない。

それにしても、そんな供述調書が本当に存在しており、しかも津山事件を調査し始めていた筑波氏がそれをたまたま入手できたとすれば、筑波氏は相当な幸運の持ち主ということになる。

ただ、右の内山に関する文章をよく読むと、明らかにおかしい点があることに気づかされる。

〈……内山寿という二十一歳の青年……〉

内山は、睦雄の1歳上だったとある。つまり、昭和13年の時点で23歳なので、昭和16年の時点では26歳のはずだ。それが昭和16年の時点で、21歳であるはずがない。明らかな誤りである。

ところが、筑波本の新潮文庫版では「二十六歳」と修正されている。

草思社版の記述は単なる記載ミスだったという言い訳も成立するが、やはり不自然だ。なぜなら、筑波氏が内山を知ったのは前述のとおり浅草の窃盗事件の供述調書によってである。供述調書には、生年月日や年齢がきちんと明記されている（津山事件報告書でもそうだが、「當〇〇年」と被疑者の年齢がしっかり記載されている）。元新聞記者の筑波氏なら被疑者の年齢については記載ミスがないように、無意識のうちにでも気を配るはずだ。しかも、内山についての記述は筑波氏のいわば〝特ダネ〟のようなものである。その正確さについては、些細なミスがないよう、ほかの記述よりも余計に注意したはずで、重要人物の年齢を間違うような初歩的なミスが起こるとは考えられない。だとすれば、導き出される結論はこの内山についての記述が『浮城物語』同様、筑波氏の創作の可能性がきわめて高いということだ。創作であるならば、もとになる〝調書〟も存在しない。年齢をチェックすべき資料が存在しないのだから、チェックがおろそかになるのも当然だろう。

付け加えれば、単なる窃盗事件の調書にもかかわらず、窃盗事件とまったく無関係の都井睦雄と一緒に過ごした日々の思い出話を、４００百字詰原稿用紙１００枚分かそれ以上にわたって延々と調書に記す暇な警察官などがいるだろうか。

昭和30年くらいまでの雑誌や本を見ると、警察の調書類を閲覧して書かれたと思われる記事も確かにある。情報の管理や統制が今ほど厳しくはなかった当時の状況を考えれば、筑波氏が警察の内部文書である調書類を入手できた可能性がゼロとは言えない。だが、その可能性は限りなくゼロに近かったはずだ。

筑波本は「津山事件報告書」を引用している点、１週間とはいえ現地を取材している点を考えれば、内容のすべてを「虚偽」と断ずるのもフェアではないだろう。だが、疑い始めるときりがないほど多くの疑問点を抱えていることも事実である。

睦雄を〝希代の殺人鬼〟へと仕立てるための創作

筑波氏が創作を多用しているとすれば、そのパターンは大きくわけて3つある。

ひとつは、『雄図海王丸』の記述のように、蒐集していた昔の資料のなかでストーリーに取り込めそうなものがあると、あたかも睦雄がやったこと、睦雄が興味を持っていたこと、睦雄が経験したこと、睦雄が読んだものであるかのように取り込んでストーリーに厚みを持たせる。

ふたつ目が、「内山寿」に見られるような、捏造・創作である。これは、睦雄の生涯のストーリーをつづっていくなかで生じる、少なからぬ〝空白〟を埋めるためだろう。ストーリーを滞りなく紡いでいくためには、捏造や創作もやむを得なかった。筑波氏は〝黒木曜之助〟のペンネームで推理小説も書いており、緻密なストーリーを構成することはお手の物だったはずだ。

もっとも「内山寿」のヒントは「津山事件報告書」のなかに存在していた。第3部の「研究篇」における、岡山地方裁判所の鹽田（しおた）末平検事の報告書のなかに、睦雄の色情関係についての次のような記述がある。

……津山市の遊郭にも数回登楼しているようである。その詳細の調査は困難だが、断片的な資料として、昭和十二年五月二十二日（注：これは睦雄が徴兵検査で落ちた日の夜ということになる）津山市材木町の貸座敷業鈴木島方に、苫田郡加茂村商業都井幸美、当年二十三歳と詐称して、同村の内田●と称する者とともに登楼して、娼妓市丸（大正四年生）を相手として一円消費している客があるが、諸般の状況上、彼（都井睦雄）の登楼だろうと認められる……

当時、睦雄は親の遺産を自身で自由に使えるようになっており、羽振りが良かった。睦雄にとって、徴兵検査に落ちたのはショックではなかったのか、はたまた友人の内田が睦雄を元気づけようと遊郭へと誘ったのかはわからない。

都井美幸というのは睦雄の偽名である可能性が高いが、津山事件報告書に登場する「内田●」という記述からインスピレーションを得て、筑波氏は内田寿という架空の人物を創り出し、大阪の売春宿のエピソードや阿部定のエピソードへと展開していったのではないだろうか。

ところで、津山事件報告書に登場する「内田●」とは何者なのか。

津山事件報告書にはほかにも「内田寛一」という人物が登場する。彼は、貝尾に近い石山の集落に住む農民で、昭和13年5月20日の夕方5時ごろ、「黒服の男が電柱によじのぼっている」のを目撃した人物だ。その電柱の電線こそ、貝尾に通じている電線であり、睦雄が事件前に切断したとされる電線だった。

しかし、さすがにその内田寛一が睦雄のポン友の「内田」であることはないだろう。

私は、今田勇一（睦雄を坂本集落の人妻岡本みよに紹介して、いっしょに犬鍋を食した人物であり、また睦雄の代わりに津山で弾薬類を購入した男。後述）か、その周辺の知人（高山、山本などの名前が、津山事件報告書には登場する）ではないかと考えている（これについては後述する）。

いずれにしろ、「内山寿」は、筑波本の内容をよりドラマティックに展開するために、そして睦雄を稀代の殺人鬼に仕立て上げるために必要だった〝架空の人物〟だと考える。

そして、筑波氏の3つ目の創作パターンが『津山事件の真実』でも指摘されているように、津山事件報告書に出てくる、ちょっとした事柄やエピソードを大きく膨らませ、さらに大幅な創作を加えることで、ストーリーに組み込むことだ。そういう意味では、津山事件報告書には創作のためのヒントが無数に並んでいたことになる。

津山事件報告書には、睦雄の姉みな子や睦雄と関係があったとされる寺井マツ子や寺井ゆり子、睦雄の祖母であるいねの甥にあたる寺井元一や寺井勲らの事情聴取の記録が掲載されている。それらの記録をヒントにして、筑波氏はあたかも当事者から話を聞いたかのように記述していた疑惑は拭(ぬぐ)いきれない。

事実や定説とされていたものが、根底から崩れようとしている……

筑波本の矛盾と虚構についてここまで論じてきたが、これをもって偽書として退けてしまっていいのだろうか。

例えば、筑波本では、貝尾周辺や睦雄の姉みな子から話を聞いていなければ、絶対に書けない記述がいくつかある。だが、そうした記述も今となっては筑波氏が姉のみな子に実際にインタビューしたのかどうかは疑問だ。なぜなら、みな子は津山事件に関しては、固く口を閉ざして暮らしていたからだ。

後述するが、みな子は息子（睦雄の甥にあたる）には死ぬまで事件の詳細や睦雄のことをいっさい話したりはしなかった。そんなみな子が、第三者である筑波氏に睦雄の半生を事細かに語ったとは考えられない。だとすれば、筑波本で書かれている睦雄の家のなかでのやり取りの大半は、創作や捏造だった疑いが浮上する。

筑波本の検証は今後も継続すべきだが、厄介な事態となってきたことだけはまちがいない。なぜなら、今まで津山事件の「定説」や「事実」とされてきた数多くの事柄が、根底から大きく崩れようとしているのだから……。

従来の津山事件に対するアプローチにおいて不可欠でありバイブルでもあった『津山三十人殺し』（写真は草思社版）と著者の筑波昭（写真提供◉朝日新聞社）

筑波氏は昭和3年（1928年）のお生まれとのことなので、今年（2011年）で83歳になられる。かなり足腰が弱っていらっしゃるようで、家の中でも壁に手をつきながら歩いておられたが、世間話をした感じでは特に会話に問題ないように感じられた。奥様が現在入院中で、ヘルパーさんに来てもらっているがいろいろと不便を強いられているとのことだった。

私が書いた前述の同人誌を事前にお送りしていたので、お読みいただいたかどうかお伺いした。

「読みました。私の本をよく読み込んでいらっしゃいますね」

「これだけよく私の本を読んでいる方にはウソはつけない」そう思って、連絡しようと思っていたんですよ」

そこまで伺って、勢い込んで「執筆当時の資料は残っていませんか？」と聞いてみた。

「いえ、もう資料もないし、当時のことも記憶が薄れてしまっています」

「都井睦雄が書いたとされている小説の原稿、あれだけでも残っていませんか？」

「小説？なんですかそれは？」

「犯人の都井睦雄が書いたとして筑波さんがご本で紹介されている小説です」

96

「ああ、あれですか。あれは後で人づてで本人からもらったんですよ。でも今は残っていませんねえ」

「え……。睦雄は事件を起こした直後に自殺していますから、それはありえませんよね？」

「いや、私がいろいろ調べているということを聞きつけたらしくて、本人が知人を通じて送ってくれました」

「…………………それでは、阿部定についてはどうでしょう？」

「阿部定がどうかしたんですか？」

「筑波さんのご本の中で、犯人の都井睦雄が阿部定に興味を持ってその調書を写していたという話が出ていますよね」

「ああ、あれも本人からもらいました。ただ、その辺は調査が浅くて、間違ったことを書いたかもしれませんね」

「……そうですか」

この会話の内容をどう判断するかは読者にお任せする。私自身としてはこの会話で、それ以上細かいことを聞くことを断念してしまった。

ただし、ご本人との会話の中で、いくつか印象に残っている言葉がある。

97

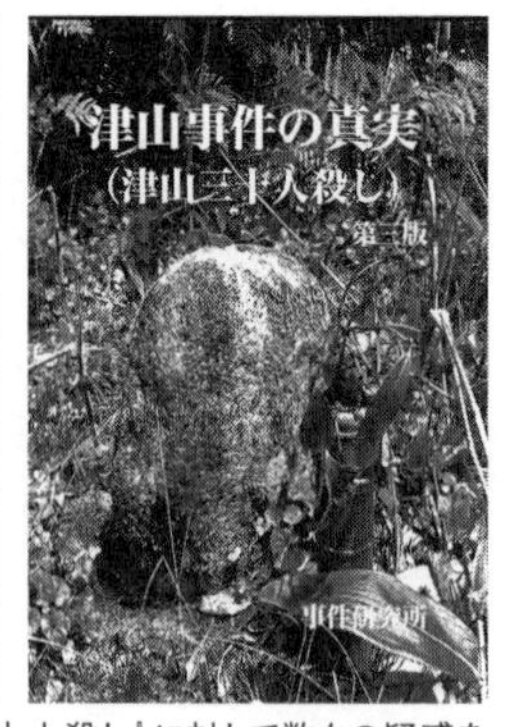

津山事件のバイブルである筑波昭著『津山三十人殺し』に対して数々の疑惑を提示した画期的な一冊『津山事件の真実』（写真は第三版）

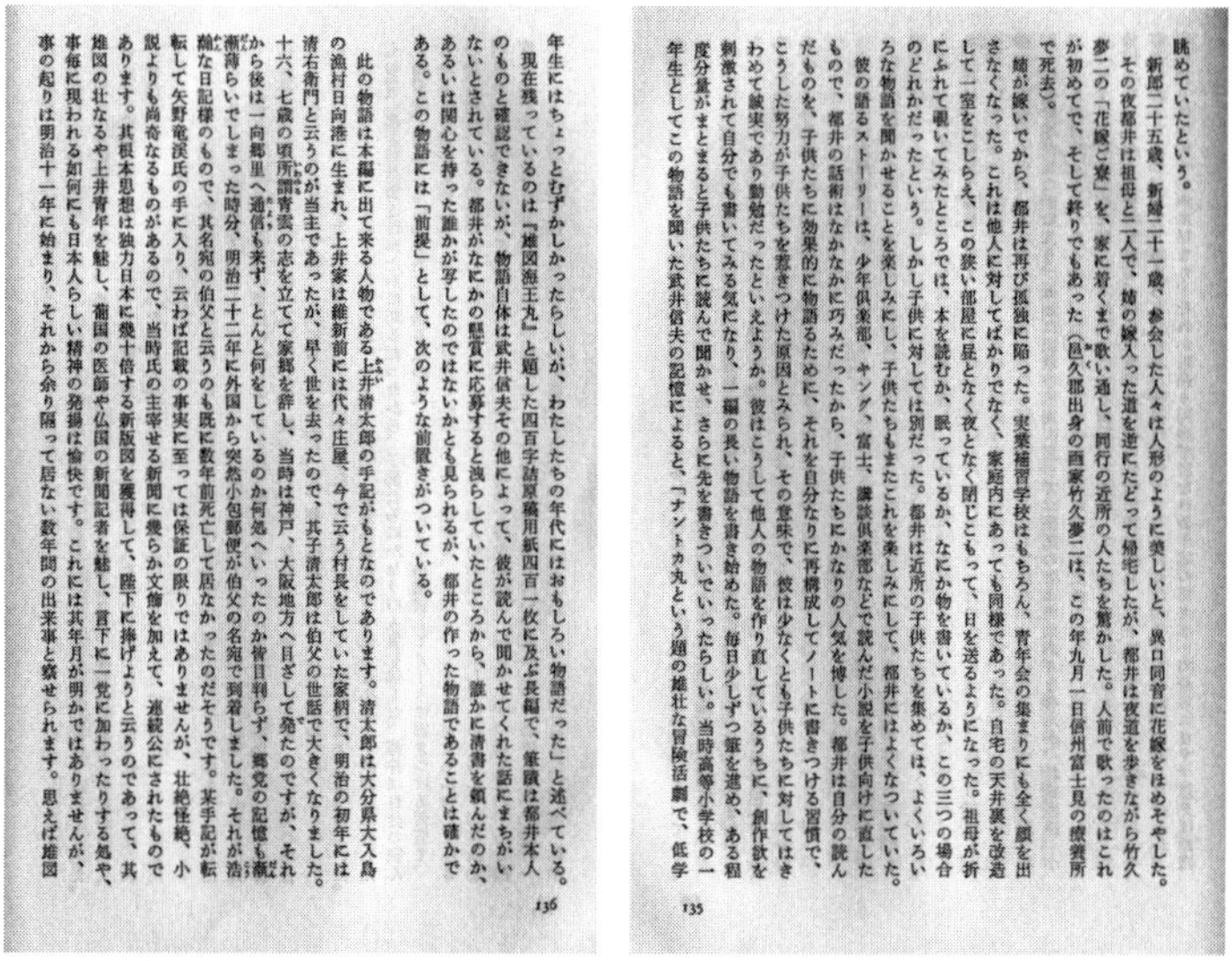

読めていたという。

　新郎二十五歳、新婦二十一歳、参会した人々は人形のように美しいと、異口同音に花嫁をほめそやした。

　その夜都井は祖母と二人で、姉の嫁入った道を逆にたどって帰宅したが、都井は夜道を歩きながら竹久夢二の「花嫁ご寮」を、家に着くまで歌い通し、同行の近所の人たちを驚かした。人前で歌ったのはこれが初めてで、そして終りでもあった（邑久郡出身の画家竹久夢二は、この年九月一日信州富士見の療養所で死去）。

　姉が嫁いでから、都井は再び孤独に陥った。実業補習学校はもちろん、青年会の集まりにも全く顔を出さなくなった。これは他人に対してばかりでなく、家庭内にあっても同様であった。自宅の天井裏を改造して一室をこしらえ、この狭い部屋に昼となく夜となく閉じこもって、日を送るようになった。祖母が折にふれて覗いてみたところでは、本を読むか、眠っているか、なにか物を書いているか、この三つの場合のどれかだったという。しかし子供に対しては別だった。都井は近所の子供たちを集めては、よくいろいろな物語を聞かせることを楽しみにし、子供たちもまたこれを楽しみにして、都井にはよくなついていた。

　彼の語るストーリーは、少年倶楽部、キング、富士、講談倶楽部などで読んだ小説を子供向けに直したもので、都井の話術はなかなかに巧みだったから、子供たちにかなりの人気を博した。都井は自分の読んだものを、子供たちに効果的に物語るために、それを自分なりに再構成してノートに書きつける習慣で、こうした努力が子供たちを惹きつけた原因とみられ、その意味で、彼は少なくとも子供たちに対してはきわめて誠実であり勤勉だったといえようか。彼はこうして他人の物語を作り直しているうちに、創作欲を刺激されて自分でも書いてみる気になり、一編の長い物語を書き始めた。毎日少しずつ筆を進め、ある程度分量がまとまると子供たちに読んで聞かせ、さらに先を書きついでいったらしい。当時高等小学校の一年生としてこの物語を聞いた武井信夫の記憶によると、「ナントカ丸という題の雄壮な冒険活劇で、低学

135

年生にはちょっとむずかしかったらしいが、わたしたちの年代にはおもしろい物語だった」と述べている。

　現在残っているのは『雄図海王丸』と題した四百字詰原稿用紙四百一枚に及ぶ長編で、筆蹟は都井本人のものと確認できないが、物語自体は武井信夫その他によって、彼が読んで聞かせてくれた話にまちがいないとされている。都井がなにかの懸賞に応募すると洩らしていたところから、誰かに清書を頼んだのか、あるいは関心を持った誰かが写したのではないかとも見られるが、都井の作った物語であることは確かである。この物語には「前提」として、次のような前置きがついている。

　此の物語は本編に出て来る人物である上井清太郎の手記がもとなのであります。清太郎は大分県大入島の漁村日向港に生まれ、上井家は維新前には代々庄屋、今で云う村長をしていた家柄で、明治の初年には清右衛門と云うのが当主であったが、早く世を去ったので、其子清太郎は伯父の世話で大きくなりました。十六、七歳の頃所謂青雲の志を立てて家郷を辞し、当時は神戸、大阪地方へ目ざして発たのですが、それから後は一向郷里へ通信も来ず、とんと何をしているのか何処へいったのか皆目判らず、郷党の記憶も漸漸薄らいでしまった時分、明治二十二年に外国から突然小包郵便が伯父の名宛で到着しました。それが浩瀚な日記様のもので、其名宛の伯父と云うのも既に数年前死亡して居なかったのだそうです。其手記が転転して矢野竜渓氏の手に入り、云わば記載の事実に至っては保証の限りではありませんが、壮絶怪絶、小説よりも尚奇なるものがあるので、当時氏の主宰せる新聞に幾らか文飾を加えて、連続公にされたものであります。其根本思想は独力日本に幾十倍する新版図を獲得して、陛下に捧げようと云うのであって、其雄図の壮なるや上井青年を魅し、葡国の医師や仏国の新聞記者を魅し、言下に一党に加わったりする処や、事毎に現われる如何にも日本人らしい精神の発揚は愉快です。これには其年月が明かではありませんが、事の起りは明治十一年に始まり、それから余り隔って居ない数年間の出来事と察せられます。思えば雄図

136

草思社版『津山三十人殺し』における問題の箇所

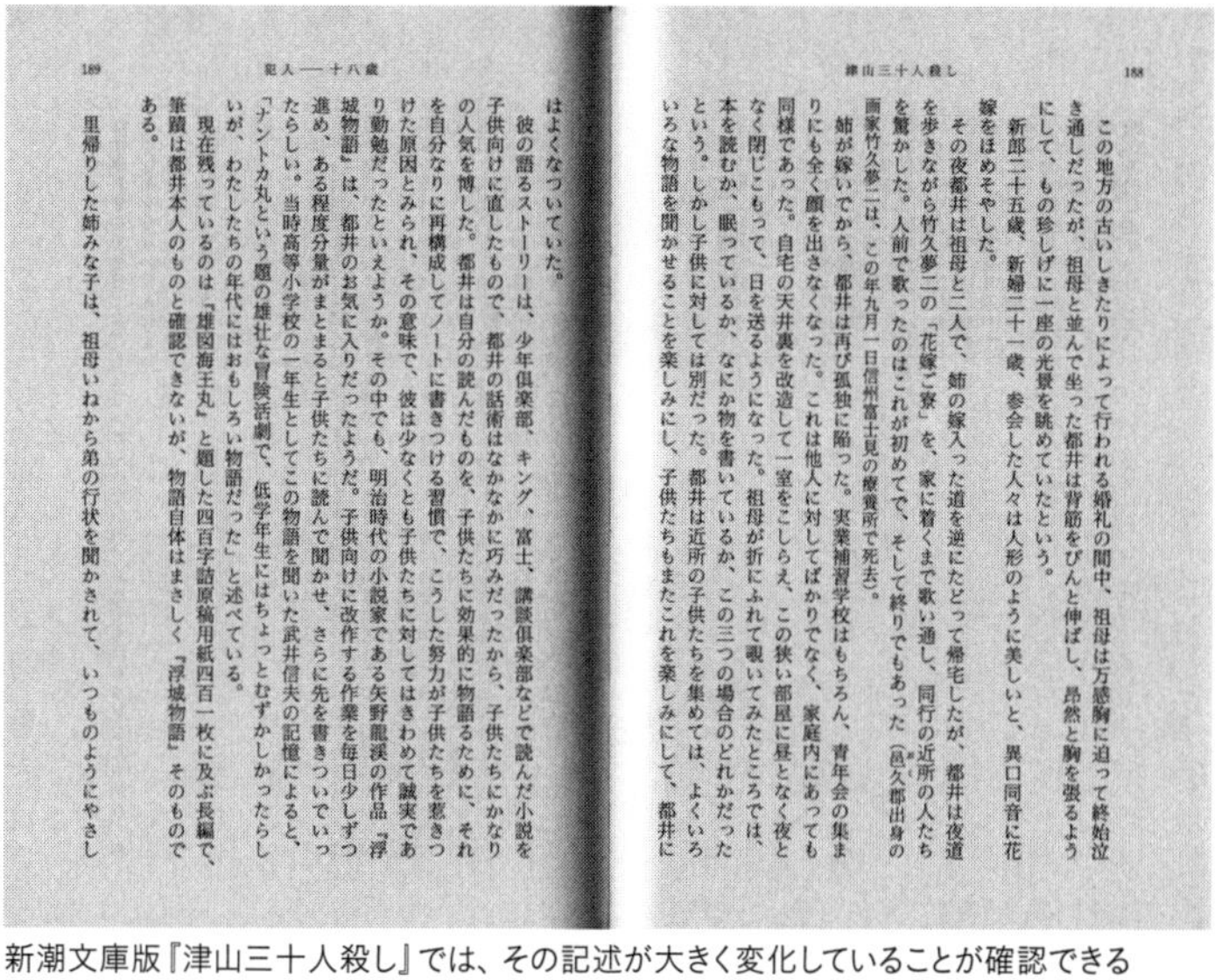

津山三十人殺し　188

　この地方の古いしきたりによって行われる婚礼の間中、祖母は万感胸に迫って終始泣き通しだったが、祖母と並んで坐った都井は背筋をぴんと伸ばし、昂然と胸を張るようにして、もの珍しげに一座の光景を眺めていたという。

　新郎二十五歳、新婦二十一歳、参会した人々は人形のように美しいと、異口同音に花嫁をほめそやした。

　その夜都井は祖母と二人で、姉の嫁入った道を逆にたどって帰宅したが、都井は夜道を歩きながら竹久夢二の「花嫁ご寮」を、家に着くまで歌い通し、同行の近所の人たちを驚かした。人前で歌ったのはこれが初めてで、そして終りでもあった（邑久郡出身の画家竹久夢二は、この年九月一日信州富士見の療養所で死去）。

　姉が嫁いでから、都井は再び孤独に陥った。実業補習学校はもちろん、青年会の集まりにも全く顔を出さなくなった。これは他人に対してばかりでなく、家庭内にあっても同様であった。自宅の天井裏を改造して一室をこしらえ、この狭い部屋に昼となく夜となく閉じこもって、日を送るようになった。祖母が折にふれて覗いてみたところでは、本を読むか、眠っているか、なにか物を書いているか、この三つの場合のどれかだったという。しかし子供に対しては別だった。都井は近所の子供たちを集めては、よくいろいろな物語を聞かせることを楽しみにし、子供たちもまたこれを楽しみにして、都井に

189　犯人——十八歳

はよくなついていた。

　彼の語るストーリーは、少年倶楽部、キング、富士、講談倶楽部などで読んだ小説を子供向けに直したもので、都井の話術はなかなかに巧みだったから、子供たちにかなりの人気を博した。都井は自分の読んだものを、子供たちに効果的に物語るために、それを自分なりに再構成してノートに書きつける習慣で、こうした努力が子供たちを惹きつけた原因とみられ、その意味で、彼は少なくとも子供たちに対してはきわめて誠実であり勤勉だったといえようか。その中でも、明治時代の小説家である矢野龍渓の作品『浮城物語』は、都井のお気に入りだったようだ。子供向けに改作する作業を毎日少しずつ進め、ある程度分量がまとまると子供たちに読んで聞かせ、さらに先を書きついでいったらしい。当時高等小学校の一年生としてこの物語を聞いた武井信夫の記憶によると、「ナントカ丸という題の雄壮な冒険活劇で、低学年生にはちょっとむずかしかったらしいが、わたしたちの年代にはおもしろい物語だった」と述べている。

　現在残っているのは『雄図海王丸』と題した四百字詰原稿用紙四百一枚に及ぶ長編で、筆蹟は都井本人のものと確認できないが、物語自体はまさしく『浮城物語』そのものである。

　里帰りした姉みな子は、祖母いねから弟の行状を聞かされて、いつものようにやさし

新潮文庫版『津山三十人殺し』では、その記述が大きく変化していることが確認できる

ところで津山事件から三年後の昭和十六年、東京浅草警察署に二人組の窃盗犯が捕まった。この一人内山寿という二十一歳の青年は、加茂五郷の某村の出身であり、事件前の一時期に都井と親しくして、都井を遊廓へ連れていったことなどを供述したが、すでに津山事件は終結していたところから、この記録はなんら顧みられないまま埋もれてしまった（あるいは軍部の指示で発表を差止められたのかもしれない）。

もちろん裏付捜査を行わなかったため、この陳述がすべて真実かどうかは疑問のあるところだが、日時など事実関係にかなり合致する部分があり、少なからぬ信憑性を備えているように思われる。

内山は都井より一歳年長で、昭和五年に村の高等小学校を出ると、二年ほど自宅で農業に従事した。その後、上京して川崎あたりの鉄工所に勤めていたが、やがて浅草界隈の不良の仲間となり、兄貴分の使いばしりなどをしているうち、警察の目がうるさくなったのでいったん郷里に戻った。都井睦雄と交遊関係ができたのは、この帰郷していたあいだのことで、孤独で友人のいない都井にとって、内山はただ一人の

『津山三十人殺し』（草思社版）において、筑波氏が「内山寿」の存在を知ることとなったきっかけに関する記述。しかしながら、この記述には大きな「誤り」があった

二、色情關係

彼が早熟好色であつたこと及徒食閑居と肺患が彼の情慾を不自然に刺戟して之を昂進せしめたことは明瞭と信ずる。

先づ彼は既に高等小學校時代から女に戀文を出し始めて居た事實もあるし、津山市の遊廓にも數回登楼して居る様である。其の詳細の調査は困難だが斷片的の資料として昭和十二年五月二十二日津山市材木町の貸座敷業鈴木島方に、苫田郡加茂村商業都井幸美當二十三年と詐稱して同村の内田■と稱する者と共に登楼して娼妓市丸（大正四年生）を相手として一回消費してゐる客があるが、諸般の狀況上彼の登楼だらうと認められる。近親の寺■は彼が人妻に挑み

「津山事件報告書」における鹽田末平検事の報告書に登場する内田●。『津山三十人殺し』におけるキーマンともいえる重要人物「内田寿」は、この報告書の内田●に着想を得て筑波氏が創り出した架空の人物だったのではないか

第4章

睦雄が陥れられた
お家騒動と陰謀

風紀の乱れは貝尾地区だけのことではなかった

睦雄の祖母いねが生まれ、睦雄が津山事件を引き起こすに至った集落・貝尾は、現在の津山市の中心から北東へ24キロほどの位置にある。

事件が起きた当時の貝尾は、西加茂村（今は津山市に属する）に属していた。

事件が起きた1938年（昭和13）年ごろ、西加茂村の人口は全部で約380戸・約2000人だったというから、現在と比較すると数倍の人口を擁していたことになる。

事件当時の貝尾は全部で22戸・101人が住み、睦雄が襲ったもうひとつの隣接集落である坂本の人口は、全29戸・94人だった。これらの集落は、伝統的に山際の水田の耕作と養蚕が主な産業で、雪に閉ざされる冬の間、村の住人は主として炭焼き（木炭や練炭などの製造）や木こり、藁仕事に従事していた。貝尾では狩猟を糧とする猟人（狩猟で生計の一部を立てていた人）はいなかったが、隣接するより山側の集落にはわずかだが存在していたという。

事件発生当時、1929年（昭和4）の世界恐慌以来の不況と戦争という悪条件も重なって、養蚕業は極端な不景気にあった。

岡山では、一般に南部は土地が豊かで交通も便利だったことから農業や商業が栄え、比較的裕福だったと考えられている。一方、山岳や盆地を擁する北部は、先祖伝来の狭い土地を守るのがせいぜいでけっして豊かではなかったと一般には言われている。貝尾は、そんな北部の山岳地の小村に分類される。

だが、津山事件報告書のなかで、岡山区裁判所検事の守谷芳氏は、事件のあった西加茂村貝尾について、次のように記述している。

> 事件の発生した西加茂村の経済情勢は岡山県下における、約三百八十ヶ町村の中位にある……備前備中（岡山南部）における豊穣富裕な農村には較べるべくもないが、相当に裕福な農山村である……村の書記西川昇君の語るところによれば、この地方の農家は藁屋根の家が多く家屋も古く、県南地方の瓦葺きでみな比較的最近の建築で、一見して内福であることを推知しうるものと趣を異にしているが、ふところはかえって裕福だということである。そして的確には言えないが、貝尾の集落の経済情勢は、西加茂村の中等に位するとのことである。

この記述を読む限り、貝尾の人々の暮らしはけっして豊かではなかったものの貧しくはなく、むしろほかの山村と比較して裕福な部類に属していたといえる。

守谷検事はさらに、西加茂村が岡山県から教化村（風紀指導モデル地区）に指定されたことについて、次のようにコメントしている。

この指定が最優良町村に対するものでないとしても、習俗劣悪なるものに対し、県当局がかかる指定をなすはずがないことは明らかである。

新聞紙の報道などによると、この村は特に男女間の風儀（風紀やならわしのこと）が乱れているように言われているが、いったい娯楽機関に恵まれぬこの種の山村では、青年男女間の風儀が比較的ルーズであることは顕著な事実で、貝尾部落のみを特に責めるのは酷に失する。

守谷検事は、貝尾だけが男女関係が特に乱れていたのではなく、この地域全体がそうだったと指摘している。だから、貝尾の住民に対してだけ、ことさらに異常なまでの夜這いや風紀の乱れがあったと批判することは筋違いであると指摘しているのである。

当時のこの地方では夜這いや姦通はそれほど珍しいことではなく、ことさらに目くじらを立てるほどのことではなかった。そうなると、貝尾における夜這いや姦通といった男女関係の特異な乱れが津山事件の一因となったという、警察当局の事件発生の動機についての見解は必ずしも正確ではなく、風紀の乱れが事件の決定的な要因ではなかった、ということになる。

では、津山事件の要因とは何だったのか――睦雄の犯行の背景には、大きくわけてふたつの大きな伏線があったと考えている。

ひとつは犯行のきっかけともなった、肺病を患った睦雄と集落の女性たちとの間で起きた葛藤や争い。そして、もうひとつは、睦雄と祖母いねをめぐる、睦雄の生誕から始まる因縁と悲劇の物語である。

深刻な凶作に見舞われた加茂谷

江戸時代末期の元治元年（１８６４）12月27日、睦雄の祖母いねは貝尾で生を受けた。

江戸時代には現在のような戸籍制度が整備されておらず、寺の宗門人別改帳などが戸籍の代わりの役割を果たしていた。明治初頭までキリスト教などの禁教は続いていたため、庶民は一家が檀徒となっている寺に姓名を登録しなければならなかった。

現在の戸籍と比べれば正確さには欠けるため、いねの生年に数年の誤差が生じている可能性があることはあらかじめ断っておく。

いねは貝尾在住の父・寺井豊平と母・かつの間に生まれた。戸籍謄本によれば、「四女」とある。3人の姉と増蔵という弟がいた。そして、豊平の没後、弟の増蔵が戸主を継いだ。

いねが生まれた元治元年からの3年間、加茂谷は深刻な凶作に見舞われた。特に3年目の慶応2年（1866）の凶作は深刻で、全国で大量の餓死者を出した天保4年（1833）から天保7年（1836）にかけて発生した「天保の大飢饉」に匹敵するほどの大凶作に見舞われたという。年貢米を供出すると百姓の家では食料を確保するのが困難となり、家具を売るなどして必死の思いで食料を確保しようとしたという。

いねがまだ2歳のときである。

大凶作にもかかわらず、津山藩は年貢の減免措置を講じようとしなかった。このため、加茂谷の貝尾近辺を発端とした「美作改正一揆」が巻き起こった。ちなみに、この一揆は睦雄のメンタリティーにも少なからぬ影響を与えたため、あとで詳しく触れることにする。

元治元年と慶応2年には、幕府が第一次・第二次の長州征伐に乗り出し、徳川家の親藩（親族の藩）は巨額の費用を負担して多くの兵隊を送り出さなければならず、各藩の財政は急激に傾き、年貢の減免などできる状態ではなかった。

そして、慶應4年（1868）、徳川家によって300年近く続いた幕藩体制がついに崩壊し、明治維新による新政府が誕生した。いねが4歳のときのことである。幕藩体制の崩壊と新政府の誕生という激動の時代の変化は、幼少期のいねのメンタリティーに少なからず影響を与えたのではないだろうか。

不自然な点が多かったいねの嫁入り

戸籍謄本によるといねが結婚した日付は、明治24年（1891）2月21日。いねは都井家に嫁ぐために、貝尾から倉見へやってきた。

明治24年の時点でいねは26歳。当時の常識からすると、26歳での初婚はかなり珍しいケースだった。ところが、戸籍謄本には「再婚入籍」という文字がある。つまり、いねは初婚ではなく、再婚だった可能性があるということだ。

明治初期の時点における貝尾に生まれた女性の嫁ぎ先は、第一が貝尾、もしくはその周辺の集落（のちの西加茂村のエリア内）だった。第二が山を越えて津山市の方角にある高田村（現在は津山市に編入）や加茂村のあたりだった。当時は、貝尾から山深い奥地の倉見や黒木といった集落へ嫁ぐケースはほとんどなかった。

貝尾はどちらかといえば山村というよりも、山の麓に形成された里山の村に分類される。一方で倉見は典型的な山深い山村に分類される。

昭和に至るまで、倉見に嫁入りする女性が最も多かった地域は倉見周辺の黒木や庄原などの近隣の山村だった。次いで山を越えて隣接する山村の越畑（現在の鏡野町）や阿波村が通例だった。はるか下流の麓の村である貝尾からの嫁入りは当時としては異例だったという。

倉見で睦雄の墓を守っていた菊枝さんは、倉見における嫁事情について次のように話してくれた。

「昔は山の者は山の者と結婚することが多かったです。倉見の者は、だいたい山村の阿波や越畑、物見（上加茂村）などの山村と嫁のやりとりをしていました。わたしも黒木（倉見に隣接する下流側の山村）から嫁にきましたでな。ただ、いねさんだけは貝尾から嫁いできた、珍しい人でしたそうです」

菊枝さんの夫の祖父が幸太郎で、幸太郎は睦雄の祖父の菊次郎（五人兄弟の長男）の末弟。つまり、菊枝さんと睦雄は、再従兄妹の関係にあることになる。

前述のとおり26歳での初婚が珍しいこと、そして貝尾から倉見への嫁入りが当時としては異例だったことを考えれば、いねの結婚には明らかに不自然な点が多い。だが、いねが初婚に失敗し、実家に戻っていたとすればある程度の説明がつくし、辻褄も合う。おそらく初婚の相手は貝尾内か、その周辺の集落の男性だったのではないだろうか。

いねが結婚した当時、すでに実家ではいねの弟・増蔵が家督を継いでいた。増蔵はすでに結婚し、子どももいたことだろう。そうした状況であれば、いねにとって実家はけっして居心地のいい場所ではなかったはずだ。

嫁ぎ先となる倉見は山深い山村だから、いねも縁談には気が進まなかった可能性はあるが、相手は都井宗家の当主である。分限者の都井家の存在と評判は貝尾でも知られていたはずで、いね自身も聞き知っていたはずだ。

こうして明治24年2月下旬、いねは倉見の都井家に嫁入りすることとなった。

いねの結婚相手は都井菊次郎。睦雄の祖父であり、当時の都井本家の当主だった。菊次郎は酒好きで温和な人柄だったという。

私が最初に書いた津山事件についての著作『津山三十人殺し 最後の真相』(2011年・ミリオン出版)において、「菊次郎は睦雄たちが生まれる前に六十二歳で死亡していた」と書いた。この情報は筑波本からの引用だったが、誤りだった。この点でも筑波本は間違っていたのだ。

当時の加茂谷では、夫が死んだら土葬に伏し、妻の名前で墓石を建立する慣習だった。菊次郎の墓石の裏にはいねの名前が刻まれていた。そして、菊次郎の没年は、大正7年(1918)7月18日だった。

睦雄は遺書でなぜ「育ての祖母」と表現したのか

都井宗家に嫁いだとはいえ、いねも働かなくてはならなかった。

いねには、正妻としての立場はもちろんのこと、育児のための乳母としての役割や家事、そして農作業を手伝う労働力としての役割も期待されていた。

当時の都井家では牛や馬を飼っており、その飼葉を工面する作業は女性もやらなくてはならなかった。都井家の分家を継いだ菊枝さんも、嫁入り直後は飼葉の確保に四苦八苦したという。

「家畜にあげる藁をとってくるのは、主に嫁の仕事でしてな。五輪原（ごりんばら）というところまで行って取ってこなくてはならんのですわ。そりゃ、えりゃー作業でしたでなぁ」

五輪原は、古代以来のたたら製鉄の遺跡が発見された場所で、倉見や都井家ゆかりの土地だ。都井家はもともと山陰で製鉄の技術を身につけた一族であったため、美作での製鉄に適した倉見に落ち着いたのではないかと私は考えている。直接の製鉄を生業とした一族でなかったとしても、そのゆかりの一族である可能性は高く、だからこそ倉見で支配層に落ち着いたのではないだろうか。

第2章で私は睦雄が残した3通の遺書を検証したうえで、「なぜ、睦雄は最初に祖母いねを殺害したのか」という疑問を提示した。そして、睦雄の心の奥には抜き差しならない祖母への恨みがふつふつと煮えたぎっていたのではないかという仮説を提示した。

死の直前に書かれた遺書の冒頭部分を再び引用する。

いよいよ死するにあたり、一筆書き置き申します。決行するにはしたが、討つべきを討たず、討たなくてもいい者も討った。時のはずみで、ああ祖母にはすみませぬ。まことにすまぬ。二歳の時からの育ての祖母。祖母は殺してはいけないのだけれど、後に残る不憫を考えて、ついああしたことを行った。

（傍点筆者）

睦雄はなぜ、「育ての祖母」とわざわざ表現したのだろうか。父親や母親にはこうした表現は使われていない。私は「育ての祖母」という表現がずっと引っかかっていた。そしてその疑問は、いねの戸籍を見て氷解した。

ここからは、いねと睦雄の血縁関係をめぐる謎の検証である。

睦雄の父親である都井振一郎は大正7年（1918）12月1日に死亡している。

津山事件報告書では、振一郎が死んだとき、「三十八、九歳だった」と記されている。筑波本でも「三十九歳」と記されていることから、私も三十九歳が正しいと考えてきた。そうなると、振一郎の生年は明治13年（1880）前後となる。

しかし、振一郎の墓石には没年が「三十二歳」と刻まれていた。つまり、生年は明治20年（1887）ごろということになる。『津山事件の真実』では後者の「32歳説」を採っており、筑波本の虚構性が明らかになった状況下では、私も「32歳説」の可能性が高いと考える。しかし、ここでは両説を併記しておくこととする。

いずれの説を採用しても、いねが都井家に嫁いできた時期が明治24年である事実を踏まえれば、振一郎の生年とはかなりの隔たりがある。いねが都井家に嫁いできたとき、振一郎はすでに9歳もしくは4歳の年齢に達していた計算になる。

つまり、いねは菊次郎の「後妻」であり、振一郎はいねの実の子どもではなかった。

そして、いねは睦雄の実の祖母ではなかったのである。

もちろん、役所による戸籍の記載ミス、届出自体が誤っていた可能性も考えられる。だが、ミスを前提とすると、いねの出生日や婚姻の記録、睦雄の祖父の婚姻の記録、睦雄の父親の出生記録、津山事件報告書における警察や検察の記録などのすべてが誤りでなければ辻褄が合わない。すべてが誤りだったという可能性は、きわめて低いのではないだろうか。

睦雄といねの間に血縁関係がなかったことは、睦雄には伝えられることなく、公然の秘密とされたようだ。いねは睦雄が真実を知ることを恐れたのかもしれない。外様のいねは、自身と睦雄に血縁関係がなかったことを睦雄が知ってしまったら、自分の立場が危うくなると考えたのではないだろうか。

都井家に襲いかかった祟り

睦雄の父振一郎には兄弟がいたという話があるが定かではない。睦雄の祖父・菊次郎が振一郎たちを連れて倉見に移り住んだとき、振一郎はただひとりの男児として連れてこられたようだ。

菊次郎は5人兄弟だったという。菊次郎のほかの兄弟（長男と末弟の間の3人の男児）は、倉見周辺にわかれて住んだという。

菊次郎はおそらく明治の末から大正元年あたりに、長男の振一郎と自身の末弟の幸太郎（睦雄の母親の死後、睦雄を支える親族会のメンバーとなった）を連れて、倉見の下流の集落（通称・下倉見）に移り住んだようだ。

実はちょうどこのころ、振一郎は君代という女性（睦雄の母親）と結婚をすることになった。この振一郎の結婚が、下倉見への転居のきっかけとなったのかもしれない。地理的にも上流の上倉見より下倉見のほうが、君代の故郷・阿波にずっと近いからだ。

睦雄の父・振一郎は柔和で温和な人柄だった。農業の傍ら炭焼きも生業としていた。さらに陸軍の予備役にも登録しており、階級は上等兵だった。

筑波本では1904年（明治37）の日露戦争に参戦し、生還を果たした英雄のように書かれていたが、私が取材した限り、振一郎は1914年（大正3）の第一次世界大戦時にはすでに体調を崩しており、参戦は叶わなかったという。

睦雄の母・君代は加茂谷の最奥部に位置し、鳥取県との県境の山村である阿波村の於曾（おぞ）という集落で生まれ育ち、倉見の都井振一郎のもとに嫁いできた。明治27年（1894）ごろに生まれ、大正8年（1919）4月27日に亡くなった。

君代は短気で激昂しやすい性質で、キツイ性格だったという。

睦雄は父親のまじめで温厚な性格と母親の激しい性格の両方を受け継いだことになる。こうした傾向は、姉のみな子にも見られる。

2001年（平成13）、津山事件の取材でみな子が営んでいた食堂を訪れた。その後の取材で私はみな子の息子と偶然会うことができた。彼の話によれば母親のみな子からかなり厳しくしつけられ、悪さをするとみな子は馬乗りになって鉄拳制裁し、縛られたりもしたという。このため、息子は高校を卒業するとすぐに就職。家を出てその後は母親と暮らすことはなかったという。

みな子の強気でしつけにうるさい性格は、母親からの遺伝と育ての祖母いねの厳しいしつけが大きく影響しているのかもしれない。

みな子は、大正3年（1914）8月14日のお盆の時期に生まれた。前月の7月には、第一次世界大戦が勃発したわけだから、みな子も祖母いねと同様に激動の時代に生まれたことになる。

そして、大正6年（1917）3月5日、都井睦雄が倉見で産声をあげた。大正6年は、世界史上ではロシア革命が起き、第一次世界大戦も終盤に近づいていた。

この時期、睦雄一家の当主である祖父・菊次郎、そして父親・振一郎のふたりはともに体調をかなり崩していた。倉見で暮らす睦雄一家のすぐ間近まで、暗い影が忍び寄っていたのである。

睦雄が生まれてほどなく、祖父・菊次郎が倒れた。そして、大正7年（1918）7月18日、菊次郎は死亡した。菊次郎の死因は定かではないが、現地では「肺を病んで死んだ」と噂された。実際の死因は不明ながらものちに睦雄の父親、母親が相次いで肺を病んで死亡したことから、「肺を病んで死んだ」と噂されたのだろうが、菊次郎の実際の死因は胸の病気、肺結核の可能性が高い。

都井宗家の家督は、睦雄の父親であり、宗家の長男である振一郎に相続されることとなった。しかし、その手続きもまだ十分に終わらないうちに振一郎も倒れた。そして、大正7年12月1日に亡くなってしまう。菊次郎の死からわずか5ヵ月後のことだった。死因は肺病（肺結核）だった。

都井宗家の当主が、半年の間に相次いで死ぬという異常事態。周囲の人々は口々に「何かの祟りではないか」と噂した。だが、その祟りはまだ終わっていなかった。

都井宗家の家督は振一郎の長男で、まだ満1歳の赤ん坊同然だった睦雄が相続することとなった。親権者として、母親の君代が家督の管理を行なうこととなった。義父と夫の連続死を目の当たりにした君代は、睦雄にはなんとしても元気に成人してもらいたいと願ったことだろう。

しかし、その君代もほどなく体調を崩して倒れてしまう。周囲に対して君代は気丈にも「慢性気管支カタルだから大丈夫。すぐ治るから」と話していたというが、周囲の人間は「肺結核に決まっている」と確信していたようだ。実際、君代はその後回復することなく、どんどん体調を悪化させていった。

義父と夫を相次いで失った心労はもちろん、義父と夫の看病をするうちに君代も結核に感染してしまったのではないだろうか。

夫の振一郎が亡くなってからわずか5ヵ月後の大正8年（1919）4月29日、君代も帰らぬ人となった。しかも26歳という若さである。睦雄はまだ2歳になったばかりだった。

幼い睦雄は、わずか9ヵ月で祖父、父、母の3人を立て続けに失ってしまった。

「ロウガイスジ」として忌み嫌われた睦雄一家

戦前における日本人の死因の第1位は「肺結核」だった。

肺結核は結核菌によって引き起こされる感染症で、初期症状は風邪によく似ているが、病状が進行すると肺の組織が破壊され、死に至る危険性の高い恐ろしい病気だ。治療法が確立された現代では放置さえしなければ治癒できる病だが、昭和10年（1935）から昭和25年（1950）まで、肺結核はずっと日本人の死因の第1位だった。それゆえに、空気感染する肺結核の恐怖は尋常ではなかった。

昭和5年（1930）の時点では、日本国内の20代の若者のうちの3・5パーセントが結核で死亡している。30人のうちの1人以上が、結核の犠牲となった計算となる。

大正時代の半ばごろ、倉見や貝尾のあたりでは結核で死者を頻繁に出す家系は「ロウガイスジ」（労咳筋＝労咳持ちの家筋のこと）として忌み嫌われ、ひどい差別を受け、結婚の際には大きな支障となった。ロウガイスジの家の人間とは誰も結婚したがらなかった。こと生死に関わる深刻な問題であるため、相手が金持ちだろうが関係なかった。

倉見の睦雄一家は、わずか9ヵ月の間に、当主である睦雄の祖父が倒れ、続いて跡を継いだ父親も肺結核で憤死した。災禍はそれだけにとどまらず、その次の当主である赤ん坊の睦雄の親権者で保護者（事実上の当主の代理）である母親までもが、あろうことか同じ肺結核で死んでしまった。

当時の人間からすれば、睦雄一家はまさにロウガイスジの祟りの真っ只中にあった。しかもどうやら新居（下倉見）に移ってきてから災禍が始まったようで、睦雄たちが暮らした屋敷は「呪われている」「祟られている」などと、陰に陽に噂されたという。

ロウガイスジの迷信を当時は多くの人々が信じており、睦雄一家が近い将来に家系を絶やすにちがいないと集落の誰もが考えた。そして、周囲で暮らすほかの住民たちまでをも巻き込んで、多数の犠牲者が出るのではないかと誰もが憂い、恐れた。特に子どもを持つ親の恐怖は尋常ではなかった。

睦雄の母の君代が死んだとき、睦雄の曾祖父（菊次郎の父親）は隠居こそしていたもののまだ存命だったようだ。

君代が死んだ時点で、まだ都井宗家の財産の書き換え（菊次郎名義の遺産の相続手続き）はまったく終わっていなかった。菊次郎の死後、振一郎に家督相続させる手続きさえもまだほとんど終わっていなかったのである。

こうした事態を受け、菊次郎の父親を中心とする親族会議が開かれた。そして、都井宗家・当主の座の委譲は、しばらく宙に浮くこととなった。

だが、皮肉にもこれが都井家をめぐる御家騒動の勃発の契機となった。

倉見を放逐された睦雄一家

睦雄の母・君代が亡くなったのが、大正8年（1919）4月29日。そして、祖母いねが睦雄の後見人と決まり、睦雄の財産を管理するようになったのが、大正9年（1920）10月6日のことだった。

いねが睦雄の後見人に決まるまで、1年半の時間がかかっている。そして、この1年半の間こそ、「睦雄一家はもはやロウガイスジの災禍に取り憑かれてしまった」という強迫観念と迷信に支配された都井一族の間で、御家騒動が勃発していた時期でもあった。

菊次郎の父親であり睦雄にとっての曾祖父は親族会議を何度も開き、いろいろと討議した。議題は、「誰が見てもロウガイスジの家と気味悪がられている睦雄に、このまま家督を継がせていいのか」だった。

親族会議で積極的に動いて議論をリードしたのが、菊次郎の弟だった（この弟は、下倉見に住む菊次郎の末弟の幸太郎ではなく、近在に住む別の弟だったという）。

親族会議の場でどのような議論がなされたのか、今となってはその正確な内容についてはわからない。だが、睦雄に家督を相続させるには、重大な懸案事項が少なくとも3点あった。

ひとつ目は、村人に忌み嫌われるロウガイスジに由緒ある都井宗家を継がせていいのか、ということ。ふたつ目が、家を継がせるには、2歳の睦雄ではあまりにも幼すぎるということ。そして、3つ目が睦雄が跡を継げば、睦雄が成人するまで都井家の資産を管理するのは、睦雄と血縁関係がない、ひいては都井宗家と血縁関係がない、菊次郎の後妻のいねになってしまう恐れがある、ということだった。

もし菊次郎といねの間に子ども（男子）がおり、都井家に堂々と残れる状況であれば、話は違っていたはずだ。家督はその子どもが継いだことだろう。しかし、菊次郎といねの間にどうやら子どもは生まれなかったようだ。振一郎には弟がいたという話はあるが、その母親はいねではなく、菊次郎と前妻との間に生まれた子どもだったようだ。

のちに睦雄の養育を支援する親族会が結成されたとき、いねの身内枠（貝尾枠）か倉見の都井家枠（倉見枠）のいずれかに、いねの実の子どもがメンバーとして入ったはずだが、実際に入ったのは、貝尾枠では貝尾在住のいねの甥であり、倉見枠ではいねの夫である菊次郎の末弟、幸太郎だった。いねの子どもらしき人物は、親族会のメンバーには見当たらないのだ。

いずれにしろ、睦雄に都井宗家を継がせるべきではない、という意見が一族の間では大勢を占め、最終的に都井宗家は菊次郎の弟が継ぐこととなった（その弟はすでに述べたとおり、幸太郎ではなかった)。誰が見ても健康体であることに加え、菊次郎の代ですでに分家していたことから、ロウガイスジとも見なされない。

こうなると、いねや睦雄たちと長くいっしょに暮らしていた菊次郎の末弟の幸太郎も、人の情として黙ってはいられなかっただろう。そこで、都井一族は下倉見一帯の都井家の財産は、幸太郎ともうひとりの菊次郎の別の弟の一家に分与して任せることで話をつけたようだ。こうなると、幸太郎としても強くは抵抗できない状況となった。

哀れなのは睦雄の身の上である。ロウガイスジと見なされ、後ろ盾を失った睦雄一家に対する仕打ちは、容赦のないものだった。

財産を失っただけではない。このまま倉見に残って、忌み嫌われるロウガイ(結核)の病をまき散らしてもらうのは勘弁してほしい、倉見から出て行ってほしいと誰もが願った。

最終的に、睦雄たちはそれなりの手切れ金を積み上げられて、倉見を放逐されることに決まったようだ。以後、倉見の都井家と睦雄一家との間の交渉ごとは、下倉見の分家のひとつを継いだ幸太郎一家が担うこととなった。ちなみに、戦後にこの幸太郎一家が継いだ分家に嫁に入ったのが、睦雄の墓守をしていた菊枝さんだ。

こうした暗い過去とその経緯を倉見の住民は暗に知っていたせいか、倉見では睦雄に対しては事件後であっても同情的なものだった。

津山事件報告書にも出てくる、睦雄が両親から遺産相続をしたとされる約1万3000平方メートルの田畑と、約8000平方メートルの山林は、いずれも倉見に所在する資産だった。また、睦雄一家が暮らしていた倉見の屋敷（昭和10年4月に手放したと思われる）も遺産に加えられたが、そのいずれを合わせても都井宗家の資産全体から見れば、わずかなものだった。

睦雄が相続した資産も金銭に換算すると、かなりの金額となることはまちがいないが、都井宗家全体の資産から見れば、はした金だった。

では、都井宗家の資産はどれくらいのものだったのだろうか。分家のひとつを継いだだけの菊枝さんに2013年に話を聞いたとき、次のような話を聞くことができた。

「今でもわたし（菊代さん）の家の名義の水田は、倉見周辺だけで、55枚もあってのう。えらい作業になるから、とても全部耕作はできないんじゃ。川（床原川）向こうにもあるよ。昔はあっちのほうに道があって、住んでいた人もいてのぉ。田んぼを耕せなくて、もったいなくてのう、困っています。今はせいぜい家の近くの数枚の田んぼをよそに住む息子がときどき耕してくれるくらいですなんじゃ」

地域によって異なるが、田んぼ1枚がおおよそ1000平方メートルと言われることから、田んぼ55枚となれば、55000平方メートル、約16000坪の面積となる。分家のひとつでも、これほどの土地を所有していることを考えれば、当時の都井宗家の資産は、睦雄が相続した財産の何十倍もあったのではないだろうか。

都井宗家内で起こった下剋上

睦雄の家督相続で揉めている1年半の間、女性であり倉見の人間ではないよそ者で〝外様〟だったいねは、都井宗家の親族会議における発言権はなかったはずだ。しかも、当時のいねはそろそろ老境にさしかかる年齢で倉見では頼る子どもも身寄りもない、ある意味で孤独なひとりの女性だった。そういう意味では、倉見を離れてほしいと願う都井一族にとって、いねは幼い睦雄と姉のみな子を引き取る保護者として適任だった。一方、いねの立場からすると、ある程度の資産を相続できるのならば、睦雄を引き取ることで老後の生活が保証されることになる。いねにとっても、睦雄を引き取ることにはメリットがあったということになる。

しかし、睦雄は両親と祖父が相次いで肺病で亡くなって、ロウガイスジと見なされるような不幸が降りかかってさえこなければ、かなりの資産を有する都井宗家の跡継ぎとなり、いねも楽ができたはずだった。

ところが、大正9年（1920）の時点では、もはや倉見にいねの居場所も睦雄の居場所もなくなっていたどころか、都井宗家の財産までもが傍流だった家系に事実上簒奪（さんだつ）されるという危機的な状況だった。

当主の宗家だった菊次郎の妻としてのいねのプライドは、そんな状況を甘んじて受け入れることなど、簡単には許さなかったはずだ。いねも相当悩んだはずだが、最終的にはいねの意思とは関係なく、都井宗家は菊次郎の弟が継ぐことに決まった。いわば下克上に遭って、都落ちする若殿様（＝睦雄）は、いねが責任をもって世話することとなった。

いねは妥協し、受け入れたのである。

津山事件報告書にも記載されているように、睦雄が相続する遺産――事実上の手切れ金――は、田畑が約1300平方メートル、山林が約8000平方メートルと定められた。このほかに、睦雄たちが暮らしていた倉見の屋敷の権利も手にした。睦雄一家にとって倉見に残すことができた、せめてもの爪痕だった。

誰もがロウガイスジと見なしている睦雄とみな子の姉弟は、菊次郎の妻で〝戸籍上の祖母〟であるいねが責任をもって引き取ることとなった。遺産を相続する睦雄はまだ2歳だったため、睦雄が成人するまで（満21歳の誕生日の前日まで。つまり、昭和12年、西暦では1937年3月4日まで）、その資産はいねが管理し、その資産を活用して睦雄の養育をいねが請け負うこととなった。ただし、ロウガイスジの睦雄とみな子は、いねが責任をもって村外（倉見の外）に連れて行かなければならない。

もちろん、これらの取り決めの詳細は外部には伏せられた。ほかにもさまざまな取り決めがあった可能性もある。

いねと睦雄姉弟の間に血縁関係がないことも秘密にされた（これは取り決めだったのかどうかはわからない）。いねの立場からすると、血縁関係がないと知られれば睦雄に見捨てられ、老後の生活もままならなくなってしまうという恐怖心があったはずだ。また、都井家サイドとしても、あとになって倉見に戻りたいと睦雄たちに言い出されてもなにかと困ることになる。

いずれにしろ、睦雄姉弟といねとの〝禁断の関係〟は門外不出の秘密事項となった。

だが、さすがにいねひとりに睦雄一家の養育の責任を押しつけるのも悪いと思ったのか、いねの相談相手として、いねを補佐する3人の親族会が結成された。

倉見側（都井家）からは、睦雄一家と長らくいっしょに暮らしていた菊次郎の弟の幸太郎が選ばれた。睦雄の母方（阿波村の太田家）からは、睦雄の母の姉婿である太田良作が選ばれた。最後の3人目の貝尾側（いねの親族、寺井家）からは、いねの甥にあたる貝尾在住の寺井元一が選ばれた。

ただ幸太郎はすでに年老いつつあったし、母方の実家の阿波も遠隔の地だったため、そう簡単には頼ることのできない、いねにとってはあまりなじみのない人選だった。結果としていねが実際に頼りにできたのは、自分の身内である甥の元一くらいであり、親族会とは名ばかりの形式的なものにすぎなかった。いねと睦雄、そしてみな子の3人は貝尾に移り住むしかない状況だったのである。

大正9年10月、正式にいねが睦雄の後見人と認められ、戸籍にも記載された。そして、好むと好まざるとにかかわらず、いねは睦雄とみな子という幼い姉弟を抱えて、できるだけ早く倉見を出奔しなければならなかったのである。

貝尾に流れ着いた睦雄一家

いねたちが倉見を出た時期については、はっきりと資料が残っているわけではないが、大正9年10月ごろだったのではないかと私は考えている。なぜなら、雪が降る前に引っ越し先を見つける必要があったからだ。11月、12月となれば冬将軍に見舞われ、引っ越しどころではなくなってしまうからだ。

睦雄一家は、当時の加茂村の中心地付近に位置する小中原塔中（こなかばらたっちゅう）（現在の旧加茂町役場に近く）の貸家に引っ越している。貸家の家賃の支払いや引っ越しの費用については、都井本家からもらったわずかばかりの当座の支度金を充てたのではないだろうか。

ただ、この章の冒頭で記したように、いねはすでに貝尾のもともとの実家（いねの弟の増蔵が家督を継いだ）で、一度出戻りという居心地の悪い状況に陥っており、それゆえ遠い倉見まで嫁に出たという経緯があった。おそらく、いねとみな子・睦雄姉弟が倉見を出た際、いねの実家へ戻るという選択肢もあったが、家督はすでに増蔵の息子の代に引き継がれていたはずで、弟の増蔵もすでに死んでいた可能性もある。そうなると、いねの実家にはいねを知る人はなかったことになり、姉弟を連れて実家へ身を寄せることは難しくなる。

幸い睦雄には遺産があった。いい物件が出たら遺産で貝尾に家を買えばいい。苦労の長かったいねは、睦雄の遺産を浪費するようなことはなかった。それどころか、睦雄の育児にのめり込み、周囲が過保護と思うほど入れ込んでいくのである。実際、睦雄たちの面倒は生まれてからずっといねが見てきた。血縁関係はなくても愛情や愛着はあった。

ただ、その愛情の奥底には、倉見で妥協して外に連れ出してしまった睦雄に対する負い目があったのかもしれない。

大正11年（1922）、いねたちは貝尾に移住する。

いねは、貝尾の親戚から500円で屋敷と土地（田畑も含む）を購入した。大正当時の1円は、一概にはいえないが、米価などを基準に算出すると、およそ現在の2500円程度に相当する。

つまり、いねは約125万円で屋敷と田畑を入手したことになる。

ちなみに、事件後に睦雄の屋敷が処分されたときの売価はこのときの10分の1の50円にしかならなかった。すぐに建物は取り壊されたため、土地だけの値段しかつかなかった。

屋敷と土地の購入代金500円の財源は睦雄の遺産だった。倉見の山林や田畑を処分して工面したという。

このあと、いね一家は少しずつ睦雄の遺産を処分して生活費を賄っていくことになる。この時に睦雄の資産を購入する側にいたのは、倉見在住の親戚たちである。たいていは隣接する土地を所有していた親戚が買うことになったが、実際には資産に余裕のある金持ち（分限者。例えば宗家のような家である）が買うケースもあった。親戚には幸太郎一家のように睦雄たちに同情的な人もいたが、なかには情け容赦のない対応をする者もいた。睦雄たちの足元を見て、

「すぐに現金で払うとなれば、これくらいの（低い）金額でしか買えない」

「この（低い）金額が相場じゃから、我慢してくれ」

などと言って、実際の相場よりかなり低い金額で買い叩いた者たちもいた。

例えば都井宗家を継いだ睦雄の大叔父は、睦雄が津山事件を起こしたと聞いたとき、分厚い蔵の中に鍵をかけて閉じこもって、数日にわたって出てこなかった。なぜなら、睦雄の恨みを買っていたと自覚していたからだと言われている。

こうして、いね一家の財産は次第に目減りしていった。先の見えない、募るばかりの生活の不安は、津山事件の遠因のひとつになったはずだ。

ところで、睦雄が小学校に上がってからは、一家が倉見で処分した資産の代金を受け取りにいくとき、睦雄と姉のみな子がその役目を担うようになった。みな子はしっかり者で、睦雄は頭が良く慎重だった。また、いねは年老いており、山道を歩いて移動するにはきつい年齢だった。いねは十分な教育を受けていなかったため（いねの少女時代は、まだ小学校はできていなかった）、満足に字を読んだり（ひらがなの読み書きはできたようだが）、計算したりができなかったようだ。だから、必然的に代金の受け取りはみな子や睦雄の仕事となった。

このときに一家が購入した貝尾の家について、のちに鹽田末平検事は津山事件報告書のなかで次のように記している。

その家は、構えと丈（広さや高さ）は一段と大きく立派であるが、古式蒼然かつ相当荒廃しているばかりでなく、屋内はとても暗く、文字通り鬼気迫るの感ある家である。

もっとも、鹽田検事が暗いイメージを抱いたのは、事件直後に訪ねたのだから（屋内には、まだ首を切断された、いねの遺体が横たわっているときだった）、無理もないかもしれない。

ただ、貝尾では相当大きな部類に属する屋敷だったようだ。睦雄一家の間口（家の幅）の広さは16メートル近くあり、屋敷の奥行きも7～8メートルはあった。睦雄は天井裏を自分の秘密部屋として利用していたことから、平屋だが高さも相当あったはずだ。単純に広さだけでいえば、10人近くの人が暮らしていた寺井政一家（ゆり子の家）の2倍ほどの面積があった。

世が世であれば、都井宗家の跡を継いだであろういねのプライドがそのまま形になっているような立派な屋敷だった。

すべてを知った睦雄は、何を思ったか

いねが、倉見を出て、貝尾に流れていった過程をつぶさに見ると、「いねが睦雄の教育を考えて、学校施設が整っている下流に引っ越していった」という筑波本などで展開され、定説とされてきた話が、誤りであったことがわかる。

むしろ、いねはそれほど教育熱心ではなかった。だから、睦雄の通学や進学にのちに消極的な振る舞いをするようになったのである。

ただ、睦雄はもともと秀才だった。いねの方針とは関係なく、睦雄は小学校で優秀な成績を

おさめたのである。

倉見で睦雄一家を襲った悲劇は、おそらく睦雄にはほとんど正確に伝わっていなかったのではないだろうか。なぜなら、倉見の人々にとってもいねにとっても、思い出したくもない暗い過去だったからだ。

ところが、おそらく昭和10年前後、睦雄が肋膜炎を再発したり、倉見に残してきた屋敷を売りさばく手続きをするころになって、睦雄はそれらの経緯を知ることとなる。

曰く、睦雄一家が、かつて肺結核のために全滅に近い憂き目に遭い、「ロウガイスジ」として忌み嫌われ、倉見を追われたこと。

曰く、その際に、都井宗家の財産は、祖父の弟たちに取られてしまったこと。

曰く、その後も睦雄たちが資産を切り売りしてしのがなければならないときに、足元を見られ不当に安く買い叩かれてしまったこと。

曰く、いねは実の祖母ではなかったこと。

曰く、そのいねに倉見から連れ出されたこと。

曰く、倉見で遺産を継いでいれば、何不自由ない暮らしができたかもしれないこと。

曰く、いねは、それらのことすべてを自分に秘密にしていたこと。

曰く、なぜ自分はそんないねに対して、何の疑問も抱かなかったのか。むしろ、いねのせいで、こんな身の上になったのではないか。

睦雄が肋膜炎を再発し、何もかも上手くいかなくなって、将来に絶望を感じ始めたとき、追い討ちをかけるかのように、〝暗い過去〟のすべてが一挙に睦雄に迫ってくることとなった。

睦雄の心の奥に津山事件にまで昇華していく、どす黒い絶望の〝芽〟が、幼少期を過ごした倉見時代に、すでに心の内に植え込まれていたのだ。そしてその芽は、ほのかに芽吹き出していたのである……。

第5章
歪んだ愛情

〝いわくつきの家〟に移り住んだ睦雄一家

いねが貝尾で購入した屋敷は、なぜ売りに出されていたのか。

その屋敷がもともと〝いわくつきの家〟だったことも、前の持ち主が手放した理由のひとつとされている。

睦雄が津山事件で7軒目に襲撃したのが寺井千吉家だった。

その戸主、千吉（事件当時85歳）の妻であるチヨ（同80歳）は、睦雄に襲撃されたとき家にいたが、殺害は免れた。その理由として、千吉家は睦雄から恨まれていなかったからだとも言われる。

またチヨが殺害を免れた理由として、千吉家が睦雄の祖母いねと親戚関係にあり、千吉の孫の勲（事件当時41歳）はなにかと睦雄一家の相談に乗る間柄だったことも関係しているだろう。

睦雄はいねの近い親戚筋には手を出さなかった（ただ千吉の長男の内妻は殺害された）。そして、問題の屋敷には寺井千吉家のチヨとの浅からぬ因縁があった。

チヨが事件後に鹽田検事に語ったところによると、いねが購入した件の屋敷には、次のような暗い因縁がつきまとっていたのだという。

「この家（いねと睦雄が貝尾で入居した家）は宿命の家でした。そこは、昔、わたし（チヨ）が暮らした家でもあって、わたしと前の夫である寺井常次郎（チヨが千吉に嫁ぐ前の夫）が暮らしていました。明治8年（1875）でしたから、もう（昭和13年からさかのぼると）63年前のことになります。常次郎は22歳、わたしは17歳でした。

恥ずかしいことにそのころ、前夫の常次郎は近隣の楢井という集落に住む藤田牧蔵の妻のオタエと姦通（浮気）していたんです。そして、その姦通現場を、オタエの夫の牧蔵に目撃されてしまいました。すると、姦通していた常次郎が逆上したのです。いったん自宅に引き返した常次郎は、日本刀を持って牧蔵の家に取って返して乗り込むと、オタエを殺害して無理心中をはかろうとしたんです。しかし、なぜかオタエを斬ることはできませんでした。それで、常次郎はしかたなく牧蔵に斬りつけて、一太刀浴びせると、みずから切腹自殺してしまったんでございます……」

なんとも不可解で合点のいかない騒動だったが、話の筋をたどると常次郎が割腹自殺したのは、どうやら楢井の牧蔵の家であって、いねたちが暮らした貝尾の屋敷ではなかったようだ。

それにしても、不倫をして責められるべきは自分（常次郎）のほうなのに、その現場を不倫相手の夫に見られ逆上するあたりは、まるで睦雄が岡本和夫（坂本集落の住人で睦雄の被害者）の妻みよ（被害者）や寺井弘の妻マツ子（夫婦ともに犯行直前に京都へ移住）と姦通したときの状況を思い起こさせる。睦雄は、姦通現場を発見された際、相手の亭主に対して激怒してすごんでいた。

チヨの話を聞いた鹽田検事も津山事件報告書で次のような感想を述べている。

犯行のあらすじが、やや本件と類似しているのみならず、犯人の年齢が同年であることなど、時のへだてを越えてなにか因縁の深さを感ぜずにはいられない。

津山事件から60年以上も前に起きた騒動に端を発する常次郎の亡霊が、のちの住人の「睦雄に事件を起こさせたのではないか」などと、当時の貝尾の人たちは噂した。いわば、集落の人間には騒動の真相はともかく、件の屋敷は〝いわくつきの家〟と認識されていたのだ。貝尾の古びた屋敷にいねと睦雄が引っ越してきた時点で、一家のあまりにも暗い未来はすでに決定づけられていたのかもしれない。

いねの過保護・過干渉

因縁の屋敷に移り住んでしまった3人だが、貝尾での暮らしは当初は落ち着いた平穏なものだった。だが、それは一家にとって、束の間の幸せだったのかもしれない。

いね一家は、貝尾に3反6畝（約36アール＝3600平方メートル。縦横だいたい60メートル四方の広さ）の田んぼを所有していた。この田んぼはいねがほとんどひとりで耕作し、みな子や睦雄はときどき手伝っていたようである。睦雄に殺害される直前まで、いねはこの田んぼを耕していた。

田んぼで収穫された米は主に一家の食糧となったが、収穫が多いときは売ることもあった。冬には養蚕でわずかばかりの現金収入を得ていたが、それでも現金が足りなくなったときは、睦雄が受け継いだ倉見の山林や田畑を切り売りしてしのいでいた。だが、この当時の一家はまだ困窮してはいなかった。

のちに姉のみな子が警察に語った証言を見ると、幼少期の睦雄はおとなしい性格で、しかも姉弟ふたりだけであることから、仲も良くほとんど喧嘩したことはなかったという。

一家が貝尾に引っ越してきてから2年後の大正13年（1924）4月、睦雄は晴れて西加茂村の尋常小学校に入学した。尋常小学校は西加茂村の中心部の一角、中原という場所にあった。現在は廃校となっており、レストランと宿泊施設となっている。

入学時の睦雄の年齢は満7歳。6年制の尋常小学校へは満6歳の4月から入学できるため、睦雄は1年遅れて入学したことになる。なぜ、1年遅れて入学したのか。その理由として筑波本などで従来説明されてきたのが、「睦雄が病弱なため、祖母のいねが小学校への入学を1年延期した」という説だった。だが、当時から睦雄は病弱というわけではなかった。なぜ、いねは睦雄の入学を1年遅らせたのか。

実は1年遅れの入学は当時、珍しいことではなかった。

睦雄の誕生日は3月5日。しかも早生まれのなかでは、かなり遅く生まれた部類に入る。幼児期の睦雄はけっして体格も大きいほうではなく、むしろ華奢なほうだったという。

幼児期における1年の差は、体格の成長や知能（脳）の発達具合もかなり違ってくる。ただでさえ華奢な睦雄が1年近く早い4月、5月生まれの子どもと机を並べても、学業もスポーツもまともに張り合えるはずがなかった。

当時、2月、3月に生まれた早生まれの子どもを持つ親は、か弱い自分の子どもが学校で負けないように、あえて1年遅らせて小学校に入学させることがよくあった。

1年遅れで入学した小学校には、のちに睦雄が恋心を抱く寺井ゆり子や睦雄の襲撃時にそのゆり子の命を救うこととなった寺井由紀子らと同級生となり、机を並べることになる。

小学校のときの睦雄について、2010年（平成22）に寺井ゆり子（取材当時93歳で耳はかなり遠くなっていた）にインタビューしたとき、次のように答えていた。

「たしかに同級生でした。学校でも級長をやって頭は良かったですよ」

私は「仲は良かったのですか？」と聞いたが、はぐらかされたのか、はっきりと答えてもらえなかった。それ以上に家族を皆殺しにされた恨みの気持ちのほうが強かったからかもしれない。

睦雄の姉のみな子は、のちに小学校時代の睦雄のことを聞かれて、次のように答えている。

「睦雄は小学校1年のときに、腸が下って学校を休んだことがありました。その年は、1学期の間くらいから学校へ行っていません。ですが、小学校の成績はたいへん良く、本を読むことが好きで、ほかの子どもがいたずらをしていてもひとり、地理地図の教科書などを出して見ていました。小説のようなものが好きで、少年倶楽部（当時の漫画や小説などが掲載された、少年向けの人気雑誌）などを好んで読んでいました。後にはキングなども、わたしが与えると読んでおりました」

睦雄は小学校に入学したころはよく腹を下していたようで、小学校1年時に欠席した日数は年間で77日だった。

いねは、睦雄の両親や祖父が相次いで肺結核で亡くなったことから、睦雄の身体の異常に対しては人一倍敏感だった。そのため、睦雄がちょっと体調を崩したり、雨が降っていたりするだけで睦雄を学校に行かせなかった。

小学校時代の睦雄はどんな生徒だったのか学

睦雄の小学校時代の学業成績表が残されている。抜粋した欠席日数は次のとおりである。

●尋常小学校1年／出席日数＝184日　欠席日数（病欠＋事故欠）＝77日
●同2年／出席日数＝227日　欠席日数＝31日
●同3年／出席日数＝231日　欠席日数＝25日
●同4年／出席日数＝213日　欠席日数＝47日
●同5年／出席日数＝197日　欠席日数＝61日
●同6年／出席日数＝245日　欠席日数＝15日
●高等小学校1年／出席日数＝230日　欠席日数＝32日
●同2年／出席日数＝237日　欠席日数＝17日

欠席日数の多さが一際目立つのが、尋常小学1年生時の「77日」と同5年生時の「61日」で、いずれも年間欠席日数はゆうに2ヵ月以上にのぼっている。病欠だけでなく事故欠も多いが、これは事故ではなく、実は頭痛による突発的な欠席だった。

データからも祖母いねの睦雄に対する過保護・過干渉ぶりは明らかだが、それ以上に子どもを学校に通わせようという熱意が、いねには欠如していたのではないだろうか。

当時の家庭では、まだ今のように教育熱はそれほどなかった。むしろ、子どもが家の仕事の手伝いを理由に学校を休むことも珍しくなかった。田植えや養蚕で徹夜が続く時期などは特にそうした傾向が顕著で、欠席が多いのは睦雄だけに限った話ではなかった。睦雄よりも学校を休む子どももいたが、睦雄の場合は事情が異なる。

いねは自分に子どもがいなかったため、母親としての育児の経験が乏しい。しかも、いね自身が十分な教育も受けていない。そう考えると、いねの睦雄に対する過保護・過干渉も仕方なかったのかもしれない。

いずれにしろ、いねの教育に対する意識は希薄だった。だから、上級の学校に進学させなければならないという意欲は、あまりなかった。

ただ、小学校低学年時から学校をかなり休みがちになったことは、睦雄の成長や発達に暗い影を落とした。こうした状況が続いたことで、睦雄は同じ集落で育った同年代のほかの子どもとは、かなり異なったパーソナリティを形成していった。

この年頃は、人間の脳はどんどん成長し、パーソナリティ（人格）形成が決定づけられる重要な時期だ。この大事な時期に友だちと遊んだりするなどの人間関係を構築するためのトレーニングを睦雄は十分にしなかった。

人づき合いが上手くできなかったり、挫折から立ち直りにくくなったり、はたまたキレやすくなったり、他人を恨んだりといった傾向が強い歪んだパーソナリティが形成された遠因には、睦雄がほかの同世代の子どもたちと十分な人間関係を結ぶ経験が乏しかったことも関係しているのかもしれない。こうした問題は、現代の若者の成長にも通じる問題といえるだろう。

ただ、尋常小学校の高学年から高等小学校の期間は出席率も上がっている。理由はわからないが、学校に慣れてきたのか、それなりに友だちもできたようだ。

「小学校では3年生くらいから、いつも級長をしていました」

欠席が多かったものの、睦雄は勉強がよくできる秀才だった。

尋常小学校では、「修身（道徳）」「国語」「算術（算数）」「日本歴史」「地理」「理科」「図画」「歌唱（音楽）」「体操」の9科目があったが、10段階で「8」の成績が14回（すべて図画、歌唱、体操のみ）、「9」が25回、「10」は3回と、主要教科はオール9以上だった。10が意外と少ないのは、出席日数の少なさが影響したのだろうが、成績は抜群だった。

ちなみに高等小学校では「農業」や「手工（技術工作）」「読方（読解）」「綴方（作文）」などの科目が増えるが、「10」の成績が6回、「9」の成績が13回、「8」が6回と、やはり抜群の成績を残している。

みな子は次のように語っている。

「小学校では3年生くらいから、いつも級長をしていました。高等小学校（2年制）へ進学したら、級長は選挙で決まるものでしたが、高等小学校1年のときはやはり級長でした。高等小学校2年になると、級長のほかに総長（生徒会長のようなもの）ができて、総長のほうが級長より上でした。睦雄は選挙の結果、総長に当選しましたが、同点者が2人ありました。睦雄は生年月日があとであった（1年遅れで入学して、本来の学年はひとつ上だった）ため、総長にはなれず、級長にしかなれませんでした。それで『自分は惜しいことをした』と言って、残念がっていました。学校での成績は良くあり続け、人からも憎まれているようなことはなく、むしろ選挙などしてもらうくらいの人望はあったのであります」

学校への出席日数こそ少なかったものの、おとなしく頭が良くて男前だった睦雄は、級長選挙で当選するほどの人望があったという。のちに殺人鬼と化すことなど、誰が想像できただろうか。

ただ総長選挙に自ら積極的に出馬するなど、当時からプライドが高く自己顕示欲が強い傾向が見られる。

得てして、プライドが高すぎると常にトップの成績や評価を受けていないと心理的に満たされなくなることがある。

若者のなかには、1番になれないくらいだったら最初から何もやろうとしない心理状態に陥ることがある。2番や3番では満足しないのだ。

チャレンジするよりも、何もやらないことで、とりあえずその場をしのいだりする。失敗するくらいなら、最初から何もやらなければ失敗はしない。トライしたり、

この心理状態は現代の若者にはありがちなものだが、当時の睦雄もそれに近い心理状態だったのかもしれない。睦雄は祖母の手によって、過保護・過干渉に育てられて、汗水流して働くこともなく、当時としては相対的に豊かな生活を送れていた。だから、昭和初期の平均的なメンタリティーの持ち主ではなかったのかもしれない。

素行記録から見る睦雄の性格

尋常小学校時代に担当教師が評価した睦雄の学校における素行記録が残っている。その要点をざっと書き並べてみる。ただし、欠席の事情についての記録では、単純に「休みがち」とい

う主旨の指摘は周知の事実であるため割愛する。

〈小学校の成績表に記された素行や性格〉

●小学1年生　他の児童の世話をよくする。
（事件後の担任による論評）従順で教師の言いつけをよく守ってくれた。

●2年生　沈着で学習態度はいいが、隣人に誘われると私語が多くなる。

●3年生　沈着で豪毅。いたずら多し。
（事件後の担任による論評）病弱とは思えない。家庭の事情のせいか、どこか淋しそうなところがあり、叱責に対しても非常に感じやすかった。

●4年生　沈着にして学習態度はいい。1年前から頭痛を理由にした欠席が多い。
（この頃担任したと思われる教師による事件後の論評）性格は朴直でおとなしかった。快活な点については やや欠けており、陰性な（暗く沈んだ）性格が見られた。剛毅で意地も張る癖があり、一方的な点もあった。頭痛持ちで、体操や運動は好まなかった。記憶は正確であり、常に優秀な成績だった。学校では、まじめで礼儀正しく、服装もしっかりしていたが、動作はやや鈍かった。

●5年生　頭痛で欠席することが多い。心根は素朴で、飾り気はなく、表裏のなく勉強にいそしむ。

（この頃担任したと思われる教師の事件後の論評）腺病質（結核にかかりやすい弱々しい体質）で、顔色が青白く、不愉快な表情を浮かべていた。教師に対しては従順だった。ほかの児童と争うことはなく、温順な性格だった。

●6年生　今年は頭痛は起こらず、学習に専念できた。知能の発育は上位。一面、理屈っぽいところがある。

（1学期の担任の事件後の論評）快活ではないが、温順無邪気だった。健康的ではないが、不健康でもなかった。祖母による養育のためか、家庭でわがままな点があった。そのため、動作に少し怠儀な（億劫そうに振る舞う）ところがあったが、姉が快活で、愛情深い。その影響で無邪気で優しいところも見られる。また、少し煮えきらない（優柔不断）性格もあったと記憶している。

〈小学校時代全般の印象〉

●ほかの小学校時代の特徴　正直で約束をよく守り、礼儀を重んじて、緻密な性格。口数が少なく、声をおさえて話す。競争心に富む。記憶、推理力に富む。趣味は読書。

●低学年時はいたずらがちだったが、成長するにつれて自重するようになった。成績は良く、素行不良は認められない。

●祖母いねは、唯一の男孫として、わがままに育てていたもよう。わずかな風雨があれば学校を休ませていた。成長すると、本人の自覚から、欠席は減った。

●身体検査ではなんの異常も認められなかった。

〈**高等小学校2年生の担任による事件後の論評**〉

●温和な性格で、学業は優秀。言葉少なく、慇懃（いんぎん）な（礼儀正しく、丁寧な）優等生だった。ただ高等小学校卒業後の青年学校では、病身でややせっかちなところがあり、高等小学校時代とは性格や考え方が変化したのではないかと思われる。

こうして見ると、尋常小学校の低学年時は病弱ではあったが、全般的にまじめだったようだ。気になるのは、小学2年時の「やたら私語が多かった」という指摘である。小学3年時は、いたずらも多かった反面、教師からの叱責に異常に敏感になっていたようだ。こだわりがあまりにも強すぎる、睦雄の性格が気になるところだ。

ただ小学校の高学年、特に5年、6年時の報告には注目したい。「腺病質に見えた」というのは、事件後の論評であるため、後づけの評価とも思えるが、まじめで成績優秀という評価の一方で「意地を張る」「動作が鈍い」「理屈っぽい」「怠儀（おっくう）に見える振る舞い」「祖母によるわがまま」「頭痛持ち」「煮え切らない」など、気になる指摘がいくつも並んでいる。

高等小学校ではまじめな優等生だったものの、卒業後の青年学校では、睦雄の性格や素行がガラっと変わってしまったという報告も気になる。

睦雄は、昭和4年（1929）に尋常小学校を卒業して、そのまま西加茂村の高等小学校に入学した。高等小学校を卒業したのは、昭和6年（1931）3月で、このとき睦雄は14歳だった。高等小学校卒業後、睦雄はすぐに1回目の肋膜炎を患って療養生活に入るため、青年学校に入学したのは、昭和8年（1933）の春、睦雄が16歳のときのことである。

わずか2年の間に、睦雄の性格は大きく変わり、高等小学校までは総じて真面目で頭脳明晰だった少年が、2年後には病身でややせっかちな、おそらく成績もそれほど良くない、落ちこぼれの青年へと変貌してしまった。

この2年の間に、睦雄にいったい何があったのか？

睦雄の進学には乗り気でなかった祖母いね

当時の睦雄について、みな子は次のように話している。

「高等小学校2年生を卒業した春に、睦雄は肋膜を患い、3ヵ月ほどぶらぶらしているうちに治りました。別に寝るほどのことはありませんでした。病気の時は、西加茂村の萬代医師や、加茂町の只友医師にかかっていました。高等小学校を出たときは、先生も成績がいいので、このまま百姓をするよりは、上の学校へでも行ってみんか、と言われたのですが、家には男がひとりですから、祖母がなかなか手放そうとしませんでした。睦雄はそのまま家にいましたが、病気になってからは、本人も百姓をやることはできない、と思っていたようです。だからといって、別に何になろうということは決めていなかったようです。(中略)

睦雄は高等小学校を卒業すると、その学校内(高等小学校)にある補習学校へ行きましたが、病気のため、2年生のときは休みがちで、全部行ったか覚えていません。その後、青年訓練所(青年学校)へもちょっと行っていたようですが、その期間は存じません。しかし、青年訓練所(青年学校)へ服(制服のことか)を着て、通っていたのをわたしも見ています。その時分は、もちろんわたしがまだ嫁にゆかぬ時分でありますが、身体がえらい(しんどい)からと言って、青年訓練(青年学校)には、あまり熱心に行かなかったわけであります」

高等小学校卒業直後、睦雄が14歳のときに肋膜炎を患ったが軽症だった。

睦雄に執着していたいねが一緒に暮らしていながら、そんな睦雄の変化に気づかなかったはずはない。

高等小学校の卒業の時期を迎えて、いねの意識のなかに睦雄を上の学校（中学校など）へ進学させようという考えなど、まったくなかった。実際、いねは教師の進学の勧めにも、頑なに首を縦に振らなかった。

中学校なんかに進学して、睦雄に無理をさせたらすぐに肺病になってしまい、成人までもたないに違いない――いねはそう考えたはずだ。

いねが睦雄の進学に乗り気でなかった理由はほかにもある。

睦雄にはそれなりの遺産があった。だから何もしなくても遺産を少しずつ切り売りして、少しでも田畑を耕せるようになれば、地道に生活はできる。下手に上の学校へ行ってお金を浪費するリスクを冒す必要などなかったのである。

再三書いてきたように、睦雄に対して積極的に教育を受けさせようという意識がいねには欠如していた。現代における〝教育ママ〟とは対照的だった。そして、少年時代の睦雄は反抗期もない〝いい子〟だった。いねは、睦雄を終始かわいがってきた。しかし、それはまるで飼い主がペットをかわいがるような関係に近いものだったのかもしれない。

睦雄は、いねの過保護・過干渉のなかで生活してきた。日常生活では何事も当然ながらいねに依存していた。進路を自分で決めるなどという経験もなかったし、どうやっていいかもわからない状態だった。高等小学校卒業後の自身の大事な進路を決めるときは、すべて祖母いねの言うとおりにした。すべてにおいて、睦雄はいねに依存していた。そして、いねは睦雄に対して、あまりにも幼い子どもを扱うように接していた。

高等小学校卒業直後の睦雄は「ニート」のような状況だった

昭和50年（1975）2月の朝日新聞地方版に津山事件の取材記事が掲載されている。その記事のなかで、寺井由紀子（寺井ゆり子を匿って睦雄に襲撃された家の娘。軽傷を負った）の姉の昌子（取材時64歳。事件当時26歳。事件当夜、実家には不在）の証言が載っている。そこでは、おそらく10代後半以降と思われる睦雄の印象について次のように語っている（昌子の証言は『』内）。

……青白い顔、陰気でわがまま、というのが当時を知る人々の都井像だ。

「気に入らんことがあると、よくおばあちゃんをどなりちらしていたね」

当時の様子を伝え聞く貝尾の住民にもこういう話をする人がいた。

「おばあちゃんを怒鳴りつけたり、『おまえが悪いんだ、なにぐずぐずしてんだ』というようなことを叫んだりしていたらしいよ。それでもいねさんは、何も言わずにかいがいしく睦雄の世話をしとったらしいわ」

10代の半ば過ぎまでは甘やかされ、すべて祖母の言うとおりに睦雄は生きてきた。そして、10代後半以降、睦雄は今までのつけを祖母に押し付けた。

「おまえ（祖母）の言うとおりに生きてきた挙句、何もかもうまくいかなくなった。俺がうまくいかなくなった責任はおまえにあるんだ」

両親を早々に失ったことによる愛情不足が、睦雄の人格形成に大きな支障をきたしたのだとの指摘がある。その指摘はもちろんまちがってはいないが、両親がいない環境で育った人間の人格が必ず歪むのかといえば、そんなことはない。

当時の農家の長男は一般的に家を継ぐ存在と見なされていたから、睦雄が家離れをせず、家でゴロゴロして祖母に甘やかされていたとしても、珍しい話ではなかった。

ただ、父親の代わりのように接してくれる大人の男性が、睦雄の周囲には見当たらない。この影響は少なからずあったかもしれない。男児は父親に憧れたり、反発したりすることで成長する一面がある。だが、睦雄にはそういう機会はなかった。それは、睦雄の自立心や独立心を育むうえでの障害になってしまった可能性はある。

適度に豊かな生活環境、父親の不在、かわいがり、甘やかすばかりの女親（祖母）……そんな家庭環境がひとりの秀才の心を〝未成熟〟なまま大人にさせてしまった。

肋膜炎は幸い軽症だった。しかし、高等小学校卒業後の数ヵ月間、睦雄は療養と称してずっと自宅とその付近をブラブラしていた。

衣食住の世話は祖母のいねがしてくれるから不自由はなかった。ただ、14歳から16歳という、思春期の真っ只中を無為に過ごしてしまったことは、睦雄の心身のバランスに悪影響を与えた。高等小学校卒業直後の睦雄は現代でいうところの「ニート」や「ひきこもり」のような状況だった。その間、睦雄のパーソナリティーの成長は停止・停滞してしまっていた。

睦雄はおよそ2年間、肋膜炎の治療や療養を理由に何もせず、ゴロゴロして過ごした。そして、その後に青年学校へ再び通い始めても、かつての〝秀才〟の輝きは取り戻せなかった。それどころか勉強にもついていけず、一緒に学ぶ生徒の大半は年下で、勉強の成績面でも簡単に追い越された。プライドの高い睦雄にとって、居心地のいい環境ではけっしてなかった。敏感な思春期の最中にあった睦雄にとって、大きな挫折となった。

そして、小学校3年時の担任による論評にあったように、睦雄は叱責に対してはとても敏感だった。だから、挫折に対しても敏感だった。

成績で1番も取れず、周囲から優等生や秀才と評価もされない学校生活など、睦雄にとっては何の意味もなかった。むしろ、生き地獄だったかもしれない。

高等小学校を卒業後、どう生きていいのかわからなくなった睦雄は、早くも人生の路頭に迷った。

そして、肋膜炎を理由に「気分が悪いから何もできない」と堂々と家にいる口実ができたからである。肋膜炎は皮肉にも睦雄に大義名分を与えてしまった。

昭和初期の農村の人たちにとって、そんな睦雄の心情を理解することなどできはしなかった。睦雄は孤立した。そして、孤立した睦雄のメンタルは暗い淵へと落ちていくこととなる。

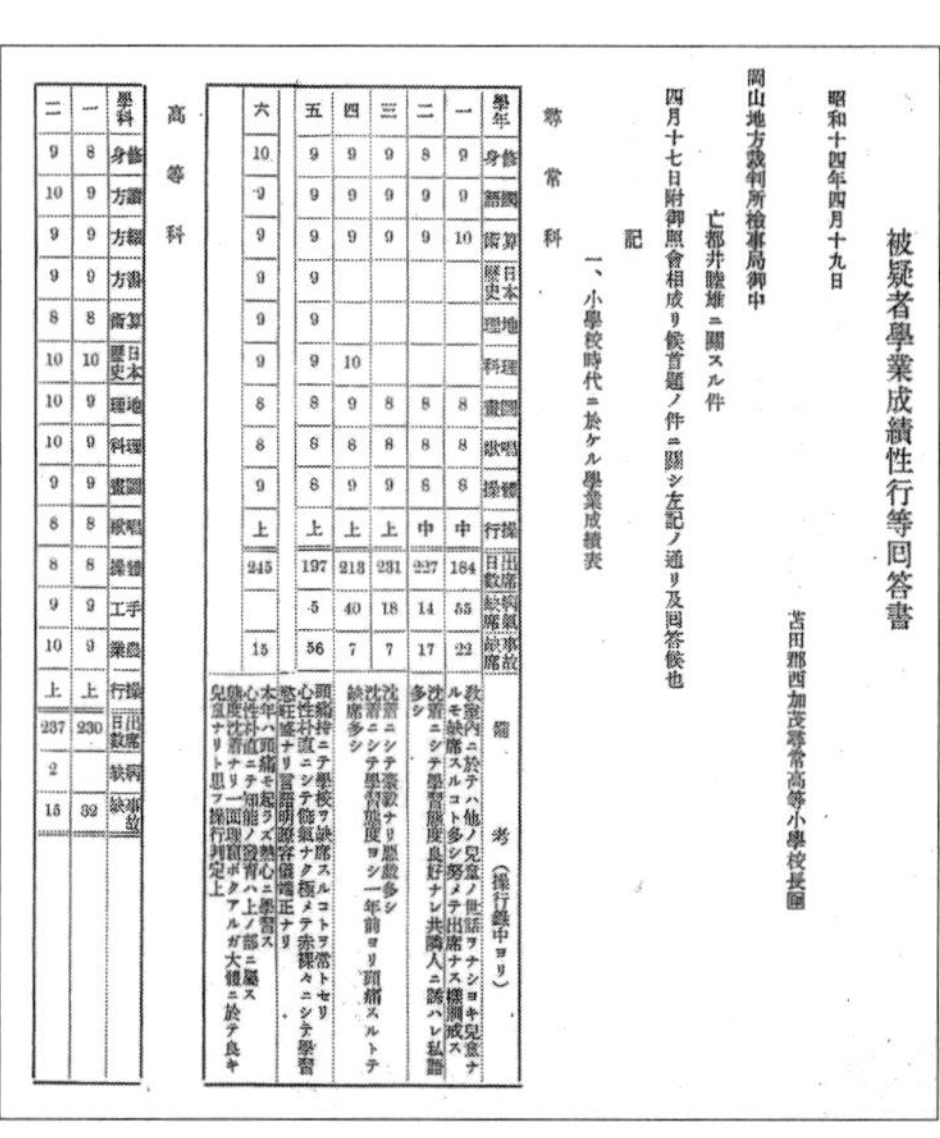

被疑者學業成績性行等回答書

昭和十四年四月十九日

苫田郡西加茂尋常高等小學校長圖

岡山地方裁判所檢事局御中

亡都井睦雄ニ關スル件

四月十七日附御照會相成リ候首題ノ件ニ關シ左記ノ通リ及回答候也

記

一、小學校時代ニ於ケル學業成績表

尋常科

學年	修身	國語	算術	日本歷史	地理	理科	圖畫	唱歌	體操	操行	出席日數	病氣缺席	事故缺席	備考（操行錄中ヨリ）
一	9	9	10				8	8	8	中	184	55	22	教室内ニ於テハ他ノ兒童ノ世話ヲナシヨキ兒童ナルモ缺席スルコト多シ努メテ出席ナス様訓戒ス
二	8	9	9				8	8	6	中	227	14	17	沈着ニシテ學習態度良好ナレ共隣人ニ誘ハレ私語多シ
三	9	9	9				8	8	9	上	231	18	7	沈着ニシテ寡默ナリ惡戯多シ
四	9	9	9			10	9	6	9	上	218	40	7	沈着ニシテ學習態度ヨシ一年前ヨリ頭痛スルトテ缺席多シ
五	9	9	9	9	9	9	8	6	6	上	197	5	56	頭痛持ニテ學校ヲ缺席スルコトヲ常トセリ心性朴直ニシテ飾氣ナク極メテ赤裸々ニシテ學習懇程盛ナリ言語明瞭容儀端正ナリ
六	10	9	9	9	9	9	8	8	9	上	245		15	本年ハ頭痛モ起ラズ熱心ニ學習ス心性朴直ニテ知能ノ發育ハ上ノ部ニ屬ス態度沈着ナリ一面理窟ポクアルガ大體ニ於テ良キ兒童ナリト思フ操行判定上

高等科

學科	修身	讀方	綴方	書方	算術	日本歷史	地理	理科	圖畫	唱歌	體操	手工	農業	操行	出席日數	病缺	事故缺
一	8	9	9	9	8	10	9	9	9	8	8	9	9	上	230		32
二	9	10	9	9	8	10	10	10	9	8	8	9	10	上	237	2	15

二、性質素行

尋常科ニ於ケル學業成績備考欄ニ操行錄中ヨリ平素ノ素行等記セルモ尚ホ左ニ大要申上候

精神方面

氣質　剛毅、沈着、着實、寡慾、質素、大度、謙遜、競爭心ニ富ミ、記憶、推理力ニ富ム

心性　小學校時代ハ勤勉親切ヨク命ヲ守リキクリ

行爲　正直ニシテヨク約束ヲ守リ禮儀ヲ重ンジ緻密ナリ

言語　寡言、低聲ナリ

性癖　ナシ

嗜好　讀書

素行方面

低學年ニ於テ多少ノ惡戯ハアリタレ共成長スルニツレテ自重シ卒業當時ハ其ノ成績良好ニシテ不良ナル點ヲ認メ得サリシナリ

保護者ノ狀況

兩親ヲ失ヒタル爲メニ隣村加茂町ヨリ轉住セルモノニシテ祖母都井いそニ育テラレタリ姉都ト共ニ成長セルモノナリ、祖母いそハ一人ノ男孫ノ事トテ我儘ニ育テタルモノノ如シ僅カノ風雨ニモ學校ヲ缺席セシメタル風アリ長ズルニ從ヒ本人自覺ニヨリ缺席モ少ク明晰ナル頭腦ノ活動ニヨリ其ノ成績良好トナレリ

三、心　身

身體檢査ノ結果ニ於テハ何等異狀ヲ認メラレズ然シ乍ラ前記ノ通リ尋常二年生當時ヨリ頭痛持ナリシコトハ判然シヲレリ、又體ハ丈夫ニ見エタレ共顏色稍々青白キ感アリタリ

以　上

「津山事件報告書」に
掲載されている睦雄の成績表。
欠席日数の多さは
目立つものの、学業の成績は
抜群だった

西加茂尋常高等小學校に於て犯人都井睦雄を擔任した訓導の回答表

訓導名	同校在任期間	犯人ヲ擔任シタル學年及其ノ期間	同人ノ性格、健康、學業成績、操行等	同人ノ日常ノ言動等參考事項
藤田かや子	自大正十三年十一月 至昭和三年一月	尋常一年	從順ニシテ教師ノ命ヲヨク守リ級中ノ模範兒童タリ故ニ學業モ上位ニシテ操行上以上ノ點申分ナキモ健康稍惡シク風邪ヲ引キ缺席スルコト多シ	活潑ナル點ヲ缺キ居リタルモ父母ナキ爲ト思ヒ居リタリ
仁木文江（舊姓水島）	自大正十五年六月 至昭和三年三月	尋常三年	性格素直ニ體格モ良ク別ニ病弱トモ思ヒマセス學業モ良好ニテ愛スベキ兒童デアツタ様ニ覺エマス	日常ノ言行トシテハ家庭ノ事情ノ爲カ何處カ淋シサウナ處アリ叱責ニ對シテモ非常ニ感ジ易カツタ様ニ思ヒマス（十年餘モ昔ノ事ニテ詳細ナ點ヲ記憶シマセヌ）
川島貞二	自大正十年 至現在	學年不明ナルモ約二年間擔任シタリ	性格、朴直ニシテ沈着ナリ、快活ナル點ハ稍缺ケ陰性ナル點アリ、剛毅ニシテ意地モアリ一方的ナ點モアリタリ 健康、頑強ナル身體ニアラス頭痛持チニテ缺席多ク從ツテ體操、運動等ハ好マス 學業成績、特ニ智能學科ニ於テ秀テ記憶正確ニシテ常ニ優等ナリキ、技能學科ハ稍之ニ次ク、操行、學校中ニ於テハ眞面目ニシテ服裝容儀端正、言語明白、動作正確ナレトモ敏ナラス	日常言行ニ就テハ特ニ記スヘキコト記憶ニ無シ
佐藤次信	自大正十一年九月 至昭和六年三月	擔任ノ點不明ナルモ睦雄ノ姉宮子ニ付明ナル記憶アリ、小生ハ理科ヲ他ノ學級ニ教授ニ行キタル爲教授シタルコトアル様記憶ス	成績良好 性格溫順 健康（但シ腺病質ナル様記憶ス） 1 顏色青白ク不愉快ナル氣色ヲ爲ス 2 教師ニ對シテハ從順	言語少ナキ方、理窟ヲ言フコトアリ 睦雄ハ小學時代ハ他ノ兒童ト爭論等爲スコトナク溫順ニシテ學業成績良ク確カ優等テハナカツタカト思フ
川田堅	自昭和二年九月 至昭和四年八月	尋常六年第一學期間	性格ハ快活ナラサルモ溫順無邪氣、健康意氣少キモ不健康トハ認メス 學業成績―優 操行、缺點ヲ認メス（於學校）	祖母養育ノ爲カ家庭ニ於テ我儘ナル點アリ其ノ爲動作ニ少シ意儀ナルトコロアルモ姉ノ快活ニシテ愛情深キ感化ニヨリ無邪氣ニシテ優シキトコロアリタリ少シク煮切ラナイト云フ點アリシカトモ憶ユ
杉山恒次郎	自昭和六年四月 至昭和十一年三月	高等科第二學年	性溫和、健康中位、學業優等、操行上、言葉少ナク謹嚴ナル優等生ナリシト記憶ス	卒業後青年學校時代ニハ病身ニテ缺席勝ナリシト思フ此ノ間ニ性格思想ノ變化アリシモノト想像サル

外數名ノ訓導ヨリ回答アリタルモ或ハ擔任シタルコトナク或ハ記憶漠然トシテ參考ト爲シ得サルニヨリ省略ス

「津山事件報告書」に掲載されている尋常高等小学校時代に睦雄を担任した教師たちによる評価。全体的には優等生の評価だが、なかには気になる意見もある

第6章
睦雄と数奇なる運命に翻弄された4人の女性

トラウマとなった西川トメとのトラブル

睦雄の初体験はいつだったのか。その正確な時期はわかっていない。

ただ、睦雄は学校では真面目で優等生だった反面、融通が利かず内向的な性格が災いして、同年代と比べて奥手だった可能性もある。

高等小学校を卒業してからの2年間、睦雄は肋膜炎の治療を理由に半ばひきこもり状態の生活を送っていた。自宅での療養中は、常に祖母と姉の目が光っていたはずだ。つまり睦雄の初体験は、この14歳から16歳の2年間ではなく、16歳から18歳の間と考えていいだろう。

特に昭和9年（1934）3月にはみな子が結婚し、西隣の高田村（現在は津山市）へ嫁いだことで気が置けない話し相手であった姉が家からいなくなった。自分を監視する存在でもあった姉がいなくなったのだから、睦雄は羽目を外しやすくなったと見ることもできる。だが、実態としてはその逆で、みな子の結婚による家離れは睦雄の不安をさらに増長させることになった。みな子は、睦雄の精神安定装置のような役割を果たしていた、この世でたったひとりの肉親だったからである。

津山事件報告書を見る限り、睦雄が異性関係において最初のトラブルを起こしたのは、昭和

10年（1935）、満18歳の春ごろである。睦雄の遺書のなかに、西川トメとのやりとりの断片が次のように書かれている。

……自棄的気分も手伝い、ふとしたことから西川トメのやつに大きな恥辱を受けたのだった。病気のために心の弱ったところに、このような恥辱を受けて、心に取り返しのつかない痛手を受けたのであった……。

〝大きな恥辱〟とは、いったい何のことなのだろうか。

西川トメは事件当時、43歳。もともと東加茂村の生まれだったが、貝尾の西川秀司（事件当時50歳）のもとに後妻として嫁いできた。トメの家は睦雄の家とは道路をはさんだ向かい側から2軒目の、坂を少し下ったところにあった、いわば近所だ。

トメは睦雄が事件の3日前に書いた遺書のなかで名指しした、特に恨みを抱いたふたりの女性のうちのひとりである（もうひとりは寺井マツ子）。そのため、いまだに貝尾ではこのふたりの女性のせいで睦雄の復讐劇に巻き込まれたのだ、という印象を持つ人が少なくない。

「……犯人の男（睦雄のこと）が恨んでいたのは、もともと2軒の家だったんだ。その家への恨みが高（こう）じて、村人全員を殺してやるっていう怨念を犯人の男は持ったと聞いていますよ。その

2軒って、どこ、ですかって？　それは犯人の男の遺書にしっかり書かれていますよ。ひとりは殺されて、ひとりは生き残ったそうですよ（西川トメと寺井マツ子のこと）……」（祖母を睦雄に殺害された遺族。2013年取材）

「……わたしは今は役場の近くに住んでいますが、祖母は睦雄の襲撃の生き残りです。わたしらの家は犯人の都井睦雄の恨みを買っていなかったそうですが、それでも睦雄は家の中に入ろうとしたそうです。戸締まりがしてあったようで、誰も襲われずにすみましたが。睦雄の恨みを買ったのは2軒だけで、実際睦雄に対してひどいことをしていたようだ、と聞いたことがあります……」（貝尾出身の祖母を持つ男性。2012年取材）

トメは村では好色家として知られ、男性との噂が絶えない女性だった。ただし、好色家であることは当時のこの地域ではけっして珍しくなかった。トメは年齢の割には、美人で色気があると評判でもあった。

ただ、トメは噂や井戸端会議が好きで、口が悪く容赦ない物言いで、性格には多少の問題があった。

トメが睦雄に恨まれた最大の理由は、彼女が睦雄の〝ロウガイスジ〟の話を、村の女性たちに触れ回ったからではないかとされる。それは、昭和10年の春ごろ、睦雄が18歳のときだった。睦雄は、この時期の少し前からトメとは男女の関係になっていたが、トラブルはなかった。しかし、事件後の昭和13年（1938）6月1日に警察が作成した事件報告書にはトメと睦雄のトラブルが次のように記録されている。

……トメは淫乱、奔放なる性格を持っていて、とかく（男女関係の）噂が絶えない人物だった。犯人（睦雄）は、一年くらい前（昭和十二年春頃）自宅前を通りかかったトメを呼び止め、家具を整理する手伝いをしてくれないか、と嘘をついて、トメを睦雄の室内（おそらく屋根裏部屋）に呼び入れた。そして、情交を挑んだのだが、（トメに）強く拒絶されてしまった。それどころか、そのことを（トメは）集落のなかにいいふらしたので、大きな恨みを買っていた。さらに、長女の良子（と睦雄）はかつて恋愛関係があって、（良子が睦雄をふって他家へ嫁に出たことにより）遺恨があり、それから（睦雄は）トメの一家を恨んでいた。

（カッコ内は筆者）

この報告に登場するトメと睦雄のトラブルは昭和12年春ごろのものだが、睦雄は遺書のなかで、最初にトメに深く心を傷つけられたのは、前述のとおり昭和10年ごろと記している。

ちなみに、睦雄が「家具を整理する手伝いをしてくれないか」と声をかけるのは、女性を家の中へ誘い込むための〝誘い文句〟だったという。睦雄は同様の誘い文句で村の複数の女性——後述するが、寺井ゆり子など——を誘った。

睦雄が遺書に記したトメから受けた恥辱の具体的な要点は次の2点だった。

(1) 睦雄がトメと関係し、その後袖にされたことを村中に暴露された
(2) 睦雄の両親が肺結核で死んだ、忌み嫌われるロウガイスジであることを村中に暴露された

(1) が注目されがちで、それゆえに睦雄の淫乱な性の暴走が犯行につながったと考えられることが多かったが、貝尾という村で暮らす若き青年にとって、辛く手厳しい秘密の暴露は (1) よりも (2) である。(2) は睦雄の人生を根底から破壊してしまう仕打ちにもなりかねなかった。プライドの高い睦雄にとっては、なおさらそう感じたに違いない。

前述のとおり、ロウガイスジと認定されると結婚や家庭生活に支障が出るだけでなく、仕事や兵役にも支障が出る。それは、優等生として生きてきた睦雄の心を破壊してしまうほどの仕打ちであり、睦雄にとっては人生最初の〝絶望〟だったはずだ。

こうしたトラブルが昭和10年の春ごろ、睦雄と西川トメとの間で勃発した。

睦雄の人生の転落はここから加速して、最後の悲劇——三十人殺し——まで一直線に向かうこととなる。

すべてを知り、絶望した睦雄

睦雄が自らをロウガイスジの係累だと知り、それを西川トメに漏らした。それが昭和10年の春ごろのことだった。

睦雄が自分の両親の死因をはっきりと知ったのが、昭和10年の春の少し前あたり。つまり、その時期に睦雄は第4章で触れた倉見時代の因縁話——両親の死亡の原因や自分自身が都井本家から追い出されたこと——を知ったはずだ。

睦雄が禁断の事実を知ったのは、睦雄の戸籍謄本にも出てくる〝昭和十年四月二日〟、睦雄が倉見から貝尾に転籍した時期の直前ではないかと考えている。睦雄と祖母いねが生活費の工面のために、ついに倉見在住時に睦雄たちが住んでいた屋敷を都井本家に連なる人たちへ売り渡したのがこの時期だった。その交渉や現金の受け取りなどに睦雄がたびたび倉見へ赴いており、その際に睦雄は倉見の人々からかつての睦雄一家を襲った悲劇や病の話を聞いたのではないか。

家の売却交渉では、少なくとも何度か倉見へ誰かが行かなければならない。昭和9年までは、姉のみな子が家にいたため、肋膜炎を患ってひきこもりがちな睦雄がわざわざ山奥の倉見まで行く必要はなかった。しかし、みな子は昭和9年3月に嫁いだため、もう家にはいなかった。だから、倉見の屋敷の売却交渉や代金の受け取りはすべて睦雄がやらなければならなかった。

倉見の家の売却交渉は雪解けの始まった、おそらく2月以降の時期だったはずだ。

また、この年の1月ごろから睦雄はやる気を見せ始め、巡査や小学校の教員になるための勉強も開始した時期である。もしかしたら、祖母いねは、そんな睦雄の学費を捻出するために、屋敷の売却を決断したのかもしれない。睦雄を溺愛していた祖母いねは、睦雄になんとか元気になってほしかったはずだからである。

ただ、その親切や愛情が仇になった。

おそらく睦雄は昭和10年3月ごろに、自身を襲ったかつての倉見での悲劇やロウガイスジの話を聞いた。私は睦雄と倉見の人間の間で交わされた次のような会話を想像する——。

「むっちゃん、大きくなったなあ。勉強もたいそうできる秀才と聞いているよ。今はどんな仕事をしているね？」

「いやぁ、高等小学校を出たら、軽い肋膜炎になって、ちょっと療養していたところです。ようやく元気になりました」

「えっ⁉　肋膜炎……やっぱり……」

「やっぱりって、それはどういう意味ですか？　詳しく教えて下さい」

当時倉見では、睦雄の不幸の身の上は誰もが知っていた。睦雄に同情的な人も少なくなかった。

そして、睦雄は驚いたに違いない。

睦雄の祖父と両親がどうやら肺結核で死亡して、自分が呪われたロウガイスジの家筋であるということ。

育ての祖母が実の祖母ではなかったこと。

自分が相続すべきだった財産が本来はもっと巨額であったこと。

そして、自分に残された財産が、不当に安く買い叩かれていたこと。

しかも、買い叩いた相手は、自分たちから都井家の財産を奪った人間たちであること。

思春期の最中にあって、まだ精神的にも不安定だった睦雄にとって、これらの重すぎる現実をすべて受け入れて消化することなどできるはずもなかった。

睦雄は最初に祖母いねに事の真相を詰問したはずだ。いねは、何も答えられず、ただ、すまないことをした、と言うくらいのことしかできなかっただろう。

この頃から、睦雄はいねを激しく怒鳴ったり、なじったりするようになる。これは前章で紹介した、昭和50年に朝日新聞の取材に対して寺井昌子が語っていた、睦雄がいねを怒鳴りつけていたという証言ともつながってくる。

睦雄が〝母〟を意識したふたりの女性

昭和10年当時、睦雄はすでに何人かの異性と関係を持っていた。

そして、睦雄の周囲には男女の関係だけでなく、同時に母親のような親しみを睦雄が抱いていた女性がふたりいた——西川トメと寺井マツ子である。

第2章でも触れたが、睦雄の異性関係の結び方には、大きくふたつのパターンがあった。ひとつは親子ほどに年が異なる年上の女性と関係を持ったこと。そして、もうひとつが同年代の女性への強い恋愛の情である。

当時の貝尾周辺では、夜這いの習慣が残っていたこともあって、性の関係には寛容だったことはすでに述べた。だから、睦雄はしばしば、母親と娘の両方にアプローチしたり、実際に両方と関係を結んだりもした。

年上の女性との関係に熱心だったことは、睦雄が幼くして母親を亡くしたため、母親への愛情に飢えていたからだといわれる。それは「エディプスコンプレックス」(Oedipus complex) のようなものだったのかもしれない。

エディプスコンプレックスとは、精神科医のフロイトが提唱した概念で、その名称はもともとギリシャ悲劇の「オイディプス」からきている。オイディプスは、自分の父親の王を殺害し、実の母親と結婚した(ただし、オイディプス本人は、実の母親とは知らずに愛した)。

フロイトの唱えたエディプスコンプレックスとは、母親を手に入れたいという強い執着や、父親に対する強い対抗心などの、さまざまな葛藤のことを指す。この概念についてはさまざまな論争が展開されており、賛否両論があるものの、睦雄の母親への執着はエディプスコンプレックスとも解釈できる。

事件当時、睦雄の母親がもし生きていれば年齢は44歳。西川トメとほぼ同い年だったことになる。

睦雄は母親への執着が強いあまりに、自分よりも20歳も年上となる母親の同世代にあたる女性に対しても強い愛情や性欲、そして執着を感じていた。

その代表的なケースが西川トメと寺井マツ子だった。

西川トメは昭和10年の時点では40歳、寺井マツ子は33歳、そして睦雄は満18歳だった。

頭脳明晰で当時としては色男の部類の睦雄は母性本能をくすぐったのか、年上の女性からもてた。西川トメや寺井マツ子は、睦雄のことをとても優しく扱ったはずだ。

睦雄は自身の出自や身の上話を寝物語の油断からか、彼女たちに話してしまった。最初に西川トメにロウガイスジの話をしてしまったのではないだろうか。

睦雄はまさかトメが自分のことを嫌いになったり、ロウガイスジの話を他人にばらすはずなどないと思っていた。睦雄はトメやマツ子を母親のように信頼していたはずだ。

だが、トメは裏切った――。

睦雄がロウガイスジであり、忌み嫌う家筋であることをほかの女性たちに暴露し、あろうことか、そんな睦雄を笑い者にした。それが、遺書に書かれている〝西川トメのやつに大きな恥辱を受けた〟という一文の真相ではないかと思う。

高等小学校卒業以来、睦雄が役場近くの万袋医師の診察を受けて、再び肺の病（肺尖カタル）の診断を受けたのは、昭和10年12月31日のことなのだ。

しかし、貝尾の集落内に睦雄がロウガイスジであるという噂が広まったのは、昭和10年の春ごろのことで、その発端は西川トメだった。

トメは睦雄が肺尖カタルの診断を受ける前に、睦雄から相談を受けて（もしくは寝物語で聞かされて）、その秘密を早々に暴露してしまった。そして、あろうことか、西川トメはその後手のひらを返したように睦雄に対して辛く当たり始めた。

睦雄を明らかに嫌うようになり、率先して避けた。だが、睦雄が金銭を払えば、関係を持ったこともあったようだ。そんなトメの態度が睦雄の怒りや悲しみをさらに助長したはずだ。

昭和12年に起きたトメと睦雄とのトラブル（警察作成の事件報告書に記されたもの）も、同様のものだったはずだ。トメは睦雄に誘われて、睦雄の部屋に忍んで行ったものの、金額の折り合いがつかなかった。トメは激しく睦雄をなじって振り払い、家に帰った。そして、その一部始終を村の女性たちに話し、睦雄を嘲笑の対象とした。

おそらく、寺井マツ子も同様のことをしていた。だから、睦雄はマツ子も恨んだ。しかし、最初に睦雄のロウガイスジを村人に暴露したのは西川トメだった。だから、西川トメは容赦なく睦雄に殺害された。睦雄はマツ子よりトメを強く恨んでいたはずだ。

ただ、睦雄がトメを殺害したとき、睦雄は1発の銃弾しか浴びせていない。その銃弾は上腹部を狙ったもので、惨殺とまではいえない殺し方だった。

睦雄は、強い恨みを抱く人間に対しては容赦なく傷つけて、惨い殺し方を選んでいる。しかし、遺書ではあれほど恨んでいたトメに対しては銃弾1発しか撃っていない。なぜなのか。

例えば、睦雄が10円札を出して情交をさせてくれと迫ってきたことを周囲に暴露して、睦雄を笑い者にした岸田つきよ（事件当時50歳。睦雄が自宅を出て最初に襲撃した）に対して、睦雄はその顔面を半分粉砕し、胸も激しく切り刻んで損傷させている。そのつきよと比較すると、トメの身体的損傷は様相を異にする。

睦雄はトメを恨んでいた。しかし、同時に母親に対するような淡い感情を、睦雄は殺す直前までトメに対して抱き続けていたのではないか。だから、トメに対しては惨い殺し方を選ぶことを避けたのではないか。

集落の女性に向けられた睦雄の激しい憎悪

睦雄は16歳から18歳の時期に初体験をすませ、18歳でロウガイスジと暴露されるまでは、おおらかな夜這いの慣習を満喫していた。そして、のちに貝尾の女性たちに対して激しい憎悪と殺意を抱くようになった。

津山事件報告書や当時の報道、そして現地取材で得た証言によると、睦雄が関係を持っていた可能性がある女性はかなり存在し、事件の被害者以外にもいた。

年齢は下は19歳から上は50歳まで、その数は13人（うち貝尾在住は11人）にのぼる。ただし、この人数は情交関係があると思われる女性たちのうち、記録や取材によって明らかになった人数であって、実際にはもう少し多かった可能性もある。当時、貝尾の全住人の数が111人だから、その多さがわかるだろう。

ただし、何度も言うが、睦雄だけが数多くの女性たちと関係を持っていたわけではない。ほかの村の男たちも同様に、もしくは睦雄以上に村の女性たちと関係を持っていた。

最も睦雄の恨みを買っていたとされるふたりの女性――西川トメと寺井マツ子――は、いずれも年長タイプに属する女性だ。ただ、このふたりはトメが殺害されて、マツ子が生存。死んだトメの殺害方法も惨いものではなく、マツ子にいたっては睦雄が逃がした可能性が高い。寺井トヨ（45）も急所への銃弾1発で殺害されている。

そうしたなかで、際立って惨い殺され方をした女性がふたりいる。岸田つきよ（50）と丹羽イト（47）だ。

岸田つきよは、顔面を激しく銃架で殴打され損傷しただけでなく、顔面の下半分は原型をとどめていないほどの状態だった。

丹羽イトは下半身（両太もも）に猛獣弾を撃ち込まれ、下半身をズタズタにされたものの、急所には撃ち込まれず、事件後約6時間もその傷の苦痛に悶絶しながら息を引き取った。

この殺害方法から、睦雄がこのふたりの女性に対して強い怒りや憎悪を抱いていたのではないかと私は考えている。

つきよの息子の勝之は睦雄と同年代で、徴兵検査でも甲種合格の高い評価を得て、兵役に就いた。睦雄とは友人だった。

勝之は横須賀の海軍に配備され、太平洋戦争末期には戦艦大和へ乗艦するほどのエリートだった。沖縄作戦の直前に下船し、結果として命拾いをした。出征（昭和12年半ば以降）前は、睦雄が勝之に対して「お前の気に入らない奴がいたら、俺が代わりに殺してやってもいいぞ」とまで話していたという。

そんな睦雄は勝之に対してひどくコンプレックスを抱くようになった。学生時代の成績は睦雄が圧倒的に上だった。ところが、事件当時はかたやエリート兵、かたや何もしていない穀潰しと立場が逆転していた。

しかも、睦雄は勝之の姉や係累の女性とは深い関係があったにもかかわらず、彼女たちはほかの男性と結婚して村を出ていった。ただ彼女らは睦雄に対しては差別的な言動はしなかったとされ、結婚したあとも里帰りしたときは、睦雄の屋根裏部屋を訪ねたりしていたという。どうやら、若干の金銭を受け取って関係もしていたようで、その際に睦雄が蓄えていた大量の銃や銃弾を見せられている。

睦雄は勝之の母親であるつきよから、かなり厳しい言葉や侮辱的なことも言われた可能性がある。事件当時、睦雄はつきよを激しく憎んでいた。その息子の勝之とは、親友に近い関係であったにもかかわらず、である。

丹羽イトは、睦雄と金銭を介しての関係があったといわれる。イトは金銭についてはかなりうるさかったらしく、徐々に睦雄が貧窮にあえいでくると、睦雄に辛く当たった。しかも、睦雄が恋していた同年代の寺井ゆり子を自分の息子の嫁として奪い取ってしまった。遺書には出てこない〝秘された〟激しい恨みが、睦雄に残虐な殺害方法を選ばせたのかもしれない。

睦雄の同年代の女性被害者に対する殺害方法を見ると、たいていの被害者は2発の銃弾で殺害されている。確実に殺害しようという睦雄の意図が感じられるが、特別に残虐な手法という印象は受けない。ただ、丹羽つる代（21）だけは、腹や胸に4発の銃弾を受けていた。丹羽つる代に関しては、睦雄との関係を拒んだという話はある。しかし、丹羽イトの娘であるということが、4発もの銃弾を浴びた理由なのかもしれない。睦雄は丹羽イトを殺害する前に娘のつる代と遭遇しており、イトに対する憎悪がつる代に対して不運にも向けられてしまった可能性はある。

ほかにも残虐的に殺された女性がひとりいる。寺井千吉の息子の内妻だった平岩トラ（65）である。彼女は腹に向けて2発、両腿に向けてそれぞれ1発ずつ猛獣弾を撃ち込まれ、その遺体は臓物が散らばるほどの激しい損傷を受けていた。

睦雄は寺井千吉家に対してはあまり恨みを抱いておらず、襲撃時に寺井千吉を見つけたが、殺害しなかった。このことから、睦雄はトラに対して個人的な強い恨みを抱いていたとも考えられる。トラとは何かしらの因縁や関係があった可能性はあるが、不明である。

知られざるキーパーソン――寺井マツ子の不審な言動

津山事件報告書に登場するなかで、寺井マツ子ほど不審な証言を残している人物はいない。

寺井マツ子は事件当時33歳、睦雄の母親の年代からすると年齢は若い部類に入る。

寺井マツ子の夫は寺井弘（事件当時41歳）で、事件当時ふたりの間には数えで15歳、11歳、8歳の男児と1歳の女児の4人の子どもがいる6人家族だった。

マツ子の母親は、事件の被害者のひとりでもある池沢ツル（72）。

マツ子は、明治37年（1904）7月25日にツルの私生児として生まれた。睦雄より13歳年上ということになる。

マツ子は、事件当時の池沢家の戸主・池沢末男の妹になる。池沢末男は睦雄の襲撃を受けたが生き残り、駐在に駆け込んだ人物だ。

マツ子は西加茂尋常小学校を卒業後、実家で農業の手伝いをしていたが、大正13年（1924）7月12日（以上は戸籍上。マツ子は大正12年1月8日に結婚したと警察に供述している）に、貝尾で農業を営む寺井弘と結婚した。ちなみに大正13年は、睦雄が尋常小学校に入学した年で、睦雄は通学のときに必ずマツ子の家の前を通っていた。

事件から約1年後の昭和14年（1939）4月、警察はマツ子の素行調査を実施している。その主な箇所を以下に抜粋する。

性質　気が小さく、特に目立って好きなものはない。盗癖があって、常に強欲である。

行状　良好ではない。常に夫以外の男性と交際関係があり、殺人犯の都井睦雄とも関係があったと言われている。

前科　なし

家庭の状態　家庭は円満なほうである。

資産　本人の資産としての不動産や負債はない。生活状態は、貝尾では中流の暮らしぶりである。家族の資産として、動産、不動産あわせて千円くらいある。負債も六百円くらいある。

交際　平素近隣との交際はしているものの、本人が強欲であるうえに、盗癖があるため、社会上の地位も信用もない。

宗教　真言宗であるが、信仰心は薄い。

素行調査を見る限り、お世辞にも身持ちが堅いとはいえない印象を受ける。また「盗癖があって、信用がなかった」とある点も気になる。

マツ子の夫の弘は、いねの甥である寺井元一の弟とされる。元一家はいねの実家であり、事件当時は元一が家督を継いでいた可能性が高い。睦雄から見ると5親等の姻戚関係となり、マツ子一家は貝尾ではいちばんの近縁にあたる。

貝尾では睦雄の家以外はほとんどが真言宗であり、天台宗であった睦雄の家は集落では異質だった。姻戚関係にありながらも、信仰上は貝尾の寺井一族と睦雄一家は異なっていたことになる。

しかし、睦雄一家の相談に乗るのは、たいてい元一と元一に近い寺井弘か寺井勲の一家であり、幼いときから睦雄と寺井マツ子は顔見知りの関係だった。

寺井マツ子と睦雄が関係を持った時期ははっきりしていないが、私は昭和10年の時点ですでに関係があったのではないかと考えている。

しかし、睦雄のロウガイスジの噂が西川トメの口を通じて貝尾に広まって以降、睦雄とマツ子の関係にも変化が起こる。マツ子は、明らかに睦雄を避け始めた。しかし、金銭さえもらえれば、簡単に関係も結んでいたと思われる。

睦雄とマツ子の間で起きたエピソードについて、睦雄は自身の遺書のなかで次のように述べている。少し長いが再び引用する。

……寺井弘の妻、マツ子である。

彼女（マツ子）と僕は、以前（性的な）関係をしたことがある。彼女（マツ子）は誰とでも関係するというような女で、僕が知っているだけでも十人以上と関係している。そのため、病気になる以前は親しくして、僕も親族が少ないから、お互いに助け合っていこうと言っていた。しかし、病気に僕がなってからは、心がわりがして、（僕に）つらくあたるばかりだ。

腹がたってたまらなかったが、じっとこらえていた。あれほど深く（関係）していた女でさえ、病気になったと言ったら、すぐ心がわりがする。僕は人の心の冷たさを、つくづく味わった。

けれども、これは（僕が）病気なのだから、しかたないのだろう。病気さえ治ったら、あの女（マツ子）くらい見返すぐらいになってやる、と思っていたが、病気は治るどころか、悪くなるばかりに思えた。医師の診断も悪い。

そうするうちに一年たったある日、マツ子がやってきた。

僕はマツ子に対して、

「いつも睨みあったりしないで、少し笑顔で話してもいいけれどね」

と言ってやった。すると、マツ子のやつは笑顔どころか、にらみつけてきて、上鼻で笑って、さんざん僕の悪口を言った。

だから、自分も腹を立てて、

「そう言うなら殺してやるぞ」

と脅し気分で言った。

ところがマツ子は、

「殺せるものなら殺してみろ。おまえらのような肺病患者に殺されるものなんて、いるもんか」

と、言って返してきた。

この時の僕の怒り、心中煮えくりかえるとは、このことだろう。

「おのれ！」

と思って、庭先に飛び出したが、いかんせん（病気で）弱っている僕は（マツ子の）後を追えない。マツ子は逃げ帰ってしまった。

僕は、悲憤の涙にくれて、しばらく顔が上がらなかった。

そうして泣いたあげく、それほどまでに人をバカにするなら、

「ようし、必ず殺してやろう！」

と深く決心した。

けれど、その当時僕は病床から少しもはなれることができないくらい、弱っていたから、あいつ（マツ子）が僕を見くびったのも無理はなかった。百メートルも歩けなかった僕だった。

（カッコ内は筆者）


このエピソードは、昭和11年から12年ごろのものと思われる。

睦雄の目に映った自分に対する周囲によるいじめにも似た厳しい仕打ちがよくわかる文章だ。

この睦雄の遺書に書かれた文章を読むと、睦雄とマツ子の関係（ほかの女性との関係も含めて）は、ロウガイスジの噂が広まる以前からあったことがわかる。つまり、昭和10年以前から関係があったということだ。そして、この事実はのちに重要な意味を持つことになる。

これを踏まえたうえで、さらに先へ話を進めたい。

マツ子はなぜ、睦雄との関係を頑なに否定したのか

事件後、警察へのマツ子の供述には不自然な点が少なくない。睦雄と関係があったことを必死になって、なんとか明示されることを避けようとしているのだ。長いが引用する。

……私は好んで睦雄と情交したことはありません。昭和十一年の四月か五月頃、電燈の集金に睦雄の家へうかがった時、祖母が留守で睦雄一人が家にいましたが、病気でぶらぶらしているのに、六十五銭の電燈代を渡すからと言って、私のそばへ寄ってきて、わたしの左肩にもたれかかって、関係してくれ、と何度も言いました。

わたしは夫がある身ですから、そのようなことはできない、と断りましたが、（睦雄は）関係してくれなければ殺す、という風に脅してきました。

わたしは、そんな無茶なことができるものか、（わたしには）なんの罪もないのに、と言い返したら、殺してやる、と（睦雄は）言っておりました。その日は逃げて帰りました。その時、わたしは六歳になる三男を背負っておりました。これが最初で、それまではそんなことはなかったのです。

その後、田んぼの帰りや、わたしの家で睦雄に会った時、（睦雄は）わたしのそばまで近づいてきて、着物の上から、わたしの尻のあたりへと、睦雄の前の方（股間）をくっつけて、もたれるようにしたことが三、四度もあります。

それで睦雄は得心がいったらしく（納得、満足したらしく。射精すること、の隠語と思われる）、そのままどこかへ行ってしまいました。

睦雄がそのようなことをするのは、わたしだけではありません。岸田つきよ、岸田みさ、寺井ゆり子、寺井トヨ、西川トメなどへ対しても、そばへ寄りかかって、気持ち良さそうにしたことがある、と本人たちから聞いたこともあります。また、たびたび関係してくれ、と言い寄られて、困っているという話も聞きました。

村中で、睦雄は色情狂である、肺病のくせにそばへ寄ると変なことをするから避けておれ、と皆が言いあっておりました。

わたしが睦雄と、わたしの夫の弘と情交するときのような風にして関係したことは二度あります。これは夫に秘密にしてありますから、なにとぞそのつもりで内聞に願います。それも無理矢理関係をつけられたので、恋愛関係などは絶対にありません。

一度は、昭和十二年五月頃の午後一時頃、田んぼからわたしが帰って、（自宅の）板の間にいたら、睦雄が田んぼの方から来て、板の間に腰かけているわたしの前へ来て、わたしを倒し、わたしの前をめくって（着物の前をめくって）、無理矢理に自分のものをわたしの前（陰部）へあてました。わたしの中へは十分入らなかったと思います。あてたところくらいで、気をやって（射精して）、わたしの前の方を多少汚して、でき心ですまんことをした、たえてくれ、と言って帰りました。

二度目はその年の七月頃、田んぼから帰って、（自宅で）午後二時頃昼寝をしていたら、（睦雄が）座敷の上へあがってきて、寝ているわたしのうえに乗り、わたしの（着物のすその）前を開いて、自分の物を入れようとしました。この時も、中に入らず、気をやって、そのあたりを汚してしまいました。

わたしが、このようなことをして夫にも済まない、と怒ったら、（睦雄は）自分も時々こんな変な気になるので、済まんことをした。妻ももらわねばならないから、誰にもこのようなことは言わないようにしてくれ、と謝りました。

わたしはそのようなことについて、お金や物をもらったようなことはありません。睦雄が何か与えたように遺書に書いているようですが、そんなことは絶対にありません。

その後も寄り添ってきて、一人で得心しているようなことは、時々あり、またやっているなあ、と気づいたことはありますが、夫の弘が始終家にいるので、関係をつけられるようなことはありませんでした。

岸田つきよが、昨夜も睦雄が来て、自分の道具を突っ張って、関係をつけてくれ、と言って困った、と昨年（昭和十二年）七月十日の一番草取りの頃、婦人たちが草取りをした時に、多勢の前で言っているのをわたしも聞きました。十円札の手の切れるようなもの（新札）を押しつけて、これで関係してくれ、と言ったが、そんなことをするのなら、この金をばあさん（いね）ところへ持っていって話をするぞ、と言ったら帰った、という話も聞きました。

右のような次第で、いつ関係を絶ったというようなこともなく、なぜ絶ったということもありません。昨年（昭和十二年）十一月頃、大根を持って睦雄の家へ行った時、無理に押さえつけて、関係してくれ、と言ったのが最後かと思います。この時も、ちょっと腰を使っただけで得心した模様でした。

明らかに不自然である。

普通に読めばマツ子が睦雄と関係していることが容易にわかってしまう。

そもそも、睦雄がマツ子に関係を迫っているというのに、ひとりで睦雄の家へ出向いているのは不自然だ。また、睦雄に関係を迫られていながら、誰かに相談しているわけでもない。もちろん警察にも言っていない。

昭和10年以後も睦雄はマツ子と関係していた。そして、時には金銭を受け取って関係しており、それは村人の間では公然の秘密だった。

にもかかわらず睦雄との決定的な関係は頑なに否定している。なぜなのか。

それは、睦雄がマツ子を恨んでいるにもかかわらず、睦雄があえてマツ子に事件を事前に警告し、村から逃がしたことと関係している。

マツ子は事件前になぜ京都に逃げることができたのか

睦雄が事件を起こす直前のマツ子の行動を検証してみよう。

●昭和9〜10年　睦雄とマツ子が関係を持つ

●昭和10年　ロウガイスジの噂が広がり、マツ子との間もしだいに緊張した関係となる（この後は金銭を介しての関係になった可能性が高い）

●昭和11年春ごろ　睦雄がマツ子に自宅で乱暴（マツ子談）

●昭和12年5月ごろ　睦雄がマツ子とマツ子宅で情交（マツ子談）

●昭和12年7月ごろ　睦雄がマツ子とマツ子宅で情交（マツ子談）

●昭和12年11月ごろ　睦雄とマツ子の最後の情交（マツ子談）
●昭和13年3月12日　警察が睦雄宅を家宅捜索し、銃器類を押収
●昭和13年3月中旬　マツ子一家は津山へ出稼ぎに
●昭和13年3月末　マツ子一家が貝尾に帰郷
●昭和13年4月25日　マツ子一家が京都へ出稼ぎのため転居
●昭和13年5月15日ごろ　マツ子が一時帰郷し、役場へ立ち寄る（息子たちの転校手続きのため。この時、西川トメらに、「睦雄がどえらいことをやろうとしていて、危ないから引っ越したほうがいい」と話している）
●昭和13年5月21日　津山事件発生

時系列で見ると、マツ子の行動の不自然さは一目瞭然だ。このような不自然な行動を取っていたのは、睦雄の復讐のターゲットとなった人物のなかでは寺井マツ子、ただひとりである。

ポイントはふたつある。

第一に、マツ子が自ら睦雄との関係を認めているのは、昭和11年（1936）春以降であること。

第二に、昭和13年3月中旬から、明らかにマツ子一家は貝尾を脱出しようとしている節があ

ること。あたかも睦雄はマツ子一家の脱出を見計らって、事件を引き起こしている感すらある。事件直前の5月15日ごろ、マツ子は西川トメらに対して、「睦雄が危ないから村の外へ逃げよう」と話している。これは、睦雄から事前に「どえらいことを起こしてやる。村人みんな殺してやる」というような内容の警告を受けていたからだと言われる。たしかに睦雄は、昭和13年になると「殺してやる」などの暴言をよく口にするようになっていたという。

だが、実際には3月12日に睦雄は警察の手入れを受けて銃器類を没収されただけではなく、狩猟免許も取り上げられて、銃器類を購入できない状況となった。こうした事態を受けて村人全員は安心していたのだ。寺井マツ子以外は……。

マツ子は家族を説得して、3月中旬には津山へ出稼ぎに行き、4月には京都へ出稼ぎのため移住してしまった。

貝尾には、マツ子一家の家があり、農地もある。マツ子の夫の生業は農業であり、炭焼きだった。マツ子の夫もマツ子自身も実家は貝尾にある。生活水準は貝尾でも中流で決して貧しいわけではなかった。わざわざほかの場所へ出稼ぎに行く理由が見当たらない。だから、あまりにも突然の移住・転居は不自然なのだ。

そう考えると、やはりマツ子は睦雄から犯行の予告を事前に受けていた可能性が高い。

そして、実行の期日についても、おおよそのことは聞いていたはずだ。

「もしバラしたら、その時点でおまえら一家を皆殺しにしてやる」

おそらく、睦雄からはきつく口止めされていたことだろう。

睦雄はマツ子との関係を夫の弘にとがめられたとき、マツ子の家に銃を手に乗り込んでいったこともあった。マツ子は極端に気が小さく用心深かった。だから、マツ子は睦雄の警告を本気だと受け取り、マツ子は貝尾脱出を真剣にはかったのではないか。

マツ子の行動は、昭和13年3月半ばごろから顕在化していることから、それ以前に睦雄はマツ子に対してなんらかの警告をしていたことになる。3月12日の警察の摘発のあとでは遅すぎる。少なくとも、昭和13年の2月中の段階で、マツ子に対して警告していた可能性が高い。

そして、不自然な点はマツ子がその警告をずっと黙っていたことだ。

仲のいい西川トメらにさりげなく打ち明けたのは、津山事件が起こる6日前の5月15日ごろのこと。同時期に実家の池沢家にも警告した可能性がある。

当主の池沢末男は銃声を聞き、自宅へ通じる坂道を駆け上ってくる〝三つ目〟の怪人について、いち早くその怪人の正体が睦雄であることに気づき、末男自身は逃亡に成功しているからだ。

マツ子がほかの人にも睦雄の恐怖を打ち明けた時期は、マツ子が貝尾を出て京都に移り住み、自分の安全が確保できた状況になってからのことだろう。京都での住居も決まったことで、貝尾へは子どもたちの転校手続きに必要な書類を役所からもらうために、わずか1、2日帰郷しただけだった。京都にさえ行けば、睦雄に襲われる心配もさすがに少なくなる。だから、ようやく口が軽くなったのだ。

睦雄が警察の手入れを受けて銃器を没収されたことで、村の人間は安心しきっていた。だから、マツ子の言葉を笑い飛ばしたに違いない。事前に睦雄の犯行計画を自分が積極的にバラしたことが露見すると、自分たちがいち早く睦雄に襲われると思っていたのか、マツ子は直前になるまで、睦雄の警告をほかの人に伝えなかった。

それゆえにマツ子一家は、貝尾の住民たちから、のちに非難されることになる。

睦雄の落とし子

事件後、貝尾周辺に奇妙な噂が流れた。

睦雄が執心した寺井ゆり子は事件から半年後、嫁ぎ先で娘を出産した。結婚から出産までの短さを考えると、あまりにも不自然だということでゆり子の家の近所の老人たちは、「睦雄の子どもではないか」と陰で囁いていた。

実際、ゆり子と睦雄の間に関係があった可能性はある。ゆり子は昭和13年1月9日に貝尾集落の丹羽卯一と結婚。睦雄が夫婦の寝所まで夜這いに押しかけるなどの大胆な行動に出たこともあって、3月20日に離婚した。ゆり子と卯一は従兄妹ゆえの近親婚の弊害を防ぐためということが離婚の公の理由となっている。そして、事件の16日前の5月5日、村外の男性と電撃再嫁した。

事件から半年後の出産だとしたら、睦雄の落とし子である可能性はたしかにあった。しかし、実際にはゆり子の長女は、事件から4年後の昭和17年に生まれている。よって、睦雄の落とし子である可能性はない。

だが、睦雄の落とし子は別にいたという――それが、寺井マツ子の長女だというのだ。

「睦雄が逃がした女がいるでしょ。睦雄はあの女を恨んでいたのに、逃がしたそうですよ。どうしてか知っているかい。私の親が聞いた話では、あの人の娘は、睦雄の娘だったんじゃないかということだよ。もちろん、本当にそうなのかどうかはわからないし、本人たちは否定していたからね。だけど、睦雄自身は、マツ子の長女は自分の子どもではないか、と思っていたそうだよ」（2013年に取材した旧加茂町在住のお年寄り。親が貝尾出身）

寺井マツ子の長女の誕生日は正確にはわからないが、事件当時「1歳」だったというから、昭和12年の初頭から春ごろに生まれたのではないかと推測される。というのも、マツ子は、昭和12年5月ごろにはすでに睦雄と関係があったという話をしているからだ。長女が生まれた時期から逆算すると、昭和11年の春もしくは春過ぎの時期における睦雄との関係について、マツ子はあくまで「情交関係には至っておらず、睦雄が身体をもたれかけてきただけである」と主張している。

マツ子はあくまで睦雄との関係は、長女の出産後である（昭和12年5月以降）点を強調している。これは見方によっては、暗に自分の長女は睦雄とは無関係であると主張しているとも読める。

ただ、睦雄がマツ子と深い関係になったのが、ロウガイスジの噂が貝尾の集落に広まって以降だとは考えられない。その前、つまり昭和10年以前から深い関係にあり、ロウガイスジの噂が広まって以降、睦雄との関係が徐々に疎遠または金銭を介したものとなっていった、と考えるほうが自然だ。そうでなければ、睦雄の怒りや恨みを強く買う理由がないからである。

ただ、その一方でマツ子は睦雄と深い関係になっていたことを、警察への事件後の供述のなかで、積極的に自ら認めてしまっているとも見て取れる。

そして、睦雄がマツ子に対して激しい恨みを抱きながらもあえて事前に警告し、マツ子一家だけを逃がしたのは、マツ子の長女が自分の落とし子であると睦雄が考えていたからだともいえる。マツ子を恨みながらも、睦雄があえて犯行前に貝尾から逃がしたという、睦雄の矛盾した行動も理解できる。

睦雄はマツ子への恨みについては、マツ子の実家を襲うことで晴らした。マツ子は、まさか自分の実家までもが襲われるなどとは考えていなかっただろう。だから、真剣に実家に対して警告の言葉を発したりはしなかった。

もちろん、マツ子の長女が睦雄の落とし子であると断定することはできない。ただし当時の状況を検証すると、マツ子の長女が自身の落とし子であると睦雄自身は思っていた節があるということは事実だろう。

ただ、事件後に警察で供述したマツ子の不審な言動は、自分の長女と睦雄の間の血縁関係をあえて否定しているように、私には思えてならない。事の真相はともかく、マツ子自身も、自分の長女の実の父親が睦雄かもしれないと危惧し、その可能性を否定しているように見えてしかたがないのだ。

もし、マツ子が睦雄の子どもを産んでいたと発覚すれば、マツ子の娘はどこにいても殺人鬼の子どもという重すぎる十字架を背負わされる。そんな事態を最も恐れたのが、ほかでもないマツ子自身だったのではないだろうか。

睦雄が思いを寄せたふたりの女性

同年代の女性で睦雄が特に好意を抱いた女性は、寺井ゆり子と西川良子のふたりだった。

睦雄はふたりの女性以外にも関係を迫り、実際に関係を持った女性が複数いたが、強く執着したのは、ゆり子と良子だった。

睦雄の遺書を読むと、犯行の直接のきっかけは、ゆり子と良子のふたりが、嫁ぎ先から実家のある貝尾へたまたま同時に里帰りしてきたタイミングだったと告白している。


……今日、決行したのは、僕と以前、関係のあった寺井ゆり子が貝尾に来たから。また、西川良子も来たからである。

　しかし、寺井ゆり子は逃がした……。


この遺書は睦雄が自決する直前にしたためたものだ。

睦雄が強い恋愛感情を抱いていたゆり子と良子に対して、特に同年代の異性として執着していたのがわかる。

ゆり子は本来であれば睦雄とは1学年違う（ゆり子が下）はずだったが、睦雄の祖母いねが、3月生まれの睦雄を気遣って、1学年遅れで小学校に入学させたことから同級生となった。いわば睦雄にとって、ゆり子はいちばんの幼なじみだったことになる。ちなみに良子は、睦雄よりも1学年上だったと思われる。

ゆり子を知る、当時坂本集落に住んでいた女性（事件当時は10歳）は、ゆり子と良子について次のように話している。

「むっちゃんの好きだったふたりは、ゆりちゃんと、りょうちゃんと呼んでおりました。ゆりちゃんとりょうちゃんが、嫁ぎ先から貝尾に戻ったところで、犯行が起きたんです。りょうちゃんは、そりゃ背の小さい評判の美人で、このあたりでは有名でしたよ。ゆりちゃんは、色黒のやっぱり美人でしたそうです。ゆりちゃんは、女の人のなかでは力があって、田んぼの仕事もよくできたそうですよ。

それにむっちゃんの悪口を言って回っていた、家族5人みんなが殺された年増の女の人も、美人だったそうですよ（岸田つきよのことか）。その年増の女の人は、口や顎から耳にかけて、めちゃくちゃに銃で撃たれて、それはむごい状態だったそうです。

むっちゃんは、貝尾の女の人たちに相当、いじられたというか、いじめられたらしいですよ。わたしは、むっちゃんに遊んでもらったことがあったので、むっちゃんを好きでした。わたしが病気になったときに、むっちゃんに荒坂峠を越えて津山まで送っていってもらったことがありますよ。そのときに、津山に着いたところで、むっちゃんはお弁当のおにぎりを落としましてな。砂を手で払ってから、笑いながら食べておりました。

ゆりちゃんも、りょうちゃんも、むっちゃんとはお金でやんちゃ（情交関係のこと）していたと聞いています。夜這いっていうんですか。そういうことは、あの頃はめずらしいことではありませんでしたよ。

事件のあとですか。むっちゃんのおじさんにあたる家も2、3軒あったそうですけれど、みんな事件のあと、村を出て行きましたよ。京都の方へ行ったと聞いています（寺井元一、マツ子の夫、寺井弘、寺井勲らの一家のことではないかと思われる）」（2010年取材。カッコ内は筆者）

事の真相はともかく、ゆり子も良子も睦雄と関係があったということは集落では公然の秘密だったようだ。そして、睦雄と関係を結ぶ際に金銭のやりとりも気軽にしていたらしい（ただし、ゆり子は否定している）。

西川良子は、西川トメの娘だ。当時の貝尾には美人が多かったようで、良子の母親の西川トメも地元では美人として知られ、男性関係も派手だった。20歳以上も年が離れている睦雄が夢中になるのも無理はなかった。

娘の良子は当時の貝尾やその周辺の若い娘のなかでは「一番の美人だった」そうだから、睦雄が執着したのもやはり無理はなかった。

そして、ゆり子も美人だった。私が2010年にゆり子に会ったときは、睦雄に対する印象について、次のように話していた。

「……耳が遠いので、すみませんなあ。貝尾の事件？　都井むつおさんの事件？　もう93歳でしてなあ。むつおさんの事件？　わたしは同級生でした。

家族が死んだとき、津山まで呼び出されて、警察で話しました。

むつおさんは（事件の時）中の間から入ったので、（わたしは）奥の間から飛び出ました。そして、本家（寺井茂吉家）へ行ったんじゃ。

戸をトントン、やったら、本家のおじさん（茂吉）が入れてくれました。畳の下にむしろをしいて、わたしや家族が隠れました。おじさんだけが表に残って。戸が閉まっていたので、助かりました。

（嫁入り後の）里帰りでそういう目に遭ったんです。

むつおさんは、学校でも級長の、頭のいい人。

なんでいわなんだが、毎日な、山へー奥のほうへー、鉄砲を練習していたんじゃな。なんで誰も警察に言わなかったんじゃろうな。

夜、事件を起こした。電気を切って。

うちの（お母さん）が（家を）開けておいた。閉めておかなかった。それで、家族が五人殺されたぁ。おとうさんと、息子（弟）と、嫁と、妹ふたりが5人殺された。むつおさんはな、夜でも見えていたんじゃ。

むつおさんはなあ、村八分になったんじゃ。近所の人もあぶない、あぶない、と私たちに教えてくれておった。

むつおさんは、結核でのお。わたしらは、むつおさんを見ると、道から外れて、田んぼのほうへ避けて通った。

むつおさんは、タンスの片づけにきてくれと嘘を言って、家に呼んで、押さえられたりしました。

みんなに嫌われたのがつらかったんじゃろうな。

もうそれが、70年以上も前のことだったんです。22のことでした。子どもができる前のことです。これが娘（次女。昭和21年生まれで、通訳をしてくれた）です……」（カッコ内は筆者）

話が飛び飛びでわかりにくくて恐縮だが、私は2時間以上ゆり子と話をして、その半生の苦労を聞くことができた（これについては後述する）。

ゆり子は、事件後も貝尾に戻ることはなかった。ゆり子が逃げ込んだために寺井孝四郎が睦雄に殺害されただけでなく、彼女は自分の家族5人を失い、心に深い傷を負った。このため、一時は新興宗教に入信したりもしたという。

事件後ゆり子と睦雄の関係は嫁ぎ先の集落で公然の事実と知れ渡った。睦雄の遺書にはゆり子との関係が赤裸々につづられており、睦雄が山中で自殺したのち、その遺体と遺書を発見したのは、山狩りに出た村々の青年団や消防団のメンバーだったからだ。遺書の内容は、瞬(またた)くうちに加茂谷の各集落に伝わった。

しかし、ゆり子は離縁されなかった。その理由について当時を知る古老は次のように語る。

「そりゃ、ゆり子は器量良しじゃったからなあ。その亭主も人間としての器の大きい人で〝あの都井が執心した女を手放すわけにゃいかんさ〟と言い放っておりましたわ。じゃから、離縁などなかったです」

ゆり子の夫は、戦争末期に兵隊に取られて、結核に感染して帰国。昭和24年（1949）に死亡するまで、ゆり子は夫の看病をしながらふたりの幼い娘を育て、田んぼや山仕事もこなした。

夫の死後、遺族年金を受け取ることができたことで、集落で一番大きな屋敷を建てることができた。しかし、そのために周囲の村人から、やっかみや妬みも受けたという。

若いときは、美人でたいそう魅力的だったに違いない。睦雄が夢中になるのも無理はなかったはずだ。

戦争の激化がもたらした悲劇

なぜ、睦雄が集落の多くの女性たちと関係を持てたのか――それには、戦争が深く関係している。

昭和2年（1927）、日本は明治以来の徴兵令を強化し、兵役法を定めた。毎年4月から7月にかけて、各地で徴兵検査が行なわれ、原則として20歳の若者は兵役に就くこととなった。睦雄は昭和12年（1937）5月2日、徴兵検査を受けて、丙種合格（事実上の不合格）の憂き目に遭ったことはすでに述べた。

睦雄は丙種合格だったが、これは徴兵検査のときに軍医に対して、必死に自分は肺病であると訴えたためだ。その根拠として、睦雄は自分が昭和10年12月に「肺尖カタル」の診断を受けていること、両親が肺結核で死んだことなどを訴えていたと言われる。睦雄は遺書のなかで次のように書いている。

……実際、体なりと丈夫にあったら、こんなことにもならなかったのに。もしも生まれ変われるものなれば、今度は丈夫な、丈夫なものに生まれてきたい考えだ。

本当に病弱なのにはこりごりした。

僕の家のこと、姉のことなどを考えないのではないけれど、どうせこのまま生活していたら、肺病で自滅するよりほかはない。そうなると、無念の涙をのんだまま、僕は死なねばならぬ。……

肺病ゆえに徴兵検査にも落ち、お国のために役立てない身の上を嘆いているかのような表現である。

しかし、実際には、肺尖カタルという診断は軽微なもので、診断した万袋医師は睦雄の肺の病は軽いものであると証言している。にもかかわらず、睦雄は自身を重度の肺病であると断じ、徴兵忌避を徴兵検査で迫ったのである。その結果が、丙種合格だった。

当時の軍では、肺結核や性病については検査が厳しかった。軍隊のような集団生活では、伝染病の保持者は極力排除された。

もし、当時の睦雄が重度の肺結核であったら丙種合格ではなく、戊種合格と評価されていたはずである。つまり、このときの軍医は「睦雄は重度の肺結核ではない」と判断したのだ。

しかし、軽症とはいえ肺尖カタルであったため、伝染が広がるのを懸念して、兵役に就けない丙種合格としたのだろう。

ただ、丙種合格であっても戦局が悪化するなかで、有無を言わさず戦場に徴兵されるようになる。日中戦争の拡大に伴い、津山事件が起きた昭和13年（1938）に、国家総動員法が成立した。その後は丙種合格であっても次々と兵隊に取られて、戦場へ送られることとなった。もし、睦雄が事件を1、2年後に起こしていたならば、睦雄は問答無用で兵役に就かなければならなかったはずだ。

しかし、睦雄は丙種合格で結果的に徴兵を免れた。このことは睦雄のプライドをさらに傷つけることとなったが、一方で喜ぶべきことでもあった。

この徴兵検査不合格の夜、睦雄は悪友といっしょに津山の遊郭で女（市丸という娼妓）を買っている。

徴兵検査の夜に遊郭で女を買う慣習がこのころすでに広まっていた。徴兵検査のとき、性病にかかっていては大恥をかくことになる。だから、徴兵検査の前には性病にかからないように、遊郭で遊んで遊女を買うことは御法度という慣習が各地にあった。なかには、徴兵検査まで頑なに童貞を守る青年もいたという。

睦雄も徴兵検査の夜に女を買った。もし、徴兵検査の結果に本当にショックを受けていたのなら、そんな祝い事はしなかったであろう。睦雄は、意識的に徴兵逃れを狙っていたのだ。

徴兵逃れを狙った理由は、実際に軍隊に入って、戦場へ出征するのが怖かったからなのだろうか。それとも、すでに貝尾の住民への復讐を心に決めていたからなのだろうか。

昭和6年（1931）9月には満州事変が勃発し、戦争は拡大の一途をたどっていた。だから、徴兵令によって村の健康な男たちは20歳になるとみんな兵隊に取られ、村を出ていった。

こうして、村から20代の男たちの姿が次々と消えてしまった。村に残るのは10代の若者か、30代以上の男たちのいずれかとなる。まれに丙種合格以下の若い男も村に残りはしたが、健康ではないため、夜這いの対象にはなりにくい。

睦雄が14歳で高等小学校を卒業したころから、貝尾の村は右のような状況になりつつあった。

このため、性欲の旺盛な村の女性たちは、自身の性欲の処理に困難をきたすようになる。こうなると、女性たちの関心は20代の男性の前後の世代に向かうことになる。すなわち、村の女性たちの夜這い相手の候補となったのは、10代後半の若い男たちだった。睦雄が16歳になるころには、すでにそのような状態だったのである。

徴兵の適用が厳しくなったことから、村の青年たちが村からいなくなり、睦雄のいた時代には村の青年部は、事実上活動不可能な状態に陥っていた。睦雄は、村の活動に加わりたくても、活動の場自体が村になくなっていたのだ。

こうした状況は睦雄の孤立状態に拍車をかけることとなった。

しかし、同時に10代後半の睦雄は秀才の優男である。村の女性たちの間では人気があった。夜這いの相手にも不自由はしなかった。もちろん、当初は金を払うことなく、女性たちのほうから大勢寄ってきたに違いない……昭和10年に、睦雄のロウガイスジの噂が西川トメの口を介して集落に広がるまでは……。

兵隊に取られたことで村から青年たちが消えた。それは一方で睦雄の犯行を助長することにもつながった。

戦局の悪化とその過程における徴兵制度の厳格な運用が進んでしまったことで、睦雄の抑止力や相談相手となるべき若い男性が村から消えてしまったからだ。

睦雄が集落の多くの女性と関係を持つに至った理由の背景にも、睦雄が犯行に追い込まれる要因の背景にも、戦争の激化が色濃く影を落としていたのである。

とても再起は出來ぬかも知れんと考へた、こふした事から自棄的氣分も手傳ひふとした事から■■の奴に大きな恥辱を受けたのだつた。病氣の爲心の弱りしところにかような恥辱を受け心にとりかえしのつかぬ痛手を受けたのであつた。それは僕も悪かつた。だから僕はあやまつた。両手をついて涙をだして、けれどかやつは僕を悔んだ、事々

「津山事件報告書」に掲載されている睦雄と西川トメとの異性関係のトラブルを想起させる遺書の文面

へる様になつた原因がある、■■の妻■■である。彼の女と僕は以前關係したことがある。（かの女は誰にても關係すると言ふ様な女で僕が知つているだきでも十指をこす）それがため病氣になる以前は親しくして僕も親族が少いからお互に助けあつて行こふと言つていたが病氣に僕がなつてからは心がわりがしてつらくあたるばかりだ。はらがたつてたまらなかつたがじつとこらえていた、あれ程深くしていた、女でさへ病氣になつたと言つたらすぐ心がわりがする、僕は人の心のつめたさをつく〴〵味はつた。けれど之も病氣なるが故にこの様なのだらふ、病氣さえ治つたら、あの女くらい見かえすぐらいになつてやると思つていたが病氣は治るどころか悪くなるばかりに思へた、醫師の診斷も悪い、そうする中に一年たつたある日■■がやつて來た。僕は何時もにらみあつていづに少し笑顔で活してもよいがなと言つてやつた。すると■■の奴は笑顔どころかにらみつけた上鼻笑ひをしさん〴〵僕の悪口を言つた。故に自分もはらをたて、そう言ふなら殺してやるぞとおどし氣分で言つた。ところがかやつは殺せるものなら殺して見ろお前等如き肺病患者に殺される者がおらんと言つてかえつていつた、此の時の僕の怒り心中にえくりかえるとは此のことだらふ。おのれと思つて庭先きに飛出したがいかんせん弱つている僕は後が追えない、彼奴は逃げかえつてしまつた、僕は悲憤の涙にくれてしばし顔があがらなかつた、そうして泣いたあげくそれ程迄に人をばかにするならようし必づ殺してやらふと深く決心した。けれどその當時は僕は病床から少しもはなれることが出來ぬ位弱つていたからきやつが見くびつたのも無理はなかつた。一丁も歩けなかつた僕だつた、けれどもそれ以來玉代の奴、すみの

「津山事件報告書」に掲載されている睦雄の遺書。睦雄に対する周囲からのいじめにも似た仕打ちがあったことを窺わせる文面だ

第7章
秘された暗黒史

睦雄はいつ犯行を決意したのか

津山事件が発生したのは昭和13年（1938）5月のことだ。巻頭に掲載した年表を参照していただくとわかりやすいのだが、睦雄が大量殺戮に至る事件を起こそうと決心した（あるいは具体的に画策し始めた）時期は昭和10年（1935）ごろ、事件発生の2年半から3年ほど前のことだと考えられる。

その理由として、睦雄の第一の遺書に次のような記述があるからだ。

……昭和十年一九歳（数えで一九歳ということなので、現代の満年齢では三月五日の誕生日で一八歳になった直後の頃と考えられる）の春、（肋膜炎が）再発ときた。

これがそもそも、僕の運命に一八〇度の転換をきたした原因だった。

（カッコ内は筆者）

また両親が結核で倒れて、自分が結核持ちの家系であるロウガイスジ（労咳筋）と、倉見では見なされていたことを知ったのが、この時期ではないかと考える。つまり、年表の昭和10年

4月2日に「睦雄の戸籍が倉見から貝尾へ転籍」された時期の前後に、睦雄は自分の両親の死因をはっきりと自覚した。

この倉見から貝尾への転籍は、睦雄名義の倉見にある屋敷を生活資金を得るために、睦雄と祖母いねがついに手放した（売った）時期と考えられる。

この時期まで、睦雄一家は主に倉見の山林などを売り払ってなんとかしのいでいたのだが、睦雄の肋膜炎が再発し、治療費や当座の生活費を確保するために、まとまった金が必要となった。当時の結核は治療や静養に莫大な費用がかかると考えられていたからだ。そして、ついに倉見の屋敷も手放さなければならない状況に陥った。

倉見の屋敷を手放すということは、倉見とのつながりが切れてしまうことを意味する。それは戸籍上の記述を見ても明らかだ。睦雄は本家の嫡流の身分でありながら、本家の有する莫大な資産から見れば、わずかな〝手切れ金〟で倉見からの出奔を強いられた。祖母いねからすると、堪え忍びがたいことだったろう。しかし、その倉見の屋敷を売り払ってでも、いねはなんとか睦雄の肋膜炎を治療したかった。そこには、強い愛情と執念が入り混じった、いねの複雑な葛藤が感じられる。

ただ、この頃のいねは倉見にはほとんど来ることはなくなっていた。老いの身には、加茂谷の入り口に近い麓付近にある貝尾から、県境にほど近い奥地の倉見までの険しい山道を歩くことはかなりきつかった。

しかし、それ以上に自分を見捨てた倉見に顔を出すことは、そもそもいねの面子が許さなかっただろう。しかも、睦雄がかつて暮らした屋敷は足元を見られて、かなり低い金額で買い叩かれたはずである。もっとも、昭和4年の世界恐慌、昭和6年の満州事変勃発と世の中は混乱を極め、暗い不況の闇のなかにあり、高い金額で買いたくても買えなかった事情もあったかもしれない。

いずれにしろ、貝尾から倉見までやってきて、一家の資産を売買する際の諸手続き（お金の受け取りなど）を具体的に執り行なったのは睦雄だった。姉のみな子はすでに嫁いで津山に住んでおり、貝尾にはいなかったからだ。そして、その時——自身があろうことか肋膜炎を再発した直後——に睦雄は倉見の地で、自身の出自についていろいろと聞いたはずだ。両親の死因を旧知の人間や親戚に尋ねたりしたとしても、おかしくはない。いや、むしろ厳しく追究し、自身の両親が結核と見られる病で亡くなって、自身がロウガイスジとして倉見の都井本家から家督を半ば奪われて追われてしまったことも知ってしまった。

そしてこの時、もしかしたら祖母いねと自分に血縁関係がないことにも気づいたかもしれない。

私は、睦雄が祖母いねと自分に血縁関係がないことをはっきりと自覚したのは、昭和12年の春ごろ以降の可能性が最も高いと考えている。睦雄が成人したことで祖母いねの後見期間が終了し、睦雄が自身で財産を処分したり、猟銃の使用許可を得る際に自分の戸籍を閲覧して気づいた可能性が考えられるからだ。ただし、昭和10年の時点で、何らかの形で薄々気づき始めていたことも十分に考えられる。

なぜ睦雄は多くの村人を巻き込んだ、一大殺戮事件を起こそうと考えたのか

ところで、倉見の本家を半ば簒奪し、睦雄の相続した屋敷や山林を買い叩いたひとりである、都井本家の惣領（睦雄の大叔父＝睦雄の祖父の弟）は、睦雄が津山事件を引き起こして山に逃げたと聞いたとき、一目散に堅牢な蔵に閉じこもって、頑なに出てこようとしなかった。睦雄が恨みを抱く自分を襲うと確信していたからである。そして、事件の2日後の夕方、睦雄の遺体が貝尾から倉見へ運ばれてきて、睦雄の死をはっきりと確認したことでようやく安堵し、ほっとした表情で蔵から姿を現したエピソードはすでに述べた。

このエピソードからもわかるように、本家の一部はロウガイスジの睦雄一家に対して容赦ない仕打ちをした。だから、貝尾出身で倉見では外様だったいねは、睦雄たちを連れて倉見を出て帰ろうとしなかったのだ。

これらの一連の事実を、睦雄はこの昭和10年の春に一挙に知ることとなった。

そして、同時に自分の肋膜炎の再発だけでなく、それに追い討ちをかけるように、自分たちが倉見を追われたことまで知り、睦雄の心は深い絶望の淵に沈んだことは想像に難くない。

昭和10年の春、睦雄の心にどす黒い復讐の芽が芽吹いたのである。

ただ、ここで重要なのは、なぜ睦雄は多くの村人を巻き込んだ、一大殺戮事件を起こそうと考えたのかということだ。

自身の病に絶望しただけなら、極端な話をすれば、世をはかなんで自殺する選択肢もあったはずだ。よしんば復讐の念を抱いたとしても、この昭和10年の時点において、睦雄は村の女性たちに対する深い恨みをまだ抱いていなかった。

巻頭の年表を見てもわかるように、村の女性たちとトラブルを起こし始めるのは、昭和10年の春以降のことだ。いずれにしろ、昭和10年の春ごろの時点では、村の女性に対する恨みは犯行計画の主因ではなかったはずである。

しかし、この昭和10年に睦雄は自分自身を大量殺戮の道へと誘う、かつて加茂谷一円で発生した村民大虐殺という悲劇を知ることとなった。それは村に伝承されるタブーであり、のちの大量殺人事件を引き起こす、ひとつの要因となった可能性が高いと私は考えている。

貝尾の位置する加茂川上流域は総じて〝加茂谷〟と呼ばれている。そして、この加茂谷で発生した、村民皆殺しを画策した大量殺人事件は、津山事件が必ずしも最初のケースではなかった。

その話をする前に、昭和10年に睦雄の暮らす貝尾周辺で起こった、ある運動について触れることにする。

昭和10年ごろ、慶応2年（1866）に発生した「美作（みまさか）改正一揆」の顕彰記念碑を、貝尾のあたりに建立しようと人々が熱狂した。

記念碑はこのときは建立されなかったが、戦後になって貝尾から徒歩10分ほどの場所にある真福寺に建てられた。石碑には大きく『義民の碑』と刻まれてある。

この寺は津山事件で最後に襲撃された坂本集落の岡本和夫、みよ夫婦の住まいからも近く、睦雄もよく通って住職の話を聞いており、境内では付近の子どもたちとよく遊んでいた。

幕末・明治に発生したふたつの一揆

加茂谷では幕末から明治にかけて、当時の日本を揺るがすふたつの大きな一揆が巻き起こった。慶応2年に発生した「美作改正一揆」と明治6年（1873）に発生した「美作血税一揆」

である。

一揆と聞くと「百姓一揆」を連想し、生活苦の農民が起こした暴動と考えられがちだが、このふたつの一揆は、単に百姓や農民が起こしたものではない。当時の身分制度における最下層の人々から町民や武士階級までも巻き込んで発生した、一種の民衆蜂起ともいえるものだった。ふたつの一揆には加茂谷の住民の大半が参加しており、特に美作改正一揆は貝尾のあたりを起点に勃発した、当時の封建社会の圧政へ抗う、加茂谷の住人たちが主役の一大一斉蜂起といえる性質のものだった。

改正一揆は昭和10年の時点から69年前に、血税一揆は62年前に発生した。そして、血税一揆は明治維新後6年を経てから発生した一揆であり、江戸時代の一連の一揆とは性格を異にする、特殊な一揆だった。

血税一揆は、武家社会に対する不満ではなく、明治新政府の諸政策に対する強い反発から発生したもので、我が国の一揆史においては特異であり、〝最後の一揆〟ともいわれている。しかしながら、その詳細についてはいまだに表には出されない謎の部分が多いのも事実だ。

一揆の顕彰記念碑建立の話は、その内容の派手さやスケールの大きさ、さらに事件の核の部分にある〝闇〟に隠蔽された秘史を抱えることを鑑みても、自身の病や出自に悩み、思春期の真っ只中、人格形成の最中にあった感受性の強い睦雄の心理に多大な影響を与えたはずだ。

睦雄も感銘した義民

元治元年（1864）から慶応2年（1866）にかけて、3年続けて美作（岡山北部）一帯は、冷害などによる凶作に見舞われた。加茂谷一帯の被害は甚大だった。特に慶応2年は夏の冷害直後の旧暦8月に大暴風に襲われ、ちょうど開花の時期にあった稲の花をほとんど吹き散らしてしまい、そこに暴風雨による大洪水が発生した。さらにあろうことか、洪水のあとには30日あまりにわたって地震が続き、人々をいっそうの不安に陥れた。

ちなみに凶作の始まった元治元年は、睦雄の祖母いねの生まれた年でもある。大凶作の初年にいねはこの世に生を受けたのだ。

3年続けて食うや食わずの苦しさを味わってきた加茂谷の農民たちは、庄屋を通じて再三にわたって、津山藩に対して年貢米を減らしてもらうように嘆願した。しかし、ほとんど聞き入れられることはなかった。

なぜなら、元治元年に第一次、慶応2年には幕府による第二次長州征伐が行なわれ、幕府方で参戦した徳川一族である親藩の津山藩の財政は火の車だったからだ。

農民の願いなど受け入れられる余裕はなく、すべてのしわ寄せは農民に降りかかってきた。

この時に立ち上がったのが、行重村西分（貝尾のすぐ近く）の農民・直吉（直吉郎という説もあるが、『加茂町史』に記載された〝直吉〟の表記を採用する）だった。直吉こそ、美作改正一揆の生んだヒーロー・傑物であり、歴史が好きな睦雄は改正一揆の英雄・直吉のことをとても敬愛していたという。

慶応2年の春先、直吉は同じ村の4人の農民と楢井村青山分（睦雄が事件後に荒坂峠に向かう途中で通った集落）のひとりの農民を自分の家に集め、相談を持ちかけた。

「このままでは今年の年貢はおろか、百姓の暮らしの立てようもおぼつかない。再三庄屋様にお願いしてみたがろくに取り上げてももらえない。このうえは嘆願書をしたため、津山の殿様に強訴するより手段はあるまいと思うが、どうだろう？」

一座の者たちは一も二もなく直吉の申し出に賛同した。さっそくほかの村々へも廻状を回して連絡をとろうではないか、と言い出す者も現れた。直吉は大きく頷いたものの、ほかの村に廻状を早々に回すことについては慎重だった。

「廻状を回したりしたら、強訴の計画が露見してしまう恐れがある。それではいけない。それより4、5人で先に立って動きさえすれば、村々の衆もきっとついてきてくれよう。露見の心配もない。徒党を組んだことが、のちに罰せられたとしても犠牲も少なくてすみ、ほかの村々へ迷惑をかけることも少ない」

最終的にはそこに集まった一座の者だけで計画を進めることとなった。事を起こす期日も明確には定めず、強訴の話は6人だけの胸にとどめられた。

慶応2年の11月24日の朝、直吉は突然、一同を自宅に集め、相談を持ちかけた。

「長引くと村役人の手先の耳にも届く恐れがある。そうなると万事休すだから、早めに動いたほうがいい。今晩、出発しよう。人数は多かろうと、少なかろうとかまわない。願書のほうはわたしが引き受けたから、みんなはほかの品々を準備してほしい」

直吉からの急な提案に、一同はすっかり慌ててしまった。

「一両日でいいので、先に延ばすことはできないか」と言う者もいたが、直吉は頑として今晩の決行を主張。そして、その夜に強訴を実行することが決まった。直吉はさっそく近隣の村にいる信頼できる仲間にだけ声をかけ、

「5、6人でもいいから、今晩、荒坂の上へ連れてきてくれんか?」

と依頼した。人望のある直吉の申し出に、みな強く首を縦に振った。

荒坂峠をめぐる〝血の因縁〟

津山藩の殿様に対する、直吉たちの要求は十一か条から成っていたが、その内容は当時としては驚くほど進歩的なものだった。

年貢米の引き下げや、年貢米の審査の際に役人による不正・賄賂の禁止などは、当然盛り込まれていた。さらに、農民に限らず生活苦の人間からは御用金（税金）を取らないこと、売り控えなどして米の相場を上げて儲けようとする悪徳商人を取り締まること、今後、戦争が起きても槍持などに農民を徴発して戦場に送らないことなど、農民たちの切実な願いが要求の随所に盛り込まれていた。

このため、加茂谷の一角の行重村に端を発しただけの小さな一揆の波は、またたくうちに遠く小豆島にまで波及し、巨大な民衆のうねりとなって、美作とその周辺地帯を席巻した。さらに一揆には農民だけでなく、身分差別を受けていた人々も数多く賛同して参加した。

11月24日の夜7時ごろ、加茂谷の西北に位置する荒坂峠に真っ赤な火の手が上がった。

その直後、真福寺の鐘が深く強く鳴り響いた。竹法螺（たけぼら）の異様な響きも加茂谷中に木霊した。

遠目から見ると、火の手の塊は一団、また一団と峠の向こうの横野方面から荒坂峠を越えて続々とこちらへ押し寄せてくるように映った。

この火の手は直吉たちの作戦のひとつだった。10人ほどの者がそれぞれに手火を数本ずつ持って荒坂峠へ上り、火をつけて坂を下り、そこでいったん火を消してはまた峠を上ってから手火に火をつけてまた坂を下る……横野方面から多数の人間が強訴に押し出してくるように見せかけたのだ。

直吉たちが最初に一揆の火の手を上げた荒坂峠の頂あたりこそ、のちに津山事件の犯人・都井睦雄が猟銃自殺によって果てた、その場所であった。

当初は10人ほどで始まった一揆だったが、25日の夜明けごろには1000人を超える群衆へと膨れあがっていた。津山城下へ向かう途中、農民の意向をなかなか取り上げてくれなかった庄屋たちや、凶作の米不足の逆手をとって米の値を吊り上げてボロ儲けする悪徳商人たちの屋敷を打ち壊して進んだ。

一揆はさらに人数を増して、津山城下になだれ込んだ。

26日朝、直吉ら一揆のリーダーはかねてから用意してあった十一か条の嘆願書を藩へ提出。その日の午後に直吉は、一揆の仲間に伴われて役所へ自首した。この時、直吉は次のような口上を役人に対して堂々と述べたという。

「私はこのたびの強訴の発頭人でございます。かような乱暴をするつもりはございませんでしたが、追々人数が多くなり、思いのほかの大事ができましたことは、まったく恐れ入ります。このうえはわたし一人を強訴発頭人の罪に問われ、貧乏人の暮らしが楽になるよう、お取り計らいください」

直吉が自首したことがわかると、なんと城内の藩士の一部からも直吉に対する助命運動が巻き起こった。直吉が自首したことで、加茂谷の強訴の動きが収束したとはいえ、一揆自体は津山藩各地に飛び火し続けており、手のつけられない状態となっていた。なんとしても、一刻も早く混乱を収束させるためには、リーダーの直吉に寛大な処置を下す必要があると考えた者もいたのである。支配者たちのなかには、農民たちによる団結のエネルギーに脅威を感じた者も少なくなかった。また、この時に藩内が保守派（佐幕派＝一揆弾圧派）と改革派（勤王派＝一揆との融和派）に割れて対立していたことも事態をより複雑なものにしていた。

11月28日、ついに津山藩は一揆の要求の一部を呑むこととなった。これまで絶対不可侵とされてきた、年貢を集める際の「お蔵納めの制度」が、農民たちの要求で、農民に有利なように改められたのである。のちにこの一揆が〝改政（正）一揆〟と称されるようになった由来がここにあった。

直吉たち一揆の首謀者はことごとく捕らえられて入牢し、慶応3年（1867）12月に死罪ではなく、永牢（現代でいう無期懲役）の沙汰が下された。ただ翌慶応4年（1868）2月17日に王政復古に伴う大赦の際に永牢を許され、晴れて出獄することができた。しかし、入牢中に体調を崩したのか、直吉は出獄直後の2月22日に家族に見守られながら、57歳の生涯の幕を閉じた。

直吉の墓は真福寺近くの仁木家（直吉の係累）の墓地に、今も静かにたたずんでいる。直吉たちの勇気ある義行を称えた顕彰の石碑は、真福寺の境内にある。

自らの命を貧しい人たちのために投げうった直吉たちの行為は、その後も長く〝義民〟として崇め奉られ続け、69年後の昭和10年の時点でも、貝尾周辺では直吉に傾倒する者たちが少なくなかった。そして、そのなかには当然、睦雄も含まれていた。

加茂谷は、こののち〝強訴谷〟と呼ばれるようになった。ふだんは穏やかでおとなしくても、いざ不正があってまちがったことが罷り通れば、それを糾すために立ち上がって実力行使も辞さない、というわけだ。加茂谷の人たちは、おおらかで優しい人が多い。しかし、ひとたび怒りで立ち上がると、決して妥協せずに命がけで闘う、過激で荒い気質も胸の奥に秘めているのである。そして、睦雄もその気質を受け継いでいたのだろう。

睦雄の遺書を読むと、その背後にこうした加茂谷の気質が見え隠れするように感じるのは、私だけだろうか。

改正一揆の指導者である直吉は自首する際に2句の和歌を辞世として残した。「もはや生きて家には帰れまい」という悲壮な覚悟だったのだ。そんな直吉による辞世の句のひとつは次のようなものだった。

子は親をだいじにかけよ　親は子を、孫子（まご）を愛せよ　別に分（わけ）なし

子は親を大切にせよ、そして親は子や孫を愛せよ。子が親に対して抱く想いと、親が子や孫を愛する想いに、なんの違いもありはしない

自身の遺書のなかでは、睦雄は一見、この直吉の辞世の句をわきまえているかのような文言を残している。祖母いねを真っ先に殺害したのも、祖母を想ってのやむを得ない行為だった、と語っていた。だが、実のところは、どうだったのだろうか。

少なくとも、私には睦雄は直吉の残した想いとは、真逆のことをしてしまったかのように、思えてならないのである……。

「美作血税一揆」というタブー

津山事件からさかのぼること、65年前の明治6年（1873）5月、津山事件の発生現場である貝尾から東南へ直線距離で5キロあまりの〝津川原（つがわら）〟という集落で、世にも悲しく、忌まわしいその事件は発生した。

〝美作血税一揆〟の最中での出来事である。いや、加茂谷の農民にとって津川原での事件は、〝美作血税一揆〟のなかのメインイベントだったといっても過言ではない。

この事件は奇妙なことに、加茂谷中の農民2000人あまりが一丸となって、加茂谷の下流出口の近くに位置する、わずか100戸ほどのひとつの小村を襲撃した。津川原村では18人の村人が終夜の山狩りの末に虐殺され、ほかにも多くの村人が瀕死の重傷を負った。日本史上、最後の百姓一揆のひとつに数えられ、今もその闇の事件の存在ゆえに詳細を語ることが憚かられるタブー、〝美作血税一揆〟である。美作とは、津山を中心とする、現在の岡山県の北部一帯を指し、タブーとなった理由のひとつに、襲われた津川原村が被差別部落だったという事実がある。そして、襲撃した側の農民に、少なからず貝尾の人々も加わっていた。

改正一揆と血税一揆の陰に存在する〝闇の歴史〟は、津山事件を考察するうえで避けて通れないタブーである——。

「賤民廃止令」がもたらした希望と絶望

血税一揆では多勢の農民が常に襲う側で、被差別部落の人々はほぼ一方的に襲われる側だった。

改正一揆では、一部でともに手を携えて闘った農民と被差別部落の人々がわずか7年後の血税一揆では、殺す側と殺される側とになぜわかれてしまったのだろうか。

きっかけは明治維新だった。

明治維新の結果、薩摩や長州を中心とする新政府の世となったが、幕府側に組していた津山藩（維新後は津山県→北条県）は維新の恩恵にあずかることもできず、農民たちの不遇、困窮の度合いはますます悪化していた。新政府に対する反感や違和感は、加茂谷の住人たちの胸中にじわじわと広がりつつあり、急激な時代の変化についていくのは至難の業だった。

明治4年（1871）8月28日、明治新政府は突然「賤民廃止令」を公布した。その主旨は、エタ（穢多）や非人などの被差別部落の呼称や制度を廃止し、賤民は〝平民〟となり、職業も自由とする——というものだった。

新政府はなぜ賤民廃止令を打ち出したのだろうか。背景には、もちろん福沢諭吉が「天は人の上に人を造らず、人の下に人を造らず」と謳った人権思想が入ってきたことが挙げられる。アメリカにおける黒人奴隷解放の影響もあっただろう。

しかし、賤民廃止令にはそんな理想論では単純に片づけられない、もうひとつ大事な一項があった。それが「地租免除の制度を廃止する」というものだった。

江戸時代を通じて被差別部落の人々は、時に家畜同然の屈辱的な扱いを強いられていた。道ばたで農民とすれ違うときは必ず土下座して、顔を泥にすりつけるまで頭を下げ続けなければならなかったし、農村で農民の家の前を通るときには、草履を脱いで裸足で歩かなければならなかった。祭礼で農民が屋内に上がっていても、被差別部落の人々は土間やゴザの上で待機し、わずかでも農民と同じ食器や料理を食べることは許されなかった。穢れは伝染すると信じられていたからだ。肉食が忌み嫌われる江戸時代において、動物の死体の皮を剥いだり、肉を食べたりする禁忌を犯す人々で、農民からは〝異民族の子孫〟と蔑まれていたのだ。

しかし、被差別部落の人々には一部免税というわずかな特権もあった。年貢や租税の負担を免除、軽減されていたのだが、明治新政府は富国強兵のために、あまねくすべての人々から多くの税金を徴収したいという思惑があった。そのためには、部落差別を廃止しなければならなかった。廃藩置県から地租改正という近代化の時代の流れのなかで、それは必然だった。

しかし、農民からすると、被差別部落の人々と平等に交流することなど、論外だった。

一方、被差別部落の人々からすると、平民になるのは悲願だった。賤民からの解放の喜びは大きかったのである。

村々に現れた謎の「白装束の男」

賤民廃止令公布直後に、加茂谷の人々は津山県庁（津山藩は維新で津山県となり、この翌年に北条県となる）に押しかけた。

彼らは自分たちと被差別部落の人々が同じ身分になることに異を唱え、同じ身分になるなら自らの手で征伐すると訴えた。

あまりの人数と剣幕に津山県庁の役人は、公布後わずか半月で賤民廃止令を撤回してしまった。しかし、明治5年（1872）2月には「やはり撤回できない」と賤民廃止令の再度の公布を執り行なった。そこへ新たに徴兵令が公布された。「徴兵告諭」のなかで徴兵については次のように説明されている。

西人之ヲ称シテ血税ト云フ其生血ヲ以テ国ニ報スルノ謂ナリ

（ルビは筆者）

加茂谷の人々は、これを見て徴兵とは「人の生き血を絞り取ること」と誤解した。農家の次男や三男を連行し、殺してその生き血を絞り取って、その血を西欧人に飲ませてやるのだ――と信じていた。この誤解は、血税一揆の首謀者が一揆を起こすために農民にわざと吹き込んだ偽の情報だったのかもしれない。ただ、加茂谷の人たちは鉱山技師の西洋人がやってきたときに、赤ワイン（葡萄酒）を飲んでいる光景を見ており、初めて見るワインの正体は「子どもの生き血」であると信じていた。生き血を絞り取る〝血税〟に断固反対したことから血税一揆と呼ばれることとなったという。ただ、この解釈は俗説とされている。いずれにしろ、根底には政府の政策に対する拒否行動であった。

次男や三男の命を守るためにも、行動（一揆）に移さなければならない。話し合いでは解決はつかない。こうして、反明治政府、反徴兵令、そして反賤民廃止令の一大血税一揆が勃発することとなった。

血税一揆を画策したのは、津山市街から西北へ6キロほどの位置にあった貞永寺（ていえいじ）村の総代役（代表）の筆保卯太郎（ふでやすうたろう）という人物だった。

卯太郎はひそかに〝白装束の謎の男〟を村々に放った。白装束の男とは、すなわち〝血取り〟のことだった。子どもの生き血を絞り飲む白人の男が海外からやってきて、農家の子どもたちをさらっていく、というシナリオを演出したのだ。効果はてきめんで、白装束の血取りを恐怖する農民たちが、子どもたちを守るために次々と蜂起した。

ところで、津山事件の都井睦雄は、我が身を黒装束に包んで、村民虐殺の犯行に走ったわけだが、その芝居がかった演出は、もしかしたら血税一揆の白装束の男たちに倣ったものだったのかもしれない。

血税一揆の蜂起の始まりは、5月22日の真夜中の12時ごろのことだった。

実際に一揆が打ちこわしの行動に出るのは26日のことである。一揆は瞬くうちに1万人以上の規模に膨れ上がり、一路南東方向の北条県庁（津山市）を目指したが、60人あまりの別働隊が山中を東に向かった。目指したのは加茂谷だった。

加茂谷は賤民廃止令に強く反対しており、改正一揆でも主力として華々しく闘った。加茂谷の戦闘力をなんとか一揆に巻き込んで、北条県庁を西と東（加茂谷方面）から挟撃することを考えたのだ。

一揆の別働隊は荒坂峠を越えて加茂谷に入った。睦雄の自決したあたりから加茂谷の盆地に入り、まさにのちの西加茂村のあたりから加茂谷の血税一揆は広がっていったという。『部落を襲った一揆』（上杉聰）によると、別働隊は貝尾近くの中原にある金刀比羅神社に入ったという。５月27日のことだった。

「肩で風を切るようなまねをするなら、成敗しちゃる」

加茂谷の人々の怒りの矛先は、北条県庁（新政府）や〝血取り（西洋人）〟ではなく、賤民廃止令以後、急に態度を変えた中原、藤の木、津川原の３つの集落に向けられた。例えば津川原の長は「平等相愛の御聖旨受けたからには、親しい交わりを結んでほしい」との廻状を周りの農民の村に出した。道ばたで農民と部落民が出会っても土下座をせずに、会釈しかしなくなった。祭りにも一緒に参加したり、蓑ではなく着物を着て外出した。

これは農民の誇りを少なからず傷つける感覚をもたらしたという。蔑んで、遠ざけていた穢れた人々が、平然と農民と同じように振る舞うのである。

武器を持った1000人以上の加茂谷の農民たちは、まず中原集落を襲った。40戸、200人足らずの中原集落は成す術もなかった。

中原集落側の若い総代は土下座して、地面に顔をすりつけながら、命じられるままにこれまで対等に振る舞った〝無礼〟への許しを請い、「命だけは助けてください」と文章にまとめて差し出した。

藤の木集落も同様に屈服したが、津川原集落だけは屈服を拒み、抵抗を貫くことに決めた。5月28日、2000人近くに膨れ上がった加茂谷農民連合軍は、津川原の部落民500人（うち闘える男性は200人ほど）と対峙して、睨み合った。

この時、北条県庁の役人も加茂谷での緊張を把握していた。しかし、自分たちのことで手一杯だったのか、ほとんど何もせずに津川原の人々を見捨ててしまったのである。

2000人の農民が津川原集落を襲った――

当初、津川原の人たちは二門の黒塗りの大砲らしきものを前面に据えて、農民軍を牽制していたが、それは肥え担桶（糞尿などを入れた桶）を黒く塗ったものだった。農民たちも死にたくはないので、手出しをできないでいた。

膠着状態を打開するために、津川原部落の本村（農民の村）の顔役の人物が連れてこられて、部落民を説得して農民に詫びるように諭そうとした。殺し合いは避けたかったからだ。しかし、部落民は「家屋を焼かれても、命の危険があっても、致し方ございません」と、突っぱねた。

この本村の顔役は部落民にメンツを傷つけられたことを怒って、「もうかまわん。やってしまえっ！」と逆に農民一揆の面々をけしかけたのである。

そのうちに二門の大砲が偽物だとばれてしまった。蔑んでいた部落民に一杯喰わされたことがわかって、農民一揆の怒りは頂点に達し、誰もが殺気立ち、怒りと憎しみを増幅させた。

28日の午後4時、２０００人の農民は津川原集落に突入した。手にした松明で家々に火をつけて回った。密集した人家から出る炎は幾重にも寄り集まって渦となり、裏山の標高６３０メートルあまりの頂まで炎の柱が達したという。村は全戸焼失の憂き目に遭った。

部落民は村を放棄して裏山へ脱出をはかった。この時、山を越えて鳥取県の親戚まで逃げた者もいたという。しかし、なかには逃げ後れた人もいた。

杉原重平とその妻ろくは、幼いふたりの子どもと物陰に潜んでいたが、逃げる途中に追っ手の農民に見つかってしまった。重平は頭を竹槍で突かれた。幼い子どもを背負ったろくも左足を槍で突かれて、２００メートル近くの崖から突き落とされた。

ほかにも上から石を落とされて半死半生の目に遭った者、竹槍で手足を突かれて半殺しにされた者、大けがをした者が数多くいた。捕らえられ、捕虜となる者もいた。

翌29日には74歳の老婆さきが、4、5人の男に竹槍で突き倒されて、半死半生の目に遭った。そこへ芦田林平という30歳の農民も加わり、さきを竹槍で刺し貫き、身体を下段の畑へ投げ転ばした。そして、あろうことか、火をつけてさきを焼いてしまったのだ。

繰り広げられた虐殺……それは地獄絵図だった……

29日は朝の7時から探索の山狩りが始まり、ついに周辺の山には火が放たれた。65歳の老婆かたは農民に捕まってしまい、野火の燃え盛る火の中に放り込まれた。衣服が燃え上がり苦悶しても、周りの農民はじっと老婆が生きながら焼けていくのを静かに見守った。しかし、見かねたひとりの農民が手持ちの鍬(くわ)で彼女の首を切り落として、絶命させた。

川の上流のほうでは、老婆ひとり(79歳)を含む女性4人(いちばん下は1歳)と男性ひとりの5人組が農民たちに見つかった。農民たちは、取り囲んで無数の石を投げつけた。男は苦痛に耐えきれず、血だらけになりながらも最後の力を振りしぼって着物の下帯をほどき、それを頑丈そうな木の枝にかけて、自ら首を吊って死んだ。老婆と嬰児、少女たちは竹槍で胸やのどを突かれて、とどめを刺された。

次々と部落民が捕まって、農民の陣地である川原に連行されてきた。津川原の長とその一族も次々と引き立てられてきた。なかには部落民に味方して抵抗した浪人もいたらしく、その浪人も川原に連行された。

農民たちは、津川原の指導者たちに対し、頭を地につけて謝罪することを要求した。彼らがそれに従うと、次は「そのように悪いことをしたのなら、腹を切って死んでみせろ」と要求した。「それはできぬ」と彼らが拒否すると、誰かが発した奇声とともにせきが切られたように、無数の竹槍や石が彼らに襲いかかった。川原では9人が惨殺され、その様をある史料は「五体実に蜂の巣のごとくなりし」と表現している。

津川原での部落民の死者の合計は実に18人にのぼり、後遺症の残る重傷を負った人も数多くいた。普通に振る舞っただけで、このような惨い仕打ちを受けたのだ。村全体が受けたその心の傷は、今も決して癒えてはいない。

加茂谷の一揆の大半は、津川原の村民虐殺事件以後、憑き物が落ちたように沈静化していく。しかし、村民の大量虐殺事件にまで発展したのは、津川原のみである。

が、血税一揆自体は美作全体に広がって、多くの被差別部落が焼き討ちに遭うこととなった。一揆は6月早々に鎮圧された。農民側の死刑15人（うち筆保卯太郎以外は、津川原での虐殺に関わった者たち。加茂谷の農民からは10人）、懲役65人、罰金は実に26203人に及んだ。ほぼ美作の農家2戸のうち1戸が参加したことになる。

津川原の村には、今も血税一揆の襲撃で殺された人たちの慰霊の石碑が静かに残る。

2013年（平成25）4月、私はこの津川原の村を訪ねた。石碑のすぐそばには浄土真宗の札所があり、地元の人たちが集まって経をあげていた。

何をしているのですか——と尋ねると、ひとりの老人が代表で答えてくれた。

「今も毎月一度、過去の悲劇を忘れないように、また亡くなった人たちの御霊を慰めるために、ここに集まって、お経をあげているんですよ……ぜひ石碑などを見て、語り継いでいってください」

札所の裏側に置かれてある地蔵を見て驚いた。首がないのだ。

「一揆の襲撃を受けたときに、壊されたものだと聞いています……」

血税一揆の記憶は、加茂谷のタブーとなった。加害者側に連座した農民たちは、公には血税一揆の詳細を語ることをやめた。なぜなら、見方によっては加茂谷の農民のほとんどが、忌まわしい大量殺戮の共謀、共犯者となるのだから……。

睦雄が津山事件を起こした昭和13年当時、まだ血税一揆の悲劇の記憶は鮮明だった。そして、加茂谷では村人を皆殺しにした事件は、津山事件が初めてではなかったことになる。

睦雄の心のひだの部分に、血税一揆の記憶はどのような作用をもたらしたのだろうか。

もし、睦雄が血税一揆に向き合ったとき、彼はどちらの側に立っていたのだろうか。一揆を起こした農民の側か、それとも逆の憂き目に遭った部落民の側か……。

ふたつの一揆が睦雄に与えた影響

津山事件報告書の警察による報告では、睦雄が津山事件に至るまでの過程で過去の改正一揆や血税一揆から受けた影響は特になかった、とごく簡単に記している。

これはいったい、どういう意味なのだろうか。

睦雄が遺書を書いたところ（昭和13年5月18日。犯行の3日前）は、すでに目先の復讐の準備に追われていた最中で、自分の犯行に直接関わりのない事柄までは、さすがに記す余裕はなかった。昔に起きたことよりも、目先の恨みを晴らす準備に集中していたはずだ。

睦雄にしてみれば、60年あまり前の一揆が、自身が起こした一連の津山事件の計画に明確に影響し、関係しているという自覚はなかったのかもしれない。

しかし、歴史が好きで勉強も好きだった睦雄は、近所の真福寺の住職や老人たちから、かつて加茂谷を揺るがしたふたつの一揆に関する話を詳細に聞いていた。当然、睦雄が村人を皆殺しにしようと考えた心理などに影響を与えたであろうことは容易に想像できる。

ただし、警察には「睦雄と一揆は関連していない」と言わなければならない事情があった。

当時は折からの世界恐慌から続く大不況のうえに、日中戦争が進行して巷は戦時体制の最中だった。日本国内全体、特に一般庶民は大きな不満や不安を抱いていた。国は偽りの戦勝報道などを駆使して戦争に邁進し、国民の目を外に向けて急場をしのごうとしていた。

特殊高等警察（特高）の動きも活発で、すでに貝尾周辺でも昭和10年ごろには宗教団体に対する厳しい取り締まりを開始しており、翌年の昭和11年（1936）には、貝尾の宗教団体は特高の摘発を受けていた。

昭和10年に貝尾周辺で改正一揆の顕彰碑を建立しようという運動が盛り上がった底流にも、住民たちの不満や不安が蓄積していたからだと、当時の当局は考えたようである。

地元の英雄が活躍したかつての大一揆をこの時期にクローズアップすることで、それが飛火して国内で大きな反政府運動につながりかねない、と当局はやきもきしていた。実際、特高をはじめとした当局の思想統制は激しいものがあった。例えば、出征兵士が戦地の戦況の厳しさを匂わせる文言を一言でも入れた手紙を日本国内の家族に送れば、その手紙は容赦なく検閲で没収された。

また、国内の素朴な不安を匂わせる文言の含まれた家族からの手紙も検閲で差し止められて、外地の出征兵士のもとには届けられなかった。

改正一揆や血税一揆をわずかでも賞賛する事態になれば、それをきっかけとして、大きな反政府運動につながってしまうかもしれない——当局はそれを恐れた。だから、昭和10年の時点における改正一揆の顕彰碑建立運動は、静かに鎮圧されてしまったのだ。

いずれにしろ津山事件の処理過程で、過去の一揆が睦雄の動機に関係していたことはないという〝結論〟で当局は極力処理したかったのではないだろうか。

事件を都合良く速やかに処理した当局の目論み

実際、警察はいくつか〝事実とは異なる〟処理をしている節があり、それは明らかに戦時体制への影響を危惧してのものだった。

具体的には情報が外地の戦線に伝わって、出征兵士たちが動揺することを防ぐための措置だった。

睦雄から金銭を巻き上げて睦雄と情交関係を結びながら、一方で睦雄の悪口を言いふらして、睦雄の怒りを買った西川トメ（43）の妹、岡千鶴子（24）についての警察の処理がその一例だ。

千鶴子は高田村（現在は津山市に含まれる）へ嫁いだが、姉（トメ）の看病のために貝尾に帰省していた。

これまで、千鶴子は睦雄とは無関係だったが、西川トメの係累ということで巻き添えを食らい殺害されたと警察発表されており、それがすべてだった。津山事件報告書のなかでも同様である。

しかし、千鶴子は睦雄より1学年か2学年上で年代が近い。しかも巻き添えにもかかわらず、急所である心臓部に2発の猛獣弾を撃ち込まれるという無惨な方法で殺害されている。単なる巻き添えではなく、睦雄と千鶴子の間には、より深い因縁があったと私は考えている。

千鶴子が睦雄と関係していたという噂はあった。当時は夜這いの習慣がまだ残っていたわけで、睦雄との関係自体はことさら目くじらを立てる必要のない性質のものだ。さらに、睦雄がより執心していた女性はほかにも複数いたとされていた。

しかし、警察はこの千鶴子についてだけ、事件発生の翌日、まだ情報の整理がすんでいない混乱の最中にわざわざ記者発表して、「睦雄とは関係はなかった」と新聞に訂正記事を書かせている（昭和13年5月24日付けの『岡山合同新聞』）。

私が貝尾周辺で取材したなかに千鶴子に関する話もあった。要旨は次のようなものだった。

「千鶴子を含めた遺書に登場しない女性も、（当時の慣例として）睦雄を含めたほかの男子といろいろ関係していた。そして、千鶴子は、実は西川トメの妹ではなく娘だった。トメが若いころに夜這いして生んでしまった子どものため、トメの妹として（トメの両親の生んだ子どもとして）戸籍に記された」というのである。

実はトメの娘だったために、わざわざ看病に嫁ぎ先から戻ってきていたというのだ。事の真相はともかく、貝尾のトメのもとに千鶴子はよく来ていたという。睦雄やほかの村の男性と知り合う機会は十分にあった。またトメの年齢と千鶴子の年齢差を考えると、姉妹というよりは母子と考えたほうが自然だ。

貝尾とその周辺では、西川トメは睦雄に本当に恨まれていたふたりの女性のうちのひとりであって、その巻き添えで津山事件という大事件に発展してしまったという見方が根強い。だから、西川トメの係累の動静については、幸いにも記憶していた人が存在していたのだ。

しかし、事件後の5月23日付の新聞で、千鶴子も睦雄と関係していたかのような記事が出てしまった。これは犯行の動機にもつながる重大な事実だ。ただ23日の記事を読む限り、『高田村某氏へ嫁いだ苫田郡東加茂生まれの某女』としか記されておらず、身内でなければ誰であるかを特定できない記述で、記事自体も睦雄が執心していた西川良子と千鶴子を混同しているような内容だった。

それでも、警察はその日のうちに、千鶴子についての記述は間違いであるとわざわざ記者発表して、翌24日の朝刊に掲載するように訂正記事まで書かせた。戦前の新聞は、今以上にいい加減な記述が多く、このようなケースでわざわざ訂正記事が出ることは稀だった。

事実関係の把握も困難だった段階での千鶴子の訂正記事の発表は、千鶴子の夫が中国に出征しており、命がけで戦っている最中の出征兵士だったからではないかと、私は考えている。

津山事件は当時の全国の新聞で大きく取り上げられており、国民の注目の的だった。当時は今のように通信社のシステムも整備されていなかったため、遠方の新聞社は事件が起きた地元の岡山合同新聞の記事をこぞって引用するというよりも、岡山合同新聞の記事をそのまま伝えていた。

当然、それらの記事は戦争中の外地（中国）へも伝わることになる。それを読んだ出征兵士である千鶴子の夫が動揺したら、それは瞬くうちにほかの兵士の心理的動揺として伝播し、ひいては戦線全体に重大な影響が出てしまう。なんといっても、出征中で亭主の不在中に妻が不貞を働くという情報が乱れ飛ぶのだから、男たちが命がけの戦闘に集中できるはずもない――当局は、そこまで考えて処理したのだろう。

夜這いの習慣については、何がなんでも否定しなければならず、その夜這いの慣習が今も残っており、その渦中に出征兵士の妻がいるかのような報道は、些細なことでも漏れ出ないようにしなければならなかった。

いずれにしろ、当時の当局としては、睦雄の事件と〝一揆〟や〝夜這い〟などとの関連をことさら騒ぎ立てるような報道は都合が悪かったことは間違いなく、被疑者が死亡してしまったことを考えると、真実の究明以上に事件を都合良く、しかも速やかに処理することが最優先事項だったのである。

慶応2年（1866）に起きた「美作改正一揆」の顕彰をたたえる石碑が残る「真福寺」。
ここは、睦雄が少年時代に遊んだ場所でもある

「美作改正一揆」の石碑。美作改正一揆は、
農民とともに多くの被差別部落の人々も闘い、一定の成果を獲得した。
だが、のちに一緒に戦った両者は、殺す側と殺される側にわかれてしまった

裏山から望む津川原の様子。のどかな田舎の風景だが、
この地で悲劇ともいうべき虐殺が繰り広げられた

血税一揆で殺された人たちの慰霊の石碑。石碑のそばの札所では、
犠牲者の霊魂を慰めるため、月に一度地元の人々が集まっているという

札所の裏側に置かれている地蔵には
首がなかった。一揆の襲撃を
受けた際に壊されたという。
首のない地蔵は、160年ほど前に
起きた悲劇の深い傷跡が
今も消えていないことを、
語りかけているようだ

第8章
殺意の芽生え

睦雄の心中の〝何か〟が壊れた……

睦雄が自らの人生に絶望し、村人を殺戮しようという狂気に支配されるに至った直接的なきっかけは、昭和10年（1935）春に貝尾の集落に突如流れ広まった睦雄のロウガイスジの噂だった。

その噂は「睦雄の両親がふたりとも結核で死んだ。睦雄の家はロウガイスジという恐ろしい呪われた家筋だった」というもので、睦雄が二度目の肋膜炎を再発させる直前の時期に広まった噂だった。

この噂を流したのは誰だったのか——第6章でも述べたように、以前から睦雄と深い関係にあり、昭和10年の春に睦雄が大きな恥辱を受けたと遺書で訴えた西川トメこそが、噂の出所だった可能性が高いと私は考えている。

睦雄自身が西川トメに対して自身のロウガイスジについて話した。話自体は、その直前に睦雄名義の倉見の屋敷を売り払う交渉の際に睦雄が倉見で聞き及んだ。

以後、それまで睦雄をかわいがってくれたり、夜這いの相手してくれた西川トメや寺井マツ子といった村の女性たちはいっせいに態度を翻し、睦雄を笑い者にして貶め、さらに侮辱した。

金銭との引き換えがなければ、睦雄と関係を持とうする女性もいなくなった。

睦雄が精神的に不安定になっていた理由のひとつに、睦雄にとって唯一の肉親である姉のみな子が、昭和９年（１９３４）に嫁いで家を出ていってしまったことも挙げられる。

ロウガイスジの噂が広まったことで、集落の女性たちは睦雄に対する態度を急変させた。そして、睦雄の心の安全装置ともいうべき存在だったみな子が嫁いで家を出てしまった……こうして、昭和10年の春、睦雄の心の中の〝何か〟が壊れた。同時に睦雄のなかに貝尾の村人の大半を殺害してしまおうという〝殺意〟が芽生えた。


この時、貝尾における睦雄をめぐるグループは大きくふたつにわかれていたという。

ひとつはいねの親戚にあたるグループ。これは寺井一族（元一、勲、茂吉など）と役場の職員で貝尾一のインテリである西川昇一家などから構成されていた。このグループに属する人たちは、少なくとも露骨には睦雄のロウガイスジを差別したりはしなかった。ただ、睦雄と関係のあった寺井マツ子（いねの甥の弘の妻）だけは例外で、ロウガイスジの睦雄に対して、ほかの村の女性と同様の態度をとっていた。

もうひとつのグループは、村の圧倒的多数を構成するそのほかの人たちだった。彼らはロウガイスジの睦雄を仲間外れにし、事実上の村八分状態へと追い込んでいった。村の女性たちの大半はこのグループに属していたことは、睦雄の恋した寺井ゆり子の次の証言からでもわかる。

「むつおさんが、道路の前のほうから歩いてくるのを見かけたら、怖かったので、逃げました。道路から外れて、田んぼのあぜ道を歩いて、むつおさんを迂回して避けていました。わたしだけじゃない。ほかの女の人たちも、みんなそうでしたよ」

結核（労咳）を恐れるあまり、ゆり子のような反応をする者は珍しくなかった。それほど結核という病は当時恐れられていたのだ。幼い子どもを抱える母親たちも強い嫌悪や恐怖の念を睦雄に対して抱いた。

当時のロウガイスジの肺病の持ち主に対しては、おおむね同様のイジメのような仕打ちが行なわれたという。加茂谷の昔の暮らしぶりをよく知るある古老は次のように語った。

「自分が子どものときにも、自分の家族に胸の病、今でいう結核の患者が出ました。そうしたら、うちの家の前を通る人は、みんな息を止めて通るようになったんです。

うちの前の道は通学路になっていたので、よく小学生が集団で通過するのですが、うちの手前まで来ると、リーダー格の少年が号令をかけて、〝よーしっ、みんな息を止めろ！　鼻と口を手でふさげっ！　一気にこの家の前を駆け抜けるぞっ！　絶対、息をするなよ。もし空気を吸ったら、死ぬぞっ！〟と叫んで、みんないっせいに駆け抜けるんです。

家族に肺病の患者がひとり出ただけで、この有様ですよ。ロウガイスジと見なされたら、どうなったことでしょう。村八分どころの騒ぎじゃなかったんじゃないですか。生きていけたかどうかもわかりませんし、人知れず、村から姿を消した一家もあったようですよ。もちろん、行方は知れません」

おそらく睦雄も古老が語ったような、いやそれよりもはるかに壮絶な仕打ちを受け、それは確実に睦雄の心を壊していった。

村で評判の秀才だった、心優しき睦雄はロウガイスジの噂が広まって以後、忌み嫌われる肺病持ちの〝化け物〟扱いされることとなった。そして、この出来事は結果として、睦雄を〝殺人鬼という名の化け物〟へ変貌させるきっかけともなったのだ。

事件直後の警察の事情聴取に対して、貝尾の人々は肺病を患っているからといって、睦雄をバカにしたり、差別したことはなかったと口々に否定し、差別はなかったと話している。

しかし、それはあくまで建前上の話だ。

なぜなら、睦雄を差別し、忌み嫌った人間たちの多くは、昭和13年5月21日の未明、睦雄によってことごとく殺されてしまったからである。

精神的に不安定だった昭和11年の睦雄

昭和10年12月31日、睦雄が万袋医院で肺尖カタルの診断を受けたことはすでに述べた。肺尖カタルとは、厳密にはまだ肺結核に至ってはいないものの、その初期症状を呈している状態を指す。

万袋道三医師が診察した、このときの睦雄の様子は次のようなものだった。

「顔色はやや蒼白で、体温は最高でも三七・一～二度。脈拍に異常はない。食欲はやや不振だが、栄養状態は普通。右肺尖を打診したところ変化は見られないが、聴診すると軽微な音の乱れを認めたものの、他には特に異常はない。病気は軽度なので、適当に散歩と服薬を勧めておきましたが、なにか憂鬱症で、終日こたつにもぐりこんで散歩をしていないようでした。(昭和11年の)五月中旬からは、本人は服薬もせず、以後は診察をしていません」(昭和13年7月10日、警察の問い合わせに対する回答)

この時に処方された薬は2種類。ひとつは乳酸石灰、アミノピリン、ジアスターゼ、乳糖を混ぜた薬で、これを1日3回、食事の間に服用。もうひとつは健末、重曹、ジアスターゼ、グリセロ燐酸石灰を混ぜた薬で、これを1日3回、毎食後に服用するというものだった。

ジアスターゼとはアミラーゼのことで、消化剤の一種である。アミノピリンは鎮痛や炎症を抑える作用のある薬で、発がん性も認められたことから現在は使用されていないが、当時は結核性の症状やインフルエンザなどの治療に処方されていた。

治療の経過は良好で、翌昭和11年（1936）3月中旬には微熱の症状も治まり、胸の音の乱れもなくなったという。5月の診察を最後に万袋医師は睦雄を診察していない。

しかし、万袋医師からは「病気は治った」と言われてもなお睦雄は軽い不眠の症状に襲われていたようだ。

「睦雄は、平素は眠れないと言ったことはあまりありません。しかし、わたしが嫁に行ってからあと、（実家に）帰ったときに、眠れぬ、と言ったことがあります。それは昭和十一年の春頃と思います。しかし、不眠症というほどのことではなく、たいしたことではありませんでした」（事件後の睦雄の姉・みな子の供述）

昭和11年の春ごろ、睦雄は肺の病よりも精神的に不安定な状況にあったようだ。第6章でも述べたように、この時期に睦雄は寺井マツ子を自宅の屋根裏部屋に招き入れて暴行しようとする（あるいは強引に関係を結んだ）など、マツ子とは頻繁に会っていたようである。

「寺井弘の嫁さんのマツ子さんという人の家へ、睦雄が遊びに行く、ということを聞いたことがあります。私が聞いたのは昨年（昭和12年）でしたが、いつ聞いたかは、判然と覚えていません。私は睦雄に対して『どういうわけで、よく遊びに行くのか？』と聞くと、『親類だから行くのだ』と言っていました。それ以外には、女の人のいる家へよく遊びに行くというようなことは、聞いたことはありません」（事件後のみな子の供述）

この頃、つまり昭和11年当時の睦雄はどのような状態にあったのか。第6章でも紹介したマツ子との間で発生したトラブルを示唆する睦雄の遺書を再び引用する。

……（自宅でマツ子に罵倒されて）この時の僕の怒り、心中煮えくりかえるとは、このことだろう。

「おのれ！」

と思って、庭先に飛び出したが、いかんせん（病気で）弱っている僕は（マツ子の）後を追えない。マツ子は逃げ帰ってしまった。

僕は、悲憤の涙にくれて、しばらく顔が上がらなかった。

そうして泣いたあげく、それほどまでに人をバカにするなら、

「ようし、必ず殺してやろう！」

と深く決心した。

けれど、その当時僕は病床から少しもはなれることができないくらい、弱っていたから、

あいつ（マツ子）が僕を見くびったのも無理はなかった。百メートルも歩けなかった僕だった……。

（5月18日に記した1通目の睦雄の遺書。カッコ内は筆者）

遺書によれば当時、睦雄自身は100メートルも歩けないほど弱っていたというが、医師の診断では肺尖カタルはほぼ快復した状態だった。しかし、医師の診断とは異なり、睦雄自身は体調が悪かったと自覚していた。肺病ではなく、心理的な症状（うつ病など）だった可能性もある。

睦雄は自身の体調が悪いのは肺結核にかかっているせいだと思い込んでいた。このため、睦雄は胃腸薬の「わかもと」を常用し、生卵を1日6個も食べるなど、さまざまな民間療法にも手を出していた。しかし、一方で睦雄は自身が病の身でなければならないという強い強迫観念に苛（さいな）まれていたような節もある。

そして、睦雄の抱いた狂気や殺意は少しずつ発酵の度合いを深めていくこととなる。

大量殺人を実行する資金源を手にした睦雄

成人と認められた睦雄にとって、待ちに待った時がやってきた。昭和12年（1937）3月4日、ついに祖母いねの後見を受けていた期間が終了したのである。

この日、晴れて名実ともに睦雄が一家の家督を相続した。

これまでは睦雄名義の資産であっても、後見人のいねや親族会議の承認を受けなければ、睦雄は財産を自由に使うことができなかった。

しかし、この日から睦雄は晴れて自分名義の資産を自由に使う権利を手にした。

そして、これが皮肉にも睦雄を大量殺人の道へと誘うきっかけとなった。大量殺人を実行するための銃器類を買い揃える資金源を睦雄はついに手にしたのだ。

さっそく睦雄は行動を開始した。

昭和12年4月1日、睦雄は岡山県農工銀行津山支店に赴き、貝尾周辺に所有する約3600平方メートルの水田などを担保に借金を申し込んだ。

審査の結果、4月26日には無事400円（当時の1円＝約3500円。140万円ほど）の貸し付けが認められた。償還期間は15年、年間の利息は5・6％だった。

5月22日に徴兵検査があり、睦雄は丙種合格だったことはすでに述べた。そしてその夜、睦雄は津山の遊郭で1円を投じて娼妓を買った。おそらくこの1円の出所は農工銀行からの借金だろう。

当時、睦雄はほとんど働いていなかった。そして、睦雄には借金を返す気などなかったのである。

睦雄はその後も精力的に動いた。その行動力は結核患者の動きではなかった。列車に乗って畿内方面へ買い出しに出かけるようになるのも、これ以後のことである。

6月に入ると睦雄は津山市の二階町にある片山銃砲店にほぼ1週間おきに顔を出している。

「六月初め頃から、一週間おきに二、三回は自分たちの店へやってきて、繰り返し繰り返し、銃の構造やその取り扱い方法を聞くので、私はずいぶんとクドイ性質の男だと思った。しかし、子供っぽいところのある温順そうな男だな、と感じた」（事件後に片山銃砲店店主の片山四郎による警察への供述）

7月25日に睦雄は片山銃砲店で〝ベルギー製十二番口径ブローニング五連発銃〟を55円（現在では約19万円）で購入した。

睦雄が初めて自前の銃を手にした瞬間だった。

ちなみに、この時期に加茂谷では日中戦争への出征兵士の歓送会が催されていた。しかし、周囲の人間がいくら勧めても睦雄は出席しなかった。都合が悪くなると、「病気で身体がえらい（つらい）から」と言い訳していた。

7月には、睦雄の襲撃時の装い、いわゆる〝三つ目（灯りが三つ）〟のシンボルである「ナショナルバンドライト」が発売された。睦雄が実際に購入した時期は不明だが、犯行時に胸に下げていた強力なライトである。

睦雄は、闇夜で人を撃つために、バンドライトを購入した。このライトが点いている間は、たとえ辺りが真っ暗な闇夜でも、照らした目標には１００発１００中に近い高確率で命中させていた。

このバンドライトは、電池ケースとライトが別々になっているのが特徴で、ライトの部分を額や胸につけて、コードで連結した電池ケースを腰に下げる。そうすることで、重い電池ケースを直に首に下げないですむため、いろいろな作業をしやすくなる。ライトの光量はかなり強力だった。

「睦雄は、銃の腕はすごかったからね」

睦雄は大量殺人の実行に向け、新たな行動に出る。

狩猟期間の10月に入ると、同月27日、睦雄は津山警察署に赴いて乙種の狩猟免許を取得した。免許取得後、睦雄はほとんど毎日のように猟銃を手に天狗寺山へ入っていった。しかし、実際に手にした獲物はウサギが1、2羽程度だった。天狗寺山にいる大部分の時間、睦雄は狩猟ではなく射撃訓練をしていたのである。

睦雄が射撃訓練をした松の樹は、貝尾の集落から天狗寺山へ登る途中に、戦後しばらくの間残っていた。

「睦雄は、銃の腕はすごかったからね。銃弾は松の樹の幹にたくさん埋まって残っていたんだよ。その弾丸は、掘り出せばまだ使えたたからね。山で猟をする人は、よく睦雄の松の樹に立ち寄っては、弾丸を掘り出していたよ。弾丸も薬莢も再利用できたからね。小刀を持っていっては、松の樹の幹の裏側をほじくって、引き抜きよったんじゃよ。その松の樹は、今はもうなくなっているけれど、途中から幹が二股にわかれていたから、すぐにわかったよ」（貝尾在住の睦雄の被害に遭った家の遺族。２０１3年取材）

津山事件報告書の123ページには、その樹齢30年ほどの松の樹の様子が図で描かれている。警察は睦雄の撃った銃弾・45発がどのように松の樹に分布して命中しているかを図で示していた。松の樹は根元の部分の直径が約45センチ。地面から120センチほどのところで、幹が左右に二股にわかれていた。わかれた部分の幹の直径は約24センチほどだった。弾丸が多く命中しているのは、右側にわかれた幹のほうだった。

●地面から一二〇センチの地点（イ）に集中して約十発
●地面から一五〇センチの地点に集中して約二十発
●地面から一八〇センチの地点に約二発
●地面から二四〇センチの地点に約五発
●地面から二七〇センチの地点に約五発
（以上はすべて、右側の幹にほぼ一直線に縦に見事に撃ち込まれていた）
●地面から一二〇センチの地点だが、イの地点から地面に平行に左に移動した、二股のうちの左側の幹のほうに約三発

驚くべきことに、狙いを大きく逸れた無駄弾と思われる銃弾は1発もなかった。すべて、ほ

ぼ均等に30センチ間隔で狙い、集中して撃ち込まれていた。驚異的ともいえる命中率だった。特に集中して撃ち込まれた地面から120センチの位置は、ちょうど大人のあばらの下あたりになる。そして、地面から150センチの位置は、普通の大人の顔面の下あたりだ。あばら骨の下あたりに銃弾をやや下方から撃ち込むと、弾丸があばら骨に邪魔されることなく、急所の心臓に達し、その周囲を破壊する。

相手を1発の銃弾で仕留めるために、相手の下方から右季肋部（肋骨の下あたり）へ撃ち込む〝右季肋下方撃ち〟は、睦雄が繰り返しの射撃訓練の末に会得した、いわば必殺技だった。

また、睦雄は射撃訓練に際してある工夫をしていた。睦雄にとって大量殺人を実行するうえで重要な準備ともいえる射撃訓練の目的や意図を、村人に感づかれるわけにはいかなかった。

「睦雄は最初、自分の家の裏庭で生竹を割っていたんじゃ。猟銃の発射音は、生竹を割る音と似ているからな。しばらく生竹を割っておったあと、睦雄は裏山に登って銃を撃っておったんじゃ。生竹を割るところを、みんなに実際に見せておるでのう。みんな、まんまとだまされたわ。〝睦雄のやつ、また生竹を割っているのぉ〟とか、のんきに話していたそうじゃ。実際には、そのときには睦雄は、必死に銃の練習をしていたんじゃがの。気がついたのは、事件のあった夜でしょ。そりゃ、もう手遅れじゃよ。睦雄は何十日も前から計画しておったよ。頭のいい子じゃったそうじゃからなあ」（貝尾在住の遺族のひとり。2013年取材）

睦雄は、銃の腕を磨きながら、一方で夜這いの動きを活発化させ、さらなる金策にも駆けずり回った。

昭和12年8月、貝尾の隣集落・坂本に住む岡本和夫（事件当時51歳）が、5度目の結婚をして、みよ（事件当時32歳）という若くきれいな嫁をもらった。

和夫に子どもはいなかった。和夫は村では評判のお人好しだった。

みよの郷里は、苫田郡の香々美北村（現在は鏡野町）だったが、西加茂村大字楢井に親族がいて、よく遊びにきていたことがきっかけで岡本和夫と知り合い結婚したという。

みよの知り合いに今田勇一という男がいた。今田勇一は、睦雄の数少ない友人のひとりで、今田勇一はのちに睦雄に頼まれて、津山市の片山銃砲店で弾薬などを睦雄の代わりに購入している。

今田勇一は、明治42年（1909）10月9日生まれで、事件当時は満28歳。大正6年（1917）生まれの睦雄より年齢は8つ年上だった。

今田勇一の本籍と郷里は西加茂村大字楢井で、事件当時住んでいたのは加茂町の小中原にある、長船つるよという人物の下宿屋だった。

今田の職業は「炭焼き」とあるが、猟をしたり、炭を焼いたりしながら、ブラブラしていたらしい。今田はみよや和夫とも面識があり、そして睦雄ともつるんでいた。

10月のある日、今田勇一は睦雄を連れて岡本和夫の家を訪ね、いっしょに酒を飲んだ。睦雄とみよが初めて顔を合わせたのがこの時だった。当時の睦雄は、銃の練習や狩猟などで、毎日のように山を歩いており、とても結核持ちの病弱な男には見えなかったはずだ。睦雄とみよが親しくなるのに、それほど時間はかからなかった。そして、ふたりの関係はほぼ公然のものだったようで、和夫もすぐに妻と睦雄の関係に気づいた。

岡本和夫の兄の小三一（事件当時62歳・坂本在住）は事件後の警察の調べに対して、次のように述べている。

「みよと都井とが親しくするので、弟が家内（みよ）に『都井と遊んではいかぬ』と言って注意したことを、弟から聞きました。みよからは、何も聞いていません。

弟の話では、都井が来れば戸を締めて、みよを隠してやった、という話です。弟が私にそういう話をしたのは本年（昭和十三年）三月頃のことでありました。

都井は、おそらく全部で三、四回くらいより弟の家へ来ていないと思います。五回とは来ていますまい。家へ上がったのは、今田勇一と来たときだけだと思います」

11月には、睦雄は寺井マツ子と最後の関係を持ったことになっている（マツ子談）。もし、この話が事実なら、睦雄はマツ子の代わりに岡本みよのもとに夜這いに走ったことになる。

11月26日、今田勇一は再び津山市の片山銃砲店に現れ火薬類を入手している。もしかしたら、このときに購入した火薬類も睦雄に頼まれたものだったのかもしれない。

昭和13年――睦雄は迷走の度合いを深めていった

昭和13年(1938)1月9日、睦雄が恋した幼なじみの女性、寺井ゆり子が結婚した。相手は同じ貝尾の丹羽卯一(事件当時28歳)だった。入籍こそ1月9日だが、実際に結婚していっしょに住み始めたのは、昭和12年の12月からだった。

だが、3月3日(戸籍上は3月20日)にふたりは離婚した。わずか3ヵ月という短い結婚生活だった。

睦雄はゆり子の結婚に反対しており、睦雄は新婚の夫婦の寝室にまで夜這いで押し入ろうとした。睦雄は岡本和夫とみよの新婚宅にも夜這いを重ねており、相手が結婚していようが関係なかった。

事件後の警察の事情聴取に対して、ゆり子との離婚の理由について、卯一は次のように語っている。

「自分の祖父も父も、従姉妹を嫁に迎えている。そして、ゆり子も自分の従姉妹だった。三代続けて血族結婚を重ねることは、優生学上も良くないと思われるうえ、自分はゆり子に愛情を抱いていなかったので、同棲わずか三ヵ月で、協議上の離婚をしました」

ただ、その卯一を事情聴取した梅田検事は、報告書の行間に次のような覚え書きを添付していた。

その背後に隠れたる事情があるようすも測られたけれども、都井睦雄の事件に関しては、集落の人々はなるべくこれに触れないようにしている旨が暗に感じられ、自分もそれ以上内情を聞き出すことが、欲せざるかのごとく思えてきたので、人の情のうえであえて追窮できなかった。

貝尾の人たちは、睦雄の事件について〝何か〟を必死で隠していた。そして、その苦渋の胸の内を察すると、検事もあえて追究できなくなった、ということである。

つまり、ゆり子との新婚生活を送る丹羽卯一に対する睦雄からの〝嫌がらせ〟同然の行為は、かなり執拗かつ常軌を逸したものだった。だが、村人はそういった、自分たちの恥部に触れるようなことは、警察とはいえ外部の人間に漏らさなかった。

ゆり子は、この年の5月5日に貝尾からはるか離れた山間の集落へ再嫁することとなる。睦雄によって、ゆり子の人生は大きく翻弄されることとなったのである。

昭和13年に入ると、睦雄は迷走の度合いを深めていった。

1月には貝尾にある自分名義の田地（約3600平方メートル）を二番抵当として、西加茂村内の金貸業・岡田音蔵から600円（現在に換算すると約200万円相当）を借り受けた。これらの金は、生活費や医薬品代（肺病の治療のため）、銃器や弾薬類の購入費に充てられた。

2月28日には、兵庫県神戸市まで足を伸ばし、市内湊東区楠町にある高橋銃砲店を訪ねた。ここで睦雄は、前月に借り受けた借金の一部110円を支払って、前年7月に津山市で購入した猟銃と同じ十二番口径の中古のブローニング自動式五連発銃と交換した。

睦雄が銃の交換をした目的は、自分で銃を改造してより威力を増大させるためだった。睦雄は五連発の弾倉を自分で改造して九連発に作り替えた。当時の睦雄は、銃器類についてかなり高度な知識を持っていた。

睦雄はさらに多量の火薬類も買い込んで、熊やイノシシ退治にも効果を発揮する猛獣弾の実包を自ら製造した。薬莢や火薬などから睦雄が自作したのである。

凶行への序曲となったふたつの事件

昭和13年3月初旬、睦雄はふたつの事件を引き起こした。

ひとつ目の事件は睦雄と岡本みよの姦通の発覚である。

ある晩、夫である岡本和夫が妻みよと睦雄の姦通現場を目撃してしまった。報告書には次のように記されている。

ある夜のこと、突然岡本和夫が自宅のふすまを開いたところ、表の間に睦雄とみよの二人がいた（二人は裸で抱き合っていたという）。睦雄は驚いて、そのマントや靴、帽子などを残して、戸外へ飛び出した。和夫は怒って、みよを郷里に帰らせた。

（津山事件報告書「津山事件の展望」、鹽田末平岡山地方裁判所検事）

貝尾と坂本の集落同士の争いにも発展しかねない事件だった。結局、睦雄の祖母いねの甥である寺井元一と岸田順一のふたりが仲裁に入ることとなった。

仲裁者のふたりが睦雄に対して岡本みよとの関係を問いただしたところ、睦雄は当初は次のように答えた。

「そんなことはない。貸金の催促に行った（睦雄は小遣い稼ぎに金貸しのようなこともしていたのだろうか）にすぎない。そのようなことを言うのであれば、証拠を出してみろ！」

睦雄は逆上した。しかし、ふたりは「れっきとした証拠があるようだが」と言ったところ、睦雄は岡本みよとの姦通の事実をあっさり認め、「もうやらない」と改悛を誓った。

3月下旬、元一はみよを実家から連れ戻して岡本家へ連れて行き、謝罪したうえで和解の印として酒を買って送った。

また、ちょうどこのころ、睦雄は今田勇一と高山八郎平という男といっしょに酒と肉を手にして岡本和夫宅を訪ねている。そして、岡本夫婦と睦雄ら5人は仲良く肉鍋を食べて和解したという。

余談だが、この鍋の材料となった肉は睦雄の飼い犬だった。睦雄は自分に懐いていた飼い犬を自宅で撲殺してその肉をさばき、岡本家で鍋にして食したのである。

こうして、一件落着したはずだった。

ところが、その後も睦雄は相変わらず岡本家へ夜這いを続けた。岡本和夫は怒って、岸田順一らを訪ねて苦情を言ってきた。

「毎日毎日（睦雄が）夜遊びにくるので困る。なんとかしてくれい」

順一らは、約束を破る睦雄の非行を責め、改めて説諭した。すると、睦雄はしらばっくれて、「(岡本家へ)行った覚えはない。行ってもいないのに、行ったと言うのであれば、ぶち殺してやる!」と言い放った。その後、和夫はみよの周りから離れないように注意し、みよを睦雄から極力隠していたという。

3月初旬に起きたふたつ目の事件は、祖母いねに対する〝毒殺未遂事件〟とでもいうべきものだった。

ある晩、睦雄の祖母いねが甥の寺井元一の家へ血相を変えて駆け込んできた。そして、いねはこう言い放った。

「睦雄に殺される!」

以前、いねは睦雄から白い粉末薬を飲むことを勧められた。

「万袋先生の病院でもらってきた。健康にいいから」

睦雄はそう言って、いねに粉末薬を飲むように勧めたという。しかしこの時、睦雄は万袋医師のもとへは通院していなかった。

睦雄が万袋医師のもとへ通院していたのは、2年前の昭和11年5月までのことである。明らかな嘘だった。

いねは喜んで飲もうとした。だが、お湯に溶かすと悪臭が漂ってきた。尋常ではないその悪臭にいねは毒だと直感したようだ。

いねは飲むのを断った。

しかし、睦雄はあきらめなかった。しまいには黙って味噌汁に投じて、なんとかいねに飲ませようと謀った。

異常を察したいねは慌てて家を出て、元一の家に駆け込んだ。元一の家は睦雄の家を出ると、右側へ3軒ほど坂を下ったところにあった。

「そんなばかなことあるかい」と初めは笑い飛ばしていた元一だったが、いねは真剣だった。ひと晩たっても、ふた晩経ってもなかなか家に帰ろうとしなかった。

ほとほと困った元一はついに睦雄の姉のみな子に電話をかけたという（当時はもちろん、呼び出し式であって、自分の家に電話があったわけではない。西加茂村の役場近くからかけたものと思われる）。

「みな子、ちょっと来てくれ、とばあさんが言っているんじゃ」

その翌日、みな子はあわてて貝尾に戻ってきた。すると、家には警察官が来て、すでに睦雄に事情を尋ねたという。怖がるいねを放っておくこともできないので、元一が警察にも連絡したようだ。

そこで、みな子は睦雄から白い粉末の入った瓶を見せられている。瓶には「麻酔剤」などと書かれていたと、のちにみな子は語っている。睦雄はみな子に対して、次のように事情を説明したという。

「ばあちゃんが寝られない、と言っていたときに、よく眠れるからこれを飲んでみよ、と言って出しただけじゃよ」

一般人が「麻酔剤」と書かれた瓶など持っているわけがなかった。睦雄が捏造して瓶に貼りつけたものだろう。みな子がさらに白い粉末のことについて尋ねると、睦雄はこう答えたという。

「どこでも売っている薬だから」

この時はそれだけですんだ。しかし、この騒動はその数日後に、睦雄が警察の家宅捜索を受ける一因ともなる。


この家宅捜索のときに、警察は当然いねに対して白い粉末のことを質問している。だが、いねは必死になって孫をかばって嘘をついた。

「一度親戚の家に泊まりに行ったことはありますが、それは睦雄がたいへん機嫌が悪かったからで、毒薬らしいものを睦雄から飲まされたようなことはありません。あの白い薬は『わかもと』（胃腸薬。睦雄が健康のために常用していた）です。かわいい孫がそんなことをするわけがありません」

白い粉末騒動はこれで一件落着となった。

ふたつの事件から睦雄の心境の変化に私は注目する。

夜這いの手打ちの鍋の材料に差し出した飼い犬と祖母いねに毒を飲ませようとした行動。このふたつの行動には共通点がある。

それは、睦雄が必死に自分にとっての〝絆(ほだ)し〟、つまり自分の心や行動の自由を縛るもの、自由を妨げるものを処分し、切り捨て、それから解放されようという行動に出たと見て取れることだ。

自分に懐いている飼い犬と自分を育ててくれた祖母。このふたつの存在は睦雄にとってある種の自由を縛る存在だった。このふたつの存在が身近にいては、自分は大きな計画（津山事件）を実行に移すことはできない。

だから、飼い犬と祖母をまず殺害しようとした。飼い犬は殺害してこの世から消えたが、いねの殺害は失敗した。

〝絆〟という文字には、ふたつの異なった意味がある。

ひとつは人と人を結びつけて、人を強くする意味。

もうひとつは、人の自由を縛って足かせとなってしまう、切ることができない悪しき関係。睦雄は後者の〝絆し〟の観念に支配され、その絆しから逃れようともがき始めていた。そういう意味においては、睦雄の大量殺人はこの飼い犬殺しから始まったのかもしれない。睦雄にとって、最初にやるべきは〝絆し〟を断ち切ることだった。

特に祖母のいねは自分が倉見から都落ちする際に、何もせずにただ周りの言いなりになった挙句、結果的に睦雄一家は財産を失うこととなる原因を作った張本人だ。貝尾に来てからも後見人として自分を管理し、睦雄が何かやろうとすれば口を出したり、お節介を焼くなどして睦雄にまとわりついた。睦雄は自分の人生の失敗を、祖母いねのせいだと逆恨みしていた。しかもいねと自分とは本当の血のつながりはないのだ。

睦雄はいねに対する愛情と憎悪の葛藤に追いつめられ、その行動はのちに加速度的に常軌を逸していくこととなる。そんな睦雄の心情や性格について、鹽田末平検事は津山事件報告書のなかで次のように述べている。

●執念深く、高度の偏執性があった。そもそも巳年の生まれだったことも考えられる
●元来無口だったが、物の言い方は上手で、本当のことのような虚言も平気で吐いていた
●刃物類を好み、常に小刀、鎌、斧の類を研いで楽しむ癖があった
●性格はどちらかというと、几帳面で慎重、小心だった。十銭の小遣いを与えられても一度に

使う度胸はなく五銭を二回にわけて使うようなところがあった

また鹽田検事は、睦雄は猜疑心が強く、疑り深くなってきたことを証明するエピソードとして、次のような事例を津山事件報告書のなかで紹介している（時期は不明だが、おそらく昭和13年3月以後のことと思われる）。

近所に住む岸田勝之（兵役についた友人。残された一家は皆殺しにあった）が、好意で睦雄に対し、『もう相当年もいったことだから、考え直して、自堕落を止め、妻をもらって、真面目に働け』と訓戒の手紙をよこしたところ、睦雄はその時付近の田んぼで働いていた遠縁にあたる寺井勲に対して、〝いらんことを言ってやる（告げ口する）から、こんなつまらぬことを（勝之が）言ってきた。誰が言ってやったか、わかっとるぞ！〟と、たいへん激怒して話していた……。

寺井勲はいねの親戚にあたるが、自分は睦雄に恨まれているという被害妄想に苛まれていた節がある。

睦雄一家が経済的に苦しくなりかけていたとき、勲は親族としての好意から「睦雄の家を買い取ってやろう」と話したことがあるが、これに対して睦雄は「俺の家を横領しようとしているんだろう！」と大激怒したという。以後、勲が睦雄に対して「教師になってみたらどうだ」などと言おうものなら、「お前はそうやって、俺を早く殺して、俺の家を奪うつもりだな」と睦雄は邪推したという。

自分の財産を親戚に安く買い叩かれたという、倉見で味わったトラウマを抱える睦雄にとっては、勲は自分の財産を奪う人間と同様に映った。詳しい事情を知らない勲にとっては、睦雄の怒りが理解できず、睦雄を恐れたはずだ。

睦雄は寺井千吉の息子である勲を実際に恨んでいたようで、襲撃時に千吉家に乗り込んでいるが、勲はうまく隠れ通して難を逃れている。

金銭的にも精神的にも追い込まれた睦雄

睦雄は経済的にもかなり追いつめられていた。

貝尾に残された自分の屋敷や田地は借金の担保となり、返済の目途も立っていなかった。それどころか、手元の資金は銃器や火気類の購入でどんどん目減りしていく。遠からず、借金の返済を督促されるはずだ。

金銭的にも精神的にも、睦雄はあとがない状態にまで追い込まれていた。

家宅捜索によって頓挫した計画――。

人妻であるマツ子への執拗な夜這い――。

祖母いねに対する毒殺未遂――。

隣の集落に住む岡本みよへの夜這いとその発覚――。

睦雄の口から日常的に漏れる「殺してやる」「生かしておかぬ」などの言葉――。

睦雄の暴走に危機感を感じた寺井弘は西加茂村役場で働く西川昇に相談した。

睦雄はこの時、すでに弘の妻のマツ子に対しては自分の計画について、かなりいろいろと話していたとはずだ。しかし、睦雄の仕返しを恐れた小心者のマツ子はなかなかそのことを他人に明らかにできなかった。ただ、一緒に暮らす夫の弘は睦雄の狂気をマツ子の態度などから薄々察知していた可能性がある。

相談を受けた西川昇はもはや放置はできないと考え、加茂町駐在の今田武司巡査に睦雄のことを申告した。

3月12日午前、今田巡査は睦雄の親族である寺井弘、寺井勲、寺井寛一を駐在所に呼んで話を聞いた。なぜか睦雄一家といちばん親しいはずの寺井元一は来ていなかった。

3人が駐在所に出向いたとき、たまたま睦雄が駐在所の近くを歩いていたという。そこで3

人は睦雄に見つかることを恐れて裏口から駐在所に入った。

今田巡査は、事の顚末と切迫している事情をその日のうちに津山警察署司法主任警部補の北村好に報告した。報告は山本徳一署長に上げられ、臼井一男警部補、中島敏夫巡査、黒住栄治巡査の3人が12日の午後に睦雄宅に赴いて、家宅捜索を行なうこととなった。中島巡査は西加茂村に勤務経験があり、黒住巡査は銃砲火薬係所属だった。

3人の警察官は、まず駐在所に寄って、睦雄の親戚3人と会って事情聴取したあと、睦雄の家に向かった。

3人の警察官が着いたとき、睦雄は自宅にいた。津山事件報告書には、そのときの睦雄の様子について次のように記されている。

態度は極めて従順であって、狂人らしき言動はまったく認められず、（睦雄は）「暴れ回ったこともなければ、馬鹿なことをする考えも持ってっていない」と、極めて素直に答えた。

前述のとおり、いねにも白い粉末の顚末を尋ねたところ、即座に「あれは『わかもと』ですよ。睦雄はなにも危害を加えようとしてはいません」と答えたという。いねは、警官たちに対しては、終始平静を装った。

睦雄が家宅捜索を快く受け入れたことで、3人の警察官は睦雄の家に踏み込んだ。

そして、屋根裏にあった睦雄の秘密部屋から大量の武器弾薬を発見した。そのリストは次のとおりである。

●日本刀　一振
●短刀　一口
●猛獣用実包　八十一発
●散弾実包　三百十一個
●雷管付き薬きょう　百十一個
●雷管　百二十六個
●火薬　約二百グラム（五十匁）
●猟銃　三挺
●鉛弾　約二百グラム（五十匁）

さらに睦雄の身体検査をしたところ、匕首（小刀）一口を見つけた。

大量の銃器や弾薬を所持していた理由について、警察官が睦雄に尋ねると、こう答えた。

「猟期は終わりに近いけれど、来年度は支那事変(日中戦争)の関係で、その価格が暴騰すると思う。だから、買いだめしておいたのだ。匕首は山仕事に出る必要上持っているだけです」

睦雄の言い分は筋が通っているように見えた。

しかし、警察は周辺住民の訴えもあることから、任意で睦雄にこれらの武器弾薬類と狩猟の免状の提出を求めた。狩猟の免状の提出について当初は渋った睦雄だったが、結局すべて任意で警察に提出し領置(押収)された。

睦雄自身も改めて駐在所まで呼ばれ、今田巡査らに説諭された。そのとき、睦雄は頭を垂れて、従順かつ丁寧に警察官の注意に聞き入っていたという。

殊勝な態度が功を奏したのか、睦雄は逮捕を免れた。そして、親戚の寺井勲に引き取られ、貝尾に帰っていった。

領置された猟銃のうちの一挺は加茂に駐在する今田巡査の斡旋で、135円で地元の消防団の部長に買い取られ、その代金は睦雄が受け取った。この代金は睦雄にとって貴重な資金源となった。なぜなら、睦雄はこの家宅捜索の直後から秘かに武器集めに再び奔走し始めたからだ。

家宅捜索のあと、今田巡査はときどき睦雄のもとを訪ねては、元気づけるよう言葉をいろいろかけ、助言もしたという。

その度に睦雄は丁寧に答えて感謝の言葉を口にしていた。親戚たちも意識的に睦雄を元気づけようとしたという。

だが、一方でこのとき、今田巡査は睦雄から重大な犯行計画の一部を聞いていた。松本清張の「闇を駆ける猟銃」のなかで今田巡査は次のような言葉を述べている。

計画は第一から第四まで考えたんです。まず第一計画の段階で、駐在巡査である今田さんとその一家を殺害して、外部との連絡を遮断。第二計画で、目指す村の人々を殺す。第三計画では、通報を受けて駆けつけてきた警官隊を殺害。これは、警官隊を乗せてきたトラックを坂道のカーブで待ち構え、道に障害物を置いて立ち往生させて、その間に狙い撃ちするというものです。第四計画では、千人の消防団を動員してやってくるだろうから、保存食糧を持って山奥に立てこもり、徹底抗戦をするわけです。

ただ、この計画は、もう今田さんに話してしまったので、やったりしません。安心してつかあさい。

しかし、復讐の一念に凝り固まった睦雄を改悛させることはできなかった。

このときの心境を、睦雄は遺書のなかで次のように書いている。

……そう考えていた矢先に、ふとしたことから祖母の恐れるところとなった。姉は（津山市の）一宮のほうへ嫁いでいるので、少しも知らなかったが、祖母が気づいたらしい。親族に相談したのだろう。一同の密告を受けて、その筋（警察）の手入れをくらい、すべてのものを（取り）あげられてしまった。

その時の僕の失望落胆。実際、なんとも言えない。火薬はもちろんのこと、雷管一つもないように、散弾の類まで、全部とられてしまった。

僕は泣いた。

これほどまで苦心して準備をし、今一歩で目的に向かえるものを、と。

けれども考えようでは、この一度手入れを受けたこともよかったのかもしれない。その後は、世間の人はどうか知らないが、祖母をはじめ、親族の者は安心したようである。

僕はまたすぐ活動を開始した……。

（カッコ内は筆者）

凶行の準備、再び——

遺書の言葉どおり、銃器類を押収された翌日の3月13日、睦雄はさっそく活動を再開した。ただ、警察に狩猟免状を押収されたため、睦雄だけでは銃器や弾薬の類を購入できない。そこで、13日の朝6～7時というかなり早い時間に睦雄は、加茂町の小中原に住む友人の今田勇一宅を訪ねた。睦雄は今田にこう言った。

「狩猟免許の鑑札（免状）をなくしてしまって、困っている。だから、すまないが、君の鑑札で、僕のために雷管付きケース100個と、火薬百匁（もんめ）（約375グラム）を、津山の片山銃砲店まで行って買ってきてもらえないか。ここに10円あるから、残ったらお釣りは君がもらってかまわないよ。汽車賃もいるし、弁当代もいるだろうし。午後6時ごろに受け取りに行くよ」

今田勇一は、割のいいアルバイトにもなるし、睦雄の依頼を快く引き受けて津山に向かった。今田は片山銃砲店で自分の鑑札を使って、睦雄の注文どおり雷管付きケース100個を3円70銭、火薬100匁を2円で購入した。交通費を差し引いても、4円（現在の約1万4000円）ほど余った。

これで今田は自分用の黒色火薬100匁（約375グラム）を1円20銭で、雷管100本を30

銭で買ったという。しかし、自分の鑑札で他人のために弾薬類を買うという行為は犯罪だったため、今田勇一はのちに訴追されることとなった。

今田が西加茂村に戻ると、百百（どうどう）（加茂町から西加茂村に入ってすぐのところ）で睦雄と会った。睦雄はおそらく今田を待ち構えていたのだろう。今田はまだこの時、前日に睦雄が家宅捜索を受けたことを知らない。もしその事実を今田が知れば、睦雄に弾薬類を渡そうとしなかっただろう。

睦雄は今田を山本という別の友人の家へ連れていき、そこで弾薬類を受け取った。今田勇一といい、山本某といい、岡本和夫宅にいっしょに訪ねた高山八郎平といい、睦雄の交友関係は意外にも広く、同性の友人も複数いたことがうかがえる。睦雄には友人はほとんどいなかった、とした事件後の警察発表は必ずしも事実ではないことがわかる。

今田はのちに睦雄が銃器類を警察に押収された話を聞いて、「しまった。謀（はか）られた」と思ったという。

3月17日ごろ、今田はたまたま睦雄と通りすがりで出会った。今田が「おまえ、俺をひっかけやがったな！」と言うと、睦雄は「心配するな。あのあと、2回目の警察の家宅捜索で全部押収されちまったよ」とうそぶいたという。

だが、狭い村のことである。睦雄の家宅捜索の噂を今田勇一が知らないはずはなかった。今田は睦雄の犯行計画を支えるうえで、不可欠な存在となっていた。

睦雄はさらに銃器や弾薬類を購入し、計画の準備を進めた。

4月中旬には、津山市内の平岡火薬店からポンプ式詰替え器やケース保護器、口巻器などを6円80銭で購入した。しかし、1週間後に自分で返却している。

4月24日、睦雄は大阪まで遠出して、まず西区京町通り5丁目の栗谷火薬店を訪ねて、猛獣用実弾アイデアル100個（12円）とケース1個（1円）を購入した。

翌日の25日には、大阪市東区内本町3丁目の鷲見火薬店に現れ、ポンプ式詰替え器1個を購入した。この詰替え器を利用して、津山事件で使用した実包は製造された。

睦雄がなぜわざわざ大阪にまで遠出したのか。

その理由は、睦雄がかつて銃器類を購入した神戸の銃砲店に対して「都井睦雄は危険人物なので、以後彼への販売は控えてほしい」との通告が出されていたからである。そして、睦雄はどういう事情かはわからないが、この通告を知っていた。

だから、睦雄は神戸ではなく大阪へ出かけた。のちに4月10日と17日にも大阪へ日帰りで出かけていたことが判明している。銃砲店の下調べや火薬類や薬莢など、何か買い付けていた可能性はある。

また、4月半ばに睦雄が津山市内の火薬店で購入した機器類をすぐに返却したのは、警察に余計な詮索をされて、再び家宅捜索をされては困ると考えたからではないだろうか。睦雄は慎重の上にも慎重を期して銃器類の調達を急いだ。

5月1日に再び鷲見火薬店へ行き、〝岡山県勝田郡加茂村 西山政男〟という偽名を使って、凶行でも使用された「十二番口径ブローニング五連発銃」を中古で購入した。代金は145円で、以前に押収された猟銃を売却して得た金をそのまま購入資金に流用した可能性がある。

この十二番口径は猛獣用の実弾や散弾も使用できるタイプのもので、殺傷力も高かった。五連発の弾倉を再び睦雄は九連発に改造して使用した。

5月8日には、日本刀の収集で知られる加茂町の歯科医宅を訪ねて、日本刀一振を30円で購入した。このとき、睦雄は歯科医に対して「今度、自分の従兄が軍曹に昇進した。そこで、その祝いに手ごろな刀を一振贈りたい」と話していたという。この日本刀は、凶行で睦雄自身が使用することとなる。日本刀は柄の長さが実に二尺一寸五分（約65センチ）あったという。

余談だが、この歯科医は睦雄に凶器を不用意に売り渡してしまったことを悔いて、事件後警察に対して、被害者の孤児がいたら引き取りたい旨を申し出ている。

睦雄はこのほかに凶行時に匕首二口を携行していたが、それらの入手先は判明していない。

そして、睦雄のトレードマークともいえる懐中電灯2個（犯行時は牛の角のように頭の左右につけて、両手をあけたまま前方を照らせるようにした）と、それを側頭部に取りつける特製の鉢巻も用意した。

胸に下げる自転車用ナショナル電燈のバンドライトも準備した。

この装備のヒントとなったのは、マンガ雑誌の『少年倶楽部』（昭和12年12月号）の〝珍案歩哨〟という挿絵だったといわれる。

雑誌には耳に小型聴音器、口にメガホン、鉄砲に電燈をつけ、怪しい者を遠くから発見する歩兵の姿が描かれていた。聴音器を懐中電灯に置き換えると、たしかに犯行時の睦雄の格好とよく似ている。

睦雄は襲撃時に懐中電灯だけでは光量が不十分なため、暗闇での狙撃のためには光量の大きいランプが不可欠と考えていた。

睦雄はこうして、犯行の準備を着々と整えていった――。

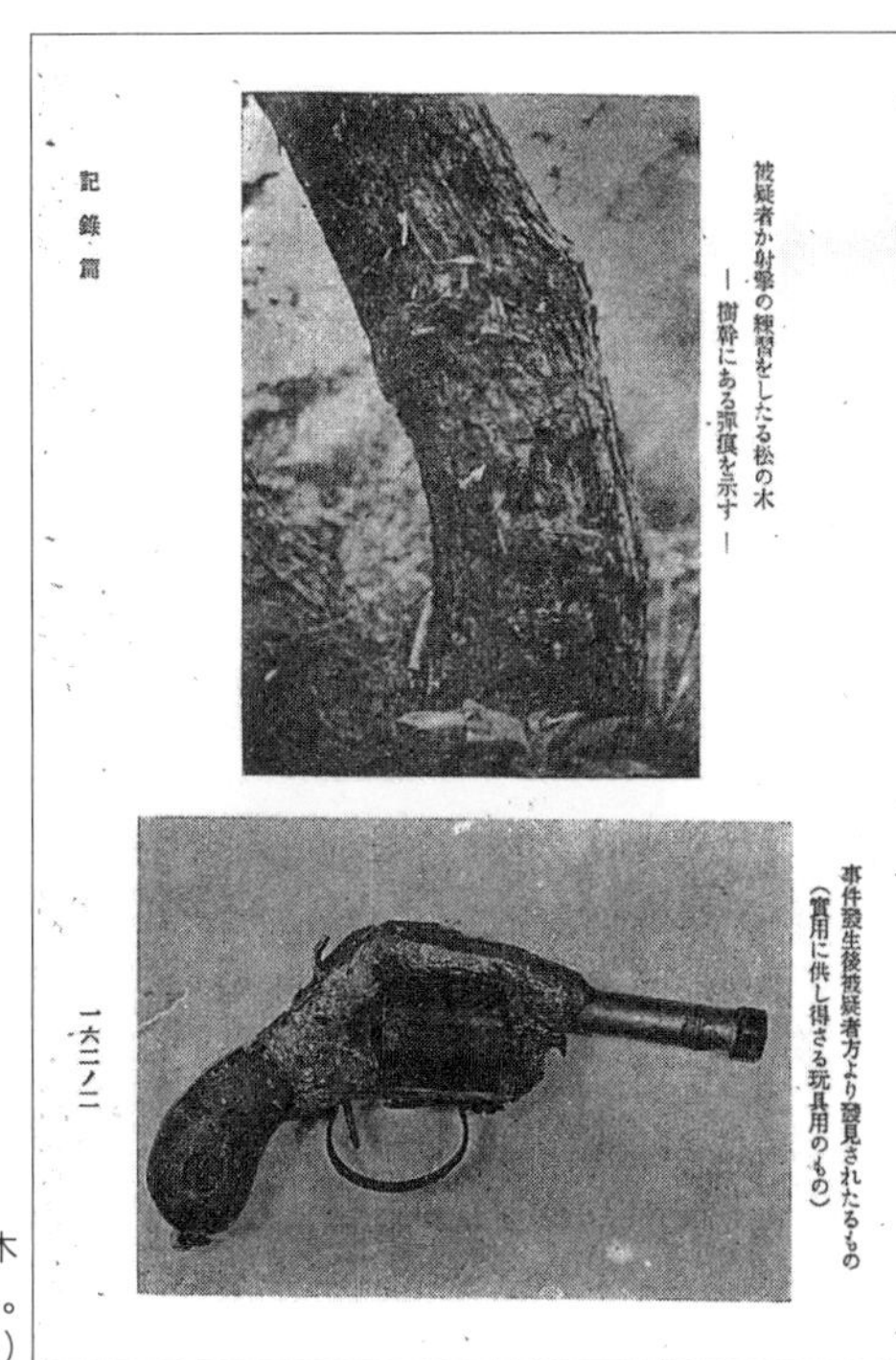

睦雄が射撃訓練をした松の木
（上段の写真。
津山事件報告書より）

昭和13年3月の家宅捜査で睦雄が警察によって
押収された大量の武器や弾薬。
この家宅捜査によって計画は頓挫したかに
思われたが、睦雄は再び動き出した

睦雄のトレードマークともいえる装いは、マンガ雑誌『少年倶楽部』の“珍案歩哨”という挿絵をヒントにしたと言われている

第9章
三つ目の阿修羅

事件の直前、京都へ逃げたひとりの女性

津山事件が起こる約1ヵ月前の4月25日ごろ、睦雄と最も深いつながりのあったひとりの女性が静かに貝尾から立ち去った。寺井マツ子とその一家全員が京都に引っ越したのである。貝尾を出る直前、マツ子は西川トメらに「睦雄から逃げよう」と誘いの声をかけたが、トメらは一笑に付した。睦雄はすでに銃器を没収されていたし、一時は荒れていた睦雄の動静もしばらくは落ち着いていたからだ。

のちにマツ子は警察に対して、突然の引っ越しの理由について、その原因は睦雄ではないと主張した。事件でマツ子の両親や兄らが暮らしていた実家（池沢末男家）は睦雄の襲撃を受けて、ほぼ全滅の憂き目に遭った。

マツ子が事件後に「睦雄が死んだから、もう貝尾に戻ってもいい」と話していたのを聞いたという人物がいる。このマツ子の言葉を聞く限り、睦雄が大事件を起こすことをマツ子は事前に知っていた可能性が高い。

たしかにマツ子が突然の引っ越しによって得た恩恵は、災難から逃れたことだけではない。事件によって全滅の憂き目に遭った池沢本家を継ぎ、相応の財産も手に入れた。

マツ子一家はもともと寺井家の分家の分家で、その暮らしぶりはけっして裕福ではなかった。そんな一家が本家を継ぎ、財産を手に入れたことで、マツ子一家に対する嫉妬ややっかみの声が、事件後に巻き起こった。

そのせいかどうかはわからないが、事件後に数年貝尾に暮らしたマツ子一家は、畿内方面へ引っ越していったという。現在の池沢家には、貝尾とは縁もゆかりもない、他所から引っ越してきた人が住んでいる。

マツ子の長女が睦雄の娘だった可能性があったことはすでに述べた。

睦雄もその可能性を予見していた。だから、マツ子と娘だけは事前に逃がそうとした。

睦雄は情交の代償として金銭を相手の女性に貢いでいた。そして、睦雄から最も金を受け取っていた女性はマツ子だったという。

事件直前の時期、隣村へ嫁に出ていた20代の女性が里帰りしてきた。この女性の家はのちに事件で睦雄の襲撃を受けるが、この女性は事件の直前に睦雄の家に出かけて、天井裏の秘密部屋に入り、銃器類などをいろいろ見せてもらっている。

「もう亡くなったが、わしのおばさんが事件のときには嫁に出ていたんじゃが、ちょくちょく貝尾に戻ってきていたんじゃ。睦雄は家の天井裏に部屋みたいなものを作っておっての。そこにおばさんはあげてもらったんじゃ。そしたら〝これがイノシシ撃ちの五連発銃じゃ〟と教えてくれよった。籠がいくつか置いてあっての。その中には、銃弾が山ほど入っていたんじゃと。なんで、おばさんが睦雄の部屋に入れたかって。それは、男と女のいろいろあるやつじゃろ」（2011年に取材した貝尾在住の老人）

貝尾を出る人もあれば、貝尾にやってくる人もいた。

あたかもこれから起こる津山事件に供される〝生け贄〟のように、ふたりの女性が5月18日にやってきた。

ひとり目は西川良子。そして良子に続いて、5月5日に嫁いだばかりの寺井ゆり子も、たまたま里帰りで貝尾に数日間の日程で滞在することとなった。

ゆり子の弟の貞一と三木節子との結婚式は15日に執り行なわれていた。ゆり子はこの時期に、頻繁に里帰りしており、5月12日にも一度里帰りをして、結婚式のあとにいったん嫁ぎ先へ戻り、また18日に里帰りしていた。結婚は村の一大イベントだったため、睦雄の耳にもその情報は当然届いていたはずだ。

ふたりの女性が貝尾に戻ったその夜、睦雄は屋根裏の自分の秘密部屋で静かに2通の遺書をしたためた。それは、犯行の実行と時期をはっきりと決意した瞬間だった。

三十人殺しに共犯者がいた……?

遺書をしたためてから犯行の実行まで、睦雄は中2日の時間をとった。ここに睦雄の慎重な性格が見て取れる。

決行前日の5月20日の夕方、事件のわずか7、8時間前のことだ。貝尾の集落に電力を供給する電線が切断された。貝尾に通じる電線は貝尾の入り口のあたりでふたつにわかれているが、睦雄は貝尾に通じる電線だけを切断した。

電線を切断するために使用されたはずのペンチ類は、睦雄の周辺からは発見されなかった。ほんの数時間前に使用したペンチを睦雄が失くすはずはなく、付近に遺棄された形跡もなかった。

これは大きな謎だ。私は睦雄の「共犯者」とまではいわないが、協力的だった人間が事件に関与していたのではないかと推察している。それは誰か――。

今田勇一である。

今田が睦雄に協力し、犯行をけしかけていたのかもしれない。この時期の今田勇一は、睦雄の影に寄り添うような存在だった。睦雄が「殺してやる」とか「生かしておかぬ」と言っても頓着せず、家宅捜索が行なわれたあとも睦雄との交流を続けていた。

事件後の警察の取調べに対して、今田は矛盾した証言をしている。

3月13日の睦雄の家宅捜索が行なわれた翌日、法律に違反して今田が睦雄の代わりに火薬類を購入したことについてである。この時、今田は平然と「睦雄に会ったのは3月13日が初めて」と嘘の証言をしているが、特に大きな咎めは受けなかった。

少なくとも昭和12年（1937）10月、今田は睦雄を連れてわざわざ岡本和夫宅を訪ねて、みよに引き合わせている。

そして、昭和12年5月の徴兵検査の夜に睦雄と一緒に津山の遊郭で遊んだ〝内田某〟とは、今田ではないかと私は考えている。少なくとも睦雄が家督相続をして、家の財産を処分できるようになってから、睦雄と今田が何かと近い関係にあったことは間違いない。ときどき睦雄を小遣い稼ぎのタネにしていたのではないだろうか。

そして、今田なら睦雄の代わりに電線を切断することも可能だっただろう。もし、今田が電線を切断していたのなら、切断したペンチ類が睦雄の周辺から発見されなかったことも頷ける。

電力会社の調べでは「電線は鋭利なハサミのごときもので切断された」ことが判明しており、睦雄が所持していた鎌の類などで切断されたのではなかった。

20日の夕方、電線が切断された電柱に何者かがのぼっている様を遠目から農夫が目撃している。だが、その何者かが「睦雄だった」という証言は得られていないのだ。

斧を手に祖母が眠る部屋に向かった睦雄

犯行直前には霧雨が降ったという。

そのため、犯行当日の夜に出歩く人間はほとんどいなかった。

さらに折からの養蚕のシーズンで忙しく、集落の家々では仮眠をとりながら蚕の番をしなくてはならなかった。

夜半に睦雄は、天井裏の秘密部屋の布団から起き上がった。

下の階にいる祖母いねは、すっかり寝入っていた。

睦雄はいねに気づかれないように、学生服のような黒セルの詰襟服に身を包み、茶褐色の巻きゲートル（脛に巻く布。怪我やうっ血を防ぎ、軍人は必ず使用した）を装着した。犯行前の時期から睦雄は天井裏で寝起きするようになっていた。

地下足袋を履き、あらかじめ準備しておいたふたつの懐中電灯を取りつけた鉢巻を頭に巻いた。この日のために購入した自転車用のナショナルバンドライトは、細紐をつけて首から胸に吊り下げた。薬莢や弾薬を入れた雑嚢（今でいうリュックサックのようなもの）は左肩から右脇にかけた。

日本刀一振と匕首二口は左腰に差し込んで紐でしっかりと括った。その上から革の帯でベルトのように締めて、刀が揺れすぎないように整えた。揺れると動くので不便だからだ。九連発のブローニング銃と弾薬実包約100個を携帯すると、睦雄はいったん屋外へ出た。屋外には、丁寧に磨いておいた斧があった。睦雄はそれを手に持って、室内に戻った。

こうして睦雄は準備を終えた。

睦雄の家は平屋で北側に土間があり、その土間から睦雄は天井裏の秘密部屋へ行き来した。土間の外れには厠（かわや）（トイレ）もあり、睦雄が深夜に天井裏から土間へ上り下りするのは、不審な行動ではなかった。

土間を上がると、睦雄の家には部屋が6間あった。いねは縁側に面する中央の6畳間のコタツで、頭を西に向けながら熟睡していた。

睦雄は眠っているいねを、上からゆっくりと見下ろした。その右手には大きな斧がしっかり握られていた。

祖母を殺害するために、睦雄が日本刀や猟銃ではなく斧を凶器として選んだ理由は、できるだけ音を立てたくなかったからだといわれている。また、日本刀を早々に使うことで血糊で切れ味が鈍ることを恐れたからではないかともいわれている。どちらも一理あるだろう。だが、斧で殺さなければならなかった重要な理由がほかにあったのではないだろうか。

いねと睦雄には血縁関係はなかったことはすでに述べた。そして、その事実を睦雄はすでに知っていた。

いねは睦雄にとっての育ての祖母であり、恩義は感じていた。だが、その一方でいねは睦雄にとって自分を縛りつけ、自由を奪い、自分の人生をめちゃくちゃにした存在でもあった……そんな一種の恨みを睦雄は抱いていた。

睦雄は自分の存在を消滅させるしかなかった。ただ、黙って消えたくはなかった。何の苦労もなくのうのうと生きている恵まれた人間たちに、自分を捨て、蔑んだ人間たちに復讐し、道連れにするしかなかった。

睦雄一家に残されていた現金は、わずか66銭だった。

睦雄は精神的にも、金銭的にも追いつめられていた。

睦雄はなぜいねを斧で殺したのか

深くどす黒い葛藤を胸に、睦雄はコタツで眠るいねの首めがけて思い切り斧を振り下ろした。

鈍い衝撃が睦雄の手に伝わってきた。だが、いねの首はまだ胴体から離れていなかった。睦雄は渾身の力を込めて何度も何度も、無我夢中で斧を振り下ろした。

いねの首が胴体からちぎれ飛んだ。

首は50センチほど飛んで、障子戸の際まで弾け転がった。

どす黒い液体が心臓の鼓動に合わせて脈を打つように、いねの首からあふれ出てきた。首がちぎれる直前、いねは枕を覆っていた手拭いの端に必死で嚙みついていた。そのせいもあって、いねの首は遠くまで飛ばなかった。

睦雄は育ての祖母・いねという、心の絆しをついに断ち切った。

睦雄はいねに対して〝恐怖〟を抱いていた。

首を切断するという殺害方法を選ぶ理由は、相手が絶対に生き返ってこないように、確実に殺すためだ。加害者が被害者に対して〝恐怖心〟を抱いている証拠だとされる。

首を絞めて窒息させたり、刃物で身体を刺したり、口径の小さい銃で相手を撃っても、確実に死ぬとは限らない。

睦雄は3月にいねの毒殺を謀ったものの、気づかれてしまい未遂に終わっている。そのことがきっかけとなって、警察の家宅捜索を受けたことで、睦雄の計画が水泡に帰した経緯があった。

２０１０年（平成22）、睦雄の姉みな子の息子（津山事件当時はみな子のお腹の中にいた）が私にこう語ってくれた。

「母（みな子）は平成3年（１９９１）6月3日に亡くなりました。76歳でした。私には津山事件のことや叔父（睦雄）のことは、まったく話してくれませんでした。

母は、とても人当たりが良く、明るくて周りの人に好かれる人でした。結婚の仲人をよくしていましたが、わたし自身は母が苦手でした。だから、高校を出たらすぐに就職して家を出たんです。

わたしが母を苦手だった理由は、とにかく子どもや孫に対しては厳しく、容赦がなかったからです。間違ったことをすると、すごかったです。怒って、馬乗りになってひっぱたくんですよ。まあ、昔の人のしつけとしては普通だったのかもしれませんけれど、そのころのほかの家のしつけと比べても、格段に厳しかったです。わたしの子ども（みな子の孫）が母の家に下宿していた高校生のときも、そんな感じだったみたいです。家の外の他人には明るくて優しい人にしか見えなかったんですけれどね」

みな子は、外の人には人当たりのいい優しいおばあさん、身内や家族に対しては鉄拳制裁も辞さない厳格な母であり祖母だった。間違ったことは大嫌いで、理不尽なことがあれば、昔の津山市長にも公然と食ってかかったことがあるという。温和で働き者だったというみな子の夫とはまるで正反対の性格だった。

みな子も睦雄同様、おばあちゃんっ子だった。祖母いねに、手取り足取りしつけられたのだ。いねは、まがりなりにも由緒ある倉見の都井本家に嫁入りした。だから、旧家の厳格なしつけや習慣が身についていた。

みな子が時に鉄拳制裁も辞さなかったように、育ての祖母であるいねも同様にみな子と睦雄に接した。

睦雄は甘やかされただけでなく、厳格な祖母の厳しいしつけをずっと受けてきた。だから、祖母にはなかなか頭が上がらなかった。

睦雄に殺害された岸田つきよは、10円札を押しつけて睦雄が情交させてくれと迫ってくると、からかうようにこう言い放った。

「そんなことをするのなら、この金をばあさんのところへ持って行って話をするぞ、と言ってやったら、睦雄はすごすごと帰った」（事件後の寺井マツ子の証言）

睦雄がむちゃなことをしてきたら、「ばあさんに言うぞ」と言い返していたのだ。すると、睦雄が黙ってしまうことを皆が知っていた。

〝絆し〟を断ち切ること、そしていねに対する恐怖心――それが睦雄に斧を握らせた理由ではないだろうか。

村人を道連れにする壮大な無理心中

睦雄が計画した津山事件は、3つのパートで構成されている。

ひとつ目のパートは、自分を縛りつける〝絆し〟を断ち切ること。

3月には飼い犬を撲殺したが、その後のいねの殺害は失敗に終わった。だから、5月21日の犯行時には真っ先に祖母いねを殺害する必要があった。もし、いねが絶命することなく、犯行の途中で睦雄を咎めるようなことがあれば、睦雄の計画はその時点で頓挫していた可能性がある。凶行を完遂するためには、まず〝絆し〟を確実に断ち切る必要があった。

ふたつ目のパートは、自分を馬鹿にした村の女性たちやその係累を含む人間たちを巻き添えにし、殺害することだった。睦雄としてはなるべく多くの人間を巻き添えにしようと考えていたはずだ。だが、寺井ゆり子や寺井倉一らのように、ターゲットだった人間も成り行きで見逃すこともあった。

そして、3つ目が最も重要なパートである。睦雄の究極の〝目的〟――自らの存在をこの世から消し去ることだ。

そういう意味では、津山事件の本質は、壮大な無理心中だったと見ることもできる。

睦雄は遺書のなかで、祖母いねを殺害する理由として、次のような言葉を残している。

……自分がこのような死に方をしたら、祖母も長らえてはいますまいから、不憫ながら同じ運命に連れてゆきます。

道徳上から言えば、これは大罪でしょう。

それで、死後は姉さん、先祖や父母の仏様を祭ってください。祖母の死体は、倉見の祖父のそばに葬ってあげてください。

僕も父母のそばにゆきたいけれど、なにしろこんなことを行うのですから、姉さんの考えなさるようでよろしい……

……決行するにはしたが、討つべきを討たず、討たなくてもいい者も討った。時のはずみで、ああ祖母にはすみませぬ。

まことにすまぬ。

二歳の時からの育ての祖母。祖母は殺してはいけないのだけれど、後に残る不憫を考えて、ついああしたことを行った。

「楽に死ねるように」と思ったら、あまりにもみじめなことをした。まことにすみません。

涙、涙、ただすまぬ涙が出るばかり。

姉さんにもすまぬ。はなはだすみません。許してください。

つまらぬ弟でした……。

総じて、体面を気にし、格好をつけたがるプライドの高い睦雄の性格がよく出ている文章といえる。

当時、青年将校のクーデターが相次いだ。昭和７年（１９３２）の不景気や欧米に対する弱腰な外交姿勢に怒った海軍青年将校のクーデター「五・一五事件」、昭和11年（１９３６）、陸軍の青年将校によるクーデター「二・二六事件」というふたつの事件の影響が、睦雄の遺書の文面からはうかがえる。

国家や社会のためというお題目を唱えたうえでのやむを得ない凶行というシナリオは、青年将校の訴えと表面的には似ている。

さらに、睦雄の遺書における祖母と姉に対する表現の微妙な違いは興味深い。

祖母に対しては〝育ての祖母〟としか書かれていない。一方、みな子に対しては〝たった一人の姉さん〟とある。

一見すれば不自然な表現ではないが、3人の関係を知ったうえで改めて読むと、血縁関係のない〝育ての祖母〟と〝血縁関係のあるたったひとりの肉親である姉〟を明確に区別しているようにも解釈できる。

〝絆し〟を断ち切るというのなら、祖母いねだけでなく姉みな子も同様に殺害しなければならない。だが、姉は殺さずに祖母は殺した。姉のみな子は頻繁に里帰りしており、5月21日の事件当日に呼び出すことも十分可能だったが、睦雄はそれをしなかった。

みな子は睦雄にとって〝絆し〟ではなかった。いねに抱いていた大きな愛情と深い憎悪の入り交じる葛藤をみな子に対しては抱いていなかったのだ。

睦雄にとって最初に祖母いねを殺害しなければ、惨劇の舞台の幕を開けることはできなかった。遺書でつづられたように、祖母を不憫に思うがゆえに殺害するという、単純な論理ではけっしてなかったのである。

「津山三十人殺し」はどのようにして決行されたのか

睦雄の用意周到な下調べの様子については、貝尾の集落では次のように伝えられている。

「当時の家は今と違って壁と柱の隙間から、中がけっこう見えるんだ。睦雄は、そこからよく家の中を覗いていたんだ。それだけじゃない。当時の家の壁は土や藁を練り込んでできているでしょ。睦雄はその土の壁に穴をあけて覗いていたそうだ。事件のあと、あちこちの家で、睦雄があけたと思われるちっちゃい穴が見つかったよ。それぞれの家の、どこに誰が寝ているか、睦雄はきっちり調べていたんだ。だから、暗闇の中でも襲えたんだよ」（貝尾在住の犠牲者の遺族。２０１３年取材）

以下、第1章で凶行の概要のみ触れたが、改めて詳細に検証してみたい。実際には異なるが、警察が想定した襲撃順に依拠した。

【1軒目】岸田勝之宅

●在宅者：岸田つきよ（死亡・当時50歳・勝之の母で睦雄と情交関係あり）、吉男（死亡・14歳・つきよ

の次男）、守（死亡・11歳・3男）、勝之は兵役で不在

●凶器：日本刀（このあとの襲撃した家は主に猟銃を使用）

つきよの息子の岸田勝之と睦雄は同年代で仲は良かった。睦雄は勝之に対して、「お前の殺したい奴がいたら、教えてくれれば、わしがやってやるけんの」と言っていた。しかし、睦雄は勝之に嫉妬していた。勝之は徴兵検査で甲種合格し、エリートである横須賀の海兵団へ所属していたことはすでに述べた。

吉男や守の損傷の程度は尋常ではなかった。吉男は頭部を刀で突き抜かれ、守は8ヶ所も刺されていた。子ども好きで知られる睦雄だったが、吉男と守に対してはかなり憎んでいたようだ。もしかしたら、母親のつきよに言い含められたのか、子どもたちの先頭に立って睦雄を馬鹿にしていたのかもしれない。子どもだけに容赦ない口撃を睦雄に浴びせて、睦雄の殺意を増長させた可能性はある。

母親のつきよへの恨みは深かったようで、首を斬りつけただけでなく左胸の乳房のあたりを斬り、さらに右肩付近や口の中まで日本刀でメッタ刺しにしている。顔の下顎の部分を斬りつけられたり、殴られたりしたのか、顎のあたりの形状がわからないほどに損壊していた。

つきよは上半身半裸の状態で、口のあたりと左乳房あたりを無残にえぐられて、寒さで凍えているかのように両手を肩に当てながら、首を横にねじり目を見開いて死んでいた。

睦雄をロウガイスジとして馬鹿にし、情交で金を巻き上げ、陰口を言ったつきよを睦雄は最も恨んでいた。

【2軒目】西川秀司宅

●在宅者：西川トメ（死亡・43歳・睦雄と情交関係あり）、西川秀司（死亡・50歳・トメの夫）、良子（死亡・23歳・トメの長女、睦雄と関係か）、岡千鶴子（死亡・24歳・トメの妹か娘、睦雄と関係か）

最初に襲われた西川秀司は心臓から頚椎に貫通する弾丸を受けて即死。弾丸のあまりの威力によって撃たれた瞬間、身体が反転して横向きに倒れた。

秀司は右季肋部から猛獣弾を胸腔内に撃ち込まれ、それが致命傷となった。睦雄は腕力のある男性を警戒していたようで、男性に対しては右季肋部から胸腔内に撃ち込む〝右季肋下方撃ち〟を多用した。

睦雄は西川トメに対して1発しか発射していない。岸田つきよへの仕打ちとは明らかに異なっていた。遺書ではトメに対する恨みの言葉をつづっていた睦雄だが、彼女に対してはある種の特別な感情があったのかもしれない。

トメは再婚で西川家に嫁いでおり、村でも好色家として知られていた。睦雄がロウガイスジと認定される前、トメはたびたび睦雄と関係を結んでいた。しかし、肺病持ちと認められてからは、睦雄に対して「年頃だし、虫（女）でもついたんじゃないかい？」と誘惑じみた真似をして近づくなどした。睦雄がその気になってトメに寄っていくと態度を翻し、「やだねっ！」と言って睦雄をはねつけた。しかも、のちにその話を村のほかの女性たちに話しては、睦雄をまぬけ者と笑い者にしていた。それでいながら、一方で金銭を受け取り、睦雄の相手もしていた。

トメは睦雄がかつて母親に対するような愛を感じ、同時に貝尾で最も憎んでいた女性のひとりだった。

良子は急所への2発で殺害されたが、千鶴子に対して睦雄は3発も猛獣弾を撃ち込んでいた。千鶴子は夫が出征中であり、その間に体調を崩していた姉のトメの看護と称して、家に来て暮らしていたという。だから、事件直後には睦雄との関係が囁かれ、新聞にもそう報じられたが、翌日に警察は「千鶴子は睦雄と関係なかった」というコメントを発表、修正記事を掲載させたことはすでに述べた。これは、夫が出征兵士であり、命がけで闘っている最中に妻が国元で浮気していたら、戦意に悪影響が出ることを恐れた、当局の配慮ではないかと考えられる。修正記事が出されたのは、出征軍人の妻、千鶴子だけだった。

事件後岡家に対しては、西加茂村から香典5円が贈られたという。

しかし当時、千鶴子は睦雄と関係があったという証言も出ていた。少なくとも、殺害方法から見ると、良子よりもひどい殺され方をしている。

余談だが、睦雄は襲撃の間、少なくとも5割以上は確実に相手に命中させていた。威嚇射撃なども少なからずあったことを考えると、驚異的な的中率だった。

【3軒目】岸田高司宅

●在宅者：岸田高司（死亡・22歳）、西川智恵（死亡・20歳・西川トメの娘、高司の内縁の妻、妊娠6ヵ月）、岸田たま（重傷、生存・77歳・高司の母）、寺上猛雄（死亡・18歳・高司の甥）

西川智恵に対しては、1発だけ上腹部に銃弾を打ち込んだ。睦雄はあえて急所を外した。智恵は妊娠6ヵ月で弾は胎児にこそ当たらなかったが、智恵の腹の中で胎児は絶命していた。智恵は即死ではなかったが、出血多量でじわじわ衰弱するという惨い死に方だった。お腹の胎児は31人目の犠牲者といえるのかもしれない。おそらく睦雄も智恵の妊娠のことは知っていたはずだ。

高司の母たまと高司の甥でたまの孫の猛雄に対して、睦雄はこう言い放った。

「おまえたちには何の咎もないわけだが、この家は西川トメの娘を嫁にもらったから撃つんだ」

猛雄は抵抗しようと睦雄に立ち向かったが、逆に顎を銃床で痛打されて骨折。直後に放たれた3発の銃弾は猛雄の胸にめり込んだ。顎のあたりはめちゃめちゃだった。なんとか妊婦の智恵を助けようと、猛雄は睦雄に立ち向かって殺されたのではないだろうか。

たまも胸を撃たれ、重傷を負ったが、辛くも命はとりとめた。たまはその後、事件のことはあまり語ろうとしなかったという。

【4軒目】寺井政一宅

●在宅者：寺井政一（死亡・60歳・寺井ゆり子の父）、貞一（死亡・19歳・ゆり子の弟）、三木節子（死亡・22歳・貞一の新妻）、ゆり子（軽傷、生存・22歳、睦雄の恋した女性、政一の4女）、とき（死亡・15歳・五女）、はな（死亡・12歳・6女）

睦雄は寺井ゆり子に執心していた。

それだけに昭和13年1月9日、同じ貝尾に住む丹羽卯一のもとにゆり子が嫁いだショックは睦雄にとって大きく、丹羽家に押しかけては嫌がらせをしていた。

睦雄は再び離婚直後のゆり子にアプローチを試みたらしい。だが、ゆり子は睦雄を袖にして、5月5日にまた他村の別の男性のもとに嫁いでしまった。当時、ゆり子は睦雄をたいそう恐れており、睦雄から逃れるために、あえて結婚を早めたとも言われている。仲をとって斡旋したのは、睦雄の襲撃で殺害された、寺井トヨだった。

睦雄に対して日ごろから強い警戒心を抱いていたゆり子は、すぐに睦雄の襲撃を悟った。そして、身構えた。2010年の取材時、ゆり子は次のように語っていた。

「ですけど、まさかわたしと関係ないほかの家族まで、みんな巻き添えで殺されるとは考えていませんでした……」

睦雄の狙いはあくまでもゆり子であって、彼女にしてみれば、ほかの家族まで襲われるとは想像すらしていなかった。

襲撃のとき、弟の貞一は睦雄の襲撃を知って、窓から戸外に逃れようとした。そこで睦雄は少し手間取ったことで、わずかな時間ができた。また、睦雄はゆり子の前に、三木節子と妹のときとはなを先に襲い時間を要したことで、ゆり子はいちはやく土間から裏口へ飛び出し、逃げることができた。

ゆり子は、睦雄の親族である虎三の家へ向かったが、戸を開けてくれなかった。するとその横の寺井茂吉の家の戸が開き、「こっちにきなさい」と招き入れてくれたことで、ゆり子は茂吉の家に転がり込んだという。

睦雄はゆり子を追った——。

【5軒目】寺井茂吉宅

●在宅者：寺井茂吉（生存・45歳）、伸子（生存・41歳・茂吉の妻）、進二（生存・17歳・茂吉の次男）、由紀子（軽傷、生存・21歳・四女）、孝四郎（死亡・86歳・茂吉の父）、※寺井ゆり子（政一宅から逃げ込む）

茂吉の家はもともと睦雄のターゲットではなかった。

茂吉の父・孝四郎老人は、なにかと睦雄の世話を焼くこともあった。睦雄に結婚することや仕事に就くことも勧めていた。孝四郎の娘は岡山県の生末県議会議員のもとに嫁いでおり、貝尾では名家といえる家柄だった。

茂吉家はゆり子をかくまって屋内に引き入れ、睦雄の侵入を妨げようとしたことで、睦雄の逆鱗に触れてしまった。

ゆり子が逃げ込んですぐに茂吉たちは家の戸を塞ごうとした。表戸の戸を閉めきるか否かのタイミングで、睦雄がその表戸にたどり着いてしまった。

「ちょうど戸を閉めるときに、睦雄のバンドライトの光が遠くから、由紀子の手か足を照らしたんじゃ。そうしたら、そこを狙って、あわてて睦雄が〝ドーンッ！〟と銃を撃ち込んだんじゃよ。そしたら、それが由紀子の太もものあたりをかすってのお。ほんの一瞬、光が当たっただけじゃのに。睦雄の腕はすごいで、ほんま。かすり傷でよかったわ。由紀子さんは、おかげ

で何年か前まで元気に生きておりましたがのぉ」（貝尾。2013年取材）

睦雄は自分を閉め出した茂吉家の表戸を猟銃で叩き、一部を壊してでもなんとか侵入をはかろうとしたが、中の茂吉たちも決死の思いで家を守った。

家の外で暴れる睦雄に対して、孝四郎は何かを叫んだらしい。睦雄は怒鳴り声のする方向に振り向き駆け寄った。

睦雄は日本刀を振りかざして、右上から大上段に刀を打ち込んで、孝四郎老人に襲いかかった。孝四郎老人は素手で刀を受け止めた。左手の親指付け根には骨にまで達する激しい裂傷が残っていた。そこで取っ組み合いとなり、時間ができた。これが結果的にほかの家族やゆり子の命を救うこととなった。

若くて体力のある睦雄に老人である孝四郎が勝てるはずはない。睦雄は、銃弾2発を打ち込んで孝四郎を撃ち倒した。

睦雄と孝四郎の取っ組み合いの最中に母屋の戸は厳重に閉じられた。おかげで、茂吉家のほかの人々は全員助かった。

睦雄が離れに気をとられる隙を見て、茂吉は息子の進二を屋外に脱出させ、睦雄と親しい寺井元一の家へ救援を求めに走らせた。

睦雄はすぐに進二を追った。進二は竹薮に飛び込み、そこに潜んでじっとしていた。

睦雄は進二の追跡をあきらめたが、とっさに家の戸を開けさせる計略を思いついた。睦雄は茂吉家の裏口の前までくると、あたかも自分が進二を捕らえたかのように「進二、白状せよ」「白状せぬと、撃つぞ!」などと叫んだ。わが子可愛さに茂吉夫婦が中から出てきて戸を開けると考えたのだろう。

しかし、父親の茂吉は冷静に板戸の隙間から屋外をうかがった。進二がいる気配はまったく感じられなかった。茂吉は睦雄の計略に気づき、戸締りを厳重にして警戒を強めたことで、睦雄はあきらめて引き上げた。

睦雄が去っても、家の中にいる一家とゆり子は気が気でなかった。用心のために、仲子と由紀子、そしてゆり子の3人を、屋内のひと間の畳を上げて床下に避難させた。

ゆり子は、茂吉家の床下に午後6時ごろまで隠れていたという。

「ほんとうに、あのときは茂吉さんや由紀子さんたちに助けられましたあ。命の恩人です。孝四郎さんには、ほんに申し訳ないことをしました……」(2010年取材)

【6軒目】寺井好二宅

●在宅者:寺井好二(死亡・21歳・トヨの息子)、トヨ(死亡・45歳・好二の母、ゆり子や良子の仲人)

寺井トヨは後家で気兼ねすることなく村の男たちと逢瀬を楽しんでいた。睦雄とも関係があったというが、トヨが優先したのは村の金持ちの寺井倉一だった。

遺書からは、睦雄の寺井倉一に対する対抗心やコンプレックスのような感情が見て取れる。倉一は睦雄よりはるかに年上だが、貝尾では金持ちであり、倉見の由緒ある名家・都井家の宗家の元跡取りである睦雄は、胸の内のどこかに倉一への対抗意識があったのだろう。

とりわけ、夜這いでは女性の取り合いで張り合うところがあった。倉一と関係する女性には睦雄も積極的にアプローチをかけ、時には金品を与えて関係を結ぼうとした。だから、倉一と関係する女性は、自然と睦雄のターゲットとなったのである。

寺井トヨは、睦雄が執心していた西川良子や寺井ゆり子の結婚の媒酌人だった。ふたりが結婚して睦雄から離れて村を出て行く〝斡旋〟をした張本人である。だから、睦雄は恨んでいた。

睦雄の襲撃時、トヨも息子の好二も熟睡していた。トヨは、その骨が砕けるほどの強烈な銃弾を浴びたという。

【7軒目】寺井千吉宅

●在宅者：（母屋）寺井千吉（生存・85歳）、チヨ（生存・80歳・千吉の妻）、朝市（生存・64歳・千吉の長男）、勲（生存・41歳・千吉の孫）、きい（生存・38歳・勲の妻）
（離れの養蚕室）平岩トラ（死亡・65歳・朝市の内妻）、岸田みさ（死亡・19歳・岸田つきよの娘、睦雄と

関係か)、丹羽つる代(死亡・21歳・丹羽卯一の妹、睦雄と関係か)

養蚕室には睦雄が恨んでいた岸田つきよの娘のみさがいた。さらにゆり子の最初の夫である丹羽卯一の妹のつる代もいただけでなく、3月12日の家宅捜索のときに警察に通報する過程に関わったと睦雄が邪推していた(後述)平岩トラもいた。そのため、養蚕室が最優先のターゲットとなった。

岸田みさは、睦雄が1軒目に襲った岸田つきよの長女だった。睦雄がしばしば情交を求めたものの、拒まれた相手である。

丹羽つる代は病弱だった。睦雄は同じ境遇のつる代なら自分の気持ちをわかってくれるだろう、と何度かアプローチをかけたが、拒まれた。またつる代の兄・卯一は、睦雄の恋していた寺井ゆり子の最初の結婚相手である。ふたりは急所に銃弾を撃ち込まれて絶命した。

最も残忍な形で殺されたのは平岩トラだった。睦雄は猛獣弾をトラの腹に向けて2発、両腿に向けて1発ずつ放ちすべて命中させた。トラの腹からは内臓が露出し、動かなくなった。トラはほぼ全裸のまま絶命した。

実は3月12日の警察の家宅捜索に関しては、このトラの長男が警察に通報していたという話がある。だから、睦雄は代わりにトラを殺したというのだ。

睦雄が凶行の最中に、いち早く察知した千吉家の面々は対策を講じていた。千吉の妻のチヨは床下に隠れ、孫の勲夫婦は2階に隠れた。長男の朝市は奥の納戸で布団に潜り込み、年配の千吉はそのままコタツのある部屋で待機した。千吉は人の良い老人で睦雄とも仲が良かったという。ここでも老人が捨て身の活躍をした。

睦雄が「いるかぁ！」「鉄砲はあるんかぁ！」と叫びながら母屋へ侵入してきた。睦雄はコタツで千吉を見つけ、こうすごんだという。

「老人相手でも撃つぞ。本家の爺さん（寺井孝四郎のこと）もやったぞ」

睦雄は銃口を千吉の首に当てた。

「おまえ（千吉）は、わしの悪口を言わなかったから、堪えてやろう。じゃが、もしわしが死んだら、また悪口を言うことだろうなぁ」

これは睦雄が千吉に対して言った言葉であり、またほかのすべての村人に対して放った遺言ともなった。

事件後の貝尾の人々が口をつぐんだ理由のひとつは、この睦雄の恨み節の肉声を伝え聞いたからなのかもしれない。睦雄の言動は、その死後も貝尾の人々の心を縛ることとなったのだ。

【8軒目】丹羽卯一宅

●在宅者：丹羽卯一（生存・28歳・ゆり子の最初の夫）、イト（死亡・47歳・卯一の母、睦雄と関係か）

丹羽卯一の家は睦雄の家から山側に上ったほぼ隣に位置していた。睦雄は納屋にいるイトを急襲した。

睦雄はイトの右太腿と左太腿にそれぞれ銃弾を撃ち込んだ。その破壊力たるやすさまじく、下半身を骨や肉ごと粉砕。しかし、睦雄は胸などの急所へ銃弾を撃ち込むことはしなかった。イトは即死こそ免れたものの、その苦痛はむしろはるかに大きかった。

事件後に輸血などの処置も受けたが、傷はあまりにもひどく、もはや手遅れの状態だった。イトは事件の6時間後、出血多量によって苦痛に悶絶しながら絶命した。睦雄はできるだけ長い時間イトを苦しめ、苦痛を味あわせたかったのだ。イトに対して睦雄が情交を求めたが、拒まれたという風評があった。

ところで、睦雄は相手の頭を狙わなかった。それはなぜか。

頭は厚い頭蓋骨で守られている。骨は曲線に湾曲しており、弾をはじきやすい形状だ。だから、至近距離で命中させないと、睦雄の銃では致命傷を与えることはできない。下手な方向に跳ねると、跳弾で睦雄が被害を受けてしまうことになる。だから、慎重な睦雄は軽率に頭を狙わなかった。

私は昔、フィリピンで頭に機関銃の銃弾を受けたことがある。しかし、左上の頭部をかすって、表皮は多少えぐられたものの、致命傷を受けることなく骨にも異常はなかった。跡はその後も残ったが痛みもほとんどなく、病院にも行かずに消毒薬と抗生物質の軟膏だけで治った。

頭を狙うのはよほど射撃の腕に自信があって、高性能の銃でなければならない。だから、睦雄は心臓を狙った。肋骨を避けて、胸腔内に猛獣弾を撃ち込むように訓練し、犯行の最中もそれを忠実に実行したのである。

イト殺害後、睦雄は母屋にも踏み込んだ。しかし、卯一は事件をいち早く察知して、逃亡したあとだった。そして、卯一はこのまま加茂町巡査駐在所に駆け込んで、事件の一報を知らせた。

【9軒目】池沢末男宅

●在宅者：池沢末男（生存・37歳・寺井マツ子の兄）、宮（死亡・34歳・末男の妻）、彰（生存・12歳・末男の次男）、正三（生存・9歳・三男）、昭男（死亡・5歳・4男）、勝市（死亡・74歳・末男の父）、ツル（死亡・72歳・末男の母）

池沢末男の長男の肇（14）は、たまたま修学旅行で伊勢神宮へ行っており、睦雄が襲撃したとき、幸運にも不在だった。肇は生き残ったが、楽しいはずの修学旅行から戻ると、父親と弟ふたり以外の彼を待つ家族は全員殺害されてしまった。母も幼い弟も祖父も祖母も……にぎやかだった家庭は消滅していた。

肇はほかの生徒が事件直後に修学旅行から加茂谷へ帰宅しても、ひとりだけ家に帰らせてもらえずに、しばらくは津山市街の旅館に教師が付き添って泊まったという。肇の心の傷は深く、事件後、父親とともに貝尾を出て行き、実家は末男の妹のマツ子が継ぐこととなった。

睦雄の襲撃を池沢家では早く察知していた。池沢家は集落から少し離れた高台にあったからだ。「殺すぞ」と叫んで駆け上ってくる睦雄の姿を発見すると、末男は家族に「逃げろ！」と指示し、裏口に回って雨戸を開けて戸外に脱出しようとした。だが、その判断が裏目に出た。睦雄に先を読まれていたのである。

睦雄の足は速かった。家族で末男がいち早く家から外に出ると、すでに睦雄は池沢家の庭で銃を乱射していた。末男はあわてて、近くの竹藪に飛び込んだ。おかげで末男だけはかすり傷で助かった。

睦雄は、前に襲撃した茂吉家の寺井進二のことも頭に浮かんだのか、竹藪に逃げた末男を深追いして時間を無駄にすることはしなかった。末男はそのまま貝尾を脱出し、加茂町駐在所まで駆け込んだ。

しかし、ほかの家族はそうはいかなかった。睦雄は末男が脱出して開いていた裏口から家の中に侵入した。家の中は逃げ道のない、袋小路の狩り場のような状況となった。

母親の宮にすがりつく5歳の昭男でさえも睦雄は容赦はしなかった。小さい身体に3発も猛獣弾を撃ち込み、体内の肝臓や大腸、小腸などが露出するほどだった。一方、次男、三男のふたりは就寝中で難を逃れた。

卯一と末男、そして小林という3人が、深夜の闇の中を駐在所までの距離約3キロを駆けた。卯一と末男は裸足だった。若い卯一のほうが、駐在所に着いたのが少し早かった。

卯一はずっとあぜ道を走り、足に木の枝が刺さり貫通する大怪我を負っていた。竹藪を駆け抜けた末男も駐在所に到着して足を見たら、細い竹が足の裏からかかとまで貫通していたという。しかし、ふたりとも突然の事態に恐怖して、無我夢中で走ってきたため、苦痛を感じる暇などなかったのだ。

【10軒目】寺井倉一宅

●在宅者：寺井倉一（生存・61歳）、はま（重傷後死亡・56歳・倉一の妻）、優（生存・28歳・倉一の長男）

寺井倉一家における睦雄のターゲットは、あくまで夜這いのライバルであり当主の倉一だった。息子の優は村の青年団のリーダーを務めており、睦雄との仲はそれほど悪くはなかった。そんな優に対して睦雄は、「おまえの気に入らない奴が村にいたら、殺してやるけんの」と言っていた。

倉一家に着くと、ひとつの誤算が生じた。胸のバンドライトが点かなくなってしまったのだ。睦雄は頭につけた小さな懐中電灯2本の明かりに頼るしかなかった。小さな懐中電灯の明かりだけでは、睦雄は正確に狙いを定めることはできず、気配がする方向に半ば直感で銃を乱射した。この時、倉一の妻のはまが戸を閉めたり、雨戸を閉めたり、先頭に立って奮闘した。睦雄が察知したのは、はまの気配だった。睦雄の放った弾は、ロウソクを持って戸締まりをしていたはまの右肘に命中した。

しかし、はまは気丈だった。そのまま傷の痛みを我慢して雨戸を閉め、睦雄の侵入を阻んだ。はまと倉一は必死で雨戸を押さえ、一方の睦雄は侵入しようと雨戸を叩きまくった。

頼みのバンドライトが消えたため、遠目から倉一を探して銃弾を撃ち込むことは不可能だった。そこで睦雄はやみくもに猟銃を5発、雨戸越しに気配がする屋内へ発射した。そのうちの1発が不運にもすでに傷ついていたはまの右腕に命中した。はまは悲鳴をあげて倒れた。

倉一はもはやここまでと思い、2階に駆け上った。そして、ガラス窓を開けて声の限り「助けてくれーっ」と絶叫した。すると、睦雄は2階に向けて2発撃ち込んだ。倉一には当たらなかったが、驚いた倉一は腰を抜かすように部屋の中に身を伏せて押し黙った。

バンドライトの電池切れは、睦雄にとっては致命的だった。

「もはや、これまで」

睦雄は、貝尾での襲撃を倉一家で打ち止めにすると決めた。

ちなみに倉一は、昭和34年10月14日まで生きながらえた。没年79歳だったという。

倉一の墓の隣には、睦雄の犠牲となった妻の墓も静かに並んでいた。

「睦雄とおばあちゃんのいねは、血縁関係はなかったんじゃ。貝尾には、その辺の事情を詳しく知る人はおらんかったようで、隠しておったそうじゃ。

倉一さんの妻のはまさんは、睦雄が無闇やたらに撃った弾がたまたま当たって死んでしまった。雨戸を閉めようとしていて、当たったと聞いています。出血多量でした。今のように医療設備が整っていたら、はまさんは死なないですんだんでしょうなあ。

息子の優さんは、〝睦雄は精神異常じゃから、こんなことをしたんじゃ〟と言っていました。優さんは、事件のあとに兵隊にとられました。そして、その後に結婚したそうです。優さんは睦雄の姉のことをよく知っていて、親しかったそうです。事件のあと一宮のほうへ行ったときは、よくみな子さんのうどん屋でご飯を食べていたそうです」（倉一家の遺族。2013年取材）

当初、睦雄は岸田順一家を襲うつもりだった。順一に対しては、岡本和夫家での姦通騒動の処理などをめぐって睦雄は逆恨みしていたからだ。順一家は倉一家から坂を上った左側にあった。

ただ前述のとおり、睦雄のバンドライトの電池は倉一家に着く前に切れてしまっていた。これでは暗闇の中で銃を命中させることができない。

しかも、順一は猟銃を持っており、貝尾ではたくましい山の男だった。だから、睦雄は岸田順一家を避けたのである。

順一家の隣には、ほかにも民家が4軒ほどあった。当時、まだ幼い少女だった女性は、睦雄が近くまでやってきたときの恐怖を今でも覚えているという。

「銃弾のような音は聞こえていました。台所の戸棚の中に入り込んで、ただおとなしくしていました。外でガタガタ音がしました。わたしはてっきりむっちゃんが襲いにきたのかと思って、息をひそめました。本当は、風か何かだったのかもしれないのですけれども……」（2013年、旧加茂町の役場近くにて）

【11軒目】岡本和夫宅（坂本集落）

●在宅者：岡本和夫（死亡・51歳・みよの夫）、みよ（死亡・32歳・和夫の妻、睦雄と情交関係）

倉一家を襲ったあと、睦雄は一目散に坂本の集落へ向かった。三叉路のそばには岡本和夫の家があった。倉一家からだと1キロほどの距離である。

睦雄の夜這い騒動のあと、妻のみよも睦雄にすっかり冷たくなっていた。肺病持ちの噂や睦雄の奇行も和夫の口を介して、みよに伝わったのだろう。だから、睦雄は和夫を恨んだ。

和夫とみよは熟睡していた。睦雄は勝手知ったる入り口から岡本家の土間に飛び込んだ。屋内ならバンドライトはなくても、懐中電灯の明かりだけで十分だった。

すると、日頃から睦雄を警戒していた和夫が、空気銃を手にして土間に面した6畳間まで出てきた。空気銃は、睦雄対策のために津山で買い求めていたものだった。

しかし、効果はなかった。銃を構える暇もなく、睦雄は銃弾を和夫に向けて連射した。動作の遅い和夫は急所に4発の銃弾を受けて即死した。

少し前まで睦雄が肌を重ね合わせていたみよは逃げようとしたが、睦雄は冷静に背後から銃弾を撃ち込んで足止めさせた。そして急所への1発によってみよは絶命した。

この時、近所に住む岡本和夫の兄は、生竹を「スカーンッ！」と割ったような音が響いてくるのを聞いた。漠然と「誰かが生竹を割っているな」と思った。まさか、睦雄が弟夫婦に向けて放った銃声であろうとは考えもしなかったという。

また、役場職員の西川昇の妻は、凶行の最中に何者かが自宅の黒い板塀を銃床のようなもので叩く音を聞いた。しかし、西川家ではしっかり戸締まりをして、誰の侵入も許さなかったという。

翌朝、妻は表の縁先に血痕が点々と残っているのを見つけた。

おそらく睦雄は西川家の前を徘徊し、侵入しようか躊躇（ちゅうちょ）していたのだろう。

睦雄の襲撃は岡本和夫宅ですべて終わった。

時間は午前3時ごろ。襲撃開始から約1時間半が経過していた。

睦雄は「異常性欲者」「快楽殺人者」だったのか

即死者は28名、重傷を負いのちに死亡した者2名——死者は合わせて30名だった。

ほかに重傷者1名、軽傷者は2名。

銃弾を受けた被害者の死亡率は、実に9割を超えていた。襲撃戸数は睦雄の自宅を含めて12戸、そのうち6戸はほぼ全滅した。この6戸の死者は合計で21名を数える。

津山事件における直接の死者は30人である。だから、この事件は〝津山三十人殺し〟と言われる。ただ、地元では〝三十三人殺し〟と言われることもある。これは、なぜか。

重傷者と軽傷者を含めて〝死傷者〟と言い換えると、津山事件の被害者における死傷者の合計は33人となる。新聞の見出しも、〝三十三人が死傷〟と書かれた。人数が多いほうがインパクトが強いことが理由だ。だから、〝三十三人殺し〟と言われることもある。


睦雄は〝異常性欲者〟とか〝快楽殺人者〟であると指摘されることがある。大量殺人者であることは間違いないが、異常性欲者（性犯罪者）や快楽殺人者ではなかった。

偏執的な性犯罪者であれば大量殺人事件を起こす前に、何度も女性を襲ったり、殺害する事件を起こす。しかし、睦雄はそんな真似はしていない。また、異常性欲殺人者であれば犯行中に被害者をレイプしたり、性器を損傷したりするケースが見られるが、睦雄はどちらもしていない。

当時は夜這い全盛の時代であり、開放的な性の習慣が色濃く残っていた時代にあって、睦雄は異常性欲者ではなかった。

快楽殺人者であるかどうかについても、繰り返し犯罪に手を染めるケースが多いが、睦雄はこれにも該当しない。初期のうつ病だった可能性は考えられるが、精神疾患を患っていた形跡も見られない。

もちろん、断言はできない。しかし、睦雄はけっして異常性欲者でも快楽殺人者でもなく、ごく普通の青年だったのではないだろうか。

貝尾で襲撃を受けなかった戸数は合計11戸。2家族は睦雄一家とはまったく無関係で、その2家族はいねの甥の家だった。こうしたことから事件後、いねの甥たちは「おまえらが身を挺して制止するか、日ごろから注意していれば、こんなに大勢殺されずにすんだはずだ」とかなり責められ、なじられ、その子どもはイジメにも遭ったという。

やがていねに近い係累は、みな貝尾から姿を消した。京都などの畿内方面へ引っ越したという話である。

いねが睦雄の実の祖母ではなかったという記述は、事件の捜査報告書には出てこない。ただ、睦雄の戸籍謄本のコピーが掲載されており、戸籍謄本がその事実を無言で伝えてくれるだけだった。捜査当局も犯人が死亡して起訴されない事件だったため、あまり深く突っ込んで捜査をしなかったようだ。

睦雄の住居は、昭和13年7月13日に50円で売却された。そして、屋敷や建物の類は11月25日にすべて取り壊された。

睦雄一家の借金の残りは、どのように処理されたのかは定かではない。

5月23日、事件の不起訴処分が正式に決定した

岡本家を襲撃した睦雄は、山道を荒坂峠に向かって北に走った。途中、山際に展開する青山の集落のあたりを通過したはずだ。

午前3時5分ごろ、岡本和夫家から400メートルほど離れた西加茂村大字楢井（ならい）（集落の名前は青山）の武元市松家に突如、睦雄は現われた。この時、家には市松（66歳）と小学5年生の孫がいた。睦雄は表から声をかけた。

「こんばんは、こんばんは」

睦雄は血だらけで猟銃を担ぎ、腰には日本刀を下げていた。市松は強盗と勘違いしたという。

「お爺さん、おびえなさんな」

睦雄は諭しながら言った。

「急ぐから鉛筆と紙を早くもらいたい。今、警察の自動車がこの下まで自分を追ってきているんだ」

その時、孫が起きてきた。孫は睦雄と顔見知りだった。睦雄は子どもに優しく、坂本や青山

の子どもたちの相手をして遊んであげていた。だから、この地域の睦雄を知る人々は、睦雄に対して同情の言葉を口にする。

「睦雄が怒るのも無理はない」と……。

「ここはコーチャン（市松の孫の愛称）の家なのか。お爺さんでは間に合わないから、君が早く鉛筆と雑記帳を出してくれ」

孫は鉛筆と雑記帳の書き残りを睦雄に渡した。

「僕がここで死ぬと（あなたの）家の迷惑になるから、早くやって（筆記用具を自分に渡して）戻れ」

睦雄はそう言って、孫が探し出した鉛筆を受け取ると、その言葉どおりに市松家を出ていった。

このやりとりを見る限り、襲撃の最中の睦雄とはかなり異なった印象を受ける。

この市松家は、貝尾で睦雄の墓を守っていた菊枝さんの遠縁にあたる。その菊枝さんは黒木という集落の出身で、黒木は倉見と青山の中間くらいに位置する集落だった。

菊枝さんは市松家の人から睦雄のことを聞いていたという。そこで、「優しくていい人だった」という話を聞いていたため、睦雄に対して悪い感情を抱かなかった。だから、熱心に睦雄や祖母いねの墓の手入れを怠らなかった。

睦雄は市松家を出ると、そのまま荒坂峠を駆け上っていった。それは、ちょうど睦雄の生まれ故郷の倉見に向かう方向でもあった。山道を伝って半日も歩けば倉見に達することができる。睦雄が荒坂峠に向かって逃走したことを伝え聞いたせいなのか、睦雄に後ろめたい感情を抱いている一部の倉見の人間たちは、本気で「睦雄が襲ってくる」と恐怖した。

この時、都井本家のある倉見では、本家の当主（睦雄の祖父の弟）が、睦雄が倉見まで襲いにくるに違いないと決めつけて、頑丈な蔵へ閉じこもっている真っ最中だった。

睦雄の資産を安く買い叩いた後ろめたさがあるのだから、当然だろう。襲撃を恐れて頑丈な蔵にこもる様を睦雄が知っていたら、きっと笑ったに違いない。

彼は睦雄の襲撃を恐れて、丸2日も蔵にこもったという。

睦雄は市松家から約2キロ半、貝尾から約4キロ離れた仙ノ城山頂までやってくると、眺めのいい平坦な場所に装備を解いて腰かけた。あとは見事に自決して、最後を飾るだけである。

荒坂峠で睦雄は市松家でもらった紙に鉛筆で最後の遺書をしたためた。

所持品類をすべて取り外し、地面に置き丁寧に並べた。

手持ちのブローニング銃の銃口を心臓部に静かに押し当てた。

足の指を銃の引き金に当てて、ゆっくりと引いた。

時刻は夜明けも近い、午前4時半ごろ。

睦雄の銃には5発、雑嚢にはなお9発の実包が残されていた。

睦雄が襲撃で使用した実包は約80発だった。


睦雄は自分の自決場所も事前に決めていたはずだ。

荒坂峠は江戸末期に、行重の英雄・直吉が困窮に苦しむ百姓のために、一揆の旗を最初に掲げた場所である。


事件の報が丹羽卯一らによって駐在所にもたらされたのは、午前2時30分ごろのこと。

今田巡査はすぐに津山警察署宿直の北村警部補に警察電話で一報を入れた。そして、消防団にも呼集をかけて、先発隊の数人で現場の貝尾へ急行した。

一方、津山警察署の山本署長は、午前3時10分、先発隊として北村警部補ら5人の警官を乗せた自動車を現場の貝尾へ急行させた。

午前4時ごろに貝尾に着いた先発隊らは今田巡査や消防団と合流して、犯人・都井睦雄の逮捕、探索へと警戒に努めた。

当時の事情を考えると、警察の動きも素早かったといえる。だが、睦雄の犯行のペースはそれ以上で、警察に何の対策もさせなかった。

この時、周辺の市町村からの応援を含む全消防団員の合計は1579名に達したという。

午前10時30分ごろ、消防団の一隊が荒坂峠の山頂で睦雄の遺体を発見した。

その時、睦雄はまだ生きているかのように、生気が感じられたという。

だから、無警戒で近寄ることができなかった。睦雄が突然、起き上がって抵抗するかもしれないからだ。

睦雄の死亡が確認されるか、睦雄が確実に拘束されるまで、事件は終息しない。

だが、睦雄は自ら胸を撃ち抜いて即死していた。

一同は安堵した。そして昼過ぎ、消防団は解散となった。

5月23日、事件の不起訴処分が正式に決定した。

つまり、それは事件を解明するための詳細な捜査が行なわれなかったことを意味する。

葬儀は西加茂村が主催することとなった。22日の午前3時から7時まで執り行なわれ、埋葬まで終了した。男手が足りなかったり、一家が全滅した家については、消防団員が代わりに埋葬を執り行なった。

睦雄と祖母のいねの遺体は、消防団によって倉見へ運ばれて埋葬された。消防団には倉見の都井家の人々も参加していた。そのなかには、のちに倉見の墓を守る菊枝さんの夫も含まれていた。いねの首は、胴体に丁寧に縫いつけられていたという。

これだけの事件を起こした睦雄については、どう処理するかを親族も迷っていたが、結局、睦雄の遺言どおりに祖母いねの横に埋葬された。

しかし、姉のみな子が頼んでも、みな子の夫は睦雄の墓石を作ることをかたくなに拒んだ。自分たち家族と睦雄との因業な関係を子々孫々まで伝えてしまうことになるからだ。

そこで、睦雄の墓石は、手近の倉見川の川原に転がる何の変哲もない石が使われた。

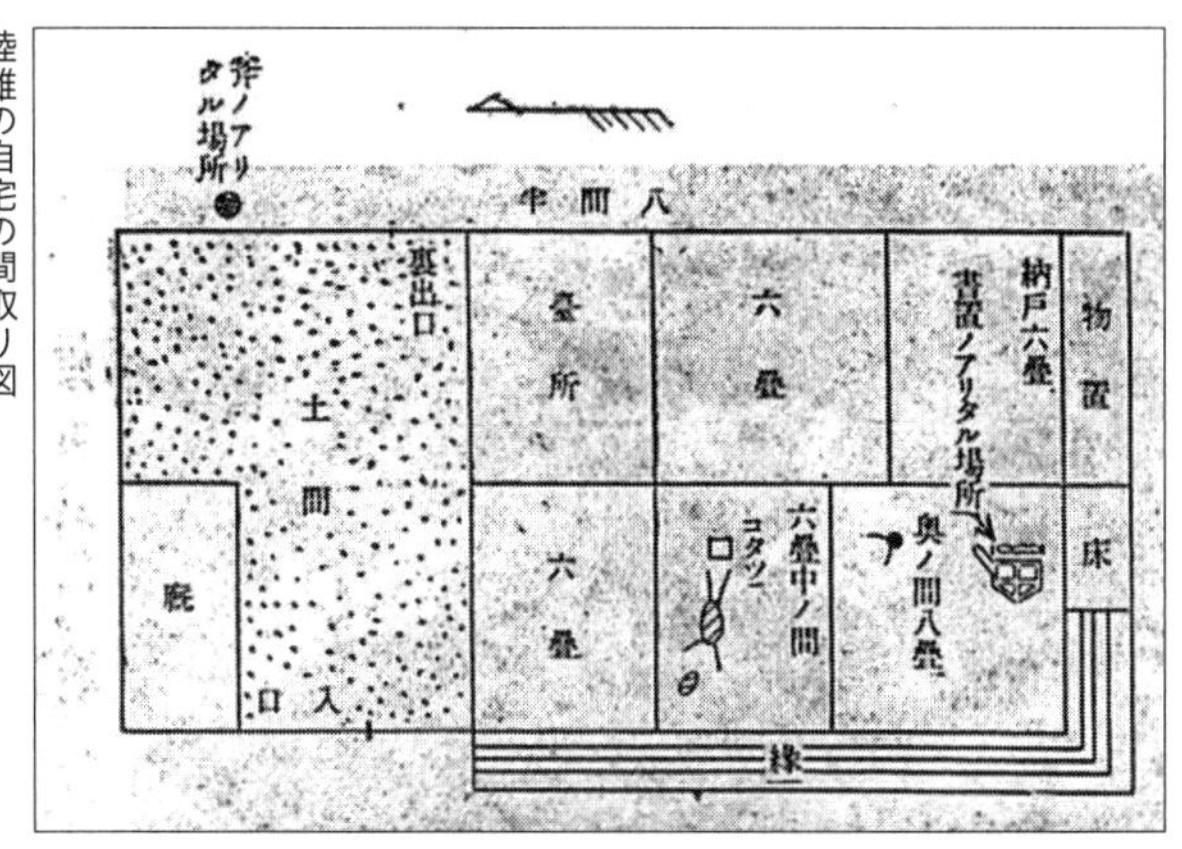

睦雄の自宅の間取り図
（津山事件報告書より、以下・同）

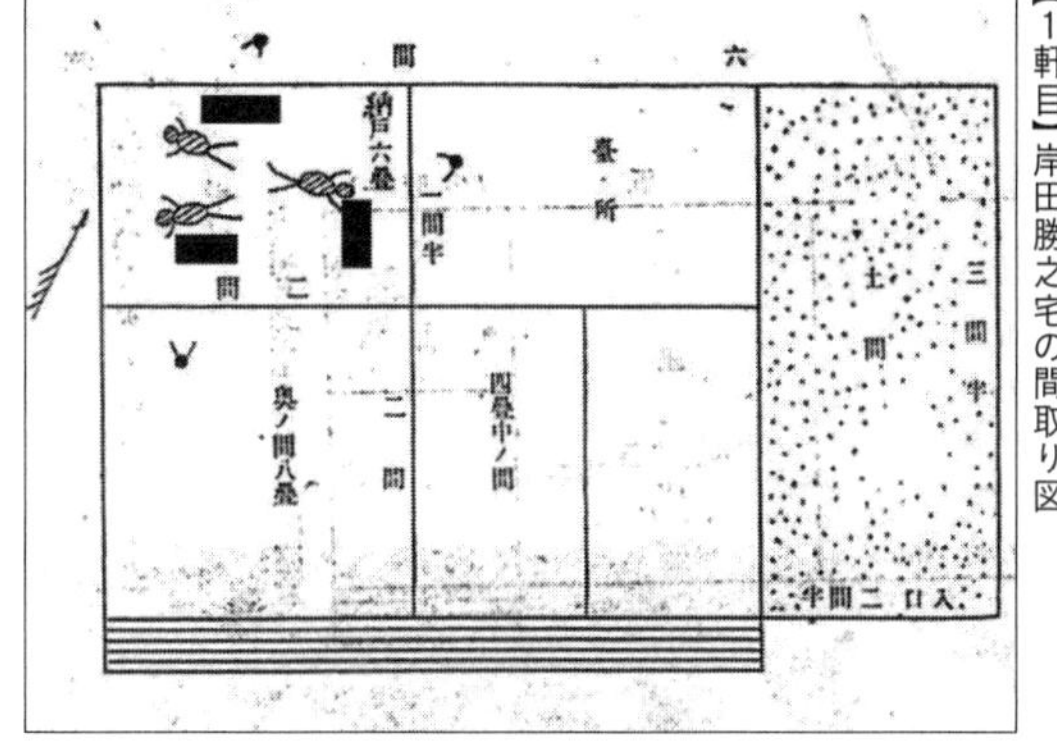

【1軒目】岸田勝之宅の間取り図

【2軒目】西川秀司宅の間取り図

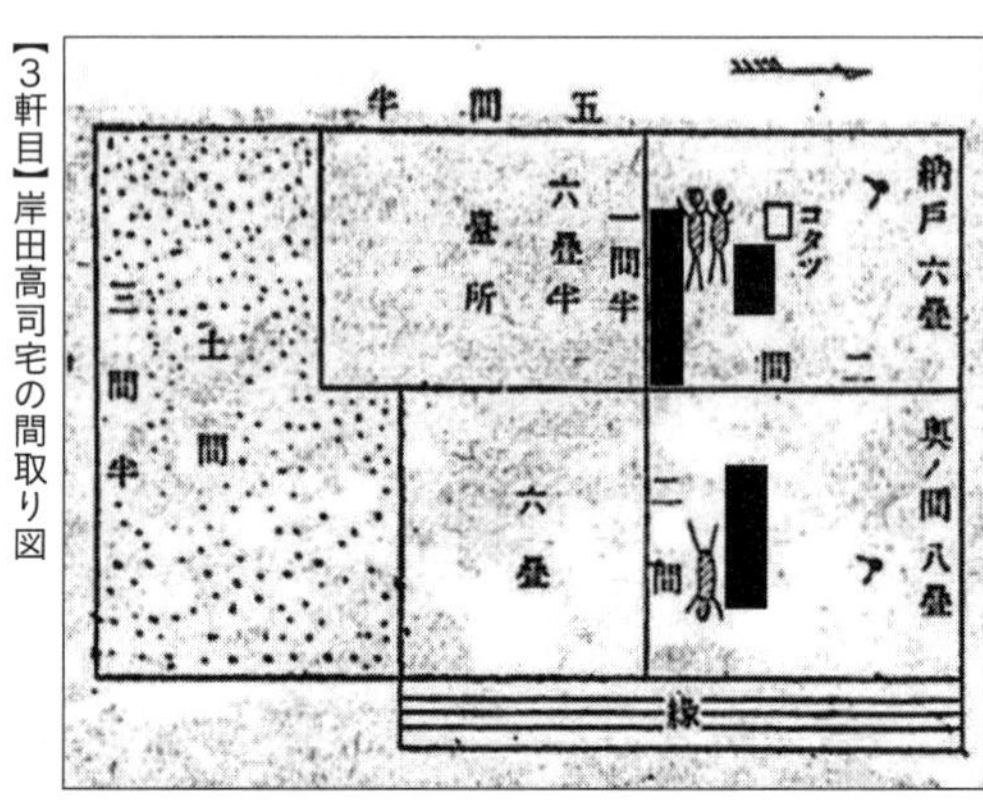

【3軒目】岸田高司宅の間取り図

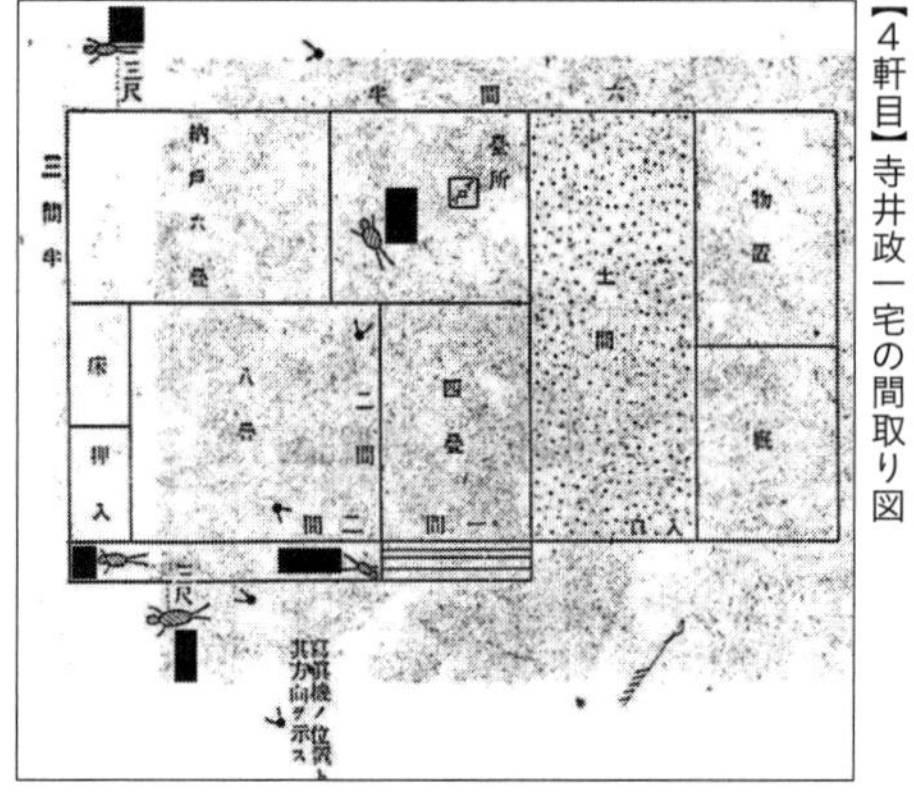

【4軒目】寺井政一宅の間取り図

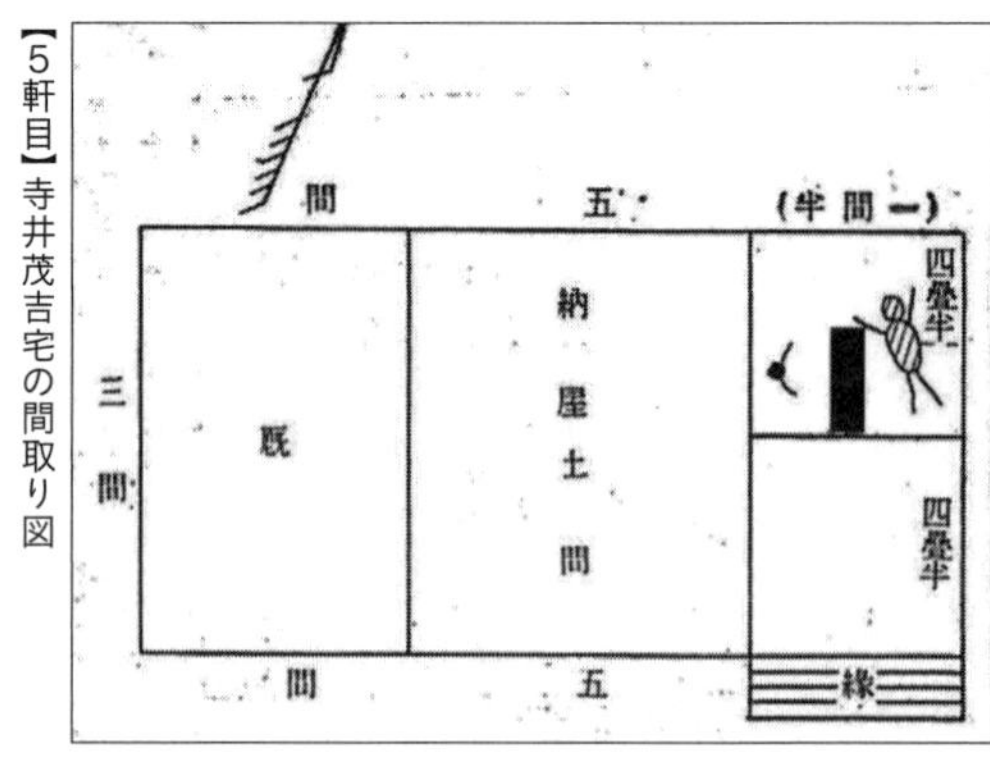

【5軒目】寺井茂吉宅の間取り図

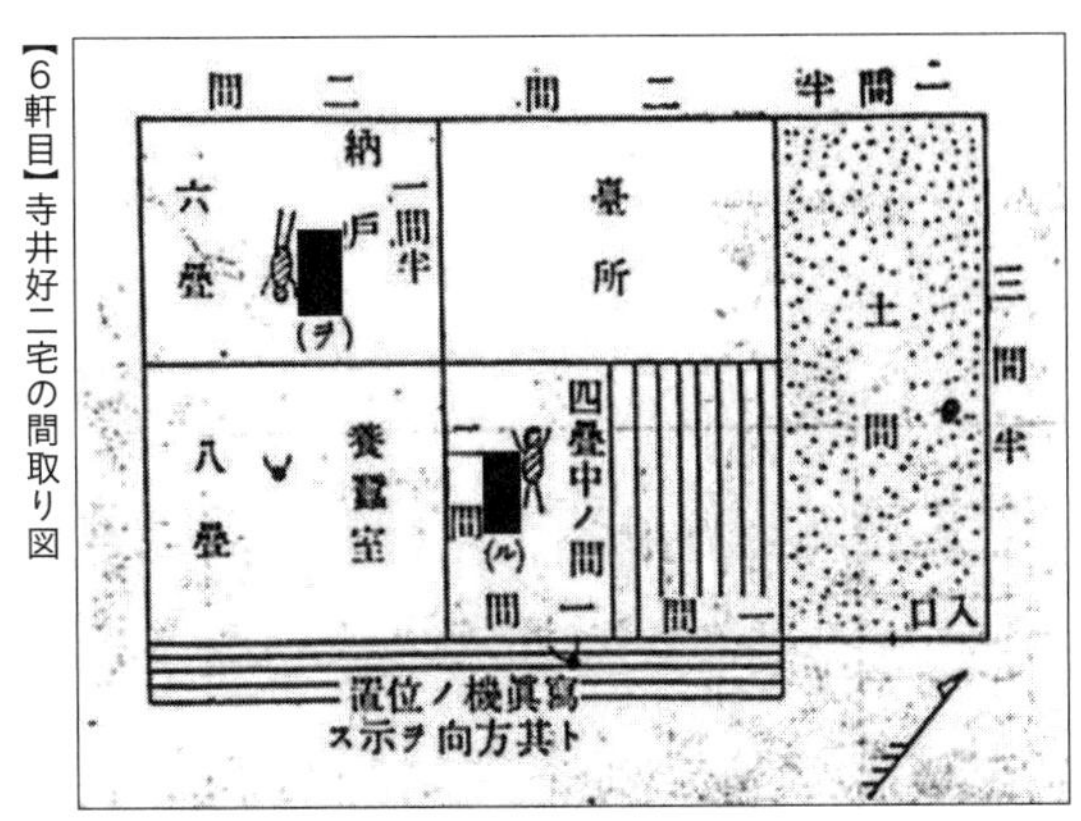

【6軒目】寺井好二宅の間取り図

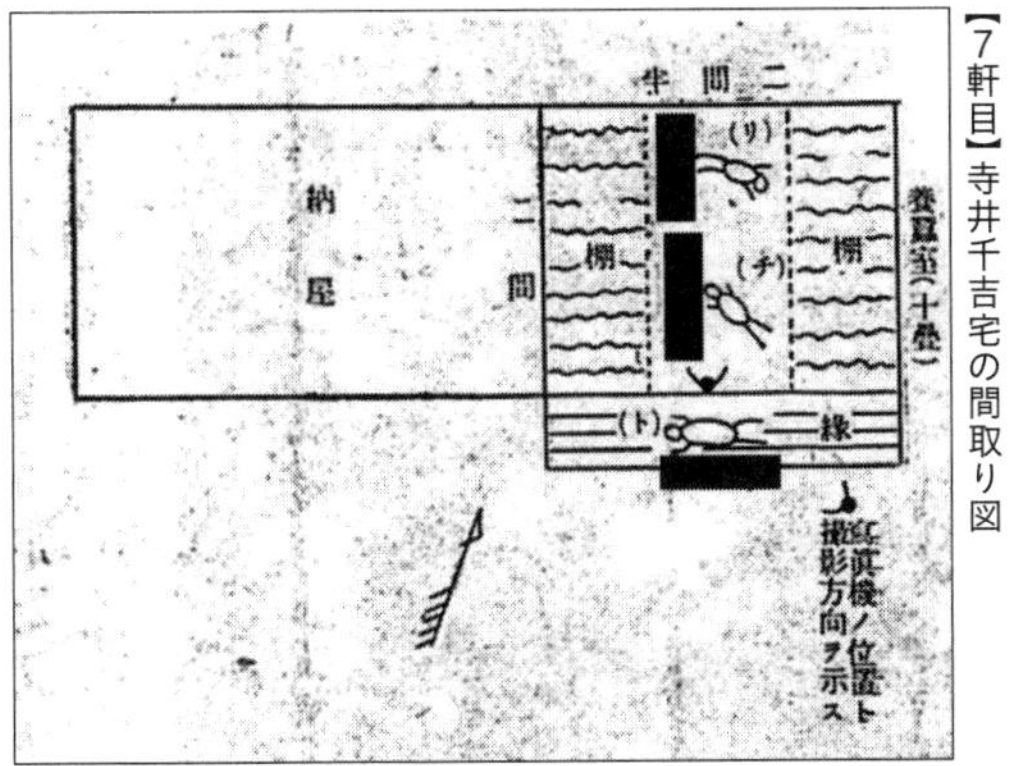

【7軒目】寺井千吉宅の間取り図

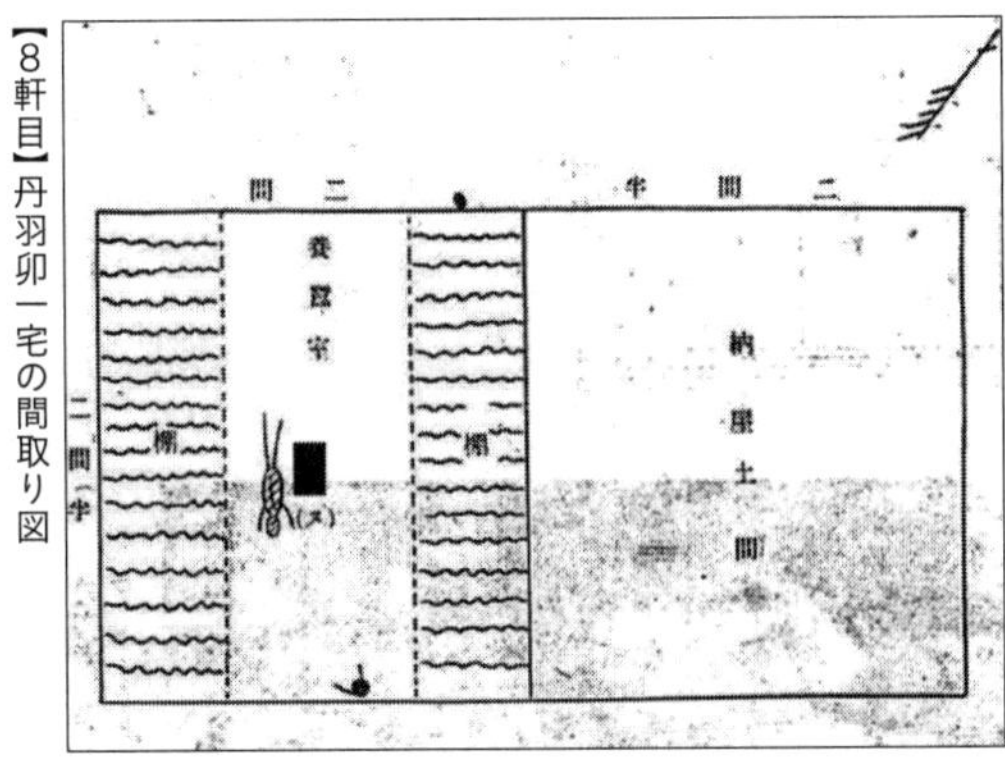

【8軒目】丹羽卯一宅の間取り図

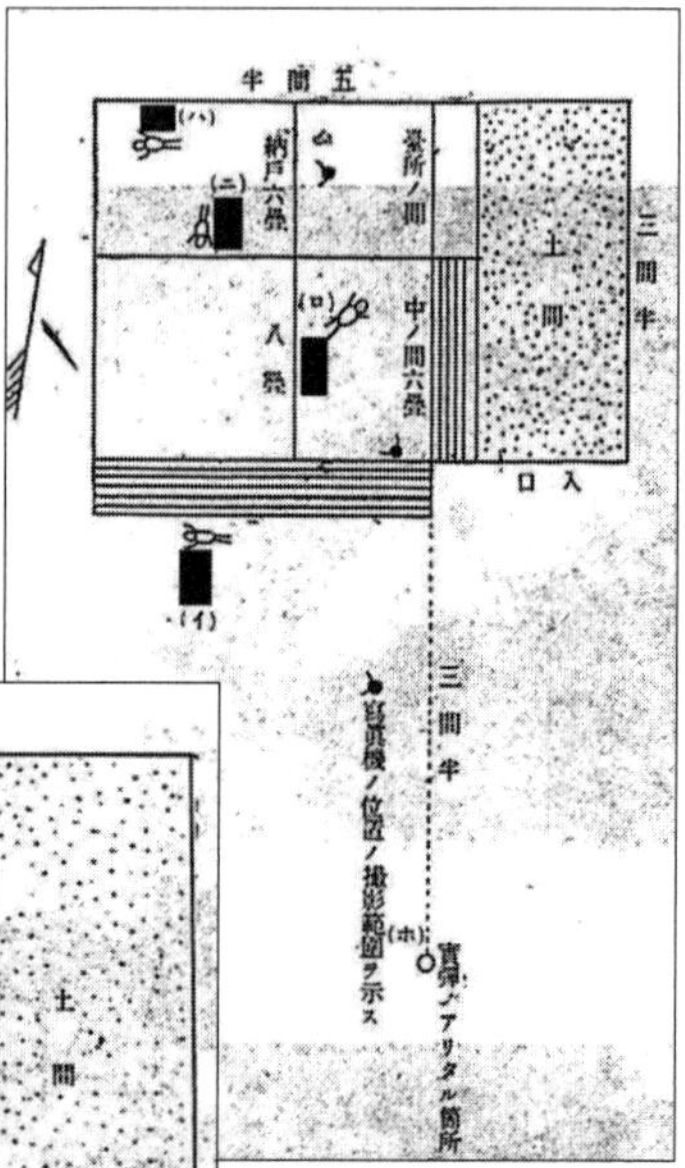

【9軒目】池沢末男宅の間取り図

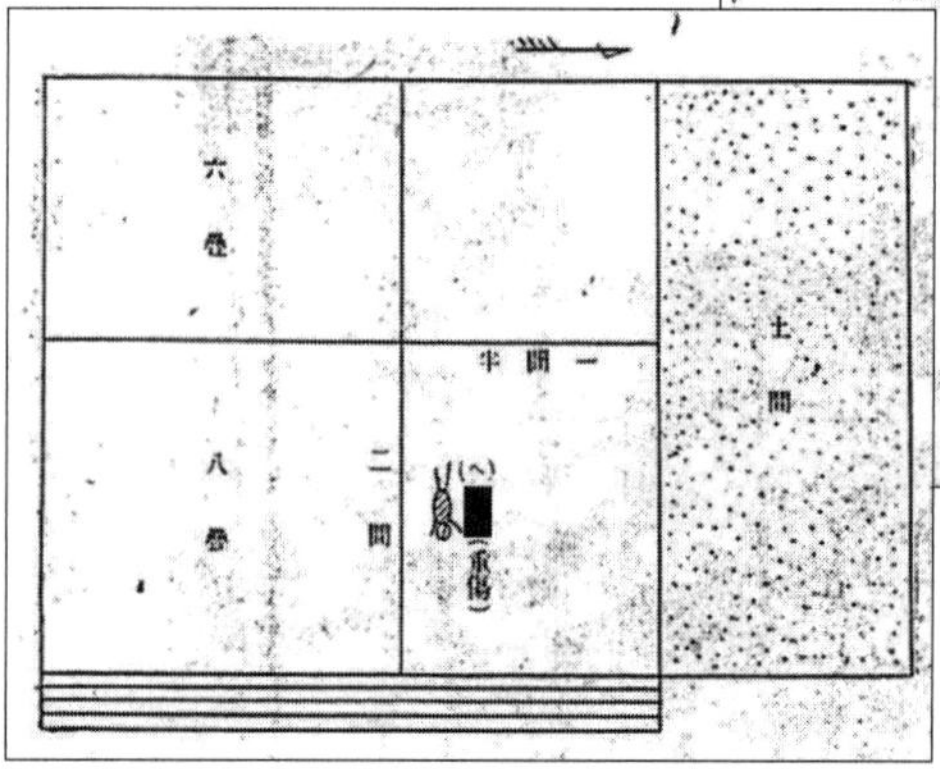

【10軒目】寺井倉一宅の間取り図

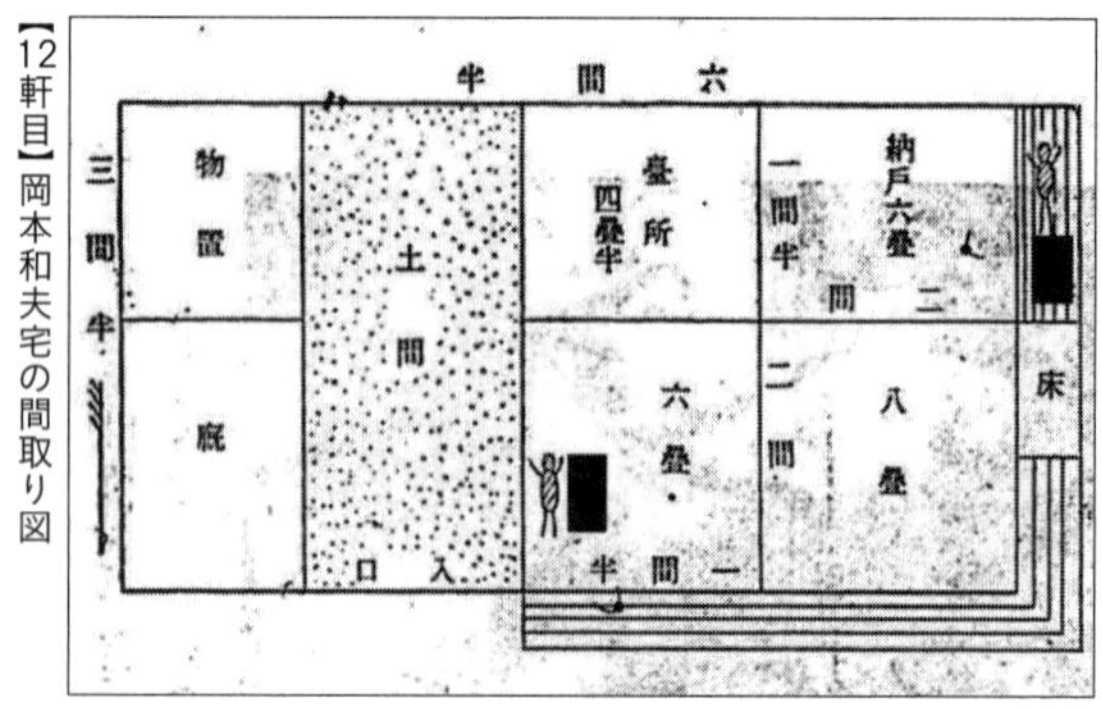

【12軒目】岡本和夫宅の間取り図

睦雄の自殺現場の様子

第10章

【解説】津山事件報告書

アメリカで眠っていた津山事件のバイブル

津山事件のバイブルともいえる重要資料「津山事件報告書」は、事件発生の翌年にあたる昭和14年（1939年）に司法省検察局がまとめたもので、「津山事件報告書（岡山縣苫田郡西加茂村に於ける三十三人殺傷事件）」が正式名称である。

当時の警察や検察は、捜査員を大量に動員して事件を捜査した。その時の捜査資料や、当時の捜査を指揮した捜査検事などの手記、さらに事件直後の報道資料などが、500ページほどの一冊の本にまとめられた。それが「津山事件報告書」である。

松本清張や筑波昭氏が取材した当時は、取材者もこの報告書に触れる機会があった。津山警察署や岡山県警本部などにも津山事件報告書は保管されていたという。

しかし、21世紀になってから取材を始めた私は、この「津山事件報告書」をなかなか手にすることはできなかった。津山警察署を訪ねても、「当該資料はもう廃棄されたようだ」という回答が返ってきた。

多くの後世の取材者は、松本清張や筑波昭氏の作品内で引用された津山事件報告書を参考にして、記事を書くしか術がなかった。

いろいろ捜し求めた結果、アメリカ西海岸のスタンフォード大学の研究所に津山事件報告書が所蔵されていることがわかった。しかも、誰でも自由に閲覧できるという。

なぜ、アメリカで眠っていたのか。それは日本が太平洋戦争で敗戦し7年間、アメリカの占領下に置かれたことが関係している。

日本が敗戦し、連合国の施政下に置かれた直後、多くのアメリカの研究機関が日本国内に事務所を設置し、重要な資料をかき集めた。対日占領政策を円滑に進めるためにも、日本研究は必要だったからだ。そして、かき集めた資料のなかに「津山事件報告書」が含まれていた。

私は昔の表現で書かれている津山事件報告書を現代語に訳す作業を進めていたが、いろいろと多忙で遅々として進んでいない。残念ながら、わずかではあるが、その一部をここに掲載したい。500ページもある重厚な資料集だけに、ごく一部しか紹介できないことをご容赦願いたい。

だが、ごく一部であっても当時の一次資料だけに、睦雄の犯行の様子などがリアルに把握できるはずだ。なお報告書の原文をわかりやすい現代語に訳し、筆者の注も適宜入れてある。

序

本件は昭和十三年五月二十一日午前一時頃より同三時頃までの間に、津山市の北方約六里（約二十四キロ）苫田郡西加茂村の一集落に発生した、一青年の凶暴凄惨極まりなき犯行である。

犯人はまず自分を幼少から育ててくれた祖母の首を大斧ではねた。次いで九連発の猟銃と日本刀などの凶器を携えて、異様な変装をなして、民家十一戸を襲い、わずか二時間足らずの間に、死者三十名、重軽傷者三名を出した。その後、同じ日の午前五時頃に仙之城山頂（現在の荒坂峠付近）にて部落を見おろし、猟銃自殺を遂げた。

わが国のみならず、海外においても類例なき多数殺人事件である。刑事事件としては、単なる被疑者死亡による不起訴事件として終了したものであるが、事犯の特殊性にかんがみ、岡山地方裁判所検事局において本件顚末を整理し、かつ各方面の感想、ならびに犯人の精神状態に関する考察などを収録し、津山事件の報告書として当省に提出されたので、後日の参考資料として印刷した次第である。

なお本件の犯行に用いられた凶器などは、当省刑事参考室に保存してある。

昭和十四年十二月

司法省刑事局

【解説】

最後の一文にある睦雄の使用した凶器類は当時の司法省に保管してある、という箇所は注目すべき点かもしれない。今も法務省のどこかに睦雄の使用した凶器が保管されているのだろうか。また、津山事件報告書に「部落」という表現が頻出するが、これは被差別部落を意味する差別用語ではなく「集落」のことである。

津山事件報告書目次

第二部〈資料編〉

第三部〈研究篇〉

【解説】

目次をざっと見ると、捜査の一次資料で前半が構成されている。一次資料の割合は全体の半分を占めている。後半は報道記事や捜査関係者・専門家の手記で構成されている。捜査資料については事件発生当初から主だった資料が時系列で掲載されており、個々の資料で数値や内容が異なっている点がある。事件発生当時の捜査陣の混乱ぶりがうかがえる。

前書　岡山地方裁判所検事　市島成一

昨年五月、自分が岡山検事局に転補の内命を受けて発令を待つまでのあわただしい数日を過ごしている間に、突然同月二十一日のラジオニュースと夕刊新聞は津山事件という驚くべき惨劇の発生を伝えたのであった。

検察裁判の職にある者はもとより、それ以外の人たちでも、おそらくこの事件に多少とも感興をひかれなかった者はなかったと思う。しかし自分はこの事件がこれから赴任しようとしている土地で起こった刑事事件であるがゆえに、人一倍関心を持たざるを得なかった。単に新聞を一読しただけでも、この事件が記録的な多数殺事件であること、犯人が精神異常者なりや否やの問題をめぐって相当の論争のあること、犯罪の動機原因について諸説のおこなわれていることなど、幾多の研究題目を含んだ事件のように思われたのである。

それから数日の後、自分の転補が発令されて、中野東京検事正のもとにご挨拶にうかがったところ、同検事正から「岡山には大変な事件が起こったが、いろいろな意味で珍しい事件のようだから、赴任したら調査をしてみたらどうか」とのお話があった。なお、そのほかにも在京の先輩同僚のなかでこの事件の調査研究を勧める人や、詳細の報告を求める方などがあったので、自分は岡山へ行ったら、この事件をできるだけ調べてみようという気になったのである。

さて、いよいよ着任してみると、岡山検事局のなかでもすでにこの事件の調査研究のことが話題にのぼっていたので、自分は大いに意を強くし、さっそく國枝検事正に具申して、常務のかたわら、この事件の調査資料の蒐集に従事することのご承認を得て、同検事正のご指導のもとに、同僚検事数名と協力して、この仕事にとりかかったのである。

このため、まもなく起こった山陽線列車事故事件、綿糸配給統制違反事件をはじめ、それから相次いで発生した大小事件のために、岡山検事局はたいへん多忙を極めることになり、自然この仕事を遷延することやむなきにいたったのであるが、幸い同僚各検事の努力と部外各位のご援助により、ようやく今日、不十分ながらも報告のできる運びとなったのである。

そして、この津山事件というものの全貌を要約すると、岡山県の北部津山市からほど遠くない山間の一部落である美作苫田郡西加茂村大字行重字貝尾に住む都井睦雄という、当時二十二歳の一青年が、昭和十三年五月二十一日未明、自宅において斧を用いて祖母いねの頸をはねて即死させた。続いて日本刀や猟銃などを携えて戸外に飛び出し、わずか一、二時間の間に同部落の民家十二戸を襲って、岸田つきよ他男女二十九名を殺害し、寺井ゆり子他二名の女を負傷させた。そして、兇行の部落から一里ほど離れた同村大字楢井字仙之城というところの小高い山嶺に登って、そこでゆうゆうと遺書を認めた後、猟銃で心臓部を撃ち、自殺を遂げた。という案件である。

この事件を一刑事事件として観るならば、犯行直後に被疑者死亡ということで、犯人に対する公訴権は消滅してしまったために、ほとんど捜査らしい捜査もなく、不起訴裁定書一通のみで処理されているのであるが、この事件を予防警察の方面から観察し、犯罪学の立場において論じ、法医学の見地から眺め、社会問題として取り扱う場合には、それぞれおびただしい研究資料と示唆を含んだ文字通り未曾有の犯罪というべきであろう。

なかなか迅速に動けず、また日々繁忙な常務のかたわらの作業であり、なおかつ調査の開始がわずかながら時機を失したことなどがあって、とうてい事前に想定したような成果を得られず、このような貧弱な内容で報告せざるを得なかったことは是非もない次第である。

ことに当初調査と研究の両方面を完成する意図だったのが、ついにわずかの調査資料の蒐集の程度で終わってしまったのは、いかにも忸怩たらざるを得ない。この事件を対象としての各

種の研究の方面のことは、是非とも今後の諸賢の成果を待ちたいと思う（以下、一部省略）。（昭和十四年五月下旬記）

【解説】

ここでは、この津山事件報告書でさえも、必ずしも十分な捜査報告とは言えない、と前置きしている。「前書」は事件から1年後、事件直後に東京から岡山に転任してきた検事が、主に「津山事件報告書」の編纂作業をしたことを記している。これを読むと「津山事件報告書」の問題点のひとつが浮き彫りにされる。

つまり、「津山事件報告書」は事件捜査に直に関わらなかった若輩の検事が、東京の上司の指示で研究用にまとめた資料であるという点だ。このため、どうしても捜査資料の収集程度しかできず、突っ込んだ追加調査は十分にできなかった。この点については本人が明確に書き残している。被疑者死亡の事件は、得てして十分な調査が行なわれないケースが多い。そのことを念頭に置いて読み進める必要がある。

【記録篇】

殺人事件捜査報告書

津山検事局発第一二二五七号
昭和十三年五月二十三日
殺人事件捜査経過報告
苫田郡西加茂村大字行重字貝尾における都井睦雄の大殺人事件については、すでに電話で概要を報告しているが、その後の捜査の経過は左記の通りである。

一、被疑者　苫田郡西加茂村大字行重七七九番地
無職　都井睦雄（事件当時二十二歳）

二、被疑者の家庭の状況および素行経歴

被疑者は家に祖母一名と暮らしており、二歳の時に実父と、また三歳の時に実母と死別した。また姉のみな子（当時二十五歳で、すでに他家に嫁入り）とともに祖母いね（当時七十五歳）の手で養育された。田地三反余りを所有する小農家で、普通の生計を営んでいたが、睦雄は幼児より蒲柳の質（〝ほりゅう〟と読み、虚弱体質を意味する）を持ち、九歳の時に小学校第一学年に入学し、以来健康体でなかったけれども、学業の成績は優秀を通して、高等小学校を卒業し、それ以後家事のかたわら、農業をしていた。普段から病弱で、事件の少し前あたりからは稼業の農作業もしないで、一定の正業もなく、遊惰に流れる暮らしぶりだった。部落の青年団をはじめ、隣人などとの交際は一切無関心で、老若の区別なく婦女子に挑み、または戯れるなど、不良青年の傾向にあったものである。

三、事件発覚の端緒

昭和十三年五月二十一日午前二時五十分頃、睦雄の大兇行を知った貝尾部落の丹羽卯一は直に西加茂駐在所へ駆けつけ、駐在巡査に急報したものである。

四、兇行の状況

昭和十三年五月二十一日午前二時過ぎ頃、被疑者はまず自宅で就寝中の祖母いねを、家にあった斧で頸部を強打し、即死させた。そして、自分で所有していたブローニング十二番口径の猟銃弾丸、および日本刀一振と短刀二振を携帯し、戸外に飛び出した。そして、向かい側にある西川秀司宅に侵入し、所持していた銃器で家族四名を射殺した。以下、順序は明瞭ではないが、寺井好二方で二名、寺井政一方で五名、寺井茂吉方で一名、岸田高司方で四名、岸田勝之方で三名、寺井千吉方で一名、丹羽卯一方で二名、池沢末男方で四名、岡本和夫方で二名の合計二十九名を射殺、または刺殺し、ほか二名に重傷（うち一名はその後死亡）、二名に軽傷（別表の通り）を負わせた。被疑者は、その後現場を逃走し、それより約二十町（約二キロ）の距離にある青山集落の武元市松方に到って、家人に対し「自分は今人殺しをやって、警察に追われている。鉛筆と紙をくれ。もしくれないなら、この鉄砲で撃ち殺すぞ」と話し、同家から鉛筆と学童用雑記帳の紙片数枚をもらい受け（のちにこれに遺書をしたためた）、すぐに同家を立ち去った。

五、被疑者死体発見の場所および死体の模様

苫田郡高田村荒坂越の山林続きで、被疑者の居村貝尾と隣接し、兇行現場より約一里（約四キロ）の距離にある山頂において、被疑者はその身体に黒詰襟洋服を着て、ゲートルを足に巻き、地下足袋を履いたまま、所持していた銃器で心臓部を撃ち抜き、自殺を遂げたものを、その日の午前十一時頃警察官や消防組員一行に発見された。そして、死体のそばには円筒形の小さな懐中電燈二個と自転車用電燈一個、および日本刀一振、短刀二振と、前記の銃器と雑嚢（リュックサックのようなもの）入り弾丸実包十四発を遺存していた。

六、被疑者の従来の挙動

事件のしばらく前に銃器数挺を買い求め、昨年（事件の前年の昭和十二年のこと）十月に狩猟免許を受け、ウサギなどを捕獲していたが、部落の人間は、本人の素行不良（原書註：稼業を怠り、婦女子と関係を結ぶ風評）と変質者（原書の註：集落の者と交際をせず、常に銃器をもてあそんで、他人の忠告に耳を貸さない）とのことから、その動静に不安を感じた。そして、駐在巡査に届け出る者もあったが、本年三月はじめ頃、巡査の忠告により、睦雄は銃器三挺（うち一挺はブローニング）および弾丸全部を他へ売却した。なお、同時に津山警察署から狩猟免許証を取り上げられたが、まもなく神戸市のほうで本件兇行に使用した猟銃を買い求めてきた。ついで弾丸百発（イノシシや熊の類を捕獲する猛獣用のアイデアル弾）を買い求め、さらに本年五月十三日（原文では五月だが、これはおそらく三月の間違いだろう）に狩猟免許者今田勇一に対し、狩猟免許証を遺失したから火薬を買ってきてくれ、と依頼し、今田に津山市の片山火薬店から雷管つきケース百個と無煙火薬二百グラムを買ってこさせて、これを睦雄は受け取った。なお、そのころ苫田郡加茂町伊藤医師から日本刀一振を買い求めて、これを所持していた。なお、兇行に携帯した短刀二振は購入先や購入月日などが不明である。

七、兇行の原因

被疑者は自宅に二通（うち一通は姉のみな子に宛てたもの）、自殺場所に一通の遺書が残していた。その文言や従来の性行から推察するに、痴情関係のあった婦女子には嫌忌されて、また痴情関係を挑もうとした婦女子には相手にされず、加えて病弱の我が身が憂鬱になり、他人から素行を注意されるとこれを逆に恨んで、世を呪い、快活に楽しむことはしなかった。そしてついに、極度の鬱憤を晴らすには、貝尾部落の人間たちをことごとく殺すしかない、と決意した。本件は、銃器、弾丸および日本刀、短刀を買い求め、あるいは遺書にこめられた文意や兇行時の服装などから察すると、睦雄が殺人を事前に計画し、また兇行前日の五月二十日夕方前頃に兇行部落の電燈引込線を切断（はたして被疑者がやったのかどうか、また切断の時間については不明。しかし、ハシゴをかけて電柱に登っている人間を目撃した者がおり、これが被疑者であると想像される）されて、同夜は点灯できなくなり、終夜部落は闇の中にあった。これらの点を総合すれば、まったく計画的な犯行であると思料される。

追記

婦人との痴情関係については、加害者、被害者ともに死亡し、明確ではない。また、銃器や弾丸、短刀などの凶器は購入先や購入月日など、現在では明確ではない。　以上

【解説】

「津山事件報告書第一二五七号」は現地津山支部の検事が事件発生からわずか2日後に岡山市にいる岡山県の検事局幹部に宛てた、記録に残る最初の報告書である。都井睦雄の分析や事件の経緯や動機（乱れた痴情関係からの逆恨み）の骨子はほぼ語りつくされている。後世の著作や研究の大半は、この「第一二五七号」と視点や解釈に軌を一つにしており、この遠山検事の捜査方針や事件解釈がすべての基本となったことを示す。

だが、これだけの大事件の2日後に、いったいどれだけの全容解明の捜査ができたろうか。犯人はすでに自殺しており、捜査当局や世情の都合に即した形で事件処理されたのではないだろうか。

犯罪事件報告書

岡山地方検事局発　第三二二〇号

昭和十三年五月二十四日
犯罪事件報告　第一回（終局）
標目　社会の耳目を集めた殺人事件不起訴処分の件
罪名　殺人および同未遂
処分年月日およびその要旨　昭和十三年五月二十三日被疑者死亡
被疑者被告人本籍住居職業氏名年齢
本籍並びに住居
岡山県苫田郡西加茂村大字行重七七九番地
無職　都井睦雄　当二十二年

犯罪事実

被疑者は昭和十三年五月二十一日午前二時過ぎ頃、まず自宅に就眠中の祖母いねを居宅にあった斧を用いて頸部を強打し、即死させたうえ、自分の所有していたブローニング十二番口径の猟銃弾丸および日本刀一振り、短刀二口を携帯し、戸外に飛び出した。そして向かい側にあった西川秀司方に侵入し、携帯していた銃器で家族四名を射殺した。以下、寺井好二方で二名、寺井政一方で五名、寺井茂吉方で一名、岸田高司方で四名、岸田勝之方で三名、寺井千吉方で一名、丹羽卯一方で二名、池沢末男方で四名、岡本和夫方で二名、合計で二十九名をおのおの射殺または刺殺した。このほか二名に重傷（うち一名はその後死亡）、二名に軽傷を負わせて、現場から逃走した。

そこから二キロ余り離れた青山部落の武元市松方に至ると、家人に命じて「自分は今、人殺しをやって警察に追われている。鉛筆と紙をくれ。もしくれなければ、この鉄砲で撃ち殺すぞ」と言い放って、同家より鉛筆と学童用雑記帳の紙片数枚をもらい受けた（のちにこれで遺書をしたためる）。すぐに同家を立ち去った後、兇行現場から四キロ余り隔たっている苫田郡高田村荒坂峠越の山林続きの山頂において、携帯していた銃器で心臓部を撃ち抜いて自殺を遂げた。

附記

一、被疑者の服装および携帯品などの状況

被疑者は黒詰襟洋服（学生服のようなもの）を着て、ゲートル（すねに布状のものを巻いて歩きやすくしたもの。脚絆）を巻き、地下足袋（建設工事現場や農作業などで着用する屋外作業用の足袋）を履いていた。（被疑者の）死体の傍には円筒形の小さな懐中電燈が二個、自転車用電燈一個、日本刀一振り、短刀二口と前記の銃器および雑嚢（リュックのようなもの）の中に弾丸実包十四発を残していた。

二、被疑者家庭の状況および素行履歴

被疑者は家に祖母一名がいるのみで、二歳の時に実父、三歳の時に実母に、それぞれ死別していた。姉のみな子（当年二十五歳。すでに他家に嫁ぐ）とともに祖母いね（当年七十五歳）の手で養育され、田地三反余り（約三千平方メートル）を所有する小農で、普通の生活水準を営んでいたが、幼時より蒲柳の質で、九歳の時に小学校第一学年に入学し、それ以来健康体ではなかったものの、学業の成績は優良を通していた。高等小学校を卒業し、それ以後家事の傍ら、農業に従事していた。普段から病弱（肺結核といわれていた）で、近頃は稼業の農業もせずに、定まった仕事にもつかず、遊惰に流れ（ぶらぶらし）、部落の青年団活動をはじめ、隣近所の人たちとの交際には一切無関心で、老若の区別なく婦女子に挑んだり（性的な関係を求めたり。夜這いのこと）、戯れるなど、不良青年の傾向がみられた。

三、被疑者のこれまでの挙動

被疑者は昨年十月に狩猟免許を取得し、それ以後銃器数挺を買い求めてウサギなどを捕獲するなどしていた。しかし貝尾部落の者は同人（睦雄）が仕事をさぼっては婦女子と性的な関係を結んだりしている、などの風評があって、素行不良であるとして、まったく隣近所隣近所と

の交際をしていなかった。常に銃器をもてあそんで、さらに他人の言うことに聞く耳を持たない変質者であったため、（村人たちは）睦雄の動静に不安を感じていたことから、ついには駐在所の巡査に届け出をする者もあらわれた。

そこで本年三月初め頃に巡査は睦雄の所有する銃器三挺（うち一挺はブローニング銃）および弾丸全部をよそへ売却させ、さらに同時に津山警察署のほうで狩猟免許証を睦雄から取り上げた。しかし、ほどなく神戸市のほうで今回の兇行で使用した猟銃を買い求めて、次いで弾丸百発（イノシシや熊の類を捕獲する猛獣狩猟用のアイデアル弾）を買い求めた。さらに本年五月十三日に狩猟免許を持つ今田勇一に対して、「狩猟免許証を遺失してしまったので、火薬を買ってきてくれ」と依頼した。今田に津山市の片山火薬店から雷管付の弾丸ケース百個、無煙火薬二百グラムを買ってもらった。またその頃、苫田郡加茂町の伊藤医師から日本刀一振りを買い求めて、これを所有していたという事実もあった。兇行に携帯していた短刀二口については、購入先や購入年月日などは不明となっている。

四、兇行の原因など

被疑者は自宅に二通（うち一通は姉みな子に宛てたもの）、自殺現場に一通の遺書を残していた。その文言やそれまでの被疑者の性行から推測すると、痴情関係にあった婦女子には忌み嫌われて、また夜這いをかけた婦女子には無視された。加えて病弱の身ゆえに次第に憂うつとなって、他人から素行のことで忠告を受けても、かえって忠告してくれた相手を逆恨みすることから、睦雄と付き合ってくれる部落民もほとんどなくなり、周囲からは冷笑と侮蔑を招くばかりとなった。

睦雄はしだいに変質的となって、人を恨み、世の中を呪い、かといって気分が晴れることはまったくなかった。ついに極度に蓄積した鬱憤は、貝尾部落の者を皆殺しにするしかない、と決意させるにいたった。今回の事件で使われた銃器弾丸および日本刀や短刀などを買い求めた点、あるいは遺書に記された意思、兇行の時の服装などから察すると、この殺人は相当以前から企図されていたものだ。また兇行前日の五月二十日夕方前頃に兇行部落の電燈引き込み線を切断（事件発生当時は誰の仕業か不明であったが、事件後被疑者の犯行ではないかとの説が有力となっている）し、事件の夜は部落はまったくの点灯不能（停電）の状態だった点などを総合すると、これはまったくの計画的犯行ではないかと考えられる。

【解説】

事件の原因や解釈など、その後の津山事件について報じられたり、伝えられたりする骨子の部分はこの時点ですでに完成していた。そして、事件からわずか3日後に遠路東京までこれだけの報告書が送られることとなった。

内容は東京の中央政府官庁関係者の人間を納得させ、満足させるのに十分なものであったようで、その後研究用資料として捜査の概要やその処理の様子をまとめた「津山事件報告書」を作成するよう、わざわざ東京から現地赴任の市島成一検事に対して直々に指示が出されたほどだった。

だが、よく考えればわかることだが、交通の便が極めて不便な僻地で起きた大事件なのだから、わずか2、3日で事件の詳細や原因、背景を解明できたはずはない。

実際、事件の主因は農村の前時代的な乱れた痴情関係（夜這いの風習）にあるとされ、津山事件後、陰に陽に事件の再発防止を建前に、それまでは踏み込みきれなかった農村に対する国からの統制がしだいに強まっていった。やがて農村は兵士や工場労働力を都市部に送り出す〝供給源〟へと変貌していき、戦時非常時体制が構築された。日本全体は暗い戦争の時代へ突入していくのだった。

また「第三二二〇号」では睦雄の人間性を損ねるようなネガティブな言葉が羅列されている点も挙げられる。「第三二二〇号」だけを読むと次のようなイメージを睦雄に対して抱くはずだ。

〝淫乱〟〝不良〟〝粗暴〟〝村八分の鼻つまみ者〟〝性犯罪者〟〝陰湿〟――だが、いわゆる一般的な〝不良〟と孤独な〝引きこもり〟という性行は、ひとりの人間の心の内に同居できなかったりする。私には相反する性質の性格が乱雑に羅列されているようにも思えてしまうのだ。つまり捜査当局としては、睦雄が痴情関係のもつれから大量殺人を実行するほどの〝変質的な悪人〟でなければ恰好がつかない。そのためにいろいろ適当に書き連ねられた文言と解釈することもできる。

さも睦雄だけが山村で夜這いに明け暮れた異常者であるように記されているが、実際はそうではなかったことはすでに述べた。だが、国はそれらを殺人事件発生の要因となる悪行であり、それは都井睦雄だけが行なっていた変質的な行為であると、津山事件の捜査を通じてアピールしていったのだ。のちに〝夜這い悪行論〟がひとり歩きすることになる。

都井睦雄不起訴処分記録

昭和十三年検第一九号　岡山地方裁判所津山支部検事局
決裁の日　昭和十三年五月二十三日
件名　尊属殺、殺人および殺人未遂
被疑者　都井睦雄

裁定　本件は被疑者死亡者につき起訴せず

事実および理由

本件犯罪事実は昭和十三年五月二十一日午前一時頃より同三時頃にいたるまでの間に、その居村である岡山県苫田郡西加茂村大字行重字貝尾部落において、ブローニング九連発銃、日本刀、斧などを使用し、祖母都井いね（七六歳）ならびに部落に居住する西川秀司（五〇歳）ほか二十八名を殺害し、寺井はま（五六歳）ほか二名にそれぞれ銃創を加えたものの殺害するにいたらなかった。被疑者は犯行後、同日午前五時頃に同村大字楢井字仙ノ城一四八一番地の山林の中において、猟銃で自殺を遂げ、同人に対する公訴権は消滅に帰したことをもって、主文のように裁定する。

電話聴取書

昭和十三年五月二十一日午前六時三十分
取扱者　松森書記
受信人　岡山地方裁判所津山支部　遠山検事
発信人　津山警察署長

殺人事件報告の件

苫田郡西加茂村大字行重字貝尾七七九

農業　都井睦雄　二十二歳

右の者は本朝午前二時頃より三時頃までの間、自宅付近にある人家十数戸に侵入し、同所の寺井政一（六〇歳）ほか三十三名を手に持った猟銃で狙撃し、あるいは日本刀をふりかざして斬りつけて、政一ほか二十七名を即死させ、丹羽イトほか二名に重傷を負わせ（注：イトは事件の六時間後に出血多量で死亡）、寺井ゆり子ほか一名に軽傷を負わせた。（その後睦雄は）付近の山林に逃亡したため、ただちに現地まで御出張のうえ、何分の御指揮をいただければと考え、以上のように報告いたします。

電話聴取書

昭和十三年五月二十一日午前十一時

取扱者　大内書記

受信人　津山支部検事局

発信人　津山警察署　岩藤部長

殺人被疑者自殺報告

今朝西加茂村における多数の殺人事件について速報いたします。犯人都井睦雄は苫田郡高田村の山林中において、鉄砲自殺を遂げているところを発見いたしました。

変死者検視調書

昭和十三年五月二十一日岡山地方裁判所津山支部検事局検事遠山茂の指揮により、変死者都井睦雄の検視を左記の通りいたしました。

・変死者の本籍住居職業氏名年齢

本籍　岡山県苫田郡西加茂村大字行重七七九番地

住居　同上

農業　都井睦雄

大正六年三月五日生れ

・発見人の住所氏名年齢およびその申告理由

住居　岡山県苫田郡西加茂村大字中原

消防組部長　穴井孝雄

明治三十八年六月一日生

警察官の指揮を受け、山狩りをする中で発見

・死亡年月日

昭和十三年五月二十一日午前五時頃

・死亡の場所およびその模様

場所は、苫田郡西加茂村大字楢井仙ノ城一四八一番地山林中

この山林は同郡高田村荒坂峠の山林続きのもので、死者都井睦雄の居住する部落（貝尾）と隣接し、死者の兇行場所より西北に約一里（四キロ）余りの距離にあり、山頂の眺望のいい場所である。小松や雑木などが繁茂する中間の約十坪（三三平方メートル）くらいの雑草地を選び、持っていたブローニング九連発銃の猟銃で、左乳下心臓部を撃ち抜き、自殺したものである。

・死亡後の経過時間

約五時間

・死体の状態および死亡の原因、ならびに着衣や所持品

死者は頭部を西の方角へ向け、上向きとなって、両足はともに少し曲げ、猟銃にて心臓部を撃ち抜いており、流血が着衣を濡らしていた。

そして着衣は、黒の詰襟洋服で、ズボンの下に茶褐色の巻きゲートル（脚絆）をつけ、地下足袋はかたわらに脱ぎそろえていた。死体のそばには弾丸実包十四発（うち一発散弾五発〔注：散弾五発の入った一発の実包という意味か〕は銃に装填し）をのこしていた。

なお古い雑記帳にしたためた遺書が一通あった。
原因は大殺人犯事件を自殺で清算したというもの。
・検案医師氏名検案要領
苫田郡加茂町大字塔中一〇五番地　医師　只友一冨
・検視官の認定
死者は二十九名を殺害し、二名に重傷、二名に軽傷を与えた犯人都井睦雄に相違なく、覚悟の自殺と認める。
・死体ならびに所持品の始末
死体は従兄にあたる寺井元一に引き渡し、携帯品は別紙目録の通りで、寺井元一が放棄書とともに提出したもので領置する（警察が保管する）。
・検視の日時
昭和十三年五月二十一日午前十二時
右のように検視をしてこの調書を作成する。
昭和十三年五月二十一日　苫田郡西加茂村大字楢井において
津山警察署　司法警察官警部補　北村好

領置書

被疑者都井睦雄に関係する尊属殺、殺人被疑事件について、差出人の承諾を得て、左記の目録の物件（睦雄の死亡時の携帯品）を領置する。

昭和十三年五月二十一日

津山警察署　司法警察官警部補　北村好

領置目録（差出人名はすべて苫田郡西加茂村行重の被疑者親族寺井元一。すべて返還は不要と記されている）

一　ブローニング九連発装置の猟銃　一挺

二　日本刀　一振

三　匕首（小刀）　二口

四　雷管付き薬きょう、および実包　拾四

五　円筒型懐中電灯　二個

六　自転車電燈　一個

七　ズック製カバン　一個

八　革帯　一筋

放棄書

猟銃　一挺（ほか弾薬実包十四発）
日本刀　一振
匕首　二本（二口とは記されていない。領置書を書いた人と別の人が記したと思われる）
懐中電燈　三個
ズック製カバン　一個
皮帯　一筋
右の物件は都井睦雄の所有のものであり、親族や遺族が不必要と判断しているため、所有の権利を放棄したものである。
昭和十三年五月
苫田郡西加茂村大字行重　寺井元一
津山警察署　司法警察官殿

請書

一、死体　ただし都井睦雄
一、着衣

1　黒小倉洋服詰襟上下一着
2　白合着アンダーシャツ一枚、さらし木綿腹巻一筋
3　巻ゲートル一足茶褐色
4　地下足袋一足
5　木綿メリヤスシャツ一枚、サルマタ一枚
6　帯革一筋
7　銀側懐中時計、ただし両蓋一個
右は検視済みのうえ、（遺族に）引き取ってもらうものである。
昭和十三年五月二十一日
苫田郡西加茂村大字行重　寺井元一

【解説】

これは睦雄の検死報告書である。睦雄の遺体は事件直後、貝尾のおじの元一が引き取ったとある。しかし、貝尾には睦雄の墓はなく葬儀もされなかった。実際に睦雄の遺体が土葬されたのは、十数キロ離れた山奥の倉見地区（都井家の実家）である。

ところで、不起訴処分記録は一見するとひとつの整ったレポートのように見える。だが、使

用語句をチェックしてみると、単位や表現方法が微妙に異なる箇所がいくつかある。これは誤植や書き間違えではなく、原文表記がそうなっているのだ。この書類はもともと大勢の警察官や検察関係者がそれぞれ雑多に書いた複数の書類であり、それを担当者が整理してまとめたものだ。つまり、もとの生々しい捜査資料がありのまま記されたものではないのだ。

例えば睦雄のおじにあたる寺井元一（なぜか従兄と記されている）が、警察の保管していた睦雄の遺品類を放棄する書類を届け出た日時が事件発生当日の「五月二十一日」となっているが、これは明らかに不自然だ。一度警察が押収して検視した睦雄の遺品を放棄するのだから、少なくとも事件の数日後から数週間後のはずである。

一連の捜査資料の山から一部を誰かが選んで抜き取り、それをその人物が書き写すなり、再構成するなりしたのだろう。それならば、表現の違いや日時の食い違いも説明できる。

また、捜査を指揮した津山支部の遠山検事が現場から出動要請の電話を受けたのは、事件当日の午前6時半のこととある。この時はまだ睦雄の自殺死体は発見されていないが、いずれにしろ犯人探しという捜査の過程はすでに終了していた。つまり、捜査検事が乗り出した時点ですでに事件そのものは終了しており、捜査開始時から捜査検事や捜査陣は〝事後処理〟作業となったわけである。しかも捜査を詳細に行なう前の段階で、早々に不起訴処分が決定された。そんな状況で、はたしてどこまで十分に事件の詳細や背景を解明できたのかは、甚だ疑問が残る。

強制処分書類送付書

被疑者　都井睦雄

右の殺人事件について請求することになった検証証拠物件の押収鑑定の件につき、処分（鑑定が終了したので報告する、のことか）をすることになったので、関係書類として左記の目録の通り、ここに送付いたします。

昭和十三年五月二十八日

岡山地方裁判所津山支部

予審判事　有地平三

同検事局

検事　遠山茂殿

目録

一、強制処分請求書一通

一、検証調書一通

一、鑑定人訊問調書一通

ただし検証調書の末尾に押収目録を添付する。

強制処分請求書

殺人　都井睦雄

右の者に対する頭書の被疑事件について、左記の処分をすることになったので、ここに請求させていただきます。

昭和十三年五月二十一日

岡山地方裁判所津山支部検事局

検事　遠山茂

岡山地方裁判所津山支部

予審判事御中

被疑事項

被疑者は昭和十三年五月二十一日午前二時頃、苫田郡西加茂村大字行重部落において、刀剣および猟銃を使用し、同所の寺井政一ほか三十二名を殺傷したものである。

請求事項

右事実につき、

一、被害者の所在（住居）における現場およびその付近の検証ならびに証拠物件の押収

二、各被害者の死因の鑑定

検証調書

被疑者都井睦雄に対する殺人被疑事件について、昭和十三年五月二十一日岡山地方裁判所津山支部予審判事有地平三は裁判所初期小林一三の立会いのうえ、犯行現場である岡山県苫田郡西加茂村大字行重部落に出かけて検証したが、その報告は左記のようなものである。

この検証には、検事遠山茂も立会い、各被害者の住居主である池沢末男、寺井倉一、寺井千吉、丹羽卯一、寺井茂吉、寺井ゆり子、不在者宅ではその隣人である、寺井元一、西川昇、寺井鹿蔵、岡本小三一、寺井勲などがおのおの立会いをした。

なお本検証の結果を明確にするために、別紙で図面十三枚を作成し、かつ赤見禎三が撮影した現場写真二十七枚をそれぞれ本調査の末尾に添付する。

一、検証の場所（省略）

二、各被害者方家屋の間取り構造および被害者の状況など

（一）池沢末男方

同家の居宅は間口五間半（一間は約一・八メートル。五間半は約九・九メートル）、奥行き三間半（約六・三メートル）の木造茅葺屋根の二階建てで、その間取りは別紙第二図に表示するようなものである。被害者を順次検証すると、池沢勝市（七四）は居宅の八畳の奥の間の縁側の南側軒下にメリヤスの肌着一枚をつけ、頭部を西側に向けてあおむけに横たわり、左肩肩甲骨背中側から胸の乳部をつらぬく直径約一寸（三センチ）の弾創があって、肺が露出し、左腕の肘関節部その他全身数ヶ所に創傷（皮膚に生じた傷）があったことが認められる。

池沢ツル（七二）は居宅の六畳の中の間の中央部あたりにあったコタツの北側に布団をかけていたため、この布団をはがしとると、裸のまま頭部を北にして東向きで横たわっており、左肩甲骨部に直径一寸（三センチ）の貫通した銃創があって、その傷口のふきん、およびツルの身体の下にあった布団に多量の血液が浸潤していた。

池沢宮（三四）は居宅の六畳の納戸で、北西隅に近い箇所に頭部を西にして、布団の上にあおむけに横たわり、心臓部に直径約一寸（三センチ）の貫通した銃創があった。

池沢昭男（五）は同間（六畳の納戸）の宮の南側に、宮と同じように布団の中に木綿の袷（あ

わせ）の着物を着たまま、あおむけに横たわり、右上腕部および腹部に弾創があって、肝臓および腸が露出していた。

この時、予審判事は池沢勝市の死体の中から弾丸の破片一個、および死体の付近で弾丸のケース三個（薬きょうのことか）を別紙の押収目録に記したとおり、それぞれ押収したものである。

（二）寺井倉一方

同家居宅は間口五間（約九メートル）、奥行き三間半（約六・三メートル）の木造茅葺屋根の二階建てで、その間取りは別紙に表示するようなものである。被害者である寺井はま（五六）は居宅上端の六畳間の南東隅に、頭部を東に向けて布団の中にあおむけに横たわり、右ひじ関節部に包帯を巻いていて、重態のようである。

（三）寺井千吉方

同家居宅の西側に木造削ぎ板葺屋根二階建ての納屋から北東部に十畳の養蚕室がある。

平岩トラ（六五）は前記の養蚕室の南側縁に頭部を西に向け、木綿の袷を着たまま、あおむけに横たわり、へその下あたりに直径約八分（約二・四センチ）の貫通した銃創があり、また右の臀部（お尻）や左大腿部などに相当大きい創傷が見られる。

丹羽つる代（養蚕の手伝いにきていて睦雄を振ったと思われる、二二）は同じく養蚕室の内側の南側に近い場所に、頭部を西に向け、木綿の袷の着物を着たまま、あおむけに横たわり、身体の上にかけられた布団を取り去ると、右腸骨節の隆起した部分の上方に直径約八寸（原文では〝寸〟だが、〝寸〟なら二十四センチとなるので、〝分〟の誤りと思われる。二・四センチ）の弾創があり、その他右横腹部にも同様の円形の弾創があるのが認められる。つる代の足の下側付近に弾丸のケース三個が散乱していた。

この時、予審判事は右の弾丸ケースを別紙押収目録に掲げたとおり押収した。

岸田みさ（一九）は同じ養蚕室の北側に木綿の袷の着物を着て、黒いサルマタをはき、頭部を東に向けて身体も東向きに横たえ、左前頸部に弾創とおぼしき不整形の創傷があるのが認められる。

（四）丹羽卯一方

同家居宅の北西に間口四間半（約八・一メートル）、奥行き二間半（約四・五メートル）の木造茅葺屋根の平屋建ての納屋があるが、この納屋の西端に十畳の養蚕室がある。そして被害者である丹羽イト（四七）はこの養蚕室の中央部から少し西に寄った養蚕棚に近い場所に、木綿の袷の着物を着て、頭部を南側に向けて、あおむけに横たわり、足の部分はほとんど原形をとどめないほどに潰滅し、その付近におびただしい量の血液が流出していた。

（五）寺井好二方

同家居宅は間口が五間半（約十メートル）、奥行き三間半（約六・三メートル）の木造茅葺の平屋建てであり、別紙の第六図のような間取りである。被害者の寺井好二（二一）は居宅の四畳の広さの中の間の中央部で、頭部を西北に向けて、布団の下に仰向けに横たわっていた。木綿の袷の着物を振り乱し、右肩のあたりに直径約一寸（三センチ）の弾創と、左腕の肘関節部（原文では、中関節部）に大きな弾創があって、その傷の表面はまるで海綿（海底に生息するスポンジのような生物。ぐちゃぐちゃに損傷していたということ）のごときものだった。死体の下の畳には多量の血液が流出しており、また布団には睦雄が撃った弾丸が貫通したものと思われる痕跡も残存している。布団の下には弾丸のケースが一個あった（別紙第六図、および写真（ち）を参照）。

好二の母、トヨ（四五）は同居宅の納戸六畳の間の中央に木綿の単衣を身につけて、頭部を東南にむけて仰向けとなって倒れていた。頸部（首のあたり）から左下の方向へ長さ約二寸（六センチ）、幅約一寸（三センチ）の弾創があった。頸部から約一尺五寸（四十五センチ）下部にある脊髄の両側の各々一か所には、大豆ほどの大きさの表皮の剝離した箇所があった。創傷からは多量の出血があったようで、それらは畳の上に流出していた（写真（り）を参照）。

さらに納戸の東側にある台所を調査したところ、その南東の隅に重ねて置かれていた畳の上に空の弾丸ケースが四個あった。予審判事は、寺井好二の死体のそばにあった弾丸ケースとともに、これらのケースを別紙押収調書に記載してあるとおりに押収した。

（六）西川秀司方

同家居宅は間口六間半（約十一・七メートル）、奥行き三間半（約六・三メートル）の木造茅葺き平屋建てであった。その間取りや構造は別紙第七図に表示しているものである。西川秀司（五〇）は居宅の四畳の中の間のコタツの南側で、木綿の単衣を来てうつ伏せとなっており、頭部を北に向けていた。秀司の死体を覆っていた布団をはいで検証すると、その左の乳の下約三寸（九センチ）のところの心臓部に二銭銅貨ほどの大きさ（約三・一センチ）の弾創があって、その背面である頭部まで貫通していたようである（別紙第七図および写真（ぬ）を参照）。

秀司の死体のあった四畳間の南西隅に弾丸ケースが二個見つかった。予審判事は、別紙押収目録に記載したようにこの弾丸ケースを押収したものである。

トメの娘である西川良子（二三）は秀司のいた四畳間のコタツの北側に頭部を北に向けて木綿の寝間着を着て、布団の上に仰向けに横たわっていた。左腕肩甲骨の前部、背面、左頸部下の横腹にあたる部分に二銭銅貨ほどの大きさ（約三・一センチ）の貫通銃創があった。また両乳房の中間ほどに長さ約一寸（三センチ）の創傷があったのを認めた（写真（る）参照）。

岡千鶴子（二四）は、西川良子と同様に並ぶようにして、頭部を北向けに仰向けとなっていた。木綿の袷の着物を着ていたので、これを取り除いて検証すると、左乳房の横から左わきの下にいたる箇所に直径約三寸（九センチ）の貫通銃創があった。また、左腕関節の上方には約五寸（十五センチ）の皮膚が損壊している創傷が認められた。

西川トメ（四三）は、良子らがいた部屋の西側にある四畳間の南東隅に木綿の単衣をまとって、頭部を北に向け、下肢を南に向けて仰向けに横たわっていた。着衣を脱がしたところ、ヘソの上方一寸（三センチ）の箇所に鶏の卵ほどの大きさの盲貫銃創（脇腹の貫通銃創）があって、傷口から内臓が露出していた（写真（を）を参照）。

（七）寺井政一方（睦雄の恋した寺井ゆり子の実家）

同家居宅は間口六間半（約十一・七メートル）、奥行き三間半（約六・三メートル）の木造茅葺き平屋建てであり、その間取り構造は別紙第八図に表示しているものである。

続いて各被害者を順次検証したい。寺井政一（六〇）は同居宅の台所間の南西隅に、木綿の袷を着て、頭部を北に向けて仰向けに横たわり、右乳の下に長さ約二寸（六センチ）、幅約一寸（三センチ）の盲貫銃創があった（別紙第八図ならびに写真（わ）参照）。

寺井貞一（十九）は、同居宅六畳の納戸の外側軒下に紺の絣（かすり）の着物を着て、その下にメリヤスの肌着をまとっていた。左乳の下の心臓部から背中へ向けて二銭銅貨ほどの大きさ（三・一センチ）の貫通銃創が認められた。また左背部のわきの下約一尺（三十センチ）のところにアズキほどの大きさの点々とした赤色をしている表皮の剝離した箇所があった（写真（か）参照）。

三木節子（二二）は同居宅八畳の奥の間の縁の南東部の、雨戸を締めきった隅に寝間着を着て、上半身を右隅にかたむけたまま下肢を前方にだし、上肢を膝上であわせたまま、両乳房の中間に二銭銅貨ほどの大きさ（三・一センチ）の貫通銃創があった（写真（よ）参照）。

寺井とき（十五）は節子の反対側（南西部）の縁に木綿の袷の着物の上に木綿羽織をつけ、頭部を南西方向に向けて、大の字となって仰向けに横たわっていた。右乳部の下方二寸（六センチ）のところにだいたい一銭銅貨ほどの大きさ（約二・八センチ）の貫通銃創が二か所あった（写真（た）参照）。

寺井はな（十二）は、ときのいた縁側の南側軒下に、頭部を南西に向けて、木綿の袷の着物を着て、仰向けに伏していた。はなの右乳房の下部に長さ約二寸五分（七・五センチ）、幅約一寸五分（四・五センチ）の弾創があって、その傍らに鶏卵ほどの大きさの表皮の剝離した一箇所があった。この剝離した裂け目から、皮下脂肪組織が露出しているのが認められた。また左肩甲腕関節部に表皮の剝離した部分が一箇所あり、その形状はまるでザクロを踏みつぶしたかのようなものだった。

寺井ゆり子（二二）は同家八畳間に座っており、彼女の前頸部を検査すると、真横に長さ約一寸（三センチ）の擦過傷があるのが認められた。

またその八畳間の南西隅に弾丸のケースが転がっていた。予審判事は、この弾丸ケースを別紙押収目録記載のとおり、押収したものである。

（八）被疑者都井睦雄の居宅は、間口八間半（約十五・三メートル）、奥行き四間（約七・二メートル）の木造茅葺き平屋建てにして、その間取り構造は別紙第九図に表示するとおりである。

被害者都井いね（七六）は居宅六畳の中の間の寝床に、南向きに横臥していた。頸部は切断され、頭部は身体より約一尺五寸（四十五センチ）をへだてて、西方の障子のそばに転がっていた。畳の上には、多量の血液が流出していた（別紙第九図および写真（そ）を参照）。いねのいた部屋の南側に床があり、その前にコタツやぐらを置いて、その上にゴザをたたんで載せてあった。さらにその上に鉛筆で〝書置〟と記した白紙封筒二通が重ねて置かれてあった。この書置を別紙押収目録記載のとおりに押収した。

また裏出口の北側の壁に、柄の長さが二尺一寸五分（約六四・五センチ）、刃の長さ二寸七分

（約八・一センチ）、峰から刃までの長さ六寸五分（約十九・五センチ）、峰の幅一寸八分（約五・四センチ）、厚さ一寸一分（約三・三センチ）の大きさとなる斧が立てかけてあり、わずかに血液とおぼしきものが付着していた（写真（つ）参照）。

（九）寺井茂吉方

同家居宅の南側に木造瓦ぶきの平屋建てで、間口約九メートル、奥行き約五．五メートルの納屋がある。その納屋の東部に四畳半の座敷が二間あって、茂吉の父親で事件の被害者である孝四郎（八六）は、その東側の四畳半間の東側の柱脇の連窓（二つ以上連なっている窓）に近い場所に、頭部を北西に向け、なかば東向きに仰向けに倒れていた。両乳あたりの下、約九センチのところ（左右二カ所）に直径約五センチの盲貫銃創（弾丸が体内にとどまっている銃弾の傷口）があって、特に左側の銃弾の傷口からは内臓が露出しているのが確認された。そして、孝四郎が倒れているあたり一面には血沫が飛散していた（別紙第十図および写真（ね）参照）。

（一〇）岸田勝之方

岸田家の居宅は、間口が約十一メートル、奥行きが六・三メートルの木造茅葺き屋根平屋建てであり、その間取りや構造は別紙第十一図に表示しているものである。岸田つきよ（五〇）

は、同家の六畳の納戸に、頭部を東に向けて、遺体には蒲団がかぶせられていた。遺体は木綿の袷（冬用の和服）を羽織っており、つきよの首のあたりには、真横方向に長さ約十センチ、幅約二センチの切り傷がみうけられた。また左乳房の上方には長さ約十センチ、幅約四・五センチの背中方向まで貫通している刺し傷があって、さらにつきよの顎の骨は無残に大きく損壊していた（別紙第十一図、および写真（な）参照）。

次男の岸田吉男（一四）は納戸の右側、つきよの横たわる反対側の蒲団の上に、木綿の袷を着て、頭部を西方向に向けて横たわっていた。また前頸部から後頭部まで突き抜けている刺し傷がみとめられ、首の骨は切断されており、左右に表皮がわずかに残存する程度だった（同図、および写真（ら）参照）。

三男の岸田守（十一）はやはり納戸の吉男の南側で、吉男と並ぶ形で、頭部を南西方向に向けて、木綿の袷を着たまま仰向けに横たわっていた。左耳の下方から、左ほほの前部に向かって、三角形の切り傷があった。なおその下方および左前肩甲骨部付近には、無数の刺し傷があるのが認められた（同図、および写真（む）参照）。

納戸に放置されたそれぞれの死体の付近には、多量の血液が飛散しており、床にしみこんでいた。

（一一）岸田高司方

岸田家の居宅は、木造草葺き屋根、平屋建てであり、間口は十メートル弱、奥行きは六・三メートルであり、その間取りは別紙第十二図に表示されたとおりである。

岸田家の被害者を順次、検証してみた。まず、高司の甥の寺上猛雄（一八）は、同居宅奥の八畳間の南東側の寝床に横たわっていて、木綿の袷を着て、頭部を東方向に向けて、身体を仰向けにしていた。また下あごの部分が（銃弾を直撃されて）微塵に粉砕されていた。遺体付近の畳の上には、無数の骨片が散乱しており、左肩甲骨あたりには直径約二センチ強の弾創が穴をあけていた（別紙第十二図、および写真（う）参照）。

戸主の岸田高司（二二）は、猛雄の遺体のある八畳間の西隣の六畳の納戸に、西川智恵（二〇、高司の内縁の妻で、西川トメの娘）とともに、頭部を西方向に向けて、寝床に並んで横たわっていた。羽織っていた着衣を脱がせて検証してみると、心臓部に二銭銅貨ほどの大きさ（直径約三センチ）の背中まで貫通した銃創があって、その傷口付近には、多量の血液が流出し、血だまりをつくっていた（別紙第十二図、および写真（る）参照）。

西川智恵（二〇）は、右高司と並んで、寝床の上に横たわっており、着衣を脱がせて検証すると、その腹部に二銭銅貨ほどの大きさ（約三センチ）の背中まで貫通した銃弾の跡があった。智恵の遺体の横たわる床の上には、おびただしいまでの血液が流出して（その被害のひどさを物語っていた）（同図、および同写真参照）。

（一二）岡本和夫家

岡本家の居宅は、間口約一一メートル、奥行き約六・三メートルの、木造茅葺き屋根、平屋建てだった。岡本家の間取りについては、別紙第十三図に表示するものである。

被害者である岡本和夫（五二）は、同家の最も上手にある六畳間の北東隅に、頭部を南方向に向けて、木綿の袷を着たまま、仰向けに横たわっていた。着衣の上から胸部に二銭銅貨大の大きさ（直径三センチ）の弾創が認められた。またそのほかに上半身に数ヶ所の創傷（刃物でつけられたと思われる傷）があるのが認められた（別紙第十三図、および写真（の）参照）。

岡本みよ（三二）は、岡本家の六畳の納戸の西側の縁に、頭部を南に向けてうつ伏せとなって倒れていた。着衣を脱がせて検証したところ、左肩甲骨部に二ヶ所の二銭銅貨大（直径約三センチ）の弾創があった。（遺体のあった）縁の上には多量の血液が（遺体から）流出し、凝固していた（同図、および写真（お）参照）。

本検証は、昭和十三年五月二十一日午前十時から着手し、同日午後六時三十分に終了した。

昭和十三年五月二十四日

岡山地方裁判所津山支部に於いて
裁判所書記　小林一三
予審判事　有地平三

押収目録

番号	品目	員数	差出人
一	猟銃用弾丸破片	一個	池沢末男
二	猟銃用弾丸ケース	三個	池沢末男
三	同上	三個	寺井千吉
四	同上	四個	寺井勇
五	同上	二個	西川昇
六	同上	五個	寺井ゆり子
七ノ一	遺書	一通	寺井元一
七ノ二	同上	一通	寺井元一

【解説】

おそらく『津山事件報告書』のなかで、この〝有地予審判事の報告〟が最も事件直後の凄惨な現場の様子を客観的に伝えていると思う。事件発生直後の午前10時に貝尾を訪問し、調査した。現場には、遺体が散乱している状況だった。

残念ながら、主に死者の様子とその現場の光景を伝えているだけで、生存者の状況については、重態の寺井はまを除いて、言及していなかった。

ただ死者の状態については、その服装や傷の所在などを克明に記しており、ほとんどの被害者が裸か着物一枚程度しかつけていない状態だったことがわかる。また女性や子どもの遺体で腸が露出するなどの損傷が激しいケースについては、布団がかけられていたようだ。その布団には銃創が見られないことから、おそらく遺族が事件直後に遺体にかけたのだろう。また、腹部に被弾した被害者は腸や内臓などを露出するほどの被害を受けており、睦雄の自作のダムダム弾の威力の激しさを物語っている。

注目すべきは、寺井ゆり子が登場する（七）の寺井政一方の報告だ。予審判事が政一家を訪ねたとき、一家の唯一の生き残りであるゆり子は自宅8畳間に座って、予審判事を出迎えていた。その首には擦過傷が認められたとあるが、大けがをした様子はなかった。

それにしても、家族の遺体がそのまま置かれている家で、ひとり予審判事を出迎えたゆり子の胸中はいかなるものだったのだろうか。

私がゆり子を取材した際、彼女は次のように話していた（ゆり子は耳が遠くなっており、娘さんが通訳のような形で間に入ってくれた）。

「ワタシ以外、みんな殺されてしまいました。でも生き残ったのはワタシひとりでした。警察の人にいろいろ話を聞かれて、忙しくて、苦しくて、本当にしんどかったです……」

また有地予審判事は仕事熱心だったのか、被害者たちの衣服を脱がせて遺体の損傷具合を確認していた

そのことから、多くの被害者たちは乳房の間、もしくは心臓あたりを撃ち抜かれていたことがわかる。いずれも致命傷となり得るもので、夜間にもかかわらず、睦雄の銃の腕が極めて高かったことがうかがえる。

また、睦雄が特に恨みを抱いていた相手に対しては、腹部にも銃弾を浴びせていたようだ。内臓が露出するほどの損傷を受けた西川トメの場合は、その典型である。

（八）では睦雄の実家、いねの最後の様子が記されていた。ここで注目したいのは、いねの首の切断に使用した斧には血がわずかしか付着していなかった点である。

つまり、睦雄はいねを殺害後、斧を丁寧に洗ったことを意味している。睦雄はかなり冷静だったようだ。あるいは、覚悟を決めていたということだろうか。決して単なるパニックでいね

の殺害に及んだわけではなかったのである。事前にしたためておいた遺書も、丁寧に置いてあった。

また、改めて睦雄の家が他家に比べてかなり大きかった点にも着目してほしい。祖母と睦雄のふたり暮らしだったにもかかわらず、その間口は今回紹介した家々のなかで最も大きいものだった。

それにしても、被害者の遺体の損傷具合を見ると、睦雄の使用した銃の殺傷能力の高さに目を見張らずにはいられない。また当時、睦雄自身は結核の病で自身の身体は衰弱していたと思い込んでいる節があるが、実際には睦雄の心身は襲撃時においては研ぎ澄まされていたのだろう。もちろん、入念に準備し訓練もしていたのだろうが、とても死の病に冒されていたとは思えない。睦雄は本当に衰弱していたのだろうか。

鑑定人訊問調書　鑑定人　宮地守治郎

被疑者・都井睦雄に対する殺人被疑事件について、昭和十三年五月二十一日に岡山県苫田郡西加茂村（現在の津山市）大字行重において、予審判事有地平三は、裁判所書記の小林一三立ち会いのうえ、右の鑑定人に対して訊問（訊ね聞くこと）したのだが、それを左記のように報告する。

訊問には検事、遠山茂も立ち会った。

一、質問「氏名、年齢、職業および住所はなにか？」

答え「氏名は宮地守治郎。年齢は五七歳。職業は医師。住居は、津山市南新座十番地です」

予審判事は、刑事訴訟法第二二八条、第二〇一条の規定に該当するものであるか否か（被疑者と共犯関係などがないかを確認）、取り調べ、これに該当しないことを認め、虚偽の鑑定をすると処罰されると告げて、（宮地医師に）宣誓させたものである。

予審判事は鑑定人に対し、

・西加茂村大字行重七一〇番地池沢末男方において

池沢勝市

池沢ツル

池沢宮

池沢昭男

の各死体の検分を指示し、

・同所七七六番地寺井千吉方において

平岩トラ

丹羽つる代
岸田みさ
の各死体の検分を指示し、
・同所七六三番地丹羽卯一方において
丹羽イト
の死体の検分を指示し、
・同所七九八番地寺井好二方において
寺井好二
寺井トヨ
の各死体の検分を指示し、
・同所七九〇番地西川秀司方において
西川秀司
西川良子
岡千鶴子
西川トメ
の各死体の検分を指示し、

・同所七九三番地寺井政一方において
寺井政一
寺井貞一
寺井とき
三木節子
寺井はな
の各死体の検分を指示し、
・同所七三一番地都井睦雄方において
都井いね
の死体の検分を指示し、
・同所七四三番地寺井茂吉方において
寺井孝四郎
の死体の検分を指示し、
・同所七五〇番地岸田勝之方において
岸田つきよ
岸田吉男

岸田守

の各死体の検分を指示し、

・同所七五一番地岸田高司方において

岸田高司

寺坂猛雄

西田智恵

の各死体の検分を指示し、

・同所一九六三番地の第一地、岡本和夫方において

岡本和夫

岡本みよ

の各死体の検分を指示し、

左記事項について鑑定を命じ、その結果は書面に記して報告すること、と告げたところ、鑑定人は「了承した」と答えたものである。

鑑定事項

一、創傷の部位、形状、その程度

二、死亡の原因

以上

鑑定人　宮地守治郎

右のことを立ち会いの書記に読み聞かせ、予審判事は記載に相違がないかどうかを質問したところ、鑑定人は「相違ない」と申し立て、署名・捺印したものである。

即日於同所

岡山地方裁判所津山支部

裁判所書記　小林一三

予審判事　有地平三

※鑑定人の宣誓書は省略

鑑定書

被疑者都井睦雄に対する殺人被疑事件について、昭和十三年五月二十一日岡山地方裁判所津山支部予審判事・有地平三は、岡山県苫田郡西加茂村大字行重部落において、検事遠山茂、裁判所書記小林一三の立ち会いのうえ、後に記す各死体および負傷者の検分を指示し、

一、創傷の部位、形状、程度
二、死亡の原因
　について、鑑定するように自分に命じた。よって自分は同日午前十時から午後六時四十分まで前記の場所において、前記の判事、検事、書記の立ち会いのうえ、これから記す死体や負傷者を鑑定した。その所見と結果は次のようなものである。

検査記録

●苫田郡西加茂村大字行重七一〇池沢末男方
（睦雄が最も憎んだ寺井マツ子の実家。マツ子自身は村外に引っ越して難を逃れた）

・池沢勝市（1）（七十四歳・マツ子の父親）
一、右手背部の擦過銃創
右手背部に大きさ約十センチほどで、傷の縁の部分がはっきりしない、深さが骨にまで達して、骨と腱（靭帯）を露出させ、出血多量を起こした創傷が見られた。
二、左後ろ腋下線（腋窩線。脇の下から下へ下る箇所）部銃創
左後ろ腋下線の第十一肋骨の高さに、大きさ三センチの、やや円形の銃弾による傷口があっ

た。肺臓の一部を露出させ、出血が多量にみられた。

三、前胸部銃創

左肩甲関節の前面およびその右側に、三個の大きさ一センチの傷口があった。ゆがんだ円形だった。

四、前胸部擦過創

左右に走る、大きさが右に六センチ×一・五センチ、左に五センチ×一・五センチの擦過傷があった（右側と左側に二つの擦過傷がみられたということだろうか。どうしてこんな傷がついたのか。睦雄から逃げようとして床を這った時にでもできたのだろうか。ならば即死ではなかったのかもしれない）。

五、前胸部銃創

背部の下端に三個の、それぞれ大きさ一センチ×一・五センチの銃創があって、ゆがんだ円形をしていた。

六、左上搏および左前搏（搏とは、おそらく膊のことで、腕をさす。つまり左腕の上部と前部ということ）中央部銃創

左搏（腕）部および左まで搏（腕）中央部に、大きさ十センチの傷の縁が鮮明でない創傷があって、傷口部分では骨折もしていた（おそらく猛獣用の睦雄自家製ダムダム弾による傷と思われる。上腕の骨を砕くのだから、かなりの威力だ）。

七、左上搏（腕）部付近の土地（地面）および胸部、両下腿部前面は、血液により汚染（血に染まっていたということ）されていた。

【解説】

睦雄と情交関係があり、肺病にかかった睦雄を捨てて笑いものにし、睦雄が最も憎んだとされる寺井マツ子の父親、勝市の死因についてはのちに改めて記述されているが、出血多量だった。

勝市は就寝中に襲われ、家の外の軒下に落ちたところで絶命していた。大小9発の銃弾を受け、相当の出血があったようだが、胸に擦過傷が見られることから這って逃げようとしたようで、即死ではなかったようである。

使われた銃弾は内臓を露出させたり、骨折させたりした強烈な自作ダムダム弾が3発、あとは1センチ大の傷口であることから散弾による傷だろうか。強いていえば、肺臓を露出させた傷が致命傷と見られるが、急所を1発で射抜いているわけではない。睦雄は勝市を可能な限り長い時間苦しめたくて、あえて致命傷を負わせなかったのだろうか。

・池沢ツル（2）（七十二歳・マツ子の母親）

一、右側胸部銃創

胸部の右側に、右下方から左方向に向かって、大きさ十一センチ×七センチの縁の輪郭の不鮮明な傷口が見られた。盲管（弾丸が体内にとどまった状態）であった。右腕上部および腿のあたりに多量の出血がみられた。

・池沢宮（3）（三十五歳・マツ子の兄嫁）

一、左側胸部銃創

胸部の左側に三センチ×二・五センチの、やや円形の傷口があった。

二、右背部銃創

背中の右側に二個の銃による傷口があり、大きさ二センチ×一・五センチ、および一・五センチ×一センチにして、はっきりしない円形をしていた。

・池沢昭男（4）（五歳・マツ子の甥、宮と末男の四男）

一、右側腹部銃創

腹部の右側に大きさ六・五センチ×五センチの、やや円形の傷口があった。腹腔内（腹の中）深くに（弾丸が）射入していた。

二、右胸骨下端の銃創
右胸骨の下端右側に、大きさ九センチ×五センチの銃の傷があって、腸と肝臓の一部が体外に飛び出していた。
三、前創（二の銃創）の左側に大きさ三センチ×一センチの傷口があって、形の定まらない創口だった。
四、左前搏（腕）中央前面の銃創
左前腕部の中央前面のあたりに、大きさ三センチ×二センチの傷口があった。
五、前創（四の銃創）の下端に、一センチ×〇・三センチの傷口があり、その傷は皮下に達していた。

【解説】

以上が池沢家の報告だが、ここで注目したい点は、四男・昭男の負った傷のすさまじさである。

池沢家に対して、睦雄は強い憎しみを抱いていたものの、別室で就寝していた次男、三男に対しては一切攻撃せず、見逃している。睦雄は子ども好きで知られていたことから、私は当初は子ども好きゆえに次男、三男を見逃したのだ……と考えていた。

しかし、昭男の死体の損傷は、ツルや宮と比較してもはるかに惨い傷を負っている。子ども好きの睦雄が、わずか5歳の幼な子の小さな体に向けて猛獣用のダムダム弾を少なくとも3発（うち2発は胴体）を撃ち込んだだけでなく、さらに散弾か刃物で2ヶ所の傷を負わせているのである。ここに私は、睦雄の内に大いなる葛藤があったことを感じてしまう。睦雄は、単に昭男を殺害したのではなかった。睦雄の心の内面には子ども好きの一面のほかに、それに反するかのような子どもへの強い憎しみや嫉妬も同時に抱えていた。それが昭男への激しいまでの攻撃につながったのではないだろうか。

●苫田郡西加茂村大字行重七七六　寺井千吉方

・平岩トラ（5）（五十六歳・朝市の内縁の妻）

一、左上腹部銃創
左上腹部に五センチ×五センチのやや円形の傷口があって、傷口からは腸管の一部が腹部から露出していた。

二、左下腹部銃創
左下腹部に十二センチ×七・五センチの銃弾による傷口があった。

三、左大腿部銃創
左大腿部に七センチ×四センチの傷口があった。
四、右大腿部銃創
右大腿部の外側および内側に傷口の縁が乱れている創傷があった。外側の傷口は大きさが十八センチ×五センチほど。内側の傷口は七センチ×五センチほどの大きさで、この傷の下に大きさ一センチほどの小さな創傷がみられた。
五、左大腿内側部の溢血班（紫斑のこと）
左大腿内側部に大きさ五センチほどの紫斑がみられた。

【解説】
トラの遺体については、注目したい。トラは定説ではつる代とみさを襲撃した際、たまたま一緒にいただけの〝哀れな巻き添え〟と考えられていた。今もその可能性は低くないと考えられるが、それにしては後述するつる代やみさよりも遺体の損傷がひどい。睦雄は母屋にも乗り込んで千吉を見つけているが、千吉は殺害せず、1発の銃弾も発射していない。そう考えると、睦雄はトラを〝殺さずにはいられなかった〟衝動を犯行時に抱いたと考えられる。それはなぜか。その説明は後述するとして、報告書を読み進めよう。

・丹羽つる代（6）（二十一歳。ゆり子の最初の夫の妹）

一、右側腹部銃創

右側の腹部に九センチ×三センチの傷口がみられた。

二、右側腹部銃創

右側の腹部に大きさ四センチ×三・五センチの傷口があって、腸管の一部が体外に露出しており、大便も漏らしていた。

三、前胸部銃創

前胸部の胸骨部に二個の銃による傷口がみられた。上のものは長さ二・五センチ、幅一・五センチ。下の傷口は、二センチ×一センチほどの大きさで、胸腔内に貫通するものだった。

四、左側腹部銃創

左側腹部に一・五センチ×一センチの傷口がみられた。

・岸田みさ（7）（十九歳。睦雄を笑い者にしたつきよの娘）

一、後頭部銃創

背後の頸部（首のあたり）に大きさ十センチ×二・五センチの銃弾による傷口があって、銃弾は貫通していた。
二、左肩甲骨部銃創
　左肩甲骨部において、九センチ×三センチの傷口があった。


【解説】

　千吉家の犠牲者は以上である。

　トラは少なくとも5発の銃弾（いずれも殺傷力の強いダムダム弾の可能性が高い）を浴びせられ、刃物による刺し傷まで受けた可能性がある。

　一方、つる代は5発の銃弾を受けたが、ダムダム弾と思われる傷は1発のみ。みさにいたっては、致命的な銃撃ではあるものの、2発の銃弾しか受けていない。

　この家でのターゲットは定説のように、本当につる代とみさだけなのだろうか……。

●苫田郡西加茂村大字行重七六三　丹羽卯一方

・丹羽イト（8）（四十六歳。寺井ゆり子の最初の夫である丹羽卯一の母親。つる代の母親でもある）
一、この死体は、加茂町の万袋医師により注射などの治療を受けたものの、出血多量のため午前八時ころに死亡した（睦雄の襲撃の約六時間後に死亡）。

二、右大腿外側部銃創

右大腿部の外側から内側に向けて軟部（骨以外の結合組織。脂肪や血管、筋、神経組織など。ここでは大腿部の軟部の損傷のこと）および骨折を引き起こした、大きさが外側で四センチ×九センチ、内側で二センチ×八センチの傷口があった。銃弾は貫通しており、大出血を引き起こしていた。

三、左大腿前面の銃創

左大腿部の前面に、大きさ十センチ×十センチの、骨に達する傷口があって、出血が著しかった。

【解説】

事件当社、丹羽卯一の家には卯一とイトがいたが卯一は殺害を免れて、加茂町の巡査の駐在所に駆け込んで、事件の一報を知らせている。定説では、卯一はゆり子の最初の夫ということで、睦雄から大きな恨みを買っていたとされる。

しかし、現実には卯一は襲撃されながらも生きながらえ、銃で撃たれたイトも即死は免れている。ちなみにイトは睦雄の夜這い相手のひとりともいわれている。睦雄の銃撃を見る限り、銃弾を浴びせて動けなくなった相手に致命傷を与えることに失敗するという状況は、まずあり得ない。丹羽家への襲撃の順番も、睦雄の家の北隣にあったにもかかわらず、千吉家のあとの8番目だと考えられており、順番的にはかなり後半となる。つまり、丹羽家は必ずしも激しい睦雄の恨みを抱かれていなかった可能性がある。

そうなると、千吉家の襲撃の際、つる代がメインのターゲットだったとは考えにくい。また、千吉家では、もうひとりのターゲットとされているみさも銃弾を多くは浴びせられていない。

つまり、千吉家でのメインのターゲットは、やはりトラだった可能性が高い。ただし、トラと睦雄の間の接点は、それほどない。

私は、トラは睦雄から直接の恨みを買っていたというよりも、睦雄にある種の〝嫌悪〟や〝恐怖〟の念を呼び起こす存在だったのではないかと考えている。

●苫田郡西加茂村大字行重七九八　寺井好二方

・寺井好二（9）（二十一歳。母親のトヨと睦雄は深い関係）

一、右肩甲骨部盲管銃創（銃弾が体内にとどまる銃創）

右肩胛骨部に大きさ三センチ×三センチの創口がみられる。

二、左前腕上部銃創

左前腕部の上部前面に、大きさ九センチ×五センチ。後ろ面に十センチ×八センチの、骨折を引き起こす貫通銃創がみられた。

・寺井トヨ（10）（四十五歳。睦雄が金品を支払って、夜這い関係を結んでいたと思われる。睦雄の肺病の発覚後は睦雄との関係を絶った）

一、胸部上端貫通銃創

前胸部に大きさ四センチ×三センチの傷口がみられ、左背部の第十肋骨部（左右十二本ずつある肋骨の上から十番目のあたり）に大きさ〇・五センチ×一センチの傷口がみられた（胸から背中へ貫通）。傷口の皮膚の下には、銃弾の破片とみられるものがめりこんでいた。

二、右背部銃創

右背部の第十肋骨部の高さの、一の銃創と同じ高さのあたりに、傷口が一個あった。前胸部の傷口（一の銃創）とだいたい同じくらいの大きさの傷口だった。

【解説】

事件当夜、寺井好二家のふたりは睦雄の凶行に気づかず、熟睡していた。熟睡していたと考えられるのは、ふたりが布団のそばで殺害されており、しかもいずれも急所に貫通の銃創が見られたからである。つまり、睦雄は至近距離から狙いを定めて、落ち着いて銃弾を発射した。ふたりとも2発ずつの銃撃で、ほぼ即死だった。

トヨは睦雄と関係があっただけではなく、睦雄が執着していた西川良子や寺井ゆり子の結婚の媒酌人でもあった。

●苫田郡西加茂村大字行重七九〇　西川秀司方

・西川秀司（11）（五十歳。トメの夫）

一、右季肋部（肋骨の下）銃創

右季肋部に大きさ三・五センチの傷口があって、胸腔内に銃弾が射ち入れられている。

二、左背部銃創

左側の背中付近に大きさ三センチ×五センチの創口があった。

・西川良子（12）（二十二歳。トメの長女で、事件当時は東加茂村に嫁いでいたが、病気のトメの看病のために里帰りをしていた。睦雄が好いた女の一人だが、睦雄をふって他村へ嫁した。良子と寺井ゆり子の二人の里帰りがちょうど重なったことが、睦雄の襲撃のタイミングになった）

一、左腰部から左肩甲骨部の外側に貫通する銃創があった。左腰部に大きさ三センチ×三センチの、火薬によって傷口の周囲が黒く染まった傷口がみられた。左肩甲骨部には、大きさ四センチ×三センチの傷口があった。

二、胸骨の下端部の銃創

胸骨下端に、銃弾の破片が表皮の下にめりこんでおり、体表の皮膚がやや変色していた。

・岡千鶴子（13）（二十二歳。トメの実妹で、津山側へ山を越えた先の高田村に嫁いでいた。夫が出征しており、良子同様、トメの看護に訪ねてきていた）

一、心臓部銃創

心臓のあたりに、大きさ四センチ×三センチの傷口がみられた（これは射入口）。

二、左胸部銃創

左側の胸部に六センチ×四センチの傷口がみられた（これは射入口）。

三、左上腕内側部の銃創

左上腕内側部に十センチ×十センチの骨折をともなう、軟部（結合組織）の傷口の縁が不揃いに損傷している創傷がみられた。

・西川トメ（14）（四十三歳。睦雄と関係しながら病気持ちとわかると捨てて、さらに睦雄を馬鹿にしたとして、恨まれていた）

一、上腹部盲管銃創（銃弾が貫通せず、体内にとどまった銃創）

上腹部（心窩部＝みぞおち付近）に大きさ二センチ×二センチの傷口があって、大綱膜（腸を覆う腹膜）の一部が体外にはみ出ていた。

【解説】

死体の位置を見るとトメは病人ということもあって、土間の近くの四畳間でひとりで息絶えており、あとの3人はその四畳間のひとつ奥の部屋である〝中の間〟で亡くなっていた。睦雄は戸締まりされていない土間から侵入したと思われるため、襲撃の順序は最初に手前の部屋に寝ていたトメを殺害し、ついで中の間の3人に次々と銃弾を撃ち込んでいったのだろう。

トメは至近距離からみぞおち付近の急所への猛獣弾1発で殺されていた。秀司、良子、千鶴子の3人も、それぞれ猛獣弾を2発ずつ（千鶴子だけは3発だが、1発は左手を出して防ぎ、直撃を免れていた。それでも腕の骨が粉砕されてしまうのだから、睦雄の銃弾の威力はすさまじい）、的確に至近距離から急所に撃ち込まれている。3人とも起きて逃げる間もなく、瞬殺されたことになる。

西川家では睦雄はトメを殺害したあと、秀司（おそらく力のある男性だけに、最初に無力化しようと考えたのだろう)、千鶴子、良子の順番で殺害したことになる。

●苫田郡西加茂村大字行重七九三　寺井政一方

・寺井政一(15)(六十歳。ゆり子の父親)

一、右季肋部(肋骨の下。前側の下方から、後ろの上方へ向けて)銃創

右季肋部において、前方下方から後ろ上方へ向けて射ちこまれた、大きさ四センチ×六センチの盲管銃創(体内に銃弾がとどまる)があった。

・寺井貞一(16)(十九歳。ゆり子の弟。事件の九日前に、三木節子と結婚したばかりだった。ゆり子の里帰りは、弟の結婚祝いのためだった)

一、左側胸部(腹部に接した部分)銃創

左側胸部ではあるものの、腹部に接した下方部分に、大きさ三センチ×三センチの、やや円形の傷口がみられた。この傷口からは、大綱膜(胃腸をおおう腹膜)の一部が露出していた。

二、左背部銃創

背中側の第十強椎骨部の高さに、三センチ×二センチの傷口がみられた。

三、左胸部銃創
　左胸部に五個の小さな傷口がみられた。弾丸の破片が突き刺さったり、貫通したものである。大きさはそれぞれ（イ）一センチ×一センチ、（ロ）〇・五センチ×〇・五センチ、（ハ）〇・五センチ、（ニ）一センチ×一・五センチ、（ホ）一センチ×一センチ、と測定された。

・寺井とき（17）（十五歳。政一の五女で、ゆり子の妹。八畳間から外に逃げようとしたが、廊下で射たれて絶命。胸をはだけて、仰向けに倒れていた）
一、右背部下端の銃創
　大きさ三センチ×三センチの、やや円形の傷口が右の背中に見られた。
二、右側胸部の銃創
　右側胸部に次の三個の小さな傷口が見られた。（イ）一・五センチ×三センチ、（ロ）〇・五センチ（ハ）三センチ×二センチの大きさ。

・三木節子（18）（二十二歳。ゆり子の姉の貞一と結婚したばかりで、入籍はまだ完了していなかった。まず背中から撃たれて動けなくされ、ゆっくりと至近距離から心臓に猛獣弾を撃ち込まれた）
一、右背部の銃創

右背部に二個の傷口があった。（イ）〇・五センチ×一センチ、（ロ）〇・五センチ×〇・五センチの大きさ。

二、左心臓部の銃創

左心臓部に大きさ四・五センチ×二センチの円形に近い傷口があった。胸部を貫通していた。

・寺井はな（19）（十二歳。政一の六女で、ゆり子の妹。半裸で八畳間から脱出したが、軒下で射殺された。まず一の銃弾を腕に受けて動きを止められ、そこを胸に二発の猛獣弾を撃ち込まれたのだろう）

一、左上腕骨内側の銃創

左上腕骨内側部に大きさ十二センチ×八センチの傷の縁の損傷の激しい、骨に達する傷口があった。

二、胸部の銃創

胸部に大きさ四センチ×九センチの傷口があった。

三、胸部の銃創

二の傷口の左上部に一センチ×一・五センチの傷口があった。

【解説】

ゆり子の家では、ゆり子以外の家族5人が全員死亡した。隣の西川秀司家が襲撃されたときの銃声で目を覚ましていたのか、全員が逃げ出そうとする途中で殺害されていた。

睦雄は一目散に自分を捨てて他人に嫁したゆり子殺害に走ったのではないか、と勘違いしている方も少なくないと思うが、それは違う。睦雄は襲撃の際に手強い男性を先に殺害する傾向があり、ここでも政一が最初に殺害されたようだ。政一は睦雄が侵入してきた土間に近い台所で殺害されていた。

注目すべきは、政一も西川秀司同様に、右季肋部（右肋骨の下あたり）から体内の心臓めがけて撃ち込まれた銃弾が致命傷となっている点だ。心臓は胸の左側にあると思われているが、実際には肺にはさまれた胸の中央あたりにあり、やや左側に傾いている。特に手強い大人の男性は、一瞬で確実に仕留めようと睦雄は考えていた。発射した銃弾が肋骨の壁にさえぎられて、心臓やほかの臓器へ到達しないことを避けるために、右利きの睦雄は右の肋骨の下側から胸中央部の心臓めがけて、確実に銃弾を撃ち込んでいた。睦雄は「どうすれば人を確実に殺せるか」をかなり以前から慎重に検討・研究していたようだ。

〝右季肋部下方射ち〟は、事前に睦雄が考案した、いわば必殺法だった。

貞一は、納戸部屋から屋外へ逃げ出してすぐ（家から約1メートル）のところで殺害されていた。必死に逃げ出そうとしたタイミング、背後から猛獣弾を浴びせられ（二の銃創）、倒れた。そこで睦雄は試しに散弾に詰め替えて、貞一の左胸の心臓あたりに銃弾を浴びせている（三の銃創）。しかし、散弾では致命傷にならなかったようで、再び猛獣弾に戻し、左胸と左腹の境界の柔らかい部分から胸の真ん中めがけて致命弾（一の銃創）を撃ち込んだ。

睦雄は散弾も持っていたが、殺傷力が弱かったのか、あまり使用していない。その効果を実際に貞一で試したが、睦雄はかなりの時間を消費してしまった。その間にゆり子は、納戸部屋の反対側の縁側からなんとか外へ逃げ出して、一命を取りとめた。

弟・貞一の決死の逃走の試みは、けっして無駄にはならなかったのだ。

トキと三木節子、はなの3人も寝室から8畳間へと逃げ、そこから外に出ようとした。これはゆり子の逃走経路と同じだろう。先頭のゆり子だけが逃げ延び、3人はいずれも背後から撃たれて動きを止められ、ゆっくりととどめを刺された。

●苫田郡西加茂村行重七三一　都井睦雄方

・都井いね（20）

（八十歳。睦雄の祖母であり、最初に殺害された）

一、頸部の割創（断裂した傷）
頸部を数回にわたって切断して、頸部をまったく胴体から切断。傷口は損傷が激しく、肉が千切れている。出血が著しく、遺体の周囲を汚染していた。

【解説】

いねの首は一撃で切断されたわけではなかった。睦雄はいねの首に数回、斧を振り下ろして、ようやく胴体から切り離せた。

おそらくいね自身は、最初の一撃で絶命したはずだ。ただ、いねの口は枕を覆っていた手拭いの端をしっかり嚙んだままだった。どこか、いねの執念を感じるのは、私だけだろうか。

睦雄はそんないねに恐怖していたのではないだろうか。その恐怖の理由は何か。私はそれが睦雄の犯行のそもそもの動機となったのではないかと考えている。

●苫田郡西加茂村大字行重七四三　寺井茂吉方

・寺井孝四郎（21）（八十六歳。孝四郎は貝尾の長老的存在で、睦雄のことも心配しており、就労を勧めたり、結婚を勧めたりしていた。事件当時、母屋ではなく、ひとりで隠居小屋で寝ていた）

一、胸部の銃創
胸部下端に大きさ六センチ×五センチの、やや円形の傷口があった。
二、心臓部の銃創
心臓部に大きさ五センチ×五センチの、やや円形の傷口があった。銃弾は体内にとどまっていた。
三、左手親指付け根の掌の傷
左手親指付け根の掌の部分に、六センチ×五センチの骨に達する、傷口の縁の乱れている傷口があった。

・寺井由紀子（22）（二十一歳。孝四郎の息子で戸主の茂吉の四女。睦雄の襲撃を戸口の近くで屋内から防いでいたが、睦雄が屋外からやみくもに撃った一発が右太ももに当たったが、幸い全治二週間で命をとりとめた）
一、右大腿部の中央外側の盲管銃創（体内に銃弾が残った状態）
右大腿部の外側に大きさ一センチ×〇・五センチの傷口があった。銃弾が体内にとどまっているる状態だが、歩行は可能。骨に損傷はなく、骨の周りの軟部に弾丸の破片がとどまっているとみられ、手術をすれば約二週間で全治できるものである。（生存）

った。

【解説】

茂吉家には、睦雄の執着するゆり子が逃げ込んだことで、巻き添えの襲撃を受けることになった。

家には隠居小屋にひとりで寝ていた孝四郎のほか、母屋には茂吉（45）、妻の伸子（41）、次男進二（27）、四女・由紀子がいた。しかし、逃げ込んだゆり子を含めて、この家では孝四郎ひとりが亡くなっただけで大けがを負った人も出なかった。その理由は孝四郎がひとりで睦雄に抵抗し、命がけで食い止めたからである。

睦雄はゆり子を追って、茂吉家の敷地に突入した。その時、86歳の孝四郎老人が、たったひとりで睦雄に立ち向かった。睦雄は日本刀で老人に襲いかかったが、老人は素手でその日本刀をつかみ取って、半ば取っ組み合いになった。睦雄は1発の銃弾を孝四郎に浴びせたが、あわてたのか急所を外した。睦雄が致命傷を孝四郎に与えたのは、ようやく2発目の猛獣弾でのことだ。

おかげで母屋の茂吉たち5人は、戸締まりをする十分な時間を確保できた。また、助けを求めて、進二は脱出に成功。睦雄は、進二を捕まえたふりをする芝居も打ったが無駄に終わり、ほかの家を襲撃する時間も十分に確保できなくなった。

●苫田郡西加茂村大字行重七五〇　岸田勝之方

・岸田つきよ（23）（五十歳、未亡人。岸田家は睦雄が最初に襲撃し、全滅の憂き目に遭った。しかも銃声が響いて、犯行が発覚するのを恐れたため、全員日本刀を用いての虐殺となった。岸田家は睦雄が最も憎んだ家のひとつで、特につきよと、寺井千吉家で殺害された娘のみさの二人は、睦雄がたびたび情交を迫ったが、それを拒絶。それどころか、それを他の人に言いふらし、笑い者にしたとして、睦雄の激怒の対象とされたのだ）

一、右頸部の刺傷（刃物による刺し傷）

右頸部に二個の傷口がみられた。（イ）一センチ×一センチ、（ロ）十センチ×二・五センチの深く刺し入った傷口である。

二、左前胸部の切創（切り傷）

左前胸部に大きさ十センチ×四センチの切り傷があった。傷口の縁は鋭利に刺し入っており、胸腔部（肺のあたり？）まで達していた。

三、右肩甲骨間部の刺創（刺し傷）

右肩甲骨間部に一・五センチ×〇・一センチの傷口があった。頸部の刺創（一の傷）から背部まで貫通して刺し入れられたもので、出血が多量にみられた。

四、口唇部（くちびる）の切創

左の上唇部から右下唇部に向かって斜めに切り入れられた、大きさ七センチ×一センチほどの大きさの切り傷。歯には特に損傷はなかった。

・岸田吉男（24）（十四歳。つきよの次男）

一、前頸部の刺創

前頸部から左頸部にわたって、大きさ十センチ×五センチの傷口があった。後頸部まで貫通しており、頸椎や食道器官、大血管（動脈や静脈）を一刀で切断し、食道の断裂口からは回虫？が半ば飛び出す状態だった。後頸部の傷口は、大きさ六・五センチで、大量に出血していた。

・岸田守（25）（十一歳。つきよの三男）

一、左頬部の切創

左頬部に、前方向から後方向の左耳あたりまでいたる切り傷がみられた。傷口の縁は鋭くえぐられており、傷の深さは脳の底まで達していた。

二、左頸部の切創

左頸部に五センチ×二センチの傷口があった。傷口の縁は鋭利にえぐられ、傷の深さは頸椎に達していた（首の右側まで貫通していた）。

三、左頸部の切創

左頸部の、左くちびるの端から二センチのあたりより、後頸部にいたる八センチ ×一センチの切創があった。

四、左顎の切創

左の顎あたりに、左に向かって七センチ×一センチの切創があった。

五、左肩甲骨部の切創

左肩甲骨部に前後にわたって四センチ×一センチの切創あった。

六、左後頸部の刺創

左後頸部に前方向から大きさ二センチ×一センチの刺創がみられた。

七、後頸部の切創

後頸部に四センチ×二センチの切創がみられた。

八、右頸部の切創

右頸部に、左頸部の方向から頸椎を切断して、著しい出血をともなう傷口がみられた。

【解説】

岸田家では最後の守が、最も残忍な方法によって殺されたといえる。首の左側に致命傷を受けただけではなく、全部で8つもの刀傷を受けていた。吉男と比較すれば、その有り様は異様と表現してもいいかもしれない。

子ども好きの睦雄だったが、一方でこの11歳の少年を最も憎んでいたようだが、なぜなのか。つきよに言い含められて、先頭に立って睦雄を馬鹿にしていたのかもしれない。子どもだけに、容赦のない口撃を睦雄に浴びせて、睦雄の殺意を増長させた可能性はある。

ちなみに戸主の勝之は、呉の海兵団に入隊中で不在だった。

●苫田郡西加茂村大字行重七五一　寺井猛雄方

・寺井猛雄（26）（十八歳。戸主の岸田高司の甥で、たまたま在宅。家屋敷の名義主は猛雄だったようだ）

一、左背部の銃創

左背部に大きさ二・五センチ×三センチの、やや円形の傷口がみられた。

二、前胸部の銃創

前胸部に三個の銃弾による傷口があった。（イ）一センチ×一センチ、（ロ）一センチ×〇・

五センチ、（八）一センチ×一センチの大きさと計測できた。
三、顔面の挫創（打撲などによる損傷）
上唇は健全であったが、下顎骨は骨折しており、歯の脱落がみられた。口の周辺には大きな傷が形成されていて、だいたい横十二センチ×上下八センチの大きさとなっていた。顔の傷の軟部はことごとく挫滅（潰れ）し、傷口の縁の損傷は激しかった。鈍器のようなものによる殴打でできた傷とみられる。

・岸田高司（27）（二十一歳。就寝中を襲われ、一撃で絶命した）
一、前胸部の銃創
前胸部に四センチ×三センチの銃による傷口があって、銃弾は体内に残っていた。

・西川智恵（28）（二十歳。睦雄と情交関係があった西川トメの娘。トメは睦雄が肺病とわかった途端、睦雄を捨てて、笑い者にしたことから、トメの係累は激しく恨まれていた）
一、上腹部の銃創
上腹部に大きさ五センチ×四センチの傷口があった。銃弾は体内から発見。被害者は妊娠しており、胎児は六ヶ月、妊婦の腹は大きく膨らんでいた。

【解説】

検死報告を見る限り、猛雄の遺体の損傷もすさまじい。顔面は銃床で激しく殴打され、表情がわからないほど潰されていた。睦雄は猛雄への恨みはなかったとされる。同室で就寝していた祖母のたまも胸を撃たれたものの死は免れた。若い猛雄は睦雄に激しく抵抗したようだ。高司の新妻の智恵は妊娠6ヵ月であり、なんとか助けようとしたのだろう。だが、睦雄はただ1発、猛獣弾を智恵の心臓ではなく、その大きく膨らんだ腹に撃ち込んだ。弾は胎児に当たらなかったが、胎児は智恵の腹内でそのまま死んだ。智恵も即死は免れたものの、出血多量によって、苦しみながら死んだ。

第11章
沈黙

負の記憶

本書を執筆するにあたって、私は睦雄一家の〝ルーツ〟を可能な限り追究した。いねの誕生した江戸時代末期までさかのぼって原点やルーツを探し回った。いねの生い立ちや倉見時代については「津山事件報告書」にも詳しいことは書かれていなかったため、かなり面倒な作業となった。

ただ、倉見時代やそれ以前について調べたことで、睦雄たちのバックグラウンドのイメージがだいぶつかめてきた。そして、津山事件の随所に前近代的な因習に縛られる要素、例えば夜這いやロウガイスジなどの村独特の慣習、江戸時代末期や明治時代の一揆や飢饉といった負の記憶などが横たわっており、さまざまな形で事件に影響を及ぼしていることがわかってきた。

同時に、睦雄のメンタリティーを追究していくと、逆に21世紀の現代社会に通じるような問題や課題——睦雄の〝ひきこもり〟気質や精神や心理の問題、戦争やファシズム、差別といったものが、いかに地域社会や家族文化を蝕んでいったかなど——が、津山事件の随所に散在していることもわかった。

歪められた事件の構図

「津山事件報告書」が津山事件を解明するうえでの最重要資料となることは間違いない。ただ、この津山事件報告書が海外で眠っていたため、長い間、筑波昭氏の『津山三十人殺し』に依拠した事件の解釈が長期間にわたり流布し、それが定説とされてきた。

過去の津山事件関連本を読まれた読者の方は気づいたかもしれないが、従来であれば睦雄の人間性を語る際に必ず引き合いに出されてきた睦雄と阿部定のつながり、睦雄の大阪での乱痴気騒ぎ、作家志望の睦雄のエピソードなどが、本書にはまったく登場していない。その理由は、それらのエピソードが創作の可能性が高いからだ。

私が取材した限り、睦雄は何度か大阪や神戸へ出かけてはいるがたいていは日帰りで、泊まったのは一、二度だった。また、ある程度金が自由になったのも、事件発生の1年ほど前になってからのことで、それ以前の睦雄は、村の外で派手な行動を取るタイプではけっしてなかった。

津山事件報告書を3回は丹念に通読しているが、毎回新たな発見があり、それは取材のヒントになる。おかげで、倉見時代の睦雄たちの生活や、そこで何があったかを探るきっかけを得ることができた。

とはいえ、あくまで警察が事件の直後に数日間調査した報告書をまとめたものである以上、津山事件報告書自体へのジレンマも感じている。

残された謎

津山事件をめぐる謎はまだ多く残されている。

本書でも問題提起したが、例えば睦雄が電線を切断したとされる道具が発見されていない。鋭利なペンチなどの類のはずだが、どこからも発見されていない。事件後の混乱の最中で、誰かが取って散逸した可能性もあるが、それにしても解せない。

そこで、私は事件の周辺に共犯関係には至っていないまでも、積極的に協力したわけではないが、陰ながら睦雄に協力していた人間がいたのではないかと考えた。そして、その陰の協力者こそが、電線を切断した人物ではないかと推理し、私はそれが今田勇一だと考え、本書でも仮説を提示した。ただ、睦雄の協力者と思われる人物は、今田だけではない。該当しそうな人物はほかにも複数人いるのだが、確かな証拠がつかめておらず、まだ発表できる段階ではない。

津山事件の取材を20年以上継続してきたが、私の目前には多くの謎が残されたままだ。以下、その一部を列挙してみる。

●いねはなぜ交流のない倉見へ嫁入りしたのか？

いまだに貝尾から倉見へのいねの嫁入りの理由はよくわかっていない。ただ、一度結婚して離縁もしくは死別した女性は遠方の村に嫁ぐ傾向はある。贅沢を言えないということと、若く子どもをたくさん産むことができる女性はできるだけ村で確保し、その可能性が少なくなったら気軽に村外へ嫁に出やすくなった。また一方で、夜這いの過程で気に入って結婚してしまうケースも少なくなかった。ちなみに、夜這いを〝婚〟という字を使って表現する地域もある。

●いねに子どもはいたのか？

これまで取材した限りでは「いなかった」というのが私の結論だ。ただ、出産したものの死別している可能性はある。いねは倉見では都井本家の菊次郎の正妻だった。睦雄の父順一郎の兄弟はいたのかどうか、それはいねの子どもなのか、など引き続き、検証する必要がある。

●いねはなぜ〝都井〟姓にこだわったのか？

遺産相続や倉見での屋敷の名義など、登記上の問題が関係しているからかもしれないが、都井姓を名乗り続けることで、都井家へせめてもの爪痕を残そうと考えたのではないだろうか。

それとも、都井姓への強い思い入れがある別の理由でもあるのだろうか。

●睦雄は銃の知識や技術を睦雄はどこで学んだのか？

一般的な銃の取り扱いは地元の猟師などからも学べたかもしれない。睦雄が狩猟免許を取得したのは、事件の半年前のことである。だが、その段階から銃の知識を学んで訓練を始めたとして、事件までの短期間で習得できたのかについては疑問が残る。だから、睦雄はそのかなり前からどこかで銃を扱い、銃の構造を学ぶ機会があったのではないだろうか。

●睦雄はなぜわざわざ自分から肺病をアピールしていたのか？

昭和10年ごろから、睦雄は自分から肺病であることを周囲にアピールしていた節が見られる。徴兵検査のときは、まるで自分が甲種合格などしたくはないかのように、肺結核だと軍医に自分からアピールしていた。当時は、徴兵逃れのためにそうした振る舞いに出る人は少なくなかった。ただ、睦雄は遺書のなかではまったく逆の言葉を残している。

津山事件をめぐる謎はまだまだ尽きない――それはどこまでも続く、深い森のようですらある。

処理しきれないほどのトラウマ

津山事件は集落に大きな禍根を残したが、事件の当事者の多くは貝尾ではほとんど死んでしまった。貝尾の人々は事件直後から、事件に対しては非常に口が重くなっていた。

理由はふたつあった。

ひとつは、ほぼ一家全滅の憂き目に遭った家が続発するなど、小さな村の規模に比してあまりにも事件の被害者が多すぎたこと。

村は処理しきれないほどのトラウマを抱えた。それは事件後もずっと続いた。

例えば、遺産相続問題である。少なくとも事件後に西川トメ家、岸田高司家ではちょっとした騒動になったし、池沢末男家、寺井マツ子家、岸田勝之家、寺井トヨ家などでも親族の間で多少の揉め事が起こった。

しかし、多くの村人はどんな事件が起こったとしても、結局その村にしがみ続けなければならなかった。

もうひとつの理由は、やはり淫靡（いんび）な風習が蔓延（はびこ）る恥ずかしい村という負のイメージが、大きくクローズアップされすぎたからである。

外部で貝尾出身であることを話すと津山事件や睦雄の話題となり、すぐに夜這いの風習などについて尋ねられたという。貝尾の人間にとって、夜這いなどの風習はかつては存在したが、貝尾だけの特殊なものではなかったという思いがある。にもかかわらず、なぜ貝尾だけが、そうした矢面に立って言われ続けなければならないのか。村外の人間たちによるそんな理不尽さに対して、異議を唱えたい貝尾の人間たちは多かったことだろう。しかし、何か言えば逆に勘ぐられることになりかねない。だから、貝尾の人間たちはずっと押し黙ってきたのだ。

貝尾は、あまりにもつらい〝沈黙の村〟だったのである。

本書では、その貝尾で聞いた話を、多く紹介させてもらった。ここで、本文中では紹介できなかった、貝尾の人々の言葉を紹介させてもらいたい。

「斧や刀で殺された人がおるでしょ。そりゃ、むごい死体だったそうじゃ。片づけてくれたおじさんが教えてくれたんじゃが、祖母のいねさんの死体とか、刀で切られた死体とか、真っ赤な血がドロっと何メートルかの直径で、円形に広がっていたそうじゃ。脂のようにドロっとして、鉄のすえたような臭いもしていたそうじゃ」（祖母や大叔父らを睦雄に殺害された遺族。2013年取材）

「もう睦雄に襲われた生き残りの人も村にはおらんようになりましたからなあ。それに、もうこの年になると（65歳以上）わたしらも事件を隠す必要もないしな。そういう目に遭った人は、

きついけれどなあ。じゃけどな、わたしも恨んでいるで、睦雄を。家を全滅させてくれたからなあっ！」（2013年取材）

「都井が事件を起こしたときなあ。いち早く気づいて、雨戸をしっかり閉めた家は助かったんじゃ。そうでない家は殺されたんじゃ。里帰りの女の人（寺井ゆり子のこと）、あの人はほんにギリギリ助かったんじゃよ。家の外に逃げ出したとき、家のすぐ外の田んぼの畦を走ったそうなんじゃが、暗くてすべって転んだんよ。地面にバサっと倒れ込んでな。すると、そこに睦雄が猟銃を撃ってきたんよ。もし転ばなければ、弾は胸に当たっとったでな」（祖母を睦雄に殺害された遺族。2013年取材）

貝尾の人たちは、まだその心に大きな傷を引きずっていた。それは世代や時代を経ても、決して消えないのである。

宿命を背負わされた祖母いね

倉見で睦雄たちの墓を守っていた菊枝さんが、2006年にこんなことを言っていたのを、ずっと聞き逃していた。

「うちのおじいさんのお父さんは、嫁が何人もいたんじゃ」

おじいさんというのは、幸太郎爺のことだ（昭和16年没）。その父親ということは、睦雄の祖父・菊次郎の父親ということになる。菊次郎はいねの夫でもある。つまり、菊次郎の父親の代は、複数の嫁（妾）を持つことがけっして珍しいことではなかったようだ。都井宗家の財力があれば、妾を抱えることも可能だったのだろう。だから、菊次郎はいねのほかにもお妾さんや先妻がいたとしても、何ら不思議ではなかった。

2013年に倉見を訪ねたとき、菊枝さんにそのことを改めて聞いてみた。しかし、残念ながら、菊枝さんはすでにその話を忘れてしまっていた。

倉見時代の睦雄たちにまつわる謎はまだ数多くある。だが、これ以上深く追究することは不可能となってしまった。

それにしても、いねは血のつながりのない睦雄を引き取って、なぜ育てたのだろうか。睦雄が成長するにつれて、いずれは睦雄の両親や祖父が肺病で死に、睦雄がロウガイスジの不幸な星の下に生まれたという事実を知る日が来ることはわかっていたはずだ。にもかかわらず、いねは睦雄たちを引き取って倉見を出た。実の子どもがおらず、倉見に何の基盤も拠り所もないいねとしては、睦雄が相続した山林でも生きるためには、すがるしかなかったのだろう。ただ、いねの育児はぞんざいだったり、投げやりなものではなかった。

まともな教育をあまり受けていなかったため、いねは睦雄の教育問題では十分な対応ができない古いタイプの保護者ではあったが、農家の長男を育てるという意味では、ある程度のことはしていたはずだ。

そういう意味では、祖母いねは立派な女性だった。そして、数奇なる運命に翻弄された悲劇的な女性でもあった。

いねと睦雄の関係をもう少し丁寧に紡ぎ直していけば、津山事件の構図もさらに明らかになってくるのではないだろうか。

ついこの間まで、都井睦雄の係累はふたつの〝線〟でしかたどれないと考えていた。

睦雄の姉・みな子の線と、倉見の都井家である。しかし、新たな調査・研究によってもうひとつ、寺井マツ子の線が浮上してきた。

寺井マツ子と睦雄の関係は、当初から特別な関係だと囁かれており、それはどうやら本当のことだったようだ。

寺井マツ子は、なぜ一家で生き残ることができたのか。なぜ、睦雄の襲撃のことをあらかじめ知っていたのか。そして、長女のその後はどうなったのか。

これらのことを調べることで、事件のもうひとつの背景に触れることができるかもしれない。

気丈に生きた姉みな子

みな子のその後について本書でも触れたが、改めて触れておく。津山事件後も生き続けた睦雄の唯一の肉親だからだ。

睦雄が貝尾で事件を起こしたとき、みな子はちょうど妊娠しており臨月だった。事件後、みな子は無事に男の子を出産した。みな子は事件後も嫁ぎ先から離縁されることなく、津山の一宮界隈で暮らしていた。私が偶然会うことができたのは、みな子のひとり息子だった。彼の話を通して、みな子のその後の人生を簡単に紹介しておこう。

みな子は昭和9年に結婚こそしたが、その暮らしは決して楽ではなかった。夫は一宮の醤油づくりの作業場で働いていた。住居は粗末な貸家だった。みな子は夫を助けて、懸命に働いた。やがて、一所懸命働いたことで、多少の金を貯めることができた。みな子夫婦の近所の一宮にうどん屋があり、たまたまそこが売りに出されていた。夫婦はうどん屋を買い、みな子がひとりでうどん屋を切り盛りしたという。

一宮はもともと牛の神様を祀っており、津山周辺の一市五郡の牛の売買や競りは一宮の市で取引された。機械が普及する以前の農村において牛は貴重な労働力であり、60年ほど前まで牛市は開催されていたという。

当時は人の往来や観光客もそれなりに多く、うどん屋も繁盛した。しかし牛市がなくなると、客足は次第に遠のいていった。そんな状況にあってもみな子はなんとか店を切り盛りし、うどん屋の暖簾(のれん)を守り続けた。

みな子の息子は自分がよもや津山事件の犯人、都井睦雄の甥だとはまったく知らずに青年時代を過ごしたという。みな子は一切、事件関係のことを息子に話さなかった。

息子が自分が都井睦雄の係累にあたると知ったのは、社会人になってからのことだった。たまたま仕事で赴いた加茂町で、母方の先祖の墓が倉見にあり、実家が都井家だと説明すると、「ははーん、あの都井睦雄の甥っ子だね」と言われたという。

息子は、自分の母親が倉見出身であることは知っていた。自分の祖父母（母親の両親）の墓も倉見にあるということは知っていた。幼いとき、母の自転車の後ろに乗せられて加茂谷の奥地の倉見まで、一度だけ墓参りに連れていってもらった記憶があるという。

だが、母親に倉見に連れていってもらったのは一度だけだった。みな子はときどき墓参りをしていたようだが、息子はその後は倉見に縁がないままだった。

自分が津山事件の犯人の係累にあたると知ったときは、さすがに驚いたという。だが、息子は高校卒業後、大手企業に就職し全国各地を飛び回っていた。特に都井睦雄の甥ということで、差別されたり、いじめられたりすることはなかった。父親も厳しかったが、母親のみな子は鉄拳制裁も辞さないほど厳しかった。

みな子の夫は、昭和49年（1974）6月に69歳で亡くなった。息子は、その頃にはすでに県外で暮らしており、以来みな子はひとり暮らしの身となった。

みな子が亡くなったのは、平成3年（1991）6月3日のことだった。

みな子は日記をよくつけていた。とにかく、何でも記録する癖があったという。彼女が死んだ6月3日、夜の8時30分ごろに書かかれた日記はの次のような内容だった。

「今日は畑でじゃがいもをとった。疲れたので、それでやめる」

その直後、みな子は倒れた。だが、気丈なみな子は自分で119番に電話して救急車を呼んだ。みな子は玄関付近で倒れ伏していたという。そして、当時津山市にあった国立病院に搬送されたものの死亡した。心筋梗塞だった。享年78歳。

当時、息子は岡山市内におり、知らせを受けて津山に急行したが、看取ることはできなかった。

「結局、おふくろは最後まで津山事件や叔父（都井睦雄）のことは、何も話さないで逝ってしまいましたよ」

その息子も、自身の妻子に事件のことや自分たちがその係累にあたることは、一切話していない。

みな子の死とともにうどん屋は閉められた。

平成13年（2001）に私が取材したとき、店先にはまだ暖簾がかけられていた。

息子は平成6年（1994）ごろに津山へ戻り、津山盆地を一望できる絶景の場所に両親の立派な墓を建てた。

別れ際に息子が言った。

「今度、機会があれば倉見を訪ねてみましょうかねぇ」

睦雄の墓のすぐ横にある祖母いねの墓

かつてみな子が営んでいたうどん屋。
取材当時（平成13年）はまだ
暖簾がかけられていた

津山盆地が一望できる場所に
みな子は、夫とともに眠っている

エピローグ——睦雄が恋焦がれた、ゆり子のその後

「あー、誰にも言いたくないし、思い出したくないわぁ」

２０１０年（平成22）10月——私は思いきってゆり子の家を訪ねた。

ゆり子は家にいた。

94歳（当時）になってはいたが、元気だった。耳こそ遠くなっていたが、毎日のように運動もするし、テレビも楽しんで観ているという。

若いころは相当な美人だったのだろう。目鼻立ちははっきりしており、その手は今も柔らかく、きれいで温かかった。

私が睦雄と事件のことについて聞きたいと言うと、彼女はこう言った。

「あー、誰にも言いたくないし、思い出したくないわぁ。東京からよう来てくださったけれど、

悪いなぁ、話せませんのですぅ。家族5人を殺されて、情けのうて、哀しくて……」

しかし、ゆり子は生来の話し好きのようで、やがてゆっくりと昔を思い出しながら話をしてくれた。

ゆり子と睦雄は小学校からの同級生だった。睦雄は小さいときは、それは頭が良かったという。

だが、睦雄の両親が肺病で死んだことが発覚したあたりから、素行がおかしくなったという。女性たちを付け回すようになり、次第に村の中でも浮いた存在となり、嫌われだした。ゆり子も外の道で睦雄と出くわすと、田んぼの畦にわざわざ入って大きく迂回して、睦雄を避けたという。

事件の直前の時点では、睦雄はほとんど村八分状態になっていたという。

〝睦雄はいずれ何か恐ろしいことをしでかすから〟と言って、貝尾の外へ逃げ出した女性（寺井マツ子のこと）もいたという。

惨劇の夜、ゆり子は睦雄が自分を狙ってくるのをうすうす感づいていたという。だから、騒動が起きたと気づいた直後、いち早く逃げた。家族5人は殺害されたが（まさか家族まで殺害されるとは思わなかったようだ）、ゆり子は必死で近くの家に逃げ込んで、匿ってもらった。そうしたら、その家のお爺さん（寺井孝四郎のこと）までが睦雄に殺されてしまった。

「本当に申し訳ないことをしましたぁ。情けないですわぁ」

ゆり子は目に涙をためて訴えた。

事件後、睦雄との関係を邪推され続けた

辛かったのは、睦雄との関係を邪推され続けたことだったという。

自分は睦雄とは関係がなく、睦雄のほうが一方的に迫ってきただけだった。だから、とても恐かった。肉親をことごとく惨殺されながら、よりによって加害者である睦雄との関係を邪推され続けた。これは本当に辛かったという。


事件後、ゆり子は嫁ぎ先に戻った。事件から4年後の昭和17年（1942）に長女が産まれ、長女を筆頭に3人の子宝に恵まれた。

夫はほどなく戦争に行ったが、出征先で1ヵ月後に倒れた。結核だった。やがて戦場から故郷に戻ってきた夫は、津山の病院への入退院を繰り返した。

ゆり子は家の全財産を夫の治療につぎ込んだ。結核は治療に金のかかる病だった。夫の病状はなかなか回復しなかった。そして、治療のかいもなく、夫は昭和24年（1949）に亡くな

った。

だが、ゆり子に悲しむ暇などなかった。3人の幼な子を育てなくてならなかった。しかもその頃、夫の母親が半身不随になり、寝たきりの状態となった。みな子にとって義母の介護は大きな負担となった。義母のわがままはひどく、その介護は艱難辛苦を極めたという。

ゆり子は一家の大黒柱として、女手ひとつで生活や財産も守らなくてはならなかった。ゆり子の嫁ぎ先は、村の共有林に一定の権利を持っていた。1年に一度、共有林から切り出した木材を販売し、その利益は村人みんなで分配した。だが、利益の分配を受けられるのは、共有林の整備に労働力を提供した家だけだった。だが、女ひとりのゆり子に何ができよう。そこで、ゆり子は隣村やその先の村まで出かけて、日当を出して自分の代わりに作業をやってくれる人間を雇った。仕事、畑、育児、義母の介護……ゆり子の日常はまさに火の車だった。

だが、夫の遺族年金が支給されるようになってから、少しずつ生活に余裕が出てきた。もともとが倹約家だったゆり子は、のちに村でも屈指の立派な家を新築するまでになった。

このために、ゆり子一家は周囲に嫉妬され、睦雄の隠し子疑惑など、事実無根の噂を流された。

最近になって、ようやくゆり子は幸せを実感できるようになったという。

「今はデイサービスがいちばん楽しいです。友達もいるし、迎えに来てくれますし」

取材を終えたあと、ゆり子は私に紙の鍋敷きをくれた。彼女の手製の贈り物である。
ゆり子は、優しい素敵なお婆ちゃんだった。

ゆり子、逝く――

2016年（平成28）の秋ごろのことだった。
岡山在住のIさんからメールが届いた。Iさんは、津山事件の取材で何度もお世話になっている人物だ。メールは短く次のように記されていた。

津山事件の生き残りであった寺井ゆり子さんが亡くなられたようです。ご冥福を祈ります。

メールには画像が一枚添付されていた。地方新聞のお悔やみ欄に掲載された記事を写したものだった。そこには確かに次のように記されていた。

寺井ゆり子99　加茂町○○

もちろん、寺井ゆり子というのは、仮名である。

ゆり子は、確かに加茂町○○に住んでおり、2010年の秋に私はゆり子の自宅を訪ね、3時間あまりにわたって事件のことについて話を聞いていた。

間違いなかった。寺井ゆり子は、2016年10月5日に他界していた。享年99歳（満年齢）だった。

〝ゆり子逝く〟の報を聞いて、私の心の中に何かポッカリと大きな穴が空いてしまったような感覚に陥った。

津山事件の取材を20年以上続けてきた私にとって、ゆり子は最も重要な事件の関係者だったからだ。

ゆり子と睦雄の出会い

睦雄がゆり子と出会ったのは、おそらく睦雄が5歳、ゆり子が4歳のころだった。

当時、同じ集落にゆり子が住んでいた。ゆり子と睦雄は一応遠縁の親戚筋にあたる。ただ、貝尾のような小さな集落では、住人のほとんどがなんらかの血縁関係を持っていた。

睦雄はおとなしく頭のいい、色白でかわいい男の子だった。一方、ゆり子は活発で、男まさりの元気な女の子だったという。

ふたりが西加茂尋常小学校に揃って入学したのは、大正13年のことだ。

やがて、睦雄はゆり子に恋心を抱きはじめた。

睦雄は遺書のなかで、ゆり子と「関係があった」と記しているが、真偽のほどはどうなのだろうか。

私は、2010年の取材でこの点についてゆり子に直接尋ねると、彼女ははっきりとした口調で否定した。

「そんなことはないです」

一方、近隣の村人で当時を知る人は、「関係はあっただろう」と話している。

真偽のほどはわからない。だが、睦雄がゆり子に対して、異性として特別な感情を抱いていたことは間違いなかった。

別れ際、私はゆり子に小学校で同級生だったころの睦雄の印象を改めて尋ねてみた。

「むっちゃん（睦雄）の思い出ですか？　そうですね。おとなしくて、真面目でしたよ。子どものときは、けっこう優しいところもありました……」

晩年のゆり子は散歩が好きだった。大きな乳母車を押しながら、よく近所の山間の田園地帯を散歩していた。

笑顔を浮かべてゆったりとした足取りで歩くその姿は、今も私の脳裏にしっかりと刻み込まれている――。

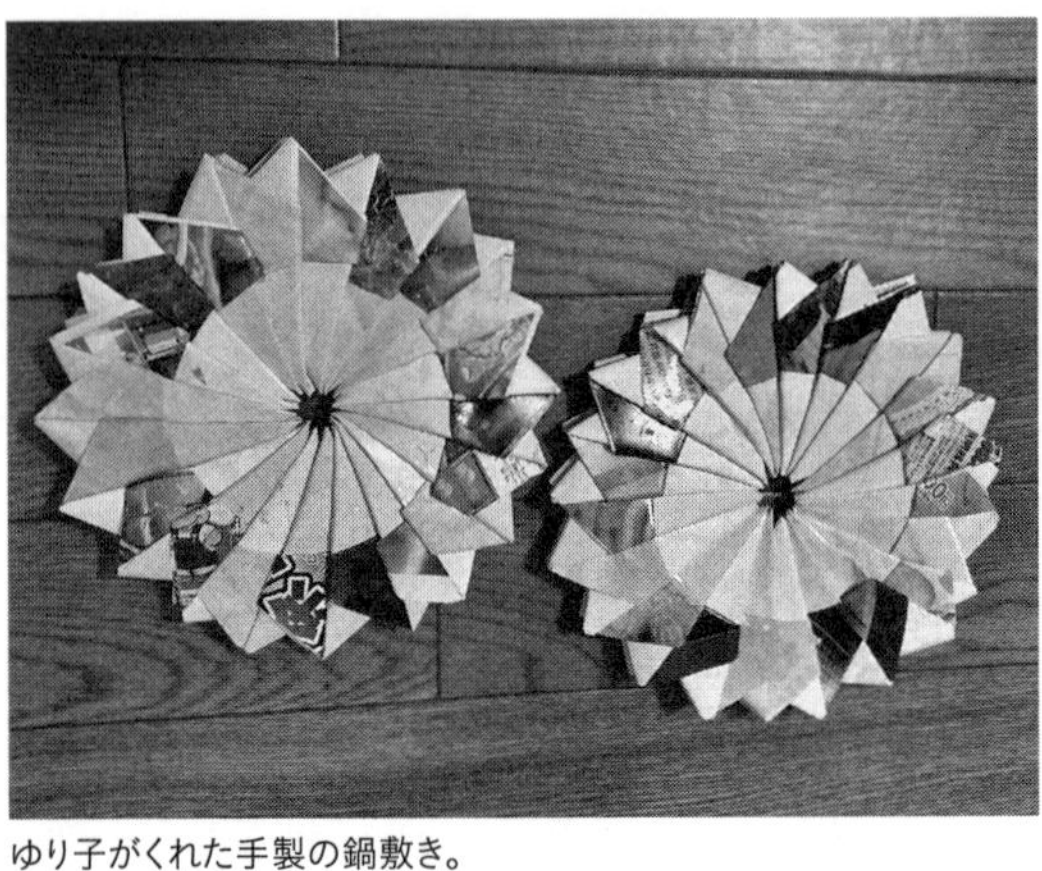

ゆり子がくれた手製の鍋敷き。
彼女は優しい素敵なおばあちゃんだった

主な参考文献

●『自殺 精神病理学的考察』（1963年／中村一夫／紀伊國屋新書）および同書・新装版
●『加茂町史 本編』（1975年／加茂町史編纂委員会・編／加茂町）
●『改訂版 おかやま歴史の旅百選』（2004年／吉備人出版編集部・編／吉備人出版）
●『桝形・日上山城跡と香々美村の暮らし』（2010年／高宮惇／津山朝日新聞社）
●『有漢点描 先人のあしおと』（2006年／蛭田禎男／吉備人出版）
●『中国山地』（1978年／三浦秀宥、竹内平吉郎／岡山文庫）
●『岡山の民俗』（1981年／土井卓治ほか／岡山文庫）
●『岡山県の歴史散歩』（2009年／岡山県の歴史散歩編集委員会・編／山川出版社）
●「津山事件報告書」（1938年／司法省刑事局）
●『津山事件の真実（津山三十人殺し）第三版』（2012年／事件研究所／フローマネジメント）および同書・第一版、第二版
●『津山三十人殺し 日本犯罪史上空前の惨劇 』（2005年／筑波昭／新潮文庫）
●『津山三十人殺し 村の秀才青年はなぜ凶行に及んだか』（1981年／筑波昭／草思社）
●『ミステリーの系譜』（1975年／松本清張／中公文庫）
●『「八つ墓村」は実在する』（2005年／蜂須敦／ミリオン出版）
●『八つ墓村』（1971年／横溝正史／角川文庫）
●『夜啼きの森』（岩井志麻子／2004年／角川ホラー文庫）
●『夜這いの民俗学・夜這いの性愛論』（2004年／赤松啓介／ちくま学芸文庫）
●『差別の民俗学』（2005年／赤松啓介／ちくま学芸文

庫）
●『非常民の性民俗』（１９９１年／赤松啓介／明石書店）
●『性の民俗誌』（２００３年／池田弥三郎／講談社学術文庫）
●『無差別殺人の精神分析』（２００９年／片田珠美／新潮社）
●『攻撃と殺人の精神分析』（２００５年／片田珠美／トランスビュー）
●『日本の民俗　岡山』（１９７２年／土井卓治ほか／第一法規出版）
●『殺人者の精神科学』（２００２年／矢幡洋／春秋社）
●『夜這いと近代買春』（１９９５年／森栗茂一／明石書店）
●『部落（むら）を襲った一揆』（２０１１年／上杉聰／解放出版社）
●『部落史がわかる』（１９９７年／上杉聰／三一書房）
●『解放令の明治維新　賤称廃止をめぐって』（２０１１年／塩見鮮一郎／河出書房新社）
●『監察医が書いた死体の教科書「8何の原則」が謎を解く』（２０１０年／上野正彦／朝日新聞出版）
●『犯罪心理学　行動科学のアプローチ』（２００６年／C・R・バートル、A・M・バートル 著、羽生和紀 監訳、横井幸久、田口真二 編訳／北大路書房）
●『現代の精神鑑定』（１９９９年／福島章／金子書房）
●『犯罪心理学』（２００５年／越智啓太／朝倉書店）
●『犯罪捜査の心理学』（２００８年／越智啓太／化学同人）
●『つけびの村　噂が5人を殺したのか？』（２０１９年／高橋ユキ／晶文社）

＊順不同・発行年は西暦表記に統一した

特別寄稿【1】

津山事件の現場と「睦雄の墓」のいま

取材・文●森谷辰也

津山事件が起きた昭和13年（1938）5月から90年近くが経過し、現場も大きく変わってしまった。以下、令和6年（2024）現在の状況を記録させていただく。

貝尾：事件現場

事件の主な現場となった貝尾地区は、事件当時よりもさらに人口が減少し、道沿いにある家も人が住まなくなって荒れ果てた家が増えてしまっている。ただし、睦雄が住んでいた家の跡地（睦雄が住んでいた家そのものは事件直後に取り壊され、建て替えられた）には、事件の被害者の一族が現在も居住している。貝尾の集落の中心部にあるという利便性、さらに、坂が多い集落のなかでは平坦な場所であることなどから、便利が良い場所であることはたしかだ。

以前は、貝尾地区への入口の分岐路に「貝尾」という表示板があったが、現在は支柱を残すのみで表示板が取り外されている。昨今のYouTube動画の流行で、深夜に村に入り込んで騒ぐ人もいたようで、あの惨劇の舞台であったという目印となる表示板は取り外されてしまったのだろう。

また、以前は貝尾地区の坂を登り切ったところから山（下茅峠）を越えて津山市内に抜けることができた。しかし、現在は途中で道路が崩落してしまったとのことで通行止めとなっている。現地の道路の利用人数からいっておそらくはそのまま廃道となるのではないかと思われる。

したがって、以前は貝尾地区へ車で乗り入れることについて、「津山へ抜ける途中です」という言い訳ができたが、現在は貝尾自体に用事がある人しか現地に入り込まない状態となっている。

貝尾に津山事件以外で用事がある人は、住人の親類縁者などに限られるため、他所者の車が地区に乗り入れること自体に対して地元の方からの拒否感が増大している印象がある。

倉見：都井家のルーツおよび睦雄の墓

「睦雄の墓」について、実は「これが睦雄の墓である」と確定されたものはない。ただ、『津山事件報告書』において、岡山地裁検事局の中垣検事による「犯人の遺骸は貝尾の土地を憚って、加茂町倉見の父母の墓と並んで、その傍に埋められた」という記載があること、さらに睦雄本人が遺書で「父母の墓のそばに埋めてほしい」と記載していることから、おそらくは父母の墓のすぐ手前にあった丸石が睦雄の墓である可能性が高い、と私は推定している。そして、その写真を同人誌の表紙にも使用している。

都井家の墓は旧来、坂道を上った右側と左側の両方に墓が置かれており、右側に比較的新しい墓と「都井家代々の墓」があり、左側に古い墓が並んでいる状況だった。「睦雄の墓」があったのは左側の、古い墓のほうだった。

しかし、長年、都井家の墓を守っていたおばあさん（他所から嫁に来た女性で、睦雄と直接の血縁はない）が2020年代に入ったころにお亡くなりになり、それもあって、都井家の墓地のうち、睦雄の墓がある区域は手入れがほぼ放棄された状態となった。そのため、現在では睦雄の墓石の周囲は笹藪で完全に覆われてしまった形となっており、お参りすることも難しい状況となってしまっていた。

そういうわけで、睦雄の墓がどうなっているのかはしばらくの間未確認の状態だったのだが、2024年7月にこの原稿のために現地を再訪するにあたって、一度睦雄の墓も確認しておこうと思い立った。以前にも増して生い茂っていた笹藪を切り拓いて睦雄の墓があった場所にたどり着いたところ、驚いたことに「睦雄の墓石」がなくなっていた。

また、本家の墓がある手前の斜面に何個か石が置いてあった（それを「睦雄の墓」とする説もあった）のだが、それらも整理されているようだった。

墓地内を探したところ、いくつかそれらしき石を見つけた。

①本家の墓地の後ろに並んでいた石
②本家の墓地の左側に置かれていた石

ところが、過去の写真を確認したところ、①の石は2008年ごろの写真に既に写っている。そうなると②が移設された睦雄の墓ということになるが、それにしては大きすぎる。元の睦雄の墓の高さは30センチ程度だったが、この石は50センチほどある。

そう思って、手がかりを探して睦雄の墓石があったあたりを調べてみると、大きく凹んでいることがわかった。笹藪が生えてしまっていて地面の状態はわからないのだが、おそらくは穴が空いていて、そこから笹が生えて穴を埋めてしまっているようだった。凹みの深さはだいたい20センチくらいだった。

つまり、②の石が「睦雄の墓」で、笹藪に埋もれる前に誰かが掘り出して本家の墓地の横に置いたのではないか、と現時点では考えている。ただし、「移設先の石」にあまりにも苔が生えすぎていて、3年程度でここまで苔生すのかという感じもあるので、例えば不届き者が「睦雄の墓」を持ち去った可能性なども完全には否定できない。また、誰がいつ「睦雄の墓」を移動させたのかもまだ判明していない。このあたりは、引き続き調査していきたい。

また、「睦雄の墓」について、本書の読者の方にお願いしたいのだが、「お供え」を放置するのはできればご遠慮いただきたい。気持ちはわかるが、訪問するたびに缶ビールや酒のビンなどが「睦雄の墓」の周辺に散乱しているのである。こういう活動をしている私が何を今更、という話ではあるが、それでも、地元の方々や都井家の方々に対して無駄な負担を強いることはやめたほうがよいように思う。

荒坂峠：睦雄終焉の地

こちらも、下茅峠と同様に、年を経るごとに道が荒れてきている。まだかろうじて通り抜けて津山市街方面に抜けることができるが、車では通れなくなる日も近そうだ。

また、睦雄が自殺した仙の城山に上がる道も、以前は整備されていて夏場でも上ることができたのだが、現在は睦雄の墓と同様、ほぼ完全に雑草で覆われてしまっていた。また冬場に改めて確認したいが、いずれにしても少しずつ事件の現場全体が自然に還っていっていることを感じる。

物見：寺井ゆり子の嫁ぎ先

「寺井ゆり子」さんがが事件前に嫁いだ先の集落である。寺井ゆり子は事件後も長くご存命だったが、２０１９年（令和元）ごろにお亡くなりになった。これで津山事件の直接の関係者はすべて鬼籍に入ったことになる。

その他

津山市内にある、姉が営んでいたうどん店の建物に、新しく人が住み始めたようだ。建物が一部改修され、人が住んでいるらしき状態になっていた。姉の息子（睦雄の甥）、もしくはその関係者である可能性が高いが、私が訪問した際には不在だったために確認できていない。

……もりや・たつや……

ブログ「事件研究所」（https://flowmanagement.jp/wordpress）主宰。津山事件をはじめ、狭山事件、下山事件など、昭和のさまざまな「事件」について調査・研究し、ブログや同人誌に発表するとともに、雑誌などへも寄稿している。

貝尾地区への入口の分岐路。以前は「貝尾」という表示板があったが、現在は支柱を残すのみの状態となっている

かつて「貝尾」の表示板があったころの写真

かつてあった元の睦雄の墓

祖母いねの墓

睦雄の父母の墓

睦雄の墓があった場所は笹薮に覆われていた

かつてあった睦雄の墓がなくなっていた

墓地手前の斜面にある石

本家の墓の後ろにある石

本家の墓地の左側に置かれていた石。
これが移設された睦雄の墓の
可能性もあるが、
現時点では真偽のほどは不明だ

睦雄が自殺した仙の城山に上る道も、
ほぼ完全に雑草で覆われてしまっていた

特別寄稿【2】

「つげびの村」と「八つ墓村」

取材・文●高橋ユキ

限界集落で発生した「山口連続殺人放火事件」

山口県周南市の山間部にある人口12人（当時）の限界集落で発生した、いわゆる「山口連続殺人放火事件」のはじまりを告げたのは、民家が燃えるのを認めた近隣住民からの119番通報だった。

2013年（平成25）7月21日、日曜日の夜8時59分。集落に住む老夫婦、貞森誠さん（71＝当時）と喜代子さん（72＝同）の家から煌々と炎が上がるのを目撃した住民は、慌てて消防に通報した。ところが電話を切って外に出てみると、夫妻の家から70メートルほど離れたところにある山本ミヤ子さん（79＝同）の家も燃えているのに気づいた。山本さんは昼間、同じ集落に住む石村文人さん（80＝同）とグラウンドゴルフに出かけていた。別の住民が石村さんに電話をかけたが応答はない。

すぐさま消火活動が行われ、22時過ぎ、ようやく火は鎮まった。貞森さんの家からは誠さんと喜代子さんの遺体が、山本さんの家からはミヤ子さんの遺体が発見された。誠さんの遺体は足がもげており、消防団が焼け跡をかき分け、失われた片足を探した。隣接しているわけではない2軒が燃えたことに、村人たちは皆「何かおかしい」と違和感を覚えていた。

そして翌日昼前、同じ集落に住む河村聡子さん（73＝同）も遺体で発見された。夫は友人らと愛媛県に旅行中で、遠方に住む家族が自宅を訪ね、2階で血まみれとなって倒れている聡子さんを見つけたのだった。数分後、昨晩から連絡がつかなかった石村さん宅を訪れた県警が、その遺体を発見する。

「2軒の火災による3人の死亡」ではなかった。5人は全員撲殺されていた。遺体に共通していたのは頭部の陥没骨折、そして足の殴打痕。うち3人には「口の中に何かを突っ込まれた」形跡があった。県警は、昨晩から自宅におらず、連絡もつかない住民の行方を追っていた。山本さんの隣で一人暮らしをしていた男、保見光成（逮捕当時63）だ。彼の家のガラス窓にはこんな不気味な貼り紙が掲げられていた。

「つけびして　煙り喜ぶ　田舎者」

1日で5人が殺害されるという大事件。地元だけでなく全国で大きく報じられた。そのうえ行方をくらましている男の家には貼り紙。「放火をほのめかす」ものではないかと、報道は加熱してゆくなか、事件から5日後、捜査員が山中で男を発見した。Tシャツとパンツの下着姿で、靴も履いていない。

「ホミさんですか？」

近づきながら機動隊員が声を掛けると、男はその場にしゃがみ込み、言った。

「そうです」

こうして逮捕された保見だったが、当初こそ「殺害して、その後、火をつけた。私がやりました」と犯行を認めていたものの、2年後に山口地裁で開かれた裁判員裁判では「火はつけていません。頭をたたいてもいません。私は無実です」と、否認に転じた。起訴後の本鑑定で保見は事件当時「妄想性障害」だったと判断され、責任能力が争われたが、地裁は保見に完全責任能力を認めたうえ、放火も殺人も、犯人は保見以外には考えられないとして死刑を言い渡す。その後、保見側の控訴、上告も棄却され2019年に判決が確定している。

「津山三十人殺し」と「山口連続放火殺人事件」の相似

山口連続殺人放火事件（以下、本事件）は発生当初から〝平成の津山事件〟と報じるメディアがあったように「津山三十人殺し」を想起させる相似性を持つ。田舎の集落で、周囲に馴染めないひとりの男が突如として村人たちを殺害してまわる……たしかにふたつの事件は似ている。ふたりが、自らも暮らす集落の人々に対して、強い嫌悪感を抱いていたことも共通している。

都井睦雄が残した3通の遺書には、集落の人々への恨みが綴られていた。対する保見は事件の2年前の元日に周南警察署を訪れ、「地区で孤立している。集落で悪口を言われている」などと相談し、のちに殺害することになる被害者たちの名を挙げていたほか、逮捕直後にも、近所の人の名を挙げて「うまくいってなかった」と語っていた。

だが、保見の場合は「妄想性障害」が重要なキーワードになっている。彼の語る「孤立」や

「悪口」が事実かどうかは慎重に検討されなければならない。妄想の可能性があるからだ。山口地裁判決はこう述べている。

「鑑定人によると、被告は両親が他界した2004年ごろから、近隣住民が自分のうわさや挑発行為、嫌がらせをしているという思い込みを持つようになった。こうした妄想を長く持ち続けており当時、妄想性障害だったと診断できる。『自分が正しい』と発想しやすい性格傾向と、周囲から孤立した環境が大きく関係し、妄想を持つようになった」

つまり保見は妄想性障害であり、彼の被害の訴えは「思い込み」であるとの認定だ。

この部分で、津山事件よりも共通点を強く感じる大量殺人事件を私は過去に傍聴したことがあった。2004年（平成16）に兵庫県加古川市で発生した「加古川七人殺し」だ。8月2日の午前3時半、当時47歳だった藤城康孝は突如、肉用牛を解体する特殊な包丁で近隣に住む親戚らを次々に刺してまわり、7人を殺害したのち、自宅に放火。あらかじめガソリンを満載しておいた車に乗り込み走り出した。やがて車を近所の路壁にぶつけて自殺を図るが、燃える車のなかから警察官に引きずり出されて逮捕された。

保見が近隣住民からの「孤立」や「悪口」を訴えているという報道に接したとき、藤城の一審公判を傍聴した時のことを思い出した。この事件でも、近隣住民からの陰口や無視が、重要なポイントとなっていたからだ。検察官は論告で言っていた。

「当時、老齢の母とふたりで暮らしており、常にうわさ話の対象となっていました。被告人の母はこう述べています。

『夫が家にいた頃まではあまりにも露骨なうわさ話はありませんでしたが、夫がいなくなってから格好の噂の対象になりました。遠慮もなくなり、外出時には親戚や周囲の住民が井戸端会議をしていました。挨拶をしても返さず、声を潜めその場を離れて行きます。娘も「あの人ら何なん。いつも悪口言ってる」と言っていました』

また被害者のひとりと立ち話していた近所の女性は『被告人の姿はたまにしか見かけませんでした。平日の昼も家にいるようで、まともに仕事もしてないこともわかっていましたが、何か仕事しとるんやろか、と噂していました』と述べています。このような環境で被告人は周囲が自分を見下していると考え、怒りを募らせていったのです」

藤城も保見と同様、精神鑑定において二度「妄想性障害」と診断されていた。最終的に最高裁でも保見と同じように「妄想性障害はあったが完全責任能力はあった」と認定され死刑が確定。だが保見と異なるのは、近隣住民による「うわさ」や「挨拶をしても返さない」などのいじめが存在した〝事実〟については検察側も認めていたことだ。

共同体で孤立した男が、妄想性障害を発症し、近隣住民からのいじめがあるとの「思い込み」から起こした……とされる山口連続殺人放火事件は、津山事件よりもむしろ加古川事件に近い。にもかかわらず、メディアは「平成の津山事件」と報じ、ユーチューブやSNSでは事件の起きた集落について〝平成の八つ墓村〟と呼ぶ者もいる。2013年に起きた5人殺害事件が、共通項も多い2004年に起きた7人殺害事件よりも、1938年に起きた30人殺害事件と強く関連づけられてしまうのはなぜなのか。

戦中の夜這いをめぐる因縁……メディアがつくりあげた事件のイメージ

そもそも私が本事件を取材することになったきっかけが、答えのひとつを提示しているように思う。初めて集落に向かうことになったのは、ある月刊誌の編集部から「集落における夜這いの風習の有無を取材してほしい」という依頼を受けたことによる。その直前、週刊誌に〝戦中の夜這いをめぐる因縁が事件に関係している〟との記事が掲載されていた。これが事実かどうかを確かめてきてほしい……というのである。

山口における夜這い文化について、老人たちの話を聞き取りまとめられた書籍『よばいのあったころ　証言・周防の性風俗』には「山間部の部落には、若衆宿が、昭和の初めごろまであった」とあり、集落での取材でも「昔はあった」と証言する者はいた。しかし、集落における〝夜這いをめぐる因縁〟については、存在しないことが確かめられた。

加えて本事件については当初から、保見が「集落の人々からいじめられていた」といった

〝村八分〟報道がさかんであった。私が取材を続けたのは、その〝村八分〟が本当にあったのか確かめたいという興味関心からだった。

いっぽう津山事件については筑波昭『津山三十人殺し』や『津山事件報告書』に「夜這いなどの因習や性の乱れが事件に大きく影響した」という見解が提示されているほか、都井が〝村八分〟であったとも記されている。

メディアにより、両事件は「村八分や夜這いといった因習が残る、閉ざされた村で起きた」……そんな印象を強く抱かせる。本事件が起きたのは人口わずか12人の山間部で、平成の時代において携帯電話も通じなかった（事件当時）ことも〝閉ざされた村〟との印象を強める方向に作用したことだろう。取材においては村八分についての確たる証拠は得られていないにもかかわらず、いまだに世間において〝村人にいじめられていた男が復讐した〟事件である……という、あたかも保見が抱いていたかのような「思い込み」も根強いのは、津山事件に相似を見出したがる世間の欲求が大きく影響しているように思える。

そしてその津山事件については、実に奇怪な現象が見受けられる。石川氏が本編で述べているとおり「小説（『八つ墓村』）のイメージが事件の実像を侵食するという事態が起こっている」のだという。石川氏のその指摘を考慮すればつまり『八つ墓村』という横溝正史の世界観に侵食された津山事件の影響が、山口連続殺人放火事件にも色濃く残り、報道や世間の受け止め方に大きく作用した……ということになる。実際の事件にもかかわらず本事件が〝村ホラー〟というエンタメジャンルとして消費され続けている理由はここにあるのではないか。

「孤独」、そして「うわさ」

そんな横溝正史的な世界観を一旦傍に置き、シンプルに加害者側の抱えていた事情を見てみよう。都井睦雄は、肺病やその他本編にも記されている複雑な事情により、村人から白眼視され、村八分のような扱いを受けるなか、孤独を深めていった。加えて経済的にも困窮した末、事件を起こす。保見光成は、年老いた両親の面倒を見るために、長らく左官として働いていた関東からUターンしたが、集落に馴染めず、そのうち両親も死に、孤独を深めた。いつしか妄想性障害を発症し、「うわさ」を気にするようになり、いじめられていると「思い込み」、集落の人々を敵対視するなか、経済的にも困窮し、事件を起こした。

ふたつの事件に限らず、一般的に事件において経済的事情は犯行と強く結びついている。金に困って盗みをする者もいれば、ふたりのように困窮の果てに自暴自棄とばかりに殺人のような到底金目当てとは思えない犯行に及ぶといった事案は枚挙にいとまがない。ではその困窮に至るまでの彼らに何があったのか。これが世間一般的には〝真相〟だとか大げさに呼ばれるものかもしれない。共通項はどう見ても「孤独」であろう。だが村八分によって孤独となった都井と異なり、保見の場合は妄想性障害を考慮しなければならない。集落におけるいじめを取材した際、保見の認識していたようないじめがあったことは確認できていない。「草刈機を燃やされた」と週刊誌は報じていたが「そもそも保見は草刈機を持っていなかった」という声もあった。

我々が普段、あらゆるうわさ話に興じるように、どのような共同体にも「うわさ」は存在する。その対象もさまざまだ。この集落にも当然「うわさ」はあった。本事件が厄介なのはこの「うわさ」を保見がどこまで気にしていたのか、今となってはわからないということだ。気にしていた「うわさ」自体は、妄想かもしれないし、現実かもしれない。その「うわさ」は、保見の悪口かもしれないし、別の人のうわさかもしれない。さらには「うわさ」などではなく、単なる雑談をしているのを見て、何か自分のことを話していると勘違いしていたのかもしれない。はっきりしているのは、保見が妄想の中で「うわさをされ、いじめられている」と思っていた、ということだけだ。都井と保見のふたりは「いじめられた」という主観により、被害者意識という導火線に点火した。時間とともに導火線はじりじりと短くなり、最後に事件という大爆発を起こした。

闇はどこにでもある――

とはいえ、加害者が被害者感情を強く持っている事件は、このふたつに限らないことは、知っての通りだろう。わかりやすくストーカー殺人を例に挙げれば、加害に及んだ側が「無視されたから」などと、被害者の行動に原因があるかのように述べるのは常であり、まさにそれが被害者感情の表出である。

『八つ墓村』が津山事件を侵食しているためか、「村」で起きた事件は、現代においても、とかく〝田舎の闇〟と結びつけられやすい。村八分、悪口、夜這い、閉鎖的……そんなキーワードによるネガティブなイメージが先行している。ひとりの人間が孤独を深めて起こした大量殺人が、まるで「村」と、そこに蔓延る「因習」のせいであるかのごとく語られる。〝田舎の闇〟がテーマになったフィクション作品もさまざまで、もはや、ヤバい場所にヤバい人が住んでいるのが「村」なのだと言わんばかりだ。しかし「因習が残る限界集落」でなくとも、孤独を抱える人が事件を起こすことはある。2023年5月には長野県中野市で当時31歳の男により4人が刃物や猟銃で殺害されるという事件が起こった。「事件当日にひとりぼっちと言われたように聞こえて、恨みが募って爆発した」と逮捕された男は語っている。裁判員裁判を控える今、弁護人は「完全に妄想に支配されたやむを得ない犯行」として無罪を主張すると見られている。

人は理解の及ばないことが起きると、納得できる原因を自分なりに考えて安心したがるようだ。大量殺人という犯行を知った時、「そんな大それたことをするぐらいだから、被害者に原因があったんだろう」「田舎の闇が原因だ」と結論づけ、自分とは無関係な出来事であると思うよう努める。ことはそう単純ではない。闇はどこにでもある。どこにいても、誰といても、孤独が深まることはある。いきなり命を奪われることがある。物語ではなく現実に、そんなことが起こる。

……たかはし・ゆき……

傍聴人。フリーライター。主に週刊誌系ウェブ媒体に記事を執筆している。『つけびの村 噂が5人を殺したのか?』（晶文社）に新章を加えた『つけびの村 山口連続殺人放火事件を追う』（小学館文庫）が好評発売中。『暴走老人・犯罪劇場』（洋泉社新書）、『木嶋佳苗 危険な愛の奥義』（徳間書店）、古くは『霞っ子クラブ 娘たちの裁判傍聴記』（新潮社）など殺人事件の取材や公判傍聴などを元にした著作多数。

「山口連続放火殺人事件」の
舞台となった金峰。
事件は「平成の八つ墓村」と呼ばれた
（写真提供◉時事通信社）

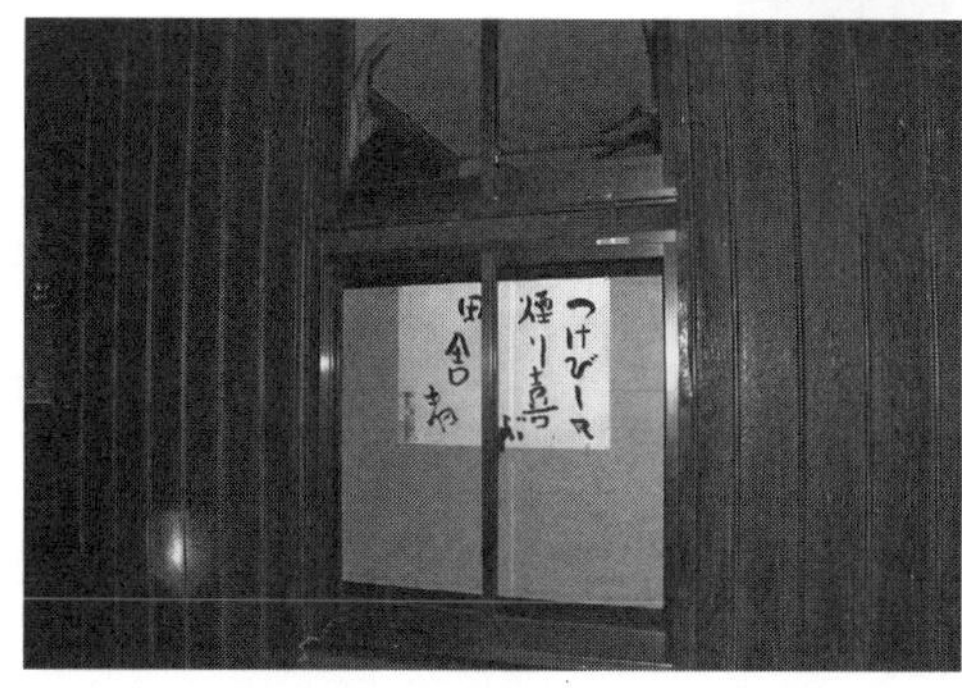

張り紙に書かれた不気味な
文言「つけびして〜」は
当時話題となった
（写真提供◉朝日新聞社）

石川清さんの思い出
～世界で一番津山事件に詳しい男～

（以下、一部本書の内容のネタバレを含むため、本文を先に読まれることを強くお勧めします）

唐突だが、私は以前、「世界で二番目に津山事件に詳しい男」を自称していたことがある。「二番目」ということは当然、私の他に「一番目」の人がいるわけで、その「世界で一番津山事件に詳しい男」とは本書の著者である石川清さんのことに他ならない。その、押しも押されもしない津山事件研究界（そんな界隈があるとすれば）の第一人者である石川清さんの、津山事件に関する原稿をまとめた本が出版されたということで、これはまさに、津山事件研究史（そんな歴史があるとすれば）に残る快挙と言えるだろう。

私も、津山事件フリークとしては人後に落ちない自信がある。自費でアメリカまで行って『津山事件報告書』を全文コピーしてきたり、岡山県内の事件現場にも何度か足を運んで、その結果を「事件関係ブログ」というブログや、同人誌という形で発表したりしてきた。しかし、石川さんの現地を含めた取材の質と量には、とてもではないがかなわない。「寺井ゆり子」さんや睦雄の甥に対するインタビューを実現して記録に残すなど、石川さんが津山事件研究界に残した足跡は、唯一無二と言えるものである。

石川さんの最初の本（『津山三十人殺し 最後の真相』）が出た当時、Ａｍａｚｏｎで「取材不足で推測だけで書かれた本」というレビューが付いたことがある。それに対して私は個人的に憤慨して「一見歯切れが悪く見えるのは、著者が、膨大な取材に基づく事実は事実として、それに対する推測は推測として、誠実に書いているからである」という反論のコメントを書いた。もう90年近く前の事件について、いくら調べても断言できることは限られる。それを断言調で書くとすれば、それは逆に読者に対して不誠実というものだろう。しかし、昨今の「タイパ」流行のご時世では、本当はよく調べもしていないし理解もできていないのに断言調でズバズバ言い切ってしまう本や動画の方が「売れる」のも確かだ。その中で読者に対する誠実さを貫いた石川さんのバックボーンには、やはり元々事件記者として取材記事を書いていた経験があるのだろうと思う。

私が津山事件に関する石川さんの文章を初めて読んだのは、既に廃刊になった「ダークサイドJAPAN」2001年10月号に掲載された「『三十人殺し』の起きた村と人の数奇な運命の数々」というルポであった。この時点で石川さんはまだ『津山事件報告書』を手に入れていなかったようだが、それでも現地取材だけで睦雄の姉が営んでいたうどん店を捜し当てたり、「寺井ゆり子」の嫁ぎ先を見つけて近所の人にインタビューしたりしている。

そのルポとそこに掲載された写真を元に現地を訪問してみたところ、睦雄の姉が営んでいたうどん店を探し当てることができた。その後も何度か津山の現地調査に行った際に立ち寄ったりした中で、たしか3回目くらいの訪問時にその店（廃業済）の表の戸を開けて人が出てきたことがある。今思えばそれは、睦雄の姉の息子＝甥だったのだろう。しかしその時は、ただただ驚いたのと、甥らしき方がお子さんを連れていたために話しかけることができなかった。後になって石川さんが睦雄の甥に対するインタビューに成功したと聞き、その内容を拝見して、その取材力と行動力に改めて感服したことを覚えている。

石川さんとは、雑誌『映画秘宝』2011年4月号で対談させていただいたことがある。対談の際にいろいろと一冊目の本に書かれていない裏話のようなものも聞かせていただいたが、その中で印象に残っているのは、「当時、子供を作らないことを前提に、家政婦代わりとしてお金で後妻を取ることは広く行われていたようで、睦雄の『祖母』もそうだったのではないか」という話と、「そういう家政婦代わりの嫁でしかない祖母が、都井本家を継ぐ睦雄の後見人となることを良しとしなかった親戚筋もいたようで、祖母が倉見を出る決断をしたのはその影響もあったのではないか」「また、祖母が倉見の都井本家を出て、加茂町の中心部（から後に事件が起きた貝尾）に移住するにあたって、持っていた山林や農地を安く買い叩いた人々もいたようだ」という話である。この内容は、その後さらなる取材の裏付けをもって二冊目の本にまとめられ、本書にも収載されている。

睦雄がこのあたりの経緯を知っていたかどうかについて確証はないが、睦雄は倉見へ「お遣い」に行くことも多かったようで、その知的能力の高さから考えても、おそらくはだいたいのことは察していたのではないかと考えられる。また、貝尾よりも山奥とはいえ都井本家の裕福さは見てわかったであろうから、より一層、貝尾における一家の境遇に対する理不尽さを感じることにもなったのではないだろうか。

話は変わるが、津山事件研究界における石川さんの功績として最も重要なのは、「都井睦雄と『祖母』の間には血縁関係がなかった」ことを指摘したことだろう。父親の生年と祖母の嫁入り時期から考えて、それは厳然たる事実と考えられるが、それを前提とすると、津山事件におけるさまざまな事柄の意味が変わってくる。例えば、

・睦雄が遺した遺書にある「育ての祖母」という表現から見て、睦雄自身も祖母とは血がつながっていないことを知っていたものと考えられる

・貝尾は祖母の故郷だからという理由で移住してきた場所であり、祖母と睦雄に血縁がない以上、実は睦雄が貝尾に住む理由は存在しない。肺病持ちとして村人から排斥されるようになった中で、睦雄が「なんでこんなところに住まなくてはいけないのか」という理不尽さを感じるようになっていたであろうことは想像に難くなく、その恨みは貝尾への移住を決めた祖母にも向かったのではないか

・睦雄は、狭い部落の中でほとんどの人たちが親類関係であった貝尾において、姉と共にほとんど唯一の完全な「よそ者」だったことになる。村人側がそれを知っていたかどうか不明だが、睦雄の側はそれを自覚していたわけで、それは村人たちを惨殺するという行動にも心理的影響を与えたのではないか

ただ、「祖母」・姉・睦雄が倉見を出て移住する際の経緯や、「祖母」との間に血縁がないことを睦雄が知ったのはいつなのかについては、推測の域を出ない。しかし、いずれにしても、倉見で排斥されたことを知り、貝尾でもよそ者であることを自覚した睦雄にとって、本当の「絆」がある相手は姉だけであり、その姉が他の村に嫁いで行った後となっては、凶行を思いとどまらなくてはならないような他人との「絆」は存在しない、と思ってしまった可能性もあ

る。……こういう考察や推測ができるようになったのも、すべては石川清さんが取材してさまざまな証言や事実を掘り起こしてくれたお陰と言えるだろう。

なお、「寺井ゆり子」さんは石川さんのインタビューからほどなくして、2019年にお亡くなりになった。石川清さんがインタビューに成功し、それを書き残してくれたのは、まさに「ラストチャンス」だったことになる。「寺井ゆり子」さんの死去によって、津山事件に直接的に関係した方は全員他界した。

そして、石川清さんも2022年6月にお亡くなりになった。結果として、前述の『映画秘宝』誌上での対談が、初対面にして最後の対面となってしまった。

対談の後も、二冊目の著書の中で私の同人誌に触れていただいたり、こちらからも同人誌の改訂版を作った際にお送りしたり、石川さんが雑誌等に寄稿された記事を拝見したりと、気持ち的には交流を続けていただいていたように感じていた。そして、石川さんの津山事件関連記事に触れるたびに、その追加取材の量と深さに感銘を受けた（正直なところ、嫉妬にも似た感情も抱かざるを得なかったが）。また、津山事件関係や事件ルポライターとしての仕事以外でも、「ひきこもり」支援関係の世界で非常に大きな存在となっていたと伺っている。まさにこれから多方面でさらなる活躍が期待されていた矢先の突然の訃報で、ただただ驚いた。お亡くなりになったことを知ったのがだいぶ後になってからだったために葬儀に参加できなかったこと、結局一度しか直接お会いしてお話を伺うことができなかったことは、個人的に現在でも深く後悔している。

石川清さんという「世界一津山事件に詳しい男」をこの世界は失ってしまった。しかし、私は現在も、そしてこれからも、「世界で二番目に津山事件に詳しい男」を自称し続ける。一番は永遠に、石川さんの指定席だから。

2024年7月

森谷辰也

MURDER WATCHER SPECIAL

稀代の殺人鬼・都井睦雄、その殺意の真相に迫る！

検証『津山三十人殺し最後の真相』

石川清×森谷辰也

（ルポライター） （ブログ「事件研究所」）

『映画秘宝』誌上での対談が、ふたりにとって初対面にして最後の対面となった
（『映画秘宝』2011年4月号より）

資料篇

本資料は、精神科医・中村一夫の著作『自殺 精神病理学的考察』（紀伊國屋書店・1978年・新装版）の〈第四章　津山事件の犯人「都井睦雄」の自殺についての精神病理学的考察〉を抜粋し、掲載したものである。中村は津山事件から25年後の昭和38年（1963）4月に現地に赴き、事件の関係者への聞き取り調査などを行なった。事件の記憶が残る時期の調査報告は、津山事件を理解するうえでも貴重な資料と判断し、掲載に至った。なお、資料に登場する関係者は実名で書かれているため本編と同様の仮名とした。また著作権の関係上、中村による「都井睦雄の略歴」と本編と重複する都井睦雄の3通の遺書は割愛した。

第四章　津山事件の犯人「都井睦雄」の自殺についての精神病理学的考察

事件の概要

昭和十三年五月二十一日午前一時四十分頃、岡山県苫田郡西加茂村字貝尾部落、農業都井睦雄（二十一歳）は、かねての計画どおり、黒詰えりの服にゲートル、猛獣用口径十二番九連発銃をもち、日本刀と短刀二本を腰にさし、ナショナル携帯用ランプを首から胸につり、懐中電燈二個を頭にくくりつけて、まず祖母いね（七十五歳）を殺したあと同村の家家をつぎつぎと襲い、日本刀と猟銃で、多数の村中の者を殺傷し、凶行約一時間半後、血まみれとなって付近の山林に逃走、途中の民家から紙と鉛筆を借りて最後の遺書を書きのこし、山中で用意の下着に着がえた後、四時半頃猟銃で自殺した。

被害者は、戸数十二戸（部落総数二十三戸）即死二十八名、重傷死二名、重軽傷三名で計三十三名（全人口百十一名）。うち、一家全滅のものは六戸二十一名で、日本はもちろん、世界の犯罪史上でも有数の大量殺人事件として知られている。この事件の犯人について彼の自殺念慮（ねんりょ）に注目しつつ、精神病理学的考察を加えよう。

成育歴

大正六年三月五日生。岡山県苫田郡加茂町大字倉見、農家の長男として出生。家族は父母、祖父母および姉（大正三年八月生）と六人であったが、祖父は大正七年七月十八日、父は大正七年十二月死亡（本人生後一年九ヶ月）。母も大正八年四月死亡（本人二年一ヵ月）。祖母の手により養育された。父母死亡前は、田地約一町三反、山林約八反を所有する相当裕福な農家であった。母の死亡後、彼が五歳のとき、祖母・姉とともに祖母の郷里である貝尾部落に移住した。移住当時は小さな家を建てて住んでいたが、間もなく同部落内で古い家を買受け、そこに住むようになった。家の構造は、部落では一段と大きく立派であったが古色蒼然かつ相当荒廃しており、屋内は暗く、農家造りであった。

彼は幼時から病弱のため、普通より一年遅れて大正十三年四月、七歳一ヵ月で小学校に入学

被疑者學業成績性行等回答書

苫田郡西加茂尋常高等小學校長㊞

昭和十四年四月十九日

岡山地方裁判所檢事局御中

亡都井睦雄ニ關スル件

四月十七日附御照會相成リ候首題ノ件ニ關シ左記ノ通リ及回答候也

記

一、小學校時代ニ於ケル學業成績表

尋常科

學年	修身	國語	算術	日本歴史	地理	理科	圖畫	唱歌	體操	操行	出席日數	病氣缺席	事故缺席	備考（操行錄中ヨリ）
一	9	9	10				8	8	8	中	184	55	22	教室内ニ於テハ他ノ兒童ノ世話ヲナシヨキ兒童ナルモ缺席スルコト多シ努メテ出席ナス樣訓戒ス
二	8	9	9				8	8	8	中	227	14	17	沈着ニシテ學習態度良好ナレ共隣人ニ誘ハレ私語多シ
三	9	9	9				8	8	9	上	231	18	7	沈着ニシテ豪毅ナリ惡戲多シ
四	9	9	9			10	9	8	9	上	213	40	7	沈着ニシテ學習態度ヨシ一年前ヨリ頭痛スルトテ缺席多シ
五	9	9	9	9	9	9	8	8	8	上	197	5	56	頭痛持ニテ學校ヲ缺席スルコトヲ常トセリ心性朴直ニシテ飾氣ナク極メテ赤裸々ニシテ學習慾旺盛ナリ言語明瞭容儀端正ナリ
六	10	9	9	9	9	9	8	8	9	上	245		15	本年ハ頭痛モ起ラズ熱心ニ學習ス心性朴直ニテ知能ノ發育ハ上ノ部ニ屬ス態度沈着ナリ一面理窟ポクアルガ大體ニ於テ良キ兒童ナリト思フ操行判定上

高等科

學科	修身	讀方	綴方	書方	算術	日本歴史	地理	理科	圖畫	唱歌	體操	手工	農業	操行	出席日數	病缺	事故缺	
一	8	9	9	9	8	10	9	9	9	8	8	9	9	上	230		32	
二	9	10	9	9	8	10	10	10	9	8	8	9	10	上	237	2	15	

二、性質素行

尋常科ニ於ケル學業成績備考欄ニ操行錄中ヨリ平素ノ素行等記セルモ尙ホ左ニ大要申上候

精神方面

氣質　剛毅、沈着、着實、寡慾、質素、大度、謙遜、競争心ニ富ミ、記憶、推理力ニ富ム

心性　小學校時代ハ勤勉親切ヨク命ヲ守リキタリ

行爲　正直ニシテヨク約束ヲ守リ禮儀ヲ重ンジ緻密ナリ

言語　寡言、低聲ナリ

性癖　ナシ

嗜好　讀書

素行方面

低學年ニ於テ多少ノ惡戲ハアリタレ共成長スルニツレテ自重シ卒業當時ハ其ノ成績良好ニシテ不良ナル點ヲ認メ得サリシナリ

保護者ノ狀況

兩親ヲ失ヒタル爲メニ隣村加茂町ヨリ轉住セルモノニシテ祖母都井いそニ育テラレタリ姉都ト共ニ成長セルモノナリ、祖母いそハ一人ノ男孫ノ事トテ我儘ニ育テタルモノノ如シ僅カノ風雨ニモ學校ヲ缺席セシメタル風アリ長ズルニ従ヒ本人自覺ニヨリ缺席モ少ク明晰ナル頭腦ノ活動ニヨリ其ノ成績良好トナレリ

三、心身

身體檢査ノ結果ニ於テハ何等異狀ヲ認メラレズ然シ乍ラ前記ノ通リ尋常二年生當時ヨリ頭痛持ナリシコトハ判然シヲレリ、又體ハ丈夫ニ見エタレ共顔色稍々青白キ感アリタリ

以上

西加茂尋常高等小學校に於て犯人都井睦雄を擔任した訓導の回答表

訓導名	同校在任期間	犯人ヲ擔任シタル學年及其ノ期間	同人ノ性格、健康、學業成績、操行等	同人ノ日常ノ言動等參考事項
藤田かや子	自大正十三年十一月 至昭和三年一月	尋常一年	從順ニシテ教師ノ命ヲヨク守リ級中ノ模範兒童タリ故ニ學業モ上位ニシテ操行上以上ノ點申分ナキモ健康稍惡シク風邪ヲ引キ缺席スルコト多シ	活潑ナル點ヲ缺キ居リタルモ父母ナキ爲ト思ヒ居リタリ
仁木文江（舊姓水島）	自大正十五年六月 至昭和三年三月	尋常三年	性格素直ニ體格モ良ク別ニ病弱トモ思ヒマセス學業モ良好ニテ愛スベキ兒童デアツタ樣ニ覺エマス	日常ノ言行トシテハ家庭ノ事情ノ爲カ何處カ淋シサウナ處アリ叱責ニ對シテモ非常ニ感ジ易カツタ樣ニ思ヒマス（十年餘モ昔ノ事ニテ詳細ナ點ヲ記憶シマセヌ）
川島貞二	自大正十年 至現在	學年不明ナルモ約二年間擔任シタリ	性格、朴直ニシテ沈着ナリ、快活ナル點ハ稍缺ケ陰性ナル點アリ、剛毅ニシテ意地モアリ一方的ナ點モアリタリ 健康、頭强ナル身體ニアラス頭痛持チニテ缺席多ク從ツテ體操、運動等ハ好マス 學業成績、特ニ智能學科ニ於テ秀テ記憶正確ニシテ常ニ優等ナリキ、技能學科ハ稍之ニ次ク、操行、學校中ニ於テハ眞面目ニシテ服裝容儀端正、言語明白、動作正確ナレトモ敏ナラス	日常言行ニ就テハ特ニ記スヘキコト記憶ニ無シ
佐藤次信	自大正十一年九月 至昭和六年三月	擔任ノ點不明ナルモ睦雄ノ姉宮子ニ付明ナル記憶アリ、小生ハ理科ヲ他ノ學級ニ教授ニ行キタル爲教授シタルコトアル樣記憶ス	成績良好 性格溫順 健康（但シ腺病質ナル樣記憶ス） 1 顏色青白ク不愉快ナル氣色ヲ爲ス 2 教師ニ對シテハ從順	言語少ナキ方、理窟ヲ言フコトアリ 睦雄ハ小學時代ハ他ノ兒童ト爭論等爲スコトナク溫順ニシテ學業成績良ク確カ優等テハナカツタカト思フ
川田堅	自昭和二年九月 至昭和四年八月	尋常六年第一學期間	性格ハ快活ナラサルモ溫順無邪氣 健康意氣少キモ不健康トハ認メス 學業成績—優 操行、缺點ヲ認メス（於學校）	祖母養育ノ爲カ家庭ニ於テ我儘ナル點アリ其ノ爲動作ニ少シ意儀ナルトコロアルモ姉ノ快活ニシテ愛情深キ感化ニヨリ無邪氣ニシテ優シキトコロアリタリ少シク煮切ラナイト云フ點アリシカトモ憶ユ
杉山恒次郎	自昭和六年四月 至昭和十一年三月	高等科第二學年	性溫和、健康中位、學業優等、操行上、言葉少ナク謹直ナル優等生ナリシト記憶ス	卒業後青年學校時代ニハ病身ニテ缺席勝ナリシト思フ此ノ間ニ性格思想ノ變化アリシモノト想像サル

外數名ノ訓導ヨリ回答アリタルモ或ハ擔任シタルコトナク或ハ記憶漠然トシテ參考ト爲シ得サルニヨリ省略ス

した。小学校・高等小学校時代の健康状態、学業成績、操行などについて、事件当時岡山地方裁判所検事局の照合に対する学校側の回答は右(「津山事件報告書」より抜粋)のとおりである。

以上によると、小学校時代の彼は、温順にして真面目、頭脳明晰、言語明瞭、服装端正とくに記憶力、推理力に秀いで知能学科に優秀な成績を挙げていたが、技能学科においてやや劣るところがあった。また生来病弱であってよく風邪をひき顔色すぐれず常に頭痛を訴え、すでに小学一年のときに腸疾患のため欠席することが多く、動作に敏活(びんかつ)を欠き体操や運動を好まなかった。小学校時代の成績順位は級中一位か二位であった。同級生らの気受けもよく常に級長または副級長に選挙され、真に模範的小学生であった。ただ家庭的事情のためか病弱のためか、性格的にそうなのかは別として、陰うつで、快活・明朗性を欠いていた。ときに理屈をいう傾向があったが、一般に無口で活気に乏しく、神経質で感受性が強く、ささいな叱責に対しても敏感であって、なんとなく淋しいかげのある子供であったということである。

生来孤独で、先輩、親族、友人間にも相談相手となったり、とくに親しく交際をした者は、ほとんどなかった。ただ実姉みな子は特別に睦雄を可愛がり、二人は仲の良い姉弟であった。睦雄も祖母に対しては孝心深く、ひじょうに姉思いであった。

生活歴

高等小学校高等部二年卒業(十五歳)のときその才能を惜しまれ担当教師より、このまま百姓になるよりむしろ上級学校に進んだらどうかと勧められたが、祖母は彼を手離そうとせず、そのまま家に残ることになった。しかしその卒業の春、軽度の肋膜炎を患い約三ヵ月ブラブラする日がつづいた。そのため百姓仕事をつづけることを避け、特別にこれといった仕事もせず、療養に専念した。祖父、父母がいずれも肺結核のため相次いで死亡したことを知り（一説に、父母は流行性感冒で死亡）、いっそう神経質になり、安静・大気・栄養の当時の結核療養の三原則にしたがって、家庭で療養をつづけた。

肋膜炎治療後十六歳から同村の補習学校に入学したが、第二年度はほとんど全部欠席した。昭和八年四月から青年訓練所に入所したが、「体がえらい」と訴えてあまり熱心に通わなかった。この頃からますます外出嫌いとなり、自閉的で、部落の青年団や隣人たちとの交際に無関心となった。親戚の人たちが注意しても青年団の会合や夜警等にもあまり出席せず、近隣の寄合事、常会、葬式等にも顔を現わさず、入営兵の見送りなども怠りがちで、しだいに孤独に陥り、終日家に閉居してコタツにあたり雑誌を読む程度で他になすこともなくもっぱら療養をつづけていた。ことに昭和九年三月（本人十七歳）、実姉みな子が他に嫁入ってからは語るべき相手もなく、いっそう孤独となり、ますます引込みがちとなって、家業の農業は老いたる祖母の手一つにまかせていた。昭和十年はじめ頃には近隣者の勧めにより、巡査採用の試験か小学校教員検定試験を受ける気持になり、一時は勉強を始めたようであったが、同年春ごろ健康状態がすぐれないため、津山市大谷病院や中島病院などに診察を求めたところ、大したこともないが、肋膜が多少悪いから動かぬようにせよとの診断を受け、勉強を中止し療養をつづけた。同年十二月、村内の万袋医師より左肺炎カタルの診断を受け、翌十一年五月半ばまで通院した。当時の万袋医師のカルテによれば、当時の症状は、微熱、全身倦怠が主訴であった。服薬のかたわら、親戚にあたる同部落の寺井勇より『自然療法』という書物を借り、いわゆる「開放療法」を実行していた。当時彼自身は、自分の病気が重症肺結核であると思いこんでいたようである。私が現地に調査に行った当時、当時彼と同じ頃肺炎カタルを患い、約二年間ブラブラしていたという隣接部落の児玉氏に逢ったが、その話によると、当時部落民の肺病に対する嫌悪感は極端であった。具体的に意地悪されはしないが、「結核筋（スジ）」の家は敬遠され、「結核」のために、嫌われている感じが強く、村人も彼の家を避けて通るような傾向があった。このことについて氏は「人がよけよるな……むこうがよけるなら、こっちから会わぬようにしよう」と考え、家に閉じこもっていたということである。

昭和十一年春頃からときに眠れないこともあり眠剤を用いることもあった。この頃から彼は女性に対して性的な興味をもちはじめ、部落内の年上の人妻や寡婦（かふ）に対して不躾な行為をするようになった。当時部落の風習は、まったく乱れていなかったとはいい切れず、とくに雪に閉ざされているあいだは部落の男たちは主に中国山脈に炭焼、木こりのために出稼ぎにゆき、一ヵ月に二、三回しか帰宅しないので、部落には婦女子と老人だけになってしまうために、まちがいを起こす機会も多くなることは想像される。

昭和十二年五月、彼は徴兵検査を受けたが肺結核と言われ、不合格となった。この部落に限らず、当時青年にとって最大の関心事の一つは徴兵検査であり、甲種合格は本人はもちろん一家の名誉、部落の誇りであると考えられていたから、不合格、しかも肺結核のため不合格と決まったときには、その失意は死に値するものであったといっても決して過言ではなかったろうと思われる。

昭和十二年末頃から十三年初め頃まで数回彼を診察、治療をしていた加茂町の只見医師は、「よく肥った青年で、病気は極く軽いもので、X線や赤血球沈降速度などの検査の必要を認めない程度であった」と筆者に当時の病状を説明してくれた。彼は徴兵検査に不合格になったことについてひじょうに悩んでいた様子で、只見医師は「気にせんでいいがな」といって慰めてやるのが常であったとのことである。徴兵検査で不合格になったのがかえって不審であるくらいだった、とも付け加えておられた。

いずれにせよ身体的にはあまり重い病気はなかったようである。

徴兵検査後の彼の行動は「色情狂」という世評もでたように無軌道だったようである。みだりに婦女子に接近し、露骨に、しかも執拗に迫り、年長少年期の「ふとした出来心からすまぬことをした、こらえてくれ」という言葉は成人後は「殺してやる」に変り、銃器、弾薬を過分に購入し、祖母には悪臭のする薬を飲ませようとし、さらに保健のためといいながら、猟にでては、山中で立木を目標に射撃の練習にのみ専念したことなど、その生活態度はまったく異常であった。一方、当時の彼の家計はまったく行詰りの状態に陥っており、遺産の一部は彼とその姉の養育費としてまず処分され、残りの田地から得るわずかばかりの小作米と自作収入により家計が立てられてきたのであるが、彼が労働せず、他に格別の収入もないのに加えて病気の療養費に相当多額の出費があったことなどから、しだいに所有地を人手に渡して行った。自殺後家宅捜索したときに彼の家には、現金がわずか六十六銭しか残っていなかった。残存する唯一の財産だった家屋敷も田地二反一畝もともに借金の抵当となっていた。

当時の岡山地方裁判所検事塩田末平氏の記録によれば、「ことに昭和十二年五月徴兵検査を受けたとき、軍医より十分な静養をなすよう注意されかつ書類に肺結核患者と記入されたのを見ていっそう悲観し、自分の死期は近いと思い、抱いていた青春の夢はもちろん、闘病の気力や生きてゆく希望すらも失い、まったく自暴自棄の虚無の底に落ちていった。それ以来彼の性格は一変して極端に猜疑心深く、事物に対する認識や判断もはなはだしく偏向し、すべてに偏執的見方・考え方をし、とくに道徳的感情が鈍り、主我主義・自己中心主義的傾向を強め、自分の行為の反省力は薄弱となり、行動は常軌を逸し、むやみに近隣の婦女子に手をだすようになり、このため部落民からひどく嫌悪されるようになった」と記されている。

体格・容貌　事件当時、身長五尺五寸位、身体もかなり肥って体重十六貫位ある一見堂々たる体格の所有者であって、容貌もまたかなりハンサムであったようである。ことに片頰にえくぼがあり、女のようにしとやかに話をするなど、いわゆる人好きのする青年だったが、幼時より顔色は青白く、眼は変質的な光を放って若干凄味を帯び、内向的・女性的で、「面上に一種の暗さを漂わせ」人と対談する際も最初ちょっとは顔をあげているが、まもなく顔を伏せてしまう癖があった。またときどきニヤッと笑う癖もあったということである。私に逢ってくれた同部落の老婆の話によれば、「ものいうときもぼっちり、ぼっちりで……。相手の気持がわからないような人で、なんとなく無気味な感じのする人でした」ということである。

家族歴　父はきわめて柔和で円満な人だった。酒は相当に飲み、農業のかたわら炭焼を業としていた。後備役陸軍上等兵であって、性格および素行上とくに非難すべき点はなかったが、睦雄生後一年九ヵ月のとき、肺結核のため死亡。

母は常に病弱であって、自分では慢性気管支カタルだといっていたらしいが、実際は肺結核を患っていたと思われる（死亡診断書は肺結核）。この母も夫の死後五ヵ月目に二十八歳でこの世を去った。父母の夫婦仲は良かったという。父方の祖父も大正七年七月十八日に肺結核のため六十二歳で死亡したが、大変気の良い温好な人であり、大酒家（たいしゅか）であった。祖母いねは犯行当時七十五歳で健存していたが、この祖母も性格は善良で円満な人であった。母方の祖父母の性質はあきらかではないが、睦雄の血族中に精神病者はいない。

睦雄にはただ一人の姉みな子があるだけで、他に兄弟姉妹はいない。姉みな子は犯行四年前に嫁いだが、彼女の性格は快活で、愛情深く、筆者が調査したとき、健康で料理店の主婦として中流の生活を営んでいた。

遺伝負因は大酒以外には認められない。また血族結婚についても問題はない。

環境および風俗・習慣

岡山県苫田郡西加茂村（現在の加茂町）は津山市から北に約二十五キロ、吉井川の支流加茂川に沿った小さな町である。町の中心地は中原といわれ、そこに町役場がある。そこから南西約七キロをへだてた山あいに貝尾部落がある。ここは、中国地事方特有のなだらかな稜線をもつ山にかこまれた部落で、不定形の段々畑とわら屋根の民家と曲りくねった坂道とが生活のすべてを物語っているようなところである。貝尾部落は全戸数二十三戸人口百十一人、坂本部落は二十戸九十四人であった。都井睦雄の居住していたのはこの部落で、被害者の大半は同部落の人である。部落の住民は大部分が零細農で、山田の耕作と蚕を主たる業とし、雪に閉ざされた冬季は、主として炭焼、木こり、わら仕事に従事している。なかでも炭焼きには中国山脈、鳥取県境近くまででかけるので、期間中は一ヵ月に二、三回帰宅するのが普通なのだそうである。

貝尾部落には狩猟に従事する者は皆無だったが、近くの坂本部落と同村大字楢井には若干の猟人がいる。しかし何分、山の浅い中国山脈のことであるから、獲物は鳥とか兎の類のみで、猛獣はまったくいない。父祖伝来の、限りある、それも地味の肥えていない山間のやせ地を守って生きてゆ部落民の生活は、食べるに困らないまでも決して豊かなものではない。住民の九割までが普通農家として中流の下、またはそれ以下に属しているといってよい。とくに犯行当時は、養蚕業の不景気もあって各農家の負債は想像以上にかさみ、元来平和たるべきこの山村生活の内幕は、苦しく暗たんたるものがあったといわれている。

気候は山陰地方のそれに近く、年中雨量が多く、かつ十二月より二月末頃まで積雪がある。筆者は昭和三十八年四月初旬にこの部落を訪れたが、その年はとくに雪が多く、近くの山峡にはまだ残雪が散見された。夏はかなり涼しく、まれに日中の最高温度が三十三度位にまでに達することもあるが、平均二十七度くらいにすぎないということである。

つぎに風俗あるいは生活様式についてであるが、部落の人たちは互いに密接な関係にあり、互いに助け合い、協力しあい、相互扶助的生活態度をとっている。こうした地理的環境には、一般によくみられるケースである。もちろん一時的な反目や喧嘩がときたま起こることは想像できるが、当時村八分的な事実はなかった。ただ特徴的なことは五月下旬は農繁期と養蚕の最盛期とが重なって、部落民の睡眠時間は極端に制限され、夜間の睡眠時間はせいぜい三、四時間であること、したがって昼間、時間をさいて短時間の午睡（どすい）をすることである。また炭焼の季節には、炭焼に従事する男たちは山に入って、二、三ヵ月の間は月二、三回帰宅するだけであることである。風紀の問題にかんしては、当時一部の人から極端に弛緩していたように報道されたが、例外的な者を除いては、特別にとりたてられるほどのことはなかったようである。犯罪者はほとんどなく、戸締りは鍵を用いないのが普通となっていた。もちろん、どこにでもあるような男女間の問題は皆無ではなく、炭焼きに出稼ぎ中に発生した事件も長い年月の間には何回かあったことは事実のようだが、少なくとも、この部落に限られた特別な悪習慣は、現在はもちろん、当時もなかったと考えるのが、その後のいくつかの調査の結果を総合してみて一番妥当なように思われる。

部落には肺病患者が多いというわけではないが、肺病と癩病に対しては極端に嫌悪する風習があった。現加茂町長三島氏は健康対策にひじょうに熱心な人で、たとえば保健所の結核検診の際、昭和三十七年の受診人員は全町民の九九%であったとのことであった。三島町長の語るところによれば、当時の町民の結核に対する嫌悪の気持ちは並大抵でなく、結核は遺伝であると信じ、肺病患者が住んでいる家の前を通るときは、口や鼻をハンカチでおさえて通るような状態であったとのことである。当時肺結核で療養の経験ある前記児玉氏は現在町役場の吏員であるが、「まったく肩身の狭い思いをした」とつくづく、結核に対する医学の進歩と認識の変化を今更のように語っていた。

また山奥に土着する人たちの通癖として、よそ者（伝来者）を忌避し、不親切である悪習もなかったとはいえない。しかし陸雄の祖母の出身地でもあり、都井家がとくによそ者視されたということはなかったようである。

部落の青年男子の徴兵検査に対する熱情は都会人のそれに較べてはるかに素朴、純真で、それだけ甲種合格になることが最大の名誉であり、村を挙げて歓送される出征兵士の雄姿に対し至上の憧れをもっていたようである。したがって、いったん不合格にでもなれば、本人の屈辱感と劣等感はひじょうに強いものであったと推定される。

宗教は部落の大部分が真言宗であるが、都井家は天台宗である。しかし格別の信仰心はなく、ときおり、仏壇に燈明をあげて拝む程度である。

彼の家と近隣との交際は、貝尾部落に移住後も、とくに疎遠であったわけではなく、とくに祖母や姉に対する近隣者の態度はむしろ同情的であり、孤立的ではなかった。ただ睦雄だけは自閉的であったが、彼とて、近隣の子供たちには物語などしてやったりして、子供たちもまた彼になついていたようである。

問題行為および嗜癖

少年期の行状についてはすでに述べたとおりである。

昭和九年三月、姉の結婚後の彼の問題行為および嗜癖については別表（＊編集部注・著作権の関係上割愛）のとおりであるが、もう一度その大要を略述してみよう。

昭和十一年春頃から不眠症、病気再発。

同年五月中旬、万袋医師の診療を受ける。

昭和十二年五月および七月頃、寺井某の妻（三十五歳）に強要。

昭和十二年五月、徴兵検査不合格。

同年七月、岸田某女にわいせつ行為。

同年七月頃より鉄砲弾薬など購入しはじめる。

同年十月、津山署より狩猟免許を受け、この頃より毎日、山へ狩猟にでかける。

同年十一月、寺井某女に乱暴。

同年十二月、岡本某女と肉体関係。

昭和十三年三月上旬、祖母いねは睦雄から悪臭ある毒薬らしいものを、飲んでみないかといわれ、驚いて親戚方に走ってそのことを告げたので隣人たちも驚いて警察に忠告するような事件があった。

同年三月十二日、津山署の家宅捜索があり、鉄砲没収される。しかし同日夕刻からふたたび鉄砲、匕首、日本刀など購入しはじめる。

同年三月下旬、飼犬を射殺、会食す。

同年五月十八日、遺書を書く。

同年五月二十日夕刻、村内電線を切断、二十一日午前二時頃兇行開始。合計十二戸三十三名（内即死二十八名、重傷死二名、重傷一名、軽症二名）殺傷。同日午前四時半頃、付近の山中に逃れて猟銃にて自殺。当時二十一歳二ヵ月。

趣味として、第一に挙げられるのは、銃器および火薬銃弾の製造などであるが、当初は狩猟のためか、趣味か健康のためか不明だが、結果的には兇行の準備としてはじめられたものというのが適当であろう。

そのほか趣味としては、読書と映画くらいである。『キング』『講談倶楽部』『富士』『少年倶楽部』などの雑誌をときどき買って読む程度であって、小説も時おり読んでいたようであった。思想的に特別な書物を読んでいた事実は全然ない。映画も単に好きだという程度で、土地柄その機会に恵まれず、映画の影響はあまり受ける機会はなかったようである。酒や煙草はほとんどやらなかった。

精神病理学的考察

以上のような調査書、遺書、関係者の供述などによっても、性格や精神症状を確実に把握することはできない。しょせん、多少とも、調査する者の推測を必要とし、そのため偏見の加わることは当然ある。したがって都井睦雄本人の性格や精神症状というより、むしろ、調査書、遺書、供述書等に記述された都井睦雄という人物の性格、精神症状という方が正しいかもしれない。

こうした前提のもとに彼の成長過程を便宜上、四つの時期に分けてみた。
(1) 高等小学校卒業までの児童期（十四歳まで）
(2) 姉の結婚までの少年期（十七歳まで）
(3) 徴兵検査までの年長少年期（二十歳まで）
(4) 徴兵検査以後の青年期（二十歳以後）

児童期の彼については、前に詳しく述べたから多くはふれないが、病弱ではあったが、直面目、温順、頭脳明晰で知能優秀な模範的児童であった。ただ、動作は敏速な方ではなく、体操、運動はあまり好まず、どちらかといえば技能学科よりも理類学科に秀でていた。身体的には胃腸が悪く、頭痛のため欠席することが多かった。性格的には、しっかりしていて、落着きがあり、度胸もよく、低学年の頃には悪戯もよくしたらしい。しかしあまり快活な方ではなく、むしろ陰うつ、内向的で、寡黙、自己中心的傾向がつよかった。

なお、人格形成に影響をおよぼす可能性の大きいものとして、まず遺伝を考えなければならないが、少なくとも筆者の調査の限りにおいては、父・祖父がともに酒豪であったこと以外は遺伝負因はないようである。

ただ、生育環境が問題である。父母がいずれも肺結核で、彼が二歳の頃に相前後して死亡し、三歳年上の姉とともに、祖母一人の手で養育されたことは、大きく取り上げられねばならない。

もし両親が健康であったとすれば、もちろん転居はなかったろうし、彼の感じ方、考え方、生活様式などが別な方向へ向かっていたであろうことは想像に難くない。少年の非行、児童の自殺、成年の犯罪など多くの研究の結果、いずれも、欠損家庭をはじめとして、家庭・学校・居住地などの環境因子の影響が強く作用することが強調されているのであるが、彼の年長少年期以降の行動を決定づける要因として、発育環境は重要な位置を占めるものであった。

高等小学校卒業後「楽しき未来の希望に胸おどらせながら社会に出立した」のであったが、少年期の彼には、一つの大きな事件があった。それは卒業の春、軽度ではあるが肋膜炎と診断され、療養を余儀なくされたことである。少年期は心理的にはいわゆる「自我発見」の時期であり、自分の置かれている現在の立場、過去、将来のことについても、ようやく自己の問題に関心と重きをおく態度をはっきり意識し、自我の問題への新しい接近がはじまる大切な時期である。

この頃から当然彼は両親および祖父の死因について重大な関心をもつようになり、「結核筋」であることを強く悩みはじめている。彼の療養中は、結核に対する恐怖、将来に対する不安の気持は、かなりはっきり意識されていたと思われる。

それでも肋膜炎治療後は、勉強もし、青年訓練所にも行くだけの意欲があった。しかし、孤独、外出嫌い、自閉的であって、近隣との交際を避けるなど、内向的傾向はいっそう顕著になったようである。

一方、弟思いで彼を可愛がり、よく世話をした姉は、明朗快活で、むしろ社交的であった。近所の受けもよかったせいもあって、青年男女の来訪者は多く、家庭全体としては決して孤立していたものではなかった。しかし話題の中心は主に姉であって彼自身は来客があれば、かえって自ら避けるように部屋に引っこんでしまうことが常であった。彼の心情からすれば、自分が肋膜炎を患ったことに、ひけ目を感ずるということ以外に、従来自分だけに注がれていたと感じていた姉の愛情が、漠然としたかたちであるにせよ、横取りされて他人に向けられていることを感じたとき、愛情への欲求が阻害され、そこに嫉妬の感情が当然起こってくる。この嫉妬の感情は元来怒りの感情の特殊のあらわれであり、情緒的適応異常であるから、嫉妬すると態度や行動の面でも攻撃的になったり、逆に退行的になったりする。彼の場合、引っ込み思案になり、交際嫌いになったりしたことは、この嫉妬の感情がもう一つ別の要因となったことを見逃すことはできない。

つぎに徴兵検査までの年長少年期（十八歳―二十歳）についてであるが、この時期のはじめ、姉が結婚し、家族は祖母との二人暮らしとなった。彼は、勧める人もあって、小学校教員かまたは巡査になる目的でその試験準備をはじめていることからみても、その頃までは、身体的にも健康をとりもどしたと思い、将来に対する希望ももっていたと見るべきであろう。

しかし翌十年春、病気が再発し、少なくとも自身では再起不能と考えるようになった。「これがそもそも僕の運命が百八十度の転換をきたした原因だった」と記していることをみても、彼がひじょうなショックを受けたことは事実であろう。

当時、二・二六事件などが勃発し、世情は緊迫した状態であり、彼としても無関心でいられるはずはない。とくに農村においては兵役に対する関心はことのほか強く、彼の遺書にも「国家のための戦死だったらよいのだけれど云々」とあるのを見ても、当時の指導精神である「忠君愛国」至上のものとして信奉していたであろうことは、後述の今田巡査の言からも察せられる。

こういう状態において、徴兵検査に合格の見込みが立たなくなったこと、ならびに肺結核が「遺伝であり不治である」という当地方の俗説を裏づけるかのような病気再発の事実に実際に突き当たったことなど暗胆たらざるをえない。しかし、彼は、後日徴兵検査不合格となるまでは、自殺念慮は漠然としたものであり、死んでしまいたいという願いと、「死んではいけない」「生きつづけなければならない」という考えとが互いに交錯して起こっていたと考えられる。

つぎに女性問題については、多くの年長少年期に見られるよりは露骨なところがあったようである。

大体、E・クレッチマーが色情性合図に対する無本能性と呼んで説明しているように男女間の関係においてその仲立ちとなるものは、暗示現象の場合と同様、言葉とか意識した身振りももちろんだが、その他に気がつかないほどの小さな精神運動性の表現のニュアンスがある。表情、声のひびき、小さな半ば無意識の象徴的身振りというような形をとって、相手に対しても同じように半ば意識されずに受けとられ、解釈され、返答されるものがある。

これらすべては下層意志層で起こるのであって、その層が確実に作用しているということが色情性目的達成のためにも決定的な意味をもっている。健康な人間の予備行為や恋の戯れは、このような小さな合図が正しく発し、本能的に理解することを本質的な支えとして成り立っている。性的器官の部分的成熟障害のある人間のなかには、一部では普通以上に反応する感覚をもつものもあるが、大部分はその逆に、その衝動構造の発達が阻止されていたり、多少とも不規則だったりして、恋愛にかんしては一見理解できないほど不器用である。その原因は、表現合図を絶えず誤解したり、積極的な合図があった場合に気がつかなかったり、あるいは、まったく合図がないのにあったと推察したりするからである。また逆に、自身の側からは下層意志的な合図の言葉をださないので相手は、どういう気持ちなのかわからない。したがって、彼が自分の不甲斐なさを意識し、無理して積極的行動に移ると、このことが、逆の方向へ不器用に痙攣的な不自然さで作用し、まだ相手に色情性の準備ができていないため、大抵は同じ痙攣的な拒絶症的ショック反応を呼び起こして、不成功に終ってしまう。でなければ乱暴な行為をして結果的には反感を買うことになってしまう。彼が、未熟者であり不慣れであるという以外に、この種の色情性本能欠如を示していることは、彼の年長少年期から青年期初期にかけて、しばしばみられる現象である。衝動抑制が強く働くために、相手に話しかけたりする場合、不自然で、ぎこちなく、しかも無理に抑制を破ると今度は露骨な態度となり、用意のない相手は、憤慨して彼を追い払う結果となってしまう。そして一度均衡が破れると、以降の相手の態度は硬化して、誤解は誤解をまねき、必然的結果として「顔を汚された」「つめたい目を向けた」「笑われ者になった」という被害者的な観念を抱くようになる。

都井睦雄の性行動を眺めてみると、衝動的で活発な性的感覚をもってはいるが、同時にその性衝動は強く抑制されていたはずである。闘病生活を強いられてブラブラしていることは、性欲の昇華が理想的な形では行われず、まして思春期成熟が完全に遂げられていない年代にあって、性的体質の成熟部分と未熟部分との間の反発的緊張の結果、人格総体の努力と感覚の内部とに強いアンビバレンツが生じ、性体質の部分的遅滞が病的諸反応を起こす一つの支点となって、性的葛藤が執拗にくり返される。こうした内因性の衝動葛藤が、ときにはヒステリー性反応として表われ、あるいは偏執的方向に発展することは、必ずしも精神病の一過程としてでなくとも理解できないことはない。

なお、この期の終り頃には「僕を憎んだ」「つらく当たった」「ののしった」など周囲の人が彼自身を迫害し侮辱したような言辞が頻繁にでてくる。このような彼の感情体験は主観的体験であって、身体症状のような純粋な客観性をもつことは困難であるから、もちろん本人でなければわからないし、厳密には本人自身であっても反復することのできない一回きりのものである。われわれが今日になって、彼がどんな状況のもとにかく感じたかは測り知ることはできない。しかしわれわれが彼の立場に身を置いて、内外の情況から自分の体験として追体験してみることや、われわれ自身の生活経験に照応して、感情移入などによって、これを当然のことと感じ、もっとものことだと判断することはできる。

こうした考えのもとに、もし彼のこの時期の精神現象を理解しようとすると、いくつかの疑問に突き当る。すなわち彼は、直観的に侮辱的・排他的・迫害的として受けとりながら、それを裏づけるなんの実証も必要と感じない。直観されることが事実なのであって、自身に抱いた観念をなんの顧慮(こりょ)もなく確信としてとり入れる傾向がある。理由づけはいっさい無用であり、それが理屈に合うか否かはいっさい問題にしないで、ただ自説を曲げず頑強にいい張る傾向を示している。こうした狂信的・妄想的・非論理的なものは、その成立の心的過程が感情の基礎的変調からのものなのか、あるいは性格特徴からの妄想発展なのか、この時期までにおいてははっきりした区別はできないまでも、こうしたものを前提としてのみ理解できるような精神現象が認められる。

つぎに徴兵検査以後の青年期についてであるが、この時期で三つのことがらを見落すことはできない。すなわちその一つは、徴兵検査に不合格と決定し、多少とも期待していた合格への希望はまったく崩壊したこと、二には開業医から「たいしたことはない」「肺炎カタル」などといわれ、自分では肺結核と信じつつもなお一縷の望みをもっていた彼にとって、徴兵検査官から肺結核の確定的診断をつけられ「とても治らぬ」ような気分になったこと、三には、そして「この世に生くべき望みを捨て」、死んでしまおうと決心したことである。

この三つのことがらは、彼のその後の考え方や行動について、決定的な要因となっているのである。昭和十三年三月十二日にはじめて検挙される以前から自殺するまで、常に愛情をもって彼に接し、観察指導をつづけていた今田武司巡査（筆者の調査時には上斉原駐在所勤務）は、彼が自殺の決意をした原因として、つぎの点を指摘した。

（一）徴兵検査に不合格であったこと

（二）祖父、両親とも肺結核で死亡し、彼の家系がいわゆる「結核筋」として嫌悪・白眼視され自分でも再起不能と考えたこと

（三）恋愛――性生活が円滑に行われず、疎（うと）んぜられたこと

徴兵検査不合格のことについては、彼の遺書では触れていないが、検査後の彼は打ちひしが

れ、意気消沈して「まったく気の毒」なくらいであったと同巡査は強調している。只見医師も徴兵検査津不合格後の彼を、何回かくりかえし「そんなにがっかりせんでもいいがな」などと慰めてやったということである。

前にも述べたとおり、当時の青年にとって甲種合格することは狂信的・絶対的の誇りであったから、それに落伍したことは自殺念慮を構成する一つの要素であったものと察せられる。

こうして自殺念慮が構成され、死の決意がなされた後の彼はまったく自暴自棄となり、道づれ的考えから復讐を思い立ち、執拗に殺害方法を研究し、一瀉千里（いっしゃせんり）、大量殺害の計画を極めて綿密に立案し、銃器を購入し、準備を整え、世界犯罪史上まれにみる大量殺人事件を惹起（じゃっき）するにいたったのである。

ここで、本書にこの事件をとりあげた目的であるいくつかの問題について検討を加えねばならない。

第一に自殺念慮についてであるが、前述のとおりその発生の時期は年長少年期にはじまり徴兵検査後においてしだいに強固なものとなり、遂には批判の余地ない確固たるものとなった。この自殺念慮を出発点として復讐や殺人計画が進められたのであって、もし自殺念慮が起こらなかったならば、この凶悪な犯罪は起こらなかったであろうと考えるとき、自殺念慮が、自分自身に限ってだけでなく、一般社会に対しても重大な影響をおよぼすことがあるということに思いいたるのである。凶悪な殺傷事件も、一生活体の自殺念慮に起因して発生したのである。

第二に、この大量殺人事件は未然に防ぐことはできなかったかということであるが、今田巡査をはじめ周囲の人は危険を察知し、上司に報告し、その検挙方を申しでているにもかかわらず、上司が、中途半端な判断にのみ頼って不充分な処置をとり、せっかく予防されようとした唯一の機会を失い、大事にいたらしめたことは取扱いの上に大きな示唆を与えるものである。部落民が後に述べているように、より慎重に正確に事態を判断し、生活態度、環境の洞察が行われていたならば、かかる大事件は起こらなかっただろうと想像するとき、いかに状況判断や性格学的診断が重要であるかを如実に物語っているものである。

第三に指導についてであるが、十三年三月八日以降の彼の更生指導にあたった今田巡査の指導方針は、(1)結婚問題、(2)就職問題、(3)借財の整理であった。この三つの方針を立てて、同巡査はひじょうな熱意をもって彼を更生させようと努力し、彼と密接な接触を保ちながら全力をつくした。しかし今田巡査の努力はまったく報いられなかったのである。このことについて同巡査は、「自分が打出した指導方針は、的外れであった」と述懐し、前掲の三つの問題は「彼の泣きどころではなかった」と述べていたが、結局、自殺念慮——殺人行為の原因や動機が確実に把握できなかったことが、熱心な努力にもかかわらず失敗に帰した理由であろう。

第四として、原因・動機についてであるが、当時この事件の報道にたずさわった警保局防犯課情報係の報告書によれば「犯行の原因・動機を主観的方面よりこれを見ると」と前書きして

（1）犯人の変質的性格
（2）疾病よりの厭世観
（3）離反せる女に対する復讐心

をもっとも大いなるものとして挙げている。また客観的諸原因としては

（1）風紀頽廃（たいはい）
（2）部落民の自警心の欠けている点
（3）凶器の種類および入手の容易な点
（4）地理的関係（僻地だった点）

の四つを挙げている。

客観的諸要因のうち、風紀頽廃の項は、部落の人たちは全面的にこれを否定している。実際、十一年四月には県より教化村として指定され、宣誓式をあげている事実もあり、とくに指摘されるほどの乱れはなかったようである。その他の項についても、事件の成就を容易ならしめた条件となったであろうことは察せられるが、彼が殺傷事件を起こさねばならなかった原因ではない。主観的原因、動機として挙げられている三つの項目のうち、第二項は殺人の動機という

よりむしろ自殺しようと考えるにいたった動機とみるべきであり、第三項は離反した女を殺害する動機ではあっても、三十三人殺傷の動機ではない。なお第一項の変質的性格についてであるが、これは原因・動機に密接に関連することではあっても、原因・動機そのものではない。したがってこの項において論ずることは不適当である。

そこで、私は第五の問題点として彼の性格・心理構造を取りあげ、それについて若干の考察を加えたい。もちろん都井睦雄の性格や心理構造について、「正確に」という点に重点を置いてではなく、調査した範囲内における都井睦雄の人間像についてであることを前提としてであることは前にも述べたとおりである。

まず残忍性についてであるが、大量殺人者であった彼は、決して残忍性がその根本的な性格特徴をなすものではないことを強調しなければならない。大胆な暴虐行為は彼の性格発展の帰着点をなしてはいるけれども、その根幹をなしているものでは断じてない。それは、彼の犯行後の遺書は強い罪悪感で満たされており、憎しみよりもはるかにそれが強く強調されているのを見ても、冷酷無情な性格が彼の性格の根幹ではないことがうかがわれる。「みじめなことをした、まことにすみません。涙、涙、ただすまぬ、涙がでるばかり、姉さんにもすまぬ、はなはだすみません。ゆるして下さい」——こうした表現からは、むしろ繊細な、情味ある、神経の細い性格の持主を想起する方がよほど自然である。

実際、彼の性格を特徴づけるものの一つとして目につくことは、この繊細な感じやすい性質である。けれども彼は意志が弱く、憎むことも怒ることもできない無力性性格者ではなく、軽蔑されたり侮辱されたりすることがある限度に達すると、強い精神力をもって立向かうことができるような人格の持主であった。彼の精神力は決して無力ではなく、激しく内的に活性化されていたとみるべきである。

道徳的にも、本質的には真面目であったとみてよい。姉を慕い、祖母をうやまい、家庭を思い、國家を愛していた。遺書に「自分も強く正しく生きて行かねばならぬと考えてはいましたけれど……」「家のことを思わぬではないけれど……」さらには「おなじ死んでもこれが戦死、国家のための戦死だったらよいのですけど……」と書かれており、そこに微塵もわざとらしさ、不自然さが認められない。このことからしても、性格的背徳者だったとは考えられない。総体的に見て、「普通に見た目では変質者とは思えない」とする見方が一般人の間には圧倒的に多い。少なくとも心因反応とみて了解できない部分はほとんどみあたらない。知能は、犯行計画の緻密な点・実行方法の合理的な点からみて決して劣っていたとは考えられない。

人格全体としては、まったく荒廃せずに保たれており、ただ彼が先天的にもっていたであろうと思われる神経質な、感情の不安定さだけが、よりはっきりと現われているだけにすぎない。彼の生活態度のうち、性生活の乱れ——性的葛藤についてはすでに述べたが、徴兵検査前後の性生活は確かに常軌を逸しており、彼の意にしたがわない女性に対して反感をもち、遂には復讐——殺害に発展したのであるが、これら一連の行動は、あくまで随伴的行動であり、「行きがけの駄賃」ないしは道づれ的殺人行為にすぎなかった。

児童期から青年期まで、一貫して彼に支配的に作用したものは、長いあいだ悩まされ、おびやかされ、しかも克服されない肺結核に対する不安の感情である。二歳前後に相いついで死亡した両親が肺結核であったことを、すでに児童期において知り、高等小学校卒業まもなく肋膜炎にかかり、さらに再発——そのために女性に離反され、世間には疎んぜられ、徴兵検査には不合格となる彼の生涯はすべて結核との闘いであり、屈辱・不安・絶望の連続であった。この慢性的な体験刺激が彼の先天的な性質と相まって、彼の性格・精神現象に大きな影響を与えたものと考えられる。

かくして「つめたい目で見られ」「悪口をいわれ」「嫌悪白眼視され」「憎み蔑まれ」「つらく当たられる」のは、すべて肺結核のためだと考え、狂信的・妄想的確信をもって自分への侮辱的・排斥的・迫害的観念をもちつづけたとすれば、この妄想的固執傾向は感情の基礎的変調によるものではなく、性格特徴からのものであると考えても、決して理解できないものではない。E・クレッチマーは、激しい外的葛藤にまきこまれたり、あるいは失望や被害を経験すると、一つの妄想体系が発展してくるし、この妄想体系は、被害の原因とか結果とかに関係したものであり、しかもまったくその問題の範囲内に限られており、正しい論理的関係をもって形成されている、とのべている。もともと妄想的観念は分裂病やパラノイアの初期段階に多いことは、多くの学者が指摘しているところであり、フリードマンは〈軽パラノイア形態〉という名称を用いてこの病像を取扱っており、クレペリンは〈真性慢性パラノイア〉の亜型と見ている。

彼の場合、妄想形成は「直接に本来の性格および知的素質にかんする異常に由来している」ものであって「健康な時期の精神状態とは本質的に連続性をもたずに形成されたものではない」。H・W・マイヤーの〈感情誘引性妄想形成〉、あるいはガウプの〈性格素因的な妄想形成〉に類似した成立様式を示して、反応性に形成されたものと考えられる。そううつ病や精神分裂病の妄想観念とは本質的に差異があり、その本質は反応性の敏感関係妄想であり、精神病質性妄想形成の概念と一致するものと診断される。精神病質性・反応性精神障害の範疇のなかにいれることができると考えられる。

彼の精神症状には分裂病にみられるような人格の妄想病性硬化も見られず、独立的感動障害の固定した単調性もなく、分裂性の破壊もない。また循環性・精神運動性の特徴的変化も見出されず、心理学的依存性・反応性が基調をなしており、感情移入の可能性は充分にあり、心理学的に理解できる動因もはっきりしている。

これを簡単に説明すれば、――彼が肺結核に対して長いあいだ激しい抵抗を感じており、それに関連して関係妄想が発展し、遂には極めて苦しい内的葛藤のもとに自殺を決意し、道づれ的大量殺傷事件に移行したのである。法外に過大評価された肺結核に対する宿命的考え方、長年にわたる慢性的・病的体験、これから生ずる重大な内的感動緊張、全力を集中した身体的疾患との闘いにおける敗北、もっとも深刻な絶望と不安と苦悩――これらの基礎感情は、E・クレッチマーの素描した敏感性病像と完全に符合する。都井睦雄の精神像は、この根本的輪郭において敏感関係妄想以外のなにものでもない。最後まできてはじめて、その結末だけが、慄然たる殺傷事件となって現われたものであり、それは敏感者が精神的苦悩に対する闘争心を結集して沈思的な状態から立向かい、執拗に万全の準備を整え、自尊と名誉を一身に賭けて、多数の仇敵に対し、自己の権利と復讐を求めた行為である。彼は一面には敏感性神経症的柔弱で、くよくよ考え込む内面性があり、他の一面には発揚性闘争神経症的の容赦ない熱狂的な性向がある。この明らかな特色を有する二つの性格が、ひとりの人間のうちに凝集しており、これが彼に不幸な生涯を終らせ、世間に多大の迷惑をかけるようになったものと理解されるのである。

最後に敏感関係妄想は、分裂病や循環病のそれと異なり、反応性のものであって良性の経過を示すもので、環境の改善、適当な精神療法によって、まったく跡かたもなく拭い去ることができるものであることをつけ加えておく。

……なかむら・かずお……
医学博士。1916年、埼玉県に生まれる。東北大学医学部卒。1965年、東京大学医学部精神医学教室退職。

津山事件報告書

（岡山縣苫田郡西加茂村に於ける
三十三人殺傷事件）

司法省刑事局

＊報告書に登場する都井睦雄以外の個
人名は黒塗りとした。
＊また、報告書に掲載されている一部
写真についても黒塗りとした。

取扱注意
No. 2

極秘

津山事件報告書

（岡山縣苫田郡西加茂村に於ける三十三人殺傷事件）

司法省刑事局

津山事件報告書

(岡山縣苫田郡西加茂村に於ける三十三人殺傷事件)

司法省刑事局

序

本件は昭和十三年五月二十一日午前一時頃より同三時頃迄の間に、津山市の北方約六里苫田郡西加茂村の一部落に發生した、一青年の兇暴悽慘極りなき犯行である。犯人は先づ自己が幼少より慈育された祖母の首を大斧にて刎ね、次で九連發獵銃及日本刀其他の兇器を携へ異様の變裝を爲し、民家十一戸を襲ひ、僅かに二時間足らずの間に、死者三十名重輕傷三名を出したる後、同日午前五時頃仙之城山頂にて部落を見降し獵銃自殺を遂げたので、我國のみならず海外に於ても類例なき多數殺人事件である。刑事事件としては、單なる被疑者死亡に因る不起訴事件として了れるが、事犯の特殊性に鑑み岡山地方裁判所檢事局に於て本件顚末を整理し且各方面の感想竝に犯人の精神狀態に關する考察等を收錄し、津山事件の報告書として當省に提出されたので、後日の參考資料として玆に謄寫に代へ印刷した次第である。

尙本件犯行に用ひられた兇器等は當省刑事參考室に保存してある。

昭和十四年十二月

司法省刑事局

津山事件報告書目次

第二 資料篇

前　書

岡山地方裁判所検事　市　島　成　一

昨年五月自分が岡山検事局に轉補の内命を受けて發令を持つまでの慌しい數日を過ごして居る間に突然同月二十一日のラヂオニユースと夕刊新聞は津山事件と謂ふ驚くべき慘劇の發生を傳へたのであつた。

檢察裁判の職に在る者は固よりその以外の人達でも恐らく此事件に多少とも感興を牽かれなかつたものはなかつたと思ふが自分は此事件がこれから赴任しやうとして居る土地で起つた刑事々件であるが故に人一倍關心を持たざるを得なかつた。啻に新聞記事を一讀しただけでも此事件が記錄的の多數殺事件であること、犯人が精神異狀者なりや否やの問題を繞つて相當の論爭のあること、犯罪の動機原因に就て詮議の行はれて居ることなど幾多の研究題目を含んだ事件の樣に思はれたのである。

それから數日の後自分の轉補が發令されて中野東京檢事正の許に御挨拶に伺つたところ同檢事正から「岡山には大變な事件が起つたが色々の意味で珍らしい事件の樣だから赴任したら調査をして見たらどうか」とのお話があつた。尙その外にも在京の先輩同僚の中で此事件の調査研究を勸める人や詳細の報告を求める方などがあつたので自分は岡山へ行つたら此事件を出來るだけ調べて見やうといふ氣持になつたのである。

さていよいよ着任して見ると岡山檢事局の中でも既に此事件の調査研究の事が話題に上つて居たので自分は大いに意を强うし早速國枝檢事正に具申して常務の傍ら此事件の調査資料の蒐集に從事することの御承認を得並に同檢事正

二

御指導の下に同係檢事數名協力して此仕事にとりかゝつたのである。

然るに間もなく起つた山陽線列車事故事件、綿糸配給統制違反事件をはじめそれから相次で發生した大小事件の爲に岡山檢事局に大變多忙を極めることになり自然此仕事を遲延するの已むなきに至つたのであるが幸同係各檢事の努力と部外各位の御援助により漸く今日不充分ながらも報告の出來る運びとなつたのである。故にこの津山事件なるものの全貌を要約すると、

岡山縣の北部津山市から程遠くない山間の一部落である美作苫田郡西加茂村大字行重字貝尾に住む都井睦雄といふ當時二十二才の一青年が昭和十三年五月二十一日未明自宅に於て斧を以て祖母■■の頭を刎ねて即死せしめ續いて日本刀猟銃等を携へて戸外に飛び出し僅か一、二時間の間に同部落の民家十一戸を襲つて岸■■■外男女二十九名を殺害し寺■■■外二名の女を負傷せしめた上現行の部落から一里程離れた同村大字楢井字仙之城と稱するところの小高い山嶺に登つて其處で悠々遺書を認めた後猟銃を以て心臟部を撃ち自殺を遂げた。

といふ案件である。

この事件を一刑事々件として觀るならば犯行直後被疑者死亡といふ事由により犯人に對する公訴權は忽ち消滅に歸してしまつた爲に殆ど捜査らしい捜査もなく不起訴裁定書一通を以て處理されて居るのであるがこれを豫防警察の方面から觀察し、犯罪學の立場に於て論じ、法醫學の見地から眺め、社會問題として取扱ふ場合には夫々夥しい研究資料と示唆を含んだ文字通り未曾有の犯罪と謂ふべきであらう。

固より吾々の不敏を以てし且繁劇な常務の傍らの仕事であつたが爲と調査の開始が僅かながら時機を失した爲等の事から到底豫期の如き成果を得られず斯の樣な貧弱なる内容を以て報告せざるを得なかつたことは是非もない次第である。殊に當初調査と研究の兩方面を完成する意圖だつたのが遂に僅かの調査資料の蒐集の程度で終つて仕舞つたのは如何にも忸怩たらざるを得ない。此事件を對象としての各種の研究の方面の事は是非とも今後の諸賢のお力に俟ちたいと思ふ。

本調査に關係した檢事は

岡山地方裁判所檢事局

林　隆行

塩田末平

平井　進

梅田孝久

守谷　芳

中垣清春

津山區裁判所檢事局

伏見體太郎

の諸君である。尚本調査に當つて

司法省刑事局第一課長　大竹武七郎氏

三

前書

司法省刑事局事務官　馬場義續氏
大阪區裁判所上席檢事　吉村武夫氏
津山區裁判所上席檢事　遠山茂氏
京都地方裁判所次席檢事　安井榮三氏
千葉地方裁判所次席檢事　黒川美夫氏
德島地方裁判所次席檢事　永田圭一氏

の方々から終始懇切なる御指教御援助を蒙り。

又

京都帝國大學教授　小南又一郎氏
岡山醫科大學教授　遠藤中節氏
警視廳刑事部搜査第一課長　田多羅諸志氏
同　鑑識課長　高木保三氏
內務省警保局防犯課　和泉正雄氏
岡山縣警察部刑事課　長瀨謙治氏

其他の方から種々貴重なる資料を頂くことが出來たのは吾々の衷心感銘に堪へないところで茲に誌して深く謝意を表する次第である。

（昭和十四年五月下旬記）

記錄篇

殺人事件捜査報告書

津山
檢事局發第一二五七號

昭和十三年五月二十三日

岡山地方裁判所津山支部檢事　遠　山　　茂

岡山地方裁判所檢事正　國　枝　鎌　三殿

殺人事件捜査經過報告

苫田郡西加茂村大字行重字貝尾ニ於ケル都井睦雄ノ大殺人事件ニ付テハ已ニ電話ヲ以テ概要報告致置候處其後捜査ノ經過左ノ通及報告候

一、被　疑　者

苫田郡西加茂村大字行重七七九番地
無職　都　井　睦　雄
當二十二年

二、被疑者家庭ノ状況及素行經歴

被疑者ハ家ニ祖母一名アルノミニシテ二歳ノ時實父ニ三歳ノ時實母ニ各死別シ姉■■（當二十五年已ニ他家ニ嫁入）ト共ニ祖母■■（當七十五年）ノ手ニテ養育セラレ田地三反餘ヲ所有セル小農ニシテ普通ノ生計ヲ營ミタリシカ幼時ヨリ蒲柳ノ質ニシテ九歳ノ時小學校第一年ニ入學シ爾來健康體ニ非サレトモ學業ノ成績優良ヲ通シテ高等小學

校ヲ卒業シ爾来家事ノ傍農業ヲ爲シ居タルカ素ヨリ病弱(肺結核ト云フ)ニシテ近時農業モ放任シ一定ノ正業ナク遊惰ニ流レ部落青年團ヲ始メ隣人等ノ交際ハ一切無關心ニシテ老幼ノ別ナク婦女子ニ挑ミ又ハ戯ルル等不良青年ノ傾向アリタルモノナリ

三、事件發覺ノ端緒

昭和十三年五月二十一日午前二時五十分頃大兇行ヲ知ルヤ居部落■波■ハ直ニ西加茂駐在所ヘ馳付ケ駐在巡査ニ急報爲シタルモノナリ

四、兇行ノ状況

昭和十三年五月二十一日午前一時過頃被疑者ハ先ツ自宅ニ就眠中ノ祖母■ヲ居宅ニ在リシ斧ヲ以テ頭部ヲ強打シ之ヲ即死セシメタル上自己所有ノブローニング十二番口径ノ獵銃彈丸及日本刀一振短刀二振ヲ携帯シ戸外ニ飛出シ向側ナル西■方ニ侵入シ所携ノ銃器ヲ以テ家族四名ヲ射殺シ以下順序明瞭ナラサルモ寺■方ニ於テ二名、寺■方ニテ五名、寺■方ニテ一名、岸■方ニテ四名、岸■方ニテ三名、寺■方ニテ一名、■波■方ニテ二名、池■方ニテ四名、岡■方ニテ二名合計二十九名ヲ各射殺又ハ刺殺シ外二名ニ重傷(内一名ハ其後死亡ス)二名ニ輕傷(別表ノ通)ヲ負ハシメテ現場ヲ逃走シソレヨリ約二十丁ヲ距ル字青山部落ナル武■方ニ到リテ家人ニ對シ「自分ハ今人殺シヲヤツテ警察ニ追ハレテ居ル鉛筆ト紙トヲ呉レ若シ呉レナクハ此ノ鐵砲ニテ打殺スゾ」ト申向ケテ同家ヨリ鉛筆ト學童用雜記帳ノ紙片數枚ヲ貰ヒ受ケテ(後之ニ遺書ヲ認メ居タリ)直ニ同家ヲ立去リタルモノナリ

五、被疑者死體發見ノ場所及死體ノ模樣

苫田郡高田村荒坂越ノ山林嶺キニシテ被疑者ノ居村ト隣接シ兇行現場ヨリ約一里ヲ距ル山頂ニ於テ被疑者ハ身ニ黒詰襟洋服ヲ着シゲートルヲ卷キ地下足袋ヲ履キタルマヽ所携ノ銃器ヲ以テ心臓部ヲ打抜キ自殺ヲ遂ケ居タルヲ同日午前十一時頃警察官消防組員一行ノ者ニ發見サレタリ而シテ死體ノ傍ニハ圓筒形ノ小サキ懐中電燈二個及自轉車用電燈一個及日本刀一振短刀二振ト前記銃器及雜囊入彈丸實砲十四發ヲ遺存シ居タリ

六、被疑者從來ノ舉動

近時銃器數挺ヲ買求メ昨年十月狩獵免許ヲ受ケ兎等ヲ捕獲シ居タルコトアリシカ部落ノ者ハ本人ノ素行不良ニ註級業ヲ怠リ婦女子ト關係ヲ結フ風評一ト襲賃者一註部落ノ者ト交際ヲ爲サス常ニ銃器ヲ弄ヒテ他人ノ注告ニ耳ヲ藉サザリシヨリ其動靜ニ不安ヲ感シ駐在巡査ニ屆出ツル者モアリシカ本年三月始頃巡査ノ注告ニ依リ銃器三挺(内一挺ハブローニング)及彈丸全部ヲ他ヘ賣却セシメ猶同事ニ津山警察署ヨリ狩獵免許證ヲ取上ケラレタルカ間モナク神戸市方面ヨリ本件兇行ニ使用ノ獵銃ヲ買求メ來リ次テ彈丸百發(猪、熊ノ類ヲ捕獲スル猛獸狩獵用ノアイデアル彈)ヲ買求メ更ニ本年五月十三日狩獵免許者今井勇ニ對シ狩獵免許證ヲ遺失シタルニ付火藥ヲ買求メ呉レト依賴シ同人ヲシテ津山市片山火藥店ヨリ雷管付ケース百個無煙火藥二百グラムヲ買ハシメテ之ヲ受取リ尚其頃苫田郡加茂町伊藤醫師ヨリ日本刀一振ヲ買求メ之ヲ所持シ居タリ猶兇行ニ携帶ノ短刀二振ハ買先及買受ケ月日等不明ナリ

七、兇行ノ原因

被疑者ハ自宅ニ二通(内一通ハ姉■ニ宛テタルモノ)自殺場所ニ一通ノ遺書アリタルカ其文言及從來ノ性行ヨリ

按スルニ痴情關係アリタル婦女子ニハ嫌忌セラレ又之ヲ挑マントシタル婦女子ニハ顧ミラレス加ヘテ病弱ノ身ハ憂鬱トナリ他人ヨリ素行上ノ注告ヲ受クレハ之ヲ逆ニ恨ミ從テ交際スル部落民モ少クナリテ只冷笑ト侮蔑ヲ招クニ至レルヨリ益變質トナリテ人ヲ恨ミ世ヲ呪ヒ怏々トシテ樂マス遂ニ極度ノ鬱忿ハ居部落ノ者ヲ鏖殺スルニ如カスト決意シタモノノ如クニシテ本件ハ銃器彈丸及日本刀短刀ヲ買求メ或ハ遺書ノ文意兇行時ノ服裝等ヨリ察スルニ之カ殺人ヲ事前ヨリ企圖シ又兇行前日ノ五月二十日夕方前頃兇行部落ノ電燈引込線ハ切斷（被疑者ナリヤ否其頃不明ナリシモ梯子ヲ懸ケテ電柱ニ昇リ居タル者ヲ認メタル者アリテ被疑者ナリト想像サル）サレテ同夜ハ點燈不能トナリ終夜闇中ニアリシ點等ヲ綜合スレハ全ク計畫的ノ犯行ナリシト思料セラル

追テ

婦人トノ痴情關係ニ付テハ加、被害者共ニ死亡シ明確ナラス又銃器彈丸短刀等ノ兇器ハ買先又其月日等現在ニテハ明確ナラス

以上

犯罪事件報告書

岡山地方檢事局發第三二二〇號

昭和十三年五月二十四日

岡山地方裁判所檢事正　國枝鎌三

司法大臣　鹽野季彥殿
檢事總長　泉二新熊殿
廣島控訴院檢事長　神谷敏行殿

犯罪事件報告　第一回（終局）

標目	社會ノ耳目ヲ聳動シタル殺人事件不起訴處分ノ件
受理官廳主任檢事	津山支部裁判所檢事局　遠山茂
受理年月日及其區別	昭和十三年五月廿一日　司法警察官報告
罪名	殺人及同未遂
處分年月日及其要旨	昭和十三年五月廿三日被疑者死亡
被疑者被告人本籍住居職業氏名年齢	本籍並住居　岡山縣苫田郡西加茂村大字行重■番地　無職　都井睦雄　當二十二年
備考	

犯罪事實

被疑者ハ昭和十三年五月二十一日午前一時過頃先ヅ自宅ニ就眠中ノ祖母■ヲ居宅ニ在リシ斧ヲ以テ頭部ヲ強打シ之ヲ即死セシメタル上自己所有ノブローニング十二番口径ノ猟銃弾丸及日本刀一振短刀二口ヲ携帯シ戸外ニ飛出シ向側ナル西■方ニ侵入シ所携ノ銃器ヲ以テ家族四名ヲ射殺シ以下寺■方ニテ一名、寺■方ニテ五名、寺■方ニテ一名、岸■方ニテ四名、岸■方ニテ二名、寺■方ニテ一名、■波■方ニテ一名、池■方ニテ四名、岡■方ニテ一名合計二十九名ヲ各射殺又ハ刺殺シ外二名ニ重傷(内一名ハ其後死亡)二名ニ軽傷ヲ負ハシメテ現場ヲ逃走シ夫レヨリ約二十丁ヲ距ル字青山部落ナル武■方ニ到リテ家人ニ對シ「自分ハ今人殺シヲヤッテ警察ニ追ハレテ居ル鉛筆ト紙トヲ呉レ若シ呉レナクバ此ノ鐵砲ニテ撃殺スゾ」ト申向ケテ同家ヨリ鉛筆ト學童用雜記帳ノ紙片數枚ヲ貰ヒ受ケ(後之ニ遺書ヲ認ム)直ニ同家ヲ立去リタル後兇行現場ヨリ約一里ヲ距ル苫田郡高田村荒坂峠ノ山林嶺キナル山頂ニ於テ所携ノ銃器ヲ以テ心臓部ヲ撃抜キ自殺ヲ遂ゲ居タルモノナリ

附　記

一、被疑者ノ服裝及携帶品等ノ狀況

被疑者ハ黒詰襟洋服ヲ着シゲートルヲ巻キ地下足袋ヲ穿ツ而シテ死體ノ傍ニハ圓筒形ノ小サキ懐中電燈二個、自轉車用電燈一個、日本刀一振短刀二口ト前記銃器及雜嚢入彈丸實砲十四發ヲ遺棄シ居リタリ

二、被疑者家庭ノ狀況及素行經歷

被疑者ハ家ニ祖母一名アルノミニシテ二歳ノ時實父ニ三歳ノ時實母ニ各死別シ姉■(當二十五年既ニ他家ニ嫁ス)ト共ニ祖母■(當七十五年)ノ手ニテ養育セラレ田地三反餘ヲ所有セル小農ニシテ普通ノ生計ヲ營ミ居リシカ幼時ヨリ蒲柳ノ質ニシテ九歳ノ時小學校第一學年ニ入學シ爾來健康體ニハ非サルモ學業ノ成績ハ優良ヲ通シテ高等小學校ヲ卒業シ爾來家事ノ傍ラ農業ニ從事シ居リ素ヨリ病弱(肺結核ト云フ)ニシテ近時稼業モ放任シ一定ノ正業ナク遊惰ニ流レ部落青年團ヲ始メ隣人等トノ交際ハ一切無關心ニシテ老幼ノ別ナク婦女子ニ挑ミ又ハ戯ルル等不良青年ノ傾向アリタルモノナリ

三、被疑者從來ノ擧動

被疑者ハ昨年十月狩獵免許ヲ受ケ爾來銃器數挺ヲ買求メテ兎等ヲ捕獲シ居タルコトアリシカ部落ノ者ハ同人カ業務ヲ怠リ兎角婦女子ト關係ヲ結フ等ノ風評アリ素行不良ナルト全ク隣人等トノ交際ヲ爲サス常ニ銃器ヲ弄ヒテ更ニ他人ノ言ヲ容レサル變質者ナル爲其動靜ニ不安ヲ感シ駐在巡査ニ屆出ツル者モアリ遂ニ本年三月始頃巡査ハ其ノ所有スル銃器三挺(内一挺ハブローニング)及彈丸全部ヲ他ヘ賣却セシメ猶同時ニ津山警察署ヨリ狩獵免許證ヲ取上ケラレタルカ間モナク神戸市方面ヨリ本件兇行ニ使用ノ獵銃ヲ買求メ來リ次テ彈丸百發(猪、熊ノ類ヲ捕獲スル猛獸狩獵用ノアイデアル彈)ヲ買求メ更ニ本年五月十三日狩獵免許者今■ニ對シ狩獵免許證ヲ遺失シタルニ付火藥ヲ買求メ呉レト依頼シ仍テ津山市片山火藥店ヨリ雷管付ケース百個無煙火藥二百グラムヲ買ヒ貰ヒ尚其頃苫田郡加茂町伊藤醫師ヨリ日本刀一振ヲ買求メ之ヲ所持シ居リタル事實アリ兇行ニ携帶ノ短刀二口ハ買先及買受月日等不明ナリ

四、兇行ノ原因等

被疑者ハ自宅ニ二通(内一通ハ姉■■ニ宛テタルモノ)自殺場所ニ一通ノ遺書アリ其文言及從來ノ性行ヨリ按スルニ痴情關係アリタル婦女子ニハ嫌忌セラレ又之ヲ挑マントシタル婦女子ニハ顧ミラレス加フルニ病弱ノ身ハ漸次憂鬱トナリ他人ヨリ素行上ノ忠告ヲ受クルモ却テ之ヲ逆ニ恨ミ爲ニ交際スル部落民モ尠ク全ク冷笑ト侮蔑ヲ招クニ至レルヨリ愈變質トナリ人ヲ恨ミ世ヲ呪ヒ怏々トシテ樂マス遂ニ極度ノ鬱憤ハ居部落ノ者ヲ鏖殺スルニ如カスト決意スルニ至リタルモノノ如ク本件ノ銃器弾丸及日本刀短刀等ヲ買求メタル點或ハ遺書ノ文意、兇行時ノ服裝等ヨリ察スルニ之カ殺人ハ相當以前ヨリ企圖シ居リ又兇行前日ノ五月二十日夕方前頃兇行部落ノ電燈引込線ヲ切斷(當時不明ナリシモ事後被疑者ノ所爲ト推定サル)シ同夜ハ全ク點燈不能ノ状態ニアリシ點等ヲ綜合スルトキハ全ク計畫的ノ犯行ナリト思料セラル

八

都井睦雄不起訴處分記錄

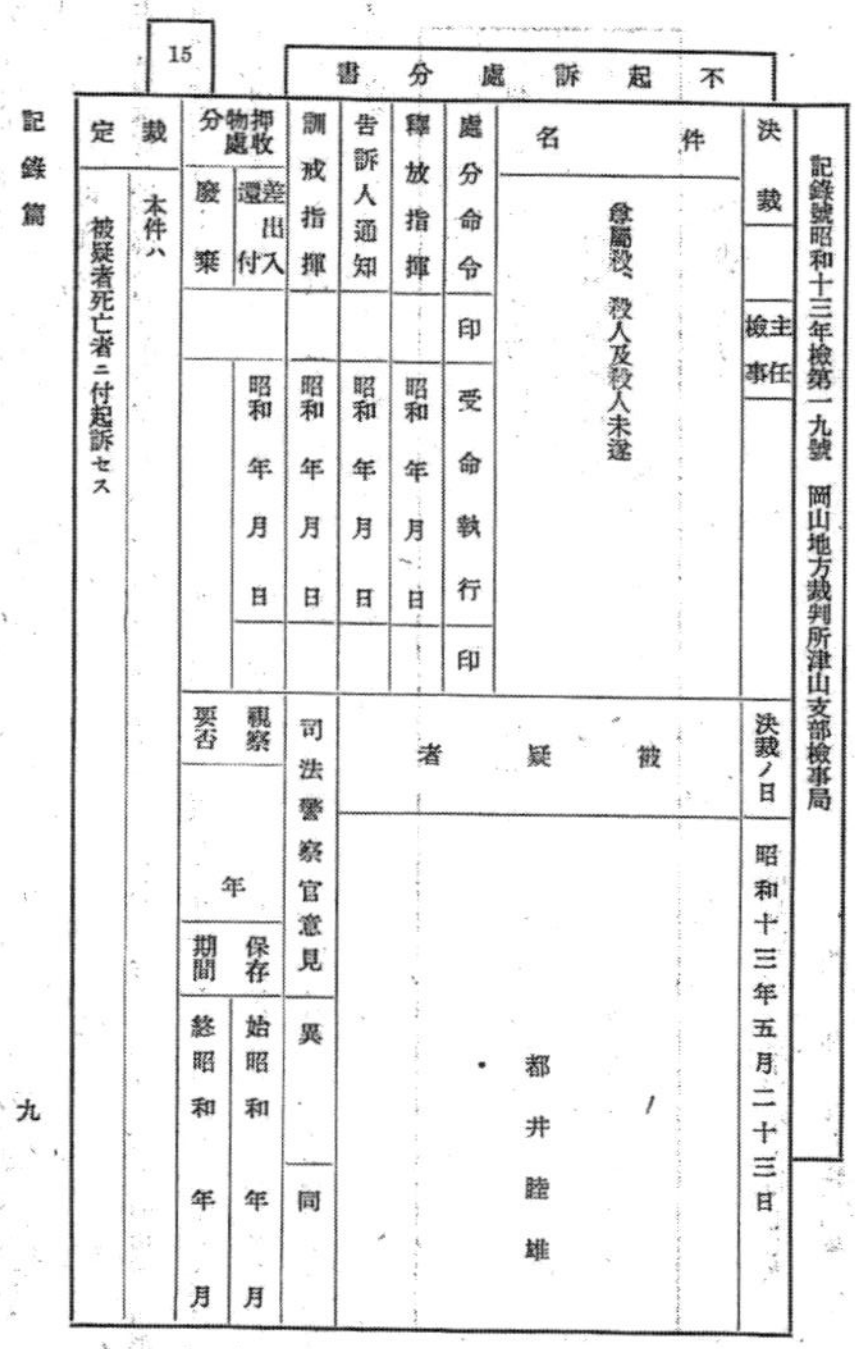

記錄號昭和十三年檢第一九號　岡山地方裁判所津山支部檢事局

15　不起訴處分書

決裁		主任檢事		決裁ノ日	昭和十三年五月二十三日
件名	尊屬殺、殺人及殺人未遂			被疑者	都井睦雄
處分命令	印	受命執行	印		
釋放指揮		昭和　年　月　日			
告訴人通知		昭和　年　月　日			
訓戒指揮		昭和　年　月　日		司法警察官意見	異 / 同
押收物處分	還付・差出入	昭和　年　月　日		觀察要否	
	廢棄			保存期間	年
				始	昭和　年　月
				終	昭和　年　月
裁定	本件ハ被疑者死亡者ニ付起訴セス				

記錄篇

九

事實及理由

本件犯罪事實ハ被疑者ハ昭和十三年五月二十一日午前一時頃ヨリ同三時頃ニ至ル迄ノ間ニ其ノ居村ナル岡山縣苫田郡西加茂村大字行重字貝尾部落ニ於テブローニング九連發獵銃、日本刀、斧等ヲ使用シ祖母都井■當七十六年並部落民ナル西■當五十年外二十八名ヲ殺害シ寺■當五十六年外二名ニ夫レ夫レ銃創ヲ加ヘタルモ殺害スルニ至ラサリシモノナルトコロ被疑者ハ右犯行後同日午前五時頃同村大字楢井字仙ノ城千四百八十一番地ノ山林中ニ於テ獵銃ヲ以テ自殺ヲ遂ケ同人ニ對スル公訴權ハ消滅ニ歸シタルヲ以テ主文ノ如ク裁定ス

電話聽取書		
昭和十三年五月二十一日午前六時三十分	取扱者	松森書記
受信人	岡山地方裁判所津山支部 遠山檢事	
發信人	津山警察署長	

殺人事件報告ノ件

苫田郡西加茂村大字行重字貝尾■
農 都井睦雄
當二十二年

右ノ者本朝午前二時頃ヨリ三時頃迄ノ間自宅附近ナル人家拾數戸ニ侵入シ同所寺■（當六十年）外三十三名ヲ所携ノ獵銃ヲ以テ狙撃シ或ハ日本刀ヲ揮シテ斬付ケ因テ大■外二十七名ヲ即死セシメ■波■外二名ニ重傷ヲ負ハシメ更ニ寺■外一名ニ輕傷ヲ負ハシメテ附近山林ニ逃込ミタルモノニ有之候條直チニ御出張ノ上何分ノ御指揮相仰度右及報告候也

電話聽取書		
昭和十三年五月二十一日午前十一時	取扱者	大内書記
受信人	津山支部檢事局	
發信人	津山警察署 岩藤部長	

殺人被疑者自殺報告

今朝西加茂村ニ於ケル多數ノ殺人事件卽報致置候處犯人都井睦雄ハ苫田郡高田村ノ山林中ニ於テ鐵砲自殺ヲ遂ケ居ル事ヲ發見致候
右及報告候也

變死者檢視調書
昭和十三年五月二十一日岡山地方裁判所津山支部檢事局檢事遠山茂ノ指揮ニ因リ變死者都井睦雄ノ檢視ヲ爲スコト左ノ如シ

變死者ノ本籍住居職業氏名年齡	本籍 岡山縣苫田郡西加茂村大字行重■番地 住居 同上 農業 都井睦雄 大正六年三月五日生
發見人ノ住所氏名年齡及其ノ申告理由	住居 岡山縣苫田郡西加茂村大字中原■番地 消防組部長 平■ 明治三十八年六月一日生 警察官ノ指揮ヲ受ケ山狩リヲ爲ス中發見
死亡年月日時	昭和十三年五月二十一日午前五時頃
死亡ノ場所及其模樣	場所ハ 苫田郡西加茂村大字楢井字仙ノ城一、四八一番地山林中 此山林ハ同郡高田村荒坂越ノ山林續キニシテ死者都井睦雄ノ居住部落ト隣接シ死者ノ兇行場所ヨリ西北ニ約一里餘ヲ距ル山頂眺望好キ場所ニシテ小松雜木等繁茂スル中間ノ約十坪位ノ雜草地ヲ選ビ所携ノブローニング九連發ノ獵銃ニテ左乳下心臟部ヲ擊チ拔キ自殺ヲ爲シ居レリ
死亡後ノ經過時間	約五時間
死體ノ狀態及死亡ノ原因竝ニ着衣所持品	死者ハ頭部ヲ西方ニ向ケ上向キト爲リ兩足ハ共ニ少シ屈シ獵銃ニテ心臟部ヲ擊チ拔キ居リテ流血ハ着衣ヲ濡シ居レリ 而シテ着衣ハ黑ノ詰襟洋服アンダー襯衣茶褐ノ卷ゲートルヲ附ケ地下足袋ハ傍ニ脫キ揃ヘ屍體ノ傍ラニハ圓筒形小型ノ電燈二個自轉車用電燈一個及日本刀一振短刀二口ブローニング獵銃器及雜囊入彈丸實包十四發(内一發散彈五發ハ銃ニ裝塡シ)ヲ遺シ居レリ 尙古雜記帳ニ認メタル遺書一通アリ 原因ハ大殺人犯事件ヲ自殺ニテ淸算シタルモノ

二二

檢案醫師氏名檢案要領	苫田郡加茂町大字塔中■五番地 醫師 只友一富
檢視官ノ認定	死者ハ二十九名ヲ殺害シ二名ニ重傷二名ニ輕傷ヲ與ヘタル犯人都井睦雄ニ相違ナク覺悟ノ自殺ト認ム
死體竝ニ所持品ノ始末	死體ハ從兄ニ當ル寺■ニ引キ渡シ携帶品ハ別紙目錄ノ通ニテ寺■ガ放棄書ト共ニ提出シタルヲ以テ領置ス
檢視ノ日時	昭和十三年五月二十一日午前十二時

右檢視ヲ了シ此ノ調書ヲ作成ス

昭和十三年五月二十一日 於苫田郡西加茂村大字楢井

津山警察署
司法警察官警部補 北村好

樣式第八號 細則第四十條

領置書

被疑者都井睦雄ニ係ル鏖族殺、殺人被疑事件ニ付差出人ノ承諾ヲ得テ左記目錄ノ物件ヲ領置ス

昭和十三年五月二十一日

津山警察署
司法警察官警部補 北村好

記錄篇 二三

領置目録

番號	品目	員數	差出人住居氏名	所有者住居氏名	還付要否	備考
一	ブローニング九連發装置ノ獵銃	壹挺	苫田郡西加茂村行重 被疑者親族 寺████	被疑者	否	送付
二	日本刀	壹振	右同	同	否	同
三	七首	貳口	寺████	同	同	同
四	雷管付薬莢及實包	拾四	同	同	同	同
五	圓筒型懐中電燈	貳	同	同	同	同
六	自轉車電燈	壹	同	同	同	同
七	ズック製鞄	壹	同	同	同	同
八	革帶	壹	同	同	同	同

放棄書

一、獵銃　壹挺　外彈藥實砲十四發
一、日本刀　壹振
一、匕首　二本
一、懐中電燈　三個
一、ズック製鞄　壹個
一、皮帶　壹筋

右物件ハ都井睦雄ノ所有ノモノニ有之候ガ親族遺族ニ於テ不必要ニ付キ相當ノ御處分相成度權利放棄候也

昭和十三年五月　日

苫田郡西加茂村大字行重
寺████ ㊞

津山警察署
司法警察官殿

請書

一、屍體　一
一、着衣
但シ都井睦雄

記録篇

一六

1 黒小倉洋服詰襟上下一着
2 白合着アンダーシャツ一枚西木綿腹巻一筋
3 巻ゲートル一足茶褐色
4 地下足袋一足
5 木綿メリヤスシャツ一枚サル股一枚
6 帯皮一筋
7 銀側懐中時計但両蓋一個

右ハ検閲済ミノ上御下渡シニ相成受取申候

昭和十三年五月二十一日

苫田郡西加茂村大字行重

寺 [redacted] ㊞

津山警察署

検 視 官殿

強制処分書類送付書

被疑者 都 井 睦 雄

右殺人被疑事件ニ付請求相成候検証証拠物件押収鑑定ノ件処分ヲ了シ候條関係書類左記目録ノ通及送付候也

昭和十三年五月二十八日

岡山地方裁判所津山支部

豫審判事 有 地 平 三㊞

同廳検事局

検事 遠 山 茂殿

目 録

一、強制処分請求書一通
一、検証調書一通
一、鑑定人訊問調書一通

但検証調書末尾ニ押収目録添付ス

強制処分請求書

殺 人 都 井 睦 雄

右ノ者ニ對スル頭書被疑事件ニ付左記ノ處分相成度及請求候也

昭和十三年五月二十一日

岡山地方裁判所津山支部検事局

検 事 遠 山 茂㊞

記 録 篇

一七

岡山地方裁判所津山支部

豫審判事御中

被疑事實

被疑者ハ昭和十三年五月二十一日午前二時頃苫田郡西加茂村大字行重部落ニ於テ刀劍及獵銃ヲ使用シ同所寺■外三十二名ヲ殺傷シタルモノナリ

請求事項

右事實ニ付

一、被害者ノ所在ニ於ケル現場及其ノ附近ノ檢證竝證據物件ノ押收

二、各被害者ノ死因ノ鑑定

檢證調書

被疑者都井睦雄ニ對スル殺人被疑事件ニ付昭和十三年五月二十一日岡山地方裁判所津山支部豫審判事有地平三ハ裁判所書記小林一三立會ノ上其犯行現場タル岡山縣苫田郡西加茂村大字行重部落ニ臨ミ檢證スルコト左ノ如シ

本檢證ニハ檢事遠山茂立會シ各被害者ノ住居主タル、池■、寺■、寺■、■波■、寺■、寺■、■不在者宅ニ於テハ其隣人タル寺■、西■、寺■、岡■、寺■等各立會シタリ

尚本檢證ノ結果ヲ明確ナラシムル爲別紙圖面十三葉ヲ作成シ且赤見禎三ヲシテ撮影セシメタル現場寫眞二十七葉ヲ各本調書ノ末尾ニ添付ス

一、檢證ノ場所

岡山縣苫田郡西加茂村大字行重■番地池■方、同所■番地寺■方、同所■番地寺■方、同所■番地■波■方、同所■番地寺■方、同所■番地西■方、同所■番地寺■方、同所■番地被疑者都井睦雄方、同所■番地寺■方、同所■番地岸■方、同所■番地岸■方、同所■番地ノ第一岡■方及ビ其附近（別紙第一圖及ビ寫眞（ハ）各參照）

二、各被害者方家屋ノ間取構造及ビ被害者ノ狀況等

（一）池■方

同家居宅ハ間口五間半、奥行三間半木造茅葺二階建ニシテ其間取構造ハ別紙第二圖ニ表示スルカ如クニシテ被害者ヲ順次檢スルニ池■（當七十四年）ハ居宅八疊ノ奥ノ間ノ緣ノ南側軒下ニ莫大小襯衣一枚ヲ着ケ頭部ヲ西ニシ仰臥シ居リ左肩胛部背面ヨリ乳部ヲ貫ク徑約一寸ノ彈創アリテ肺露出シ左上肢肘關節部其他全身數箇所ニ創傷アルヲ認ム（別紙第二圖及ヒ寫眞(3)各參照）

池■（當七十二年）ハ居宅六疊ノ中ノ間ノ略中央部ノ炬燵ノ北側ニ蒲團ヲ掛ケ居タルヲ以テ之ヲ除去スレハ裸體ノ儘頭部ヲ北ニ東向ニ横臥シ左肩胛部ニ徑約一寸ノ貫通銃創アリテ創傷ノ附近及同人下部ノ蒲團ニ多量ノ血液浸潤シ居レリ（同圖及ヒ寫眞(は)各參照）

池■（當三十四年）ハ居宅六疊ノ納戸ニ北西隅ニ近キ箇所ニ頭部ヲ西ニシ蒲團ノ上ニ仰臥シ心臟部ニ徑約一寸ノ

二〇

貫通銃創アリ(同圖及ヒ寫眞(に)各參照)
池■(當五年)ハ同間ノ右都ノ南側ニ都ト同樣蒲團ノ中ニ木綿袷ノ着物ヲ着シタル儘仰臥右上膊部及ヒ腹部ニ彈創アリテ肝臓及ヒ腸露出シ居リ(同圖及ヒ同寫眞參照)

此時豫審判事ハ右池■ノ屍體中ヨリ彈丸ノ破片一箇及其屍體ノ附近ヨリ彈丸ノケース三箇ヲ別紙押收目錄掲記ノ如ク各押收シタリ

(二) 寺■方

同家居宅ハ間口五間奥行三間半木造茅葺二階建ニシテ其間取ハ別紙第三圖ニ表示スルカ如クニシテ被害者タル寺■(當五十六)年ハ居宅上端ノ六疊ノ間ノ南東隅ニ頭部ヲ東ニシ蒲團ノ中ニ仰臥シ右肘關節部ニ繃帶ヲ施シ居リテ重態ノ模樣ナリ(別紙第三圖參照)

(三) 寺■方

同家居宅ノ西側ニ木造杉葺二階建ノ納屋ヨリ其東部ニ十疊ノ養蠶室存ス(別紙第四圖參照)
平■(當六十五年)ハ前記養蠶室ノ南側縁ニ頭部ヲ西ニシ木綿袷ヲ着シテ仰臥シ臍部下ニ徑約八分ノ貫通銃創及ヒ右臀部左大腿部等ニ相當大ナル創傷アリタリ(別紙第四圖及ヒ寫眞(ほ)各參照)
■波■(當二十一年)ハ同養蠶室ノ内側ノ南側ニ近キ場所ニ頭部ヲ西ニシ木綿袷ヲ着シタル儘仰臥シ其上ニ掛ケアリタル蒲團ヲ除去スレハ右腸骨節隆起部上方ニ徑約八寸ノ彈創アリ其他右横腹部ニモ同樣圓形ヲナセル彈創アルヲ認メ同人ノ下肢ノ附近ニ彈丸ノケース三箇散亂シ居リタリ(同圖及寫眞(へ)各參照)

此時豫審判事ハ右ケース三箇ヲ別紙押收目錄掲記ノ如ク押收シタリ
岸■(當十九年)ハ同室ノ北側ニ木綿袷ヲ着シ黒ノ猿股ヲ穿キ頭部ヲ東方ニ向ケ東向ニ横臥シ居リ左前頭部ニ彈創ト思シキ不整形ナル創傷アルヲ認ム(同圖及同寫眞參照)

(四) ■波■方

同家居宅ノ北西ニ間口四間半奥行二間半ノ木造茅葺平家建納屋アリ同納屋ノ西端ニ十疊ノ養蠶室存ス (別紙第五圖參照) 然シテ被害者タル■波■(四十七年)ハ前記養蠶室ノ中央部ヨリ稍西ニ寄リタル養蠶棚ニ近キ場所ニ木綿袷ヲ着シ頭部ヲ南ニシテ仰臥シ居リ下肢ハ殆ント原形ヲ止メヌ迄ニ潰滅シ其附近ニハ夥シキ血液流出シ居レリ
(別紙第五圖及寫眞(と)各參照)

(五) 寺■方

同家居宅ハ間口五間半奥行三間半ノ木造茅葺平家建ニシテ其間取等ハ別紙第六圖ニ表示スルカ如クナリ然シテ被害者タル寺■(當二十一年)ハ右居宅ノ四疊ノ中ノ間ノ中央部ニ頭部ヲ西北ニシ蒲團下ニ仰臥シ木綿袷ノ着物ヲ振亂シ右肩部ニ徑約一寸ノ彈創及ヒ左腕中關節部ニ大ナル彈創アリテ其創面ハ恰モ海綿ノ如クナリ屍體下ノ疊上ニハ多量ノ血液流出シ居リ尚蒲團ニ彈丸ノ貫通セルモノト思シキ跡殘存シ蒲團ノ下ニ彈丸ノケース一箇アリ
(別紙第六圖及ヒ寫眞(ち)各參照)
寺■(當四十五年)ハ同居宅納戸六疊ノ間ノ中央ニ木綿ノ單衣ヲ着シ頭部ヲ東南ニシ仰向ケトナリテ倒レ頸部ヨリ左下方ニ長サ約二寸幅約一寸ノ彈創アリ頸部ヨリ約一尺五寸下部ノ脊髓ノ両側各一ケ所ニハ大豆大ノ表皮剝

離セル箇所アリテ右創傷ヨリハ多量ノ出血アリタルモノヽ如ク疊上ニ流出シ居レリ(同圖及ヒ寫眞(り)各參照)

次ニ同間ノ東側ナル寢所ノ間ヲ檢スルニ同間ノ南東隅ニ重ネアリタル疊上ニ空ノケース四箇アリタリ

仍テ此時豫審判事ハ前記寺■ノ屍體ノ邊ニアリタルケースト共ニ右ケースヲ別紙押收調書掲記ノ如ク押收シタリ

(六) 西■方

同家居宅ハ間口六間半奥行三間半ノ木造茅葺平家建ニシテ其間取構造ハ別紙第七圖ニ表示スルカ如クニシテ西■■(當五十年)ハ居宅ノ四疊ノ中ノ間ノ炬燵ノ南側ニ木綿單衣ヲ着シ俯伏セトナリ頭部ヲ北ニシ蔽ヘル蒲團ヲ剝イテ檢スルニ左乳下約三寸ノ箇所(心臟部)ニ約二錢銅貨大ノ彈創アリテ其背面ナル頭部ニ貫通シタルモノヽ如シ(別紙第七圖及ヒ寫眞(ぬ)各參照)

同間ノ南西隅ニ彈丸ノケース二箇アリ

仍テ此時豫審判事ハ別紙押收目錄掲記ノ如ク右ケースヲ押收シタリ

西■(當二十二年)ハ同間ノ同炬燵ノ北側ニ頭部ヲ北ニシ木綿寢衣ヲ着シ蒲團ノ上ニ仰臥シタル儘左腕肩胛部前部、背面、左頸部下(横腹ニ當ル部分)ニ二錢銅貨大ノ貫通銃創アリ又兩乳房ノ中間ニ長サ約一寸ノ創傷アルヲ認ム(同圖及ヒ寫眞(る)各參照)

■岡■(二十二年)ハ右好枝ト同樣ニ並ヒテ頭部ヲ北ニシ仰向ケトナリ木綿袷ヲ着シ居リタルヲ以テ之ヲ除去シ檢スルニ左乳房ノ横ヨリ左腋窩ニ至ル箇所ニ徑約三寸ノ貫通銃創アリ又左腕關節上方ニハ約五寸ノ表皮損壞セル創傷ヲ認ム(同圖及ヒ同寫眞各參照)

西■(當四十三年)ハ同間ノ西側ノ四疊ノ間ノ南東隅ニ木綿單衣ヲ纏ヒ頭部ヲ北ニシ下肢ヲ南方ニシ仰臥シ居リ着衣ヲ除去シタルニ臍部上方一寸ノ箇所ニ鷄卵大ノ盲貫銃創アリテ内臟露出ス(同圖及ヒ寫眞(を)各參照)

(七) 寺■方

同家居宅ハ間口六間半奥行三間半木造茅葺平家建ニシテ其間取構造ハ別紙第八圖ニ表示スルカ如シ

次ニ各被害者ヲ順次檢スルニ寺■(當六十年)ハ同居宅寢所ノ間ノ南西隅ニ木綿袷ヲ着シ頭部ヲ北ニ仰臥シ右乳下ニ長サ約二寸幅約一寸ノ盲貫銃創アリ(別紙第八圖及ヒ寫眞(わ)各參照)

寺■(當十九年)ハ同居宅六疊ノ納戸ノ外側軒下ニ紺絣ノ着物ヲ着ケ其下ニ莫大小襯衣ヲ着左乳部下(心臟部)ヨリ背部ニ約二錢銅貨大ノ貫通銃創アリ又左背部腋窩約一尺ノ點ニ小豆大ニ點々赤色トナレル表皮剝離セル一箇所アリ(同圖及ヒ寫眞(か)各參照)

■木■(當二十二年)ハ同居宅八疊ノ奥ノ間ノ縁ノ南東部ノ雨戸ヲ締切リタル隅ニネル寢衣ヲ着シ上半身ヲ右隅ニ跼ラセ下肢ヲ前方ニ出シ上肢ヲ膝上ニテ合セタル儘兩乳房中間ニ二錢銅貨大ノ貫通銃創アリ(同圖及ヒ寫眞(よ)各參照)

寺■(當十五年)ハ右さき子ノ反對側(南西部)ノ縁ニ木綿袷ノ上ニ木綿羽織ヲ着ケ頭部ヲ南西方ニシ大ノ字トナリテ仰臥シ右乳部下二寸ノ點ニ約一錢銅貨大ノ貫通銃創二ケ所アリ(同圖及ヒ寫眞(た)各參照)

寺■(當十二年)ハ同縁ノ南側軒下ニ頭部ヲ南西ニシ木綿袷ヲ着シ仰臥シ居リテ同人ノ右乳房下部ニ長サ約

一寸五分幅約一寸五分ノ裂創アリ其傍ニ鷄卵大ノ表皮剝離セル一箇所アリテ該箇所ヨリ皮下脂肪組織露出セルヲ認ム又左肩胛関節部ニ表皮剝離セル部分一ヶ所アリ其形状恰モ拓榴ヲ踏潰シタルカ如クナリ（同圖及ヒ同寫眞參照）

寺■（當二十二年）ハ同家八疊ノ間ニ坐シ居リ同人ノ前頭部ヲ檢スルニ眞横ニ長サ約一寸ノ擦過傷ヲ認メタリ

尙同間ノ南西隅ニ彈丸ノケース轉ケ居レリ

仍テ證據物事ハ右ケースヲ別紙押收目錄掲記ノ如ク押收シタリ

（八）被疑者都井睦雄方同家居宅ハ間口八間半奥行四間木造茅葺平家建ニシテ其間取構造ハ別紙第九圖ニ表示スルカ如クナリ被害者都井■（當七十六年）ハ居宅六疊ノ中ノ間ノ寢床ニ南向ニ横臥シ頸部ハ切斷サレ頭部ハ身體ヨリ約一尺五寸ヲ距テタル西方ノ障子ノ側ニ轉ケ居リテ疊上ニ血液多量ニ流出シ居タリ（別紙第九圖及ヒ寫眞（そ）各參照）同間ノ南側ナル八疊ノ奥ノ間ニ入リテ檢スルニ同間ノ南部ニ床アリ其前ニ短機褂ヲ置キ其上ニ莫蓙ヲ疊ミテ敷セ其上ニ鉛筆ニテ書置ト記セル白紙封筒二通ヲ重ネテ置キアリタリ

仍テ此時右書置ヲ別紙押收目錄掲記ノ如ク押收シタリ

尙裏出口ノ北側ノ壁ニ柄ノ長サ二尺一寸五分双ノ長サ二寸七分峰ヨリ双迄ノ長サ六寸五分峰ノ幅一寸八分厚サ一寸一分ナル斧ヲ立掛ケ僅カニ血液ト思シキモノ附着シ居タリ（同圖及ヒ寫眞（つ）各參照）

（九）寺■方

同家居宅ノ南側ニ木造瓦葺平家建間口五間奥行三間ノ納屋アリ同納屋ノ東部ニ四疊半ノ座敷一間アリテ被害者タル寺■（當八十六年）ハ其東側ノ四疊半ノ間ノ東側ノ丼聯窓ニ近キ場所ニ頭部ヲ北西ニシ半ハ東向ニ仰臥シ居リテ兩乳部下約三寸ノ箇所（左右二箇所）ニ徑約一寸八分ノ盲貫銃創アリテ殊ニ左側銃創箇所ヨリハ內臟露出セルヲ認ム然シテ同人ノ横臥セル附近ニハ血沫飛散シ居レリ（別紙第十圖及ヒ寫眞（ね）各參照）

寺■（當二十一年）ハ同家居宅中ノ間ニ坐シ居リ同人ノ大腿部ヲ檢スルニ右大腿部横面（外側）股關節部ヨリ上方五寸ノ箇所ニ大豆大ニ赤色ヲ帶ヒ表皮剝離セルヲ認ム

（一〇）岸■方

同家居宅ハ間口六間奥行三間半木造茅葺平家建ニシテ其間取構造ハ別紙第十一圖ニ表示スルカ如クニシテ岸■（當五十年）ハ同居宅六疊ノ納戸ニ頭部ヲ東ニシ蒲團ノ下ニ仰臥シ木綿袷ヲ着ケ居レリ然シテ同人ノ頸部ニ眞横ニ長サ約三寸五分幅七分ノ切創及ヒ左乳房上ニ長サ約三寸五分幅一寸五分ノ背部ニ貫通セル切創アリ尙顎骨大破シ居レリ（別紙第十一圖及ヒ寫眞（な）各參照）

岸■（當十四年）ハ同間ノ右■ノ反對側ニ蒲團ノ上ニ木綿袷ヲ着ケ頭部ヲ西ニシ横臥セル儘前頭部ヨリ後頭部ニ突抜ケタル切創アリテ頸骨切斷サレ左右遂皮僅カニ殘存ス（同圖及寫眞（ら）各參照）

岸■（當十一年）ハ同間ニ右晃子男ノ南側ヲ晃子男ト並ヒテ頭部ヲ南西ニシ木綿袷ヲ着シ仰臥シ居リテ左耳下ヨリ左頰前ニ向ヒ三角形ノ切創アリ尙其下方及ヒ左前肩胛部等ニ無數ノ創傷アルヲ認ム（同圖及ヒ寫眞（む）各參照）

同間ノ各屍體ノ附近ニハ多量ノ血液飛散シ浸潤シ居タリ

（一一）　岸本■方

同家居宅ハ木造草葺平家建ノ間口五間半奥行三間半ニシテ其間取ハ別紙第十二圖ニ表示スルカ如シ

同家各被害者ヲ順次檢スルニ寺■（當十八年）ハ同居宅奥八疊ノ間ノ南東部ノ寢床上ニ木綿袷ヲ着シ頭部ヲ東ニシ仰臥セル儘下顎骨微塵ニ粉碎セシ附近ノ疊上ニ骨片等散亂シ尚左肩胛部ニ徑約八分ノ彈創アリ（別紙第十二圖及ヒ寫眞（う）各參照）

岸■（當二十二年）ハ右八疊ノ間ノ西側ノ六疊ノ納戸ニ後記西■ト共ニ頭部ヲ西ニシ同寢床上ニ並ヒテ仰臥シ着シ居リタル寢衣ヲ除去スレハ心臟部ニ二錢銅貨大ノ貫通銃創アリテ創傷部ニ多量ノ血液凋溜シ居タリ（別紙第十二圖及ヒ寫眞（る）各參照）

西■（當二十年）ハ右隆之ト並ヒテ同寢床上ニ仰臥シ着衣ヲ脫シ檢スルニ腹部ニ二錢銅貨大ノ貫通銃創アリ同人ノ床上ニ夥シキ血液流出シ居タリ（同圖及ヒ同寫眞各參照）

（一二）　岡■方

同家居宅ハ間口六間奥行三間半ノ木造茅葺平家建ニシテ居宅ノ間取構造ハ別紙第十三圖ニ表示スルカ如ク被害者タル岡■（當五十一年）ハ同家上端六疊ノ間ノ北東隅ニ頭部ヲ南ニシ木綿ノ袷ヲ着シタル儘仰臥シ着衣上ヨリ胸部ニ二錢銅貨大ノ彈創三箇所及ヒ外上半身ニ數箇所ノ創傷アルヲ認ム（別紙第十三圖及ヒ寫眞（の）各參照）

岡■（當三十二年）ハ同居宅六疊ノ納戸ノ西側ノ緣ニ頭部ヲ南ニシ俯伏セトナリテ倒レ居リ着衣ヲ脫シ檢スルニ左肩胛部ニ二箇所ニ二錢銅貨大ノ彈創アリ緣上ニ多量ナ血液流出シ凝固セリ（同圖及ヒ寫眞（お）各參照）

本檢證ハ昭和十三年五月二十一日午前十時着手シ同日午後六時三十分終了シタリ

昭和十三年五月二十四日

於岡山地方裁判所津山支部

同廳

裁判所書記　小林一三㊞

豫審判事　有地平三㊞

押收目錄

番號	品目	員數	差出人
一	獵銃用彈丸破片	一	池■
二	獵銃用彈丸ケース	三	同人
三	同上	三	寺■
四	同上	四	寺■
五	同上	二	西■
六	同上	五	寺■
	遺書	一	寺■

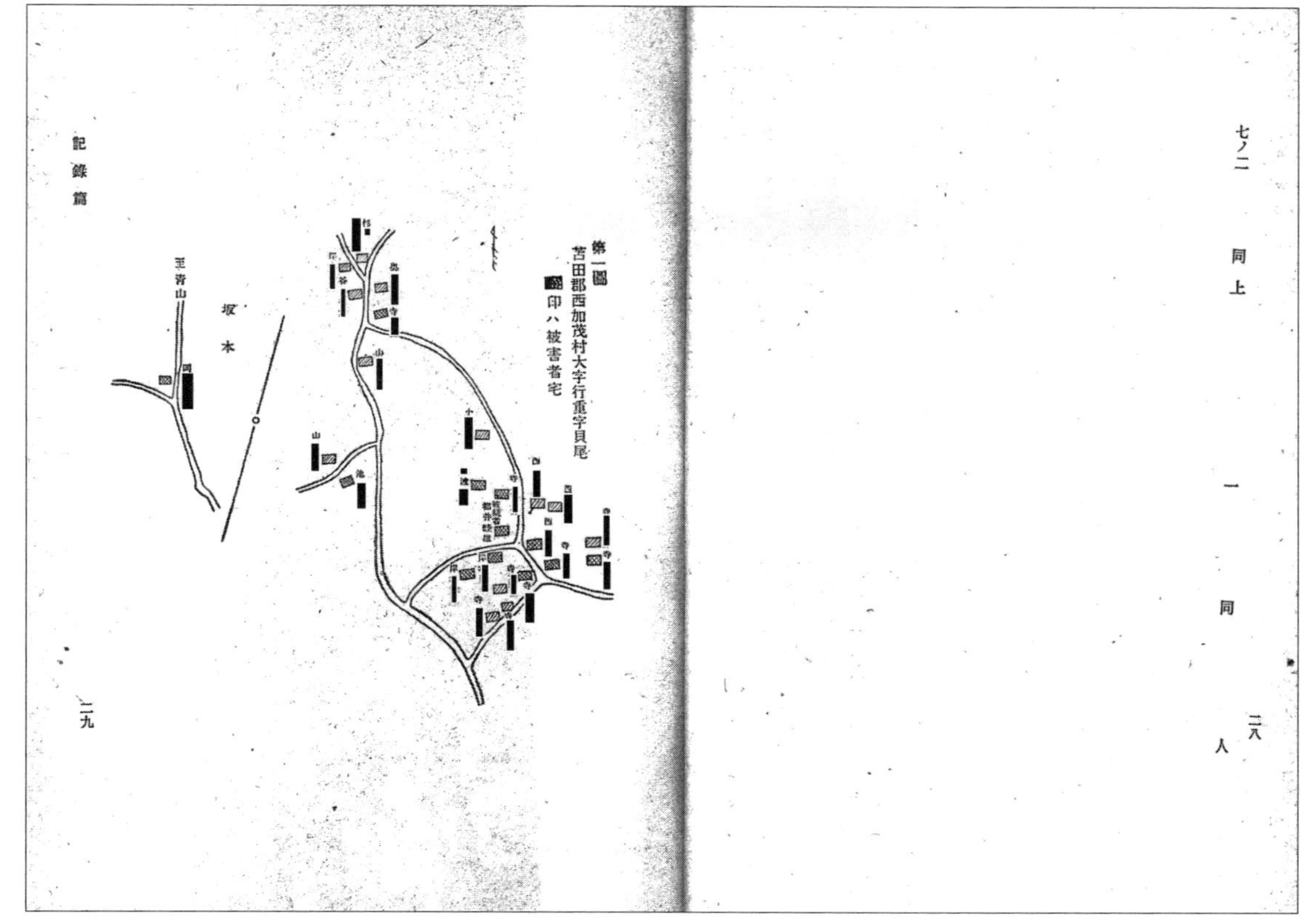
七ノ二 同上

一 同 人

二八

記録篇

第一圖 苫田郡西加茂村大字行重字貝尾

▨印ハ被害者宅

二九

（い）苫田郡西加茂村大字行重字貝尾部落

第二圖
西加茂村大字行重字貝尾[redacted]番地
池[redacted]方
木造茅葺二階建居宅一棟見取圖及被害者ノ位置等

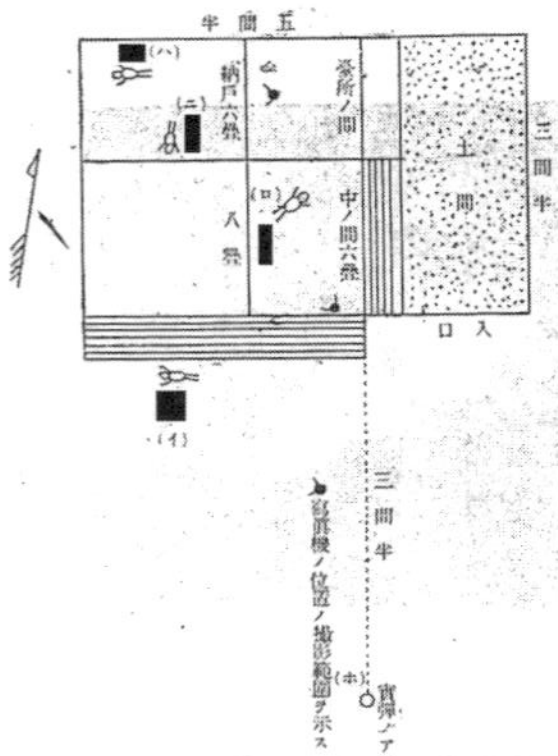

（ろ）被害者池[redacted]（當七十四年）
居宅八疊の間の緣側軒下に於て

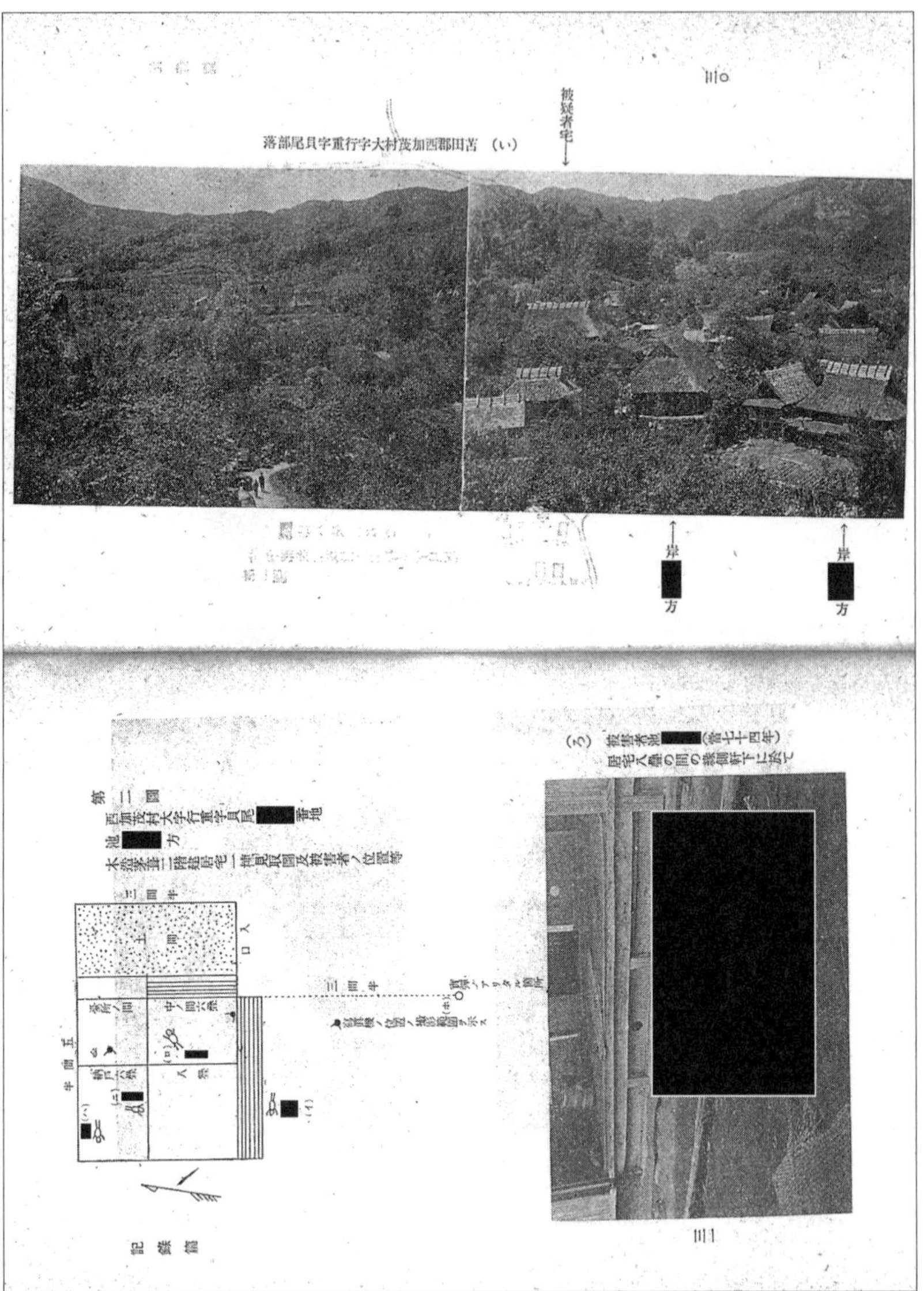

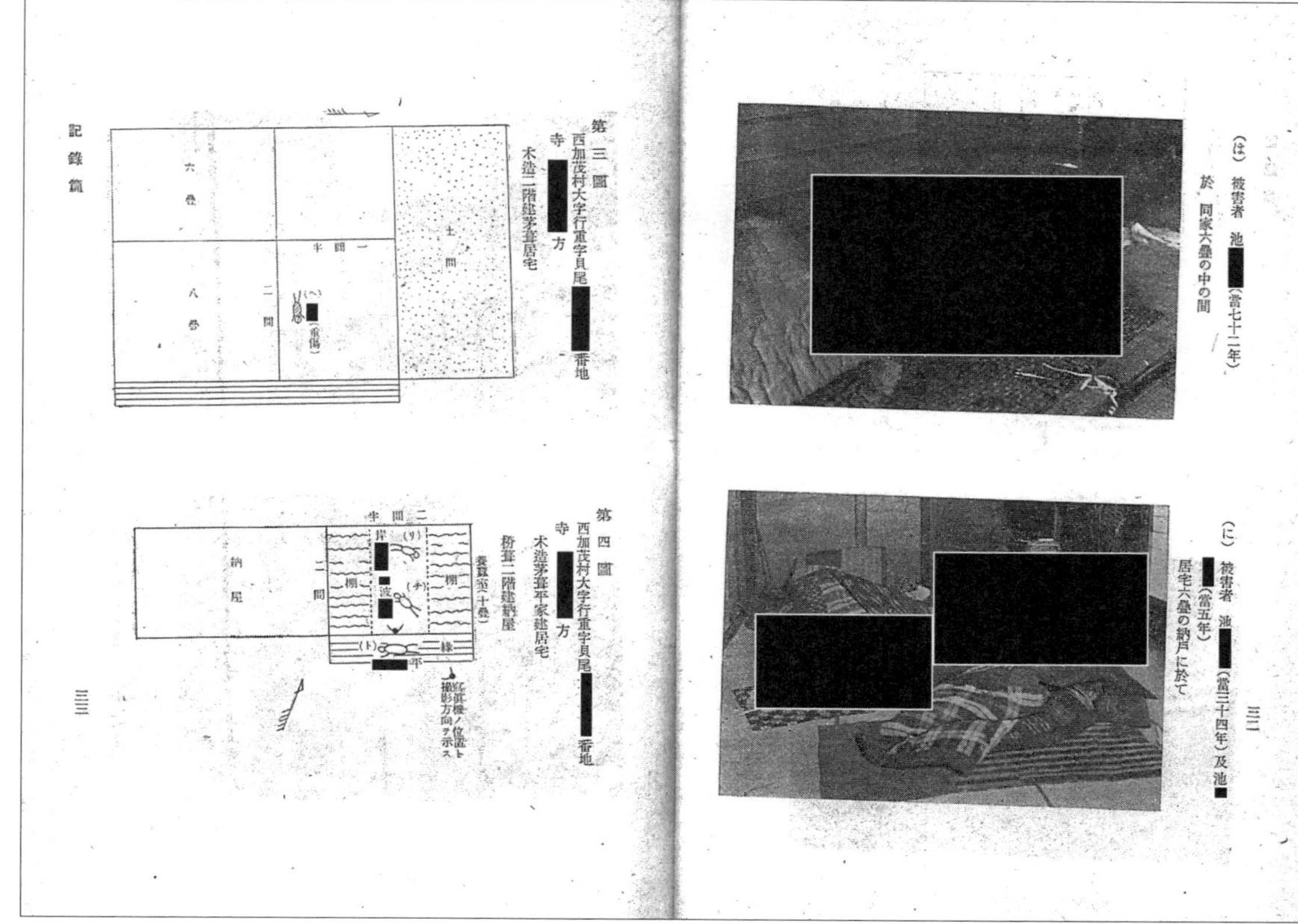

記録篇

第三圖
西加茂村大字行重字貝尾■番地
寺■方
木造二階建茅葺居宅

第四圖
西加茂村大字行重字貝尾■番地
寺■方
木造茅葺平家建居宅
粉葺二階建納屋
養蠶室(十疊)

三三

(は) 被害者 池■(當七十二年)
於 同家六疊の中の間

(に) 被害者 池■(當三十四年)及池■
■(當五年)
居宅六疊の納戸に於て

三三

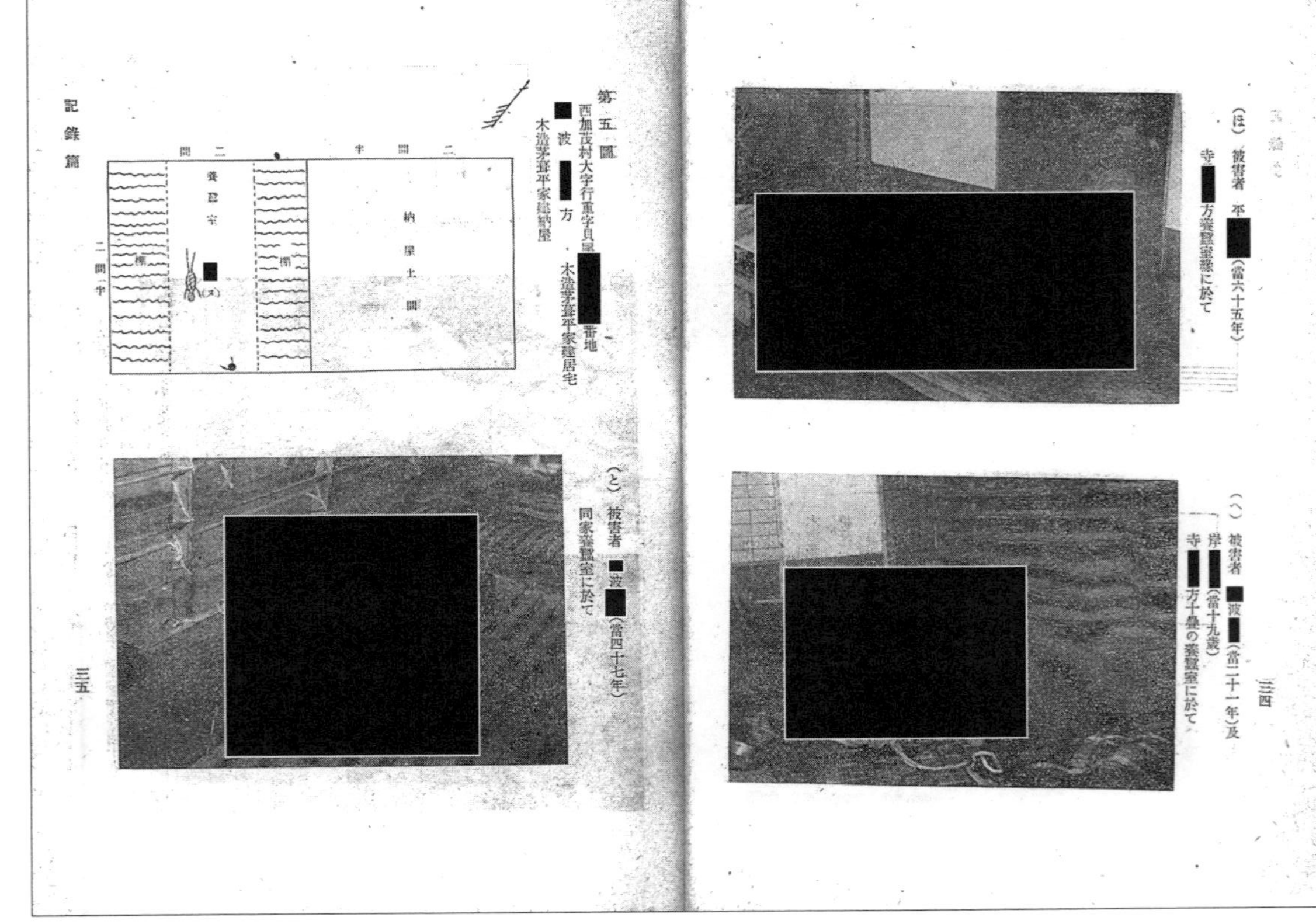

（ほ）被害者 平■(當六十五年)
寺■方養蠶室隣に於て

（へ）被害者 ■波■(當二十一年)及
岸■(當十九歳)
寺■方十疊の蠶室に於て

三四

第五圖
西加茂村大字行重字員■番地
■波■方 木造茅葺平家建居宅
木造茅葺平家建納屋

（と）被害者 ■波■(當四十七年)
同家蠶室に於て

三五

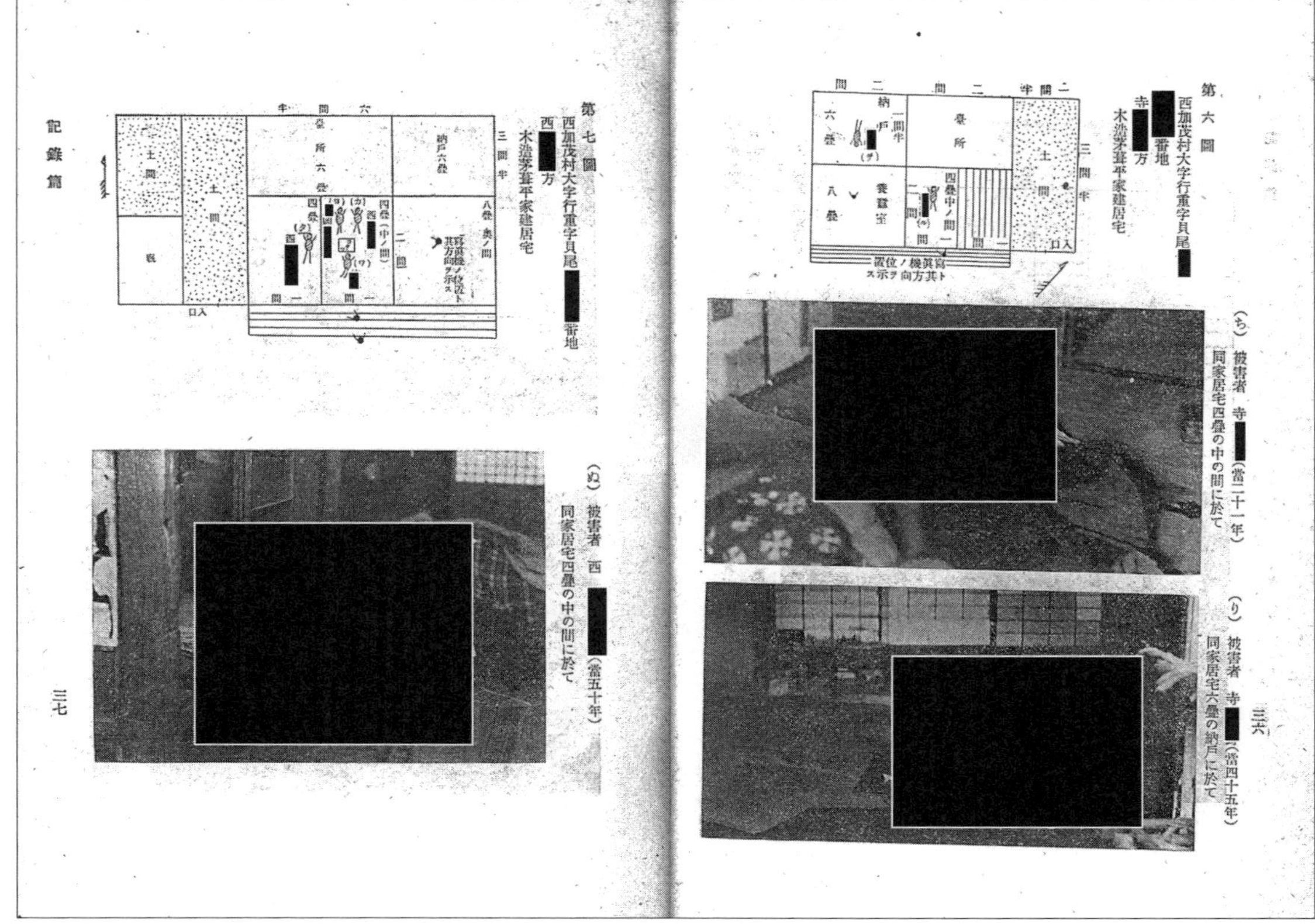

第六圖

西加茂村大字行重字貝尾■番地

寺■方

木造茅葺平家建居宅

(ち) 被害者 寺■(當二十一年)
同家居宅四疊の中の間に於て

(り) 被害者 寺■(當四十五年)
同家居宅六疊の納戸に於て

三六

記錄篇

第七圖

西加茂村大字行重字貝尾■番地

西■方

木造茅葺平家建居宅

(ぬ) 被害者 西■(當五十年)
同家居宅四疊の中の間に於て

三七

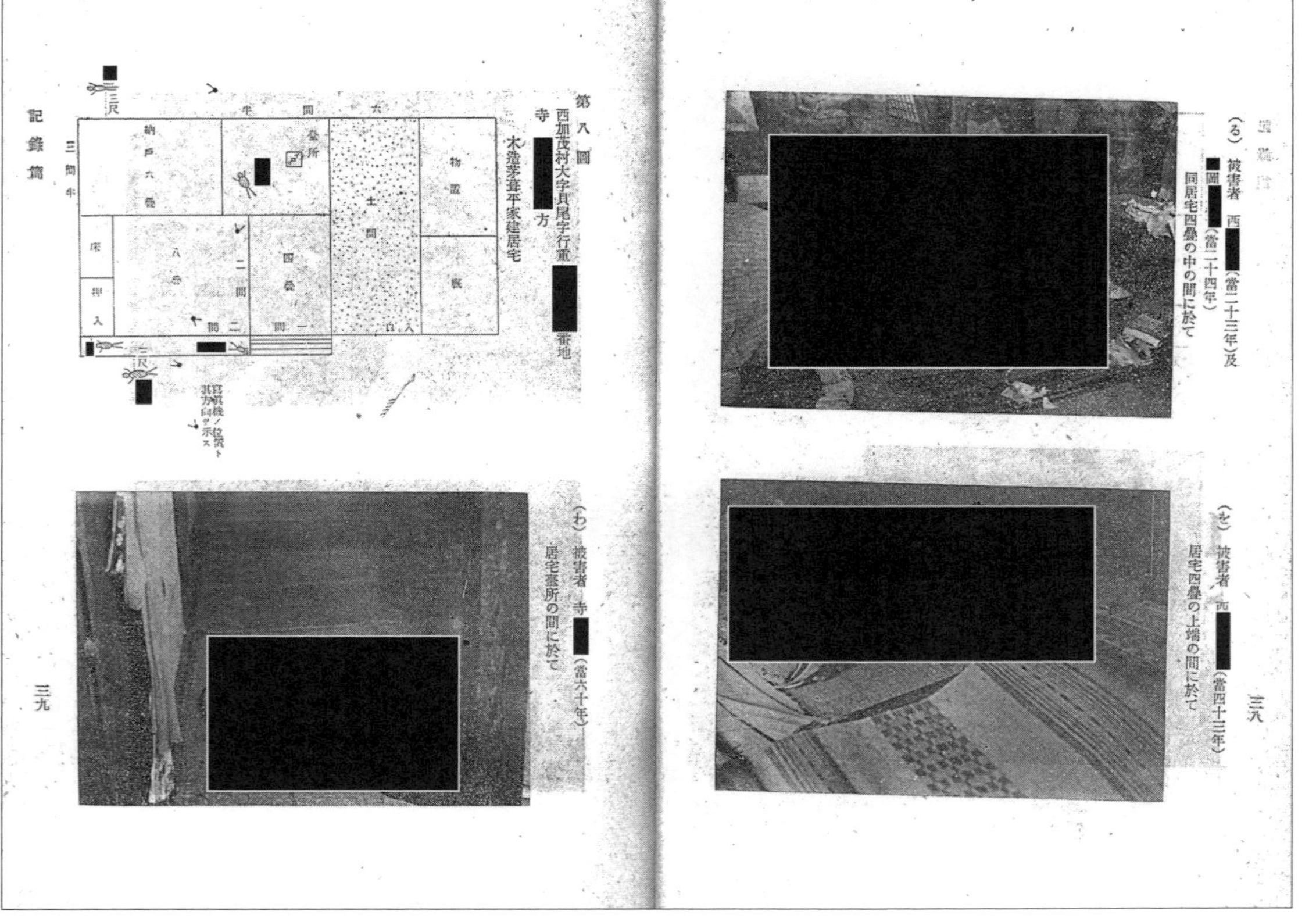

（る）被害者 西■（當二十三年）及 ■岡■（當二十四年）同居宅四疊の中の間に於て

（を）被害者 西■（當四十三年）居宅四疊の上端の間に於て

第八圖 西加茂村大字貝尾字行重■番地 寺■方 木造茅葺平家建居宅

（わ）被害者 寺■（當六十年）居宅臺所の間に於て

（か）被害者 寺■（當十九年）
居宅納戸裏側軒下に於て

（よ）被害者 ■木■（當二十二年）
居宅八畳の奥の間椽側に於て

（た）被害者 寺■（當十五年）
居宅奥八畳の間椽側に於て

（れ）被害者 寺■（當十二年）
居宅八畳の奥の間の南側軒下に於て

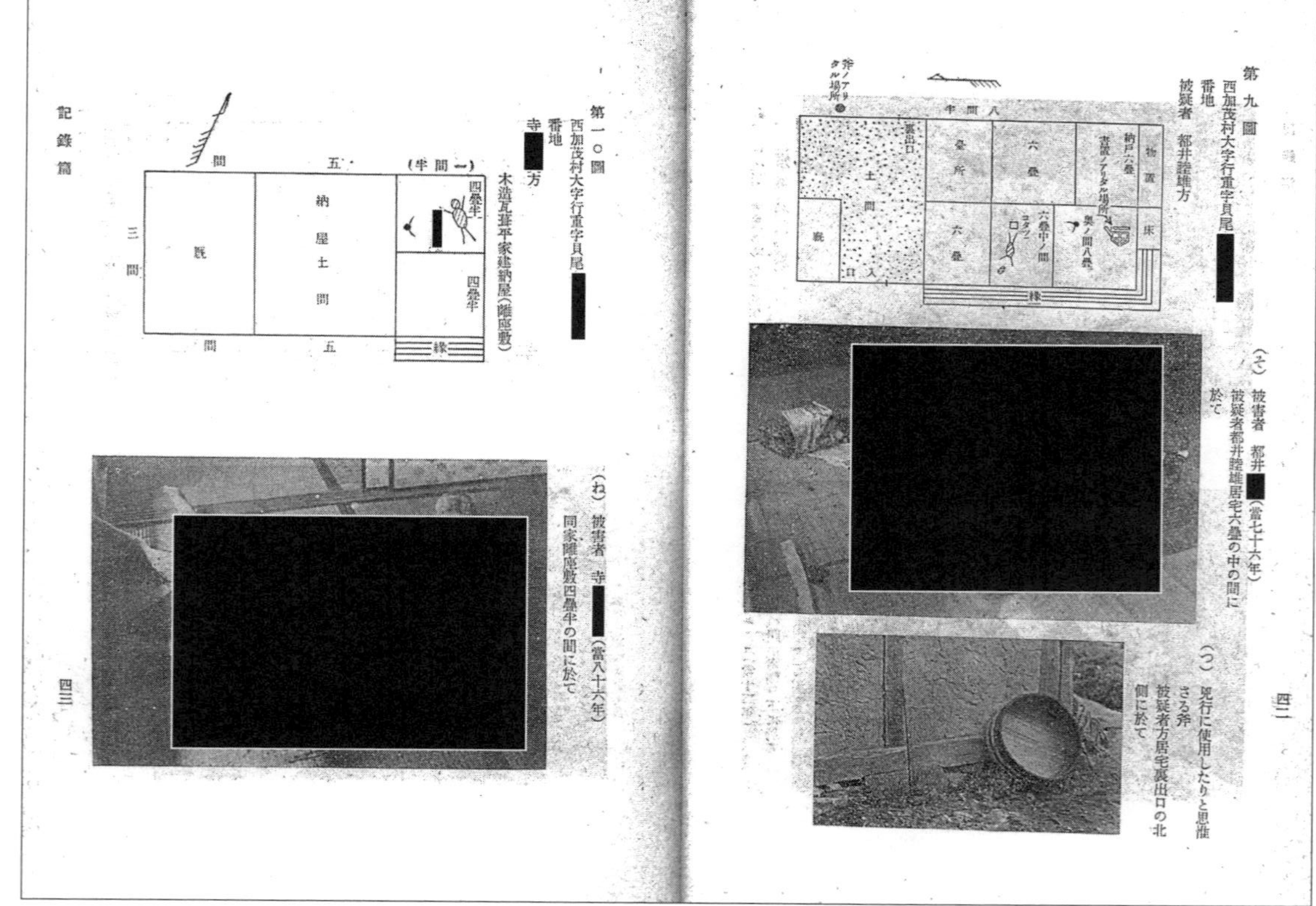

第九圖
西加茂村大字行重字貝尾■番地
被疑者　都井睦雄方

（そ）被害者　都井■（當七十六年）
被疑者都井睦雄居宅六疊の中の間に於て

（つ）兇行に使用したりと思推さる斧
被疑者方居宅裏出口の北側に於て

第一〇圖
西加茂村大字行重字貝尾■番地
寺■方
木造瓦葺平家建納屋（離座敷）

（ね）被害者　寺■（當八十六年）
同家離座敷四疊半の間に於て

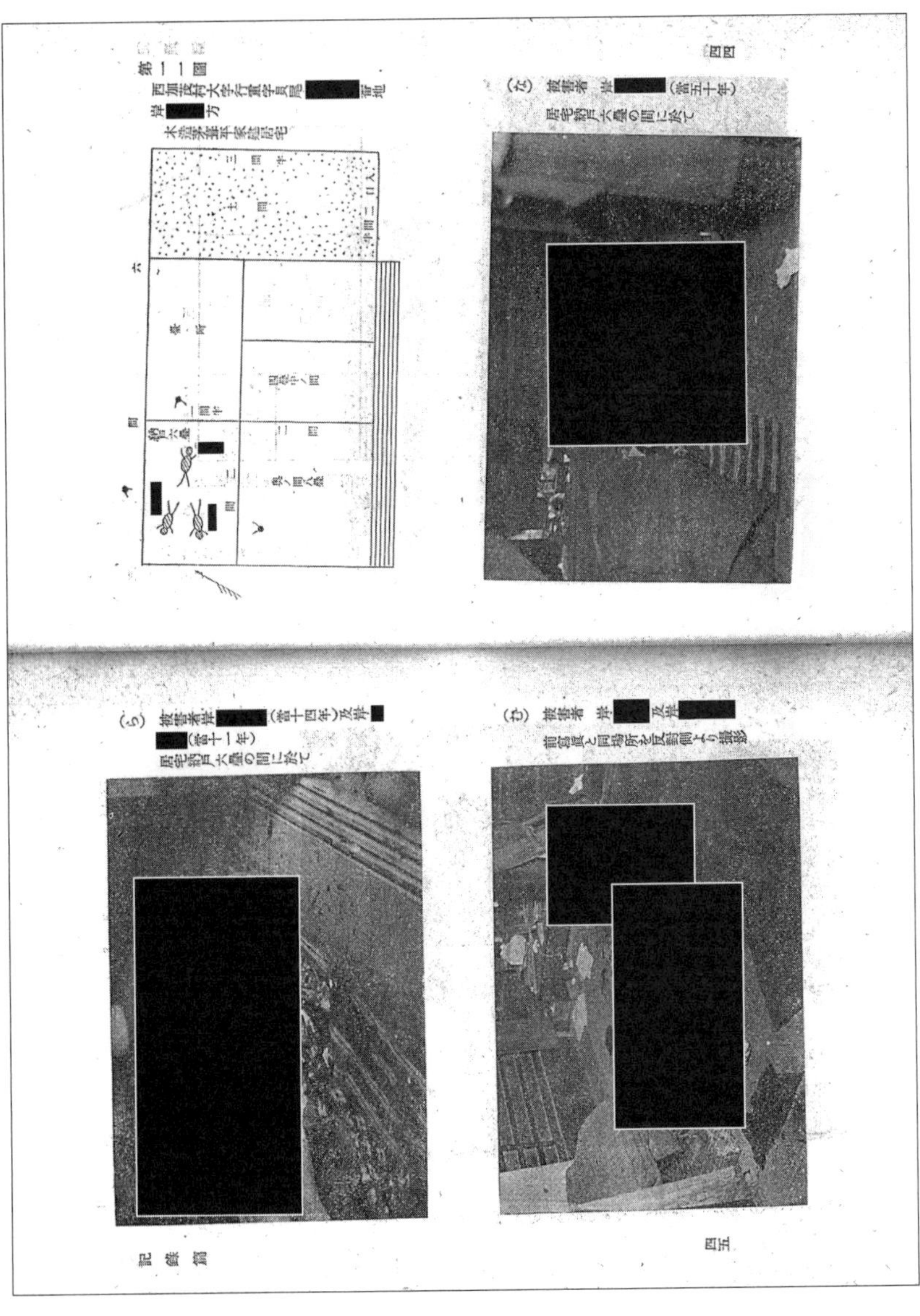
記錄篇
第一一圖
西加茂村大字行重字貝尾■番地
岸■方
木造茅葺平家建居宅
(な) 被害者 岸■(當五十年)
居宅納戸六疊の間に於て
四四
(ら) 被害者岸■(當十四年)及岸■
■(當十一年)
居宅納戸六疊の間に於て
(む) 被害者 岸■及岸■
前図屋と同場所を反對側より撮影
四五

第一二圖
西加茂村大字行重字貝尾[redacted]
岸[redacted]番地
岸[redacted]方
木造草葺平家建居宅

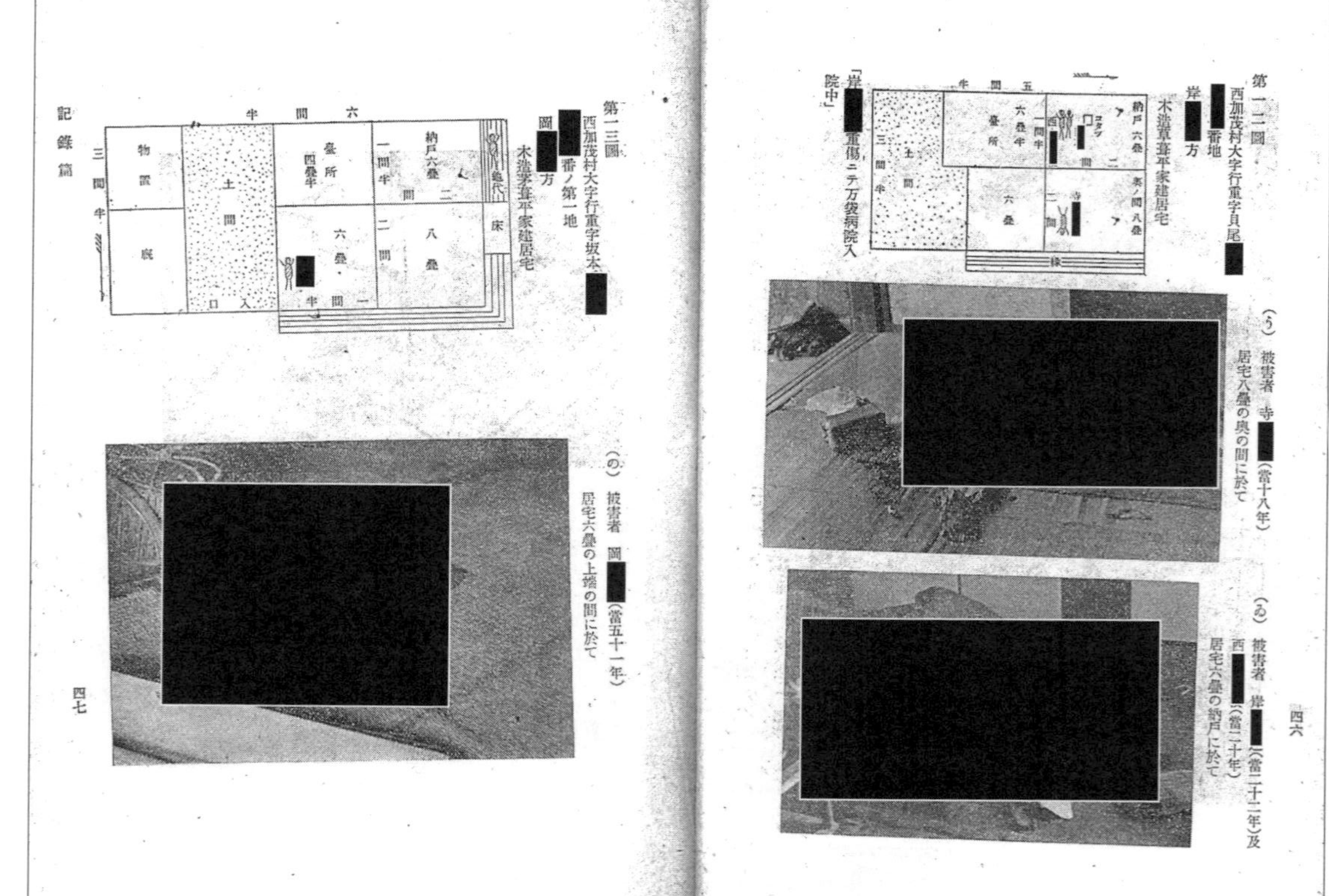

(う) 被害者 寺[redacted](當十八年)
居宅八疊の奥の間に於て

(ゐ) 被害者 岸[redacted](當二十二年)及
西[redacted](當二十年)
居宅六疊の納戸に於て

第一三圖
西加茂村大字行重字坂本[redacted]
岡[redacted]番ノ第一地
岡[redacted]方
木造茅葺平家建居宅

(の) 被害者 岡[redacted](當五十一年)
居宅六疊の上端の間に於て

（お）被害者　岡■（當三十二年）
居宅六疊の納戸の西側の緣に於て

四八

鑑定人訊問調書

鑑定人　宮　地　守　治　郎

被疑者都井睦雄ニ對スル殺人被疑事件ニ付昭和十三年五月二十一日岡山縣苫田郡西加茂村大字行重ニ於テ豫審判事有地平三ハ裁判所書記小林一三立會ノ上右鑑定人ニ對シ訊問スルコト左ノ如シ

檢事遠山茂立會ヒタリ

一、問　氏名、年齢、職業及住居ハ如何

答　氏名ハ宮地守治郎

年齢ハ五十七歳

職業ハ醫師

住居ハ津山市南新座拾番地

豫審判事ハ刑事訴訟法第二百二十八條第二百一條ノ規定ニ該當スルモノナリヤ否ヲ取調ヘ之ニ該當セサルコトヲ認メ虛僞ノ鑑定ノ罰ヲ告ケ宣誓ヲ爲サシメタリ

豫審判事ハ鑑定人ニ對シ

西加茂村大字行重■番地池■方ニ於テ

池■

池■

記錄篇

四九

池■

池■

ノ各屍體ヲ指示シ

同所■番地寺■方ニ於テ

平■

■波■

岸■

ノ各屍體ヲ指示シ

同所■番地■波■方ニ於テ

■波■

ノ屍體ヲ指示シ

同所■番地寺■方ニ於テ

寺■

寺■

ノ各屍體ヲ指示シ

同所■番地西■方ニ於テ

西■

西■

■岡■

西■

ノ各屍體ヲ指示シ

同所■番地寺■方ニ於テ

寺■

寺■

寺■

■木■

寺二■

ノ各屍體ヲ指示シ

同所■番地都井睦雄方ニ於テ

都井■

ノ屍體ヲ指示シ

同所■番地寺■方ニ於テ

寺■

ノ屍體ヲ指示シ

同所■番地岸■方ニ於テ

岸■

岸■

岸■

ノ各屍體ヲ指示シ

同所■番地岸■方ニテ

寺■

岸■

西■

ノ各屍體ヲ指示シ

同所■番ノ第一地岡■方ニ於テ

岡■

岡■

ノ各屍體ヲ指示シ

左記事項ニ付鑑定ヲ命シ其結果ハ書面ヲ以テ報告スヘキ旨告ケタルニ鑑定人ハ之ヲ了承シタル旨答ヘタリ

鑑定事項

一、創傷ノ部位、形狀、其程度

二、死亡ノ原因

以上

鑑定人 宮地守治郎

右立會書記ニ於テ讀聞カセ豫審判事ハ記載ノ相違ナキヤ否ヲ問ヒタルニ鑑定人ハ相違ナキ旨申立テ署名捺印シタリ

即日於同所

岡山地方裁判所津山支部

裁判所書記 小林一三 印

豫審判事 有地平三 印

宣誓書

良心ニ従ヒ誠實ニ鑑定ヲ爲スヘキコトヲ誓フ

鑑定人　宮地守治郎㊞

鑑定書

被疑者都井睦雄ニ對スル殺人被疑事件ニ付昭和十三年五月二十一日岡山地方裁判所津山支部豫審判事有地平三ハ岡山縣苫田郡西加茂村大字行重部落ニ於テ檢事遠山茂裁判所書記小林一三立會ノ上後記各屍體及負傷者ヲ指示シ

一、創傷ノ部位形狀程度

二、死亡ノ原因

ニ付鑑定スヘキ旨ヲ予ニ命セリ依ツテ予ハ同日午前拾時乃至午後六時四拾分前記場所ニ於テ前記ノ判事檢事書記立會後記ノ屍體及負傷者ヲ鑑定セルニ其所見並ニ結果ハ次ノ如シ

檢査記録

苫田郡西加茂村大字行重■池■方

(1) 池■■　當七十四歳

一、右手背部擦過銃創

右手背部ニ於テ大サ約一〇糎大ノ創縁不正ナル深サ骨ニ達シ骨及腱ヲ露出セル出血多量ノ創傷アリ

二、左後腋下線部銃創

左後腋下線第十一肋間ノ高サニ於テ大サ三糎ノヤヽ圓形ヲ呈スル創ロアリ一部肺臓ヲ露出ス出血多量ナリ

三、前胸部銃創

左肩胛關節前面及ビ其右方ニ三ケノ大サ一糎ノ創ロアリ不正圓形ナリ

四、前胸部擦過創

左右ニ走ル大サ右六糎一、五糎、左五糎一、五糎ノ擦過創アリ

五、前胸部銃創

背部下端ニ三ケノ大サ一糎一、五糎ノ創ロアリ不正圓形ナリ

六、左上膊及前膊中央部銃創

左上膊部及左前膊中央部ニ大サ一〇糎ノ創縁不正ナル創傷アリ骨折ヲ共フ

七、左上膊部附近土地及ビ胸部兩下腿部前面ハ血液ニ由リ汚染ス

同所

(2) 池■■　當七拾貳歳

一、右側胸部銃創

右側胸部ニ於テ右下方ヨリ左方ニ向テ大サ一一糎七糎ノ創縁不正ナル創傷アリ盲管ナリ右上肢及大腿下腿部ニ多量

ヲ出血液ヲ認ム

同所　池■■■■　當參拾五歲　(3)

一、左側胸部銃創

左側胸部ニ三、糎二、五糎ノヤ、圓形ナル創口アリ

二、右背部銃創

右背部ニ二ケノ創口アリ大サ二、糎一、五糎及ビ一、五糎一糎ニシテ不正圓形ナリ

同所　池■■■■　當五歲　(4)

一、右側腹部銃創

右側腹部ニ於テ大サ六、五糎五糎ノヤ、圓形ノ創口アリ深ク腹腔内ニ射入ス

二、右胸骨下端銃創

右胸骨下端右側ニ大サ九糎五糎ノ創口アリ腸及ビ肝臓ノ一部ヲ脱出ス

三、前創ノ左側ニ大サ三、糎一糎ノ創口アリ不正ナル創口ナリ

四、左前膊中央前面ノ銃創

左前膊中央前面ノ部ニ大サ三糎二糎ノ創傷アリ

五、前創ノ下端ニ一糎〇、三糎ノ創傷アリ皮下ニ達ス

苫田郡西加茂村大字行重■■寺■■方　平■■■■　當五拾六歲　(5)

一、左上腹部銃創

左上腹部ニ五糎五糎ノヤ、圓形ノ創口アリ創口ヨリ腸管ノ一部脱出ス

二、左下腹部銃創

左下腹部ニ大サ一二糎七、五糎ノ創口アリ

三、左大腿部銃創

左大腿部ニ七糎四糎ノ創口アリ

四、右大腿部銃創

右大腿部外側及内側ニ創縁不正ナル創傷アリ外側創ハ大サ一八、五糎内側創ハ大サ七糎五糎ヲ算ス之ノ創傷ノ下ニ大サ一糎ノ小創傷アリ

五、左大腿内側部溢血斑

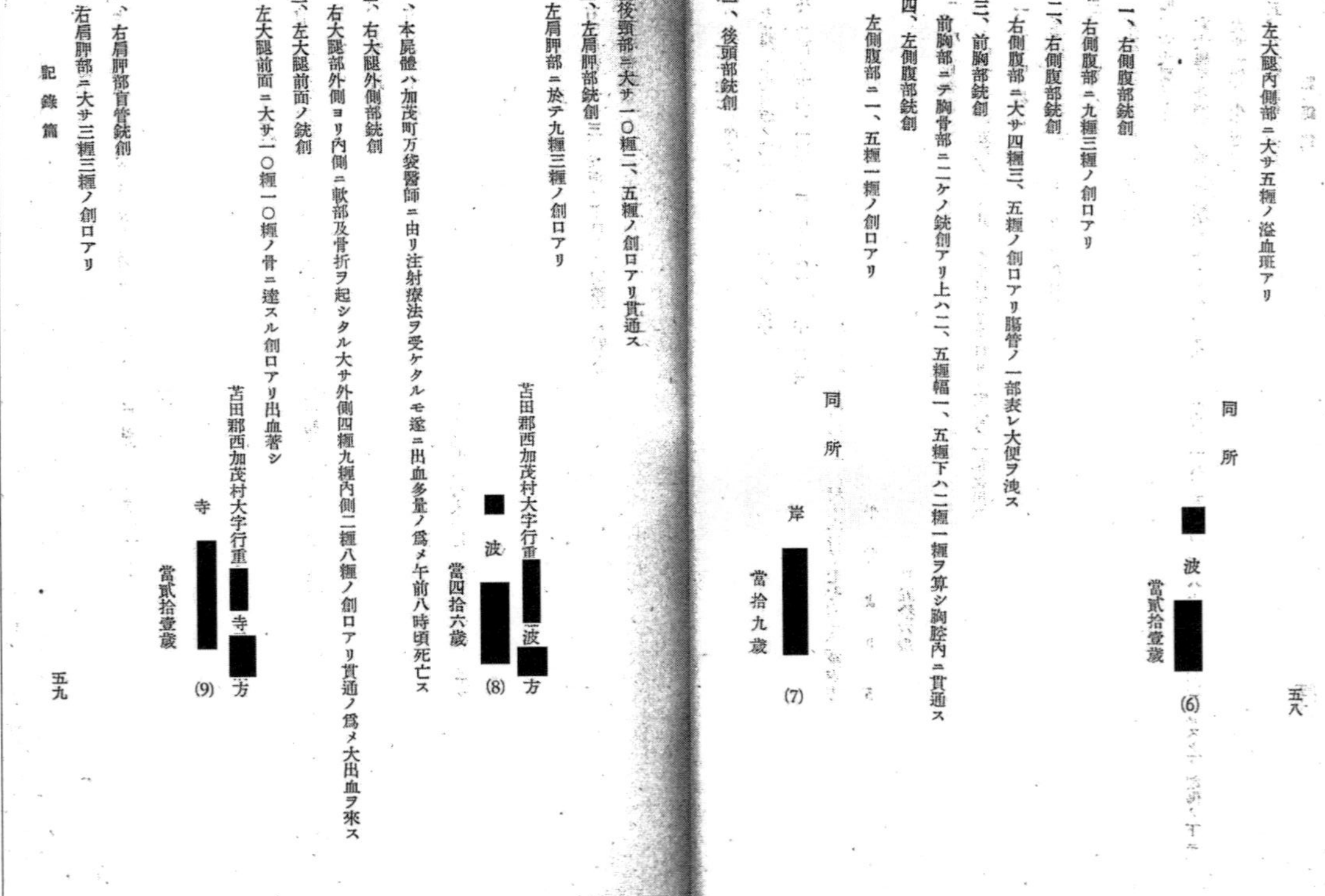

左大腿内側部ニ大サ五糎ノ溢血斑アリ

(6) 同所 ■波ハ■ 當貳拾壹歳

一、右側腹部銃創
右側腹部ニ九糎三糎ノ創口アリ
二、右側腹部銃創
右側腹部ニ大サ四糎三、五糎ノ創口アリ腸管ノ一部表レ大便ヲ洩ス
三、前胸部銃創
前胸部ニテ胸骨部ニ二ケノ銃創アリ上ハ二、五糎幅一、五糎下ハ二糎一糎ヲ算シ胸腔内ニ貫通ス
四、左側腹部銃創
左側腹部ニ一、五糎一糎ノ創口アリ

(7) 同所 岸■ 當拾九歳

一、後頭部銃創
後頭部ニ大サ一〇糎二、五糎ノ創口アリ貫通ス
二、左肩胛部銃創
左肩胛部ニ於テ九糎三糎ノ創口アリ

(8) 苫田郡西加茂村大字行重■波■方 ■波■ 當四拾六歳

一、本屍體ハ加茂町万袋醫師ニ由リ注射療法ヲ受ケタルモ遂ニ出血多量ノ爲メ午前八時頃死亡ス
二、右大腿外側部銃創
右大腿部外側ヨリ内側ニ軟部及骨折ヲ起シタル大サ外側四糎九糎内側二糎八糎ノ創口アリ貫通ノ爲メ大出血ヲ來ス
三、左大腿前面ノ銃創
左大腿前面ニ大サ一〇糎一〇糎ノ骨ニ達スル創口アリ出血著シ

(9) 苫田郡西加茂村大字行重■寺■方 寺■ 當貳拾壹歳

一、右肩胛部盲管銃創
右肩胛部ニ大サ三糎三糎ノ創口アリ

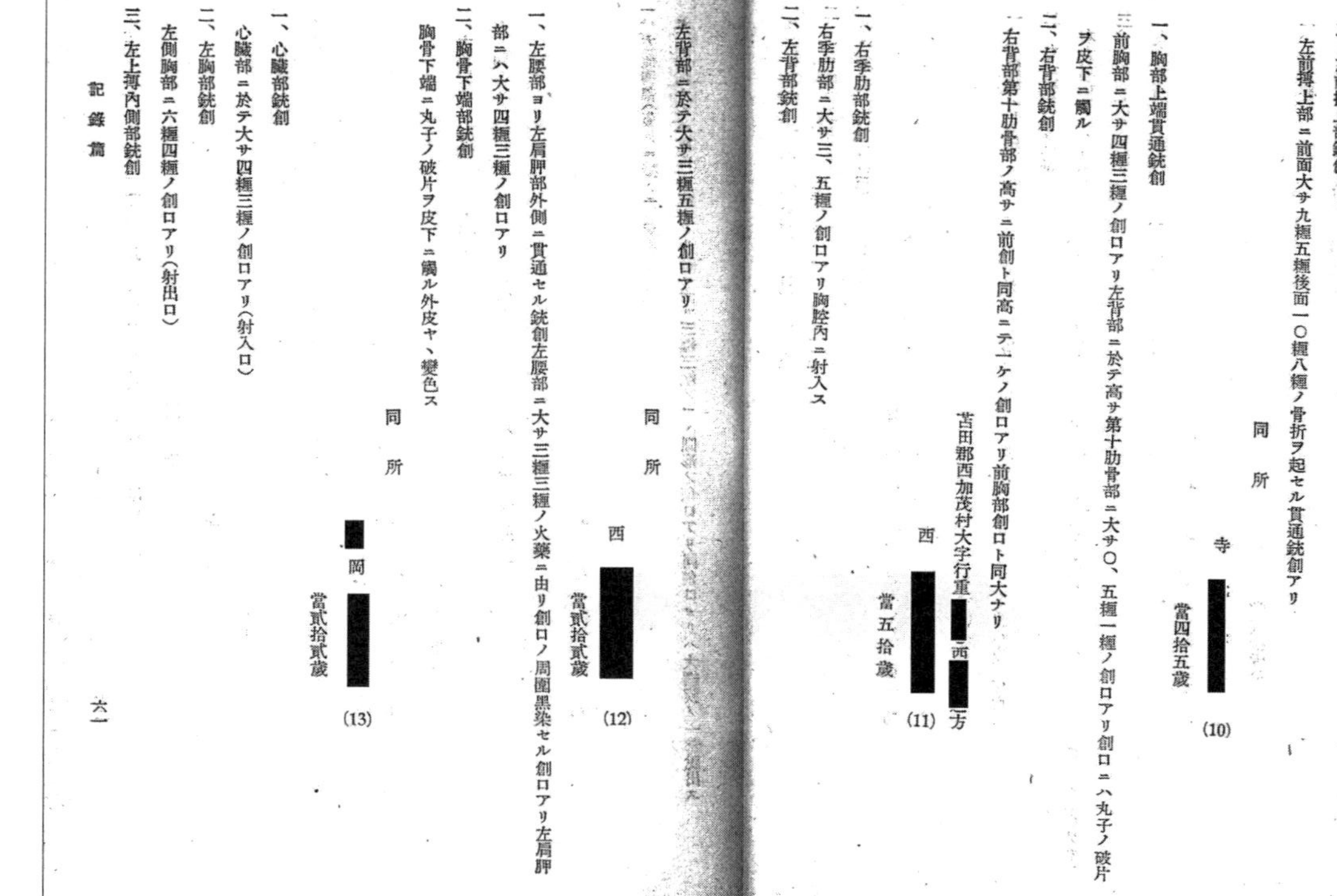

六〇

二、左前膊上部銃創

左前膊上部ニ前面大サ九粍五粍後面一〇粍八粍ノ骨折ヲ起セル貫通銃創アリ

同所

寺■■■■ 當四拾五歳 (10)

一、胸部上端貫通銃創

前胸部ニ大サ四粍三粍ノ創口アリ左背部ニ於テ高サ第十肋骨部ニ大サ〇、五粍一粍ノ創口アリ創口ニハ丸子ノ破片ヲ皮下ニ觸ル

二、右背部銃創

右背部第十肋骨部ノ高サニ前創ト同高ニテ一ケノ創口アリ前胸部創口ト同大ナリ

苫田郡西加茂村大字行重■■西■■方

西■■■■ 當五拾歳 (11)

一、右季肋部銃創

右季肋部ニ大サ三、五粍ノ創口アリ胸腔内ニ射入ス

二、左背部銃創

左背部ニ於テ大サ三粍五粍ノ創口アリ[illegible]

同所

西■■■■ 當貳拾貳歳 (12)

一、左腰部ヨリ左肩胛部外側ニ貫通セル銃創左腰部ニ大サ三粍三粍ノ火薬ニ由リ創口ノ周圍黒染セル創口アリ左肩胛部ニハ大サ四粍三粍ノ創口アリ

二、胸骨下端部銃創

胸骨下端ニ丸子ノ破片ヲ皮下ニ觸ル外皮ヤヽ變色ス

同所

■岡■■■■ 當貳拾貳歳 (13)

一、心臓部銃創

心臓部ニ於テ大サ四粍三粍ノ創口アリ(射入口)

二、左胸部銃創

左側胸部ニ六粍四粍ノ創口アリ(射出口)

三、左上膊内側部銃創

記録篇　六一

左上膊内側部ニ一〇糎一〇糎ノ骨折ヲ伴フ軟部ヲ不正ノ創縁ヲ作レル創傷アリ

同　所　西[redacted]　當四拾参歳　(14)

一、上腹部盲管銃創

上腹部(心窩部)ニ大サ二糎二糎ノ創口アリ大網膜ノ一部ヲ脱出ス

苫田郡西加茂村大字行重[redacted]寺[redacted]方

同　所　寺[redacted]　當六拾歳　(15)

一、右季肋部(前下方ヨリ後上方)銃創

右季肋部ニ於テ前下方ヨリ後上方ニ射入セル大サ四糎六糎ノ盲管銃創アリ

同　所　寺[redacted]　當拾九歳　(16)

一、左側胸部(腹部ニ接シテ)銃創

左側胸部ナルモ腹部ニ接シタル部ニ大サ三糎三糎ノヤ、圓形ノ創口アリ同創口ヨリハ大網膜ノ一部脱出ス

二、左背部銃創

背部第十胸推骨部ノ高サニ於テ三糎二糎ノ創口アリ

三、左胸部銃創

左胸部ニ五ケノ小創口アリ破片ノ穿破貫通セルモノナリ大サ(イ)一、一糎一糎、(ロ)〇、五糎〇、五糎、(ハ)〇、五糎、(ニ)一糎一、五糎、(ホ)一糎一糎ヲ算ス

同　所　寺[redacted]　當拾五歳　(17)

一、右背部下端銃創

大サ三糎三糎ノヤ、圓形ナル創口ヲ右背部ニ見ル

二、右側胸部銃創

右側胸部ニ三ケノ小創口アリ(イ)一、五糎三糎、(ロ)〇、五糎、(ハ)三糎二糎ヲ算ス

同　所　仁[redacted]　當貳拾貳歳　(18)

一、右背部銃創

六四

右背部ニ二ヶノ創ロアリ(イ)〇、五糎一糎、(ロ)〇、五糎〇、五糎ヲ算ス

二、左心臓部銃創

左心臓部ニ大サ四、五糎二糎ノ圓形ニ近キ創ロアリ胸部ヲ貫通ス

同　所

寺■ (19)

當拾貳歳

一、左上膊骨内側部銃創

左上膊骨内側部ニ大サ一二糎八糎ノ創縁不正ナル骨ニ達スル創傷アリ

二、胸部銃創

胸部ニ大サ四糎九糎ノ創傷アリ

三、胸部銃創

前創ノ左上部ニ一糎一、五糎ノ創傷アリ

苫田郡西加茂村大字行重■都井睦雄方

都　井■ (20)

當八拾歳

一、頸部刺創

頸部ヲ數回ニ涉リテ切斷シテ頸部ヲ全ク軀幹ヨリ切斷シテ創傷ハ不正斷端ヲ表ス出血著シク附近ヲ汚染ス

苫田郡西加茂村大字行重■寺■方

寺■ (21)

當八拾六歳

一、胸部銃創

胸部下端ニ於テ大サ六糎五糎ノナ、圓形創ロアリ

二、心臓部銃創

心臓部ニ大サ五糎五糎ノナ、圓形ノ創ロアリ盲管ナリ

三、左拇指球部創

左拇指球部ニ於テ六糎五糎ノ骨ニ達スル創縁不正ナル創傷アリ

同　所

寺■ (22)

當貳拾壹歳

一、右大腿中央外側盲管銃創

右大腿外側ニ大サ一糎〇、五糎ノ創ロアリ盲管ニシテ歩行シ得骨ニ損傷ナク軟部中ニ丸子破片ノ留リアルモノト認メラレ手術ニ由リ約貳週間ニシテ全治シ得ルモノナラン(生存)

記録篇　六五

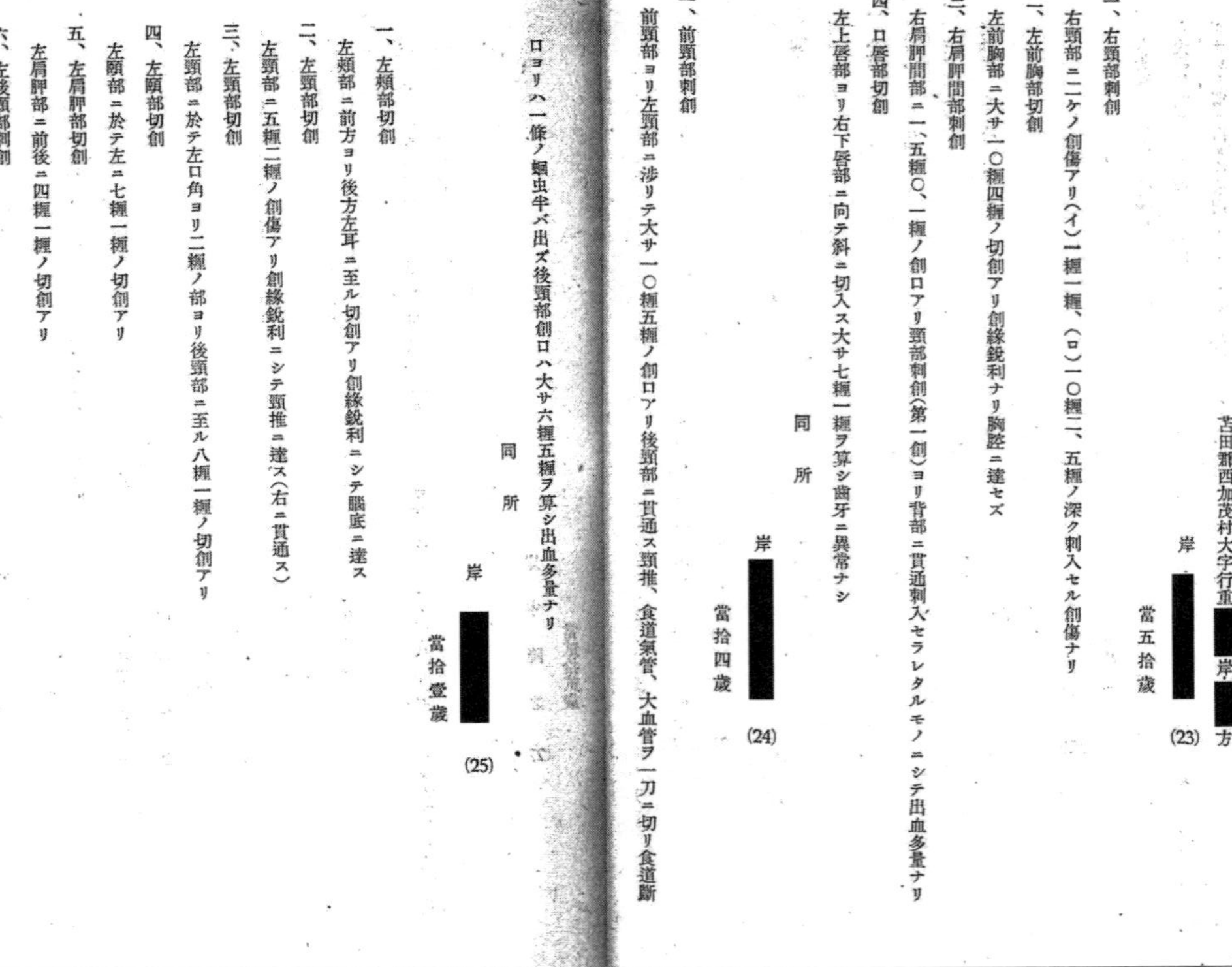

吉田郡西加茂村大字行重■岸■方

(23) 岸■　當五拾歳

一、右頸部刺創

右頸部ニ二ケノ創傷アリ(イ)一糎一糎、(ロ)一〇糎二、五糎ノ深ク刺入セル創傷ナリ

二、左前胸部切創

左前胸部ニ大サ一〇糎四糎ノ切創アリ創縁鋭利ナリ胸腔ニ達セズ

三、右肩胛間部刺創

右肩胛間部ニ一、五糎〇、一糎ノ創口アリ頸部刺創(第一創)ヨリ背部ニ貫通刺入セラレタルモノニシテ出血多量ナリ

四、口唇部切創

左上唇部ヨリ右下唇部ニ向テ斜ニ切入ス大サ七糎一糎ヲ算シ歯牙ニ異常ナシ

同　所

(24) 岸■　當拾四歳

一、前頸部刺創

前頸部ヨリ左頸部ニ渉リテ大サ一〇糎五糎ノ創口アリ後頸部ニ貫通ス頸推、食道氣管、大血管ヲ一刀ニ切リ食道断ロヨリハ一條ノ蛔虫半バ出ズ後頸部創口ハ大サ六糎五糎ヲ算シ出血多量ナリ

同　所

(25) 岸■　當拾壹歳

一、左頬部切創

左頬部ニ前方ヨリ後方左耳ニ至ル切創アリ創縁鋭利ニシテ脳底ニ達ス

二、左頸部切創

左頸部ニ五糎二糎ノ創傷アリ創縁鋭利ニシテ頸推ニ達ス(右ニ貫通ス)

三、左頸部切創

左頸部ニ於テ左口角ヨリ二糎ノ部ヨリ後頸部ニ至ル八糎一糎ノ切創アリ

四、左顳部切創

左顳部ニ於テ左ニ七糎一糎ノ切創アリ

五、左肩胛部切創

左肩胛部ニ前後ニ四糎一糎ノ切創アリ

六、左後頸部刺創

左後頸部ニ前方ヨリ大サ二糎一糎ノ刺創アリ

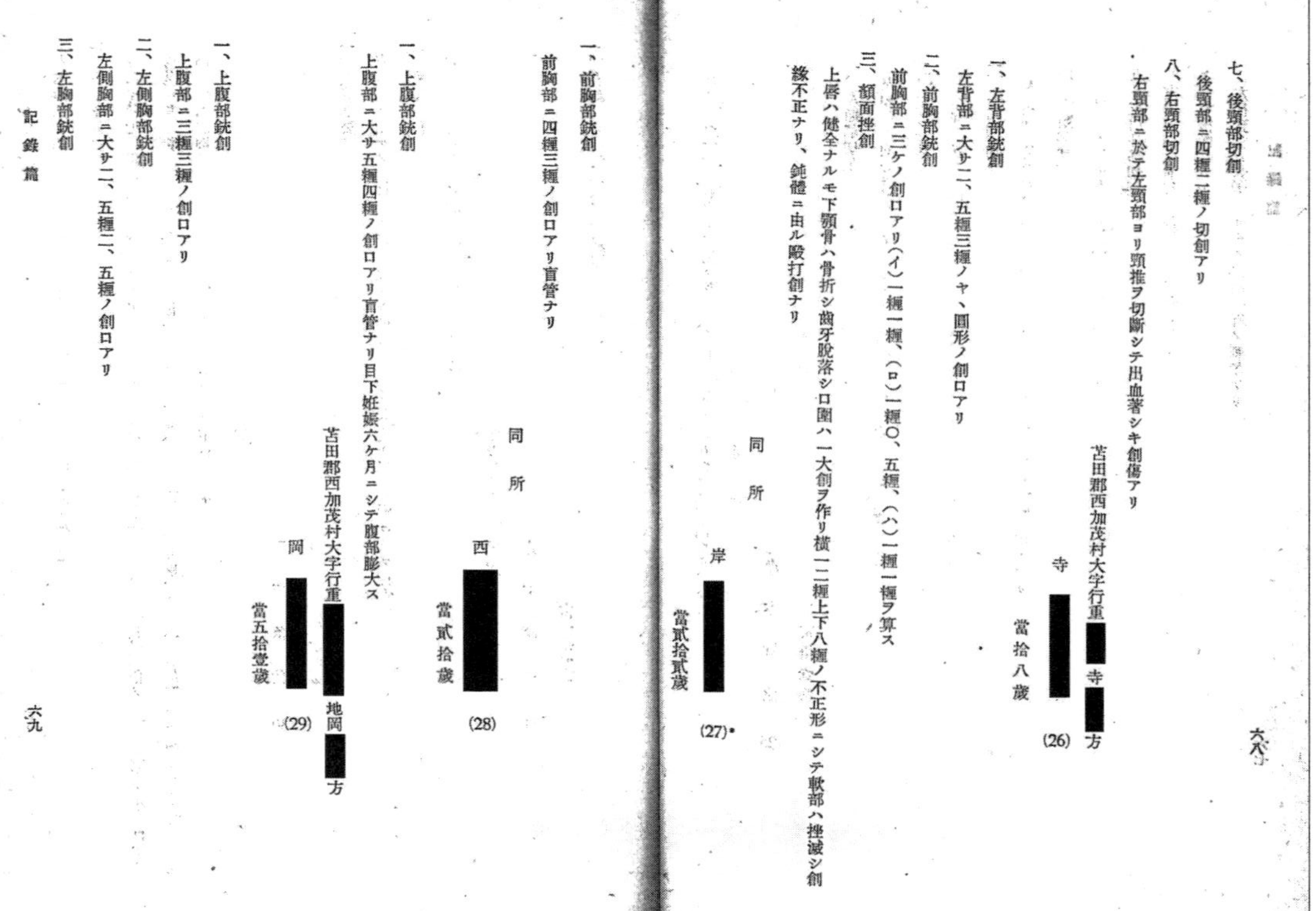

七、後頭部切創
後頭部ニ四糎二糎ノ切創アリ

八、右頸部切創
右頸部ニ於テ左頸部ヨリ頸推ヲ切斷シテ出血著シキ創傷アリ

苫田郡西加茂村大字行重■■■寺■■■方
寺■■■ 當拾八歳 (26)

一、左背部銃創
左背部ニ大サ二、五糎三糎ノヤ、圓形ノ創ロアリ

二、前胸部銃創
前胸部ニ三ケノ創ロアリ(イ)一糎一糎、(ロ)一糎〇、五糎、(ハ)一糎一糎ヲ算ス

三、額面挫創
上唇ハ健全ナルモ下顎骨ハ骨折シ歯牙脱落シロ圍ハ一大創ヲ作リ横一二糎上下八糎ノ不正形ニシテ軟部ハ挫滅シ創縁不正ナリ、鈍體ニ由ル毆打創ナリ

同 所
岸■■■ 當貳拾貳歳 (27)

一、前胸部銃創
前胸部ニ四糎三糎ノ創ロアリ盲管ナリ

同 所
西■■■ 當貳拾歳 (28)

一、上腹部銃創
上腹部ニ大サ五糎四糎ノ創ロアリ盲管ナリ目下妊娠六ケ月ニシテ腹部膨大ス

苫田郡西加茂村大字行重■■■地岡■■■方
岡■■■ 當五拾壹歳 (29)

一、上腹部銃創
上腹部ニ三糎三糎ノ創ロアリ

二、左側胸部銃創
左側胸部ニ大サ二、五糎二、五糎ノ創ロアリ

三、左胸部銃創

左第四肋骨部ニテ胸骨ヲ左ニ去ル約一〇糎ノ部ニ於テ三糎三糎ノ創口アリ

四、左胸部銃創

左胸部第七、第八肋骨ノ高サニ於テ胸骨ヨリ左一〇糎ノ部ニ於テ第二創ト接近シ第二創ノ後方ニ八ケノ小創口アリ(イ)一糎一糎、(ロ)一、五糎〇、五糎、(ハ)〇、五糎、(ニ)一糎〇、五糎、(ホ)一、五糎〇、五糎、(ヘ)一糎〇、五糎、(ト)二糎〇、五糎、(チ)二糎、〇、五糎ヲ算ス不正圓形ナリ

同所

岡■■ (30)
當參拾貳歲

一、左背部銃創

左背部ニ二ケノ創口アリ甲ハ大サ四糎二、五糎乙ハ大サ三糎三糎ヲ算ス盲管ナリ

二、右腰部銃創

右腰部ニ大サ二、五糎二糎ノ創口アリ盲管ナリ

加茂村小中原万袋醫院入院中行重具尾

岸■■ (31)
當七拾七歲

一、左胸部銃創(万袋醫院入院中)

左胸部乳房部ニ長サ一二糎幅七糎ノ肋骨ニ達スル軟部創傷アリ創緣不正ニシテ出血ス丸子ノ擦過セシ前後ニ走ル溝狀部アリ貧血ナク創面ハ約五週間ニシテ全治スルモノナラン(生存)

苫田郡西加茂村大字行重■

寺■■ (32)
當五拾六歲

一、右肘關節及右前膊上部銃創

右肘關節及右前膊部ニ創傷アリ既ニ醫師ニ由リテ應急ノ繃帶ヲ施サル苦悶ト蒼白ナル顏面ヲナス出血著シキモノナリ

■波■■ (33)
當貳拾壹歲

一、右側腹部銃創

右側腹部ニ九糎三糎ノヤ、圓形ノ創口アリ

二、右側腹部銃創

右側腹部ニ四糎三、五糎ノヤ、圓形ノ創口アリ

三、前胸部銃創

胸骨下端部ニ二糎一糎ノヤ、圓形創口アリ

四、前胸部銃創

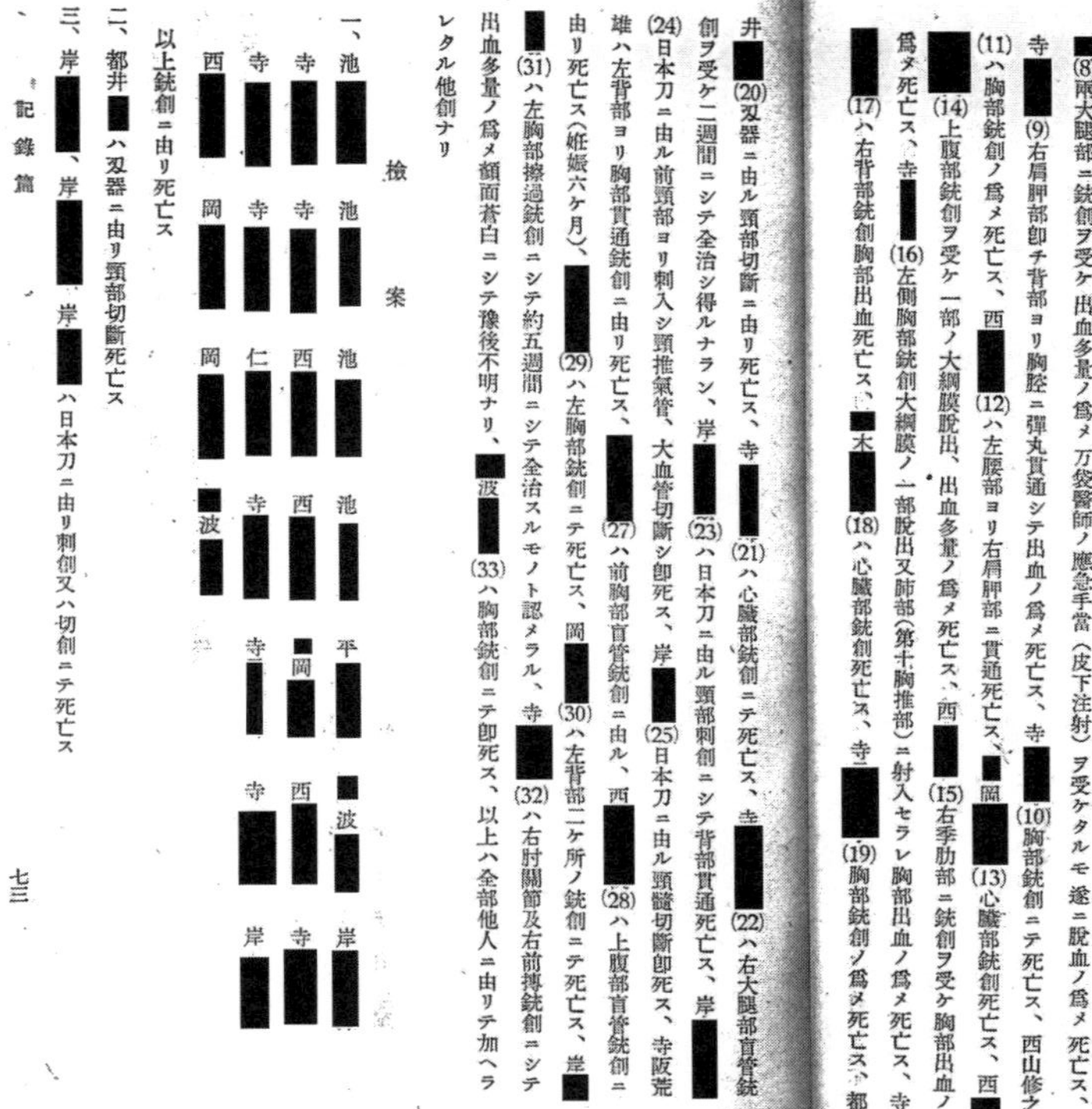

左第二肋骨ノ高ニテ胸骨ニ接シテ二、五糎一、五糎ノヤ、圓形創ロアリ

五、左側腹部銃創

左側腹部ニテ左骨盤ニ近ク一、五糎一、糎ノ創ロアリ

説　明

右記録ニ基キ推定スルニ被害者ハ主トシテ銃創ニ由ルモノニシテ池■(1)ハ第二創即チ左胸部ニ銃創ヲ受ケ肺臓ヲ貫キ出血著シク爲メニ死亡セシモノニシテ其他ノ創傷ハ擦過創ナリ、池■(2)ハ胸部ニ銃創ヲ受ケ内部ニ重大ナル損傷ヲ來シ死亡ス、■(3)ハ左側胸部銃創ヲ受ケ胸部内臓ヲ障害シ即死セシモノナリ、池■(4)ハ右側腹部ニ銃創ヲ受ケ又右胸部下端特ニ第二創ハ右胸骨下端部側腹部ニ及ビテ腸及ビ肝臓ノ一部ヲ創ロヨリ脱出、出血多量ノ爲メニ死亡ス、平■(5)ハ左上腹部ニ銃創ヲ受ケ腸管ノ一部ヲ脱出、出血多量ノ爲メ死亡ス、■波■(6)ハ胸部腹部ニ銃創ヲ受ケ貫通シ出血多量死亡ス、岸■(7)ハ後頸部ニ銃創ヲ受ケ頸髄ニ損傷ヲ來シ死亡ス、■波■(8)両大腿部ニ銃創ヲ受ケ出血多量ノ爲メ万袋醫師ノ應急手當(皮下注射)ヲ受ケタルモ遂ニ脱血ノ爲メ死亡ス、寺■(9)右肩胛部即チ背部ヨリ胸腔ニ弾丸貫通シテ出血ノ爲メ死亡ス、寺■(10)胸部銃創ニテ死亡ス、西山修之(11)ハ胸部銃創ノ爲メ死亡ス、西■(12)ハ左腰部ヨリ右肩胛部ニ貫通死亡ス、■岡■(13)心臓部銃創死亡ス、西■(14)上腹部銃創ヲ受ケ一部ノ大網膜脱出、出血多量ノ爲メ死亡ス、西■(15)右季肋部ニ銃創ヲ受ケ胸部出血ノ爲メ死亡ス、寺■(16)左側胸部銃創大網膜ノ一部脱出又肺部(第十胸椎部)ニ射入セラレ胸部出血ノ爲メ死亡ス、寺■(17)ハ右背部銃創胸部出血死亡ス、■木■(18)ハ心臓部銃創死亡ス、寺■(19)胸部銃創ノ爲メ死亡ス、都井■(20)ハ刄器ニ由ル頸部切斷ニ由リ死亡ス、寺■(21)ハ心臓部銃創ニテ死亡ス、寺■(22)ハ右大腿部盲管銃創ヲ受ケ二週間ニシテ全治シ得ルナラン、岸■(23)ハ日本刀ニ由ル頸部刺創ニシテ背部貫通死亡ス、岸■(24)日本刀ニ由ル前頸部ヨリ刺入シ頸椎氣管、大血管切斷シ即死ス、岸■(25)日本刀ニ由ル頸髄切斷即死ス、寺阪荒雄ハ左背部ヨリ胸部貫通銃創ニ由リ死亡ス、■(27)ハ前胸部盲管銃創ニ由ル、西■(28)ハ上腹部盲管銃創ニ由リ死亡ス(姙娠六ケ月)、■(29)ハ左胸部銃創ニテ死亡ス、岡■(30)ハ左背部二ケ所ノ銃創ニテ死亡ス、岸■(31)ハ左胸部擦過銃創ニシテ約五週間ニシテ全治スルモノト認メラル、寺■(32)ハ右肘關節及右前膊銃創ニシテ出血多量ノ爲メ顔面蒼白ニシテ豫後不明ナリ、■波■(33)ハ胸部銃創ニテ即死ス、以上ハ全部他人ニ由リテ加ヘラレタル他創ナリ

検　案

一、池■　池■　池■　池■　平■　■波■　岸■

寺■　寺■　西■　西■　■岡■　西■　寺■

寺■　寺■　仁■　寺■　寺■　寺■　岸■

西■　岡■　岡■　■波■

以上銃創ニ由リ死亡ス

二、都井■ハ刄器ニ由リ頸部切斷死亡ス

三、岸■、岸■、岸■ハ日本刀ニ由リ刺創又ハ切創ニテ死亡ス

四、寺■■、寺■■、岸■■ハ銃創ニ由リ負傷ス

五、■波■ハ銃創後出血多量ノ爲メ死亡ス

六、被害者ハ全部他人ニ由リテ加ヘラレタル他創ナリ

右鑑定ハ昭和拾參年五月貳拾壹日午前拾時開始同日午後六時四拾分終了ス

右鑑定候也

昭和拾參年五月貳拾壹日

岡山縣津山市南新座拾番地

醫師　宮地守治郎㊞

三十餘人殺傷事件發生竝に檢擧の件通報

昭和十三年六月一日

岡山縣知事

各廳府縣長官殿

三十餘人殺傷事件發生竝檢擧ノ件

管下津山警察署管内一山村ニ一夜獵銃ヲ以テ三十三名ヲ殺傷シ社會ヲ聳動セシメタル後犯人自殺シテ事件解消セル犯罪發生其ノ狀況別紙ノ通ニ有之候條及通報候也

一、犯罪ノ日時

昭和十三年五月二十一日

午前一時四十分頃ヨリ同三時頃迄ノ間

二、犯罪ノ場所

岡山縣苫田郡西加茂村大字行重字貝尾

（部落戸數二三戸　人口一一一人）

及同村大字行重字坂本

（部落戸數二〇戸　人口九四人）

ニシテ津山市ヨリ北位約六里、因備線加茂驛ヨリ南西約一里三十町ヲ距テタル山間僻陬ノ小農村部落ナリ。

三、犯人ノ本籍、住所、職業、氏名、年齢

本籍　岡山縣苫田郡西加茂村大字行重■番地

住所　同上

農業　都井睦雄

大正六年三月五日生

四、被害者住所、職業、氏名、年齢、被害状況

一、被害戸数　十二戸

被害人員　三十三名

内譯　即死　二十八名

重傷死　二名

重傷　一名

輕傷　二名

一家全滅ノモノ　六戸　二十一名

詳細別表ノ通ナリ

五、犯人ノ性質、素行、來歴

犯人ハ岡山縣苫田郡加茂町大字倉見■番地亡都井■ノ長男ニ生レ二歳ノトキ父ニ、三歳ニシテ母ニ死別シ爾來祖母■ノ手ニ姉■（大正三年生）ト共ニ養育サレ十一歳ノトキ現住地ニ一家轉住、昭和十年四月籍ヲモ轉シ其ノ間田三反六畝歩ノ耕作ニ依ル收入ヲ以テ村内中流ノ下ノ生活ヲ爲シ高等小學校ヲ卒業シタルカ生來身體孱弱ナルモ頭腦明晰ニシテ學業ノ成績優秀常ニ優等ヲ以テ終始シ將來ヲ囑望サレ居リタルモ成長スルニ及ヒ我儘トナリ病弱ニ起因スルトコロ居常怠惰ニシテ家業ニ精勵セス而モ部落青年團竝隣人トノ交際等一切無關心ニ放任シ姉■カ苫田郡一宮村小■ニ嫁イテヨリ一層放縱トナリ友人モナク孤立無援ノ生活ヲ爲シ居ル内昭和七年秋頃ヨリ肺尖カタルニ罹リ醫師ノ診斷ヲ受ケ輕度ノ肺尖加答兒ト診定サレ一意自宅療養中實父母カ肺結核ニテ死亡セルモノナルコトヲ聞知シ其ノ自覺症狀ヲ以テ肺結核ト自認シ世人亦患者トシテ白眼視スルニ至リ自暴自棄ノ傾向ヲ生シ社會ヲ猜疑シ偏見ヲ生シ事物ニ對スル正當ナル推理不能ニ陷リ節度ヲ缺キ行動常軌ヲ逸シ婦女ニ戲レ爲ニ隣人ヨリ甚シク嫌惡サレ居タルモノナリ。

六、犯人ノ家庭竝生活ノ狀況

犯人ノ幼時ハ相當ノ資産ヲ有シ何不自由ナキ生活ナリシモ兩親死亡以來家運傾キ■ノ計ラヒヲ以テ稍便利ナル■ノ出生地タル本籍地ニ轉住シ療養等ノ爲資産ヲ蕩盡シ田三反六畝歩竝家屋敷ヲ所有セルモ田ハ債務ヲ負擔シ一千二百圓餘ノ負債アリ、昨今ニ至リテハ全ク行詰リヲ生シ現ニ犯行後ノ家宅捜査ニ於テ同家ニ現金六十六錢及簡易保險通帳一冊アリタルノミナルカ日常ハ比較的派手ナル生活ヲ爲シ居リタル、家庭ハ祖母■（七五）ト二人暮ニシテ寂シキ内ニモ圓滿ニ暮シ一人子トシテ溺愛サレ居リタリ。

七、犯人最近ノ行動及犯行準備

小學校在學中ヨリ病弱ニシテ卒業後モ健康ヲ回復セス遂ニ肺結核ト自認シ自宅療養ニ努メ一時全癒シタルカノ如キ症狀アリ。

昭和十二年五月二十二日適齢ニヨリ徴兵檢査ヲ受ケ軍醫ヨリ相當靜養方注意サレ而モ通知書ニ肺結核ト記載サレアルヲ現認シ爾來不治ノ疾病ナリト悲觀シ自暴自棄トナリツツモ婦女ニ挑ミ情交ヲ迫リ應セサレハ之ヲ恨ミ嫌スルモ關係ヲ拒ケサレハ憤激シ行動漸次奇嬌トナリ隣人ノ嘲笑日ニ加ハリテ極度ニ嫌惡スルニ至リ其ノ頃ヨリ自制ノ精神ヲ缺キ自ラノ非行ヲ正當ナル行動カノ如ク思惟シ自己ノ意ニ反スルモノヲ仇敵視シ而モ其ノ報復手段ヲ考究セルモノノ如ク虚弱ナル身ニモ比較的容易ナル銃殺ヲ企圖シ私財ヲ抛チテ今次ノ如キ重大犯行ノ準備ヲ爲スニ至リ不動産ヲ擔保ニ借金シテ昭和十二年七月、津山市二階町銃砲店片山四郎方ニ於テ獵銃一挺ヲ購入シ獵期ニ入ルヤ十月二十七日津山警察署ニ出頭シテ狩獵免許ヲ受ケ鳥獸捕獲ニ藉ロシテ世人ヲ欺瞞シ銃ノ取扱、射撃ノ練習ヲ爲シ更ニ昭和十三年一月二十八日神戸市湊東區楠町二丁目高橋銃砲店ニ到リ百十圓ノ追加金ヲ出シテ片山ヨリ購入セル銃ノ十二番徑中古ブローニング自動式五連發銃ト交換シ補助彈倉ヲ改造シテ九連發ト爲シ其ノ頃附近山林中ニ入リテ樹令三十年位ノ松樹ヲ的ニ猛獸用實包ヲ使用シテ射撃ノ練習ヲ爲シ動モスレハ「殺シテヤル」「生カシテハ置カヌ」等ト口外シ或ハ飼育中ナリシ畜犬ヲ射殺シテ岡■方ニテ同人夫婦其ノ他ト會食シ或ハ二月十日頃ノ夜精神異状ノ結果祖母■ニ眠リ藥ト稱シテ異臭アル粉末ヲ與ヘ毒殺ヲ企テタルニ非スヤト傳ヘラレ又ハ猛獸用實包多數ヲ隱匿シ居リテ家族近隣ニ危害ヲ加フル虞アリ等ト兎角行動常軌ヲ逸シ普通人ト異ルモノアリシヲ以テ其ノ近隣寺■等ヨリ二月十一日津山警察署ニ對シ「相當注意警戒サレ度」旨申告アリ受持巡査ヨリ其ノ情況署長ニ急報セルヲ以テ即時警部補一名巡査二名ヲ特派シテ其ノ實情ヲ調査スルニ一見精神病者トハ認メ難ク而モ態度無抵抗ニシテ不穏ノ計畫等アルモノノ如キ状態ナカリシカ爲其ノ眞相ヲ究明シ得サリシモ身體搜査ノ結果所持セルヒ首一口ヲ發見之ヲ任意領置シ尚其ノ居宅ノ任意搜査ヲ行ヒタルニ

一、日本刀　一口
一、ヒ首　一口
一、猛獸用實包　八一發
一、散彈實包　三一一個
一、雷管付藥莢　一一一個
一、雷管　一二六個
一、火藥　五〇匁
一、獵銃　三挺
一、鉛彈　五〇匁

ヲ發見シタルヲ以テ之ヲ任意提出セシメ且狩獵免狀ヲモ提出セシメタルカ犯人ハ執拗ニモ再ヒ其ノ翌日タル二月十二日知情ナキ友人今■ヲ通シテ火藥類ヲ不正ニ入手シ京阪神地方ニ再三往來シテ精巧ナル銃砲鋭利ナルヒ首並日本刀等ヲ人知レス購入藏匿シ且手斧ヲ磨キ圓筒形様中電燈二個ヲ恰モ牛ノ角ノ如キ左右頭部ニ装置シ得

ル鉢卷ヲ作成シ計畫的ニ一切ノ準備ヲ完了、機ヲ待ツ内五月十八日豫テ色情關係ヨリ恨ヲ遺シタル西■（二三）寺■（二二）ノ兩名カ嫁家先ヨリ久シ振リニ歸村シタルニヨリ遂ニ兇行ヲ決意シ自宅ニ於テ長文ノ遺書ヲ認メ其ノ翌日ハ靜觀シ五月二十日夕刻部落内ニ引込ミアル電線ヲ切斷シテ部落ヲ暗黒ナラシメ兇行ニ着手スルモ當初ヨリ發砲スレハ隣人ノ騒キヲ恐レ敢テ斧及日本刀ヲ使用シテ周到ニ遂行シテ後銃ヲ使用シテ射殺スルニ至リタルモノ。

八、犯罪發覺ノ状況

五月二十一日午前二時四十分頃貝尾部落、■波■、小■等ヨリ加茂巡査駐在所（西加茂村ニモ駐在所アルモ目下缺員）ニ急報アリ、當時ハ數名ノ殺傷トシテ申告アリタルモ即時現場ニ出張、捜査ニ伴レテ漸次其ノ全貌ヲ知ルニ至リタルモノ。

九、犯行當時ノ服裝携帶品

黒セル詰襟洋服上下ヲ着シ茶褐色ノ卷ゲートルニ地下足袋ヲ穿ツ、左右顳顬部ニ經二、六糎長サ一三、七糎ノ圓筒形懐中電燈ヲレンズヲ前面ニ向ケ裝備セル布製鉢卷ヲ爲シ胸部ニ徑六糎ノレンズ付圓筒形自轉車用ナショナル電燈ヲ細紐ニテ吊シ藥莢入雜嚢ヲ左肩ヨリ右肩ニ掛ケ刄渡一尺九寸ノ日本刀及刄渡六寸五分、五寸二分ノヒ首二本ヲ左腰ニ差シ紐ニテ括リ之等ノ上ヲ革帶ニテ締メ其ノ動搖ヲ制シ十二番徑ブローニング五連發獵銃（補增彈倉ヲ改造シテ九連發ト爲シタルモノ）及彈藥（猛獸用アイデアル實包約百箇）ヲ携帶シ居リタルカ當初祖母■ノ殺害ニ使用シタル斧ハ犯人居宅裏ノ壁ニ凭セ掛ケアリタリ。

一〇、犯罪ノ手段方法

五月二十日夕刻送電直前ニ部落内配電線石山線八號電柱以南四ケ所ヲ鋭利ナルペンチ樣ノモノニテ切斷シ配電不能ナラシメ置キ五月二十一日午前一時三十分頃服裝携帶品ヲ整備シ豫テ用意セル斧ヲ以テ安ラカニ眠ニ就ク祖母■（七五）ニ二十年間ノ慈愛ヲ仇ニシテ頸部ニ一擊、首ヲ約一米飛セテ即死セシメタル後裏手戸外ニ出テ斧ハ其處ニ放置シテ北隣家ナル岸■方表入口ヨリ侵入シ奥納戸ニ安眠セル家族三名ノ寢込ヲ日本刀ヲ振ヒテ慘殺シ以下順序明確ナラサルモ銃砲ヲ以テ襲擊シ合計十二戸三十三名（内即死二十八名、重傷死二名、重傷一名、輕傷二名）ヲ或ハ就寢中ヲ襲ヒテ胸部ニ銃口ヲ當テ、狙擊即死セシメ又ハ惡鬼ニ恐怖シテ逃ケ延ヒントスル背後ヨリ數發狙擊シテ即死セシメ時ニ廊下緣ニ追ヒ詰メテ射殺シ或ハ戸締嚴重ナル外部ヨリ室内ヲ狙擊シテ即死セシメ多キハ一戸ニ於テ十數發ヲ亂射シ各被害者方ハ戸ニ彈痕ノ脅威ヲ語リ鮮血四散シテ兇暴ヲ唔示シ鬼氣迫リテ一見肌ニ粟ヲ生シ其ノ慘狀名狀シ難ク慘虐ノ限ヲ盡シテ午前三時頃部落ヲ西方ニ向ケテ逃走シタルモノ。

一一、犯行後ノ犯人ノ行動

前代未聞ノ兇行ハ僅々一時間二十分位ニシテ而モ事件ノ中心地タル貝尾部落ヨリ約五丁ヲ距ル坂本部落岡■■夫婦ヲ最後ニ敢行サレタルモノノ如ク犯人ハ夫レヨリ西方ニ出テ約五丁ヲ離レタル青山部落武■方ニ午前三時五分其ノ鬼畜ノ如キ姿ヲ現ハシ「自分ハ今警察ニ追ハレテ居ルカ紙ト鉛筆トヲ呉レ、出サヌト彈ガアルカラ擊ツゾ」ト脅迫シ同人ヨリ兒童用古雜記帳一冊及鉛筆一本ヲ提出セシメテ之ヲ强奪シ午前三時二十分同家ヲ立去リ更ニ西方二十丁餘高田村々境荒坂峠ヲ上リ西加茂村大字楢井宇仙之城、山林中ニ落チ延ヒ服裝ヲ解キ武■■ヨリ强取セル雜記帳ヲ裂キ鉛筆ニテ最後ノ遺書ヲ認メ三十名ニ垂ントスル人命ヲ奪ヒタル魔銃ノ銃口ヲ自ラノ心臟部ニ當テ發砲自殺シ居リタルモノ。

一二、自殺ノ現場及屍體景況

犯人自殺ノ現場ハ苫田郡西加茂村大字楢井宇仙之城ト稱スル山嶺ニシテ貝尾部落ヲ眼下ニ睥睨シ得ル眺望佳ナル所ニシテ、貝尾部落ヨリ約一里ノ西方ニ互シ曾テ慶應二年貝尾部落出身仁木直吉郎カ同志ヲ糾合百姓一揆ヲ起シ筵旗ヲ押シ立テ農民ヲ群集セシメタル地ナリト謂フ。犯人睦雄ハ其處ニ服裝ヲ解キ携帶品ヲ其ノ場ニ竝ヘ地下足袋ヲ脫キ揃ヘ詰襟洋服ノ前釦ヲ外シメリヤスシヤツノ上ヨリ銃口ヲ心臟部ニ押當テ足ノ指ニテ引キ金ヲ引キ自殺シタルモノノ如ク附近ハ何等取亂シタルトコロモナク從容トシテ死屍ヲ白日下ノ叢ニ暴シ居リタルカ其ノ銃ニハ尙五箇ノ實包裝塡シテアリ雜嚢中ニハ九箇ノ實包殘存シ居リタリ。

一三、犯行ノ動機

高等小學校卒業ノ頃ハ自ラ將來ノ希望ニ生キ眞面目ナル少年ナリシモ病氣カ肺結核ニシテ不治ノ疾病ナルコトヲ自認シ人生觀ニ重大ナル變化ヲ生シ憂鬱性トナリ父母ノ慈愛ヲ知ラサル現ハ甚タシク事ヲ曲解シ而モ娛樂ノ機關トテナキ山間僻陬ノ地ニ道義ヲ無視セル男女關係ノ弊風アル環境ニ青春ヲ知ルニ及ンテ一時之ニ陶醉セルモ肺病ヲ極端ニ厭フ地方民間ニ在リテ犯人ノ病勢ハ其ノ實父母ノ病ト綜合サレテ世人ノ敬遠スルトコロトナリ益病弱ヲ嘆キ遂ニ歪メラレタル精神ハ一人人生ヲ曲解シ將來ノ希望蹉跌シ曾テノ純情ハ偏狹ノ一途ヲ辿リ隣人ノ敬遠ヲ迫害ト邪推シテ怨嗟ノ的トシ遂ニハ自制ヲ缺キ自ラ恥ツヘキヲ恥チス些々タル事實ニ拘泥シ例之一度情交アル婦女カ結婚スレハ之ヲ恨ミ其ノ相手ヲ憎ミ媒介者ニ憤リヲ感シ情交ヲ迫リテ拒マルレハ亦之ヲ恨ム等自ラヲ常ニ正シキモノト推理シ事毎ニ怨嗟ヲ感シ凡ユル關係人ヲ殺害シテ自身モ亦死ヲ決意シ病弱ノ身ニモ充分目的達成ニ可能ナル銃器ヲ使用シテ行フ復讐的殺人ヲ計畫シ其ノ準備ヲ行ヒ機ヲ窺フ內、情交關係ヨリ恨トスル西■■(二三)寺■■(二一)ノ兩人カ偶然婚家先ヨリ相前後シテ歸リ來ルヲ見テ遂ニ今次ノ計畫ヲ決行スルニ至リタルモノ。

一四、犯人捜査ノ狀況

五月二十一日午前二時四十分津山警察署加茂巡査駐在所ニ於テ今田巡査ハ■波■■、小■■■等ヨリ急訴ヲ受クルヤ即時隣接東加茂巡査駐在所米澤巡査ニ連絡シ狀況本署ニ急報スルト共ニ直ニ急訴人ト現場ニ急行シ消防組ノ應援ヲ得テ聯絡警戒ニ努メ一方津山警察署ニ在リテハ全署員ヲ非常召集シ張込警戒ヲ實施シ一部ヲシテ現場ニ急行セシメ縣警察部ニ在リテモ非常警戒線ヲ以テ警戒中現場中心ノ捜査ノ一隊ハ午前八時二十分頃ニ至リ犯人ガ立廻リタル武■■ニ事情ヲ聽取シ得テ大體犯人逃走ノ方向ヲ察知サレ進ンテ其ノ一隊ハ犯人カ武■ヨリ入手セル紙片ヲ遺棄セルヲ發見、同方向ニ地下足袋ノ足跡ヲ認メ之ヲ追フテ山中ニ入リ午前十時三十分頃自殺セル犯人ヲ發見シ其ノ旨捜査本部ニ通報アリタルヲ以テ署長以下共ノ自殺現場臨場眞僞ヲ確メ正午ニ到リテ共ノ事實ヲ捜査本部ニ通報シ得タルヲ以テ隣接各町村ニ應援ヲ需メ居リタル消防組ニモ亦解散ヲ求ムルコトヲ得タリ。

一五、兇器ノ捜査狀況

犯人睦雄カ今次ノ兇行ニ使用シタル各兇器ハ捜査ノ結果次ノ如ク判明シタリ。

1 十二番徑中古ブローニング五連發獵銃(補造彈倉ヲ改造シテ九連發トナシ在ルモノ)ハ昭和十三年五月一日大阪市東區内本町三丁目三六銃砲火藥店鷲見敏彦方ニ於テ勝田郡勝加茂村西■ト住所氏名ヲ詐稱シテ一百四十五圓ニテ購入シタルモノ。

2. 實包ハ猛獸用アイデアルニシテ犯人製造ニ係ルモノト認メラレ狩獵免許者タル身分ヲ利用シ三月十三日事情ヲ知ラサル友人今■(三〇)ニ依頼シ津山市二階町片山銃砲店ニ於テ、マーズ無煙火藥二百瓦入一罐ヲ代二圓雷管付藥莢百個代三圓七十錢ニテ購入シ別ニ四月中旬頃犯人自ラ津山市平岡火藥店ニ到リポンプ式詰替器、ケース保護器、口卷器各一箇宛ヲ代六圓八十錢ニテ購入シタルモ之ハ約一週間後ニ同店ニ返却シタル事實アリ。更ニ四月二十四日大阪市西區京町通五丁目粟谷火藥店ニ於テ「アイデアル」實彈百箇代十二圓ケース保護器一箇代一圓ニテ購入シ翌二十五日大阪市東區内本町三丁目三六鷲見火藥店ニ於テポンプ式詰替器一箇ヲ購入セル事實アリ。之等諸道具ヲ使用シテ犯人自ラ實包百發ヲ製造セルモノト確認サル。試ニ實包ヲ解キテ檢スルニ火藥ハ一發ニ二瓦ヲ充塡シアリ且販賣者ヲシテ檢分サスニ何レモ自商店ニテ販賣シタルモノニ相違ナキ旨ノ證言アリ。

3. 日本刀ハ昭和十三年五月八日頃苫田郡加茂町歯科醫伊藤光義(五〇)ヨリ代三十圓ニテ購入シタルモノ。

4 犯人ノ祖母■ノ殺害ノ用ニ供シタル斧ハ以前ヨリ自宅ニ於テ薪割等ニ使用シ居リタルヲ磨キ上ケタルモノ。他ニ匕首二本ヲ所持シ居リタルモ兇行ニ使用シタリトハ認メ難シ。

一六、犯人ト各被害者トノ關係

1. 西■ノ一家(家族四名全滅)

西■ノ妻■(四三)ハ淫奔ナル性ヲ有シ兎角ノ風評アリ、犯人ハ一年位前自宅前ヲ通行中ナル■ヲ呼ヒ止メ家具整理ノ手傳ヒヲ爲シ呉レト僞リ屋内ニ呼ヒ入レ情交ヲ挑ミタルモ强ク拒絶サレタルノミナラス部落内ニ言ヒ觸シタルコトアリテ之ヲ恨ミ長女■(一三)ハ戀愛關係ヨリ遺恨アリ爾來一家ヲ恨ム。

2 寺■ノ一家(家族六名全滅)

■ノ四女■(二一)ト情交關係アリタルニ不拘無斷他家ニ嫁シタルヲ恨ミトセルモノノ如ク他ノ家族ニハ何等見ルヘキ關係ナシ。

3 岡■ノ一家(家族夫婦全滅)

妻■(三三)ハ相當多額ノ報酬ヲ取リテ犯人ト情交關係アリタルモ近時犯人ノ病氣ヲ厭ヒテ之ヲ袖ニシ居リタルヲ恨ミタルヤニ傳フルモノアリ。

4 岸■ノ一家(家族五人一人ノ不在ヲ殘シ全滅)

戸主■ハ海軍志願兵トシテ入團中ナルモ母■(五〇)ハ犯人ト物質ニヨリ情交關係アリタルモ近時之ヲ拒絶シ而モ其ノ事實ヲ隣人ニ惡ロシタルヲ憤慨シ居リタルコトアリ、其ノ他被害者ニハ何等關係ナシ。

5. 岸■ノ一家(家族四名全滅)

犯人ノ恨トスル西■ノ二女■(二〇)ト婚姻シタルヲ憤慨シ居リタルコトアリ。

6. 寺■ノ一家(家族四名ノ内二名即死)

寺■(二一)ニハ何等ノ関係ナキモ母■(四五)カ犯人ヨリノ情交ヲ拒絶シ尚犯人ト情交関係アリタル西■、寺■ノ両名ヲ他ニ嫁ニ媒灼シタルコトヲ恨ミシノ口吻アリタル事實アリ。

7. 寺■ノ一家(家族六名ノ内死者一名輕傷一名)

犯人ハ■一家ニ對シテハ日常好感ヲ有シ居リタルモノニシテ■(八六)ノ即死、■(二三)ノ輕傷セルハ犯人カ恨ミトスル寺■カ同家ニ逃ケ込ミタルヲ追跡セル爲其ノ餘波ヲ受ケ被害アリタルモノ。

8. ■波■ノ一家(家族七名ノ内一名死亡、一名重傷)

戸主■ノ母■(四七)妹■(二一)ニ情交関係ヲ迫リ拒絶サレタルヤノ詐アリ且■ハ曾テ犯人ト情交関係アリタル寺■ヲ妻ト爲シタルコトアリ之等ニ悪感ヲ抱キ居リタルモノノ如シ。

9. 寺■ノ一家(家族十一名ノ内死者一名)

同家ニ對スル関係極メテ薄ク偶々同家叢鑑室ニ在リタル岸■(一九)■波■(二一)ヲ殺害スル際ノ餘波ニテ■嫁■(五五)カ被害ヲ受ケタルモノノ如シ尚長男■ハ三月十一日以前ノ計畫ヲ警察ニ密告セリトノ誤解ヲ有スル模様アリ。

10. 池■ノ一家(家族八名ノ内四名即死)

■ノ妹■(二五)ヲ恨ムコト甚タシク同人カ寺■ニ嫁シテ以来金錢ヲ取リテ情交関係アリタルモノノ如キモ最近犯人ニ不穏ノ状況在リテ京都市ニ夫婦避難セル爲其ノ一家ヲ恨ムニ至リタルモノノ如シ。

11. 寺■ノ一家(家族三名ノ内重傷死一名)

敢テ関係ヲ認メラレス、■ト今次ノ被害者寺■ト情交関係アルハ世人ニ風評サレ居リ犯人モ之ハ聞知シ居ルモノノ如シ。

一七、避難者避難状況

(一) 前頭部ニ僅ノ擦過傷ヲ負ヒタルノミナル寺■(二一)ハ曾テ近隣ノ■波■ノ妻トシテ約一年間ヲ同棲シ居リタルモ犯人ト情交関係アルヤニテ家庭不和ノ爲離縁トナリ直ニ現住地苫田郡上加茂村北■ニ嫁シ居リ偶々實父寺■方ニ歸リ合セ居リ當夜犯人ノ襲撃ヲ知リ身ノ危険ヲ推察シ直ニ隣家寺■方ニ避難セル爲犯人ハ寺■方全家族ヲ射殺シ■ヲ追撃セルモ■方戸締厳重ニシテ侵入シ能ハサリシ爲戸外ヨリ屋内ニ向ケ数發狙撃シテ僅ニ前頭部ニ負傷アリタルノミナルカ数發中ノ弾丸ノ破片ハ■ノ四女■(二一)ノ右大腿部前面ニ擦傷アリタルモ之亦輕傷ナリ。

(二) 寺■二男■(一七)ハ被害ヲ警察ニ急報セントシテ裏口ヨリ飛ヒ出テタルヲ氣付カレ背後ヨリ数發狙撃サレタルモ竹籔中ニ危ク避難シタルモノ。

(三) 池■ハ居宅ヲ襲撃サルルヤ單身戸外ニ逃走セル爲父■(七四)母■(七二)妻■(三四)四男■(五)ハ射殺サレ二男、三男ハ就寝シ居リテ難ナク長男■(一五)ハ伊勢参宮ヲ爲シ居リテ難ヲ免レ得タリ、犯人ハ戸外ニ逃レタル■ヲ執拗ニ追跡セルモ發見サレサリシ爲危ク難ヲ避ケ得タリ。

(四) 寺■方ハ戸締アリタルヲ以テ戸外ヨリ数發狙撃シタルモ之ニハ被害ナク嫁■(五五)ハ同家叢鑑室ニ於テ岸■、■波■――二人ト共ニ射殺サレ居リタルカ■モ犯人ニ發見サレタルモ「オ前ハ平素悪ロヲ云ハヌカラ許シテヤル而シ俺カ死ンタラ後テ惡口ヲ云フタラウ」ト頭部ヲ撫シテ敢テ危害ヲ加ヘサリシト謂フ。

一八、被害者中ノ出征軍人遺家族

（一）卽死セル■岡■ハ苫田郡高田村大字上横野■番地■岡■（二五）ニ嫁シ居レル者ナルカ■ハ昭和十二年八月歩兵上等兵トシテ召集サレタル爲實姉タル西■（卽死者）方ニ同居中被害ニ係リタルモノ。

（二）岸■ハ昭和十二年一月海軍志願兵トシテ呉海兵團ニ入團中ナルカ同人ノ實母■（五〇）弟■（二四）弟■（二一）妹■（一九）ノ四名全家族何レモ兇行ノ犧牲トナリ卽死セルモノ。

一九、事件ノ處理

本件ノ發生ハ直ニ岡山地方裁判所檢事局檢事正ニ通報シ其ノ指揮ニ依リ津山支部遷山檢事ハ有地豫審判事ト共ニ現地ニ臨場アリタルヲ以テ一切ヲ同檢事ニ引繼キタルニ判檢事ニ於テハ直ニ殺人事件トシテ檢證ヲ開始セルカ間モナク犯人自殺セルヲ發見シタルヲ以テ比較的簡單ニ檢證ヲ了シ引續キ同檢事ニ於テ事件ヲ處理サレツヽアリ。

二〇、被害者其ノ他ニ對スル救援狀況

（一）西加茂村當局ノ對策

(1) 今次ノ兇行ニ依リ家族全滅ニ依リ作付不能トナリタル田畑約六町歩ハ被害者ノ親族竝貝尾部落ニ於テ分配耕作ヲ爲スコトトナリ耕作ニ對スル勞働不足ハ村當局ニ於テ負擔スルコトトナル。

(2) 家族全滅ニ依リ掃立テタル儘飼育不能ト爲リタル春蠶約四十枚ハ部落民ノ昂奮ニ依リ一時放任サルル狀態ニ在リタルモ村當局ノ斡旋ニ依リテ養蠶業組合役員會協議ノ結果他部落養蠶家ニ分配飼育シ居リテ其ノ後ノ成育狀況良好ナリ。之ニ依ル收繭量約百八十貫（時價一千圓內外）ノ見込ナリト。

(3) 寺■方ハ弟■（一五）ノミ生キ殘リタルモ親族ニ於テ引取リ池■方ハ本人及三人ノ少年ヲ殘シタルノミナルモ少年ハ之亦親族間ニ於テ養育スルコトニナリ當局ノ救護ヲ要セス。

(4) 海軍現役軍人岸本■ハ全家族ヲ亡ヒタルモ直接救護ノ要ナシ。

(5) 棺桶代、死者ノ裝束代、通信費、消毒藥代等死者一人ニ付九圓計二百七十圓ハ村當局ニ於テ負擔支出ス。

(6) 消防組出動ニヨル食費其ノ他雜費七十二圓四十五錢（消防組ハ一市十一ケ町村一千五百七十九名出動セルモ犯人發見後引續キ活動セル組員ニノミ給シタル費用）及葬儀費六十圓ハ村當局負擔支出セリ。

(7) 出征軍人ノ妻女■岡■ニ對シテハ其ノ本籍地タル苫田郡高田村ノ■岡■ニ對シ西加茂村當局ヨリ香奠五圓ヲ送リ弔意ヲ表シタリ。

（二）西加茂小學校當局

被害者中小學校ニ直接關係アルハ岸■方ノ二名寺■方ノ二名ナルカ葬儀ニ際シテハ敎員及兒童代表參列シテ弔意ヲ表シタリ。偶々高等科二年生カ修學旅行ニテ伊勢參宮中其ノ留守宅ヲ襲擊サレ肉親ヲ失ヒタル池■（一五）寺■（一五）ノ二名ノ兒童アルモ親族其ノ他ニ引取リ養育スルコトトナリ學校當局ニ對策ノ要ナシ。

二、犯人ニ對スル參考調査

(一) 犯人睦雄ハ不治ノ肺結核ト自認シ居リタル模樣ナルモ昭和七年秋頃發病シ加茂町醫師只友一夫ニ診斷ヲ受ケタルニ輕度ノ肺尖加答兒ト診定サレ續イテ西加茂村醫師萬袋市三ニ診察ヲ受ケタルモ同樣病名ナリシモ取越苦勞ヨリ種々手當ノ方法ヲ考究シ其ノ頃靜岡縣小田原ノ自然療養所發行ノ著書ニ依リ「開放療法」ヲ實行シ約一年位ヲ經テ快方ニ在リタルニ偶徴兵檢査ニ於テ結核タルコトヲ知リ以來自暴自棄何等療養手當ヲ爲シ居ラサリシモノニシテ外見重患トハ認メ難キ症狀ニ在リタリ、從テ主治醫ナク加療中ト雖服藥等爲シ居ラサリシモノノ如シ。

(二) 精神病系統ニ付調査スルニ親族關係者間ニ精神病者タリシモノナシ、實父母モ圓滿ナル人格者タリシモ何レモ肺結核ニ斃レタルモノナリ。

(三) 犯人小學校卒業迄ハ別表ノ通學業成績優良ナリシモ卒業後ニ在リテハ親交者ナク孤立ノ狀態ニ在リタリ。

(別表略)

警察官吏搜査報告書類

昭和十三年五月二十一日

午前五時三十分

發信署　津山警察署

發信者　署　長

殺人事件發生ノ件

苫田郡西加茂村大字行重■

農　都井睦雄

當二十二年

右者五月二十一日午前二時四十分頃發作的ニ精神異狀ヲ來シ自宅附近ニ於テ猟銃ヲ以テ近隣者三名ヲ射殺逃走セルニ依リ相當手配相成樣致度

丈五尺五寸位、蒼白、顔丸キ方、肉肥、頭髮五分刈カ伸ヒ居レルモノ

一、追　報(午前六時二十分)

被害者

■波■妹■(五〇)

外十二名　即死
二名　重傷

兇器
十連發獵銃ト認メラル

二、追報（午前七時）

被害者
即死　二十八名
重傷　二名
輕傷　一名

上申

昭和十三年五月二十一日

警察部刑事課
警部　長瀬謹治

警察部長殿

殺人事件發生ノ件

苫田郡西加茂村大字行重
農　都井睦雄
當二十二年

右者五月二十一日午前二時四十分頃發作的精神異狀ヲ來シ自宅ニ在リタル十連發獵銃ヲ持出シ近隣■波■妹■
當五十年ヲ射殺シ引續キ之ヲ制止セントスル近隣ノ者ヲ見付次第狙撃シ

即死　二十八名
重傷　二名
輕傷　一名

ヲ殺傷、犯人ハ附近山林ニ銃器ヲ携帶セルマヽ逃走セル事案發生セル旨津山署長ヨリ報告有之
現場ハ山中ノ不便ナル土地ニシテ詳細不明ニ有之

昭和十三年五月二十一日
午前五時五十分

發信署　刑事課
發信者　岩藤

殺人犯人手配方ノ件

苫田郡西加茂村大字■
農　都井睦雄
大正六年三月五日生

記錄篇

右者五月二十一日午前二時四十分頃發作的精神異狀ヲ起シ自宅附近ニ於テ十連發獵銃ヲ以テ■波■當五十年外十二名ヲ殺害二名ニ重傷ヲ與ヘ逃走セル犯人ニ付左記人相ニヨリ嚴重手配スヘシ

記

人相　丈五尺五寸、顔色蒼白ニシテ稍丸ク、頭髮五分刈少シ伸ヒ居レリ

昭和十三年五月二十一日
午前九時
發信署　津山警察署
發信者　岩藤

殺人犯人搜査經過

苫田郡西加茂村大字行重
農　都井睦雄
當二十二年

右者殺人犯人トシテ追跡搜査中ナルカ未タ逮捕ニ至ラス　午前三時五分頃西加茂村楢井農武■方ニ到リ「紙ト鉛筆ヲ與レ警察カラ追ハレテ居ルカ自分ハ罪ノナイモノハ殺サヌカラ早クシテ與レ」ト雜記帳、鉛筆、地理附圖トヲ貰ヒ受ケ同二十分頃立去リタル事實アリ　當時犯人ハ日本刀、獵銃ヲ携帶シ黑仕事着卷ゲートル地下足袋ヲ穿チ居リテ

高田村方面ニ立越シタル模樣ニ有之

昭和十三年五月二十一日
午後〇時
發信署　津山警察署
發信者　妹尾

殺人事件ニ關スル件

只今(午前十一時五十分頃)苫田郡高田村大字上横野字荒坂ニ於テ高田村消防組員カ犯人ノ自殺シ居レルヲ見タトノ聞込ミ署長以下現場ニ出張シ居レルモ其ノ眞相不明ナルモ一應報告ス

尚被害者別表ノ通リ

死傷別	被害者氏名	年齡
即死	■波	五〇
〃	岩■	七七
〃	〃■	二二
〃	岩■	五〇
〃	〃■	一九
〃	〃■	一四

死傷別	被害者氏名	年齡
即死	岩■	一一
〃	西■	五〇
〃	〃■	四三
〃	〃■	二三
〃	〃■	二〇
〃	寺■	六〇

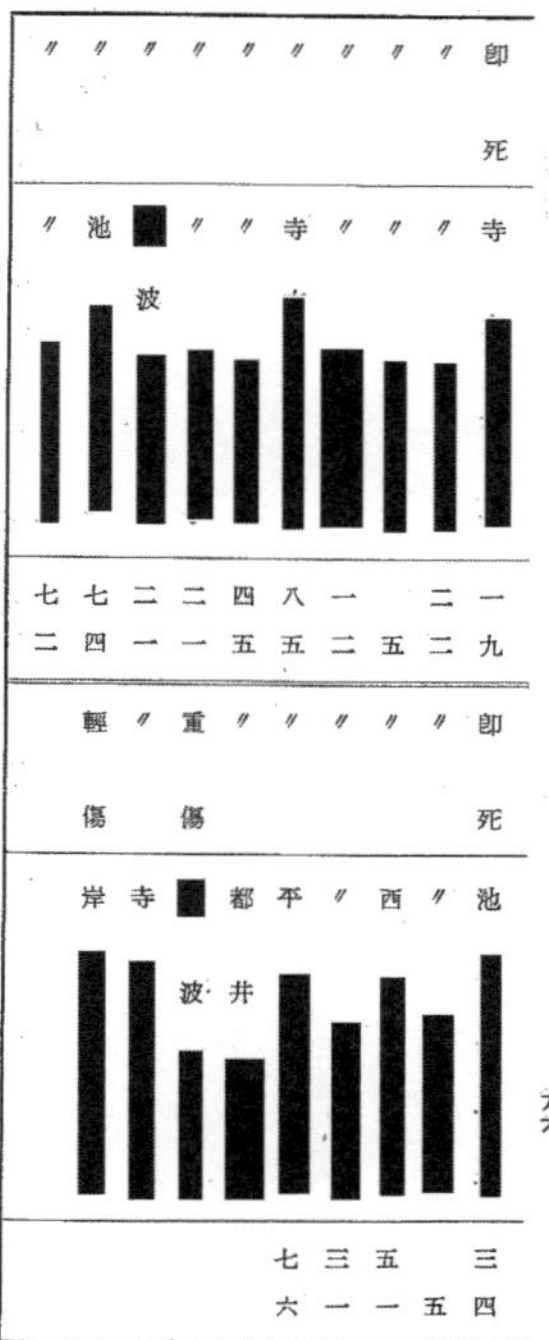

即死	寺■	一九
〃	〃■	二二
〃	〃■	五
〃	〃■	一二
〃	寺■	八五
〃	〃■	四五
〃	〃■	二一
〃	■波■	二一
〃	池■	七四
〃	〃■	七二

即死	池■	三四
〃	〃■	五
〃	西■	五一
〃	〃■	三一
〃	平■	七六
重傷	都井■	
〃	■波■	
〃	寺■	
輕傷	岸■	

昭和十三年五月二十一日

午前八時二十分

發信課　京都府刑事課

殺人犯人手配方ノ件

岡山縣苫田郡西加茂村大字行重

都井睦雄

當二十二年

右者ハ五月二十一日午前二時頃行重部落ニ於テ三十一名ヲ十連發ノ獵銃ヲ以テ殺傷シ何レニカ逃走シタルカ同人ハ

當時

京都府愛宕郡花背村大字別所

寺■

カ行重ニ在住中犯人カ寺■ノ妻■當三十五年ト情交關係アリト■ヨリ同村巡査駐在所ニ届出タル事實アリ以來■ニ對シ遺恨ニ思ヒ常ニ口走リ居リタルヲ以テ何時立廻ルヤモ不知候條相當御手配相煩度此段及照會候也

追テ犯人ハ獵銃ヲ携帶シ居レリ

昭和十三年五月二十一日

午後一時

殺人事件手配解除ノ件

苫田郡西加茂村大字行重

都井睦雄

當二十二年

右者ハ本日午前十一時頃苫田郡高田村大字上横野字荒坂峠ニ於テ自殺シ居レルヲ發見シタルヲ以テ手配解除スヘシ

昭和十三年五月二十一日

午後四時三十分

記錄篇

發信署名　津山警察署

發信者名　岩　藤

殺人事件詳報

都井睦雄ノ殺人事件ニ關シ其ノ後判明セル狀況左記ノ通ニ有之

記

一、部落ノ狀況

津山市ヨリ北位約六里ノ山間ニシテ戸數二十三戸何レモ農家ノミ

二、被疑者ノ來歷素行

苫田郡加茂町大字倉見■番地都井■ノ長男ニ生レ高等小學校卒業後農業ニ從事シ居リタルモ身體羸弱ノ爲生業ニ精勵セズ。最近肺結核ヲ病ミ居ル模樣ニシテ昭和十年四月二日現住地ニ祖母都井■（元治元年生）ト二人同居シ居ルモノニシテ常ニ婦女子ニ戲レ色情狂ノ如ク嫌忌サレ居レリ。曾テ精神異狀ヲ來シタル徵候アリタリト謂フ村内中以下ノ生活

三、被害者ノ氏名年齢

別紙ノ通ニシテ十二戸三十二名

內死亡二九、重傷二、輕傷一

四、犯行ノ狀況

二十日夕刻部落内ニ引込メル電線ヲ切斷シ部落ヲ暗黒ナラシメ二十一日午前二時四十分頃同室ニ就寢中ナリシ祖母ヲ日本刀ニテ頸ヲ叩キ斬リ自宅ニ在リシ五連發ブローニング獵銃及日本刀ヲ携帶シ近隣■波■等他漸次各戸ノ就寢セルモノヲ狙擊シ三十二名ヲ殺傷シ隣村高田村上横野荒坂峠山林中ニ於テ所持ノ銃ヲ心臟ニ當テ發砲自殺シ居リタルモノ

五、警察村民ノ連絡活動狀況

被害ハ直ニ村民ヨリ屆出アリタルモ當時ハ旣ニ犯行ヲ終リテ山林中ニ逃走シタル後ニシテ相當不安アリタル模樣ナルカ西加茂村ヲ初メ隣接町村ノ消防組出動シ圓滿ニ連絡協調セリ

都井睦雄殺人事件被害者氏名

死傷別	住所	氏名	年齢	備考
即死	苫田郡西加茂村大字行重字貝尾	岸■	二二	
〃	〃	■	二〇	
重傷	〃	■	七七	
即死	〃	寺■	一八	岸■方同居人
〃	〃	岸■	五〇	
〃	〃	■	一八	
〃	〃	■	一四	

状況	住所	氏名	年齢	備考
即死	苫田郡西加茂村大字行重字貝尾	岸■	一一	
〃	〃	西■	五〇	
〃	〃	■	四三	
〃	〃	■	二三	
〃	嫁入先 苫田郡高田村上横野 出征兵■岡■妻(赤柴、上等兵)	■岡	二二	西■方同居
〃	苫田郡西加茂村大字行重字貝尾	寺■	六〇	
〃	〃	■	一八	
〃	〃	三■	二二	■ノ内妻
〃	〃	寺■	一五	
〃	〃	■	一二	
軽傷	〃	■	二二	
即死	〃	寺■	四五	
〃	〃	■	二一	
〃	〃	池■	七四	
〃	〃	■	七二	
〃	〃	■	三四	
〃	〃	■	五	
〃	〃	岡■	五一	

状況	住所	氏名	年齢	備考
〃	〃	■	三二	
重傷死	〃	■波■	四七	
即死	〃	■	二一	
〃	〃	平■	七六	
〃	〃	都井■	七五	被疑者ノ祖母
重傷	〃	寺■	五六	
軽傷	〃	寺■	二一	
即死	〃	■	八六	

計

即死	二八名
重傷死	二
重傷	一
軽傷	一

昭和十三年五月二十一日

午後二時五十分

發信課　内務省防犯課　小山屬

殺人事件ニ關シ調査方ノ件

記録篇

津山署管内殺人事件ニ關シ左記事項ノ大要判明セル限リ御報告相成度

記

一、被害者ノ氏名等
二、被疑者ノ素行、來歴、家庭ノ狀況
三、殺害ノ狀況
四、警察、村民ノ連絡活動狀況

昭和十三年五月二十一日
午後六時
發信署名　津山警察署
發信者名　臼井警部補

都井睦雄殺傷事件被害者判明ノ件

苫田郡西加茂村大字行重
■ノ四女
寺■
大正六年生

右者都井睦雄ノ殺傷事件被害者トシテ輕傷加療中ナルコト判明致シタルニ付此段及報告候也

昭和十三年五月二十二日
午前二時三十分
發信署名　津山警察署
發信者名　臼井警部補

殺傷事件重傷者死亡ノ件

苫田郡西加茂村大字行重
寺■
當五十六年

右者都井睦雄ノ殺傷人事件被害者トシテ加療中ノ處二十一日午後八時五十二分頃遂ニ死亡致シタルニ付此段及報告候也

昭和十三年五月二十六日
午後〇時四十五分
發信署名　保安課
發信者名　下山

銃砲調査ノ件

大阪市東區内本町二ノ三六
西村銃砲店

右商店ニ本年四月二十五日午後二時半頃勝田郡勝加茂村字楢、西山正雄ノ認印ヲ持テ至リ

一、中古ブローニング五連發銃	一挺
二、銃サック	一
三、ケース詰替器	一
四、油（銃ノ手入用）	一

ヲ購入シ代金百六十圓ヲ支拂ヒ同日ハ大阪市南區心齋橋ホテルニ宿泊シ立去リタルモノアリ、五月一日前記銃ヲ持チテ西村商店ニ至リ「調子カ惡イカラ二十五日ニ見タ他ノ分ト替ヘテ呉レ」トテ百四十五圓ノ同種ノ銃ヲ買ヒ同日午後四時頃ノ汽車ニテ歸ルト稱シ立去リタリ。其ノ際此ノ頃何ニスルカト訊ネタルニ「クレー射撃ニ使フ」ト稱シ居タリ

昭和十三年五月二十七日

發信署名　津山警察署

發信者名　山本

事實調査報告

一、

苫田郡西加茂村大字行重字貝尾

岸■

當五十三年

右ハ本年五月四日頃薪樵ニ行ク途中西加茂村大字行重字鑪原一四三〇番地内同郡東加茂村有林（貝尾部落カラ南ヘ約二十町程山道ヲ登リタル地點ニシテ同郡高田村トノ境界ニ近キ附近）ノ約三十年生位ノ松ノ木ノ根元ニ散彈十二發、猛獸狩獵用彈四十四發ヲ射擊シ居ル彈痕ヲ認メタリ。尚其ノ松ノ木ヲ去ル五、六間ノ地點ニ平坦ナル所アリテ其處ヨリ松ノ木ヲ狙ヒ射擊ノ練習ヲ爲シタルカ如キ状況ニ在リ。以上ノ事實ヲ現認シタル岸■ハ當時何等意ニ付セス經過セリ。尚二月中旬頃同所ニ於テ數日連續シテ銃聲ヲ聞キタルモ何等意ニ留メスアリシモノナリ。其ノ後都井睦雄殺人事件發生シ事件ト右事實ヲ綜合考察スルニ都井カ兇行ヲ企圖シ射擊ノ練習ヲ爲シタルモノト認メラル。尚命中彈痕四十四、五發アル點ヨリ考察シ約九十發位ハ射擊シ居ルモノト認メラレル。

二、本年三月下旬頃犯人都井睦雄ハ自己カ飼養セル獵犬ヲ撲殺シ同村大字坂本、岡■方ニ於テ同人夫婦及同村今■、高■ト共ニ食ヒタル事實アリ

昭和十三年五月二十一日

午後八時

發信署　津山警察署

發信者　霜山

事實調査方ノ件

兵庫縣神戸市灘東區楠町二丁目

高橋銃砲店

右銃砲店ニ於テ番號一七四二九六號ブローニング十二番徑、五連發九連發裝置ノ銃砲ヲ誰ニ賣ツタカ御調査ノ上御回報相煩度

回答要旨

苫田郡西加茂村行重
都井睦雄

右者二月二十三日正午頃、十二番口、五連發ブローニング番號八二二四七號ノ中古獵銃ヲ持チ來リ新品ト取換ヘ呉レトノ注文アリタルニヨリ右中古獵銃ヲ八十圓ニテ買取リ百十圓ノ追金値段トシテ前記同式同樣ノ新品獵銃ヲ賣リ同日代金五十圓不足ノ爲代金引換小包ニテ送付シタリ。後二十八日不足代金五十圓送付シ來レリ、其ノ後一ケ月後（三月下旬）氏名不詳（年齢四十位）自稱津山獵友會副會長松月旅館主ト云フ者カ右新品獵銃ヲ持參シ來リ都井ハ最近頭カ變タカラ銃ヲ賣ツテハ危險テアル。此ノ銃モ危險ニ付私カ取上ケテキルト云ツテキタ。三月末日都井カ再ヒ來リモウ一挺銃ヲ賣ツテ呉レト言ツテ來タカ前記危險性カアル樣子ヲ聞イテキタ故賣ルコトヲ拒絶シタ。同店ヨリ都井ニ賣ツタ銃ハ松月旅館主ト云フ人カ所持シテキルモノノ樣子ナリ。御照會ノ銃ハ當店ヨリ販賣シタルモノニ非ス

昭和十三年五月二十三日
午後五時
發信課　大阪府刑事課
發信者　福井

事實調査方ノ件

岡山縣苫田郡西加茂村大字行重
都井睦重
當二十二年

右者ニ係ル殺人竝殺人未遂被疑事件ニ關シ必要有之候條左記事項御調査ノ上至急御回答相煩度此段及照會候也

左記

一、本年二月十三日以降ニ於テ右被疑者（中柄ノ男）カ大阪市內銃砲火藥類販賣業者方ニ到リ

1 第一七四二九六號、中古ブローニング十二番口徑五連發ニ實砲九個ヲ裝塡シ得ル裝置ヲ施シタル銃ヲ買求メタル事實ノ有無

2 其ノ際獨乙製アイデアル猛獸狩獵用實砲百發位ヲ買求メ居ラサルヤ

3 其ノ際被疑者カ火藥ト雷管付ケースヲ持參シ充塡ヲ依頼シ又ハ充塡用器具ヲ借リ受ケ自ラ充塡シタルカ如キ事實アリヤ

大阪市北區曾根崎上三丁目松原銃砲火藥店ニアイデアル猛獸狩獵用實砲ヲ販賣賣却セル事實アリ、之ニ付調査ヲ乞フ

昭和十三年五月二十七日
刑事課
警部補　小坂田俊太

岡山縣刑事課長殿

事實調査ノ件

依命大阪市内ヘ出張都井睦雄カ兇行ニ使用シタル銃竝實丸ノ出所ヲ調査シタル結果左記ノ通リ判明候條此ノ段及報告候也

左記

一、大阪市北區曾根崎上三丁目
合名會社　松原商店
（火藥商）

ニ付調査スルニ實丸ハ獨逸製猛獸狩獵用實丸ニシテアイデアルト言フ實丸ノ模造品ニシテ該模造品ノ製作者ハ市内ニ三名アリ

湊區東田中町八丁目四三
磯村嘉七

北區梅ケ枝町二〇六
菅根佐市

東區槍家町二番地
高橋竹一

ノ三名ナルコト判明シタルヲ以テ右三名ニ付調査スルニ都井睦雄カ兇行ニ使用シタル實丸ハ磯村嘉市ノ製作シタモノナル事判明ス

磯村カ該實丸ヲ販賣セル先ハ

市内高麗橋五丁目一〇
株式會社　岡田商店

市内東成區國津町
島田商店

市内東區内本町
岡田銃砲店

市内西區京町通リ五丁目
栗谷商店

市内西區京町通リ四丁目二五
日本商事株式會社　大阪支店

ノ五商店ナルコト判明シタルヲ以テ右商店ヲ順次調査シタル結果四月二十四日前記栗谷商店ヘ年齢二十四、五歳位ノ黒詰襟洋服ヲ着、中折帽ヲ冠リタル男來リ店員ニ對シ人カラ頼マレテ來タノタカ、アイデアルノ實丸百發賣ツテ呉レ、害獸ヲ驅除スルノニ使用スルノタト申込ミタルモ相場ノ開キニテ其ノ日ハ買ハスシテ歸リ更ニ其ノ翌日同店ヲ訪レアイデアル實丸百發代十二圓及ケース保管器一個代一圓ヲ買求メ店員ノ問ニ對シ西山正雄ナリト自稱シテ立去リタル事實アリ

店員ノ言ニ依レハ其ノ男ハ言葉ノ訛カ大阪附近ノ者ニアラストノ事ニシテ以上ヲ綜合考察スルニ都井睦雄カ僞名セルモノト認メラル

二、同市東區内本町三丁目三六
火藥商 鷲見敏彦

方ヘ本年四月二十五日午後二時半頃、岡山縣勝田郡勝加茂村大字楢、西山正雄ト自稱スル丈五尺一寸位ノ丸顔目稍細キ頭髪五分刈黑詰襟ヲ着シタル男來店シ中古ブローニング十二番口徑獵銃一挺代百六十圓ヲ買求メポンプ式詰替器一個、銃サック一挺分、油一罐ヲ貰受ケ立去リ其ノ晩南區心齋橋ホテルヘ宿泊シタリ

同年五月一日自稱西山正雄ハ右銃ヲ持參シ鷲見方ニ至リ銃ノ調子カ惡イカラ交換シ呉レト稱シ中古ブローニング十二番口徑代百四十五圓ノト交換立去リタル事實アリ、勝間田署ノ調査ノ結果西山正雄ナル該當者ナク人相其ノ他ヨリ都井睦雄カ僞名シ居ルモノト認メラル

三、兵庫縣神戸市湊東區楠町二丁目
高橋銃砲店

ニ付調査スルニ五月十二、三日頃都井睦雄ハ同店ニ至リ補增彈倉ノ調子カ惡イカラ修理シテ呉レトテ持參セシ補增彈倉（同器ハ本年二月九日高橋銃砲店ニテ買求メタルモノ）ノ修理ヲ爲サシメ立去リタル事實アリ

昭和十三年五月二十七日

津山警察署長

岡山縣警察部長殿

殺人事件領置物件ニ關スル件

昭和十三年五月二十一日苫田郡西加茂村大字行重七七九番地都井睦雄殺人事件ニ關スル領置物件本年三月十二日領置ノ物件及五月二十四日犯人宅検索ノ結果領置物件別紙目錄ノ通ニ有之候條此段及報告候也

目錄

昭和十三年五月二十一日領置ノ分

一、五連發獵銃（九連發裝置）	一挺
一、日本刀	一口
一、匕首	二口
一、斧	一挺
一、雜囊	一個
一、自轉車ナショナル電燈	一個
一、小型圓筒形懷中電燈	二個
一、猛獸用實砲	十九個

（屍體現場ニ於テ十三個、被害者方附近ニ於テ六個）

内、（内務省ニ於テ一個、津山支部豫審ニ一個、當署ニ一個 各保管）

一、藥莢 五個

一、散彈實包 一個

（屍體現場ニ於テ）

一、革帶 一個

目録

昭和十三年三月十二日領置ノ分

當署ニ於テ保管中ナリシモノ

一、日本刀 一口

一、匕首 一口

（加茂町役場ニ於テ倉庫内ニ保管中、五月二十三日當署ニ持歸リタルモノ）

一、猛獸用實包 八十一個

（當署ニ於テ研究ノ爲使用一個）

一、散彈實包 三百十一個

一、雷管付藥莢 百十一個

一、雷管 百二十六個

一、火藥 五十匁

一、獵銃 三挺

（二挺ハ當署ニ保管シ居レリ）

一、鉛彈 五十匁

昭和十三年五月二十四日犯人宅ヲ檢索ノ結果本人宅二階及ヒ座敷床下等ヨリ發見シタル主ナルモノ左表ノ通リ

左

發見場所	發見品名	數量	備考
二階天井上	日本刀身	二	
納戸長持内	日本刀柄	一	
表板ノ間	藥莢付チョッキ	一	
二階道具箱	火藥裝填器	一	
二階	藥莢帶	一	
二階建天井上	銃掃除器	一	
同	藥莢	一七	
床下	マーズ無煙火藥入空罐	二	

記錄篇

同	散　彈	一罐、一袋
同	青箱入紙製玉押	一一
二階蓮天井上	紙包黒色火薬	約二瓦（五分二）

昭和十三年五月二十八日

津山警察署長

岡山縣警察部長殿

殺人事件捜査狀況ノ件

苫田郡西加茂村都井睦雄ニ係ル殺人事件ノ捜査狀況第二報別紙ノ通リニ有之候條及報告候也

（別紙ハ以下ノ通）

一、犯人ノ性行、經濟狀態

犯人幼少ノ頃ハ加茂町倉見ニ相當ノ資産ヲ有シ何不自由ナキ家庭ナリシカ祖母ハ倉見ノ如キ僻地ニテ養育スルハ可愛想ダト自分ノ生地ニ連レ轉居シタルモノナルカ犯人ハ病弱ニシテ加フルニ祖母ハ老齢、犯人ハ仕事セス療養其ノ他ニ相當ノ出費ヲ要シ爲ニ資産ヲ殆ト蕩盡シ現在ハ僅ニ田三段六畝程ト家屋敷ヲ所有スルノミニシテ而モ之ヲ擔保ニシテ借受ケタル一千二百餘圓ノ負債ハ支拂ノ見込スラナク經濟的ニモ全ク行キ詰リ居レル狀態ニ在リ

註　犯人ハ一錢ノ所持金スラナク家屋內ニ僅ニ、六十六錢ノ現金ト簡易生命保險ノ通帳一冊アリタルノミニシテ經濟的ノ行詰リ居リシコトヲ窺知サルルナリ

二、犯人飼犬ヲ殺シテ食シタル狀況

昭和十三年三月下旬頃犯人ハ居村大字行重字貝尾山林ニ於テ豫テヨリ自宅ニ飼育シ居リタル獵犬一頭ヲ撲殺シ其ノ肉ヲ同村大字行重字坂本ノ今回ノ被害者岡■方ニテ岡■夫婦及ビ同村今■、高■等ト共ニ會食シタル事實アリ

三、電燈線切斷ノ狀況

五月二十日夜西加茂村大字行重字貝尾部落ノ電燈線ハ同村字石山線ノ八番及ヒ貝尾線五番、六番ノ電柱附近ヲ四ケ所切斷サレ終夜暗黒ナリシモノニシテ犯人ハ此ノ間ニ慘劇ヲ敢行シタルモノナリ、仍而何人ノ所爲ナルヤヲ調査スルニ當日午後五時頃同村字石山部落ノ内田寛一カ同所田圃ニテ作業中五月二十日午後五時頃黒ノ洋服ヲ着用シタル一名ノ男カ同所ノ變壓器附着ノ電柱（後ニ調査スルニ電線ヲ切斷シアリタル石山線八番）ニ登リ何事カヲ爲シ居レルヲ認メタルモ其ノ當時ハ電工ノ如ク思ヒ居リシカ後ニ至リ犯人都井睦雄ニ酷似シ居リタル旨陳述シタリ、尚此ノ方面ノ電燈擔任者タル加茂水力電氣株式會社加茂散宿所大山庫治ニ付調査スルニ當日會社ニ於テハ斯ル電燈線ノ斷線ハ勿論工夫ヲシテ其ノ方面ノ電柱ニ登ラシメタル事實ナキコト判明シ恐ラク犯人ノ所爲ナリシコトハ相違ナキモノト認メラル

尚貝尾部落ノ寺■方前ノ電柱ニ凭セアル梯子ハ右寺■カ同夜電燈カ點火セサルヲ以テ自宅ノ梯子ヲ掛ケ電柱ニ登リ變壓器ノ狀況ヲ確メタルモノニシテ犯人及電燈線ノ切斷等ニ何等關係ナキコト判明シタリ、電燈線ハ鋭利ナルペンチ樣ノモノニシテ切斷シタルモノト認メラルルモ犯人宅ニ於テハ發見スルニ至ラス

四、犯人ガ使用シタル兇器

1 ブローニング自動式九連發銃（五連發ヲ九連發銃ニ改造シタルモノ）

犯人ハ犯行ニ主トシテ之ヲ使用シタルモノニシテ之ガ入手經路不詳ニテ極力調査中、遺書ニ依レバ大阪方面ヨリ入手シタルモノノ如ク記載シアルモ其ノ經路亦不詳

2 日本刀

犯人ハ本月十五、六日頃苫田郡東加茂村大字桑原齒科醫伊藤光藏ヨリ金三十圓ニテ購入シタルモノニシテ當時刀身ハ既ニ腐キアリシモノニシテ犯人ハ之ヲ使用シテ岸■等ヲ切創殺害シタルモノノ如ク一見刀身ニ血液附着ノ模樣ナカリシカオキシフルニ依リ化學的檢查ヲ爲スニ血液附着セルコト判明セリ

3 匕首二口

之ガ入手ノ經路不詳、目下調査中

4 猛獸射撃用ノ彈丸

入手經路不詳、遺書ニ依レバ大阪方面ノ如シ、調査中

5 雷管附藥莢及ビ火藥

三月十三日居村ノ狩獵免許者今■三十年ニ對シ狩獵免許證ヲ遺失シタルニ依リ火藥ヲ買來リ呉レト詐ハリ津山市二階町片山銃砲火藥店ヨリ雷管附藥莢百個、マーズ無煙火藥（二〇〇瓦）一罐ヲ買ハシメタルモノ今■ニ付テハ銃砲火藥類取締法違反ノ被疑者トシテ記錄ノミ檢事局ニ送致シタリ

五、犯人宅ノ捜索

五月二十四日犯人宅ヲ檢索ノ結果本宅二階及ビ座敷、床下等ヨリ左記ノ物件ヲ發見シタリ

發見ノ場所	發見品名	數量	備考
二階建天井上	日本刀身	二	
納戸長持内	日本刀柄	一	
表板ノ間	藥莢付チョッキ	一	
二階道具箱	火藥裝塡器	二	
二階	藥莢帶	一	
二階建天井上	銃掃除器	一	
同	空藥莢	一七	
床下	マーズ無煙火藥二〇〇瓦入空罐	一	
同	散彈	一罐	
二階建天井上	紙包黒色火藥	小量	約二瓦弱
同	青箱入紙製彈丸押	一	

六、犯人ガケースニ火藥ヲ裝塡スル道具ヲ被疑者方ニ置キ居ルヤ否ヤノ檢索

七、山林中ニ於テ火藥ヲ裝塡シ居タル事實ノ有無

右六、七ノ事項ニ對シ被疑者宅ノ檢索竝貝尾部落ニ於テ捜査ヲ爲シタルモ判明セス、右ニ關シ津山市西今町銃砲火藥店平岡與平治方ニ就キ捜査シタル結果犯人カ本年四月中旬頃平岡火藥店ニテ

1 詰替器　一個　代二圓
2 保護器（火藥ヲケースニ詰込ム器具）　一個　代八十錢
3 口卷器　一個　代四圓

ノ三點ヲ購入シ約一週間ノ後、詰替器、保護器ノ二點ハ同店ニ返却シタル事實アリ、之カ犯人ナルコトハ同事件發生後新聞紙上ニ掲載サレタル犯人ノ寫眞ヲ平岡火藥店ニ於テ見タル結果斷定サレタルモノニシテ恐ラク犯人ハ右一週間位ノ間ニ該器具ヲ使用シ自宅二階ニ於テ窃ニ彈丸ヲ裝塡シタルモノト認ム

八、山林中ニ於テ射撃ノ稽古ヲ爲シタルヤ否ヤノ有無

犯人ハ本年二月上旬頃前後ニ於テ附近山林中ニ於テ射撃ノ稽古ヲ爲シタル事實アリ、左記ニ因ツテ之ヲ斷定スルヲ得ヘシ

記

一、場所

苫田郡西加茂村大字行重字鈴原一、■番地（東加茂村有林）

二、射的ノ目標ト爲リタルモノ

松ノ木（約三十年生立木）　別紙圖示

三、發見人、住所氏名、年齢、發見年月日

昭和十三年五月四日薪樵リノ歸途

苫田郡西加茂村大字行重字貝尾八六八
雜業　岸■
當五十三年

四、被疑者カ射的ヲ爲シタリトナス理由

該松ノ木ハ犯罪地貝尾部落ヨリ南ニ約二十町ノ山道ヲ登リ苫田郡高田村界ニ接シタル山頂ニ位置シ居ルモノナルカ本年二月中旬頃數日連續シテ該場所方面ヨリ貝尾部落ノ岸■方ニ銃聲聞エタルコトアリ、當時津山中學校生徒ノ演習ナラント考ヘ居タルモ犯人カ獵銃ヲ以テ殺傷事件ヲ敢行シタルニ及ヒ同人ノ平素ノ行動等ヲ綜合シ該場所ニ於テ射撃ノ練習ヲ爲シタルモノト認ムルコトヲ得

五、射撃練習ノ要領

該松ノ木ヨリ約五間位離レタ個所ハ山道ニ沿ヒテ約二坪位ノ間平坦ト爲リ射的場所トシテハ好適ノ場所ナルヲ以テ此ノ平坦ナル地形ヲ利用シ四、五間位ノ前方ニ松ノ木ヲ的トシテ射撃シ居タルモノト認ム

六、射撃用ノ彈丸竝數量

彈丸ハ一、二發散彈ヲ用ヒタリト認ムルノ外ハ猛獸用實彈ノ如ク思料サレ命中部位ニハ多數ノ鉛ノ破片喰込ミ居レリ、命中彈數ハ別紙圖面ニ圖示スル如キ算定方法ニテ四十五發位ト思料サレ發射彈半數命中シタリト假定シ約九十發位ノ彈丸ヲ發射シタト認メラル

九、被害者遺族ニ對スル村當局ノ救援狀況

事件突發スルヤ村當局ハ直ニ緊急村協議會ヲ開催シ其ノ後續イテ二回開催シ應救措置竝遺家族救援ニ付テ協議シ左ノ措置ヲ講シ居レリ

（一）納棺、葬具ヲ調製シ各被害者ニ配布ス

（二）見舞金トシテ一人ニ五圓宛ノ香奠ヲ爲ス

（三）合同葬ハ不可能ナル爲各個ヲ順次ニ僧侶ヲシテ送葬セシム

（四）各被害者ニ於テハ養蠶飼育中ニシテ其ノ數量約百枚位之ハ養蠶實行組合ニ於テ引受ケ分配シ飼育ノ措置ヲ講ス

十、被害者ノ田地耕作竝其ノ他ノ措置

各被害者ニ於ケル田地、畑地等ノ耕作ニ付テハ夫レ夫レ親族協議シ措置ヲ講シ居レリ、尚又麥ノ收穫ハ多キ家ニテ十俵掛ナキハ五、六俵ニ過キス、措置ニ困難ナシ、而シテ各被害者ニ於ケル耕作地等別表ノ通ニシテ一家全滅サレタル以外ノ被害者ハ勞力ニハ影響スルモ耕作上ニハ大ナル支障ナシ

被害者所有田畑	死者	生存者	摘要
田六反三畝 畑四反六畝	寺■■ 同■	寺■■ 同■	■ノ弟■十八年カ出稼先岡山市ヨリ歸郷耕作スルモノ
田六反三畝 畑四反三畝	寺■ 同■ 同■ 同■ 同■ 仁■	生存者一名	■ニ女カ京都西陣ニ出稼セルモノニシテ歸郷シ後繼シ自作スルモノトス
田一町二畝 畑一反一畝	西■ 内妻■ ■ ■	生存者ナシ	親族會議ヲ爲シ措置ヲ講スヘク考究中、遺産ニ付テ親族間ニ於テ爭ヲ生スル虞アリ村當局トシテモ之カ善處ノ方法ヲ講シ場合ニ依リテハ調停スルノ意嚮アリ
田二反一畝 畑一反一畝	岸■ ■ ■ ■	岸■	■ハ目下海軍ニ志願入營中ニシテ滿期迄ハ部落ノ者ニ宛作ヲ爲スコトトナシ居ルモノ
	岸■ 内妻西■ 寺■	岸■	老婆■一名重傷ヲ負ヒ生存シ居ルノミ親族間ニ遺産爭ヲ生スルノ虞アリ、村當局トシテ調停善處スル意嚮

被害者中

池■寺　寺■　岸■　波■

寺■　寺■　岡■　寺■

ノ八戸ハ耕作其ノ他ニ於テ支障ナシ

十一、犯行前ノ動靜

五月十二日犯人カ茶色風呂敷包ミヲ所持シ神戸邊ノ往復切符ニテ一番列車ニ乗リ終列車ニテ加茂驛ニ歸リタルヲ加茂驛荷物係リ西山一二三カ目撃セリ、尚犯人ハ四月十日、四月十七日、四月二十五日、五月一日、何レモ大阪迄ノ往復切符ニテ一番列車ニ乗リ終列車ニテ加茂驛ニ下車シタル事實アル旨同驛出札係永久幸男ハ語リタリ

十二、消防組ノ活動

捜査ノ援助ヲ爲シタルハ

津山市	組頭以下　四一名	高倉村	組頭以下　六五名
高野村	同　一五〇名	上加茂村	同　二五〇名
加茂町	同　二〇〇名	上齊原村	同　六三名
香々美南村	同　一〇〇名	香々美北村	同　一七〇名
神庭村	同　一〇〇名	西加茂村	同　一八〇名
高田村	同　六〇名	東加茂村	同　二〇〇名

合計　一、五七九名

備考

上齊原消防組第二部消防手草刈良行當二十二年ハ警備配置個所ニ自動車ニテ急行途中谷川ニ顚落シ頭部ニ治療十七、八日間ヲ要スル裂傷ヲ負ヒ目下津山市田町小野病院ニ入院加療中ナリ

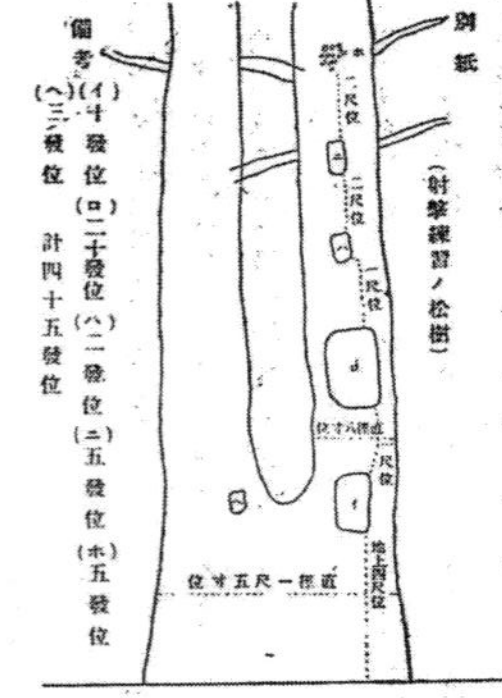

報告

昭和十三年七月十四日

津山警察署長

岡山縣警察部長殿

三十餘人殺傷事件ヲ繞ル事後ノ狀況ニ關スル件

管下西加茂村ニ於テ發生シタル三十餘人殺傷事件ハ社會ニ一大衝動ヲ與ヘタルカ事後ニ於ケル本問題ヲ繞ル民間ノ意嚮、同部落ニ於ケル恐怖狀態、竝ニ警察ノ措置ニ對スル意嚮ヲ內査スルニ左記ノ通ニ有之候條此段及報告候也

梗概

社會ニ及ホシタル衝動ノ大ナリシニ比シ同村以外ノ地方ニ於テハ各種會同、湯屋、理髮店等ニ於ケル會談、他地方ヨリノ入來者ヨリノ質問等ニ依リ當時ノ情況ヲ想起シテ語リ合フ程度ニシテ概ネ遺忘ノ度ヲ深メツツアリ

蓋シ支那事變擴大乃至出征將兵ヘノ關心大ナル方面ヘノ轉換ト認メラル

一、部落ニ於ケル恐怖ノ狀態

前記ノ如ク一般社會ハ遺忘ヘノ一途ヲ辿リ不安解消ニ赴キツツアルモ同部落ニ於テハ慘劇ノ跡ヲ物語ル建築物ノ彈痕、家具、什器等ヘノ血痕、部落內所在新墓標ノ目ニ映スル等ノ外犯人ノ居宅ヲ初メ二家鏖殺ノ慘禍ニ遭ヒタル家屋ノ空家四戶ヲ生シ居レル等一抹ノ寂漠ハ當時ヲ想起スルノ環境ニ在リ、爾來夜間ハ孰レモ戶ヲ閉シテ施錠ヲ爲シ已ムヲ得サル用件ノ外單身外出スル者尠ク今尙恐怖ノ狀態ヲ持續シツツアリ

二、業務ニ對スル反映

被害部落ハ純農ニシテ概ネ生活ハ豐カナルモ當該事件ニ依リ當時飼育中ノ春蠶ハ大部分之ヲ放棄スルノ餘儀ナキニ至リ又挿秧モ若干遲延シ全家被害ノ家ニ在リテハ親族近隣ノ扶助ニ依リ概ネ豫定ノ挿秧ヲ完了シ業務澁滯等ハ之ヲ認メスト雖同部落內ニ點々麥ヲ刈取リタル儘之カ措置ヲ爲ササルモノアルヲ認ム

三、警察ノ措置ニ對スル意嚮

本年三月十二日犯人都井睦雄ノ直接ノ隣家タル、

同村役場書記　西■■
農　　夫　寺■■
同　　　　寺■■
同　　　　寺■■

ノ四名ハ加茂巡査駐在所ニ今田巡査ヲ訪ヒ犯人ノ洩シタリト云フ多數人殺害計畫ヲ審ニ申告シ之カ豫防對策方ヲ急訴シ當日本屬署ヨリ臼井警部補以下三名出張今田巡査ト共ニ犯人ヲ取調ヘタル際現ニ刄渡九寸五分ノ短刀ヲ懷中ニ穩匿シ居リタルノミナラス猛獸射殺用彈丸ヲ石油箱ニ一杯發見スル等ノ事實アリタルモ駐在所ニ於テ僅々二、三時間ノ取調ヲ以テ之ヲ釋放サレタルハ前記申告者ハ固ヨリ近隣ノ者ハ極メテ奇怪トシ物足ラサル感ヲ一樣ニ持シタルトコロニシテ殊ニ今田巡査ニ對シ上司ヨリ一部民ノ片言ヲ聞キテ之ヲ過信シ輕卒ノ措置ナリトシテ叱責ヲ與ヘタリトノ聲ハ部落內ニ滲漫シ部落民ニ於テモ今田巡査ニ對シ著シク同情ヲ寄セ居リタル事實アリ

且這回ノ結果ノ大ナリシ爲若干事實ヲ誇張シテ敍上ノ事實ヲ流布スル等ノ關係アリ、當時警察措置ノ不徹底ナリシニ著シク不滿ヲ有シ遂警罪事案ノ取調ト比較シテ今日尙批判的態度ヲ持スル者アルモ當時ノ署長、警部補ノ退職ニ依リ事態ヲ解消シ之亦漸時遣忘ノ狀態ニ移リツツアリ、今其ノ批判的言動中代表的ト認メラルルモノヲ擧示スレハ次ノ如シ

1、同村役場書記　西■

私ハ本年三月十日頃近隣ノ寺■（當時同村役場臨時書記）カ村役場內別室ニ私ヲ招キ寺■、寺■等ヨリ犯人睦雄ノ動靜ニ付テ申告ヲ受ケタ事實ニ付テ委細相談ヲ受ケタノテ當時加茂巡査駐在所ニ今田巡査ヲ訪ヒタルモ不在ナリシ故更ニ東加茂巡査駐在所ニ米澤巡査ヲ訪ヒ要旨ヲ話シ今田巡査ト相談ノ上對策ヲ講セラレ度イト依賴シタリ

仍不安ナリシヲ以テ犯人睦雄ノ言動ヲ直接見聞シタ寺■、寺■、寺■等ヲ明日駐在所ニ差向ケルヲ以テ委細聽取ノ上對策ヲ急カレタシト稱シ翌三月十二日午前八時頃前記三名ヲ差向ケ殆ト午前中對策ヲ談議シ仍重大事案トシテ中塚村長ニモ其ノ要旨ヲ話シ部落民カ何トハナク不安ニ襲ハレテキルコトヲ直感シ居リタルトコロ同日午後臼井警部補以下三名自動車ニテ出張シテ來ラレ現ニ犯人都井睦雄カ短刀ヲ所持シ居ル事實、及銃器、彈藥、日本刀ヲ發見シ乍ラ僅々二、三時間ニテ釋放サレタルコトハ他ノ事案取調上ニ於ケル熱意ノソレト比較シテ餘リニモ輕視サレタ事ハ返ス返スモ遺憾ニシテ事件ノ結果カラ批判スルノテハナク當時ノ空氣ノ相當險惡テアツタ事ハ拒メナイ事實デアツタ、

2 犯人ノ隣家　農業　寺■

睦雄ハ左樣ニ大シタ病氣テモナク小サイ時カラ養育シテ吳レタ祖母ニ對シ毒殺ヲ企テタトノ聞エアリ、猛獸彈ヲ所持シ居タル事實、短刀ヲ懷中シ居タル事實等動カスヘカラサル犯罪事實ヲ認メ乍ラ本年三月十二日警察署カラ幹部以下數名カ來タ時ノ如キハ肝腎ノ犯人睦雄ハ今田巡査一名ニ徒歩テ同行サセ幹部ハ一足先ニ自動車テ歸ツタモノテ自分等ハ夫レヲ見テ大變不都合ノ事タト思ツタモノテアル

之カラ見テモ當初カラ事件ヲ輕視シテ居タ事カ窺ハレ殊ニ慘劇直後警察ノ幹部カ唯々犯人ノ遺書丈ヲ以テ事件ヲ判斷シ今回ノ慘劇カ部落民ノ責任テアルカノ樣ニ新聞紙ニ報導サセ自分達ノ輕卒ナ取調ニ原因ノアル事ハ棚ニ上ケテ居ル等ハ全ク身勝手ノ事タ、新聞紙ニ報導サレタ事ニ付テハ各本社ノ方ヘ後日折衝スル心算テスト語リ居レリ

其ノ他ノ被害者遺家族竝一般部落民ハ本年三月十二日警察當局カ今少シ嚴重ニ取調ヘテ吳レテ居タラ斯樣ナ慘劇ハ起ラナカツタテアラウ、卽チ此ノ農村ノ純眞ナ青年カ何ノ爲ニ短刀ヤ日本刀ヲ持ツテアラウカ狩獵ヲ願ツタ初メノ年カラ猛獸狩カ出來ルテアラウカ、又此ノ地方ニ果シテ猛獸カ居ルカ什ウカ、素人テモ直クニ判ル事タ等ト大同小異ノ意嚮ヲ有シ三月十二日ノ取調ノ不徹底ナリシ事ニ對シ之ヲ恨事トシテ已マサル狀態ニ歸結ス

四、計畫的犯行ナルコトヲ認定スル事實

犯人都井睦雄カ慘劇ヲ決意シタルハ旣往ニ於ケル 動靜其ノ他ノ片言ヲ綜合シテ之ヲ推知スルコトヲ得ヘク卽チ

（イ）昭和十二年四月其ノ所有ニ係ル田三段二畝ヲ一番抵當トシテ農工銀行ヨリ金四百圓ヲ借受ケ居レル事實アリ

（ロ）昭和十三年一月右田地ヲ二番抵當トシテ同村岡■ヨリ金六百圓ヲ借受ケ生活費及醫藥料、銃器彈藥購入費ニ充テタル事實アリ

（ハ）豫テ情交關係アリタル寺■夫妻■等一家カ本年三月末頃京都府下ニ轉住以來犯人睦雄ハ居宅二階ニ引籠リ蓋策ヲ强メタル傾向アリ

（ニ）本年三月七日頃ノ午後六時頃犯人睦雄ノ動靜ニ不審ヲ抱キタル寺■及寺■ノ兩名ニ對シ犯人睦雄ハ「君ノ家ニ鐵砲カ在ルサウナカ、一度見セテ呉レヌカ、都合テハ賣ツテ呉レヌカ」ト申込レタル事實アリ

（ホ）睦雄ノ祖母■ハ隣人寺■ニ對シ「近頃睦雄ノ態度カ變ナノテ俺サモ殺サレルナサウナ氣カスル」ト語リタル事實アリ

（ヘ）犯人睦雄ハ寺■ニ對シ數度ニ亙リ「若シ自分カ大事件ヲ起シタラ地元ノ者カ警鐘ヲ打ツテ集マルカモ知レヌカラ警鐘ヲ陣シテ置ク必要カアル、警官、消防組員等カ出テ來テモ逃ケルノニ第一陣地、第二陣地ト云フヤウニ計畫ヲシテ置イテ來ル者ハ擊殺シテ仕舞フカラ自分カ自決スル迄ハ捕ヘラレル樣ナ事ハナイ」ト語リタル事實アリ

（ト）昨年七月以來日支事變ニ付テ部落ヨリノ出征兵士ノ歡送及武運長久祈願等ニ一度モ參加シタルコトナク近隣ニシテ今次ノ被害者寺元■ヨリ注意ヲ受ケタル事實アル等狩獵ト稱シテ外出シ得ル程度ノ健康ヲ保持シタルニ不拘日支事變ニ關心ヲ有セサリシ事實

以上ノ諸點ヲ綜合考察スルニ概ネ昨年四、五月頃ヨリ計畫ニ着手シタルモノノ如ク想像セラル

五、犯行ノ原因トシテ云爲セラレツツアル事項

犯行ノ原因ニ付テハ種々云爲セラレツツアルモ其ノ代表的事項ヲ擧示スレハ次ノ如シ

（イ）痴情問題ヲ繞ル怨恨關係

犯人都井睦雄カ寺■夫妻■及岡■妻■ト情的交渉アリタルコトハ村民ノ認ムルトコロナルモ其ノ他ハ概ネ道聽ニ依ル風評ニ止マリ當時之ヲ知リタル者ナク岡■一家鏖殺ハ痴情關係ヲ繞ル怨恨ナルコト判然シタルモ他ハ若干ニテモ反感ヲ有スル者及所謂傍杖ヲ喰ヒタルモノト認メラレ村内全般ニ風紀著シク頽廢セリト認メラルル具體的事實ナク犯人ノ病的好色者タリシハ今日ニ於テモ全部落民ノ異論ナキトコロナリ、風紀問題ニ關シ同部落内ニ於ケル有識者タル同村役場書記西■ハ

當時新聞紙上ニ部落内ハ風紀甚タシク頽廢シ淫奔ノ氣風部落内ニ漲リ居ルカノ如ク報導セラレタルハ洵ニ遺憾ニシテ斯ノ如キ事實ハ存在セス、其ノ要旨トシテハ

(1) 玆三十年來戀愛關係ニ依リ夫婦關係ヲ結ヒタルモノ僅カ一件ニ過キス

(2) 自分ノ知ル範圍ニ於テ戀愛關係ニ依リ墮落ヲ爲シタル事實ナシ

(3) 部落内ニ於ケル結婚ハ從兄弟關係ニ於ケルモノ二件アルノミニテ其ノ他ハ孰レモ普通狀態ナリ

(4) 戀愛關係ニ因ル殺傷事件乃至喧嘩等ノ事實最近ニナシ

(5) 私通關係ニ依ル私生子ヲ生ミタル者ナシ

(6) 年頃ノ小女又ハ寡婦等ノ宅ヘノ夜遊所謂夜這ナル事實ナシト語リ

以上ノ事實ヨリ察シテ全部落ノ風紀廢頽カ這回慘劇ノ素因トハ認メ難キ情況ニ在リ

（ロ） 流言蜚語ニ依ル關係及其ノ情況

地元ニ於テハ前記ノ如ク恐怖ノ空氣ハ今尚存續スルモ流言蜚語ノ發生地トシテハ却テ津山市方面ヨリ貝尾部落ニハ幽靈カ出ルソーナ、トノ流言ノ逆移入ヲ見ツツアリ、本年上旬、住所氏名不詳ノ祈禱者カ來リ、此ノ部落ニハ惡イ狸カ出テ人心ヲ眩惑セシメテ居ルノテ其ノ惡魔ヲ拂ヒ除ケテ上ケル云々、ト稱シタル趣ナルモ對手ニシタル者ハ極メテ尠シ、六月十日頃津山市ヨリ日蓮宗及眞言宗ノ托鉢僧二名來リテ三日間滯在シ部落内ヲ巡回シツツ讀經ヲ續ケ要望スル家ニ於テハ祈禱ヲ爲シタル事實アリ

去ル犯行後四十九日相當日ニ壇那寺住職ヲ聘シテ各戸別ニ逮夜供養ヲ爲シタル際其ノ住職ハ罹災者遺家族ニ對シ、人間ハ出生カラ死亡迄ノ間出生ノ當初ニ於テ既ニ神佛ノ力テ何事モ豫定セラレテ居ルノテ如何トモ出來ヌ之ヲ佛道テハ因果應報ト云フテ居ルノテ皆何カノ前生ノ約束テアラウ云々、ト解キ罹災者遺家族モ其ノ説教ニ關心ヲ持シ暫時諦メ居レリト謂フ

（ハ） 傳説ノ狀況及其ノ關係

慶應二年當時ノ一大凶作ノ際同村大字行重字坂本ノ仁木直吉郎カ首唱ト爲リ當時津山城主ニ年貢米ノ減額ヲ強訴シタル際這般犯人都井睦雄ノ自決シタル通稱荒坂越ニ於テ一文字形ニ松明ヲ挾キ部落民ハ之ヲ相圖ニ鐘鼓ヲ鳴シテ集合シタルカ首唱者仁木直吉郎ハ投獄セラレ判決ヲ受ケスシテ牢死シタル事實アリト謂フ

昭和十年頃之カ義民碑建設ノ議起リタルモ遂ニ其ノ儘ト爲リ居レル爲之ト今次事件トヲ結ヒ着ケントスルノ説一部ニ在ルモ何等因果關係ノ理由認メ難クシテ根據ナシ

（ニ） 類似宗教ヲ繞ル關係

同村大字中原通稱大詰山ニ本籍大阪市西區靱北通三丁目二十九、住居前同、出生地、苫田郡西加茂村大字西加茂、萬年筆製造業、田中富三郎カ間口二間、奥行三間半ノ木造社殿ヲ造リ之ヲ聖殿ト稱シ祭神トシテ掾拾掾替大神（古事記ヲ調査スルモ發見セス）ヲ祭祀シ諸衆ヲシテ參拜セシメ古クヨリ災難厄除、彈丸除等ニ靈感アリト宣傳シ當時約八十名ノ信徒ヲ獲得シ他府縣ヨリノ參拜者モ漸増ノ狀況ニ在リシヲ昭和十一年七月中頃當署特高係ノ干渉ニ依リ類似宗教トシテ右社殿ヲ破棄、鳥居ノミヲ現存セシメ居レル事實アリ、今次ノ慘劇ト結ヒ着ケ掾拾掾替大神ノ崇リナリト一部ニ風評スル者アルモ地元部落ニ於テハ之ニ關心ヲ有スル者ナシ

六、警察當局ノ措置ノ概要

慘禍ノ地ヲ管轄スル西加茂巡査駐在所ハ昭和十二年八月九日以來缺員中ナリシモノニシテ隣接加茂巡査駐在所今田巡査ヲシテ助力セシメツツアリタルカ慘禍發生後ノ五月三十日黒田巡査ヲ赴任セシメテ之ヲ補填シ不安一掃ノ爲事情ノ許ス限リ慘禍部落ノ夜警ヲ勵行セシメ晝間ニ於テハ罹災者遺家族ヲ歷訪セシメテ慰問スル等專ラ人心ノ安定ニ努力シ署長以下幹部ニ於テモ機會アル毎ニ同部落ヲ訪ヒ罹災者遺家族ハ勿論一般部落民ノ慰安ヲ爲シ更ニ彼等ノ不平不滿ヲ聽取リ慰撫ノ機會ヲ多カラシメ以テ警察ノ信望回復ニ努メツツアリ

七、參考事項

慘劇關係ノ參考事項ハ引續キ鋭意調査中ナルカ目下判明シタル事項ハ大要次ノ通ナリ

（イ）犯人都井ノ資産ノ處分

一家全滅ト爲リタル爲相續人ナク近親者間ニ於テモ相續人ヲ決定スルノ意思ナク廢家ニ至ラシムルモノノ如クニシテ其ノ住居タリシ家屋ハ七月十三日勝田郡新野村高■ニ代價五十圓ヲ以テ近親協議ノ結果賣却シ近々取拂ヲ爲ス趣ナリ、仍田畑宅地等ハ夫レ夫レ擔保ニ供シ居ルヲ以テ債務ニ相殺零トナルモノノ如シ

（ロ）犯人ノ實姉ニ對スル關係

睦雄ノ實姉ハ苫田郡一宮村小■妻小■ナルカ目下姙娠臨月ニシテ事件以來家庭ニ不和ヲ生シ嫁入先ニ於テハ分娩サセヌ等トノ物議アルモノノ如クナルモ近隣竝本人ヲ繞ル者ハ同情感ヲ抱ク者多ク目下排斥又ハ差別等ノ事實ヲ認メス

（ハ）犯人ノ親族ニ對スル關係

睦雄ノ從兄弟ニ當ル寺■家九名ハ孰レモ被害ヲ受ケ居ラス、被害者遺家族竝一般部落民ハ此ノ點ニ關シ睦雄ノ計畫ヲ豫メ察知シナカラモ之ヲ秘シ居タルモノナラスヤトノ疑點ヲ有シ六月上旬頃部落民ノ面前ニ呼ヒ出シ種々詰問シ排斥スルノ態度ヲ示シ更ニ七月上旬頃寺■長男■八■當十三年カ犯人睦雄ノ遺品、自轉車ニ乘リ居タルヲ認メタル一家四名被害者ノ池■長男■當十四年ハ石ヲ以テ該自轉車ヲ破損セシメタル事實アリ、又犯人遺産ニ係ル田地ヲ寺■カ小作シ居レルヲ該田地ノ境畔ヲ破損シ灌漑用水ヲ流失セシメタル犯人不明ノ事案アリ、仍寺■ノ息子■十三年、■十一年■八年カ小學校ヘ往復ノ途次、他ノ生徒ヨリ排斥的言動ヲ受ケ右三名ノ學童ハ共ニ■ニ對シ、親ニ死ナレルノハ悲シイ事テアルガ御父サンサヘ、死ンデ、キテ呉レテ居タラ自分達ハ乞食ヲシテモ生活シテ行キマスト訴ヘ父子相擁シテ號泣シタル事實アリト謂フ

七月三日岡山地檢鹽田檢事一行實情調査ノ爲出張ノ際モ檢事ノ面前ニ於テ寺■ノ子息ニ對シ被害者遺家族タル子弟カ面罵ヲ與ヘタル事實アリ

七月上旬寺■ハ被害者遺家族ニ對シ香料名下ニ金一封ヲ提示シタルニ遺家族ハ之ヲ返戻シタル事實アリ

（ニ）警察當局ノ措置關係

警察當局ノ措置ニ對スル批難ニ付テハ今田巡査カ自己ノ立場ヲ作ル爲責任ヲ幹部ニ轉嫁シ逆宣傳ヲ爲シタリトノ事實ハ之ヲ認メ難シ

（ホ）全家族殺害ヲ受ケタル家ニ於テモ夫レ夫レ近親等ニ於テ當面ノ業務ヲ處理シ又遺産相續ヲ繞ル物議等ハ目下ノトコロ該當事項ナシ

結語

事後ニ於ケル情況概ネ前記ノ通リニシテ部落民ノ恐怖、犯人ノ近親等ニ對スル怨嗟ノ聲、警察ノ措置宜シキヲ得サリシ爲重大ナル結果ヲ生シタリトノ三點ニ歸着スルモ時日ノ經過、警察當路責任者ノ退職及一般社會人ノ該事案ニ對スル遺忘等ニ依リ日ト共ニ安寧ヲ回復シツツアリ

昭和十三年八月六日

津山警察署長

岡山縣警察部長殿

合同慰靈祭執行ニ關スル件

管内西加茂村主催ノ下ニ五月二十一日發生ノ慘虐事件遭難者ニ對スル合同慰靈祭及座談會ヲ左記ノ通執行致候條此段及報告候也

記

一、日　時
昭和十三年八月五日午後一時ヨリ
同五時半迄

二、場　所
苫田郡西加茂村大字行重　眞福寺

三、目　的(座談會)
遭難者遺族ヲ中心トスル懇談ヲ爲シ將來部落ノ更正ヲ圖ルタメ

四、會同者
慰靈祭
村長以下村會議員、區長、婦人會等及青年團、在郷軍人、小學兒童等四百名

座談會
津山警察署長　兵頭犬四郎
西加茂村々長　中島蔦一郎
消防組頭　中塚智雄
村吏員　西■■
新聞記者　田外雄
遺族　岡■■
寺■■
寺■■
仁■■
寺■■
■波■
峰■■
池■■
奥■■

外ニ行直部落中心ノ部落員

男五十名

五、葬儀費用

三十三圓　村負擔

六、懇談會模樣

村長　今日ハ幸ヒ、津山警察署長ガ御臨席下サイマシタノデ皆樣ノ方デ何カト相談ナリ懇談申上ゲラルルナラバ絶好ノ機會ト思ヒマス

署長　夜間外出ニ際シ恐怖ヲ感ズル樣ナコトハアリマセンカ

遺族　多少左樣ナ感ガナイトハ言ヘマセンガ大體ニ恐怖ハ去ツタ樣デス

署長　當地ニハ結核患者ヲ故ラニ嫌フ風習ガアリマスカ

寺■　左樣ナコトハアリマセン

署長　犯人ノ遺書ニハ部落ノ人ガ結核ニ對スル理解ガナイ樣ニ書カレテ居リマシタネ

寺■　近所ノ者ハ皆結核ト思ツテ居ナカツタノニ都井ハ自分カラ結核デアルト言ツテ居ツタノデス

寺■　私ハ本人ニ對シ君ハ勉强ガ過ギテ神經衰弱ニナツテ居ルノデ結核デハナイト云ツテヤツテ居リマシタ、年末ノ夜警ヤ青年ノ集會等ニハ何時モ都井宮行カフデハナイカト誘ツテヤツテ居リマシタガ本人ハ何時モ行ケタラ行クカラト云ツテ可啼ナ返事ヲシテ居リマシタ、然シ多勢寄合フ場所ハ都井自身ガ避ケテ居リマシタ、從テ消防ノ年末

夜警ニモ都井ヲ組合セニ入レマセンデシタ、兎ニ角我々ハ本人ニ對シ非常ニ同情シテ居ツタノデ新聞紙ニ報導サレテ居タ樣ニ部落ノ者ガ嫌ツタ事ハアリマセン

署長　都井ノ信教ノ狀態ハ如何デスカ

寺■　天台宗デスガ信仰心ハアリマセンデシタ

署長　アノ事件ハ全體的ニ怨恨ト見ラレルカドーデスカ

寺■　ソウデハアリマセン

署長　何故起ツタト思ヒマスカ

寺■　都井ハ大體普通人ノ考ヘカトハ違イ云ハバ曲解デ一方的ナ怨恨感念デアツタトシカ思ハレマセン

署長　都井ハ狩獵ヲシテ居タノデスガ鳥ヲ獲ツテ來タコトガアリマスカ

寺■　兎ヲ二、三匹獲ツタコトガアリマス

署長　都井ハ犬ヲ飼ツテ居タノデスカ

西■　犬ヲ飼ツテ居リマシタガ殺シテ食ツタト云フ話デス

署長　家畜ヲ愛スルモノハ慘虐ナコトハヤラヌト云フ位デ愛犬ヲ殺シテ食フト云フ樣ナモノハ少イナウデス

西■　實際ハ殺シテ食ツタノデス

署長　如何樣ナ犬ヲ飼ツテ居タノデスカ

寺■　中柄ノ白ト黒トノ犬デシタ

署長　都井ハ百姓ヲシテ自給自足ノ生活ヲシテ居ツタノデスカ

寺■　狩獵免許ヲ受ケテ以來負債ガ出來タラシイデス客年五、六月頃ニハブローニング獵銃ヲ買ツテ居リマシタ

署長　本人ハ迷信ニ付テハ如何デスカ

寺■　迷信ハナカツタト思ヒマス

署長　都井ノ讀書ハ如何デシタ

寺■　小説ヤ雜誌ヲ讀ンデ居リマシタガ最近ハ何モ讀ンデ居タ風ハアリマセン

署長　殺伐ナ外國ノ物語ヲ書イタ本等ヲ讀ンダ事實ハナカツタデセウカ

寺■　左様ナ事ハ知リマセン

署長　當村内ニハ持廻リノ文庫ト云ツタ様ナモノハアリマセンカ

寺■　アリマセン

署長　兇行前部落ノ人ガ所持シテ居ル鐵砲ヲ讓ツテ呉レト云フテ行ツタノハ本當デスカ

寺■　私ノ所ヘ貸シテ呉レト云フテ來マシタ、他ニモ一人貸セト云ツタ人ガアリマス、犯劇ヲヤル爲ニハ銃ヲ買取
ツテ置ケバ心配ナイト考ヘタノデセウ

署長　犯行ノ前ニ犯人ガ部落ニ施設ノ消防用警鐘ヲ降シテ居タト云フ話ガアツタノハ事實デスカ

西■　左様ナコトハアリマセン、實際ニ柱ダケアル警鐘ガアリマスガソレヲ見テ兎角云ヒ出シタノデアルト思ヒマ
ス

署長　田植ヤ養蠶ニ對スル打撃ハドウデシタカ

寺■　多少ハアリマシタガ大シタコトハアリマセン

署長　事件後ニ祈禱者ガ來テ部落ニ狐ガ居ルカラ祈ツテヤルトカ云フテ來タコトガアルト聞キマシタガ事實デスカ

寺■　一回來タコトガアリマス、部落ノ者ハ良イ感ジヲ以テ迎ヘ別ニ惡イ者トハ思ヒマセンデシタ、御布施等ハ取
リマセンデシタ

署長　本件後ニ色々ノ流言ハナカツタノデスカ

寺■　火ノ玉ガ飛ブトカ色々ナコトヲ云フタモノデスガ他カラ逆輸入シタモノデ村内デハ流言ハアリマセン

西■　昨日朝十時頃ニ役所ヘ四人ノ僧ガ來テ供養ヲサセト申シマシタガソノ僧ハ誕生寺ノ住職ヲ始メ布教師風體ノ
人モアリマシタ。犯人ヲ加ヘテ三十一名死ンダノデアルカラ和歌ノ三十一文字ニ因ンデ敷島地藏ト云フモノヲ作リ
村ノ教化材料ニシタイトノ話デ費用ハ土地デ出來ネバ向フガヤルト申シテ居リマシタ

村長　私ハソレニ反對デス、アノ事件ヲ一日モ早ク忘レテ村民ガ一致シテ更生ニ向フコトガ最モ必要ト思ヒマス

署長　部落ノ方ハ什フオ考ヘデスカ

遺族　村長ト同意見デスガ部落デ相談中デス

寺■　私ハ新聞紙ノ報導ニ付テ一言シタイノデスガ少クトモ事實ニ相違シタコトヲ新聞ニ報ズルコトハ不都合デ社
會ヘノ影響ガ大デアリマスカラ今一層十分ナル調査ヲシテ正確ナ報導ヲシテ貰ヒタイモノデス

寺■　私モ左様ニ考ヘマス、風紀問題其ノ他ニ付テ誤ツタ報導ハ一番殘念デス、部落ノ將來ヲ考ヘテ見テ此ノ部落

ハアノ様ナ處カト社會カラ見ラレル譯デス

田外記者　何分急ナ事件デ而モ速報スルト云フ使命ノ點カラ考ヘテ事實ノ眞相ヲ確メテナルコトハ餘程困難ナ事デ多少ノ手落ハアツタデセウ

中塚組頭　當時合同新聞ノ國政君ガ新聞記者ハ此ノ事件ニ對シテハ餘程考ヘネバナラヌト云フテ居リマシタ

田外記者　十分ナル調査ヲ行フ餘裕ガナイノデス

中塚組頭　ソレハ新聞記者ガオ互ニ爭ウテ早ク報導シヤウトスルカラデス

署長　警察ノ取扱ニ對シテハ如何デスカ

寺■　私ハ本人ノ供述ヤ家族ノ云フコトノミヲ信ゼズシテ當時一般部落民ノ話ヲモ聞キ今少シ念ヲ入レテ調ベ要注意人物トシテ警戒ヲ加ヘテ貰ヒタイト思ヒマシタ

署長　今田巡査ガ本人ニ對シ氣分ノ轉換ヲ圖ツタト云フコトデスガ

寺■　サウ云フコトハアリマシタ、然シ今田巡査ハ加茂町ヲ受持トシ西加茂ヘ助勤シテ居タノデ十分ナコトハ出來象ル狀態デ結局一村ヲ持ツ巡査ガ必要ニナツテ參リマス、當時本人ガ供述シタコトヲ調書ニ採ツテ十分ニ調ベテ欲シカツタト思ヒマス

署長　三月十一日都井ヲ取調ベタ際不徹底ナ取調ヲシテ歸宅セシメタト云フコトガ輕率ダトスレバ其ノ後ノ都井ノ動靜ヲ警察官ニ知ラセテ貰ヒタカツタデス要ハ警民融和ノ實ガ擧ガツテ居ナカツタノガ原因デセウ、今後ハ益々一體トナツテ治安維持ノ完璧ヲ期シタイト思ヒマス

昭和十三年十一月二十一日

津山警察署長

岡山縣警察部長殿

多數殺傷事件事後對策ニ關スル件

昭和十三年五月二十一日管轄管下苫田郡西加茂村ニ發生シタル都井睦雄ノ敢行セル多數殺傷事件ニ關シテハ之ガ未然防止ニ就テ當署ノ措置妥當ナラザリシニ起因スルヤヲ痛感シタルヲ以テ事後ニ於ケル部落民ノ危惧ノ解消ト加被害者相互遺族ノ摩擦防止ノ爲左記ノ通對策ヲ講ジタルモノニ有之候條此段及報告候也

左　　記

一、外勤巡査ノ充實

當時缺員タリシ西加茂巡査駐在所ハ事件發生直後優秀ナル巡査ヲ以テ之ヲ補充シタリ

二、兇器狻火藥等ノ一齊調査實施

六月一日署内幹部八名(警部補四名巡査部長四名)ヲ以テ管内ヲ八班トナシ幹部各主任ト爲リテ受持巡査ヲ指揮シテ兇器並狻火藥ノ一齊調査ヲ行ヒ火藥ヲ各所持者毎ニ分割當包シ當署ニ集收一括トシ火藥商ヲシテ保管セシムルノ處置ヲ講ジタリ

三、重大犯罪發生ノ素因調査

外勤充實ノ署内詰替異動後外勤巡査ノ監督ヲ行フニ際シ戸口調査、晝夜間警邏、内偵等ニ際シ防犯的見地ニ重點

ヲ置キ精神病者、犯罪常習者其ノ他怨恨關係、男女關係總テ犯罪ノ起因トナルベキ對照ニ對スル視察取締ヲ督勵シ犯罪發生ノ未然防止ニ努ム

四、事件發生部落ニ對スル特別視察

事件發生後挿秧等ヲ控ヘ被害部落ノ業務ノ澁滯ト精神的ニ受ケタル打擊甚大ナルニ鑑ミ當署ニ於テハ村當局ト協調シ積極的ニ之ガ救護ノ方途ヲ講ジ一面駐在巡査ヲシテ每晝夜二回ニ亙リ警邏ヲ勵行セシメ流言蜚語ノ取締ヲ爲サシメルト共ニ不安一掃ニ努メタリ

五、村主催被害者ニ對スル慰靈祭執行

村當局ヲ督勵シテ八月五日西加茂村主催ノ下ニ遭難死者ニ對スル合同慰靈祭ヲ同村部落眞福寺ニ於テ擧行當署ヨリ本職出張、遭難者遺族ヲ中心トシテ中塚村長以下村會議員、區長、婦人會、青年團、在鄕軍人、小學兒童等約四百名參列慰靈祭執行後、本職列席中塚村長司會ノ許ニ被害部落中心ノ部民竝村有力者、遺族等五十名ヲ以テ該事件ニ對スル座談會ヲ開催セシメ隔意ナキ該事件ニ關スル眞相究明ニ努ムルコトアリクルガ之ガ發生原因ガ警民融和上遺憾ノ點アリタルヲ痛感、爾後特ニ此ノ點ニ留意シ治安維持ノ完璧ニ努力シ來リタリ

六、加害者側ヨリ遭難者ニ對スル慰靈祭執行

前項所載ノ如ク村主催ノ下ニ被害者ニ對スル慰靈祭ヲ執行シタルニ對シ加害者都井睦雄ノ遺族ノ提唱ニテ八月十四日ニ共ノ居部落ニ於テ被害者側ノ遺家族ヲ招キ慰靈祭ヲ執行シ爲ニ兩者ノ間極メテ和ヤカナル空氣ヲ醸成シ漸次不安モ除去セラレ今日ニ於テハ旣ニ該事實ヲ遺忘シ平靜ニ歸シツツアリ

昭和十三年十二月十六日

津山警察署長

岡山縣警察部長殿

火藥秤等發見ニ關スル件

本年五月二十一日管內苫田郡西加茂村ニ於テ發生シタル稀代ノ殺人事件ノ犯人都井睦雄ノ居宅ハ其ノ後親族ノ間ニ於テ家屋ハ苫田郡高野村大字高野本鄕、勝■當四十七年ニ代五十圓ニテ賣却シ同人ハ更ニ家屋ノ屋根草ノミヲ代十一圓ニテ苫田郡西加茂村大字楢井■、山■當六十一年ニ賣却シ本年十一月二十五、六日頃ヨリ取壞シニ從事シタルガ同月二十六日ニ現場附近ニ遊ビニ集ヒ居リタル苫田郡西加茂村大字行重、寺■當十四年、同所西■當十五年ノ兩名ハ好奇心ヨリ同家二階ニ上リ偶々ヲ探索中表中ノ間天井裏ノ屋根側ニ於テ火藥秤一個、火藥裝鎭用ロ卷器一個、ケース保護器一個ヲ發見シ勝■ハ之ヲ兩名ヨリ受取リ近親者寺■ノ妻■ニ渡シ居リ尙同月二十七日屋根草ヲ買受ケタル山口ハ同家裏手屋根取壞中中央部ノ邊リニ於テ至極幼稚ナル玩具ノ如キ模擬拳銃一個(犯人ノ手細工ニテ作リタル發射機能ナキモノ)ヲ發見シタル事實アリ兩事實ハ何レモ共ノ後ニ於テ受持黑田巡査ガ聞知シ犯人都井ノ近親者寺■ヨリ任意提出セシメ候條此段及報告候也

遺　書

遺　書（原文のまゝ）

――自宅に在りたるもの――

自分が此の度死するに望み一筆書置きます。あゝ思へば小學校生時代は眞面目な兒童として先生にも可愛がられた此の僕が現在の如き運命にならふとは、僕自身夢だに思はなかつたことである。

卒業當時は若人の誰もが持つ樂しき未來の希望に胸をどらせながら社會に出立つした僕が先づ突きあたつた障害は肋膜炎であつた。醫師は三ヶ月程にて病氣全快と言つたが、はか〳〵しくなく二年程ぶら〳〵養生をしたが、これが爲强固なりし僕の意志にも少しゆるみが來たのであつた。其の後一年程農事に勞働するうち昭和十年十九才の春再發ときた、これがそも〳〵僕の運命に百八拾度の轉換を來たした原因だつた。

此の度の病氣は以前のよりはづつと重く眞の肺結核であらふ。痰はどん〳〵出る、血線はまじる、床につきながらとても再起は出來ぬかも知れんと考へた、こふした事から自棄的氣分も手傳ひふとした事から西■■の奴に大きな恥辱を受けたのだつた。病氣の爲心の弱りしところにかような恥辱を受け心にとりかえしのつかぬ痛手を受けたのであつた。それは僕も惡かつた。だから僕はあやまつた。兩手をついて涙をだして、けれどもかやつは僕を憎んだ、事々に僕につらくあたつた。僕のあらゆる事について事實の無い事まで造りだしてのゝしつた。

一四六

僕はそれが為世間の人の笑はれ者になつた、僕の信用と言ふか徳と言ふかとにかく人に敬せられていた點はことごとく消滅した。顔をよごされてしまつた。僕はそれがため此の世に生きて行くべき希望を次第に失ふ様になつた。病氣はよくなくどちらかと言えば悪くなるくらひ、どうもはか〴〵しくなく昔から言ふ通りやはり不治の病ではないかと思ふ様になり西■の奴はつめたい目をむけ、かげにて人にあふごとに悪口を言ふため、それが耳に入るたびに心をいため日夜もん〳〵すること一年余の間絶望し死んでしまはうかと思つた事も度々あつた。

けれど年老いた祖母の事を思ひ先祖からの家の事を思ふ度に強く〳〵そして正しく生きて行かねばならぬと思ひなほして居た、けれど病氣は悪くなるばかりとても治らぬ様な氣分になり世間の人の癩病者に對する嫌厭白眼視、とくに西■■と言ふ女のつらくあたること、僕は遂にこの世に生くべき望み若人の持つすべての希望をすてた。そうして死んでしまはうと決心した時の悲しさは筆舌につくせない。僕は悲しんだ泣いた。幾日も幾日も、そうして悲しみのうちに芽ばえて来たのは(西■■)おやつに對する呪であつた。これ程迄にかくまでに、僕を苦しめにくむべき奴にさげすむかの女にどうせ治らぬ此の身なら、いつそ身をすてゝ思ひしらせてやらふ。おやつは以前はつらかつたのだが、今は何不自由なく消して居るからおごりたかぶり僕等如き病める弱きものまでにくみさげすむのだらふ。にくめべにくめ、よし必ず復讐をしておやつを此の社會から消してしまはうと思ふようになつた。その外に僕が死のふと考へる様になつた原因がある、寺■■の妻■■である。彼の女と僕は以前關係したことがある。(あの女は誰にでも關係すると言ふ様な女で僕が知つているだきでも十指をこす)それがため病氣になる以前は親しくして僕も親族が少いからお互に助けあつて行こふと言つていたが病氣に僕がなつてからは心がわりがしてつらくあたるばかりだ。はら

がたつてたまらなかつたがじつとこらえていた、あれ程深くしていた、女でさへ病氣になつたと言つたらすぐ心がわりがする、僕は人の心のつめたさをつく〴〵味はつた。けれど之も病氣なるが故にこの様なのだらふ、病氣さえ治つたら、あの女くらい見かえすぐらいになつてやると思つていたが病氣は治るどころか悪くなるばかりに思へた、醫師の診断も悪い、そうする中に一年たつたある日■がやつて来た。僕は何時もにらみあつていづに少し笑顔で消してもよいがなと言つてやつた。すると■の奴は笑顔どころかにらみつけた上鼻笑ひをしさん〴〵僕の悪口を言つた。故に自分もはらをたて、そう言ふなら殺してやるぞとおどし氣分で言つた。ところがおやつは殺せるものなら殺して見ろお前等如き肺病患者に殺される者があらんと言つてかえつていつた、此の時の僕の怒り心中にえくりかえるとは此のことだらふ。おのれと思つて庭先きに飛出したがいかんせん弱つている僕は後が追えない、彼奴は逃げかえつてしまつた、僕は悲憤の涙にくれてしばし顔があがらなかつた、そうして泣いたあげくそれ程迄に人をばかにするならよろし必ず殺してやらふと深く決心した。けれどその當時は僕は病床から少しもはなれることが出来ぬ位弱つていたからきやつが見くびつたのも無理はなかつた。一丁も歩けなかつた僕だつた、けれどもそれ以来■■の奴、■■の奴のしうちに深くうらみをいだき、その上病氣の悪化なども手傳ひ全く自暴自棄になつてしまつた。その後は治ると言ふ考へをすてゝしまつて養生した、それは養生したのは少しでも丈夫になつてきやつ等に復讐してやるためにだつた、それからは前とは考へをかえて丈夫になる様につとめた、そうして神様に祈つた、どうか身體を丈夫にして下さいましてきやつ等を殺さして下さい。きやつ等を殺しましたら其の場で命を神様にさしあげますと、全く復讐に生きる僕だつた、ずいぶん無理をして起きもしまた歩きもした、ひたすらうらみにもえて、どうきの高い心臓をおさえ、病

記録篇　一四七

が出ていたむ胸をおさえて、ところが不思議に治るかもしれんとすてたら、今迄の様な心配が無くなつたせいか、少しも快方に向はなかつたのが次第に良くなつていつた。其の時のうれしさ、これなら西■のきやつ等や■の奴にも復讐も出來ると思つた。こういふ考へが自分の心中にある故にか僕の動作に不審な點があつたのか世間一般の人が疑惑の眼を持つて見だした。親族の者も同様に時々祖母に注意をするらしい。祖母が僕の動作に氣をつける、僕はかくしにかくした、けれど一旦疑つた世間の目はつめたい、殊に僕を憎み出した、それにつれて僕の感情も變つて■の奴や■の奴ばかりでなく殺意を感じだしたのは多數の人にであつた。しかしその間にも以前小學校時代先生等の人に可愛がられて幸福に浴して居た當時を思ひ起してなつかしい時もあつた、そう言ふ時には少さい感情にとらはれず、人に對するにくしみをすてゝ眞面目なりし以前の様な僕にならふかと考へた事もあつた。あゝからださえ丈夫であつたらこんな心にもならぬにとだんそくしたこともあつた、けれど世間の人はぎやくそしてにくみえと次第につのつていつた、僕もそれを見、またかんじる時よいかにたちかえると言ふような考へをきやしていつた。

そうして心をいよ〳〵きめると、殺人に必要(この頃が昭和十二年の始め頃だつただらふ)(此の頃にはからだは大分丈夫になつて來てゐた)な道具を準備した農行銀行より金を借用し銃砲を買ひ猟銃免許を受けて火藥を買つた、そうして銃が悪いので又金を個人借用をして新品を神戸より買つた、そうして刀を買ひ短刀を求めた、やうやくして大部分の品をとゝのえた、之までとゝのえるにも色々と苦心した、人に知られてはいけない、親族や祖母、姉等に知られてはいけない、そうして極力ひ密を守つたが■の奴はこれを感づき自分が殺されると思つたか子供をつれて津山の方に逃げてしまつた。こふしたことが原因になつたか世間の人も色々とうわさする様になつたので自分は評判が高くなつて警察署に知れてはすべてが水のあわとなるから、なるべく早く決行すべきだと考へて、居たやさきふとしたことから祖母のおそれるところとなり。姉は一宮の方に嫁つとるので少しも知らなかつたが祖母が氣附いたらしい、親族にはかつたのだらふ、一同の密告を受け其のすぢの手入れをくらいすべてのものをあげられてしまつた。その時の僕の失望落たん實際何とも言えない、火藥は勿論のこと雷管一つも無いように、散弾の類まで全部とられてしまつた。僕は泣いた、かほどまで苦心して準備をし今一歩で目的に向えるものをと、

けれども考へようではこの一度手入れを受けた事もよかつたのかも知れん、その後は世間の人はどうか知らんが、祖母を始め親族の者は安心した様である、僕はまたすぐ活動をかいしした、加茂駐在所にて説諭をうけてかえるとそのあくる朝すぐ今■氏を訪れ金四圓の禮にて、ダーヅ火藥一ヶ、雷管附ケース百ヶをば津山片山銃砲店より買つて來てもらつた、銃も大阪に行き買つた、刀は桑原伊藤歯科醫よりかい短刀を神戸よりかつた、之までの準備はこくひみつにひみつを重ねてしたのだからおそらく誰も知るまい、之で愈々西■其の他うらみかさなる奴等に復讐が出來るのだ、こんな愉快なことはない、どうせ命はすてゝかゝるのだ、けれど■の奴一家が逃げたのは實際殘念だ、きやつは僕が一度手入れをくうや家に一旦かえり、家具少々を持つて一家全部京都か東京の方面に逃げていつてしまつた、きやつ等をほかいて死ぬるのは情ないけれどしかたがない、自分としては外には何も思ひ殘すことはないがくれ〴〵も■の奴等を殘すことは情ない。

けれど考へて見れば少さい人間の感情から一人でも殺人をすると言ふことは非常時下の日本國家に對してはすまぬわけだ、また僕の二才の時に死別した父母樣に對しても先祖代々の家をつぶすとは誠にすまぬわけである、此の點めい

どとやらへ行つたら深くおわびする考へである、また、たつた一人の姉さんに何も言はずにこのまゝ死するのも心残りの様ではあるがさとられてはいけぬから會はずに死のう。つまらぬ弟を持つたとあきらめてもらふよりしかたがない、あゝ思へば不幸なる僕の生がいではあつた、實際體なりと丈夫にあつたらこんなことにもならなかつたのに、もしも生れかわれるものなればこんどは丈夫な丈夫なものに生れてきたい考へだ、ほんとうに薄命なのにはこり／＼した、僕の家のこと姉のこと等を考へぬではないけれどどうせこのまゝ活していたら肺病で自滅するより外はない、そうなると無念の涙を飲んだまゝ僕は死なねばならぬ。■■等の奴は手をたゝいてよろこぶべきだろふ、そうなつたら僕は浮ばれぬ、決して僕のうらみはそうなまやさしいものではないのである。

右が僕のざんげと言ふかこうなつた動機である。

五月十八日記之

（早く決行せぬと身體の病氣の惡調るばかりである）。

僕が此の書物を残すのは自分が精神異状者ではなくて前持つて覺悟の死であることを世の人に見てもらひたいためである。不治と思へる病氣を持つているものであるが近隣の壓迫冷酷に對しまたこの様に女とのいきさつもありして復讐のために死するのである、少しのことならいかにしひたげられてもこらふ心持ちを善い方にかえぬけれど長年月の間ぎやくたいされたこの僕の心はとても持ちかえることは出來ない、まして病氣も治らぬのに、どうして眞綿目にされよう、またなつたとてどうなるものか

寺■■の奴は金を取つて關係しておきながらそれと感づき逃げてしまつた、あいつらを生かして居いて僕だけ死ぬるのは殘念だがしかたがない。

此の遺書は姉に對するものと同じく白い封筒に入れて、實用便箋に鉛筆書きで認められてゐた。最後の日附以後の分は別の用紙になつてゐてこの部分が一番最初に來るのかも判らないのだけれど前後の關係と筆の亂れてゐること等からして最後にしておいた。

遺　書（原文のまゝ）

――自宅にて、姉宛に認めたもの――

非常時局下の國民としてあらゆる方面に老若男女を問はずそれ／＼の希望をいだき躍涌と活動してゐる中に僕は一人幻滅の悲哀をいだき淋しく此の世をさつて行きます。

姉上様何事も少しも御話しせずに死んで行く睦雄、何卒御許し下さい。自分も強く正しく生きて行かねばならぬとは考へては居ましたけれども不治と思はれる結核を病み大きな恥辱を受けて、加ふるに近隣の冷酷壓迫に泣き遂に生きて行く希望を失つてしまひました。たつた一人の姉さんにも生前は世話になるばかりで何一つ恩がえしもせずに死んで行く此の僕をどうか責めないで不幸なるものとして何卒御許し下さい。僕もよほど一人で何事もせずに死のうかと考へましたけれど取るに取れぬ恨みもあり周圍の者のあまりのしうちに遂に殺害を決意しました。病氣になつてか

らの僕の心は全く砂漠か敵地にゐる様な感じでした。周囲の者は皆鬼の様なやつばかりでつらくあたるばかり病気は悪くなるばかり、僕は世の冷酷に自分の不幸な運命に毎日の様に泣いた、泣き悲しんで絶望の果僕は世の中を呪ひ病を呪ひそうして近隣の鬼の様な奴を、

僕は遂にかほどまでにつらくあたる近隣の者に身を捨てゝ少しではあるが財産をかけて復讐をしてやらふと思ふ様になった、それが発病後一年半もたっていた頃だらふか、それ以後の僕は全く復讐に生きると言っても差支へない、そうしていろ〳〵と人知れぬ苦心をして今日までに致ったのだ。目的の日が近づいたのだ、僕は復讐を断行します。けれど後に残る姉さんの事を思ふとあれが人殺しのけふだいと世間のつめたい目のむけられることを思ふと、考へがにぶる様ですが、しかしこゝまで来てしまえばしかたがない、どうか姉さん御ゆるしの程を、

僕は自分がこの様な死方をしたら、祖母も長らえては居ますまいから、ふ憫ながら同じ運命につれてゆきます、道徳上から言へば是は大罪でせう。それで死後は姉さん、先祖や父母様の佛様を祭って下さい。祖母の死體は倉見の祖父のそばに葬ってあげて下さい。僕も父母のそばにゆきたいけれどなにしろこんなことを行ふのですから姉さんの考へなさる様でよろしい。けれども僕は出来れば父母のそばにゆきたい。そうして冥土とやらへいったら父母のくりでくらします。何しろ二、三才で両親に死別しましたから、親は懐しいです、それから少しの田や家はしかるべく処分して下さい。簡易保険が二つ、五十銭づゝ毎月はらふやつがあるのですがもらえる様でしたらもらって下さい。おねがひします。

あゝ僕も死にたくはないけれど家のことを思はぬではないけれど、このまゝ話していたらどうせ結核にやられるべきだらふ、そうしたら、近隣の鬼の様な奴等は喜ぶけれど僕はとてもうかばれぬ、どうしてもかなり丈夫で居る今の間に、恨みをはらすべきです、復讐々すべきです。では取急ぎ右死するに望み一筆かきおきます。僕がこのような大事を行ったら、姉さんはおどろかれる事でせう。すみませんがどうかおゆるし下さい。

こふ言ふことは日本國家の為、地下に居ます父母には甚だすまぬことではあるが、しかたがありません。兄さんによろしく

五月十八日　記之

おなじ死んでもこれが戦死、國家のために戦死だったらよいのですけれども、やはり事情はどうでも大罪人と言ふことになるでせう。

(どうか姉さんは病気を一日も早く治して強く強く此の世を生きて下さい、僕は地下にて姉さんの多幸なるべきを常に祈って居ます)

遺　書（原文のまゝ）

── 死の直前、自殺現場にて認めたるもの ──

愈々死するにあたり一筆書置申します、決行するにはしたが、うつべきをうたずうたないでもよいものをうった、時のはずみで、あゝ祖母にはすみませぬ、まことにすまぬ、二歳の時からの育ての祖母、祖母は殺してはいけないのだ

けれど後に殘る不びんを考へてついあゝした事を行つた、樂に死ねる樣にと思つたらあまりみじめなことをした、まことにすみません　涙　涙　たゞすまぬ涙が出るばかり、姉さんにもすまぬ、はなはだすみませんゆるして下さい、つまらぬ弟でした、この樣なことをしたから（たとい自分のうらみからとは言ひながら）決してはかをして下されなくてもよろしい、野にくされゝば本望である病氣四年間の社會の冷酷、堅道にはまことに泣いた、親族が少く愛と言ふものゝ僕の身にとつて少いにも泣いた、社會もすこしみよりのないもの結核患者に同情すべきだ、實際弱いのにはこりた、今度は强い强い人に生れてこよう、實際僕も不幸な人生だつた、今度は幸福に生れてこよう

思ふ樣にはゆかなかつた、今日決行を思ひついたのは、僕と以前關係のあつた寺■■が貝尾に來たから、又西■■も來たからである）しかし寺■■は逃した、又寺■■と言ふ奴、實際あれを生かしたのは情ない、あゝ言ふものは此の世からほうむるべきだ、あいつは金があるからと言つて未亡人でたつものばかりねらつて貝尾でも彼とかんけいせぬと言ふ者はほとんどいない、岸■■もえい密獵ばかり、土地でも人氣が惡い、彼等の如きも此の世からほうむるべきだ

もはや夜明も近づいた、死にませう。

（備　考）

兇行後に書かれたもので書き古した小學生の地理帳に鉛筆で走り書きしたものである。綴が切れて前後が亂れてしまつてゐるので何のあとさきが犯人の書いたものと多少相違してゐるかも分らない。しかし餘計なものも足らないところもないことは明かである。

被疑者の近影
―撮影日時不詳―

被疑者の居宅
―犯行當時―

被疑者の自殺現場
（西加茂村大字楢井字仙の城）

前同

前同

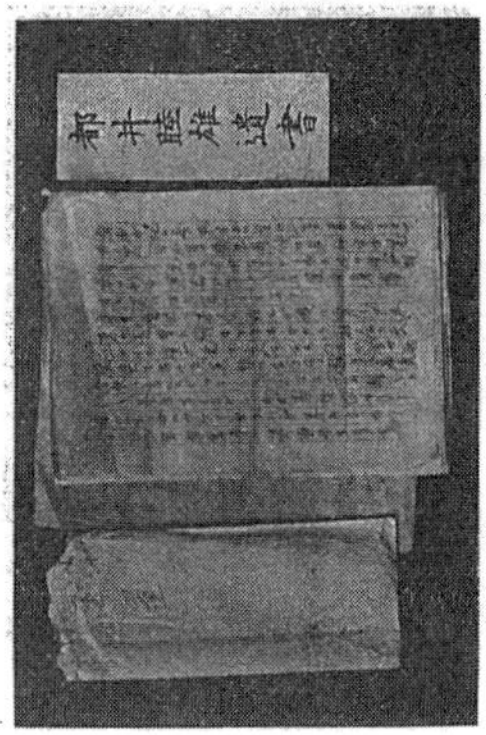

都井睦雄遺書

前同

前同

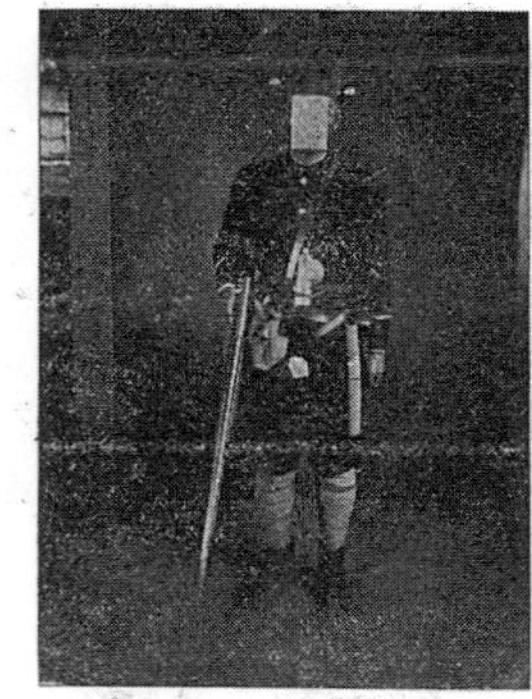

被疑者の兇行當時に於ける裝束を摸したるもの

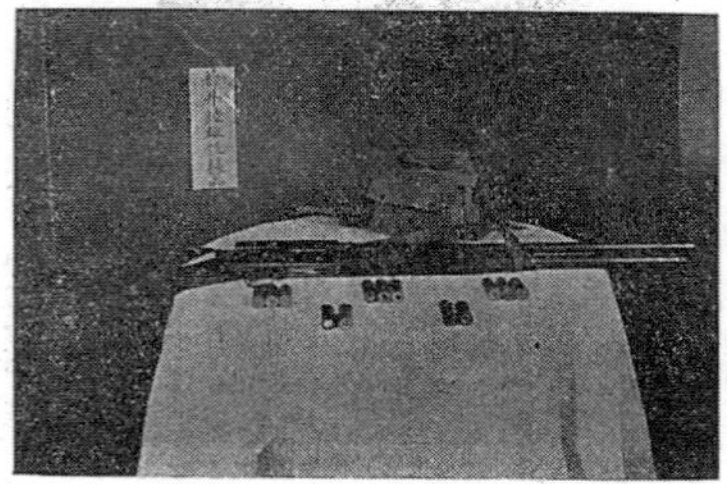

都井睦雄證據品
銃は兇行に使用したるもの

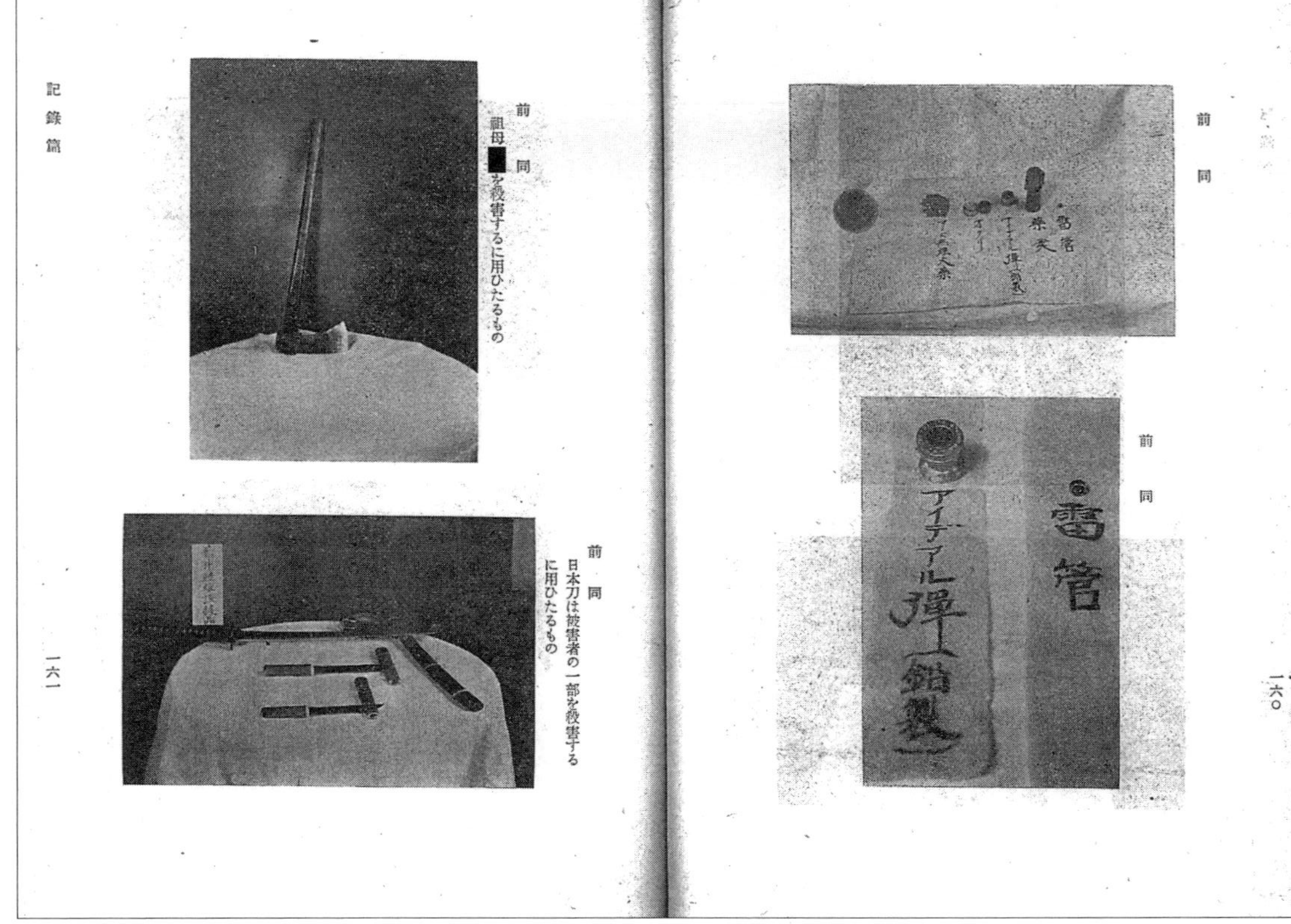

前　同

前　同

前　同
祖母■■を殺害するに用ひたるもの

前　同
日本刀は被害者の一部を殺害するに用ひたるもの

一六二ノ一

前同　向つて右側は頭部に附け居りたるもの
同左側は胸部に吊し居りたるもの

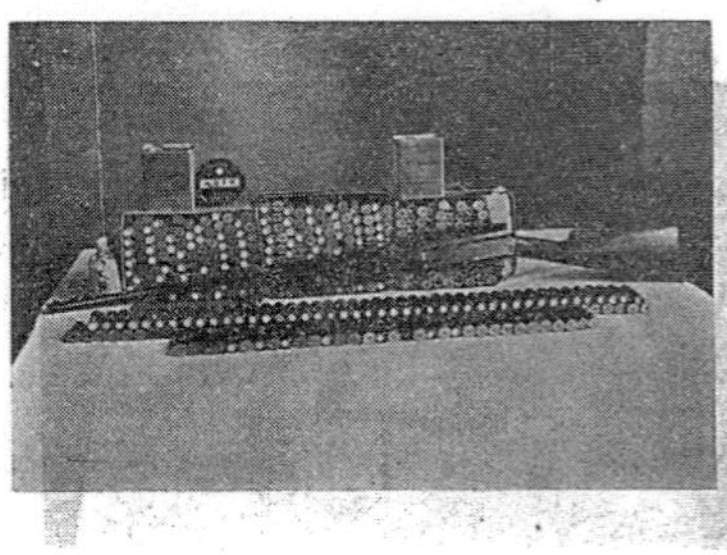

前同　昭和十三年三月頃被疑者方より領置したるもの

一六二ノ二

被疑者か射擊の練習をしたる松の木
― 樹幹にある彈痕を示す ―

事件發生後被疑者方より發見されたるもの
（實用に供し得さる玩具用のもの）

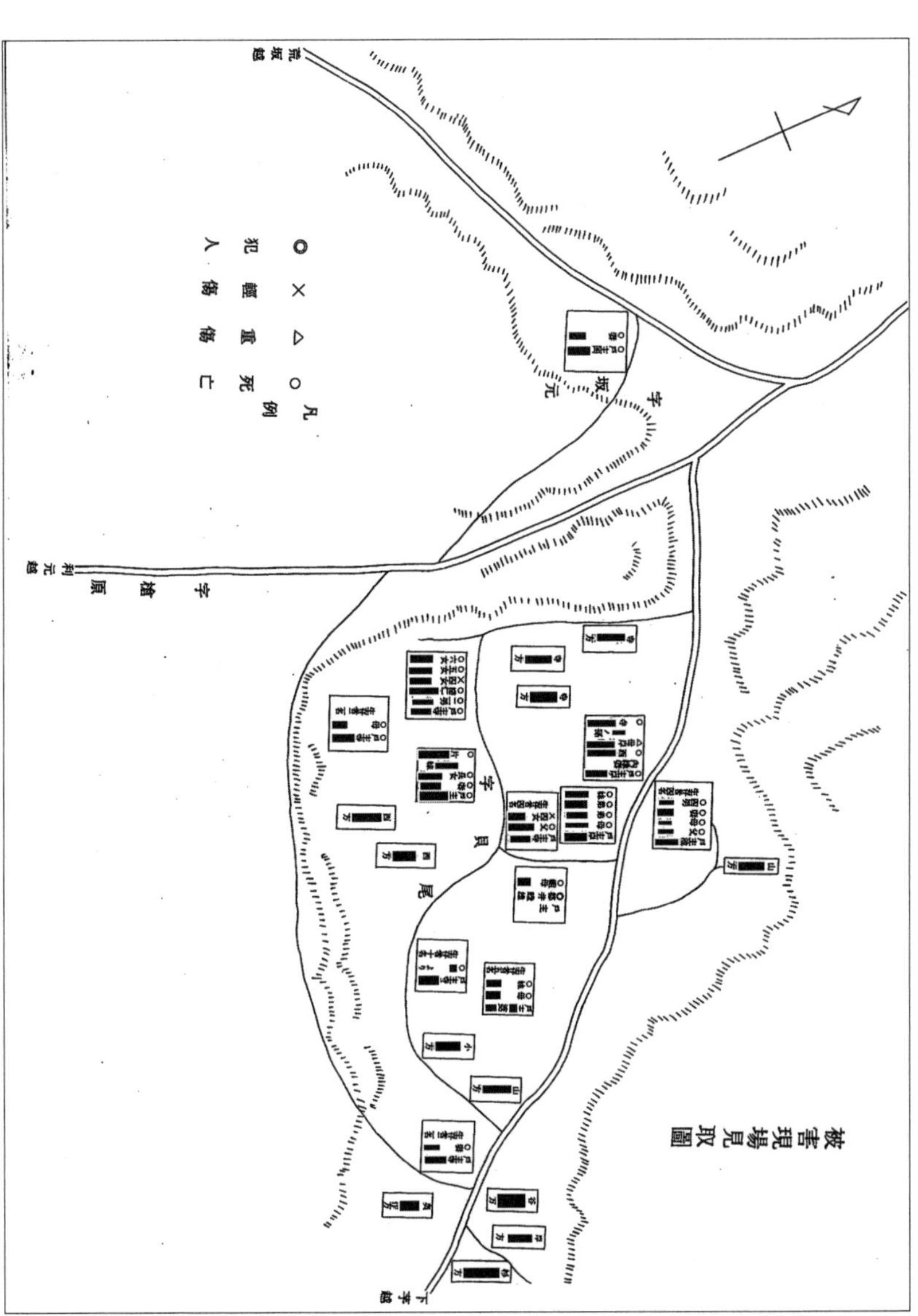
被害現場見取圖
凡例
○ 死亡
△ 重傷
× 輕傷
◎ 犯人
字坂元
字槇原
字貝尾

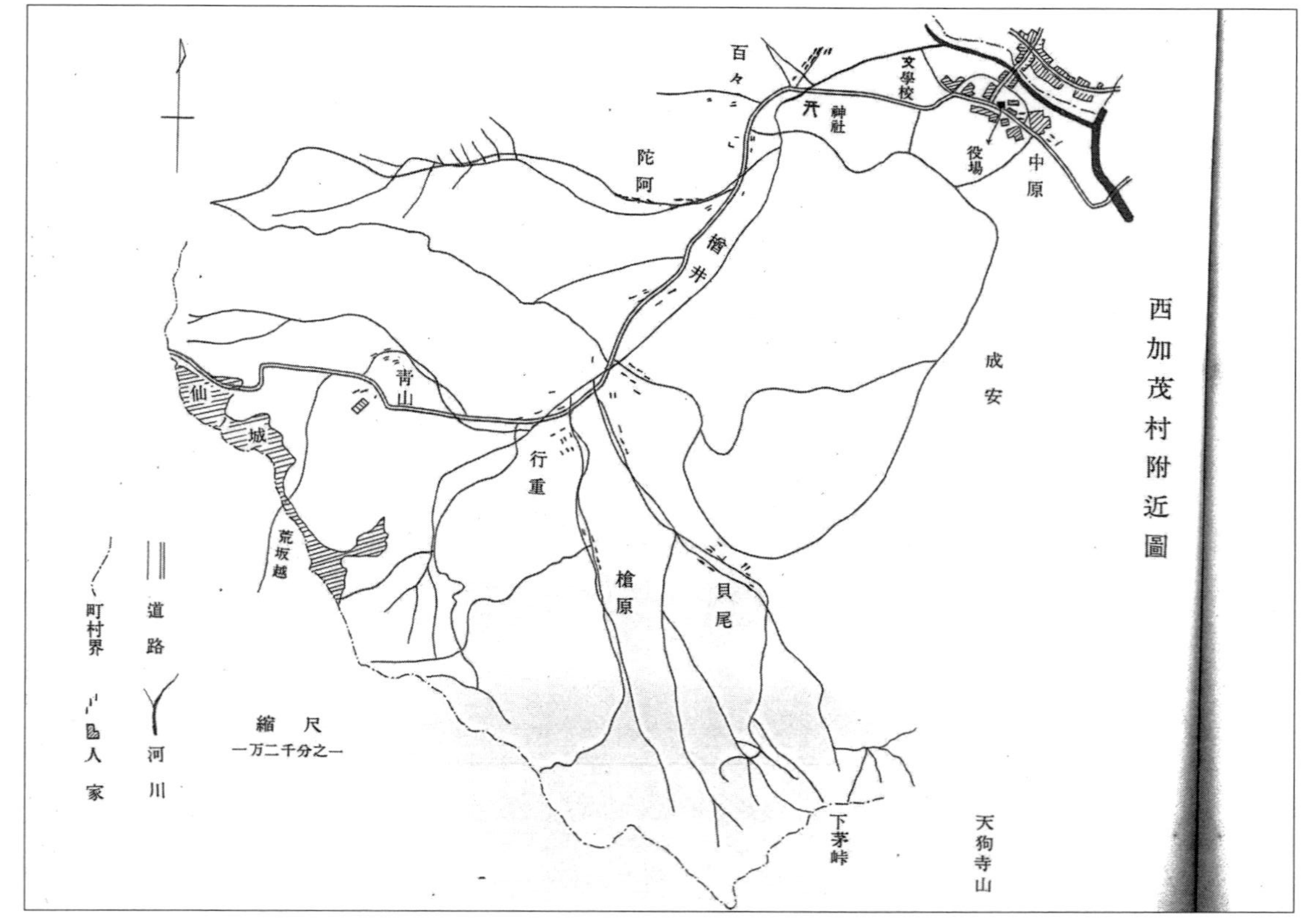

西加茂村附近圖
百々
文學校
神社
役場
中原
陀阿
檜井
成安
青山
仙城
荒坂越
行重
槍原
貝尾
下茅峠
天狗寺山
道路
河川
町村界
人家
縮尺
一万二千分之一

資料篇

今井勇に對する銃砲火藥類取締法違反事件公訴記錄

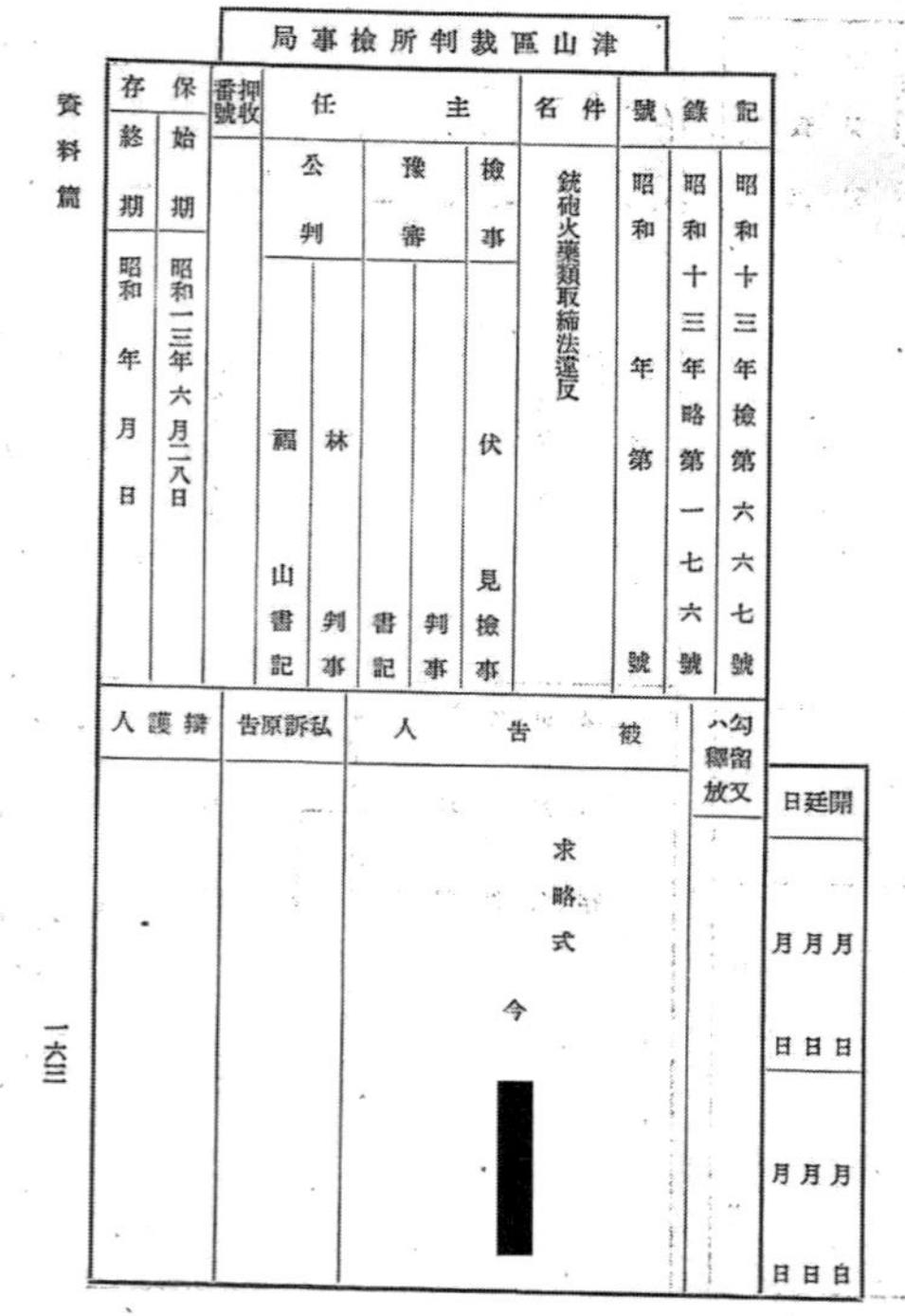

津山區裁判所檢事局

記錄號	昭和十三年檢第六六七號
	昭和十三年略第一七六號
	昭和　年　第　號
件名	銃砲火藥類取締法違反
主任 檢事	伏見檢事
主任 豫審	判事
	書記
主任 公判	林判事
	福山書記
押收番號	
保存 始期	昭和一三年六月二八日
保存 終期	昭和　年　月　日
被告人	今[黒塗り]　求略式
私訴原告	
辯護人	
勾留又ハ釋放	
開廷日	月　日 / 月　日 / 月　日 / 月　日 / 月　日 / 月　日

第一審	上訴審
事件簿 一三年六月二八日 体刑執行 徴収金（罰金・追徴金・訴訟費用） 一三年七月一日一六〇號 逮捕状 押収物 犯罪票 一三年六月三〇日 保存 年 月 日 （在郷軍人） 一三年七月五日	事件簿 体刑執行 徴収金（罰金科料・追徴金・訴訟費用） 逮捕状 証拠物件 犯罪票 保存

文書ノ標目	丁数	備考
送致書		
意見書		
司法警察官捜査報告書		
被疑者聴取書		
関係人始末書		片■■■■
身元取調書		
津山区裁判所検事局		
聴取書		今■■■
聴取書		片山四郎
聴取書		今■■■
略式命令請求書		
略式命令		
送達報告書		

犯罪事件送致書

罪名	銃砲火薬類取締法違反
現行非現行ノ區別	非現行
拘束不拘束ノ別	不拘束
身許取調書	添付
前科取調書	
素行調書	省略
證據物	無シ
被疑者	今[前科不見當]
備考	

右被疑事件別紙目録ノ書類相添ヘ及送致候也

昭和十三年五月三十一日

津山警察署長

司法警察官地方警視　山本徳一 印

津山區裁判所檢事　遠山茂殿

意見書

本籍　苫田郡西加茂村大字楢井■番地

住所　同郡加茂町大字小中原番地不詳

長■方

炭焼　今■

明治四十二年十月九日生

第一、前科　起訴猶豫　微罪處分等ノ有無

ナシ

第二、位記　勳章　記章年金恩給等ノ有無

ナシ

第三、犯罪發覺ノ原因

殺人犯人都井睦雄ノ遺書ニテ發見

第四、犯罪事實

被疑者ハ昭和十二年十一月二十六七日頃乙種狩獵免許ヲ受ケ本年三月末迄狩獵ニ從事シタルモノナルトコロ昭和十三年三月十三日早朝苫田郡西加茂村大字行重七七九番地都井睦雄ノ依頼ヲ受ケ同日自己ノ狩獵免許證ニ依リ

一六八

津山市二階町四一番地
銃砲火薬商　片山四郎

ヨリ購入シタル火薬類中
マーズ無煙火薬一罐二〇〇瓦、雷管附薬莢百個
ヲ行政官廳ノ許可ヲ受ケズシテ都井睦雄ニ交付シ以テ火薬類ノ不正授受ヲ爲シタルモノナリ

第五、證　據
司法警察吏報告
證人陳述
被疑者自白

第六、法令ノ適條
銃砲火薬類取締法第六條、第十九條

第七、犯罪ノ情狀
被疑者ハ法的観念ニ乏シキ結果ナルモ依頼者都井睦雄ヨリ與ヘラレタル金錢上ノ利慾ニ迷ヒタル犯行ト認メラレ此ノ不正授受ニヨル火薬類ガ今回ノ大殺人事件ニ使用セラレタルモノニシテ情狀酌量ノ點ナシ

第八、意　見
證憑充分ナルヲ以テ他戒ノ爲メニモ嚴罰處分相成度考覈ス

昭和拾參年五月三十一日

津山警察署司法警察官
警部補　北村好　印

搜査報告

昭和十三年五月二十二日

津山警察署司法警察吏
巡査　北谷訂一
同　關啓一郎

津山警察署司法警察官
地方警視　山本德一殿

銃砲火薬類取締法違反被疑事件ニ關スル件

本　籍　苫田郡西加茂村大字楢井■番地
住　所　苫田郡加茂町大字小中原番地不詳
長■方
炭焼、今■
明治四十二年十月九日生

一六九

右者ヲ首標事件被疑者トシテ捜査報告スル要領左ノ如シ

一、犯罪發覺ノ端緒

苫田郡西加茂村大字貝尾
故　都　井　睦　雄

ノ遺書中ニ自分ノ使用セシ火藥ハ被疑者ヨリ入手シタル旨記載シ居リタルニ依リ同人ヲ召喚取調ベタル處左ノ事實判明セリ

二、犯　罪　事　實

被疑者ハ日傭稼ヤ炭焼ヲ爲ス傍昭和十二年十一月頃ヨリ乙種ノ狩獵免許ヲ受ケ狩獵シ居ル者ナルガ本年三月十三日ニ

苫田郡西加茂村大字貝尾
都　井　睦　雄

ノ依頼ヲ受ケテ

津山市二階町四一番地
火藥商　片　山　き　ん

方ニ赴キ

無煙火藥（マーズ）二〇〇瓦入一罐、雷管付紙ケース（十二番徑用）一〇〇本

ヲ買受ケ自己ガ火藥ノ製造販賣ヲ營業トスル者ニアラズ又行政官廳ノ許可ヲ受ケタル者ニアラザルニモ不拘之ヲ不正ニ都井睦雄ニ讓渡シタルモノナリ

右被疑者ノ行爲ハ銃砲火藥類取締法第六條、第十九條該當ノ犯罪ト思料候條此段及報告候也

被疑者聽取書

本　籍　苫田郡西加茂村大字楢井　番地
住　居　同郡加茂町大字小中原番地不詳

長　方
炭焼　今
明治四十二年十月九日生

右者昭和十三年五月二十二日本職ニ對シ左ノ通陳述ヲ爲シタリ

一問　位記、勳章、記章、恩給等ヲ有セザルヤ
答　アリマセヌ
二問　公職ヲ有セザルヤ
答　アリマセヌ
三問　兵役ノ關係ナキヤ
答　歩兵ノ補充兵デアリマス

四問 戸主ナルヤ非戸主ナルヤ非戸主ナルトキハ其ノ續柄

答 戸主ハ母■デアリマス

五問 刑事上ノ處分ヲ受ケタルコトナキヤ

答 アリマセヌ

六 變名綽名氏名ヲ變更シタコトハアリマセヌ

七 財産ハ母ノ家ハアリマスガ他ニハアリマセヌ私ガ日傭稼ヤ炭燒キヲシタリ又母ガ乾物等ノ行商等ヲシテ漸ク生活シテ居リマス

八 家族ハ現住所ニ

母 ■（當六十年）

弟 ■（當十六年）

ト私ノ三人ガ私ノ義理ノ父デアリマシタ長■ノ妹ニ當ル長■方ニ居ルノデアリマス

九 私ハ本籍地ニ生レ尋常小學校卒業後京都市大宮通リ五辻上ル西入ル織物商鳥居喜一郎方ニ四年程丁稚奉公シ其ノ後歸リマシテ家事ノ手傳ヒヲ爲シ昭和六年ニ大阪ニ行キ自動車ノ助手ヲ致シマシタ

此處ニ二年程居ツテ心臟病デ歸ヘリ以來日傭稼ギヤ炭燒ヲ致シテ今日ニ及ンデ居リマス

一〇 私ハ昭和十二年十一月二十六七日頃ニ乙種ノ狩獵免許ヲ受ケタノデアリマス狩獵免許ヲ受ケタノハ初メデアリマス

一一 私ハ西加茂村大字大字行重字貝尾ノ

都井睦雄

ナル者ノ依頼ヲ受ケ私ノ狩獵免許證ニ依リ

火藥ヤ雷管付ケース

等ヲ買ツテソレカラ其ノ火藥類ヲ都井睦雄ニ渡シタコトガアリマスカラ申上ゲマス

ソレハ本年三月十三日頃ノ午前六時カ七時頃デアリマシタガ豫而カラ知リ合ヒデアリマシタ都井睦雄ガ參リマシテ

狩獵免許鑑札ヲ落シタカラ君ノ鑑札デ火藥ヲ買ツテ來テ呉レ此處ニ拾圓アルカラ之レデ雷管附ケース百個ト無煙火藥百匁ヲ買ツテ來テ呉レ金ガ殘ツタラ君ガ取ツテ呉レ

ト云フノデ私ハソレヲ承知シテ其日直グニ自動車デ

津山市　片山銃砲火藥店

ニ行キ都井カラ頼マレタ火藥ト雷管附ケースヲ買ヒマシタ其ノ價格ハ

無煙火藥一罐ガ　金貳圓

雷管附ケース百本ガ　金參圓七十錢

デアリマシタノデソレヲ買ヒ殘リノ金デ私所有ノ

黒ノ磨キ火藥百匁　金壹圓二十錢

ト雷管百本　金三十錢

ヲ買ヒマシタ

其ノ頃私ハ西加茂村大字楢井ノ

山■

方ニ居リマシタノデアリマシテ只今申シマシタ火藥ヲ買フテ來テ呉レト頼マレタノモ火藥ヲ買フテ歸ツテカラ都井睦雄ニ渡シタノモ此ノ山■方デアリマシタ

一二　私ハ都井モ狩獵免許者デアリマシテ同人ガ鑑札ヲ落シタノデ買ツテ來テ呉レト頼マレテ買ツテ來テ遣リマシタガ此樣ナコトヲスルト違反ニ爲ルト言フコトハ知リマセヌシソレニ日當ニモ爲ルノデ買ツテ來テ遣ツタノデアリマス

一三　然シ考ヘテ見マスノニ私ノ狩獵免許證デ買ツタ火藥ヤ雷管附ケース等ハ私ノ使用スルモノニ限ラレテ居リソレヲ私ガ勝手ニ都井ニ讓リ渡シタコトニ爲ルノデ誠ニ不都合デアリマシタ

一四　其ノ翌日ノ晩小中原ノ平井秀夫ト云フ散髮屋ニ於テ

都井睦雄

ハ警察ニ火藥ヤ鐵砲等ヲ取リ上ゲラレタソウナソレハ都井ガ火藥ヲ澤山買ツテ來テ居ルノデ危イカラト都井ノオ婆サンガ願ツテ出タソウナト云フ樣ナ話モ聞キマシタノデ私ハ都井ニ欺マサレタト思ヒマシタ

一五　其ノ後都井ニ會フタ時

都井君火藥ノコトデ一杯カケタナア（欺マシタコト）

ト言フト同人ハ

皆ンナ警察署ニ取リ上ゲラレタカラ心配ハナイ

ト言フノデアリマシタ

一六　トコロガ都井睦雄ハ五月二十一日ノ未明ニ鐵砲デ多勢ノ人ヲ撃チ殺シタノデアリマス

其ノ時都井睦雄ガ使用シタノデアラウト思ヒマスガ落チテ居ツタト云フ鐵砲ノ彈ヲ見マシタノニ私ガ買フテ來テヤツタケースニ似テ居ツタノデ若シソレデハナイカト心配シマシタ

一七問　君ハ都井睦雄ガ何ニ使用スル爲メニ火藥ヤ雷管附ケースヲ買フテ來ル樣依頼シタト思フノカ

答　私ハ都井ガ狩獵スルノニ使用スルモノト思フテ居リマシタ

只鑑札ヲ落シタト言フテ頼ムノデ買フテヤツタ迄デアリマス

一八問　本件ニ付キ有利ナ陳述又ハ證據アラバ申立テ見給ヘ

答　私ハ將來此樣ナ不都合ハ致シマセヌカラ何卒御寛大ニオ願ヒ申シマス

今■

右卽時錄記シ讀聞ケタルニ承認シ署名拇印シタリ

卽日

津山警察署司法警察官

警部補　北村好

一七六

始　末　書

津山市二階町四十一番地
銃砲火薬商　片　山　ま　ん

私ハ肩書地ニ於テ銃砲火薬店ヲ営ンデ居リマスガ尋ネノ件ニ對シ次ノ通申上マス
本年三月十三日乙種狩猟免許者(昭和拾貳年拾壹月貳拾六日附第壹百六拾六號免状)岡山縣苫田郡西加茂村大字楢井五百貳拾七番地今■ガ来店シテ火薬類ヲ呉レト申シマシタノデ同人注文ノ無煙火薬(マーズ)貳〇〇瓦(代金貳圓也)ミガキ火薬参七五瓦(代金壹圓貳拾錢)雷管ツキ紙ケース(十二番縦用)壹百本(代金参圓七拾錢)村田雷管壹百個(代金参拾錢)ヲ賣渡シマシタ右ノ火薬類ハ狩猟免許者デアリ同人ノ使用スルモノデアルト思ツテ賣渡シタモノデアリマス
右事實相違無之候條此段始末書提出仕候也
昭和拾参年五月貳拾七日
右　片　山　ま　ん㊞

津山警察署長殿

苫田郡西加茂村大字楢井■七番地
今■
明治四拾貳年十月九日生

右ノ者ニ對スル左記事項取調ノ上各欄ヘ記入當署ニ返戻相成度及照會候也
追テ本籍氏名等ニ多少ノ相違アルモ之ニ該當スベシト思料セラルル場合ハ本文ニ準ジ取調相成度若照籍者又ハ寄留者ナルトキハ在籍地役所役場ヘ轉送相成度候
昭和拾参年五月二十七日
岡山縣津山警察署

右本籍役場御中

本籍	苫田郡西加茂村大字楢井■番地	氏	本字	今■
出生地	本籍地	名	假名	イマ゛■
住居	本籍地		生年月日	明治四拾貳年拾月九日生
			職業	勞働
官吏公吏議員		資産有無		
位記勲章記章		特徴		

資料篇　一七七

兵籍	昭和四年徴集補充兵役歩兵
年金恩給扶助料退隠料	
戸主及父母兄弟姉妹氏名及戸主トノ續柄	戸主 今■■ 甥 私生子 母 今■■ 兄姉各一名宛アリ 弟二名アリ

前科	裁判ノ日及廳名	對席缺席ノ別	罪名	刑名刑期金額
	年　月　日　裁判所			
	年　月　日　裁判所			
備考				

右及回答候也

昭和十三年五月三十日

苫田郡西加茂村役場

津山警察署御中

【注意】一、氏名變更アリタルモノハ舊氏名ヲ備考欄ニ記入セラレタシ

二、兵籍欄ニハ徴集年、兵種、等級、豫後備又ハ補充及教育既未濟ノ區別ヲ記入セラレタシ

聴　取　書

苫田郡加茂村大字小中原　長■■方

今■■

當三十年

右ノ者昭和十三年六月七日本職ニ對シ左ノ通陳述ヲ爲シタリ

一　前科ハアリマセヌ

二　私ハ炭焼デスガ昨年炭ガ高カツタノデ兎デモ捕ツテ賣ツタリ或ハ食ベタリシテ幾分デモ利益ヲ得タイト思ヒ昨年十一月乙種狩猟免許ヲ受ケマシタ銃ハ知合ノ人ノ銃ヲカリテ居タノデアリマス

三　都井睦雄ト云フテ今度大變ナ殺人事件ヲ起シタ男ノ名前ハ同人ガ狩猟免許ヲ受ケテ居ルノデ知ツテ居マシタ私モ狩猟免許者デアルカラ同村ニ狩猟免許者ガ居レバ大抵判ルノデアリマス然シ都井ノ顔ハ知リマセンデシタ

四　然ルニ三月十三日早朝私方ヘ（當時ノ私ノ寄宿先山本穀方ノ一室）都井ガヤツテ來テ自分ハ都井ト云フ者ダガ狩猟免許鑑札ヲ紛失シタカラ君ノ鑑札デ自分ノ爲雷管付ケース百個無煙火藥百匁ヲ買ツテ來テクレ此處ニ十圓アルガ殘ツタラ君ガ取ツテクレ汽車賃ヤ辨當代モイルカラト云フノデ私ハ承諾シ即時津山ノ片山銃砲火藥商デ雷管付ケース百個金三圓七十錢無煙火藥百匁金二圓デ買ヒ殘リノ金デ私ノ使フ黒ノ磨火藥百匁一圓二十錢雷管百本ヲ三十錢デ買ヒマシタソシテ持チ歸ツテ西加茂村百百ノ中島屋ト云フ家ノ所マデ來ルト都井ガ居タノデ渡サウトシタラ山■サンノ家デモラフト云フノデ一緒ニ山■方ヘ行キ圍爐裡ノヘリデタノマレタ獵管付ケース百個及無煙火藥

五 百匁ヲ同人ニ譲リ渡シマシタ

右ノ火薬ノ譲渡ニ付テハ警察ノ許可ハ受ケテ居リマセヌ

都井ニ火薬ヲ渡シタノハ本年三月十三日午後六時頃デ都井ガ取リニ行クカラト云ツテ居タノデスガ前述ノ如ク途中デ會ツタノデ一緒ニ山■ノ家マデ行ツテ同人ニ渡シマシタ都井ハ獵ヲスル爲ニ火薬類ヲ使フノダト思ツテ居マシタ翌日平井サント云フ散髪屋デ都井ガ警察デ火薬ヤ鐵砲ヲ取リ上ゲラレタト云フ話ヲ聞キマシタソレデ其時初メテ都井ガ取リ上ゲラレタ火薬ノ代リニ私ニ火薬ヲ買フ事ヲ頼ンダナト云フ事ガ判ツタノデアリマス

其後高田村ト西加茂村ノ境ノ山デ同年三月十七八日頃會ツタ時私ガ都井君一杯カケタナト云フト同人ハオ前カラモラツタ火薬モ其後第二回目ノ取上ゲニ會ツタカラ心配スルナ火薬モケースモ皆ナ取上ゲラレテシマツタト云ツテ居マシタ

今■

右即時錄取シ讀聞ケタルニ承認シ署名捺印シタリ

津山區裁判所檢事局
檢事　伏見禮次郎
裁判所書記　末廣　博

聽取書

右ノ者昭和十三年六月七日本職ニ對シ左ノ通陳述ヲ爲シタリ

津山市二階町四一
銃砲火薬商
片山四郎
當五十七年

一 オ讀聞ケノ始末書通リ本年三月十三日私方デ火薬類ヲ賣却シテ居ル事ハ相違アリマセヌ當時私ハ不在デ家内ガ賣却シタモノデアリマス

此時記錄十九丁ノ始末書ヲ讀聞ケタリ

其ノ中ニ十二番徑ヲ雷管付ケースト云フノガアリマスガ此ノ銃ハ散彈ヲ使フ事モアレバ散彈デナイ彈丸ヲ使フ事ノアル銃デ十二番徑用ト云ヘバ此處ヘンデハ銃口ガ太イ銃デ從ツテ此ノ銃ニ使フケース即チ私方デ賣却シタケースハ相當大キイモノデスケレドモ此ノケースヲ使ツテモ彈丸ハ今申シタ通リ必ズシモ大キイモノヲ使フトハ限ラナイノデアリマス又私方デ賣ツタ無煙火薬ヲ右ノ雷管ニツメルノデアリマス私方ハ狩獵免許者ノ者ダト思ツテ買ヒニ來タ狩獵免許者ニ賣ツタモノデ他人ニ譲渡スルモノダト云フ事ハ勿論判リマセンデシタ

二 右ノ十二番徑ケースヲ使ツテ狩獵スル場合丸ノ大キサニ依ツテ色ンナ物ヲ捕獲スル事ガ出來兎等ヲ射ツ際ニハ散彈二號三號ト云フ様ナモノヲ使フノデアリマス

片山四郎

右即時錄取シ讀聞ケタルニ承認シ署名捺印シタリ

津山區裁判所檢事局

檢事　伏見禮次郎

裁判所書記　末廣博

今■■

第二回聽取書

右ノ者昭和十三年六月十六日本職ニ對シ左ノ通陳述ヲ爲シタリ

一　私ハ都井カラ十二番口徑ノ銃砲ニ使フ雷管付ケース百個ト煙無火薬百匁ヲ買ッテ來テクレト頼マレタノデアリマス然シ都井ガ持ッテ居ルト云フ十二番口徑ノ鐵砲ハ見タ事ハナカッタノデアリマス私ノ銃モ十二番口徑ノ物デアリマス

二　都井ガ獵銃ヲ其マデニ取リ上ゲラレテ居タト云フ様ナ事ハ誰カラモ聞イテ居マセヌソンナ事ヲ聞イテ居タナラ火薬類ヲ買ッテヤルノデハナカッタノデアリマス免許鑑札ヲ紛失シタト都井ガ申シマシタガ若シソウダトスルト都井ハ密獵ヲスル事ニナルノデスガ當時私ハ其處マデ深ク考ヘズ獵ニ行クノニ火薬類ヲ使フノダトバカリ信ジテ居タノデアリマス尚彈丸ハ買ッテ來テクレトハ頼マレマセヌデシタ

今■■

右即時錄取シ讀聞ケタルニ承認シ署名捺印シタリ

津山區裁判所檢事局

檢事　伏見禮次郎

裁判所書記　末廣博

昭和十三年六月十六日宿直受

略式命令請求書

左記被告事件ニ付公訴提起候條略式命令相成度及請求候也

昭和十三年六月十六日

津山區裁判所檢事局

檢事　伏見禮次郎

津山區裁判所御中

銃砲火類取締法違反

被告人　今■■

公訴事實

被告人ハ行政官廳ノ許可ナキニ拘ラズ昭和十三年三月十三日午後六時頃苫田郡西加茂村大字楢井山■方ニ於テ同村大字行重都井睦雄ニ對シ無煙火薬一罐(二〇〇瓦)十二番徑用雷管附ケース一〇〇個ヲ讓渡シタルモノナリ

求刑

罰金貳拾圓

適　條

銃砲火藥類取締法第六條第十九條

昭和十三年(略)第一七六號

書留郵便送達報告書

送達スベキ書類ノ表示

一、封　書　　一通

但略式命令謄本

津山區裁判所書記課發

受送達者　今■■宛

書類受領者ノ署名又ハ捺印	今■■
一	受送達者本人ニ渡シタリ
二	受送達者不在ニ付事理ヲ辨識セル左ノ者ニ渡シタリ
	事務員
	雇人
	同居者　母今■■
三	左ノ者正當ノ事由ナクシテ受取ヲ拒ミタルニ付其ノ場ニ差置キタリ
	受送達者
	事務員
	雇人
	同居者
送達ノ年月日時	昭和十三年六月十九日午前八時〇分
送達ノ場所	苫田郡加茂町小中原

右ノ通送達候

昭和十三年六月十九日

加茂郵便局

集配手　福田元一郎

事件に關する岡山縣苫田郡西加茂村の記錄

苫田郡西加茂村長　中塚嘉一郎

一、昭和十三年五月二十一日午前五時頃貝尾部落に大慘劇を起したる急報に接し直に役場に出頭したり。

二、情報に依れば本日午前一時頃より都井睦雄事多數の殺人を爲し何れへか逃走したる由にて大いに驚きたり。

三、直に緊急村會を招集、午前七時議員過半數の出席を得て開會し、非常なる事件を惹起せしめ世上に申譯なし、貴重の人命を多數失ひ遺憾至極なり、此の際本不祥事に對し緊急對策の爲御協議を煩はし度との挨拶を爲したる上、先づ現場視察を行ふことに衆議一決し直に一同現場に出張したり。

四、時既に津山警察署長の指揮に依り加茂四箇町村消防組員總出動にて犯人捜査の最中なりき。

五、午前八時現場に到着、岡■■氏宅を視察し、續いて貝尾部落に行き被害者なる寺■■宅を始め寺■■、西■■、寺■■、都井■■、寺■■、■■波■■、寺■■、池■■、寺■■、岸■■等の順序に巡り見舞視察をなし被害戸數十一戸、死亡者三十名、負傷者三名なることを承知したり。

六、午前十時頃犯人都井睦雄を發見したる旨の通知に接したり。

七、三浦助役と相談の上取急ぎ寢棺三十個調製方を注文することにしたり。

八、午前十一時頃其の筋の係官御出張にて被害者檢屍に着手相成たり。

九、正午より山本寛氏宅に於て村會協議會を開く。出席議員は平山壽男、有岡八郎、福寺幸市、内田助治郎、岡田榮三郎、岡千一夫、中塚智雄。

協議事項

1　被害者通夜に關する件

當五月二十一日夜は西加茂村消防組全員にて通夜すること、直に組頭に於て承諾す。

夕食調進方は本村婦人會員に於て行ふこと、内田幹事之を承諾す。

2　被害者繃帶用晒木綿及亡者用木綿各一反宛購求するの件

實行に決す。

3　消毒用アルコールを被害者一人一瓶宛購求の件

實行に決す。

4　葬儀に關する件

村主催の形式を以て共同假埋葬を舉行することに被害者遺族の了解を得て決定す。但實行方法に付ては第一區より第七區迄の區長の立會を得、懇談の上實行の事にし、後刻行重西分公會堂に會合の通知を發したり。

5　被害者家族應急處置に關する件

養蠶業は現在の蠶を養蠶實行組合に引受け善處することを可とす。池田技術員に於て即時同組合役員に相談の上實行するよう命じたり。

6　被害者田畑の耕作に關する件

貝尾區長西山岩十郎、山本寛、山本榮一郎、岸■■等有志者に於て貝尾部落に引受け可成一致協力善處することの意見に依り本件は作付季節に切迫の折柄に付遺族親族の決意を徴し確定する様希望を付して右有志者に一任することに決定したり。

十、以上にて會議を閉ず。時に午後四時。

十一、同日午後六時行重西分公會堂に第二回協議會を開催す。出席者村會議員第一區より第七區までの區長直に聯合懇談協議す。

協議事項

1　假埋葬に關する件

（イ）　大字楢井、大字行重各戸總出動的に明二十二日午前八時より辨當携帶にて穴掘仕事を行ふ事に決定す。

（ロ）　村より位牌のみ調製呈供す。供物等は絶對にせぬことに決定す。

（ハ）　當二十二日午前九時より眞福寺住職に於て適當に假葬儀的に行事を行ふことにす。（住職立會にて決定）

（ニ）　當日は友引に付翌二十三日午前零時より出棺することに決定す。

（ホ）　村吏員、村會議員は假埋葬委員として二十二日午後六時より貝尾公會堂に集合して其の行事に參與することに決定す。

（ヘ）　二十二日夕方より楢原、石山土居、下行重は一戸一人宛出動し被害者宅の通夜に奉仕方を依頼す。直に關係區長に於て引受け決定したり。

（ト）坂本部落、貝尾部落同一的に善處すること。

（チ）遺族、親族、講組の意思を尊重して遺憾なきを期すること。

2 出動方法等に付ては各關係區長に於て區内の承諾を得、實行することに決定す。

3 以上にて閉會す。時午後七時三十分

十二、午後八時、役場に引上げたり。

十三、五月二十二日前日協議決定通り關係區長に於て無事故に穴掘等終了したり。

十四、同日午前中より住職三名にて佛事に着手す。翌二十三日午前三時までに各戸共終了す。同四時より出棺同七時全部終了す。但し被害者片岡は東加茂村に、都井は加茂町に連れ歸り埋葬したり。

十五、二十二日午後六時より役場吏員、村會議員、各種團體長等は貝尾現場の葬儀に立會徹夜す。葬儀を終了せしめ翌二十三日午前八時撤退したり。

十六、午前九時役場に歸り直に緊急村會協議會を招集す。

昭和十三年五月二十三日村會協議會

協議事項

一、埋葬終了に付善後對策等に關し遺憾なきを期する爲に座談的意見を開陳す。

二、被害者に對する見舞料に關する件

死者一人に金五圓也宛、重傷者に金三圓宛、輕傷者に金二圓又は金一圓宛を村費より贈呈すること。

三、西加茂村消防組に對する慰勞の件

慰労手當として村費より金五十圓也を支給すること。

四、他町村及町村消防組等に對する謝禮の件

本件は警察署の御意見を伺ひ適當に行ふこと。

五、被害者家業維持對策に關する件

本件は各遺族親族に於て、方法を講ぜられつゝあるに付其の意思を尊重して應急處置の補充に努力すること。

六、慰靈祭執行に關する件

本件は七月上旬眞福寺に於て適當に執行すること。

七、以上に關する費用約四百圓位を次回村會に於て豫算に計上すること。

次回の村會は六月三日

村豫算(追加豫算)に計上せられたる本件事件費

一、遭難者弔慰金　百六十三圓

一、遭難事件雜費　百二十圓

一、遭難地區更生指導費　百圓

關係人供述要旨

小■■(當二十五年)の供述

—— 犯人都井睦雄の實姉 ——

(伏見檢事聽取)

私は都井睦雄の實姉であります。私の家には姉弟二人よりありませんでした。父は都井■■、母は都井■と申します。父は私が五つの時に死に、母もそれから二、三ヶ月經つて死んだやうに思ひます。何れも感冒だつたやうに聞いてゐます。兩親が亡くなつてからは父の母親にあたる都井■と私達姉弟とで暮してゐました。

私も睦雄も苫田郡加茂町大字倉見で生れました。私が七歳の時祖母は私達姉弟を連れて同町大字小中原塔中へ移轉し九歳の夏迄此處に住みました。それから祖母と共に祖母の里である苫田郡西加茂村大字行重字貝尾へ移り最後迄その家にゐました。

私や弟は祖母が田や山を賣つたり、僅かばかりの小作米を取つて育てゝ呉れたのであります。睦雄は小さい時分から溫順しい小供で何分姉弟二人切りであつたものですから仲もよくあまり喧嘩したこともありませんでした。睦雄は小學校一年の時腸が下つて學校を休んだことがあり、その年は一學期間位より學校へ行つてゐません。小學校の成績は大變よく、本を讀むことが好きで外の子供が惡戯をしてゐても一人、地理附圖等を出して見てゐました。小說のやうなものが好きで少年俱樂部等讀んでゐましたが後にはキング等も私が買へると讀んで居りました。西加茂尋常高等小學校を卒業したのですが三年生位からは何時も級長をしてゐました。高等小學校になつてからは級長は選擧で決るのでしたが高等一年の時は矢張級長で高等二年になると級長の外に總長が出來て總長の方が級長より上であり、睦雄は選擧の結果當選しましたが同點者が二人あり、睦雄は生年月日が後であつた爲級長となり總長にはなれませんでした。それで自分は惜い事をしたと云つて殘念がつてゐました。斯ふ云ふ譯で學校の成績は良く、人からも憎まれて居るやうなことはなく寧ろ選擧等して貰ふ位の人望はあつたのであります。

高等二年卒業の春に睦雄は肋膜に患り三ヶ月程ブラ〳〵してゐる内に治りました。別に寢る程のことはありませんでした。其の病氣の時は西加茂村萬代醫師や加茂町大字塔中貝友醫師にかゝつてゐました。高等小學校を出た時は先生も成績が良いので此の儘百姓をするよりは上の學校へでも行つてみんかと云はれたのですが男が一人ですから祖母がよう手離さず其の儘家にゐましたが病氣になつてからは本人も百姓をやることは出來ないと思つてゐた樣です。別に何になろうといふことは決めてゐなかつたやうです。昭和十年頃と思ひますが睦雄は恐らく敎員の試驗を受けたいと言ひ出し勉强を續けてをる中、病氣になつたので津山市の大谷病院で見て貰ふと大したことはないと云はれたので歸つて勉强をしてゐたようであります。其の頃は私は既に嫁に行つてをり睦雄とは別れて暮してゐました。睦雄は大谷醫師に診て貰つてから後も體はよくならなかつたのであります。大谷醫師は餘り惡くないやうに云はれましたが睦雄は體が惡いと云ひ中島醫師に診て貰ふと肋膜が少し惡いが大したことはない、動かぬ方が良いと云はれたのであります。睦雄は私方の親族はしになる同じ行重部落の寺元勇と云ふ人から自然療法とか云ふ本を借りて讀んでゐました。此は同人が病氣で矢張肋膜が惡いので苫田郡の加茂町郵便局長さんから借りた本を更に睦雄が借りて讀んでゐたのであります。

睦雄は高等小學校を卒業すると其の學校内にある補習學校へ行きましたが病氣の爲二年生の時は休み勝で全部行つたかどうかは覺へてゐません。其の後靑年訓練所へも一寸行つてゐたやうでありますが其の期間は存じません。然し靑年訓練所へ服を着て通ふてゐたのは私も見てゐます。其の時分は勿論私がまだ嫁にゆかぬ時分でありますが體がゑらいからといふて靑年訓練には餘り熱心に行かなかつた譯であります。

私は昭和九年の三月に只今の小■家へ嫁に來たのであります。昨年末頃睦雄が獵の免許を受けたといふことを聞いたので里へ歸つた時私が獵をしても同じらしい、買ふ方が安いではないかと云ふと、睦雄は家にばかりゐる譯にもゆかぬ、樂で運動の積りでやつてをると云ふてゐました。然し私は睦雄が山に行つたのは見ませんでした。銃はありました。何處で買つたものかは聞いてません。私は睦雄が獵物を持つて歸つてゐるのを見たことはありません。本年早春だつたと思ひますが祖母の許に寄ると睦雄が山で兎を捕つてきて喜んだといふことでした。其の兎をどうしたかは聞いてゐません。

本年三月頃の午後三時頃に私方に寺■が電話をかけてきて一寸來て呉れと祖母さんから云つてをると云ふので私は翌日實家へ歸りました。すると睦雄は家にをりましたが警察で取調を受けたとのことでした。其の時祖母さんの話ではゑらい臭い匂のする藥を睦雄が飲んで見んかと云ふたとのことでした。

其は睦雄がお祖母さんが寢られぬと云ふた時によく寢られるから之を飲んで見よといふて出したとのことであります。私は睦雄にその藥を出して見よといふと睦雄は麻醉劑とか何とか書いてあつた白い粉末の藥を私に見せました。

小さい瓶に入つてをり、睦雄は之は何處でも賣つてをる藥だと云つてゐました。

何處で買つたかと云ふことは聞きませんでした。睦雄の話では駐在所で調べられたけれども叱られはせなんだ、叱られる譯はないと云ふてゐました。

睦雄は平素眠れぬと云ふたことはあまりありません。私が嫁に行つてから後歸つた時に眠れぬと云ふたことがあります。それは昭和十一年の春頃と思ひます。然し不眠症と云ふ程のことではなく大したことではありませんでした。本年春頃、貝尾部落から京都へ移住した寺■■■の嫁さん■■といふ人の家へ睦雄が遊びに行くと云ふことを聞いたことがあります。私が聞いたのは昨年でしたが何時聞いたかは判然覺えません。私は睦雄に對して何ういふ譯で良く遊びに行くのかと聞くと親類だから行くのだと云つてゐました。夫れ以外には女のある家へよく遊びに行くと云ふ樣なことは聞いたことはありません。

睦雄は特に宗教心が强いと云ふ譯ではありませんでしたが稀には兩親の位牌の前に御燈明を上げて拜んでゐたやうなことは見うけました。然し宗教に一心になつてゐたといふやうなことはありません。祖母■■も別に宗教には餘り熱心と云ふ程ではありませんでした。家は天台宗で佛壇は倉見の家にあり、貝尾には持つていつてゐなかつたのであります。私が嫁家先から里へ歸る時に御土產を持つてゆくと位牌のある所へ据えてゐたりするのは見たことはあります。睦雄は私に對しては關係してゐる女があると云ふやうなことは勿論何も云ふたことはありません。私は睦雄が他の女と關係をしたといふ事實も亦女の跡を追ふと云ふやうな評判もあること等は誰からも聞いたことはありません。

私の親戚や先祖に肺病や精神病者があると云ふやうなことはないと思ひます。睦雄は自分で肺病じやと云つてゐました。睦雄は病氣になつてから特に性格が變つたやうに思ひませんでした。部落の人があれは肺病だと云ふて嫌ふてゐたといふのは事實でありました。然し私に對しては睦雄は部落から除け者にされてゐるといふやうな不服はしてゐませんでした。

本年五月二十一日睦雄が部落の人を多數殺害した事を當時聞いて私も非常に驚いたのですが睦雄はそれ程迄部落の人を怖んでゐたといふやうなことは少しも私には話してゐませんでした。あの事件があつて後私も家の整理に行きましたが睦雄の所持品は大部分焼いてしまい睦雄が學校時代使つてゐた雜記帳や本等は殘つてゐません。睦雄は滅多に手紙も寄越さぬので同人の手紙は殘つてゐません。數日前睦雄が住んでゐた家からピストルや火藥を計る道具等が出てきたといふことを聞きましたが其の道具やピストルは私は見てゐません。又何處に隱してあつたのかといふことも存じません。

睦雄の家には田地が二反以前からあつたのですが昨年末頃此を抵當に入れて四百圓程農工銀行から金を借りたといふことを睦雄から聞きました。此も睦雄はなかなか私に云はなかつたのですが誰だつたか忘れましたが私に云つて異れたので睦雄に尋ねると最初は抵當などは入れてをらぬと申してゐましたが色々訊ねた結果自分が病氣の爲色々費用がいるし雜費等も必要だから田地を擔保に入れたが體が良くなつたら働いて返すといつてゐました。右の田地の外に一反田地がありますが此は低利資金の融通を受けて買ふたもので私が嫁に行つた後に睦雄が買ふたものであります。其の外に山林や畠等はありません。睦雄が死んでから大字行重字猪原、岡■■■さんといふ人から六百圓借りてゐたといふことを聞きましたが此の話は睦雄からは全然聞いてゐません。睦雄が住んでゐた家は五十圓で買つてしまいましたが此の金は岡■■■さんの方へ借務の内入に支拂つてあります。擔保に入れてある田地等は將來什うするかといふことはまだ決つてゐません。

寺■■■■(當三十五年)の供述
——犯人と情交關係ありたりと云はれ犯行當時京都に逃げをりたるもの——

(永田檢事聽取)

私は岡山縣苫田郡西加茂村大字行重、池■■の五女で大正十二年一月八日二十歳で寺■■と結婚しました。寺■の親族寺■■夫婦の媒灼で普通の結婚をしたのであります。只今■■との間に長男■■十五歳、次男■■十一歳、三男■■八歳、長女■■一歳の四人が居り、■■が山仕事をして私や長男も手傳ひ月に五、六十圓から七、八十圓の收入があり何うにか生活して居ります。

都井睦雄は私より十二、三歳も年下で寺■の家と昔からの親族であると云ふことで子供の時から知つて居ります。子供の頃から身體が弱く小學校へは九歳になつて初めて上つたと云ふことです。落付いた賢い默つた學校の出來の良い子だと聞いて居ります。姉と祖母と三人暮しで多少資産があつて、樂に暮して居り高等小學校卒業後檢定試驗を受けて敎員になると云つてをりましたが十六、七歳の時肋膜炎を患ひ最近には女とさへ見れば關係させさせと云ふと世間で專ら評判になつて居りました。

私は好んで睦雄と情交をしたことはありません。昭和十一年四、五月頃電燈の集金に睦雄方へ行つた時、祖母が留守で睦雄一人宅に居りましたが病氣でブラブラして居るのに六十五錢の電燈代を渡すと申し私の側へ寄つて來て私の左肩に凭れかゝつて關係して呉れと何度も云ひました。私は夫のある身であるから其の樣な事は出來ぬと斷りましたが關係して呉れなければ殺すと云ふ風に脅しました。私はそんな無茶なことが出來るものか罪科もないのにといふたら殺してやると云つて居りました。其の日は逃げて歸りました。之は昭和十一年四五月頃の晝の頃で本年八歳の■■が六歳の時で夫れを背に負つて居りました。之が最初で夫れ迄にはそんなことはなかつたのです。其の後田圃の歸りや私方で睦雄に會つた時、私の側迄近付いて來て着物の上から私の尻の邊へ睦雄の前の方を付けて凭れるやうにしたことが三、四度もあります。それで睦雄は得心がいつたらしく其の儘何所かへ行つて仕舞ひました。睦雄が斯樣なことをするのは私丈ではありません。岸■■■、同■■、寺■■■、寺■■、西■■■等に對しても側へ寄り掛つて氣持良さそうにしたことがあると本人達から聞いたこともあり又度々關係して呉れと云ひ寄られて困つて居ると云ふ話も聞きました。村中で睦雄は色氣狂である、肺病の癖に側へ寄ると變なことをするから逃げて居れと皆が云ひ合つて居りました。

私が睦雄と私の夫■■と情交する時のやうな風にして關係したことは二度あります。之は夫に秘密にしてありますから何卒その御積りで内分に願ひます、それも無理矢理に關係をつけられたので戀愛關係等は絶對にありません。

度は昨昭和十二年五月頃の午後一時頃田圃から私が歸つて板の間に居つたら睦雄が田圃の方から來て板の間に腰掛けて居る私の前へ來て私を倒し私の前を捲つて無理矢理に自分のものを私の前へ當てました。私の方の中へは十分入らなかつたと思ひます。當てた所位で氣をやつて私の前の方を多少汚して出來心で濟まんことをした堪へて吳れと云ふて歸りました。二度目はその年の七月頃田圃から歸つて、午後二時頃晝寢をして居つたら座敷の上へ上つて來て寢てゐる私の上に乘り、私の前を開いて自分の物を入れやうとしました。此の時も中に入らず氣をやつてその邊を汚して仕舞ひました。私がこのやうなことをして夫にも濟まんと怒つたら自分も時々こんな變な氣になるので濟まんことをした。妻も貰はねばならんから誰にもこのやうなことは云はぬ樣にして吳れと謝りました。私は斯樣なことに付てお金や物を貰つた樣なことは絶對にありません。睦雄が何か與へたやうに遺書に書いて居る相ですがそんな事は絶對にありません。

其の後も寄添つて來て一人で得心して居る樣な事は時々あり又やつてるなあと氣付いたことはありますが■が始終家に居るので關係を付けられるやうなことはありませんでした。前述岸■■が昨夜も睦雄が來て自分の道具を突張つて關係を付けて吳れと云つて困つたと昨年七月十日頃の一番草取りの頃婦人達が草取りをした時に多勢の前で云つてをるのを私も聞きました。十圓札の手の切れるやうなものを押付けて之で關係して吳れと云ふたがそんなことをするのなら此の金を祖母さんの處へ持つて行つて話をするぞと云ふたら歸つたと云ふ話も聞きました。右のやうな次第で何時關係を絶つたと云ふやうなこともなく、何故絶つたと云ふこともありません。昨年十一月頃大根を持つて睦雄方へ行つた時無理に押へ付けて關係して吳れと云ふたのが最後かと思ひます。此の時も一寸腰を使つた丈で得心した模樣でした。

私が津山に來て、京都に來たのは何も睦雄が恐しいので逃げたのではありません。■が前から京都の方へ働きに來てをり、私も胸の神經痛で岡山の方では醫師の都合も惡く津山の簡易保險の醫師に診て貰つて、それから子供の學校が四月から都合が良いといふので只今居る藤■が仕事をしに來て吳れと賴みに來て吳れたのを幸ひ、本年三月末頃に津山から一旦郷里へ歸り、それから京都へ來たのであります。決して逃げて來たのではありません。

私が最近睦雄に肺病患者に殺されるかいと惡口を云つたやうなことはないかとのお尋ねですが肺病患者とは云ひませんが前述した最初に關係せなければ殺すと云つた時、罪科もない者を殺せるかい、殺せるなら殺してみよと云つたことがあります。それを云ふのではないでせうか。斯樣なことを云つたのは其の時一回丈で其の後は自然と私の傍に牧夫がゐるので寄らぬやうになつて居つたのです。睦雄が殺すと云ふのは口癖で西■■にも左樣な脅しを云つた相です。私は睦雄が無理無體なことをして私を辱めてをきながら勝手に私を怨んで何も知らぬ私の兩親（池■■、■）、妹（■）、甥（■）を殺して憎い奴だと思ふて居ります。毎日泣いて居るのであります。

（守谷檢事聽取）

西　■■■（當四十九歲）の供述

西加茂村役場書記にして本件犯行現場眞只中に居住し居りたるも幸に難を免れたる者

一、自分は昭和三年四月一日以来苫田郡西加茂村役場書記をして居るが主として兵務係の事務を擔任して居る。

二、都井睦雄が幼にして両親を失ひ其の出生地である同郡加茂町大字倉見から其の姉■■と共に祖母■■に連れられて貝尾部落に移住して来たのは同人が四、五歳の時であつた様に記憶する。自分方は都井方と十四、五間しか離れて居ないが事件直前迄同人に對しあまり深い關心を持つて居なかつた爲其の平素の行状等に就て深く知らなかつたが唯次の二つの事から同人が非常に變り者であると思つて居た、その一は睦雄は徴兵適齢届の際役場に肺結核の申告をして来たこと、その二は事變以来同部落及近隣部落から三十數名の出征者があつたのに一回として見送りに出てゐないことである。

自分は役場の兵事係として同人の徴兵適齢届を受理したが肺病等は隱すのが普通であるに拘らず自分から結核であると名乗りを擧げる等と云ふ事は餘程の變人だと思はれた、又出征者の見送りに出ぬことは病氣であると云ふ理由で同人は青年團の交際等にも決して顔を出さなかつた様だが當時同人は顔色肉附共によく且自轉車で相當重い荷物を持つて一里や二里の道なら平氣で用を足して居たこと等からして同人が見送りに出ないのは病氣の爲でなく全く其の變質的性格の故だと思つて居た。

三、自分が始めて睦雄の素行や動勢に付て詳しく知つたのは昭和十三年三月十日頃のことで同部落の寺■■(寺■■■の夫)寺■等が自分に對し警察へ行つて救助を求めて呉れと云つて来た時である。其の時の話を要約すると睦雄は同村の婦女に對し無暗に情交を挑み之を拒否する者を恨み又應じたものでも關係を繼續せねば恨むと云ふ

具合で最近は猟銃や實彈を澤山に購入し山へ行つて射撃の練習をして居る様だし又心安い其婦人に恨みのある奴は皆撃ち殺し自分も死ぬのだと放言した事があるとの事であつて、寺■等が自分方へ来る様になつた直接の動機は其の頃睦雄が其の祖母■■に對し大變臭氣のある白い粉末を呑まぜようとし■■が驚いて親族の寺■■■方や同■■方に行き何だか睦雄に殺されそうな氣がする本當の孫だが危險な感じがして一緒に居られないと云つて二、三泊した事實があつたので■■から其の話を聞いた同人等は彼此思ひ合せ非常に切迫した或物を感じたことであつたようだ。

當時西加茂村駐在所は缺員中だつたので自分は直に加茂町駐在所にこの旨を訴へ出て本署に報告して貰ひその結果三月十一日だつたと思ふが津山署から警部補が来て都井の家を家宅捜索し猟銃三挺(内一挺は借用中のもの)と多數の實彈を發見し之を取上げて呉れたその結果村人等は一應安堵した譯でその後犯行の日まで別に睦雄の行動に危險なものを感じなかつた様である。

此の點は犯人が如何に注意深く其の後の兇行準備をしたかを雄辯に物語つて居ると思ふ。

尚犯人は兇行當時自分が駐在所へ訴へ出たことを知らなかつた様だが若し知つて居たとしたら自分方も皆殺しとまでゆかぬ迄も相當な被害を蒙つたゞらうと思はれる。

四、兇行當夜後から考へると六七軒目を犯人が襲つた時だと思はれるが自分は娘の悲鳴によつて目を醒した、その時やはり後で判つたのだが、寺■■方で子供の泣く聲が一寸の間聞こえて居た、その他は竹の葉で戸でも叩く様なパン〳〵と云ふ音が聞こえた丈で聲を出す者も無く全部落は水を打つた様に靜かだつた。犯人が池■の家を襲つ

た頃からだと思ふが漸く臆々しくなり初めた。

自分は目が醒めた時第六感でこれは都井が何か初めたなと感じたので全く無氣味な恐怖の内に夜をあかした様な譯で朝になり兇行の實相を見るに及び全く茫然たらざるを得なかつた。

五、犯行前日犯人が自轉車を押して山の中や畑中の細い道を何回となく西加茂村役場の方へ往復したり又途中の電柱へ昇つたりして居るのを多くの村人が目撃したそうであるが後から考へれば駐在所は役場の直ぐ傍にあるので部落民が急訴する迄の時間を調べたり他部落に影響が無い樣貝尾部落丈の電燈を消す方法を研究して居たのだらうと思はれる。

其の晩電燈が點かず村中が眞暗であつたに拘らず誰一人として修理をなひに走らなかつたのは全く不思議で部落が斯樣な災難に出逢う宿命の日が來て居たものと見るより他に仕方がない。

六、寺■■は兇行當時其の一家と共に京都に居たが同人の妻で犯人と關係のあつた■■は豫め此の事あるを知り逃避したものではないかと想像される。其の根據は自分の案内が確か西■■からであつたと思ふが、同人は寺■■から睦雄がえらいことをやる相だから京都の方へ逃げようと進められたことがあるが自分は睦雄から殺される程恨まれて居る筈がないと云つて斷つたと云ふ話を聞いたことがあるそうである。

殊に此の兇行の四、五日前と思ふが自分が役場で仕事をして居ると寺■■が戸籍謄本と身分證明書を貰ひに來たのですぐに作つて渡すと同人は自分を外へ呼出しこの事は誰にも云はぬ樣にして呉れと哀願するので、こんな事を誰に云ふても利益のない事だから決して言はずに置くが何の爲にこんなものが要るのかと聞くと別に何でもないと言葉を濁して居た。處が其の翌日突然荷物を纏めて部落から姿を消してしまつた。右戸籍謄本等は小供の轉校の爲に必要なものでこれは京都方面へ逃避する爲の準備工作であつたことは確かだと思ふ。

七、自分は貝尾部落の人間だからその爲云ふ譯ではないが部落民が睦雄を特に他所者として排斥したこともなく又肺病であると云ふことで排斥したこともない。殊に犯行當時睦雄は外見上全く健康體で現に自分方の高等一年と尋常六年になる子供二人は常に同人の所へ遊びに行つて居た程で自分等は肺病等と云ふことは少しも考へなかつた。

八、此の事件の爲に西加茂村が非常に風紀の亂れた貪農悪村で事件の責任が村人にあるかの如く新聞紙等に傳へられたことは甚だ殘念である。

寺■■（當四十五年）の供述

—— 睦雄を幼時より世話したる ——

（中垣檢事聽取）

私は農業と養蠶をしてゐます。都井睦雄の居た家の北一町位の處に住んでゐます。睦雄の祖母■は私の伯母にあたります。睦雄の家は屋敷、地面併せて五百圓で寺■■から買ひました。之は睦雄の死んだ両親が遺した山林を賣つて、その金で買つたのです。

睦雄は両親が死んだので、■の夫の弟、都井■■、睦雄の母の姉婿である、太■■、それに私が親族會の會員になりました。それで私は三つ時分から睦雄を世話してゐます。睦雄は小さい時から身體が弱く、小學校當時もよく休みました。而し段々快くなつていつてゐました。中島醫師に診て貰ふと肺尖だと云ふことでした。小學六年生當時は敎員になりたいと云つてゐましたが高等小學に行くやうになつてからはもう云はなくなつてゐました。

都井の財產は都井が未成年の間は■が後見人になつて管理してゐましたが徵兵檢査が濟んでからは自分が勝手にし、擔保に入れたり等して金を借りました。

睦雄は酒は飮みました。三合位はいけます。煙草は飮みません。私が早く身を固めるやうにと云ひましたが檢査が濟む迄は貰はぬと云つてゐました。遊興には時々出かけてゐました。泊つて來ることもありました。

十八の時患ひ、三年位ブラ〳〵してゐました。

事件のあつた夜、私は蠶の方が忙しくて、夜の一時半頃寢ました。寺■が知らして呉れました。それで寺■の家迄樣子を見に行きましたがその時には別に變つたことはありませんでした。表は別にそう暗くなく明りなしで歩ける程でありました。私は兇も角貝尾の入口、仁■方迄行く許りで歩いてゐる内に、先に、いつた人に出合ひ私丈は引返しました。

何故睦雄がこんな事をしたかは一寸判りません。兩親が死んで親の愛がなかつたからでせう。それに病氣もありますす。睦雄が自分の財產を皆、兇行の準備に使つて終つたのですがそれを私が十分監督してをれば良かつたと思ひます。何分、親がないので傍から干渉して喧しく云ふのは本人の爲却つて悪いと思ひ、好きな樣にしてをいたのが良くなかつたのです。女も大分あつたやうです。岡■、西■、寺■、寺■等とは關係してゐたやうです。

それが原因だつたことも明かです。

睦雄は頭は異常なかつたやうに思ひます。私なんかは本人のためを思つて色々氣にさはることも本人に云つてゐたのですから、若し氣がふれてをれば私などを怨み、殺しに來る筈です。

寺■（當二十一年）の供述

――被害者の一人――

（守谷檢事聽取）

一、自分は寺■の四女で昭和十三年一月九日同部落の■波■と結婚したが同年三月二十日頃離婚され家に歸つた其の後同年五月五日苫田郡上加茂村大字物見■に嫁し現在に至つて居る。

二、■波■と離婚した理由に就て或は自分が犯人都井睦雄と情交關係があつた爲の樣に謂はれて居る樣だが自分は犯人が自分のことを什う思つて居たか知らぬが絕對に同人との間に情交關係は無く斯樣な理由で離婚となつたものではないと信じて居る、自分は■と從兄妹同志であるが同人方と自分方は祖父母の代から三代續いて血族結婚をして居るので結果がよくないだらうと■が心配した結果合意の上で離婚したもので外に理由はない。

三、都井睦雄に付て私共娘達の仲間では女癖の悪い奴だから氣を付けろと戒め合ひ私も警戒して居たが同人が肺病であると謂ふことは事件前には少しも知らなかつた。

四、自分は唯今申した様に五月五日に結婚し十二日に里歸りをし一旦婚家に歸つたが同月十五日に弟■■(當十九年)が仁■■■(當二十三年)と結婚式を擧げたのでまた二十日の日に實家に歸つて泊つた、其の晩夜中にこの災難に逢つたのである。

其の夜自分は奥の間に寢弟夫婦は納戸の間に寢て居たが夜中突然二三發のにぶい銃聲や自分方屋内に於ける騷々しさに眼を醒し非常に驚いて裏口から寢衣の儘跣足で逃げ出したがその時突嗟に鐵砲など持つて暴れるのは都井睦雄に違ひないと氣が付き自分方横の都井の親族寺■■方へ行き救を求めたが起きて呉れなかつた、その時横手の本屋(寺■■■方)の戸が開いて呼んで呉れたので地獄に佛の思ひがしてその中に走り込んだ、すると自分が這入つた戸を閉めるか閉めない間に犯人がすぐ其處へ來て「開けろ開けぬと打ちめぐぞ」と叔鳴り更に裏口へ廻り戸の外から一發彈を打ち込んだがその彈の破片で表口で一心に戸を押へて居た同家の■■■さん(當二十一年)が怪我をされたのである、そして犯人が裏口を立去るには立去つたが又來るかも知れぬと云ふので疊を揚げ女達丈三人が床下に潜り騷ぎの靜まるのを待つた樣な譯である。

五、私が犯人は都井だと突嗟に氣がついた譯は同人は始終獵銃を持つて山へ行つて居た事や同年三月頃警察から獵銃や彈を澤山取上げられたことを知つて居た爲だと思ふ。

六、本屋は別に犯人から怨まれる理由もないのに襲撃を受け大一お爺さんが殺されたりしたのは全く自分が同家に逃げて行つた爲でこの點は大變申譯ないことをしたと思つて居る。

岡■■■■(當六十二年)の供述

―― 被害者岡■■■の兄 ――

(伏見檢事聽取)

私は岡■■■の實兄であります。弟■■は二十二位の時初めて嫁を貰ひましたが昨年八月結婚した■■と云ふ女は五度目の家内であります。弟には一人も子供はありませんでした。■■は苫田郡香々美北村に郷里があるのですが西加茂村大字楢井に親族があつて、其處へ遊びに來るので自然同村の弟とも知るやうになつたものと思ひます。

西加茂村に今■■と云ふ者が居ますが同人が昨年十月頃都井睦雄を連れて弟方へ來て酒を呑んだことがあります。此の時が■■と都井とが話をした初めだと思ひます。其の後■■と都井とが親しくするので弟が家内に都井と遊んではいかぬと云ふて注意したことを私は弟から聞きました。■■からは何も聞きません。弟の話では都井が來れば戸を締めて■■を匿してやつたと云ふことです。弟が私に斯ふいふ話をしたのは本年三月頃のことでありました。

都井は恐らく全部で三、四回位より弟の家へ來てゐないと思ひます。五回とは來てゐますまい。家へ上つたのは今■■と來た時だけだと思ひます。私は都井と大分年齡も違ひますので顏は知りません。都井の性格についてもあまり聞いたことはありませんでした。

兇行當時私宅へは銃聲も聞えず少しも知りませんでした。近所で竹が割れるやうな音がするのは聞きましたが銃聲とは思ひませんでした。五月二十一日午前四時頃に消防組の副組頭仁■■■といふ人が弟さんがやられとるといふて知らせて呉れたので其の時初めて兇行を知つたのであります。

武■■（當六十六年）の供述

――犯人が自殺直前最後の遺書を認むる爲紙と鉛筆を貰ひ受けたる家の主人――

（伏見檢事聽取）

一、去る五月二十一日午前三時頃私方六畳の間で寢て居ると突然今晩は〳〵と呼ぶ聲がしたので電報配達が來たのだらうと思つて返事をすると間も無く自分が寢て居る部屋へ若い二十一、二歳の男が腰に刀を差し鐵砲を持つて這入つて來た、自分は此の姿を見て强盜が來たのだと感じた。

二、其の男の顔は見覺えが無かつたが先づ最初「お爺さん怯えなさんな」と云うたのを能く覺えて居る、次で自分に「お爺さん急ぐんぢや、鉛筆と紙を貰ひ度い、警察の自動車が此の下まで自分を追ふて來て居る」と云ふので私が紙を捜して居ると其の部屋に寢て居た私の孫に「ヨーチャン君とこは此處ぢやな、お爺さんでは間にあはぬ、鉛筆と雜記帳を早く出して呉れ」と云つた、孫が雜記帳の書きかけの分を出すと其の男は雜記帳の一部を破り取り「なんぼ俺でも罪のない人は撃たぬ、心配しなさんな」と云ふので私は「これ惡逆にしよるのに撃つて貰ふては困る」と云ふと「お爺さんとこへ來たら用を足して貰へると思つた、俺が此處で死んだらお宅の迷惑になるといけん、早くして呉れ」と云ふて自分が其の男に事情を聞かうと思つてもその餘裕を與へず大變急いで外へ出て行つた。

三、其の男が出て行くと孫があれが都井ぢやと云ふたので初めて同人が■■の女房と密通の噂があつた都井と云ふ男であることを知つた、そのうちに後から〳〵人が來たので私は都井が自分宅へ來て紙と鉛筆を持つて行つた顚末を話し其の邊に自殺でもして居るのではないかと云ふたが果して都井が山の上で自殺して居るのが發見された樣な次第である。

伊　藤　光　藏（當五十一年）の供述

――齒科醫にして犯行に使用されたる日本刀一振を犯人に賣渡したるもの――

（梅田檢事聽取）

一、私は昭和十一年十二月頃から最近迄苫田郡東加茂村大字桑原に齒科の出張診療所を開設して居りましたが當時都井睦雄に刀劍一振を賣つたことがあります。

二、例の三十人殺しの發生した時から約一月位前のことでありました、同人が始めて診療所に參り治療を乞ふたので其の左上顎小臼齒が大分腐蝕して居るのを當日並其の後各一回應急手當を加へました。

其の二回目の治療の際に同人は突然

先生は刀劍を澤山蒐藏されて居る相ですが私の從兄の某が此度軍曹に昇進し手頃の刀を求めて居るから是非一本分けて呉れませぬか。

と云ふので私も承知したのであります。

三、すると暫くして私が智頭町の自宅へ歸るべく加茂驛で午後六時十二分發鳥取行の汽車を待ち合せて居ると睦雄が訓練服に帯劍をさして來て之からお供をして行つてもよいかと云ふので私としては豫め決めて居た譯ではなかつたが同人を自宅に同行したのであります。

四、私は以前から刀劍に趣味を持ち其の年の前年の正月に加茂町で私自身會長となつて刀劍會を作つたことがあります、此の樣な關係から睦雄は私に刀劍の話を持込んだものと思ひます。

五、自宅で刀劍三本を見せ其の中の双渡り二尺位のものを三十圓で賣り渡しました現金で貰つたのであります。

此の刀は私が久しい以前に買求めたものですが今では賣主等は忘れて仕舞ひました、私の素人目では此の刀は二百年から三百年位以前のもので加州（加賀）の新刀でありまして燒が甘いものであります、只今なら七八十圓には賣れませう。

此の刀の故事來歴等は一切不明です。

六、殺人事件の發覺當日私は東加茂の診療所に居りましたが朝十時頃西加茂の駐在所に呼出され其處の巡査に例の刀で睦雄が三十何人切殺したと告げられ吃驚仰天し新聞を貰つて見た處鐵砲を使つたと書いてありました、然し巡査は刀が兇器であると云ふので私はすつかり責任感に打たれ直樣東加茂尋常高等小學校長の處へ行つて自分の責任は何ふなるだらうか又親兄弟を殺され孤兒になつた者があるが之を私が養育しようか等相談をした處先生は君が情を知つてしたことではないのだから心配せずに當分靜觀せよと宥めて呉れたのでやつと人心地が付いた樣な次第でありました。

七、私は睦雄の住居とは相當離れて居るし又鳥取にも出掛けるし都井に付いて事前に何の噂も耳にして居りませんでした。

然し其の後色々地元の噂を聞けば睦雄に同情するものは女房や娘が睦雄から金を捲上げて二三年の中にすつかり貧乏にして仕舞ひ其の學句金が無くなるとあれは肺病だと云ふて排斥した結果であると云ひ其の反對側のものはあれ迄酷い事をしなくてもよかつたらうにと申します、猶最近小耳に挾むだのですが睦雄に狙はれて京都方面に逃げ出した女が事件後歸鄕して田地を買ふとか云ふことであります、同女は元貧乏であつたのに不思議なことだと云ふて居るものもあります。

■ 談 ■（當二十八年）の供述

── 被害者の一人 ──

（梅田檢事聽取）

一、自分は昭和十二年末二十六歳で寺■と結婚し翌昭和十三年三月三日之を離別したが其の理由は自分方は祖父、父の二代に亙り何れも從妹を妻に迎へて居り若し自分が更に母方の從妹に當る■■と結婚すれば都合三代の血族結婚を重ねる事となり兼てより優性學上の懸念を懐いて居たのみならず同女に對しては格別の愛情を感じて居なかつたので同棲僅か二ヶ月で協議上の離婚をしたのである。

（其の背後に隱れたる事情あるやも測られざれども都井睦雄の事件に關しては部落民は成可く之に觸れざる樣にして居る旨暗に自己も亦右以上に内情を吐露するを欲せざるかの如く暗示したるを以て人情上强て追窮し得ず）

二、睦雄の素行に付ては同人は小學校就學前自分方の近所に移住して來た者で小學校時代には身體が虚弱で一年間に三四十日間も缺席して居たが頭腦は明晰で常に一、二番を占め高等二年卒業後は暫時農業に從事し居た其の間部落青年の會合等に當つては共に飲酒した事等もあるが其の頃は素行は善良に見え異性との關係はなかつた模樣である。

三、殺人事件の三年前から小學校教員の檢定試驗を受けると稱し自宅に引籠つて自ら友達との交渉を絶つに到つたが其の半年程後に肋膜に罹り六ヶ月餘病床にあり自らも肋膜である事を口外して居た。

然るに恢復後は依然として蟄居し仕事は粗畧、姉に一任しぶら〳〵して居たが俄然素行不良となり夜間は家を空け或は他家を覗き廻り或は異性の家に出入する等の風評があつた。

四、寺■■の妻で他の女性よりも睦雄に對しより密接な關係にあつたと認められる寺■■は事件發覺直前全戸を擧げ京都に移轉した儘未だ歸郷して居ない同女が睦雄より捲上げた金品を以て最近田地を購入したと云ふ噂は全然聞いた事がない又如何なる根據からこの噂が發生したかも推測し得ない。

（此の點に關し西加茂村駐在巡査をして調査せしめたる結果右噂は寺■■に關するものに非ずして寺■■が最近親族より田地の贈與を受くる事に關し親族間に内紛を生じたる事實あり從つて右風評は何人かゞ之を誤聞して云ひ觸らしたるものには非ざるかと推定す）。

片　山　四　郎（當五十八年）の供述

―― 津山市の銃砲火藥商にして犯人と取引ありたるもの ――

（梅田檢事聽取）

一、自分は大正十五年頃から肩書地で銃砲火藥商をして居るが昭和十二年七月二十五日都井睦雄にベルギー製十二番口徑ブローニング五連發銃を金五十五圓で賣つたことがある、其の男が都井であることは後に同人が狩獵免許證を持つて火藥を買ひに來た際判然したのであるが右銃を買ふ迄には同年六月初頃から一週間置位に二三回自分方に來て、繰返し〳〵銃の構造や取扱方法を聞くので私は隨分クドイ性質の男だと思つた、然し子供々々した處のある溫順相な男だなと思つて居た。

二、其の後昭和十三年三月頃都井が私方に來て前記銃を神戸驛前の高橋銃砲店で追金八十圓を出し新品と交換したと言つて居た、すると其の月末頃私の知人である苫田郡西加茂村旅館兼料理業寺■■なる者が十二番口徑銃身二十六吋ブローニング五連發銃一挺を自分方に持込み其の相場を訊きに來た、其の際同人の言つた處によると其の銃は都井のもので、同人が何か不穩なことを計畫して居ることが警察署に知れた爲取調を受け其の結果銃を手放すこととになつたのだとの事であつた。

三、私の値踏の結果平井は其の銃を結局百三十圓で買取つたが、都井の不穏計畫とかの内容は私は勿論平井にも詳しい推測はつかなかつた樣である。

それ迄都井は度々自分方へ火藥類を買ひに來て居るが其の後は一度も來て居ない、尤も其の後今■と謂ふ者から火藥類を入手してゐる相だが自分方で今■と取引したのは昭和十二年十一月二十六日と昭和十三年三月十三日の二回で昭和十三年三月の時は銃用村田雷管百個、雷管付紙ケース百個、黑色小粒火藥三百七十五瓦、マーズ無煙火藥一百瓦を賣つて居るからこれが都井の手に渡つたものだらう。

四、都井は殺人に猛獸彈を使用したそうだが何處でこれを入手したかは判らぬ、自分方は勿論市内唯一の同業者平岡商店でもこれを賣つた形跡はない、自分方でこのアイデアル猛獸彈を賣つたのは開業以來唯一回丈で夫れは林野町の者が兵庫縣方面へ獵に行く時萬一猪が出ではと云ふので買ひに來たものである。

大阪三越通信販賣係主任外一名

（一）大　浦　信　之（當四十五年）の供述

——大阪三越通信販賣係主任——

（二）横　溝　　薫（當二十九年）の供述

——大阪松下乾電池株式會社企畫部主任——

（山口檢事聽取）

（一）

一、只今私の店で「バンドライト」を發賣致して居りますが之は「ナショナルバンドライト」と云ふのが正式の商標であります。

二、製造元は大阪府北河内郡三郷町松下乾電池株式會社で用途は暗い所で兩手で仕事をする時頭部等に之を附け照明に使用するのであります。

三、何時頃如何なることにヒントを得て考案せられたものか又發賣時販賣類似品の有無等に就ては私方で判り兼ねますので製造元に就て御聽取願ひます。

（二）

一、私は大阪府北河内郡三郷町松下乾電池株式會社の社員で企劃の方を擔當して居ります。

二、私の會社で製造販賣して居る「ナショナルバンドライト」は昭和十年に私方會社の研究部で當時我國に相當輸入されて居りました外國製額帶電燈を參考として之を改良考案したもので外國製額帶電燈は電池ケースとライトとが別になつて居り之をコードで連結し例へばライトを額に附け電池ケースを腰に下げ兩者をコードで連結して使用すると云ふ樣な仕組になつて居りましたのをコードによる連結の缺點を除きライトに接續させて電池ケースを裝置することにしたものです。

三二六

三、「ナショナルバンドライト」は暗い處で作業をする場合例へば夜間の作業、坑道内の作業、自動車の下方にもぐつてやる作業等に使用され其の際兩手で作業出來ると云ふのが特徴です。

之を發賣したのは昭和十二年七月です、私方會社の製品は全國に代理店があり其の下に小賣店がありまして此の小賣店が總て販賣して居りますから此の販路は全國に及んで居り尚多少輸出もされて居ります。

四、「ナショナルバンドライト」の類似品としては前述の外國製頭帶電燈と之を其の儘眞似たものばかりでありコードを連結する鉄臨を除いたのは「ナショナルバンドライト」が最初で其の後此の類似品は見受けたことがありません。

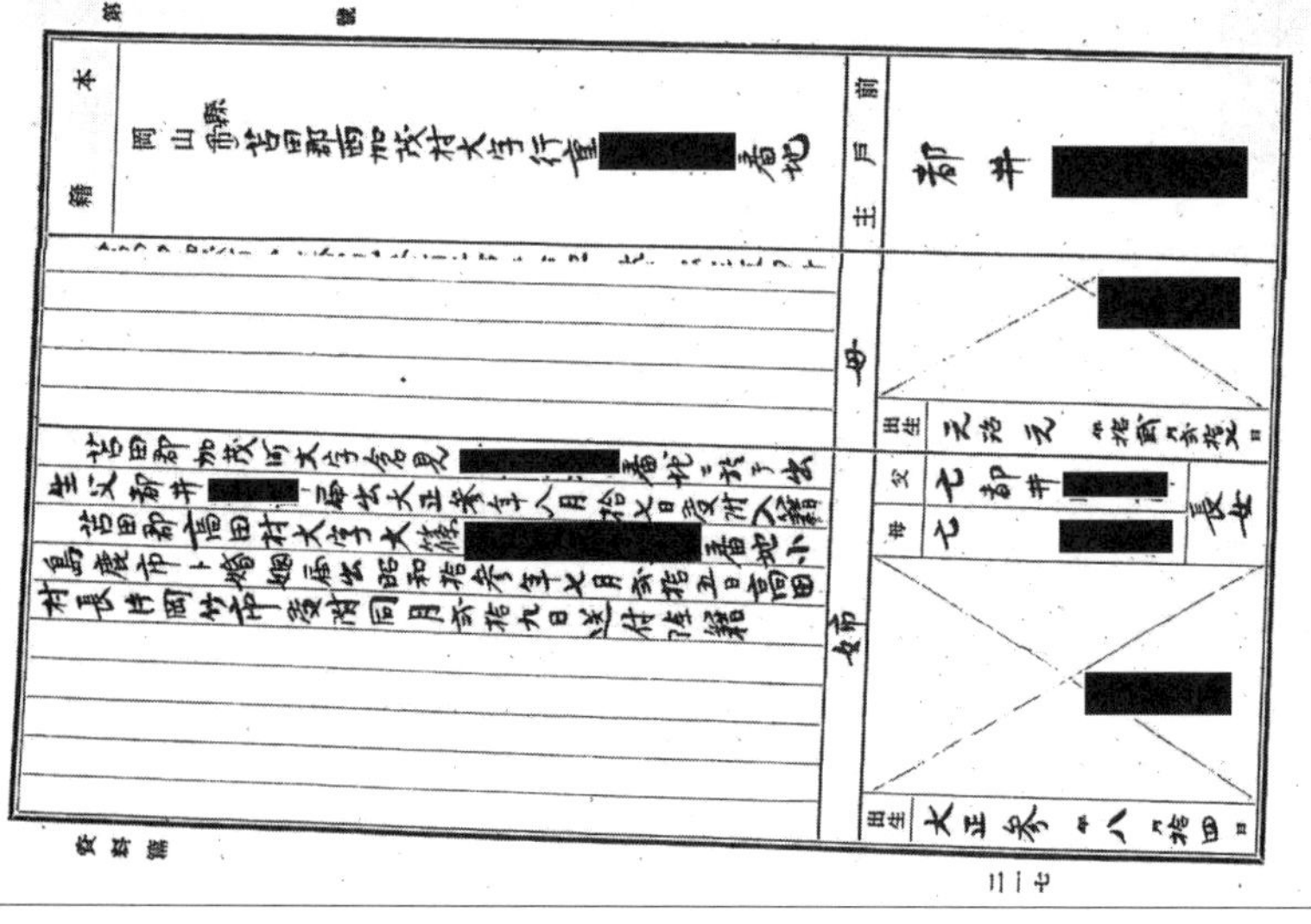

本籍 岡山縣苫田郡西加茂村大字行重■番地

戸主 都井■

母 出生 元治元年■月■日

苫田郡加茂町大字倉見■番地ニ於テ出
生父都井■届出大正参年八月拾七日受附入籍
苫田郡高田村大字大篠■番地小
島慶市ト婚姻届出昭和拾参年七月弐拾五日高田
村長坪岡竹市受附同月弐拾九日送付除籍

父 亡都井■　母 亡■　長女

■

出生 大正参年八月拾四日

資料篇　三二七

本籍	岡山県苫田郡西加茂村大字行重■番地
前戸主	都井■

戸主

苫田郡加茂町大字倉見■番地ニ於テ出生父都井
■届出大正六年参月拾日受附入籍
大正七年拾弐月壱日前戸主■死亡ニ因リ家督相続親
権ヲ行フ母都井■届出大正八年壱月弐拾五日受附
大正八年四月弐拾九日親権ヲ行フ母死亡シタルニ因リ後見
開始大正九年拾月六日後見人睦雄祖母都井■就
職ニ付届出同月拾壱日受附
苫田郡加茂町大字倉見■番地ヨリ
転籍届出昭和拾年四月弐日受附入籍
昭和拾弐年参月四日被後見人成年ニ達シタルニ付
キ後見終了届出同年四月弐拾八日受附
昭和拾参年五月弐拾壱日午前七時西加茂村
大字楢井■番地ニ於テ死亡同居者
都井■届出同月弐拾五日受附

前戸主トノ続柄	亡都井■ 長男
父	亡都井■
母	亡■
続柄	長男
氏名	都井睦雄
出生	大正六年参月五日

祖母

明治弐拾四年弐月弐拾壱日苫田郡西加茂村大字行重
寺■妹亡豊平四女再婚入籍
昭和拾参年五月弐拾壱日午前弐時本籍ニ於テ死
亡同居者都井■届出同月弐拾五日受附

父	亡寺■
母	亡■
続柄	四女
氏名	■
出生	元治元年拾弐月弐拾弐日

姉

苫田郡加茂町大字倉見■番地ニ於テ出
生父都井■届出大正参年八月拾七日受附入籍
苫田郡高田村大字大篠■番地小
島慶市ト婚姻届出昭和拾参年七月弐拾五日高田
村長仲岡竹市受附同月弐拾九日送付除籍

父	亡都■
母	亡■
続柄	長女
氏名	■
出生	大正参年八月拾四日

右謄本ハ戸籍ノ原本ト相違ナキ事ヲ認證ス

昭和拾四年四月拾八日

岡山縣苫田郡西加茂村長 中塚蔦一郎

出生	年	月	日	父	母
出生	年	月	日	父	母
出生	年	月	日	父	母
出生	年	月	日	父	母

被疑者學業成績性行等回答書

昭和十四年四月十九日

吉田郡西加茂尋常高等小學校長㊞

岡山地方裁判所檢事局御中

亡都井睦雄ニ關スル件

四月十七日附御照會相成リ候首題ノ件ニ關シ左記ノ通リ及回答候也

記

一、小學校時代ニ於ケル學業成績表

尋常科

學年	修身	國語	算術	日本歷史	地理	理科	圖畫	唱歌	體操	操行	出席日數	病氣缺席	事故缺席	備考（操行欄中ヨリ）
一	9	9	10				8	8	8	中	184	55	22	教室内ニ於テハ他ノ兒童ノ世話ヲナシヨキ兒童ナルモ缺席スルコト多シ努メテ出席ナス樣訓戒ス
二	8	9	9				8	8	8	中	227	14	17	沈着ニシテ學習態度良好ナレ共隣人ニ誘ハレ私語多シ
三	9	9	9				8	8	9	上	231	18	7	沈着ニシテ學業優秀ナリ惡處多シ 沈着ニシテ學習態度ヨシ一年前ヨリ頭痛スルトテ缺席多シ
四	9	9	9			10	9	8	9	上	213	40	7	
五	9	9	9	9	9	9	8	8	8	上	197	5	56	頭痛持ニテ學校ヲ缺席スルコトヲ常トセリ 心性朴直ニシテ飾氣ナク極メテ赤裸々ニシテ學習

六
10
9
9
9
9
9
8
8
9
上
245
15
慾旺盛ナリ言語明瞭容儀端正ナリ 本年ハ頭痛モ起ラズ熱心ニ學習ス 心性朴直ニテ知能ノ發育ハ上ノ部ニ屬ス 態度沈着ナリ一面理窟ポクアルガ大體ニ於テ良キ 兒童ナリト思フ操行判定上

高等科

學科	修身	讀方	綴方	書方	算術	日本歷史	地理	理科	圖畫	唱歌	體操	手工	農業	操行	出席日數	病缺	事故缺
一	8	9	9	9	8	10	9	9	9	8	8	9	9	上	230		32
二	9	10	9	9	8	10	10	10	9	8	8	9	10	上	237	2	15

二、性質素行

尋常科ニ於ケル學業成績備考欄ニ操行錄中ヨリ平素ノ素行等記セルモ尚ホ左ニ大要申上候

精神方面

氣質　剛毅、沈着、着實、寡慾、質素、大度、謙遜、競爭心ニ富ミ、記憶、推理力ニ富ム

心性　小學校時代ハ勤勉親切ヨク命ヲ守リキタリ

行爲　正直ニシテヨク約束ヲ守リ禮儀ヲ重ンジ緻密ナリ

言語　寡言、低聲ナリ

性癖　ナシ

嗜好　讀書

二三二

素行方面

低學年ニ於テ多少ノ惡戲ハアリタレ共成長スルニツレテ自重シ卒業當時ハ其ノ成績良好ニシテ不良ナル點ヲ認メ得サリシナリ

保護者ノ狀況

兩親ヲ失ヒタル爲メニ隣村加茂町ヨリ轉住セルモノニシテ祖母都井いそニ育テラレタリ姉都ト共ニ成長セルモノナリ、祖母■ハ一人ノ男孫ノ事トテ我儘ニ育テタルモノノ如シ僅カノ風雨ニモ學校ヲ缺席セシメタル風アリ長ズルニ從ヒ本人自覺ニヨリ缺席モ少ク明晰ナル頭腦ノ活動ニヨリ其ノ成績良好トナレリ

三、心　身

身體檢査ノ結果ニ於テハ何等異狀ヲ認メラレズ然シ乍ラ前記ノ通リ尋常二年生當時ヨリ頭痛持ナリシコトハ判然シヲレリ、又體ハ丈夫ニ見エタレ共顏色稍々靑白キ感アリタリ

以　上

資料篇

二三三

西加茂尋常高等小學校に於て犯人都井睦雄を擔任した訓導の回答表

訓導名	同校在任期間	犯人ヲ擔任シタル學年及其ノ期間	同人ノ性格、健康、學業成績、操行等	同人ノ日常ノ言動等參考事項
藤田かや子	自大正十三年十一月 至昭和三年一月	尋常一年	從順ニシテ教師ノ命ヲヨク守リ級中ノ模範兒童タリ故ニ學業モ上位ニシテ操行上以上ノ點申分ナキモ健康稍惡シク風邪ヲ引キ缺席スルコト多シ	活潑ナル點ヲ缺キ居リタルモ父母ナキ爲ト思ヒ居リタリ
仁木文江 (舊姓水島)	自大正十五年六月 至昭和三年三月	尋常三年	性格素直ニ體格モ良ク別ニ病弱トモ思ヒマセス學業モ良好ニテ愛スベキ兒童デアツタ樣ニ覺エマス	日常ノ言行トシテハ家庭ノ事情ノ爲カ何處カ淋シサウナ處アリ叱責ニ對シテモ非常ニ感ジ易カツタ樣ニ思ヒマス(十年餘モ昔ノ事ニテ詳細ナ點ヲ記憶シマセヌ)
川島貞二	自大正十年 至現在	學年不明ナルモ約二年間擔任シタリ	性格、朴直ニシテ沈着ナリ、快活ナル點ハ稍缺ケ陰性ナル點アリ、剛毅ニシテ意地モアリ一方的ナ點モアリタリ 健康、頑強ナル身體ニアラス頭痛持チニテ缺席多ク從ツテ體操、運動等ハ好マス 學業成績、特ニ智能學科ニ於テ秀テ記憶正確ニシテ常ニ優等ナリキ、技能學科ハ稍之ニ次ク、操行、學校中ニ於テハ眞面目ニシテ服裝容儀端正、言語明白、動作正確ナレトモ敏ナラス	日常言行ニ就テハ特ニ記スヘキコト記憶ニ無シ

佐藤文信	自大正十一年九月 至昭和六年三月	擔任ノ點不明ナルモ睦雄ノ姉宮子ニ付明ナル記憶アリ、小生ハ理科ヲ他ノ學級ニ教授ニ行キタル爲教授シタルコトアル様記憶ス	成績良好 性格温順 健康 (但シ腺病質ナル様記憶ス) 1 顔色青白ク不愉快ナル氣色ヲ爲ス 2 教師ニ對シテハ従順	言語少ナキ方、理窟ヲ言フコトアリ 睦雄ハ小學時代ハ他ノ兒童ト爭論等爲スコトナク温順ニシテ學業成績良ク確カ優等テハナカツタカト思フ
川田堅	自昭和二年九月 至昭和四年八月	尋常六年第一學期間	性格ハ快活ナラサルモ温順無邪氣・健康意氣少キモ不健康トハ認メス 學業成績―優 操行、缺點ヲ認メス(於學校)	祖母ノ養育ノ爲カ家庭ニ於テ我儘ナル點アリ其ノ爲動作ニ少シ怠儀ナルトコロアルモ姉ノ快活ニシテ愛情深キ感化ニヨリ無邪氣ニシテ優シキトコロアリタリ少シク煮切ラナイト云フ點アリシカトモ憶ユ
杉山恒次郎	自昭和六年四月 至昭和十一年三月	高等科第二學年	性温和、健康中位、學業優等、操行上、言葉少ナク謹厳ナル優等生ナリシト記憶ス	卒業後青年學校時代ニハ病身ニテ缺席勝ナリシト思フ此ノ間ニ性格思想ノ變化アリシモノト想像サル

外數名ノ訓導ヨリ回答アリタルモ或ハ擔任シタルコトナク或ハ記憶漠然トシテ參考ト爲シ得サルニヨリ省略ス

萬袋醫師回答及診療簿

御回答

一、都井睦雄　大正六年三月五日生

二、初診年月日　昭和十年十二月三十一日

三、病名　右肺尖加答兒

四、病状及經過　主訴、發熱、全身倦怠

一見顔貌稍々蒼白體温最高三七・一――二、脈膊ニ異常ナシ食慾稍々不振營養ハ普通右肺尖ニハ打診上變化ナケレドモ聽診上輕微ナル囉音ヲ認ムルノ外著變ナシ病氣ハ輕度ナルヲ以テ適宜散歩ト服藥ヲ進メテ置キマシタガ然シ何カ憂鬱性デ終日炬燵ニアタリ込ンデ散歩シナイ様デシタ五月中旬ヨリ本人服藥セズ以後ハ關係ナシ

右御回答申上候也

昭和十三年七月十日

萬袋道三

伏見禮次郎殿

資料篇

住所	苫田郡西加茂村大字貝尾		
姓名	都井睦雄	年齢	大正六年三月生
發病	不明	職業	農
初診	昭和10年12月31日	診斷	右肺尖加答兒

既往及現症	主訴
右肺尖ニ打診上變化ナシ聽診上時々囉音ヲ認ム 體溫最高　37.1—2 脈　膊　72.	發熱ト全身倦怠

日 月	處方		經過
31 12	(1) 乳散石灰	1.5	
	アミノピリン	0.3	漸次經過佳良
	ジアスターゼ	0.5	ニシテ三月中旬
	乳糖	1.0	ヨリ微熱モ取レ
	右一日量分三包食間服用		囉音モ消失セリ
	(2) 健末	0.3	
	重曹	3.0	
	ジアスターゼ	0.5	
	グリセロ燐酸石灰	0.5	
	右一日量分三包食後服用		

電燈會社被害報告書

昭和拾參年五月廿壹日午前六時半頃苫田郡西加茂村大字行重地內ノ自警團員ヨリ當社ノ電線切斷サレ居ルトノ報ニ接セシタメ現場ヲ調査セシニ被害狀況左記ノ通リニ付此段及報告候也

記

一、苫田郡西加茂村大字行重、西幹五拾九分八號柱ニ同柱ニ取付ラレタル足場釘ヲ傳ヒ地上約五、四米ノ處ニ登リ變壓器二次側ケッチホルダアヨリ低壓茶臺碍子ニ至ル間ノ導線(一・六粍第一種銅線)二條ヲ夫々窃取(添附圖參照)

二、同右、貝尾分六號柱ニ地上約六米ノ處ニ素登リシ低壓二重碍子ノ處ニ於テ低壓線(一・六粍第一種銅線)二條ヲ夫夫切斷シ地上ニ垂下セシメ之ヲ再ビ二ケ所ニテ二條共ニ切斷(添附圖參照)

右切斷サレタル電線ハ其切口ヨリ考慮シテ鋏ノ如キモノニテ切斷サレタルモノト思考サル

其他屋內電氣工作物モ調査セシニ何等被害ナシ

右ノ通報告ニ及ビ候

昭和十四年五月十一日

岡山市上西川町一一五

加茂水力電氣株式會社㊞

津山區裁判所檢事局御中

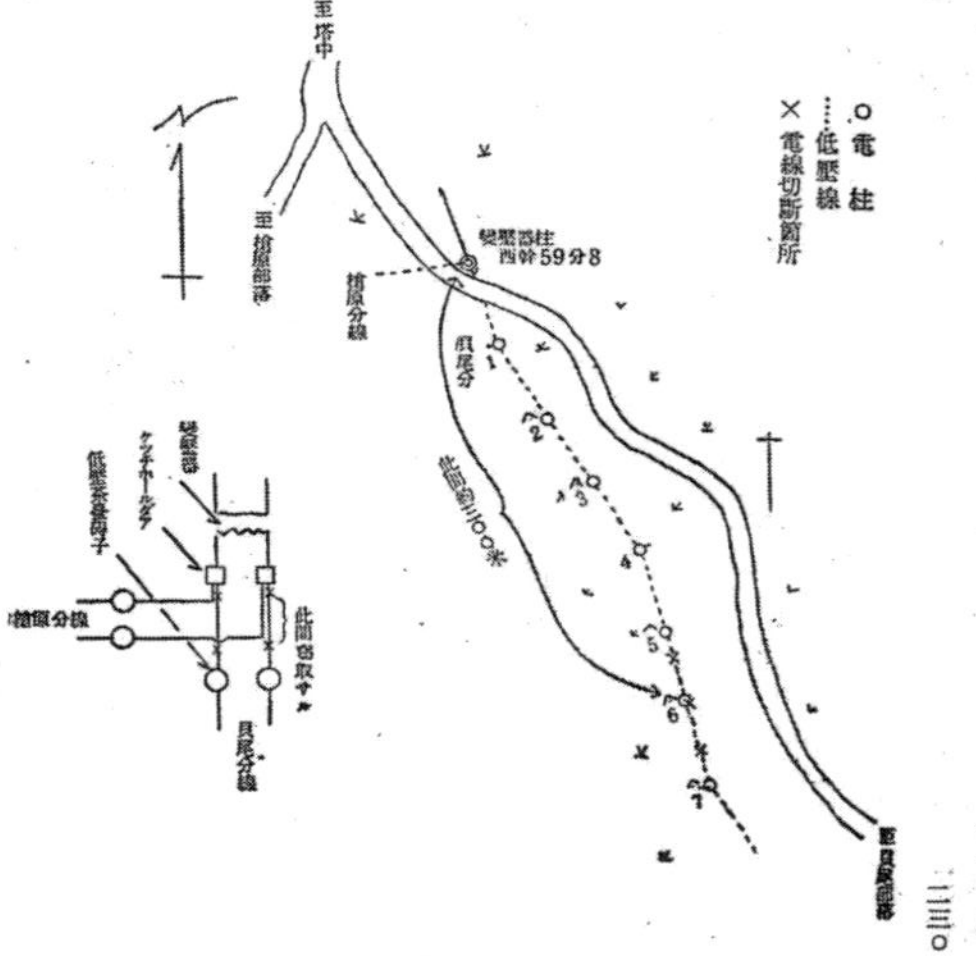

二三〇

岡山測候所回答

岡測發第七七號

昭和十四年五月二十二日

中央氣象臺岡山測候所㊞

岡山地方裁判所檢事局御中

天候調査ニ關スル件回答

五月十九日附御照會ニ係ル標記ノ件別紙ノ如ク及回答候

苫田郡加茂町大字小中原ニ於ケル天候調査書

月日	天氣	風速	月齢	概況
五月二十日	曇微雨	軟風	舊四月二十一日	午前二時頃ヨリ小雨降リ初メ同三時半止ム
五月二十一日	晴	軟風	舊四月二十二日	大體曇ナリシモ午前零時小雨ヲ見シガ直ニ止ム

電話聴取書

受信人	岡山地方裁判所檢事局	發信人	岡山測候所
昭和十四年五月二十三日午前九時、分		取扱者	㊞

資料篇

二三一

電話照會ニ係ル岡山縣苫田郡加茂町大字小中原ニ於ケル昭和十三年五月二十、二十一日ノ風位ハ左ノ通ニ有之及回答候也

記

五月二十日　北西

五月二十一日　南

寺■素行調書

素行調書

本籍住居	本籍　岡山縣苫田郡西加茂村大字行重■番地 住居　京都市上京區上加茂朝露ヶ原町■番地
職業氏名	無職　寺■
生年月日	明治三十七年七月二十五日生
經歷	明治三十七年七月二十五日岡山縣苫田郡西加茂村大字行重■番地池■ノ私生女トシテ出生シ實父母ノ養育ヲ受ケ西加茂尋常高等小學校尋常科ヲ卒業後家ニアリテ農業ノ手傳ヲ爲シ居リタルガ大正十三年七月十二日寺■ト婚姻シ農業ヲ爲シ居リタルガ昭和十三年四月二十五日頃夫■ガ京都府愛宕郡ニ出稼ノ爲之ニ同伴最近現住居ニ轉居現在ニ及ベリ
性行狀質	性質氣分小サク嗜好ナク、盜癖アリテ常ニ强欲ナリ 行狀良好ナラズ常ニ夫以外ノ男性ト交際關係シ殺人犯人都井睦雄等モ關係シタル世評アリ
前科其ノ他ノ處分	前科ナシ 其ノ他ノ處分當署管內ニ於テハ無シ
教育ノ程度	西加茂尋常高等小學校尋常科ヲ卒業
家庭ノ狀態	家庭ハ圓滿ナル方ニシテ夫■當四十二年、長男■當十六年、二男■當十二年、三男■當九年、長女■當二年ノ六人家內ニシテ昭和十三年四月二十五日頃京都方面ヘ出稼ノ目的ニテ家內全部出寄留セリ
資產及生活ノ狀態	本人ノ資產トシテ不動產、負債ナシ 生活狀態本籍地在住中中流ノ生活ヲ爲シ居リタリ 家族ノ資產トシテ動、不動產計約千圓位負債約六百圓位アリテ本籍地在住中五名暮シニテ中流ノ生活ヲ爲シ居リタリ
交際及地位信用	平素近隣トノ交際ハ爲シ居リタルモ本人ガ强欲ナル上盜癖等アリテ社會上ノ地位信用無シ
系統及健康狀態	精神病其他遺傳性疾患ノ系統ニ非ラザルモ健康體トハ云ヒ難シ
宗教及兵役	眞言宗ナルモ信仰心薄シ

習癖及ビ犯罪ノ特技	窃盗ナルモ常習ニ非ズ
其他参考事項	殺人犯人都井睦雄ニ恐レテ京都方面ニ一家ト共ニ逃出シタル風評アリ

右調査ス

昭和十四年四月二十二日

調査者　巡査　黒田正雲　印

岡山縣津山警察署長
司法警察官地方警視　村田一男　印

雑誌少年倶楽部口繪

(昭和十二年十二月號所載邊畫切拔)

── 塩田検事論文参照 ──

犯人は少年倶楽部を愛讀し居りその犯行當時の服裝も左の切拔邊畫からヒントを得たるに非ざるかと思はれる。

(塩田検事論文参照)

貸付稟議書

貸付期番號	79—692	住所	苫田郡西加茂町村大字行重 779
證書日附	12. 4. 26	職業	農
貸付月日	12. 4. 26	氏名	都井睦雄殿

年賦貸付 昭和12年4月20日立案	請求金 第79期137號 600圓	增減 200圓

貸付金額	利率	年賦金	償還期限	拂込期日
400圓	据置中年5分6厘 / 年賦中年5分6厘	一年 39円76 / 半年 19円88	昭和12年7月迄据置 自昭和12年8月 至昭和27年7月 15ヶ年賦	1月20日 7月

貸付割合	鑑定價格ニ對スル利廻リ	貸付金ニ對スル利廻リ	登記所名
十分ノ 606	割5分2厘	割8分6厘	

關係者住所氏名

鑑定昭和12年4月14日	換算價格 米一石23圓 麥一石 圓	公課率 賃貸價格百分ノ20	換算利率 5分	鑑定員

所在地	等級別	地目	筆數	反別	賃貸價格	純收益	鑑定價格	反當リ 鑑定價格	反當リ 賃貸價格ニ基ク價格	反當リ 賣買ナル時價	反當リ 賃貸價格	反當リ 査定賃料	反當リ 純收益
苫田、西加茂行重	中上	田	3	反 2 224	円 55 41	円 34 45	円 660	円 300	円 313	円 350	円 25.18	石円 20.70	円 15.66
添抵當		山林	1	010	一部解除ヲ許サズ								
合計													

備考 減額承認	鑑定價格決定上考慮シタル事項
	1. 耕作ノ便否(主要部落トノ距離)部落名、區劃ノ枚數 中 貝尾ヨリ數町以内
	1. 用排水ノ良否(水害ノ有無) 中
	1. 附近部落ノ土地購買力ノ强弱 中
	1. 小作問題ノ有無傾向(土地賣買ノ慣行アル場合ハ其價額) ナシ
	1. 其他

頭取	支配人	副支配人	監理課 / 貸付課長	支店長 / 地方部長	課長	檢査 / 檢算	決裁 / 決議
							昭和 年 月 日 / 昭和 年 月 日

岡山縣農工銀行津山支店回答

注意　一、連帯債務者アル場合ハ個々ニ本調書作製ノ事
一、備考欄記載事項 { 自代匠酒關係／借入關係 小作又ハ取引人等ニ付テハ ニ付テハ其ノ能力 … 信用（保證人、抵當貸與者） / 納税額 / 擔保種類數量 }

請求七九期一三七號　昭和十二年四月十四日	調査員　書記　古　崎　信　雄		
都　井　睦　雄殿信用調査報告			
本籍	苫田郡市 西加茂村町 大字行重 ■ 番地		
現住所	〃		
資金使用途及其適否	舊債償還		
能力（年齢）及法定代理者	完全、二十一才		
職業	農　日傭		
耕作反別	小作地 自作地 全地	家族數	二人内働クモノ一人
経歴			
戸主トノ續柄	戸主		
性行及信用状態	中		
資産	畑田 町町 三反 六畝 歩 其他		
負債	個人 四百圓 借替 自作農借入 二八〇、—		

既往取引ノ状況	中	納税成績	ナシ
償還力ノ確否	農業收入ヲ以テ償還シ得ルモノト認ム		
面接者	本人	面接月日	昭和十二年四月十四日
備考			

年賦償還借入金申込書

一　借入金　六百圓也　使用目的　畜牛購入

一　償還期限　十五ヶ年賦　昭和十二年十二月迄据置

右及請求候也

昭和十二年四月一日

苫田郡市 西加茂村町 大字行重 ■番地　（部落名　下貝尾）

借入申込人（職業　農業）　都　井　睦　雄

大正六年三月生

株式會社岡山縣農工銀行御中

抵當物件

郡	村	大字	字	地番	地目	反別	内外 耕地整理	賃貸價格	一反歩 小作料當り	持主氏名
苫田	西加茂	行重	下西	六七〇	田	反 三〇三	外畦畔 一〇	円 八六八	石	都井睦雄

			下 西	七三一	田	一	八一〇	外畦畔 八〇二	四四	〇〇			赤
			竹ノ邊	一〇九八ノ一	田		一一一		二	七三			〃
			〃	一〇八九ノ二	山林		〇一〇			〇一			〃
計													

不動産抵當年賦償還金借用證

一金四百圓也

右金額左ノ契約ニテ正ニ借用致候

一、前記ノ借用金ハ昭和拾貳年七月迄据置其間ハ單ニ利息ノミヲ拂込昭和拾貳年八月ヨリ同貳拾七年七月迄拾五箇年間元利金濟シ崩シ年賦償還ノ方法ニ依リ返濟致スヘク候

二、利息ハ据置期間年五分六厘年賦期間年五分六厘トシ月割ニテ計算致スヘク候但初期ニ於テ拂込ムヘキ利息ハ日割計算トス

三、元金据置期間中ノ利息ハ昭和拾貳年七月貳拾日迄ニ拂込致スヘク候

四、毎年ノ年賦金ハ金參拾九圓七拾六錢トシ之ヲ貳分シテ金拾九圓八拾八錢ヲ壹月金拾九圓八拾八錢ヲ七月ノ兩期ニ各其月貳拾日迄ニ遲滯ナク拂込致スヘク候

五、返濟期日又ハ期限前返濟ノ場合ニ於ケル御指定期日ニ元利金ノ拂込ヲ怠リタルトキハ其期日ノ翌日ヨリ入金ノ日迄拂込ムヘキ金額ニ對シ百圓ニツキ壹日金四錢ノ割合ヲ以テ遲延利息ヲ支拂致スヘク尚違約ヨリ生スル損害ハ御指定ニ從ヒ直ニ辨償致スヘク候

六、左ノ場合ニハ貴行ノ任意ニ依リ期限ニ拘ハラス御要求次第元金ノ全部又ハ壹部並ニ利息等返濟致スヘク候

一、破産ノ申立ヲ受ケ又ハ抵當物件ニ對シ第三者ヨリ假差押若クハ强制執行ヲ受ケ又ハ競賣ノ申立ヲ受ケタルトキ

一、貴行ノ權利ヲ侵害スヘキ事實アリト認メラレタルトキ

一、本契約ヲ履行セス又ハ履行シ能ハスト認メラレタルトキ

一、法令ニ依リ期限ノ利益ヲ失フトキ

七、借用金ノ壹部若クハ全部ヲ契約期限前ニ返濟スルニ至リタルトキハ拂戻高ニ對スル百分ノ貳ヲ手數料トシテ支拂致スヘク候

八、抵當物ノ實況ニツキテ調査ヲ爲サルルトキ若クハ報告ヲ求メラルルトキハ何時ニテモ御要求ニ應シ申スヘク候

九、抵當物ノ現狀若クハ其所有權ニ變更ヲ生シ又ハ原因ノ如何ヲ問ハス其價格ヲ減シ又ハ減セントスル事柄アルトキハ直ニ其旨貴行ニ通知致スヘク候

但シ抵當物ノ現狀ヲ變更セントスル場合ニハ豫メ貴行ノ承認ヲ求ムルモノトス

十、前項ノ場合ニ於テ増抵當若クハ借用金壹部ノ返濟ヲ要求セラレタルトキハ直ニ其御要求ニ應シ申スヘク候

十一、抵當物ニ對シテハ現ニ先取特權、質權、地上權、地役權、永小作權及買戻契約等總テ抵當權ヲ侵害スヘキ權

二四二

利ノ設定ナク將來此貸借年限中ハ貴行ノ承諾ヲ經スシテ其權利ヲ設定致間敷候

十二、本書記載ノ住所ヲ變更シタルトキハ直ニ貴行ニ通知致スヘク若シ之ヲ怠リタルカ爲メ本契約上ノ通告ヲ受クルニ至ラサル場合ハ貴行ノ御處分ニ任セ何等異議申間敷候

十三、本債務ノ擔保トシテ左ノ不動産ヲ壹番抵當ニ提供致候

不動産表示

不動産ノ表示	登記號	順位號
苫田郡西加茂村大字行重字下モ西■■番 一田参畝参歩　外壹畝拾歩畦畔	六六六	九
同所字下西■■番 一田壹反八畝拾歩　外八畝貳歩畦畔	六六七	拾参
同所字竹ノ邊■■ 一山林拾歩	壹六壹八	壹
同所字同上■■ 一田壹畝拾壹歩	壹六壹七	壹

右爲後日本證書差入置候也

昭和拾貳年四月貳拾四日

苫田郡西加茂村大字行重■■番地

債務者　都井睦雄

岡山市上之町壹番地

債權者株式會社岡山縣農工銀行

取締役頭取　星島義兵衛殿

申請書受付（昭和拾貳年四月貳拾四日 第壹六八四號）

登記済

資料篇

二四三

岡山縣警察報抄錄

岡山縣警察報　第三千二百三十六號　昭和十三年六月十六日印刷
昭和十三年六月十六日發行
發行所　岡山縣警察部

○指示
省略

○辭令

警部補(津山)　北村好
命牛窓警察署勤務

巡査(津山)　今田武司
命倉敷警察署詰

地方警視　山本德一
警部補　臼井一男
依願免本官

昭和十二年苫田郡西加茂村現勢一覽

位置	郡ノ東北部ニ位シ東ハ東加茂村ニ接シ西ハ高田村ニ接シ南ハ神庭村及高田村ノ一角ニ隣シ北ハ加茂町ニ界ス
面積及廣袤	一七・二三方粁　一・一二方里　東西 五、六七二米　南北 四、六九〇米
大字(又ハ町數)	中原、百々、楢井、行重、成安

土地

官有地反別	三九・五町反

民有々租地

地目	地積	賃貸價格
田	三九・七町反	六二、一七八円
畑	五〇・二	六、一三三
宅地	五九、七二三坪	七、八六八
山林	一、〇〇七・八町反	二、三四六
原野	九・九	二一
鹽田	—	—
其他	・三	—
計	一、二九七・九町反　五九、七二三坪	七八、五三五円

民有免租年期地	三・〇町反
民有免租地	四九・三

戸口

世帶數	三九六戸

	男	女	計
國勢調査人口	一、〇〇九人	九九五人	二、〇〇四人
本籍人口	一、五六〇	一、三八三	二、九四三

現住職業別戸口

	戸數	人口
農業	二九四戸	九三八人
水產業	—	—
鑛業	—	—
工業	一八	三六
商業	三五	八三
交通業	—	—
公務自由業	一七	三三
家事使用人	—	—
其他ノ有業者	一八	四一

計	三八二	一、九八九
無業		八五八

人口動態

	男	女	計
出生	五〇人	五〇人	一〇〇人
死亡	二二	二四	四六
死產	二	二	四
在營艦兵	一	—	一
在外國	七	二	九
在監者	—	—	—

婚姻	五三組
離婚	三組

學事

學齢兒童

	男	女	計
既ニ就學始期ニ達シタル者 就學	二〇一	一九一	三九二
既ニ就學始期ニ達シタル者 不就學	—	—	—
未タ就學始期ニ達セサル者	二四	二六	五〇

學童

	男	女	計
計	二一五	二二七	四四二
就學歩合	100%	100%	100%

小學校

	學校	學級
尋常	—	—
尋常高等	一	八
高等	—	—
計	一	八

教員

	男	女	計
本科正教員	五	二	七
專科正教員	—	—	—
准教員	—	—	—
代用教員	—	一	一
計	五	三	八

		男	女	計
兒童	尋常科	一六七	一六六	三三三
兒童	高等科	四五	三〇	七五
日々出席兒童平均數	尋常科	一六〇・〇九	一四九・七七	三〇九・八六
日々出席兒童平均數	高等科	五〇・五八	三四・七五	八五・三三

事

	數	職員	生徒
青年學校	一	八	八二
各種學校	—	—	—
幼稚園	—	—	—

	團體數	團員
男子青年團	一	一〇六
女子青年團	一	四四
少年團	一	四一五

公學費支出	經常	九四三五円
	臨時	九一
公學資產		三三、三七〇円
〃學校基本財產蓄積金		一、二七八

生産

農産		一七四、七五九円
養蠶業	蠶糸類直輸	—
	繭蠶種製桑苗	二〇、四九六
畜産		一〇、六三九
水産		四九〇

價額總

林産	二六、六三七
鑛産	—
工産	三八、五四三
計	二七一、五六四
一世帶當	六八三・三四円錢
一人當	一三五・五一

農耕

耕地總數	田	三一九・七町反
	畑	五一・八
	計	三七一・五
當戶一家族	田	八・一反畝
	畑	一・六
	計	九・七
作付類 田	一毛作	一一〇・五町反
	二毛作	一〇九・三
	三毛作以上	—
	永年作	二・五
	一毛作	一・八

二四八

地

自小作反別	畑	小作	一二・四
		自作	三六・四
	田	小作	九九・〇
		自作	一三九・五
別 畑		永年作	三一・五
		三毛作以上	・九
		二毛作	一一・〇

家農

自作農家	八四戶
小作農家	四〇
自作兼小作農家	一七〇
計	二九四

農用發動機	五台

食糧

	作付反別	收穫高	價額
米	二一七・五町反	四、〇三四石	一三三、五三八円
小麥	一七・七	二三八	五、五四六
大麥	二六・〇	五三二	五、四七九
裸、麥	一六・〇	二三二	四、二八四

用・蔬菜・工藝農産物

豆類	二四・六	三三七	四、五一五
甘藷	一・七	三、四九三貫	五三三
茄	一・〇	五、〇〇〇	七五〇
生大根	六・一	三四、八五三	二、七八八
里芋	一・四	三、五八八	七一七
南瓜	・九	三、六〇〇	三六〇
馬鈴薯	二・一	三、六四四	五四六
ツクネ芋	・三	八四〇	四二〇
山芋	・一	一二五	一六二
楮	二・九	九九二	一、九九四
三椏	二・五	六四〇	二、五七六
其他	—	—	二、〇五六
計	—	—	一六、二五三

農作

	反別	被害見積額	災害種別
米	一五・〇町反	一六、七四〇円	風害
麥	—	—	

二四九

業

果實

	樹数	収穫高	価額
梅	五一五本	八石	二〇〇円
柿	二、四五七	八、三三三貫	二、〇八三
桃	一八	—	—
梨	二六五	一三〇	五四
干柿	—	一、八〇一	五、〇四一
其他	一三八	—	三〇
計	三、三九三		七、四〇八

物資検査

	検査俵数	合格歩合
米	五、四三一俵	六一%
小麦	三七三	三五

被害物

桑	—	—	
果樹	—	—	
其他	—	—	
計	一五五・〇	一六、七四〇	

蠶業

桑園反別	三一・七町反		
養蠶戸数	春蠶	一〇九戸	夏秋蠶 一〇三戸

	掃立数量	収繭高	価額
春蠶	二、九一三瓦	二、六三五貫	一五、三一四円
夏秋蠶	二、〇〇五	一、三〇三	五、一八三
計	二、九一八	三、八三七	二〇、四九六

茶

茶畑	・四町反
製茶戸数	一六三戸

	数量	価額
玉露	一貫	一円
煎茶	—	—
番茶	九七	七〇
其他	五	二
計	一〇三	七三

畜

牛	頭数	出産	斃死
牝	三一五	七五	一
牡	二	四〇	—

二五〇

資料篇

山

林野

造林	天然	一六・〇
造林	人工	七・五町反
造林用苗圃		二〇〇坪
民有保安林		四五・一
民有林野面積	計	一、〇一七・八
民有林野面積	私有	三五七・七
民有林野面積	社寺有	四・〇
民有林野面積	公有	六五六・一町反

畜

鶏	産卵価額	九〇五円
鶏	羽数	三五五羽
鶏	飼養戸数	一〇〇戸
家畜保険	保険金支払高	一四〇
家畜保険	加入頭数	一三七頭

家兎	一〇〇	五四四	一八一
山羊	四	—	—
馬	二	—	—
計	三一七	一一五	—

林野

種類別	数量	価額
五倍子	九四八	六五
柴草	五三一、五七〇	一〇、六三一
竹皮	一六三	四八
杉皮	—	—
栗實	四	六二円

林野火災被害

被害価額	—円
焼失材積	—石
面積	—町反

民有林被害

	反別	被害価格
無立木地	—	五二円
立木地	・五町反	

民有林野伐採

	面積	材積	価額
計	—	—	七、九五六
竹材	一・一	四一〇束	一三六
薪炭材	一六・〇	一、四七六	四、六三〇
用材	一・五町反	一、六八〇石	三、一九〇円

二五一

林

産物 筍	白炭	黒炭		其他	計	石材 花崗岩	砂利	其他	計
九七七	二一,〇〇七	四〇〇	—	—	—	—才	三〇立坪		
一九五	七,三五二	八〇	—	—	一八,四三三	—円	二四八		一八,六八一

鑛業

	箇所	坪数
試掘	一	九九九坪
採掘	—	—

	箇所	鑛産物價額
鑛山	—	—円

水産業	男	女	計
本業	—	—	—
副業者	一八	—	一八

水

漁船 有セサル動力ヲ有スルモノ	有スル汽罐ヲ有スルモノ	有スル發動機ヲ有スルモノ
—	—	—

漁獲高 魚類	貝類	其ノ他ノ水産動物	藻類	遠洋出漁	水産養殖		計
—円	—	—	—	—	—	—	—

水産養殖	場数	坪数
	四一	三,五四坪

重ナ	数量	價額
鯉	七貫	一四円
鮒	三	一八

産

ル漁獲高	鮎	鱒	鰻	其他	計
	四〇	一五	六〇	—	—
	一六〇	七五	一二〇	四五	四三二

	食塩		水産製造物
数量	—	食料	—円
價額	—円	肥料	—円

工

工場	工場数	職工数
私設	二	一六

重ナル	数量	價額
酒類	二八五石	二四,三三五円
醤油	100	二,八〇〇
味噌	一,〇〇〇貫	七〇〇
酒醤油粕	五,五〇〇	一,四五〇
麹類	—	—

業

工産物 石細工	鍛力細工	木製品	其他	計
—	—	—	—	—
五〇〇	三〇〇	七,九〇〇	七六八	三八,五四三

會社及組合	数	資本金
銀行本支店	—	—
會社	—	—
産業組合	一	二,四〇五円

産業組合	
組合員数	二七二人
貯金高	六六,八八二円
貸付高	五七,三〇六

農業倉庫	
農業倉庫業者	—
棟数	—棟
建坪	—坪

諸税	總額	一戸當
直接國税	三,四五六円	八円七二錢

財政

税負擔		
縣税	五、四五六	一四・二八
市町村税	七、四八九	一九・三四
水利組合費	—	—
計	一六、四〇一	四三・三四

國税	税額
地租	二、三五六円
所得税	五六三
營業收益税	一八四
資本利子税	一六
相續税	三三七
計	三、四五六

縣税	人員	税額
地租附加税	一、一九九	二、八二六
營業税	一三三	九三
雑種税	五九二	七二六
營業收益税附加税	一六	一四三
所得税附加税	三三	一七六
家屋税	七二八	八四一

税	人員	金額
特別地税	五九七	六三三
都市計畫特別税	八	九
鑛業税附加税	三	一〇
計	三、三〇九	五、四五六

市町村税	人員	金額
地租附加税	一、一八二	二、一一四
營業收益税附加税	一六	一三六
縣税營業税附加税	一三三	八二
縣税雑種税附加税	五九二	六二八
家屋税附加税	七二八	四六七
特別地税附加税	五九七	五一五
特別税戸數割	七五八	三、五三八
鑛業税附加税	三	八
計	四、〇〇八	七、四八九

	人員	金額
市町村税滞納處分	—	—
市町村基本財産		二七五、三九五円
市町村債		七六、七四六

警察

犯罪者	三
變死者	一
火 件數	—
火 棟數	—

衛生

傳染病	患者	死亡
虎列剌	—	—
赤痢	—	—
腸窒扶斯	—	—

病院	—	藥劑師	—
傳染病院隔離病舎	一	看護婦	—
醫師	一	藥種商	—
産婆	—	賣藥商	一

	歳入	歳出
市町村費	二八、〇二四円	二三、四二六円
水利組合費	—	—
市町村費一戸當		六一円・三三錢

兵事

徴兵人員	三八人
壮丁體格別 甲種	一〇
第一乙種	三
第二乙種	九
丙種	一六
丁種	—
戊種	—
自動車 乘用	—

社寺

神社		神官
官國幣社	—	—
縣社	—	—
郷社	—	—
村社	一	三
無格社	—	—

寺院		僧侶
天台宗	—	—
眞言宗	一	一

災	
被害見積額	—円

車		數
牛車		三〇
荷車		七
馬車	荷積用	五
人力車		—
自轉車附屬車		—
自轉車	三輪	—
	二輪	三六
	自働	—
	荷積用	—

船	員數	噸又ハ石數
汽船	—	—
西洋形帆船	—	—
日本形船	—	—
小船	—	—

土木		
市町村道		一三三、九二四・三〇米
土木費	通常	一一六円
	災害	五、五七九

各種組合 名稱	名稱
村農會	消防組
信用組合	自警團
衛生組合	婦人會
木炭組合	國防婦人會
畜産組合	國防義會
森林組合	男女青年團

會農	技術員數	歳入	歳出
	—	六二円	六三五円

慈善愛婦	員數	年醵金
日本赤十字社員	一一七人	三三一円
愛國婦人會員	九三	八六
畜員救濟會員	三〇	四八

選擧有權者	
衆議院議員	四四二人
縣會議員	四四一
市町村會議員	四四五

水害損害額	—

團體及	
養蠶組合	濟世協會
校友會	教化振興會
在鄕軍人分會	軍事後援會
少年消防隊	軍友會
婦人消防後援隊	防護團
家庭防空組合	少年團
畜蠶改良組合聯合會	

濟世顧問委員	
濟世顧問	一人
方面委員	六

町村吏員	町村長	助役	收入役	書記	其他
	一	一	一	三	二人

統計調査	調査員數	一五	區數	二〇

重要記事
財政各欄中村債、村基本財産、歳入、歳出ハ昭和十一年度決算ニ依ル

岡山地方裁判所検事局管内刑事統計

岡山地方裁判所管内ニ於ケル検事受理刑法犯罪名別表　（昭和十三年度）

総計　七、八六五件

内訳

罪名	件数	罪名	件数
放火	三〇	失火	三〇
住居侵入	一七八	文書偽造	五四
強姦	二〇	賭博	五六五
殺人	二九	傷害	五七七
業務上過失傷害	三〇三	過失致死	一四七
脅迫	六八	略取誘拐	二三
窃盗	二、一一〇	常習特殊累犯窃盗	二四
強盗	一〇	詐欺	一、八六八
恐喝	八五	横領	一、二四一
贓物関係	一〇八	其ノ他	二〇六

岡山地方裁判所及同区裁判所ト岡山地方裁判所津山支部及同区裁判所ニ於ケル検事受理刑法犯事件数比較

罪名	岡山地方	同 區	津山支部	同 區
放火	二一	一	四	
失火		一一三		五二
住居侵入	一	六四		三五
強姦	一二		四	
賭博		三三四		五一
殺人	一八		七	
傷害	五	三一九	一	八二
業務上過失傷害	一	二〇八		四九
過失致死	一	五〇	一	二一
脅迫	一	三一		一〇
略取誘拐	八		四	
窃盗	三六	一、二四四	八	二〇〇
常習(累犯特殊)窃盗	二一		三	
強盗	八		一	
詐欺	一二	八五〇	八	三〇〇
恐喝	一	四四		一二
横領	一	六〇八		二八六
贓物関係	一	七五		四
其ノ他	三一	一〇二	九	一四
合計	一七九	四、〇五三	五〇	一、一一六

事件に關する報導記事

ト 大阪朝日新聞記事

廿九人一皆殺し

猟銃一挺と日本刀で部落を地獄へ投込む

自面二十二歳、血を吹く彼　記録になき大慘劇

背景と深谷美とを縫って因美線が初夏の風光を乗客に満喫せしめ中國山脈の脊梁が行く手に迫らうとするこの世ながらの絶對平和境、苫田郡西加茂村大字行重部落において宿痾の肺患と結婚難、かてて加へて過度な勉強からきた極度の神經衰弱にすつかり歪められた厭世厭人的な絶望感から僅か廿二歳の青年都井睦雄(廿二年)によつてなんと驚くなかれ廿九名といふわが國近世における記録的殺人の一大悲劇が繰りひろげられ瞬間にして阿鼻叫喚この世ながらの修羅場が實現、被害者は同部落二十三戸中十一戸におよびこれまた記録的悲慘事が展開、幸ひ犯人は捜査圏内で自殺し果てたものゝ世界的殺人鬼ブリーベヤードの上を行くこの鬼畜の悪業に全縣民を恐怖のどん底に叩き込んだ。

血祭りには祖母

軒並に飛込む血達磨の形相

自らも猟銃で自殺

二十一日午前一時四十分ごろ吉田郡西加茂村字行重部落、農業都井睦雄(二十二年)はかねて同人を邪魔扱ひにする部落民を殺害しようと黒詰襟にゲートル、猛獸狩用口徑十二番九連發の猟銃を手にし日本刀を腰にさしその上短刀をポケットに入れ用意周到に同部落の送電線を斷ち切り部落全體を暗黒にしたうへ自分はナショナルランプを胸に頭に懐中電燈二個をくゝりつけ、さながら阿修羅の扮裝で先づ自宅で自分の祖母都井■(七十五年)の首を斧で刎ねて、即死せしめ身體にはめちやくちやに銃弾を射ち込み續いて隣家の■波■(四十七年)方に侵入就寝中の■に瀕死の重傷を負はせ昏倒するのを見澄まし(ていは同日朝死亡)傍らに寝てゐた同人娘■(二十一年)を日本刀と猟銃で殺害、續いて寺■の一家五人、同寺■の一家を全滅せしめた上返り血を浴び悪鬼のごとく荒れ狂ひ深い眠りに落ちてゐた附近民家を片つ端から襲ひ卅九名を殺害、または斬り殺し血塗れとなり附近の山林間に逃走したが急報により縣刑事課から國富課長ら津山署より山本署長以下全員出動附近消防組、青年團約一千五百名の協力を得て大々的な山狩を行ひ捜査中のところ同日午前十時半ごろ同村青山の荒坂峠附近山林中で猟銃で自殺してゐる犯人を捜査隊が發見した。

破れた縁談から不満が爆發か

遺書に洩らす動機

犯人都井睦雄(二十二年)は同村青山の荒坂峠附近山林中で猟銃の引金を足の指で引き咽喉部を撃貫いて自殺したが、同人の所持してゐた遺書によれば

一番最初に同人の祖母■を殺して申譯がなく自分の目的とする人物をまだ殺さぬうちに追はれたのは殘念なことだ。

と認められてあり、兇行の原因については目下取調中であるが同人は小學校教員の檢定試驗を受驗するため過度の勉强をしたゝめ神經衰弱となりその後肺病にも罹つて部落の人達には爪彈きをされるのをかねぐ\恨んでゐたところ最近持上つた縁談もそのため破談になつたのでこの恐るべき兇行におよんだものとみられてゐる。

打込んだはダムぐ\彈

重傷の寺■

重傷を負ふた寺■さんは津山市元魚町砂田病院で加療中であるが鉛のダムぐ\彈で左腕を撃たれてゐるので切斷するのやむなきにいたつた。

被害者のうち寺■氏は生■縣議の夫人實父で生■氏一家は見舞および善後處置のため現場に急行した。

責任を痛感

泉警察部長語る

作北に突發した戰慄すべき未曾有の殺傷事件につき泉縣警察部長は語る。

河に飛んでもない事件が起り世間に相済まぬ、犯人はその犯行から考察しても到底常人の行爲とは考へられず、發作的精神異常を呈したものではないかと今のところ考へてゐるが、しかしいづれにしても結果より見てかうした不祥事を未然に防ぎ得ず貴い人命を失ふの不祥事を生じたことについては責任を痛感する次第である。

虐殺者の定型だ

林教授は語る

廿九名の生靈を奪つた犯人睦雄につき岡山醫大精神科教授林道倫氏は語る

詳報はわからないので的確なことは批評されぬが古来多數の人を害めたいはゆる虐殺者といつたものは今回のやうな手口が多く虐殺者の定型ともいへる、かういふ人間は平常は普通人と何ら變りないが一寸した動機、些細な衝動から普通人に考へられない兇行を演ずることになる、今度の犯人も多くこの型の人間で平常は精神異常はなかつたものと思ふ。

村は放心状態

けふ順次に葬送

西加茂村では取敢へず惨劇の現場附近山■■方で村幹部らが寄集り協議會を開いた結果、二十二日正午ごろ合同葬の形式で被害者各家々で順次葬式を行ふことになつた、また被害者の田畑は部落民が手分けして耕作し蠶は西加茂村の各養蠶組合が引取つて育成することとなつてゐるが部落はもちろん村全體は目下戰慄後の一種の放心状態にあり憂愁に閉されてゐる。

彈丸なほ五發

「貸さぬと殺す」の捨文句

足の指で引金

犯人睦雄は兇行後山道傳ひに同部落から隣りの大字青山部落に現はれ眠つてゐる民家を叩き起して「紙と鉛筆を貸せ、貸さぬと殺す」と脅かし、これを奪ひとつて中國山脈の密林中に逃げ込んだ。

何しろ獵銃と日本刀を所持し阿修羅となつてゐる犯人のこととて附近は非常な恐怖の底に叩き込まれたが自殺してゐる犯人を消防組員平井孝雄氏が發見したもので犯人は靴を脱いで足の指で銃の引金を引き咽喉部を射ち貫き自殺をとげてゐたが二十九人を殺したとは見えぬほど極めて落付いた姿であつた、なほ彈丸はまだ五發殘つてゐた。

部落の半數は

哀れな犠牲

惨劇の部落は山村西加茂村の中でも山中にあり周圍の部落とは全く孤立してゐる、なほ同部落の戸數は二十三戸でそのうち犯人に襲はれた家は十二戸である。

三十人殺し事件續報

彼一人の存在が
部落の恐怖だつた
執念深い犯人睦雄

三十人殺しの惨劇が行はれた「死の部落」の人々は語る。

犯人は小學校時代おとなしい子供であつたが肺を病んでから性格が一變陰險で執念深くなり人妻、娘等の區別なく女を追ひ廻し近所でもてあまして居た、叱つたり刎ねつけたりすると怨う殺してやるといつて執念深い還報をし、皆んな恐れてゐた、このため村から逃げるものもあり今まで靜かで平和であつた貝尾部落が睦雄のため陰惨な影が出來、何となしに恐ろしい危險が迫つてゐるやうな氣がしてならなかつた、最近では夜は女はもちろん男でも一人歩きをするものはなかつた、この二、三年間部落が睦雄から受けた鬼氣とでもいはふか、いやな氣持は永久に忘れられない結果がついたにしてもそのための犠牲は餘りにも大きかつた。

全滅は三家族
兇行の順路も分る

津山署の調べ

殺人鬼都井睦雄の兇行經路および被害者は縣刑事課および津山署で調査の結果左の如く判明した。

（一）犯人の祖母■（七十五年）（二）西■方全滅―■（五十年）■（四十三年）■（二十三年）■（二十年）居合せた姫片■（二十四年）の五人 （三）寺■方全滅―大一（六十年）■（十九年）■（十五年）■■（十一年）敬一の内妻た■（二十二年）の五人（四）寺■方―同人父■（八十六年）（五）寺■方―■（二十一年）同人母■（四十五年）（六）寺■方―十一人の家族のうち寺■（五十五年）一人を殺害（七）■波■方―同人妹■（二十一年）同人母■（四十七年）重傷後死亡の二人 （八）岸■方―殆んど全滅■（二十二年）同人弟寺■（十八年）の二人、祖母■（七十七年）は重傷 （九）池■方―同人父■（七十四年）母■（七十二年）妻■（三十四年）四男■（五年）の四人 （十）岸■方―同人母■（五十年）妹■（十九年）の弟■（十八年）■（十年）の四人 （十一）寺■方―同人妻■（五十六年）重傷後死亡。（十二）岡■穂方全滅―■（五十一年）妻■（三十二年）

警視廳からも
調査に來縣

犯人睦雄のため片腕を射たれ津山市砂田病院で片腕の切斷手術を行つた寺■さん（五十六年）は劇しい衝動を受けてゐたため二十二日朝つひに死亡した、このため兇手に仆れたものは即死二十八名、重傷後死亡二名都合卅名に上り單獨犯行として我が國の殺人事件のうち未だ類例を見ず世界犯罪史上においても稀有の新記録を殘した、なほ内務省防犯係ではこの全國最初の大犯行調査のため二十二日係屬が現場に來り詳細な調査を行つてゐる。

歸つて男泣き
岸█████さんの長男

一家四人が殺人鬼の兇手に倒れた岸█████さん方長男██君は呉鎮守府で軍艦鈴谷に乘込中であるが死亡とともに特別の計らひで歸郷を許され二十二日朝歸郷四つの棺に變り果てた母と弟妹の姿に男泣きに泣いてゐた。

三十人殺し狂人に非ず
犯行に見る冷然たる態度
「睦雄」は稀代の變質者

作北の平和郷を一瞬にして想像も及ばぬ修羅場と化せしめた西加茂村三十人殺しの犯人都井睦雄(二十二年)の恐るべき性格は犯罪科學上絶好の研究材料を提供してゐるが彼は決して精神異状者いはゆる氣違ではなかつた、それは兇行の經路をみれば自ら分ることである。

直接犯罪の動機となつたものは肺病で、このため部落内の女達は彼から離れ部落民も彼を避けるやうになつた、彼は村人に對して呪詛の鬼となり、約二年間にわたつて營々として兇行の準備を整へ機會を狙つてゐたのだ。

そこへ偶然かつて自分と關係のあつた娘二人が新婚間もない幸に胸をふくらまして里歸りした、彼にはこれが自分への面當ての如く思はれた、かくて彼の怒は點火され一世を戰慄せしめる大慘劇となつたのだ、彼は自分をいつも爪彈きしたものは全部殺すべきだと確信してゐた、これが彼の性格の缺陷である、いはゞ稀代の變質的な性格破綻者であつた、だから殺人においても自分の計畫した通りを實行してゐる家々を襲つた順序から自殺の場所からちやんと極めて置いた、そしてその計畫通り實行し少しも狂ひがなかつた三十人の生命を冷然として奪つて自殺場所にたどりつくや悠々として遺書を認めたが遺書の文句のごときは恐るべきほど落着いてゐる到底かうした犯人とは思へないほど冷然たる落つきだ、犯人自殺の場所は部落全體を見下す峠の絶頂でそこには地下足袋がきちんと揃へて脱がれ兇器も傍にちやんと並べられ、血染のシャツはかねて用意の眞新しいシャツと着替へられてゐた。

三年掛りの計畫
内務屬ら現場を調査

三十人殺しの犯人都井睦雄の兇行動機は肺結核による失戀と厭世であるが歪んだ復仇の念に追ひたてられ三年間にわたつて着々兇行の準備を整へて行つたその異常な執拗さ偏執さには係官も驚いてゐる、正に稀代の性格破綻者で從つて兇行は普通の精神異常者が發作的にやる場合とは異なり極めて計畫的で、犯罪學上、興味深い問題を提供してゐる、このため内務省防犯課では係屬を現場に派遣、二十二日地元官憲の援助の下に詳細な調査を行つた。

2 大阪毎日新聞記事(昭和十三年五月二十二日附夕刊本紙)

因美國境近く血の大惨劇
惡鬼宛ら家々襲ひ銃で二十九人殺し
〃目的の人物殺す迄は〃と書殘し
―犯人、山中で自殺

岡山縣北部、中國山脈の懐ろ深く抱かれた山村に深夜の惡魔と化した狂へる若者がキーゼル九連發銃と日本刀を提げ、返り血も物凄く村民廿九名を射殺即死させ、一名に重傷、一名に輕傷を負はせて自殺した稀有の惨劇が發生した。

岡山縣苫田郡西加茂村大字行重字貝尾農業都井睦雄(二二)は廿一日午前一時頃突然かねて自宅に藏ひ込んでゐたキーゼル銃をもつて就寢中の同人祖母■(七五)を一發のもとに射殺、日本刀で首を切斷したのち山端に沈みかゝつた月光を浴びて戸外へ飛出し同部落廿五戸への電燈引込線を切斷し、惡鬼の如く就寢中の附近の家を次ぎから次ぎへと片つ端から襲ひかゝつた、同人が現れるところ夜のしゞまを破つてこだまする澁々たる銃聲の下に凄惨な血の惨劇が展開され約三、四十分間に廿九名が殺され一名が重傷、一名が輕傷を負うた、深夜の通り魔は足取も冷靜に死の現場を立去りその足で午前三時ごろ同村楢井、武■■氏方に立寄り紙と鉛筆を出させ「目的の人物を殺すまでは俺は死なぬ」と書き記し再び闇のかなたへ姿を消して行つたこの惨劇に地元では直に

警鐘を亂打して重大事件の勃發を村民に告げ、急報に接した津山署では山本署長、北村司法主任以下が現場に急行、全署員の非常召集を行ふとともに西加茂村を中心とする管内各町村消防組を總動員して山岳地帶を捜査中犯人は現場から一里半の千の上山林中で鐵砲自殺してゐるのを午前十時半捜査中の消防組員が發見した、同山林は兇行現場より加茂町原口へ越す海拔三百餘メートルの山道で警察では專用電話を急設して通信連絡にあたつてゐる、犯人は同郡加茂町倉見の出身で三歲の時兩親に死別以來最初に殺された祖母いそさんに育てられたもので小學校時代には非常な秀才であつたが今春來獵銃、日本刀を買入れ奇怪な振舞ひのあるところからかねて注意中のものであつた。

同昭和十三年五月二十二日朝刊本紙

失戀、邪推の兇刃
正視できぬ惨たる現場
岡山縣下の卅人射殺事件

夕刊既報、廿一日拂曉、岡山縣苫田郡西加茂村に突發した卅人(うち一名重傷後死亡)射殺事件の犯人農、都井睦雄(二二)は三歲の時兩親に死別し祖母の手一つで育てられたが生來のすね者で村の消防組、青年團などとも一切交際せず、一人でコツ〳〵百姓をしてゐたが今春來津山署の狩獵許可を得て獵銃を買込み絶えず弄んで當時より氣違ひじみた行動があつたので警察では獵銃を取りあげた、その後都井は田地一町歩を金に代へ神戸方面へ行き狩用獵銃(十二番口徑)を買込んで歸つた模樣があることがわかり津山署では直に神戸湊東區楠町一丁目高橋銃砲店に照會中である、

なほ犯人は變質的性格の持主で遺書にある如く被害者中の婦人と關係があり最近犯人に結婚話が持上つたがこのためうまく纏まらなかつたので他人から妨害されたものと思ひ込み兇行を演じたもので、兇行には携帶用ナショナル、ランプ二個を頭部にくゝりつけ、これで相手を照しながらねらひをつけて射殺したものである、なほ兇行現場は被害者があまり多數のため判檢事の實地檢證が捗らず犯行當時のまゝで折柄降り出した雨の中に凄慘な氣をたゝへて警戒の津山署員、消防組員らに入りまじつて急を聞いて各方面から馳せつけた犠の近親者らで大混雜してゐる。

背き去つた女の里歸りの日決行

冷遇に三年前から復仇の念

呪ひをこめた遺書三通

殺人鬼都井の遺書は自宅に二通、自殺現場に一通の三通あつたが自宅の分は去る十八日認めたもので一通は岡山縣吉田郡一宮村に嫁いでゐるたつた一人の實姉■(二五)にあて、一通は宛名のない長文のものでその内容は

僕は決して精神異常者ではない九ヶ年の間不治の病と戰ひその間僕を冷遇し虐待した村の人々に復讐するのだ、思へば眞面目で先生から可愛がられてゐた小學生時代が懐かしい、今度生れかはる時はきつと健康な男として生れかはつて來る

その他犯行の動機から兇器の猟銃その他を入手するにいたるまでの經路および兇行を加へた人々の名前から一々自叙傳めいた文句とのろひの言葉が十八枚の便箋に書き連らねられてゐた、また現場で認めた最後の一通には次のごとく認められてあつた。

復讐の機會は三年前から狙つてゐた、けふ決行の動機は自分に背いて嫁いだ女が里歸りしてゐたからだ、日ごろから復讐すべく考へてゐた村人は大體思ふ通りやつつけた、しかし中には殺さなくともいゝ人を殺してゐる、これは物のはずみだから許して貰ひたい、かゝる大罪を犯したことはたつた一人の姉に申譯ない、殊に幼い時分から育てゝくれた祖母を一人殘して死ぬのが心殘りなので道づれにしたことは今思へば涙が出る、夜明けも近くなつた、最後に世間の人々よ孤獨の人間や不治の病に惱む若い人々には今少し同情の涙を注いでほしい。

けふ葬儀

各戸家庭別に安置

合同葬の形式で

西加茂村では中塚同村長ほか村議らが區長會議を廿一日午後六時役場公會堂で開催、被害者の葬儀方法、慰問救護その他につき協議、葬儀は廿二日午後一時より死體を全部收容する場所なきため各家庭別に安置して合同葬の形式をもつて執行するはず。(津山發)

世界犯罪史上

稀有の事

単獨、大量殺人

岡山縣下の卅人殺し事件は單獨犯行であるのと被害者の數においてわが國犯罪史上のレコードであるとともに世界犯罪史上にも特筆さるべき事件である、警視廳管下で行はれた大量殺人は大抵一家皆殺しと精神病者の兇行であり大正九年淀橋署管内で朝鮮人李能能が日本刀で家族及通行人十五人殺傷(うち即死四名)、昨年秋下谷御徒町で十七歳の少年が一家七人を鏖殺したことがあり、精神病者では大正十四年六月田無署管内で細田萬次郎が薪割で通行人十四名を殺傷した事件(うち三名即死、重傷十一名)があるに過ぎず、また性質は違ふが昭和九年西郷山の貰ひ子殺し川俣初太郎が嬰兒廿五名を絞殺した事件もあつた、警視廳鑑識課高尾係長は語る。

單獨犯行としても二人以上の犯行としても全く初めての事件で恐らく世界記錄でせう、概して多數を殺す原因は怨恨か狂人ときまつてゐます、それだけに犯人は必ず逮捕されるか自殺して未檢擧のものは殆どありません。

犯人は肺結核

内務省への報告

岡山縣警察部報告、内務省着電によれば

兇行の動機は、本人は精神異狀者にあらず、肺結核患者にしてかつ最近失戀をなし厭世心を起したものである。(東京發)

迫害妄想からか

阪大精神科河口博士談

いろ〳〵本人について詳しく診斷して見なくては、はつきりした病名の斷定は出來ぬし憂鬱病とか精神分離病なども考へられるが、おそらく迫害的な被害妄想を中心としたパラノイヤとかパラフレニ(偏執病)などの精神異狀ぢやないかと推定されます、これにはまた例へばそらお前を殺しに來たぞなどといふやうな幻聽を伴ふもので、このような強い妄想が生じた時、發作的に精神異狀を來し、こんな兇行が行はれることがあります、またこの場合兇行の對象となるべきものは自分の一番親しいもので、この事件のごとく三十人も射殺したのは、その大部分はそば杖をくつたものと見るべきでおそらく犯人はお前は包圍されてゐるぞといつた迫害妄想からモーゼルを亂射、多數をあやめたものではないかと思ふまたよく靑葉の憂鬱とかいろ〳〵氣候關係を精神病的犯行にくつつけたがるが、これは關係のないことはないが大した直接的原因とはいはれない。

同　岡　山　版

生々しい彈丸のあと

行重部落の不氣味さ

近村民も極度に恐怖

既報、縣下北部西加茂村において起つた變質一青年を加害者とする卅二名殺傷、うち即死廿九名、重傷後死亡一名、重傷一名、輕傷一名の大慘劇はその殘虐さにおいて犯罪史上稀に見る凄慘な地獄繪卷を平和な山里に現出して近村住民を恐怖のドン底に陥れ、津山、加美、勝間田、林野四警察署をはじめ加茂五ヶ村ほか瀧尾、神庭、高野、香南、香北、上齋原、高田、一宮、東一宮など約二千餘名の警官消防組員を總動員して縣境を越え遠く鳥取縣に至るまで中國山脈を圍む大包圍陣を布き犯人の足取りを求めて決死の搜査を進めてゐたが遂に午前十時卅分高田村へ通ずる千ヶ上山道附近において虐殺に用ひた獵銃を胸にあて足で引金をひいて自殺してゐる、犯人を西加茂村消防組第二部長平井差勇氏が發見しさしもの大事件もこゝに大團圓を告ぐるに至つた、同村を訪れると被害者宅に生々しい彈丸のあとがあり全村不氣味な空氣に包まれてゐる。

暗闇の家に飛込み灯で照して狙撃
深夜村の電燈線を切斷、ナツヨナルランプと
猛獸用の銃を携行

犯人はすでに今春來この兇行を秘かに計畫してゐたもののごとくで兇行に使用した猛獸用十二番口徑のモーゼル銃はその兇行計畫と同時に神戸方面から買ひ求め自宅には多數の彈丸を買ひ込んで石炭箱一ぱいに詰め込んで隱してゐたが當夜はこれを秘かに搬出し、自分と一緒に寢てゐた祖母■さんを先づ試驗臺にあげて斷然一發を浴びせかけ朱に染つてぶつ倒れたのを見るやさらに日本刀と斧で同人の首を眞ッ二つに切斷、それより自分はかねて用意の携帶用ナツヨナルランプ二個を紐で頭部にしつかりくゝりつけ萬事殺戮準備を整へて月光淡き戸外へ飛び出し惡鬼のごとく次から次へと附近の人家を叩き起し電燈線を切斷した暗闇の家の中に飛び込み頭部にくつつけたナツヨナルランプの灯で目指す相手を照らしつけては狙ひを定めて一人々々に射殺して行つたものである、犯人の放つた彈丸は九十發以上で被害者宅の雨戸や障子や壁にはひどいところには數十發の彈丸が撃ち込まれ生々しい情景を物語つてゐるが犯人はそれより悠々と裏手山林へ逃れその途中再び人家を叩き起して紙と鉛筆を持ち出し「俺は目的者を殺すまでは死なない」と書き遺して山林中に逃走したが警官、消防組など二千餘名の大包圍を受けつひに逃れる術なきことを知つて現場から約一里半離れた千ノ上附近で銃砲で自殺をとげたものである、同事件の勃發と共に津山署から山本署長、北村警察部補以下全署員と縣刑事課から國富課長が現場へ出張總指揮に當り現場が海拔三百餘メートルの高所であるため電話を急設して連絡に當つたが津山裁判所からも有地豫審判事、遠山檢事が出張し實地檢證を行つた。

血を見て
狂暴性を發揮

殺人鬼、都井はまづ電線を全部切斷し同部落を眞暗とした後廿一日午前二時ごろ自分を永い間手鹽にかけて育ててくれた恩愛の祖母■さんを射殺し血を見ていよ〳〵兇暴性を發揮し用意の黒の洋服に地下足袋をはきリユツクサツクを背に頭に懷中電燈をしばりつけ用意の獵銃に彈丸百發を携へて日ごろから「憎いやつ」と目星をつけてゐた家を片つ端から襲ひ前記の如く即死廿九人、重傷後死亡一人、重傷輕傷二人計卅二人といふ未曾有の大殺陣を展開した後、奈良井の武■氏方に立寄り鉛筆と紙をもらつて悠々と「憎いやつを皆殺しにするまで死ねない」と遺文句を記した後現場を去る約一里半の山中で最期をとげたものである。

殺人鬼の都井は村の嫌はれ者
病氣で女に去られ變質青年に
快からぬ者皆殺しを計畫

明けやすき初夏の曉夢を破つて突發した卅二人殺傷といふ犯罪史上稀有の大慘劇事件の現場、苫田郡西加茂村字行重は津山市北方六里村役場より一里餘、戸數七十戸人口三百人、中國山脈の支脈天狗寺山の麓の平和な一部落で徐州陷落の快報にわき立つてゐた同村は一瞬にして恐怖のドン底に陷り、村では消防組を動員しまた凶報を聞いて駆けつけた親族縁故者などの群がぞく／＼詰めかけあわたゞしい空氣の中に哀愁の氣が滿ちてゐるが稀有の殺人鬼都井睦雄(二二)は加茂町倉見で生れたが三歳のとき兩親に死別し祖母■さん(七五)のところに引取られて育てられ小學校時代は非常な秀才で通つたが卒業の春肋膜炎に罹り一時よくなつてゐたが昭和十年再發したので不治の病であると近隣のものから嫌はれ地方の風習から戀仲となつた女もつぎからつぎに彼の懐から去つて行くので孤獨とひがみから社會をのろふようになり自暴自棄から惡鬼となつたもので彼の歪んだ心はます／＼變質化し彼は快からざるものを皆殺しにしようといふ怖るべき考へをいだき田地を擔保として農工銀行から金を借り神戸から獵銃日本刀短刀を買ひ込み機を狙つてゐたところかねて同人と關係のあつた寺■某の妻■(三五)—假名—の口から獵銃その他をもつてゐることが洩れ寺■某がこのことを駐在巡査に報告したので本年三月津山署では同人の狩獵免許を取消したが寺■某は同人の復讐をおそれて京都方面に轉住するなどのことがあります／＼部落民は同人を毛嫌ひするので焦躁のうちに日を送つてゐたところ駐在巡査が缺員となつたので十八日夜便箋十八枚にわたる遺書二通を認め機會を窺ひ廿日夜徐州陷落で歡喜にざわめく隙を狙つて兇行に着手したものである。

おみやげが無駄
佛前に供へ泣明す
兇變祕す師の思遣り
嘆きの兒童達

…樂しい伊勢參宮旅行からおみやげにカバンをふくらませて歸つて見れば喜び迎へてくれるはずの母や兄弟を殺人鬼に奪はれた西加茂小學校の學童二名の上に同情の涙が雨と注がれてゐる、同校高等一年生寺■君は語る。

私は旅行中汽車に醉つたのであまり愉快な旅ではありませんでした、しかし母や兄は私を待ち受けてゐるかと思ふと蟲の知らせか汽車の走るのがもどかしいようでした、校長先生達は私の母や兄が殺されたことをすでに神戸で御紙を見て御存じだつたさうですが私や池■君が悲觀して體にもしものことがあつてはといふのでかくしてをられたさうです、私がこのことを知つたのは加茂驛に着いて出迎への親戚のをばさんから聞きました、はじめはうそのようでしたがやつぱり本當でした、本當に悲しいです…私にはまだ岡山で働いてゐる■兄さんがゐますので仲よく勉強して立派な意思の强い人にならうと思つてゐます。

…高一池■君は語る。

私はこんな大きな出來事があらうとは夢にも知らず愉快な旅をつゞけてゐましたが津山驛まで戻つて出迎へに來てくれた親類の人の口からはじめて聞きました、その時の驚きといつたらたとへようなく涙があとから／＼流れ出て來ました、殊に私を可愛がつてくれたお婆さんをはじめ可愛い弟まで四人も殺した犯人が憎くてたまりません、お婆さんと弟のため折角買ひ求めたおみやげもあげる人がないので佛さまの前にお供へして助かつたお父さんや弟達とともに一夜を泣きあかしました、私はこれに屈せず今後一生懸命に勉強してキツトえらい人になつて佛さまになつたお婆さん達を安心させてあげる決心です。

一家五人魔手に
點々滴く血、血
悲慘・寺■■家

慘劇でもつとも悲慘を極めたのは一家五名中皆殺しの厄に遭つた寺■■氏(六〇)方で同家の嫁■■さん(二二)は五日程前結婚したばかりで當日里歸りから歸宅し就寢したところを襲はれ急を聞いて駈けつけた實家の人たちは見るも悲慘に胸部を射ち拔かれ床に染まつて、戸袋の傍に倒れた變つた姿に悲嘆の涙にくれてゐる、■■さんの倒れてゐる縁側から點々と鮮血が庭に落ちそのまゝ赤土に吸ひとられて不氣味な色を漂はせてゐる。

犯人に命乞ひ
平■氏駐在所へ急報

被害者平■■さん(六七)方内縁の夫寺■■さん(七八)は惡鬼のごとく銃を擬す犯人の魔手のもとに身をさらしたが懸命に命乞ひし犯人は「御前も俺の惡口をいつたけれどおいぼれのことだから許してやらう」と捨ぜりふをのこし立去つた、同家の長男■(四四)は二階に難を避け犯人の姿が消え銃聲が遠のくのを見すまして屋根傳ひに飛降り自轉車で急を一里半離れた駐在所に告げた、今回の兇行に際し犯人の言葉を聞いたものはわづかに同人一人である。

慘劇の家を巡回讀經
慘、卅一の葬送
村會で弔慰策考究

同村では村會で協議の結果殺人鬼の銃口にあへなき最後を遂げた卅一個の靈を慰めるため取あへず廿一日正午から合同葬告別式を執行中塚村長以下村會議員、各種團體代表者多數參列の上仲井眞福寺住職導師となり被害者の宅を順次巡回讀經を行ひこれに從ふ村人も新らしき涙とともに讀經を捧げて非業の最期に心から冥福を祈つたがこの日は恰も「友引」に當るのでこれを避けて同夜十二時を合圖に卅一個の遺骸は一齊に自宅を出棺近親者村人とともに護られそれぞれ先祖の墓地に母と子あるひは兄弟、夫婦が並んであきらめられぬ涙とともに埋葬され永の眠りについた、なほ西加茂村では廿二日夜第二回の緊急村會を村役場に召集貝尾部落の慘劇に對する弔慰方法その他具體策について協議した。

極秘に運ぶ犯人の屍

出生地加茂町へ埋葬

なほ加害者都井睦雄(二二)と祖母■(七六)の遺骸は自宅において各近親者と恩讐を越へた僅かな消防組員達によつてしめやかな通夜讀經が營まれたがあまりにも兇惡極まる大犯人のこととて加害者の銃先の犠牲となつた非業の命と悲嘆の涙にかき暮れるその遺族達の手前犯人の遺族達は貝尾の墓地に「鬼熊」とその祖母を葬るのを憚つて廿二日深更一般犠牲者の葬儀の終るを待ち廿三日午前零時卅分ごろ兩名の死體を極秘裏に自宅より自動車で犯人の生れた同郡加茂町大字倉見の墓地にしめやかに埋葬した。

鳥取縣下まで

慘報に恐怖の渦卷

中國山脈の高原部落岡山縣苫田郡西加茂村大字行重部落に惹起した卅一名の慘殺事件現場に向ふべく鳥取を出發した記者が早くも鳥取縣智頭町まで來るとすでにこの慘劇の報が傳つて各一般町民はわがことのやうに驚愕しその話題で持ちきつてゐた、汽車の中でも道を行く人々もこの慘劇に怖々とし美作加茂驛に下車するところには犯人を捜査する消防組員、青年團或は被害者の家庭を訪問する國防婦人會その他の人々が現場に通ずる一里餘の道に踵を接しいづれも恐怖のどん底につき落されてゐた。

犯人は三歳の時兩親と死に別れ今回の最初の被害者である祖母■さん(七五)に育てられ小學校時代は非常な秀才として前途を囑望されてゐたが青年になるにしたがひ非常な變質者となり消防組、青年團などにも顔を出さず一人農業を營んでをり今春狩獵免許を得て獵銃、日本刀などを買入れたが奇怪な言動が多いのでかねてより注目中のものであつた。

なほ同人は同地方山奥に今なほ殘されてゐる非常なルーズな男女關係の因習により今回の被害者である女性の大部分と關係を結んでゐた事實があつた、かくて正午過ぎに山林中に犯人の自殺體を發見して捜査陣と山狩團に凱歌があがり鳥取縣下の恐怖も漸く收まつた。(加茂村にて谷口特派員發)

火藥の密賣人

津山署で取調べ

犯人が今回の大量殺人に主として使用した兇器狩獵用獵銃の入手先については津山署で大阪市東區本町二丁目西村銃砲店および神戸市神戸區湊通堀先銃砲店その他に向つて捜査を進めてゐるが何分同人が自殺してゐることとて現在のところ判然とせず犯人の火藥買入の際これが斡旋の勞をとつた岡山縣苫田郡加茂町小中原、今■(三〇)を廿一日夜津山署に引致北村司法主任係で嚴重取調べ中である。

問題の獵銃は

古いのと交換

神戸銃砲店の話

岡山縣下の卅人殺し犯人が兇器として使用した獵銃は神戸市湊東區相生町二丁目高橋銃砲店で買ひ求めたものだと傳へられるが、右につき同店では語る。

都井さんはこの正月から二、三度店へ來て、火藥やケースを買つたことがあります、問題の獵銃は二月九日に本人のもつて來た古いのと交換した、十二番口徑のものですが、その後三月に入つてから同じ村の人で四十くらゐの人が來て「都井さんからその獵銃を買ひ受けた」と話してゐましたが、矢張りあれを使つたのでせうか、都井さんは黒詰襟學生服を着たおとなしさうな人でちやんと狩獵免狀をもち別に變つたところもなかつたが後に同村の人が來たときは都井さんはちよつと頭が變になつてゐると話してゐたので間ちがひがあつてはと實は案じてゐたところです、なほ十二番口徑の銃は別に虎狩用でなく普通の獵銃です。

故人の分まで御奉公

一家皆殺の厄に遭ふ

岸■三等機關兵の談

たつた一人の母といとしい弟妹四人の一家五人を皆殺しにされた岸■■さん(五〇)の長男横須賀海軍工機學校三等機關兵岸■■君は廿一日朝歸村して語る。

軍艦○○に乘組み○○方面に出動中當の知らせかも知れませんが横須賀に轉任を命ぜられ思へば慘劇のあつた廿一日朝は學校に參つたばかりのところへ悲電が來たので上官のお許しを得、とるものもとりあへず歸つたわけでありますが國家非常時の折柄前途ある弟妹やかけがへのない母を一度にしかも兇刄のため失つたことは殘念です、しかし私も帝國軍人です、國家のため今はなき弟妹の分まで御奉公する決心です。

稀有の事件だ

申し譯ない

泉縣警察部長談

苫田郡西加茂村の射殺事件に關し泉縣警察部長は左のごとく語つた卅人射殺事件なんて自分もはじめてだ、おそらく全國的にも稀有の事件であらう、銃砲火藥の取締の點についてはまだ自分の手元へ斷片的な報告しか届いてゐないのでなにもいへないがあの山深い寒村の出來事であり交通の便も惡い場所であるがかゝる多數を殺すまでに被害をもつと少い程度に喰止め得なかつたことはなんとも申譯ない次第です。

最初は啞然

有地津山裁判所豫審判事談

獵銃と日本刀と手斧を使つて荒れ狂つた犯人の殘虐性を目のあたり見まして最初は啞然としました、私の經驗では愛媛縣下の五人の首斬り事件がもつともひどかつたと記憶してゐますが今度の事件のやうな例すといふのはおそらく未曾有でせう。

只友醫師談

自殺した犯人が常に診察を求めてゐた加茂町只友醫師は語る。

犯人は高等小學校卒業のころから兩親が肺結核で死んだことを非常に心にとゞめ自分も結核ではないかと私に六回にわたつて診察を求めましたがその後徴候がないのでその都度安心するやうにといひ聞かせてゐた次第です。ほかに體がわるいとはおもひません。

世間に對し
深くお詫び
中塚西加茂村長談

世間に對し面目ないことを仕出かし村長として世間に御詫びのしようもありません、事件發生とともに各方面から絶大の御支援をいただき何とも御禮の申上げようがありません、紙面を通じてよろしく御傳へ願ひます、事件後の對策については萬全を期して各方面の御厚情に答へたいと考へてゐます。

大阪毎日新聞所載

大殺人事件の現地報告書

佐藤特派員

（上）

計畫コースに從ひ黒裝束姿で出發
就寝の夜を狙つて幼兒まで魔手に

「新緑の因美國境」山ふところに抱かれて平和に眠る山峽の夢を突然！破つて勃發した苫田郡西加茂村の射殺三十一名、負傷二名の大兇劇は、その殘虐さおよび量、質、時間的に於て、しかも單獨犯罪といふあらゆる條件からして、およそ世界犯罪史上にも珍しい記錄的大殺傷陣であらう、古い言葉だが〝何が彼をそうさせたか？〟いま記者の眼前にあり〳〵と描き出されて來る生々しい鮮血の記憶を綴つた〝三十三人大殺傷の譜〟報告書は――」

二十一日午前一時――或は一時半ともいふ、作北の寒村、西加茂村大字行重字貝尾部落の眞中どころのあたりから、ズドン！つゞいて二發、三發、五發、十發、二十發と連續的に銃聲が、明けやすき初夏の暁のしゞま をつんざいてとゞろき渡り「人殺しい！」「助けてえ！」の悲鳴が銃聲の短かい絶へ間から續く深夜の夢醒めかな人々の耳を貫いた、この時こそ！日頃から全部落民虐殺の機會を狙つてゐた村の異端者、都井睦男（二二）が夜の惡鬼と化した瞬間だつた、この日ラヂオは〝號外に〝徐州陥落〟皇軍大勝〟を報ずる朗報に村内が歡喜に

沸き立つた！今宵こそ！〟と鬼畜の如きゆがんだ復讐の焔に燃へ上つた犯人は
部落の入口の電柱によじ上つて、電線約三十メートルを切斷、全部落二十二戸を暗黒と化し、かねてひそかに手に
入れて居た猛獸用十二番口徑のブローニング九連發銃を取り出し、床下の石炭箱に一ぱい詰め込んでゐた約百發の實
包を取り出し、自ら黒詰襟に地下足袋と云つた黒裝束、頭に二個の懷中電燈を鬼の頭の様に鉢卷で縛りつけ、更に胸
に一個のナシヨナル電燈を吊して、萬一仕損じた場合の用意の爲に日本刀一本を腰に、短刀を懷中に忍ばせてすつ
かり
兇行の準備　を整へた後まづ十有八年間母となり、父と代りて育て上げて呉れた恩愛も深き祖母、都井■(七三)
を狙撃して村人に氣づかれぬ様用意周到にも手斧をふるつて頸部に一撃即死せしめ、血を見て狂つた加害者は返り血
にさながら惡鬼の如く、折ného山の端に上り初めた半月の淡い光を浴びつゝ戸外に飛出し、かねてブラツクリストに
記してゐた部落の家々、即ち二十二戸の部落の内段々畑の斜面の青い西條柿の葉がくれに點々散在する十一戸を、か
ねて計畫せるコースに從ひまるで通り魔の如く前山見波、つぎ〳〵と襲撃「撃つぞ！皆殺しにしてやるぞ！」と云ひさ
まナシヨナルの灯で目指す相手に
狙ひをつけ　助けを求めて逃げ惑ふ一人々々を射殺、或は熟睡する枕元より馬乘りとなり銃口を胸に當てゝ一發で
射殺したりまたは雨戸を押へて入れまいと必死に防ぐを雨戸諸共に撃ち貫き、母と添寢する罪なきいたいけな幼兒迄
撃ち殺し傷つけ、疾風の如く殺人鬼の通り過ぎた後には必ず朱に染つた骸が轉がり、壁に襖に、物凄い血しぶきを散
らし、壁や雨戸のひどいところには十數發の彈丸が撃ち込まれ、見るも恐ろしい戰慄の地獄圖繪さながらの情景であ

つた。一つ〳〵圖は犯人の足どり(省略)

(中)

計畫は三年前から、呪詛に充つ遺書

犯人の自殺で不安は犧牲者への同情へ

のろひの銃口を逃れた寺■氏(四四)ら數名が一里餘の急坂を轉げる如く驅け下りて急を報じた爲、全村に警鐘が
鳴り響いた、警鐘亂打に驚いた加害者は一と山越えて隣の部落、最後に殘してゐた岡■氏夫婦を一發づゝで即死
せしめた後、悠々裏山傳ひに、同村大字楢井武■方を午前三時頃叩き起し
「出さないと撃ち殺すぞ」と捨文句を並べて紙と鉛筆を取り出し、勝手知つた月明の山道を現場より三十町餘の千ヶ城
山まで逃げのび、たつたさつき七十餘彈を發砲して、全部落民の三分の一を鏖した貝尾部落と
自分の像の兩親が永遠に眠る生れ故郷、加茂町倉見の兩部落が望まれる平地の青草の上に端坐「復讐の機會は三年
前から狙つてゐた……」と呪詛に滿ちた遺書を認めた後、蝕ばまれた胸に銃口をあてゝ足で引がねをひいて自殺し
たのである、一方急報によつて所轄津山署は勿論、加美、勝間田、林野四警察署をはじめ、加茂五ヶ町村消防組其他
二千餘名の警官、消防組員は總動員で“それ殺人鬼が密林に逃げ込んだぞ！”と中國山脈一帶には決死の大包圍陣は
布かれ平和の寒村は忽ち恐怖と戰慄のどん底に沈み、不安の氣が漲つたが、ついに午前十時半犯人の
自殺死體を　發見、さしもの大事件は大團圓を告げ、村人の不安は犧牲者に注ぐ熱い同情と變つて行つた。(繪は兇

資料篇　二九一

行當夜の目撃者、現場の遺留品等によつて想像した犯人の扮裝、頭胸部の○印は懐中電燈並ニナショナルランプ、二尺二寸の日本刀、兩腰に差した白鞘短刀二口、實包を入れた腰の雜囊、右手に持てるブローニング九連發銃、黑服、ゲートル、地下足袋）餘は省略

（下）

理想郷の建設へ 贖罪爲圖の意氣犯人の家は絶家に

通り魔のごとき足どりについて判明したのは最初祖母を血まつりにあげた自宅と最後の岡■■■の二戸だけで殘る十戸は何處が先やら後でやられたのやら見當が付かず、恐らく加害者以外には知るを許さぬ永遠の謎の如くみられてゐたが、警察當局の苦心によつて蒐集された生き殘つた被害者、難をまぬかれた部落民の供述と被害家屋の位置、畦道等の地理的時間的考證の結果、おぼろながらも大體次の如き足どりが出來上つた。

1	西■■■	2	寺■■■	3	寺■■■	4	寺■■■
5	寺■■■	6	■ 岸■■■	7	岸■■■	8	池■■■
9	岸■■■	10	寺■■■	11	岡■■■		

また殺人鬼の

銃口の犧牲 となつた十一戸の被害者の内一家全滅となつたのは、西■■■、寺■■■、岡■■■に加害者の四戸で、いづれも法定家督相續人の申請を行はなくてはならないが加害者の家は被害者の遺族や世間への申譯の意味において絶家にする模樣である、射殺事件の世界的記録として一躍作北の一寒村から全國津々浦々迄知れわたり、戰慄の眼を見張る西加茂村は昭和十年來敎化村として理想郷の建設に邁進してゐた矢先き、思ひよらぬ不詳事件のため「慘劇の村」てふ永遠に消ゆることなき汚辱の烙印を村史に押されたことを嘆いてゐるが、しかし中塚村長、驪井小學校長、中塚消防組頭をはじめ、村有力者間では「禍を轉じて福となすのだ」と三十餘名の

尊き犧牲を 空しくせずこれをもつて村民の自衆自肅を促す一方山村に殘る幾多の惡習打破に、村の中堅、青少年敎育の根本的改革なども計畫、理想郷再建設へのスタートを新らしく切り直すとともに、被害者のためには「供養塔」の建立が進められ、遺族のためには援刈、田植等が各種團體の積極的努力の奉仕によつて實現されることになり、さすがに純朴な農村らしい床しさを見せてゐる。（終り）

殺人の天才津山支部裁判所調べによる

犯人都井の物凄さ

苫田郡西加茂村貝尾部落の一靑年都井睦男（二二）によつて演ぜられた三十三人殺傷の大慘劇は單獨犯行による世界犯罪史上稀有の犯罪として社會を驚嘆させたが即死二十八名、重傷後死亡二名、重傷一名、輕傷二名の大量被害を短時間に生んだ兇行の跡をふりかへると冷靜そのもの樣な犯人がいかに研究と準備と練習を積んだ後萬全のプランをたてゝ血の亂舞に着手したかを物語る資料ばかりであるがその内にも津山支部裁判所豫審ならびに同檢事局の調査によると被害者のほとんどが胸部貫通銃創のためその場で絶命しており今更の樣に天才的殺人魔の物凄さを裏書してゐる○即死者（括弧内は一戸内の被害者）被害者の氏名年齡省略

″村の更生″紙上座談會

加茂にて若林特派員

白面の青年都井睦雄が三十餘人を射殺傷した同地は遺書にある「犯行は自分に背いて嫁いだ女が里歸りの日に決行した、また僕を冷遇し虐待した村の人々は大體思ふ通りやつつけた」のろひの文字で推察出來るが、永年打破すべく容易に打破出來ぬ山村の悪習である″男女關係″と″缺けてゐた村の和″は慘劇が警鐘となり時流に沿うた健全な模範村として更生すべく村の人々によつて協議が進められてゐる、單獨犯三十餘人を射殺傷し世界犯罪上にまれに見るこの大量的兇刑を惹き起した裏には警察當局の山村における警備力の不足も重大な原因の一つで被害者の中には父母兄妹を失つた小學生徒があり、學童に及ぼす影響を慮つて村民は互に自肅自戒を誓ふとともに當局に向つて僻陬地の警察力充實を聲を大にして要望してゐるので本社では二十二日同村有力者である村長中塚近一郎、西加茂小學校々長福井武道、消防組頭中塚知雄、津山警察署長山本徳一、縣警察課長紫重徳、縣會議員生末近夫の諸氏を訪問″紙上座談會″を開き村の惡風打破と更生に資するところがあつた。

中塚村長　本村は昭和十年内務省から敎化村として指定され着々村の敎化事業をはかり理想郷建設に向つて邁進してゐるやさき貝尾に申譯ない事件が起り全く面目ない次第です。村の

悪習打破　のため青年學校と連絡をとり事件が與へた活資料を無駄にせず男女青年層から一般へと惡風革新のためおよばず乍ら努力し紙上の空論でなく村議と協議の上直に實行運動に移りたいと考へます。

福井校長　殺人事件が起つた事だけでも學童に暗い影響を與へるのに本校としては高等科の寺■君が母と兄を、同じく池■は母と祖父母と弟の四人をなくしたのですが兩君は肉親を失つたと言ふ以外に子供として一番樂しい伊勢神宮參拜から歸村した途端に悲報に接し喜びから一變して悲痛の淵に落された譯で小さい村の出來事ですから原因が判然するにつれ益々兒童の敎育上憂ふる事柄が世上に流布されてゐるのでその

防止策に　ついて實は頭を惱してゐます。

たゞ今も話を聞けば呪はれた女の中一人が床下にもぐり幸ひに兇手から逃れたさうですが遺書にある如く憎しむべきは男女の關係でこの點特に村當局と協力して現在の男女青年の思想善導につくし度いと思ひます、また犯人の都井も頭腦明晰な男ださうですが同人は三歳にして兩親をなくしその後伯母の手に育てられ自分で人生行路の舵をとつたため折角紙を切る如き頭腦の冴えも指導者がないため今回の事件の如き無軌道振りになつたもので温い父母の膝下を離れることが一番危險だと考へます。

中塚消防組頭　村人の話ではかつて犯人都井が西加茂村の駐在所から貝尾の自宅迄の距離をはかつたりする奇怪なことが多々あつたので警察で取調べを願つたところ幸ひ

狩獵免状　を取り上げられ常時持つてゐた千發の實砲も押收されたさうですがその後どこで手に入れたのか今回使つた銃や日本刀を持つて居たことがわかり驚いた(この項續く)

″慘劇村の更生紙上座談會″

西加茂村にて若林、佐々木、佐藤、小山、池上各特派員

村の守り强化消防組員にも權限を
社會行政の缺陷是正が必要

中塚消防組頭　同氏は「犯人都井が西加茂村の駐在所から貝尾の自宅迄の距離をはかつたりする奇怪な行動が多多あつたので當時警察の力で狩獵免状と千發の實砲を押收したがその後犯人はどこで手に入れたのか今回の大量的兇劇に使つた銃や日本刀を持つて居ることが判つたので驚いた」までは前日掲載したが同氏はさらに驚いた村人が再び同人の注意方を當局へしば／＼願ひ出てゐたやうですがつひに警察力の不足から(?)かこの未曾有の事件となつたものだといつてゐます、西加茂村の駐在所は一月以來缺員でかゝる時は直に補充があるべきだと思ひますが未だになくわれ／＼は實際不安でなりません、聞くところによれば內務省では缺員警察官補助のため模範消防組員にある程度の權限を與へる研究を進めてゐるそうですがかゝる計畫でも早く進捗してをればかゝる不祥事件も起らなかつたと思ひます、公職にある消防組員の人格をよく検討して貰つて一日も早く警官補助員を作り「警官なき村」の治安維持に奉公出來れば幸と思ひます。

また村の人の和についても、

消防組員　が中心となり互助精神を發揮して再びかゝる事態を引起さぬよう村民の協力を切望する次第です。

山本津山署長　所轄署長として今回の事件發生は誠に村民に對して申譯ありませんが事件發生の原因を種々究めますと社會全體の責任だとも考へられますからこの事件をよく嚙みわけ味はつて社會各層のよい資料として再批判したいと思ひます。缺員警官につきましては西加茂駐在所ばかりではなく他村にも缺員がありますので警務課とよく相談して村の守りの强化をはかり度いと思つてゐます。

生末縣會議員　今回の大慘劇について私の家內の父もその犧牲となつたが私は警察に多年職を奉じてゐた關係上、警察方面の問題について意見を述べることは此の際一切差控へてゐるが社會問題として考へて見る時現下の非常時下において政府また縣においても國民に

社會教育　の必要性を感じさかんに地方青年の教育に力をつくしてゐる點には双手をあげて贊成するところであるがひるがへつてこれを顧みる時その指導方針があまりに机上の空論となりすぎてはゐないだらうか、たとへば青年教育に於て縣社會課では中堅幹部青年の養成に主力をそゝいでゐるがその幹部の活躍が果して地方一般青年に徹底してゐるか否か私はすこぶる疑問を持つてゐる、これはひとり地方青年教育に限らず國民精神總動員に於て然り國民體位向上に於ても、又同感である、政府や縣の役人が實際問題を考慮せず深淵な學理を基礎に机上に計畫した指導方針がそも／＼あやまつてゐる、私はこうした間違つた青年指導方針が今回の如き慘劇の遠因をなしてゐるのではないかと思ひ社會行政の

缺陷是正　の必要をます／＼痛切に感ずるのであります。

秦警務課長　吉備郡與妹村の四人斬りの事件といひ今回の三十一人射殺事件といひいづれも駐在所巡査缺員中の出來事であり警察官補充の問題が重大化して來た譯です、現在縣下各署管內の警官の缺員は召集によるものが多いようですが原則としてあとに殘つた署員が缺員中の者の仕事をも引受けてやつてをり事件のあつた西加茂村も加茂町の駐

在所員が助勤の形で受持つてゐた次第です、何分負擔が重いため十分手が屆かなかつたことは遺憾至極でした、當局としては現在警察練習所にゐる約五十名の練習生がこの六月に卒業縣下に配置されることとなつてをり今後出來得る限り補充して

治安維持　に萬全を期したいと思つてゐます、たゞ消防組員などを故員中の警官の代りに使ふといふことは當局の立前として元來警察は社會政策萬般の仕事を一手に引受けてゐる關係からかゝる廣汎な權限を民衆に與へるのは種々弊害が伴ふことになるのではないかと考へられます、注意中の人物に對し當局の取締手ぬるしとの非難については愼重研究したいと思つてゐます。（終り）

3　岡山合同新聞記事

以下は犯行當時における岡山合同新聞社會面の記事である。當時號外が出たのであるが新聞社其他につき捜して見たが見當らないのは甚遺憾である。

岡山縣三十人殺し後報

西加茂にて若林特派員發

兇彈實に八十發

得物は銃、銃、日本刀、短刀など

遺族達の痛ましい姿

既報、西條柿で名高い純農村岡山縣苫田郡西加茂村字貝尾に去る二十一日拂曉突發した三十人殺し事件は檢事一行の檢證により犯人都井睦雄（二二）はいづれも各戶で熟睡中の被害者に馬乘りとなり銃口を胸にあてて發射即死させ悲鳴に驅けつけた者には出會頭に銃口を突つけて各部屋の隅に追込み射殺したものと判明、蠶室に逃げ込んだ被害者が桑の葉を兩手に握りしめて絕命してゐる苦悶の姿、村の出來事も知らず伊勢參宮の旅から歸つて初めて親や兄妹の凶報を知り死體に土産を供へる小學生の痛ましい姿など幾多の悲慘な事實に檢視の係員は思はず目頭をあつくしてゐた。

犯人の自殺により殺害の動機は判然とせぬが既報の遺書にある如く背き去つた女――即死した西[■■■]（二三）――

一への復讐、不治の病と孤独の淋しさ、白眼視する世間への反逆などからの兇行と見られてゐる。自殺現場には實包十一發入りのケース、五發裝塡された銃が遺棄されてをり遺書に約百發の實包を用意したとあつたので約八十發を發射したものらしく兇器は最初祖母を殺害した鉈、銃、日本刀、短刀の四種である。

涙の假合同葬犯人の遺骸はコッソリ出生地へ

更に入院中の一人も絶命

津山市砂田病院に入院中だった寺■■さん(五六)は二十二日ついに絶命したので死者三十一名瀕死一名を數へるに至ったが前日夜に入って死體檢視も一段落ついたので二十二日午後一時からこれら犠牲者三十一名の涙の假合同葬が全村民の手によってしめやかに執行された。

悲劇の終幕を告げるようにこの日も前日と同樣雨もよひの空でまだ血のりのあとが殘された被害者の家々を一層陰慘にした。犠牲者の遺骸はあまり多數だったので遂に一ヶ所に安置することは出來ず各家庭毎に心ばかりの祭壇を設け馳せつけた親族、知合などがしめやかに通夜讀經し不慮の精靈を慰めた。この日の導師には同村眞福寺住職中井誠質師が他村住職の應援を得てあたったが被害者中には既報の如く一家潰倒れとなった家庭も多くまた修學旅行をしてゐたため難を危く免れたものも歸ってみると兩親をはじめ兄妹全部を失ひ茫然自失涙も出ない哀れな家もあって弔問の人々の涙をそそった。

かくて雨の中に導師の讀經、村民の燒香は十時間の永きに亘って行はれ同夜十一時の過ぐるを待って出棺となり涙の中に各墓地に埋葬を終った。

村當局ではこの日の午後六時から緊急村會を開いて弔問方法を協議したが一方加害者都井睦雄(二二)と祖母■(七六)の死體は自宅に於て恩讐を越えた僅かの消防組員たちによって通夜を營んだが犠牲となった三十一名の命と悲歎の涙にかきくれるその遺族達の手前犯人の遺族たちは同村貝尾の土地に犯人とその祖母を葬るをはゞかり二十二日午後一時過ぎ犠牲者の葬儀の終るを待って兩名の死體をコッソリ自動車で犯人が生れた同郡加茂町大字倉見の墓地に埋葬した。

尚本年二月頃早くも加害者の殺意を知り一家を擧げて京都方面に出稼ぎと稱して逃走してゐた西加茂村出身、寺■■(四五)夫婦は豫期にたがわぬ慘劇に驚愕し二十二日午後七時四十分着列車で歸郷被害者宅を訪問懇に弔意を表した。

『警鐘』の慰靈塔

これを機會に自衞自衞

呪ひの銃彈に散った三十一の貴い生命の冥福を祈りあはせて〝五月二十一日〟の戰慄を教訓とし村民が永遠に自衞自衞の警鐘塔ともいふべき慰靈建設の議が早くも一部村民の間に擡頭してゐる。右に對して兩親、妻、愛兒の家族四人を失った池■■氏(四一)は語る。

それはまことに結構なことで私達の方からもお願ひしたい位です。すでに出來てしまった事はいくら考へてもいたしかたない事で生残つた私達としては犠牲者に對して代つて働く事と再びかゝる不祥事のなきようつとめることがお佛に對する供養であります。しかし同じ銃口にかゝつた三十一の犠牲者の墓は御承知の如く部落がダンダラ畑となつてゐるから遠近に散在し一度に回向してやる事も出來ません。慰靈塔の如きものが部落の入口かどこかに建てられ朝夕香華を手向けてやる事が出來れば遺族としてこんな嬉しいことはありません。

また中塚村長は語る。

慰靈塔かあるいは供養塔等の建立についてもいろ〳〵と計畫され私個人としても大に考へてゐる、すでに村會でも合同服告別式を擧行した如くいづれ遺族の希望も聞いた上で善處したいと考へてゐる。

女への怨みごとを諄々と兇行三日前に認めた遺書

助役も再發、日頃の鬱憤爆發？ 作北、西加茂の三十餘人殺傷兇劇

二十九名を射殺、三名に重輕傷を負して鐵砲自殺――果して精神異狀か獵奇の計畫的犯行か、全日本に大きな話題を投じた岡山縣苫田郡西加茂村行重の一大慘劇事件につきその後各方面の消息を綜合すると次第に

怨恨說　が濃厚となつて來た、即ち犯人都井睦雄（二二）は四歳の時兩親に死別し祖母に連れられて前記住所に移轉、小學時代は秀才で級長をぶッ通したが卒業後間もなく肋膜を病み、一時小康を得たが昭和十年頃又復再發したので極度に氣を落らしてゐるところへ一方嘗て情交關係を結んでゐた近所の某氏妻女から何時とはなしに秋風を吹かされる樣になり、殊にこれも睦雄との關係を振り切つて苫田郡高田村某氏へ嫁いだ某女が去る一二、三日頃の

嫁入先　である今回の被害者西■氏方に養蠶の手傳ひに來てゐるのを見つけてグッと癪に障り、どうせ長生きの出來ない自分の體を悲觀のあまりつい死出の道づれにこれらの鬱憤を片ッ端から晴らさうとの大それた兇行を思ひ立つたものの如く、早くも十八日夜認めた遺書にかうした方面の女への怨みごとをくど〳〵しく書き並べてゐた。

悲劇の勇士、本家

分家に老婆一人殘る家郷へ馳せ歸る

〝悲劇の村〟に被害者の各戶を訪れる時その足を踏入れるところいづれもとらぬ悲慘な話ばかりだ――これも本家、分家を合せて七人を即死せしめられたゞ一人の老婆が瀕死の重傷を受けてゐる中に急を聞いて驅け戻つた岸■■君（二〇）が二十二日今を時めく皇軍勇士の水兵服を身にかためてわが家の門に一步踏み入れた時待ち構へてゐた村人達はワッと泣いて同君をとりかこんでしまつた。

君はかねて軍艦「〇〇」に乘じて某方面に出動中今回横須賀工機學校に入學することになり二十一日午後一時横須賀着とともにこの急變を聞いてそのまゝ歸鄉したものであるが

門前に立つた同君はあまりの事に

一まづは歸つて來ましたが時は寸刻も油斷の出來ない非常時です。私事に關つては居られぬ、御奉公をおろそかにしてはなりません、母兄弟の弔ひをすませた上は一日も早く歸つて軍務に服したいと思つてゐます。

と凛として勇士の覺悟を示した。

秋風吹かした女の家へ、両三度鉄砲もつて乗込む
警察へ密告されて遂に鉄砲を取上げらる
女から女へ、情痴の生活

加害者都井睦雄が大惨劇を演じた直接原因と見られる痴情関係の導火線ともいふべきものは

彼は最初近所に住んでゐた某氏(四一)の妻女(三五)と情交関係を結び相当の金迄引出させたが、同女には高等二年を頭に四人の子供があり、遂に夫が知つて夫婦喧嘩の挙句女から睦雄に秋風を吹かせるに至つたので憤慨し、これまでにも二、三度射ち殺してやると鉄砲を持つて乗り込んだこともあり、某氏は恐怖の余り警察へ密告し、当時加害者は津山警察署へ呼び出され銃を取上げられた事實もあり

これを根に思ひまたもやつけ狙ひ出したので本年三月ごろ某氏は京都方面に一家を挙げて逃げのびてしまつたといふことであるが、彼は生来の變態性慾者で女とみれば相手構はず執念深く云ひ寄り、もしこれを刎ね付けた者や他へ結婚の世話をした者を極端に怨み通してゐたもので今回の兇劇も斯うした方面の關係と因縁を辿つて行はれたらしい。某女に對しても片想ひの怨恨だとの説がある。この點からみるとこれまで悪口をいはれた相手を片ッぱしから殺すつもりだつたらしい。しかし養蠶室に寝てゐた嫁の■さん(五三)がそして近所の■坂■さん(二一)が仆された。

今度は■さんの兄■氏方を襲ひ土間にあつた自轉車をみて「まだ警察へは行つてゐないな」と獨り言を言ひ作ら主婦■さん(四〇)に重傷(間もなく死亡)を負はせた。斯うした物音に驚き作ら東の山の高臺にある池■氏方では戸をあけて見ると曲者と覺しき者が前の坂道を飛んで來てゐるので直ぐ表戸を締め、■氏は裏口から出て急を告げようとすると素早く裏に廻つて後ろから續け撃ちに三發撃たれた。幸ひ彈は外れたが家の中では妻女■さん(三四)を初め老夫婦及び可憐な■君(五)が無残な死を遂げた。引き返した睦雄は南へ坂を上つて寺■氏方を狙ひ母の■さんに重傷(後死亡)を負はせた。

遺書に　よるとまだその附近を襲ふ目的があつたらしいが大ぶん村人が騒ぎ出したので流石の悪鬼も聊か狼狽気味で山道伝ひに迂廻して次の部落坂本に出た。そこで岡■夫婦を射ち殺して山に逃げ込んでしまつた。兎に角この兇劇が僅か一時間内外で行はれてゐる機敏さには何人も舌を巻き特に幾ら持つてゐるか判らぬ彈丸と銃とを携へて山にかくれたので、危険この上もなく、村は上を下への大騒ぎとなつた。

縣警察部長談
多數の被害者は誠に御氣の毒

事件が山間僻地に發生したとは言へ斯く多數の被害者を出したことは取締當局として甚だ申譯ない次第である。僕の方へは今朝(二十一日)未断片的な通報を受けてゐるのみで銃砲火薬取締に關しても今何も申上げられないが何れにしても多數の被害者に對してお氣の毒に堪へない次第である。

逃げる者は背後から一發、二發撃ち

凄慘、血の現場檢證漸く終る

犯人の死體も夜に入つてから實家へ

稀代の殺人鬼、都井睦雄の銃彈に仆れた岡山縣苫田郡西加茂村行重貝尾部落民三十九名(負傷後一名死亡)の實地檢證は二十一日正午からはじまり全鎭の悲報に馳せ參じた被害者親族の人が泣き崩れる中を續けられた。被害者は胸部、腹部の急所を一發の下に射ちぬかれて銃彈の大きな穴が開き、あたり一面は血しぶきして眞紅に染めてゐる。逃げ出したのは背後から一發、二發と續けざまにブッ放し、家の裏口や表戸の附近に倒れてゐるものもある。その慘狀はとても筆舌に盡せない、かくて午後六時頃三十九名の死亡者全部の檢證を終り續いて現場より一里餘り離れた

高田村境　山林中で自殺を遂げた加害者の檢證を行ひ夜に入つて同人の死體を實家に運んだがこのころも附近の人々は未だ人心地なく恐怖に戰き暗闇の中に明滅する燈の下に三人、五人と抱き合つて慄へてゐた。

全國にも未だ曾て見ぬ殘忍ぶりに檢視官も茫然

新婚早々兇彈に斃れた若夫婦

〃日本一の恥さらしだ〃と泣く村民たち

地方の模範村であり、敎化村として人の羨む平和郷を一擧に「殺人鬼の村」に投込んでしまつた西加茂村の兇劇現場は作北加茂五郷の中心街である小中原から約一里

金比羅山　を西に廻つた山腹の戸數二十三戸を有する大字行重字貝尾部落である村に入ると〃日本一の恥をさらしましたワイ〃と顏色土色に蒼ざめた村民達が先づ泣いて愬へるのであつた。實地檢證を終つた有地津山支部豫審判事は「惡鬼の暴虐この上のことがあらうか、その殘忍ぶりに於ては全國にも未だ類例を見ない」と沈痛なる面持で口を緘んだのであつた。被害者中

特に哀れ　さを留めるのは一家皆殺しにされた寺■■氏方の新妻■■さん(二二)で同女は數日前同村大字酒本、仁■家から嫁いで■■氏の息■■君と結婚したもので新婚の夢まどらかなるべき矢先を夫婦共にこの兇劇にたふれた譯で村民達は同情の淚を注いでゐる。

六戸の蠶を分配飼育

同村内の養蠶家が奉仕的に

慘劇のあつたのは恰も養蠶四齡期の桑付け時で猫の手も借りたい程の大多忙を極めてゐた折でありこのまゝでは養蠶は全滅となるので苫田郡養蠶業組合の北川技手は同部落に急行村養蠶實行組合の緊急役員會を招集對策を協議の結果

被害戸數六戸、掃立三百五十グラム、收繭豫想百八十貫、約千圓は村内養蠶家が奉仕的に分配飼育し繭代は被害者へ贈ることに決定した。

けふ正午に合同葬

二十三日午前零時に埋葬

惨劇の村、西加茂村では緊急村会並に区長会を行重公会堂に開き善後策を協議した結果、同村消防組員総動員で穴掘りをなし二十二日正午から同所真福寺に於て合同葬を執行し、同日友引のため埋葬は二十三日午前零時から行ふことに決定した。

〃鉛筆と紙をくれ、くれねば殺すぞ〃

犯人が最後に立ち寄つた家、戦慄の当時を語る

加害者が自殺する直前最後に立ち寄つた苫田郡西加茂村楢井、武■方を訪れると当時の模様を戦きながら語る。

恰度午前三時半ごろでした、表戸を叩く者があるので何事かと思つて開けてみると黒の詰襟服に鉢巻をし、頭と胸に懐中電燈を縛りつけ、日本刀を吊し、鉄砲を持つた男が土足でヌツと入つて「俺は今人殺しをして警察に追はれてゐる者だが鉛筆と紙を呉れ、早く早く、早く出さぬと打ち殺すぞ」といつたので大いに驚き机の抽斗から鉛筆と雑記帳を取出して渡すや飛鳥の如く山林中に馳せ込みました。

一人遂に絶命

重傷の婦人

重傷者中寺■氏妻文■さん(五〇)は二十一日午後遂に死亡した。

訂正　夕刊所報西加茂兇劇事件被害者中「都井睦雄親族■山■さん」とあるは「西■之氏親族■岡■さん」の誤りにつき訂正。

深夜に送る柩三十一

悪夢生々しく陰惨の気漲つ

全村民涙の合同葬

殺人鬼都井睦雄を加へて三十一箇の柩を送る兇劇の村岡山県苫田郡西加茂村大字行重字貝尾部落では二十二日朝来　附近村民の応援を得て墓地の穴掘りに着手した。だんだん畑の山の中腹に位することゝかしこの墓地の穴から穴へと新しい土を盛り上げられて行くほどに一層陰惨な気が全部落を蔽ひ盡くして二目と見返すことの出来ない人々の胸に、頭に又してもあの恐しい惨劇のあとがまざ〱と描き出されて行く、一方前夜来村当局の斡旋で急造した白木の柩は各被害者の宅に配られて涙にくもるしめやかな通夜が、二十二日は各僧侶によつて次から次へと懇ろな念佛が捧げられ友引の忌日を避けて同夜深更から出棺埋葬の式が行はれたが、わけても一家　五人を鏖殺された寺■氏方では五つの柩を奥の間一ぱいに並べてやうやく駆けつけた近親者たちも手のつけようがなく只オロ〱と泣きくづれてゐるなど手伝ひの村人たちもたまりかね思はず貰ひ泣きしてしまつたことで

ある。修學旅行から歸つて見れば母と兄とを殺されて一人ぼつちとなつた池■■君（一五）がかねてから岡山方面へ仕事見習に行つてゐる兄■■君（一九）の歸りを待つて兄弟相擁しながらワッと泣きくづれてゐるのもいぢらしいかぎりであつた。

因に二十二日午後二時内務省防犯係泉属の一行が岡富縣刑事課長の案内で現地を實地踏査した。

小學生と青年學校生徒

兇彈にたふれた哀れ七人

今回の兇刃にたふれた小學兒童及び青年學校生徒は次の七名である。

（尋四）岸■■君（夕刊■■君は誤り）△（高一）岸■■夫君（夕刊■■君は誤り）△（尋五）寺■■さん△（以下青年學校生徒）寺■■さん、同■■君、同■■君、同■■君

けふ緊急村會

愼重善後對策を協議

敎化村の面目立直に邁進

惡鬼の狂ふにまかせて全部落二十三戸のうち十一戸までを殆ど潰滅に陷れた獵銃兇魔の大慘劇――岡山縣苫田郡西加茂村行重字貝尾部落では折からの養蠶および農作準備を控へて全く手の出しようがなく、殊に地方で評判な敎化村を一夜にしてだいなしにしてしまつた村當局では極度に狼狽し二十三日午後二時から緊急村會を開いてこれが善後對策を協議更生策を練つてゐるが、決局今次兇劇の勃發と、よつて來る原因を深く糺明、各方面の機關を總動員して敎化村の面目立直しに馬力をかける事になつた。

獵銃は大阪で入手

アイデアル銃彈百箇もともに

〃人に賴まれた〃と百六十圓で

今朝に至つて判明

岡山縣苫田郡西加茂村の大慘劇事件の惡鬼都井睦雄（二三）が兇行に用ひた獵銃の出所につき岡山縣警察部保安課難波警部、同刑事課小坂田警部補などの一行は過般來阪、府刑事、保安兩課の應援を得て大阪市内の銃砲火藥店につき調査の結果二十六日朝に至り東區内本町二丁目西村銃砲店でブローニング五連發（補充彈丸九連發）及び西區京町堀二丁目栗谷商店でアイデアル銃彈百箇を四月頃人に賴まれたと稱して百六十圓で買求め、更に岡山、神戸方面で火藥と雷管付ケースを入手兇行に使用したことが判明した。（大阪）

獵銃兇魔後聞

一年間人射ちの練習、銃四挺に彈丸五百發用意、天狗山の老松に兇痕

殺人鬼都井睦雄の兇劇原因が發作的精神異狀に據るものか、あるひは計畫的犯行かその結果があまりにもむごたらしく常識を飛びはなれた大慘劇であつたためその謎は大きな波紋を描いてゐるが、こゝに疇された精神異狀說を完全に覆し恐るべき計畫的兇行說を有力づける生きた證據が發見された——すなはち加害者は病氣のため折角思ひ込んだ女からも

逃げられた部落の者からも除け者にされるやうになつて"どうせ長生き出來ぬものなら積る怨みを晴して……"と女を第一に怨恨者鏖殺を計畫、まづ昭和十二年の初め獵狩免許願出を表面の理由にひそかに五連發キーゼル銃と他の猟銃三挺を買込み恐るべき猛獸狩用の彈丸五百發を自宅床下にかくし、彼は每日辨當持ちで自宅より二十數町離れた高田村境の密林中に分け入り松の木に目標をつくつて祕密のうちに人射ちの

練習　をしたものである。それから一年餘ののちかうした大慘劇が起るとは神ならぬ身の知るよしもない、平和境の村民達は每日ドン／＼と山に谺する銃聲を兵隊の演習位に思つて聞いてゐたといふ。

加害者が人射ち練習をしてゐた現場高田村境の天狗山に荊を分けてよぢ登つてみるとなるほど物凄い彈丸が三本の松の木を削つてゐる。

その彈痕は人射ちの目標にピツタリあてはまつて一番下は胸、その上は首と頭の間隔がありおそらくは百五十發以上の

彈丸　を射ち込んだものらしくさすがの大木も半分以上削りとられて大穴があき穴の中には兇行に用ひられた猛獸狩用の彈が無數に喰ひ込み穴中凄惨を現わして慄然とさせられるものがある、この間加害者は狩獵に名を借りて家を出たが兎一頭を獲物としたのみでひそかに人射ちの修練を積んでいよいよ計畫の實行を準備、まづ第一に五連發を九連發に

改裝　し時のいたるを待つてゐたものである。

讀賣本社特派員

戰慄、血しぶきの現場を訪ふ

〃鐵銃狂態〃が描く、悽慘なる地獄繪、涙をそゝる悲劇の家々

新綠に包まれた作北の山村に突如血の旋風を捲き起した岡山縣苫田郡西加茂村行重、都井睦雄（二二）の兇劇は縣下はもとより全國的にもおそらく最初であらう出來事だけに同部落をあげて鬼哭啾々、この世ながらの

地獄と　化し一家三人、五人と兇彈を浴び打ちたふれてゐる姿に實地檢證の判檢事一行も思はず顏をそむけ目頭をぬらしてゐた。

最初に薪割木用斧で一撃を喰つた犯人の祖母■■さんの死體は頭部が數尺刎ね飛ばされ目も當てられぬ慘狀を呈し、その他の各被害者達も犯人の使つた銃彈が直徑五、六分、長さ一寸五分大の猛獸狩の强烈な彈丸であつたため彈痕はざくろの樣に紅黑い血しぶきを吐いて居り正視するにしのびない。

慘劇をきいて駈けつけた、近親者、知己などは消防組員や壯青年團などに伴はれて、現場に足を踏み入れるやしばし茫然自失して塑像のやうに立ち止る老爺、狂人のやうに泣き叫ぶ老婆、ハンケチをしぼりつゝよゝと泣き崩れる婦人など……天もために哭き、地も又なくであらう。

これらの悲劇の内でもわけても涙をそゝるのは修學旅行の爲め伊勢神宮に參拜してゐた間に祖父母と實母、姉ら

三一四

を失つた池■■君(一五)及び母と兄を奪はれた寺■■君(一五)らの少年達で二十一日夕刻
學友達と樂しい旅を終へて歸つて來たが〃この悲報をきくよりも一緒に死んでゐた方が……〃と幼い歎息を漏ら
してゐたとのことだ。

當夜犯人は黑い詰襟にゲートルを卷きつけ、二本のヒ首と双渡二尺の日本刀、手斧、九連發モーゼル拳銃に、兇行
用七つ道具とでもいふべき數々の兇器で武裝して次から次へ阿修羅の如く當るを幸ひ部落を暴れ歩いたものである。

何故に　かくも多數の人々を射殺したか

〃祖母を死なしたのは後に一人殘すのが不憫だと思つたからだ……決行すべきことはした、射つべきものは射つ
たが善良な人までも射つたのは時のはずみである……〃
と附近の大字楢井字青山の山林中で死を覺悟して最後に認めた遺書にあつた文字から推すと不斷から心にかけてゐた
相手を狙つてゐるうち血をみて狂ふ「猛銃狂魔」と化してこの慘慘な地獄繪を描くに至つたもので兇惡言語に絶する惡
鬼の如き犯人も流石に良心に躊をきいたらしく實姉都井■■さんに宛てた

遺書の　中には〃僕の死が國家のためになるのなら非常時國民として嬉しいが惡惡無道な大罪人です、お許し下
さい〃
と認めてゐた。

其後に續く三十人殺し

固く閉ざした戸へ喚く、暗闇に兇魔の呪聲

危く命拾ひの生末際議の姪、津山に療養、恐怖を語る

一時間たらずの間に三十名を銃殺その他の三名にそれぞれ重輕傷を負はせて自殺を遂げた殺人鬼、岡山縣苫田郡西
加茂村、都井睦雄(二二)の兇彈に襲はれたが危機一髪のところを負傷のみで命拾ひした寺■■氏の娘■■(二一)
さん(生末際議の姪)は

兇彈　の破片が右大腿部に命中、二十二日津山市宮本病院で破片を拔取り生末氏方で目下療養中であるが、目の當
りに見た慘劇の模樣を次のやうに語る。

二十日陽が暮れても電燈が來ぬので部落の人々がわいわい騒いでゐました、犯人も同じように近所を歩き廻つて
どうしたんだらうといつてゐたのです(自分がスイッチを切つて闇を作る)、寢靜つた二十一日の午前一時だつたと
思ひます、近所の岸■■さん方面でパンパンと

鐵砲　の音がするので家内中皆んな眼を覺し表口を覗いて見たのですがさして變つた樣子もないため寢ようとし
てゐましたら向ふ隣の金蔵の寺■■さん方の■■さん(數日前上加茂村物見に嫁入り前日里歸りをしてゐた)が
助けて…と飛び込んでみえ間もなく犯人が後を追うて來たので吃驚して、■■さんだけ家へ入れ家内中して戸を
固く締めたのです、ところが犯人はやぶれるような大きな聲で「戸を開けろ、開けぬと斧でたたき壞すぞ」とどなる
ので皆んな縮みあがつてゐますと表から二發程、裏から三四發うちへ向つてパンパンと發砲、その時の一彈が下駄
箱を突き拔け柱に當つて

資料篇。　三一五

破裂　破片が私の大腿部へ命中したのですが氣が立つてゐてその際は痛くありませんでした、どうやら犯人が去つたらしいのでお父さんの命令により奥の間の疊をはねて家内中床下へもぐり込んで來る時にそなへてゐましたがたうたう私の家にはそれ切り來ませぬでした、しかし離れ座敷に寢てゐた祖父（■）は表へ來た時に障子をあけた爲射たれて悲慘な死を遂げました、あの時のことを思ふと今でもぞうとして身體がふるへます。

稀代の殺人鬼、都井睦雄　(1)

呪はれた獵銃兇火を吐き

おそろしい罪を犯すまで

中流以上の家庭に生れた彼

世界の犯罪史上に超特級の記錄を刻みこんだ稀代の殺人鬼、都井睦雄（二二）があの恐ろしい罪を犯すまで….

彼は大正六年三月五日故都井■氏を父として同■さん（苫田郡阿波村太田菩作氏七女）を母として岡山縣苫
田郡加茂町倉見に

産聲を　あげた、倉見といへば因美線加茂驛から四里、四面山に圍まれた一寒村で村人達は田を耕すよりも山を稼ぐことが、その日の生計に大きな影響を持つてゐた、從つて耕地に不十分なこの地ではたほよく一町歩の田地と、これに相當する山林を所有してゐた■氏一家は地方でも中流以上を誇る資産家であつた。

かうした家庭に育まれていつた睦雄坊が二十二年後の今日、一世を驚倒さした殺人鬼にならうなどと誰が

夢想だに　したことであらう、殊に父■氏は軍籍に身を置き、眞面目な村の中堅としてまめ／＼しく打ち働き決して世間から後ろ指一つさゝれるやうなこともなかつた答だ、しかし運命の神はこの幸運の一家へ悲しい魔の手を差し伸べて來た。

先づ大正七年の十二月には不圖した流感がもとで父■氏が死亡、續いて翌八年四月にはカと賴む母がこれも聊かの風邪がもとで他界してしまつた、取り殘された睦雄は當時漸く二歳、まだ母の乳房に添寢の夢をむさぼる時代を姉の■さんと共に老婆■さんに抱かれて生活の指針を失つた憂世のまつ只中へ拋り出されてしまつたのだ。

思案に　暮れた祖母■さんは二人の幼児をつれてあれこれと考へ拔いた擧句せめては肉親、知己の相談相手もあらうと云ふ自分の出生地、同郡西加茂村行重字貝尾部落へ轉住したのが大正十年四月五日であつた、祖母■さんにとつては生れ故鄕へ歸つて來た譯であるが睦雄姉弟にして見れば見ず知らずの他鄕へ連れて行かれたも同然、まして親のない子供として、まだ馴れやらぬ遊び友人の中に交つても兎角沈み勝のことのみ多く、餘所の見る眼にいぢらしいその日その日が續いて行つた、兇漢都井睦雄を繞る恐しい運命の鼓譜はこの時既に定められたものとも見られるが、神ならぬ身の

知る由も　なく、そこは老婆■さんの心を碎いた養育によつて姉弟ともに成長、睦雄も八歳となつて西加茂小學校へ入學することになつた。

即ち大正六年三月五日出生の彼れが學齡期は正しく七歳の筈だつたが何分性來の病弱の爲め入學期を一年おくら

せた事實があり、その健康狀態などをも引いて今回の兇行に結びつけて早くも見のがすことの出來ない大きな因果關係を持つてゐたものといはねばならぬ。（寫眞は兇劇の村、貝尾部落の全景）省略

稀代の殺人鬼、都井睦雄　⑵

誤らせた〃秀才〃手綱を放した滿心の奔馬

兇漢都井睦雄を産んだ岡山縣苫田郡西加茂村大字行重と云へば美作地方の古老にとつて今尚深い思ひ出とされる慶應の百姓騷動にこれが發頭人として津山城下の村にも動亂の巷と化した仁木直吉郎の出身地である。

この直吉郎が慶應二年霜月二十四日の夜、いよ〳〵一揆の旗上げをやつたのが今回都井睦雄の

最期を遂げた自殺現場たる荒坂峠であつた、一方は美作一箇國の百姓を狩り立てゝ津波の如く津山へ押し出した

もの一方は僅々一時間内外に眼にもの見せぬ早業で三十人を銃殺したもの

その世人を驚倒せしめた點にあつては何れ劣らぬ大騷動だつたに違ひないが前後七十年間を境して同じ荒坂峠に殘す名は一方に義民直吉郎あり、一方に殺人鬼睦雄あり、ともに傳へて後の世の人へのよき戒めであらう。

×　　×　　×

兎に角小學校へ入學してからの睦雄も初めの一、二ヶ年はこれと云つて別に

變つたこともなかつたが、三年目頃から一氣に群を抜いて著るしく頭の冴えをみせて來たその進境ぶりには受持教師も思はず膝手を打ち、村人たちもチヤホヤと睦雄少年をもてはやしたものである、特に得意の數學と來たら何時も

滿點打ち通しだつたと云はれるが今回僅か一時間足らずの内に彼の一大殺傷陣をケロリと片づけてしまつたこれが筋書に於て實行に於て世人をアツと云わせる程、時間と手段と行動を最も數理的に應用してゐる點に氣づく時、右の如き數學を得意とした小學時代の秀才が却つて大きな仇となつてゐる譯だ。

×　　×　　×

しかしそんなことを圖り知るべくもない小學時代は

先生も　村人達も折にふれては「睦雄さんを見習へ」と天晴れ模範兒童になり濟ましたもの、運命の皮肉、睦雄が二十二箇年の全生涯を通じて一ばん人の世の温味に惠まれたのはこの時分であらう、睦雄にとつてもそれがまた一ばん朗らかな得意の時代であつたに違ひない。

斯うした學校の成績はその後彼が小學校を終るまで續いたのであるが一も二もなく秀才呼ばはりされて來た嬉しい世評が純眞な睦雄少年の頭に結局如何なる恰好で刻みこまれたか、この點を深く解剖することによつて今次兇劇に對する大きな因縁とこれを助長した家庭の缺陥を見のがしてはなるまい。

×　　×　　×

「自分は學校から、そうして世間から褒められるやうに

本當に　頭がよいのだ、キツと偉いものになることが出來るんだ」斯うした觀念が小學校を卒業した時分の睦雄の頭に本當に浮んで來た、その睦雄を眼に容れても痛くない程可愛いがる、祖母のいそさんがまた世評嬉しさのあまり何事も睦雄が云ふがまゝに、爲すが儘に任せて恐ろしく歪んで行く睦雄の滿心に拍車をかけたそこには小言一つ云ふ

父もなければ行儀一つ注意する母もない睦雄にとつて、何を仕出かさうとも可愛さ一ぱいの祖母があるばかりだから何の事はない手綱を放した馬のやうにこれからの睦雄がだん／＼堕落の淵へ落ちて行つたのも詮ないことだつた。あの山の影に、こちらの
畑の岸　に浮名を流す村の話がひろがつてゆくたびに何時もその相手には睦雄が引つ張り出されるやうになつた。

稀代の殺人鬼、都井睦雄　(3)

片思ひの執念！　凄い三ツ目小僧、夫夜の扮装

殺人鬼睦雄が一、二の人妻に関係を持つてゐたのは本当だが、其他年頃の娘や寡婦との間に兎角の噂を生んだのはその多くが片思ひの執念に終始して今回の
兇劇　へと引きずつて来たらしく、そこには多分に無理心中的な素質を持つてゐる、當の睦雄が大の變質者であつたことには間違ひないが生来内氣な彼が薄く物心つく様になつた時、更に一だん大きな精神的衝動を受けたことがある、それは丁度憧れの検定試験を前にしてこれが準備勉強に懸命となつてゐる時分のことだ、夜目にも忘れやらぬ今亡き両親が共に肺病で死んだと云ふことを誰からともなく聞かされた、この衝動こそ準備
勉強　時代の彼れの意氣込みも希望もペチヤンコに叩き伏せてしまつた、斯くして聊かの睡眠不足などから来る體の疲労を覺へさせられる時、彼れは自ら父母の病氣に感染した肺病だと獨りぎめてしまつた。

◇

昨年徴兵検査の届出にも自分は肺病だとハツキリ書いて届けた彼れにしてみれば常から氣にかゝる病氣をうちあけてそれだけ入念に検査して貰ひたかつたのだ、ところがその検査は簡單に済んでしまつた、検査場に出て来た彼の顔色は
蒼白　そのもの ゝ様に打沈んでゐた「もう駄目だ、検査官もこの體なんかには用はないとみえる」これはどうしても肺病に違ひない」斯うした精神的作用にますます拍車をかけて行くばかり、世を呪ひ身を厭ふ彼のひがみ根性は次第に増長して行つた、殊に出生地倉見に殘してゐた田も山も貝尾に来てからの十四、五年間に費食ひにしてしまつた貝尾に所有する三反ばかりの田地も質に負つてゐる、信じ切つた肺病者に世をひがむ彼にとつては近所の誰も彼れもが冷酷に見へて来た。

◇

この經済的にも精神的に肉體的にも三拍子揃つた行き詰りが彼れをして絶望のドン底へ突き落した〃ヨシ一切を清算してやらう〃と彼れが密かに覺悟した時には既に恐るべき計畫が醸らされてゐたのだ、それとなく狩猟免許證を得ては毎日鐵砲を擔いで山に登つて行つた、しかし鳥や兎を撃つよりも彼が射的の目標としたのは既報天狗山中の老松だつた。

そこに老大木を刳つて無數に射ちこまれた銃弾が今回の兇行に用ひられたと同じ銃弾で地方の猟師には必要のない猪狩用のものであつたことは後で氣づいた大きな事實である、しかし津山署では本年三月十日に至り、その銃を取上げた、その後にコツソリ用意したのが今次兇行用のものでその他に猟刀用の斧、日本刀などを揃へてゐる。

當夜　の裝ちを見ると黒の詰襟服に卷きゲートル、地下足袋と云ふ扮裝を整へ、頭に二本の懷中電燈で角を生やし胸に吊したナショナル電燈と共に正しく三ツ目小僧よろしく物凄い形相で狙ひ誤らずドン／＼撃ちまくつたのだから、たちまちにしてこの世ながらの生地獄と化し悽慘眼を覆ひ肝を潰すの外はなかつた。

稀代の殺人鬼、都井睦雄　(4)

用意周到な犯行判明した襲撃の順序床下に隱れて一命拾うた女

何分今回の兇行は電燈の悉く消された眞夜中の出來事である上に思ひがけない大量殺人事件だつたので誰もがとちり面據を喰つてしまひ、その被害者の數に於て、姓名において當局の報告すら

第一報　は間違ひだらけであつた、二十五日になつて漸く判明した襲撃の順序も、これまでに傳へられたものより可成りの相違がある。

即ち彼は先づ兇劇の手始めに祖母■さんに薪割用斧の一撃を浴びせてこれを血祭りにあげた上、第一番に襲つたのが同家から裏口廻りの下の家岸■さん(五〇)方だつた、こゝではまだ初めから鐵砲を射たなかつた。大きな銃聲を立てゝ村人達の眼を覺まし ワイ／＼騷がれては困るからといふ用意周到さからで、そこでは日本刀をもつてむごたらしく殺害した、血を見て狂ひ立つた彼はいよ／＼銃を撃ちまくつた、同家で■さんはじめ三人の變見を卽死せしむや續いて岸■氏(二三)方に乘り込み熟睡中の■氏夫婦及び弟を慘殺し老婆■さんに重傷を負はせた。

この時分、から近所の人達は不吉な銃聲に漸く眼を覺まして一應は表戸をあけて見たが、たゞならぬ騷動が持ち上つてゐると知るや戸を締めて家の中で震ひ上つてゐた。

第三番目にかけつけたのが西■氏(五〇)氏宅で一家三人及び親族の片■さん(一四)らがバタ／＼と仆された、次は寺■氏(六〇)に飛び込んだ、こゝでも一家五人が縁端に、戸袋の間に、裏口にと何れも逃げおくれて殺された、たゞ同家では數日前某家に嫁いだ娘の■さんが里歸りに戻つてゐたが危く逃げ出して裏隣りなる寺■氏方に飛びこんだ。

これを見た睦雄は矢庭に後を追つかけて同家を襲ひ表から裏から鐵砲を撃ちこんだ、追れた■さんは床の下にかくされて命拾ひしたが■(八六)が側杖を喰つて慘殺された、また一生懸命表戸を押へてゐた娘の■さんが負傷した。

第六番目が寺■さん(四五)方で長男と共に卽死、今度は畦道傳ひに寺■氏方にかけつけこゝではみんな二階に避難してゐたので下にゐた■氏に鐵砲を突きつけたが「睦ちやん年寄だからこらへてくれ」と云ふと「お前は惡口をいはぬからこらへてやる、しかし後では惡口を云ふだろうな」と捨てぜりふを殘して出て行つた。

稀代の殺人鬼、都井睦雄　(5)

飛び道具に空手、決死の山狩に自決の犯人發見

背後から鐵砲を撃ちまくられ乍らも土手を遁へ籔を潜つて洗足の裏に大きな竹の伐り株を踏みたてたまゝ逃げのび

た池■氏の急報により加茂駐在所の警察電話が、けたたましく鳴り響いた、津山本署への報告である、続いて西加茂村では消防組の非常召集が行はれた、時に一時五十分、真夜中の召集だけに聯絡上の苦心は申すまでもない。

先着の消防手数名は最早寸刻の猶豫も許されない事態の急迫を知るやそのまゝ貝尾部落へ向つて飛出した、途中迄来た頃には現場からの急使が第二、第三と馳せつけて次第に状況が判つて来たがそれによると相手は鉄砲を持つたまゝ何處かへかくれてしまつたといふのだからとても尋常一ぺんのことには行かぬ、一思案したがいよ〳〵決死の覚悟で飛込むことになつた。

その時後援部隊への特令選抜に当つては後顧の憂ひ最も多いものを選んで安全地帯に廻し、これら先遣隊は悲壮な決意を語らひ合つた上危地を潜つて第一線の手配に遺憾なきを期したものである。

× × ×

さて現場における事件の輪廓をつかんで見る事はます〳〵容易でないこれだけの準備と計畫をもつて着手したとすればこれは何處の要所に立て籠つて最後迄抵抗するだけの用意を豫め講じてゐるに違ひない、相手は鐵砲、こちらは空手、見つけたが最後撃ちのめされること必定だ、斯うなれば所詮決死隊を募るより方法がない、一同物騒憾る

壮感に打たれながらも山へ分け入つた、夜の全く明け離れた頃のことだつた、加害者睦雄が途中立ち寄つた家で貰つた紙片が高田村越えの荒坂峠に落ちてゐたといふ情報がはいつた、この足取を辿つて一同荒坂に馳せ参じ

幸ひ雨後の峠道に残した地下足袋の足跡を伝つて進んだが折角の足跡が途中からパツタリ見えなくなつた。

さてはと思ふ、このあたりで山に潜りこんだらしい、さう思ふと今にも何處からか撃ち出されるやうな氣がして血氣の捜査隊もドキツと胸をついた．その時勇敢に山へ分け入つたのが西加茂消防組第一部平井部長の一隊だつた、そこは高田越えと倉見越えとの分岐點に近い、松林の中、今しがた三十の生命を奪つて阿修羅の如く暴れ廻つた貝尾部落を見晴した芝生の一角に座を占めて鐵砲自殺してゐる睦雄を發見したのだ、そこに残されてゐた銃弾は尚十四發如何に自殺してゐても死體の現はれぬ限り地方民は枕を高くして眠られぬ譯、「よくやつて呉れた」平井部長の手を堅く握つた。中塚組頭の眼には感激の涙が光つてゐた。

× × ×

自殺現場の模様を見ると返り血を浴びて汚れたシヤツを脱ぎすて豫め用意してゐたものと着替へ脱ぎ揃へた地下足袋の位置もキチンとして一向に取り亂した様子もない、極悪非道の人非人にも亡き父母、眠る墓所懐しく自殺の場所をこの倉見越に求めたらしい。遺書によるとまだ〳〵彼れに狙はれてゐたものもあり現に角此の計畫は可成り以前からたくまれてゐたことで本年三月警察に鐵砲を取り上げられるや「これで祖母に心配をかけず、世間のものも油断するからもつけの幸ひである」と獨りほくそえんだあたり何處まで圖太いことやら、殊に豫め目標に置いた相手を大根でも引き抜くやうに點々部落の中を潜つて無雑作に撃ち殺してしまつたのだ

〔寫眞は自殺現場發見の平井部長〕――総――「加茂にて國政生」寫眞省略

4　サンデー毎日記事(昭和十三年六月十二日號所載)

悲願!!部落みな殺し

犯罪史に類なき三十人銃殺の惨

不治の病と失戀から拾鉢となつた

殺人鬼　都　井　睦　雄

不治の病と失戀から捨鉢となつた白面の青年都井睦雄(當二十二年)が「村八分」にされた恨から、全部落民を射殺し、死の道連れにしようと三年前から聞くも恐ろしい殺人計畫をたて、つひに徐州陷落の感激もいまだ覺めやらぬ廿一日未明決行、ブローニング九連發獵銃を持つてつぎつぎと丹の尊き生命を奪ひ、三名に重輕傷を未曾有の惨劇は、短時間にしかも單獨犯の演じた大量殺人としては、實に世界犯罪史上、未だかつてないといはれるくらゐ、兇惡極まる大惨劇で、一たび號外に、ラヂオによつてこの大虐殺事件が傳へられるや、忽ち滿天下を恐怖と戰慄の坩堝と化したのである。

誰も遊んでくれない少年

「おい、睦公!學校がなんぼ良う出來るちうてえら張るない、お前ん家はな、村の新米だぜ」

「きうぢやい、親なし小鳥のくせに、生意氣だ、遊ばないぜ!」

都井は小學校時代からいつも一人ぼつちだつた幼い彼の行手に開けるものはたゞ灰色の人生ばかりだつた、從つて都井の心がすくすくと若松の樣にまつ直にのびよう筈はなかつた、幼い都井の心は谷間の濕地の樣に、いつもじめじめ濕り勝ちで、何だか小供らしくない暗い影を引いてゐた。

都井は岡山縣苫田郡加茂町倉見に生れたが、三つの時父■■に死別、四つの春には母の■■もまた夫の後を追ふた、「殺人鬼」として世界犯罪史の一ページを汚した都井の人生コース は此の時、既に軌道を脱線、呪はしき宿命に操られつゝ逆轉を開始したのだ。

一年足らずの間に大黑柱たる倅夫婦を喪つた祖母の■■(當七十五年)は當時四歳の睦雄と九歳の姉■■を連れて、自分の生れ故郷の西加茂村貝尾に轉籍、女の細腕一つで親のない姉弟の成長を樂しみつゝせつせと働いた、小學校での都井の成績は一年からずつと一番をつゞけ、教師からも村人からも「睦公はきつと偉い者になるぞ!」とその秀才ぶりを讃へ、その前途には明るい期待がよせられて居た。

「のう!睦坊よ、心配するんぢやない、昨日も先生さまが、睦雄君は勉强次第でどんな偉い人になるか見當がつかないちゆうてござつたぞ!」

お人好しの■■婆さんは、うす暗い部屋の隅つこや、畑の畦に立つたまゝ、ぢつと考へ込んでゐる蒼白い都井の顏を見ると、可愛くてたまらないと見えて、よくこんなことを云つては、童心の次第に失はれて行く孫を激勵した、しかし一たんひねくれかけた心は、祖母や姉等の肉親の愛ではなかなか取り戻せるものではないやがて心いぢけたまゝ小學校も卒業、むろん一番ではあつた、友人達が中等學校に進む姿を見て都井はなのに、彼等が四年、五年とかゝつて卒業するところなら、僕はその半分でやつて見せる……」と小學校教員の檢定試驗の準備にとりかゝつたが、それも束の間で、ふとした事が原因で肋膜を患ひ、三ヶ月ばかりぶらぶらしてしまつたので、折角思ひついた受驗の希望もつひに放棄してしまつた。

「兇劇の村」西加茂村は、津山から北へ約五里、中國山脈の山ひだの間に生れたような山村で、現場は村役場から約三十町、彈丸除けの御利益があるといふので一時京阪神から北海道地方にかけ信者の多かつたヤムハラ様の元祖を祀る金比羅山の裏側にあたり、彈丸除けの神様の氏子か信者か知らないが、とに角、そのお膝元からかゝる大兇惡犯人を出し、三十餘名の殺傷事件が起つたのだから信仰なんて皮肉なものだ。

胸つくばかりの坂道を上りつめたところ、天狗寺山の中腹の屏風のようになつた斜面の、名物西條柿とおよそ一抱へもあらうかと思はれる栗の大木の緑の葉がくれに點在する二十二戸の農家、それが貝尾部落である。

この村も矢張り娯樂に惠まれない山村特有の「男女關係」がいたつて亂脈であつた。特に村では、昭和十年敎化村として指定されて以來、小學校長等が中心となり、この惡習打破のため警鐘を鳴らして村の青年の風紀改善を叫び、淫風排除につとめて居たが、村の何處かの隅には相變らず、原始的淫風が取り殘されて居た。性格こそひねくれてゐるが、早熟な都井にこの淫風が感染せずにをるはずはなかつた。

娯樂なき部落には淫風荒む

何處か陰惨なところはあつたが、太い眉、きりつと締つた口元、胸を病む青年特有の色白な整つた顔だち、田舍で

は一寸目につく美青年だつた。「睦さんはほんに役者見たいに綺麗だ」とか「女だつたらよつぽど美人に違ひない」なんて村の人々からちやほやされてゐるうち、十八の春、十三も年上の人妻によつて彼は人生の神秘を知る男になつた。爛熟した三十女の豐満な肢體と情熱は禁斷の實を食つた都井にとつてはその後以來忘れられないものとなつてしまつた。二人の交渉は、亭主の寛大なのにまかせていよいよ深みに入つた。だがもともと淫奔でその道にかけては强者の女は、一たん關係を結んだ以上、若い燕の都井から金を捲き上げることを忘れなかつた。何もこうした企みがあるとは知らない都井は、女の甘心を買ひたい一途に、相當無理な金の工面もした。邪戀の遊蕩を樂しむうちに、都井の度胸も相當なものとなり、近所の娘の誰彼と交際したり、他の人妻との醜關係もはじまるなど、あたりかまはず演ずる痴情沙汰に、比較的「男女關係」について無關心な部落の人々の間でも、やうやく話題となり、彼一家は次第に敬遠されるに至つた同時に青春の濫費の不規則な生活は、折角とり戻しつつあつた都井の健康を再び逆轉させた。いゝ加減甘い汁を吸ひ取つたので、愛想をつかしてゐた女は、都井の體が勝れないのを見てとるや早速本性をあらはし「夫が感ずいた樣子だから……」と巧な口實を設けて、慾と色とでこさへた若い燕の翼からするりとうまく逃げてしまつた。

裏切られたことを知つた都井は、あきらめられぬ戀情に、悶々の日が續いた。三つになる時から手塩にかけて、いふがまゝなすがまゝに育てあげた目に入れても痛くない、可愛い孫の噂や、日毎にやつれて行く都井の傷心の姿を見て、██婆さんは

「早うに、いゝ嫁さ貰うて、曾孫の顔が見たいもんぢやー」

とそれとなく慫めては、村の人達に嫁の世話を頼むのであつた。祖母の奔走によつて、二、三縁談も持上つたが、そ

のたびに破談となり、邪戀を清算して、新らしい結婚へ再出發させようとしたいそ婆さんの苦心も、かへつて彼の心を一層灰色に導いたに過ぎなかつた。都井はかうした結果を招くのはみんな部落の人達の中傷だと、ひそかに部落の冷酷さを恨んでゐた。そのころの日記の一節に

五月一日(昭和十一年)――今年もとうど五月になつた。爽やかに肌にふれる朝の空氣の感觸、新鮮な青葉の色彩、ふだんなら五月は一年中で一番好きな季節であるのに……今日誰だつたか僕に聞えよがしに「都井の親は兩人とも肺で死んだ」と聲高に話して行つた。あゝ、やつぱり父も母もそうだつたのか、部落の奴が僕を村八分にした理由もわかつた。僕の生命もさう長いものではない、僕は今日を期して百八十度の轉換だ、僕は惡鬼となつて僕に背き、僕を苦しめた奴等に復讐する……

この日を限り惡魔に魂を賣つてしまつた都井は殺人に關する參考書を耽讀し貝尾部落全滅の戰慄すべき恐ろしい計畫を執念深くも進めて行つた。昭和十二年の暮、最後に殘つてゐた田地三反と家屋敷を抵當に、農工銀行より「復讐資金」約一千圓を借り出し「健康增進の爲に狩獵がやりたい」といふふれ込みで、五連發獵銃を買求め、狩獵免許狀も得た。

「もう大丈夫だ、目的達成の日は來た、貝尾部落百餘人の生命は僕の掌中にあるのだ……」

と氣味惡い惡魔の北叟笑みを洩らした。

銃を買つて以來毎日山に出かける都井の姿はいつ見ても一向獵物を射止めた樣子はなかつた。

新春となつても相變らず兎一匹も獲らない。獲らないところに恐ろしき陷穽がひそんでゐることを神ならぬ身の知るよしもない村人は「あんな男に撃たれる樣なのろまな兎はゐないだらう……」と嘲笑してゐた。

このころ、都井は自宅より約一里、天狗山の松の密林中で、四五十年生の恰好の松の大木を選んで、人體になぞらへて目標を作り、狙撃の練習をやつてゐた。松の木には頭胸、腹といつた工合に狙ひ撃ちするのだから、さすがの松の大木も幹を剝りとられ、百數十發の物凄い彈痕があつた。一方殺害すべき人々のブラックリストをはじめ、襲撃コースの選定、それから兇行を聞いて、警察官、消防組員達が駈けつける時間的研究、つまり自動車で何分、自轉車と駈足で何十分といつた調査も怠らないのみか、各戶の見取圖、家人の就寢場所等にいたるまで詳細調べ上げて居た。

殺人の計畫を村人に覺らる

かうした恐ろしい不穩の計畫が都井の擧動にもあり〳〵と看取され出した。殊に彼は準備がとゝのふとともに、最初の女に對する復讐の執念は鬼火の如く燃えて、「お前の一家は必ず皆殺しだ」とか「全部落の奴を皆んな殺してやる」といつた凄文句を、女の耳元で囁くのであつた。はじめは關係の復活を迫る爲の嚇し文句くらゐに聞き流して居たがあまりの執拗さに戰き、かくと夫や村人に告げたのであつた。

部落の人達も驚いてひそかに警戒し、注意してゐると前記のような戰慄すべき計畫をしてゐることがわかつたので愕然と色を失つた部落の代表者は血相變へて駐在所を訪ひ、都井の狩獵免狀の取上げと說諭方を頼み込んだ。今田巡査が都井から五連發獵銃と實包一千發を押收、同巡査の斡旋で獵銃等を賣却せしめた。これで事件が大團圓を結んでをれば問題はなかつたわけだが、復讐の一念に燃ゆる彼の決心は崩れずいつの間にか大阪市東區内本町一丁目西村銃

砲店からブローニング九連発銃をまた西区京町堀一丁目栗谷商店で猛獣用のツァイデアル鉛弾百発を買求め、駐在所の銃具中を奪い、自宅の床下に隠して、ひそかに時の来るのを待って居た、また仕損じた場合の用意のため二尺二寸の日本刀一口に二本の短刀まで準備していた。そうしているうち、再び彼の狂行動を知った最初の女は「今度は危い」と感じたので、出稼ぎとして一家を挙げて京都方面に出かけてしまった、ついで都井との間に交渉のあった西■（当二十四年）と片思いではあるが好きでたまらなかった寺■さん（当二十二年）が相前後して結婚してしまった。西■（当二十年）も寺■（当二十二年）も結婚して、幸福な家庭生活をはじめた、「僕一人が取り残されるのだ！」と思ふと都井の心はまたも呪詛の焔が胸に燃え上つて来るのだった。

五月十八日、今春四月彼に背いて嫁いだ西■と寺■さんが揃って里帰りに来ているのを知った。「よし、いよいよ決行しよう」と決心した。その夜都井は悠々散髪した後、二通の遺書を書いた。その一節に

僕は決して精神病者ではない、九年間不治の病と戦った、その間僕を裏切り、僕を虐げた村の人々に復讐する……

それから一日おいて二十日、徐州陥落で村が戦勝に沸き立つ朝、都井は部落の入口の電柱に攀ぢ上り、電線約三十メートルを切断、素知らぬ顔で自宅に帰り、部落の人々にまじつて電線の故障場所の調査などやって居た。この日の真夜中、むっくりと起き上った都井は音を忍ばせて黒詰襟服にゲートル、地下足袋といった黒装束に身を固め、用意の猟銃に弾丸を装填、腰には日本刀、さらに両脇に短刀二本ずつを差込み頭に二個の懐中電燈を鬼の角見たいに固く縛りつけ胸に一個のナショナルランプを吊るして、まるで三つ目小僧か上野の彰義隊に加はったような扮装を整へた彼は、用意周到にも、手斧を揮つて熟睡中の祖母の頭部に一撃即死せしめて呪ひの血陣の血祭にあげ、返り血に文字通り殺人鬼となった都井は、まづ第一番に西■方を襲い、ぐっすり寝込んだ父■（当五十年）の心臓に銃口をくっつけて轟然一発の下に即死せしめ、銃声に驚き起きた同人妻■（当四十三年）をまた一発で倒し、ついで逃げんとする■を二発で火箭の犠牲に供し、次女の■や養蚕手傳ひのためやって来た許りの■岡■■も即死、一家を全滅せしめ、阿修羅の如くなった殺人鬼は、再び闇の中に身を躍らした、時に二十一日午前一時頃、ダーン、ダーン、明け易い初夏の爽かな眠の夢を破ってとどろくただならぬ銃声、山から山へ、うめくが如く物凄く木魂する連続的な銃声について「人殺し！」「助けてくれ！」「おーい、睦雄が来たぞ！早う逃げろよ！」叫ぶような悲鳴が、銃声の絶え間から耳を貫いて来る、西■家から飛び出した「鬼熊」は今度は寺■の里帰りしてゐる寺■（当六十年）方を襲ひ、銃声に目を覚して電燈をつけ様とうろうろしてゐる■をナショナルランプの光で照明、狙ひをつけた上一発で射殺、ついで四日前結婚、新婚の夢円らかな■夫婦と■二人の一家五人を殺害、里帰りしてゐた■さんのみ助かった、血を見て狂った「鬼熊」は左記順序で復讐の火蓋を切って、尊き命をつぎつぎと奪った。

省略（被害者氏名、年齢、死傷別、傷害の部位等）

狙はれたる者逃らず殺さる

かくて僅か一時間足らずの短時間の一部落の半分十一戸を襲い、その三分の一に当る三十名を射殺、三名に重軽傷

を與へた「銃魔」は勝手知つたる裏山傳ひに、午前三時頃、同村大字楢井竹■■氏方に返り血も物凄い形相で姿を現はし、鮮血に染つた銃を擬して「貝尾の奴等を皆殺しにした、紙と鉛筆を貸してくれ、早くしないと撃つぞ―」と嚇つ上つた同氏がやつとのことで取出したノートと鉛筆を受取つた都井は、尾根傳ひに荒坂峠の仙ヶ城山頂の十丁ばかりの草原で、他家に嫁いでゐるたつた一人の肉親の姉に「復讐の機會は三年前から狙つてゐた、けふ決行した動機は自分に背いて結婚した女が里歸りをしてゐたからだ、日ごろから考へてゐた村の奴は大體思ふ通りにやつつけた、僕の短かい人生はこの夜明けとともに終ります」

といふ意味の呪詛に充ちた遺書を一通認めたのち、虐殺に用ひた獵銃を右胸部にあて引金を足でひいて、自殺を遂げ、鬼畜に劣る人生の幕を閉ぢたのであつた。

一方所轄津山署では、「殺人鬼は背後の中國山脈の密林地帯に逃げ込んだ」との急報により、山本署長、北村司法主任の一行は全署員を引率時を移さずして現場に急行、また縣刑事課からは國富課長、小坂田警部補の一行が駈けつけたるをはじめ近接の加茂、勝間田、林野各署からも應援警官隊が繰り込み、加茂五ヶ町村消防組員ら約二千名を以て水も洩らさぬ大包圍陣を張り「昭和の鬼熊」の決死的捜査の大山狩を行つたが、同日午前十時半つひに殺人鬼都井の自殺死體を發見、さしもの大殘虐事件も、事件發生後約十時間にして解決した。

この日、三十人殘虐―殺人鬼山林中に逃走―などの矢つぎ早に起つた大惡劇に―平和の農村は忽ち恐怖と戰慄のどん底に沈み、いつ何處に殺人鬼が出沒するやらわからないので、加茂五ヶ町村では雨戸を固く閉して、全く生きた心地もせず、不安に戰いたが、やがて犯人の自殺死體を發見、包圍陣解除の警報にほつと安堵の胸を撫で下したのであつた。

なほ兇行現場は、何しろ獵師が鹿や猪を射止める場合に用ひる猛獸狩用の銃彈と來てゐるから大變だ、一發命中すれば必ず命を奪ふか、さもなくば手足の一本位はもぎ取つてゆくといふ恐ろしい殺傷力を持つてゐるので、從つてその現状もまた凄慘を極め、學校通り各戸とも鮮血に塗られ、あるひは仰向けに、あるひは虚空を掴んで折重なつて倒れたり、嬰兒をしつかり抱いて即死した母親、養蠶室で桑葉摘つたまゝ即死した女、壁から襖、ふとん夜具等は鮮血で染り、銃彈のために飛散し、殊に若い女と子供が多く犠牲になつてゐるだけ一としほ悲慘で、その慘状はまさに修羅地獄であつた。

被害者のうちには伊勢參宮旅行中で、銃口の犠牲をまぬがれた一少年が、母へ、弟へとみやげ物をどつさり買込んで喜び勇んで歸郷して見れば、母も弟も即死し、折角の名物のみやげも空しく悲嘆の涙にかき暮れるいぢらしい姿、或はまた北支戰線に活躍中の勇士の妻が、〇〇方面に出動中だつた海の勇士の母も弟も一家四人が皆殺しとされ、殘るは勇士たゞ一人といつた悲慘なものや、晴の婚禮を控へて散つた娘二人もあり、狂魔の暴虐によつて生れ出た悲話、哀話は限りなく聞く人、見る人の同情の涙をそゝつた。殺人鬼都井が三ヶ年に亙つて狙撃の練習、襲撃方法などについて慎重研究しただけあつて、その狙撃の正確さ、胸、腹、頭といつた具合に、急所のみを射抜いてゐる兇彈の跡に宮地警察部長も身ぶるいして驚いたほどであつた。

教化村より一ぺんに「大慘事の村」となつた同村では、兇彈の犠牲になつた三十の尊き命を、空しくする忍びず「供養塔」の建立を早くも計畫、朝夕仰いで民村自肅自戒の警鐘とすることになつてゐる。

なほ山本津山署長は、この未曾有の大殘虐事件の責を負ひ、いち早く進退伺ひを提出したが、これも殺人鬼がつくつた一つの波紋として同情されてゐる。

佐藤眞一

5　週刊朝日記事昭和十三年六月十二日號所載

「本當にあつた事」地獄變！　三十人殺し

三年間も殺人の計畫を練つてゐた呪はれた變質者

中國山脈のふところに抱かれて眠つてゐる様な平和な山村に、突如！三十人殺しといふわが國犯罪史上、未だ嘗て類例のない大慘劇が突發し、人々を恐怖と戦慄の旋風のなかに巻き込んだ。世人の想像を絶したこの殘虐な兇劇は、白面僅か二十二歳の青年によつてなされたのだ。

犯人の生ひ立

「徒ア、■さんとこの、睦公の擧動が、近頃どうも只事でねえと思ふんぢやが……」

「さうぢやつちや！あれや肺病ぢやつけん、僻んどるぢや、いつも白い眼でぢいーとわしらを睨んどるやうな氣がするけん」

「女房や娘らが譯りとるけん、どないぞ心を入れ代へさせにあ」

「ほんまぢや〳〵、この調子ぢや村が陰氣になるけん」

作州津山から北へ、山道傳ひに七里、──因美國境近く、中國山脈の山中に青葉に埋もれて、ポツンと孤立した様な岡山縣苫田郡西加茂村貝尾部落の人々の間に、最近こんな話が取交されはじめた。話の中の睦公といふのは同部落の農業都井■(七十五年)の孫睦雄(二十二年)のことで、彼は最近部落の女達を執拗に追ひ廻すばかりか、暴力を以て手籠め同様の目に遭はせ、しかも村人に對してまで猛犬狂暴の振舞ひをするやうになつてゐた。

× × ×

都井睦雄は二歳の時父母に死別し、加茂町倉見から祖母の郷里貝尾部落に移り住み、祖母の手一つで育てられた。親んまりやの淋しい子であつたが、西加茂小學校では秀才の譽高く、同校を優等で卒業すると、三段ばかりの所有田を耕す傍ら、小學校教員の檢定試驗をパスしようと勉強を續けてゐた。しかし彼は生來病弱で、過度の勉強には耐へられなかつた。のみならず父母の手を早く離れた關係で人一倍早熟だつた。健康を失つてブラ〳〵してゐるうちに、思春期にあつた彼の體内に、女への關心が、異常な病的さをもつて高まつてきた。

勉強と女——かうした一種のヂレンマの中に彼は懊惱し、神經は目立つて衰へた。文明から遠く見離され、娯樂の少ない山間の地は男女關係は自然に近い。しかも若い彼には手綱をしつかりと握つてくれる父母がなかつた。彼は十八位で女を知つた。それからの彼は女から女へとだらけ切つた世界へ足を踏み入れてしまつた。或る時は山影で、或る時は畑中で、また或る時は木の間蔭で、彼の浮名はひろまつて行つた。かうした官能本位の世界の中に彼は自分の體が衰弱して行くのを感じた。彼の兩親は既に胸を病んで死んでゐる。——俺は肺病だ、もう俺は駄目だ!!

瞬間彼はさう信じてしまつた。醫者には再三再四診察して貰つたが、醫者は肺病でないといつた。しかし彼は信じなかつた。彼は自說を固持して眼前が眞暗に思へた。かうして彼は自分に與へた自分への……暗示……にすつかりひつかかつてしまつたのだが、彼のかうした神經質的な妄斷は見逃せない。かくて彼は幾分自暴も手傳つて女へと一途に傾いてしまつた。

「睦ちやん、やつぱり肺病らしいでえ」

「それみんちやい、妾がいふた通りだらう」

恐れてゐたものは遂に來た。娘達のこんな話聲もいつしか彼の耳に入つて來た。肺病と聞いただけでも頭から恐れてしまふ田舍である。殊に部落は狹い。彼と親しかつた女達も次第々々に彼を避け、彼から遠ざかりはじめた。彼はそれを恨んだ。

眠れぬ夜が續いた。女達はもう早や彼のものではなかつた。嫌がる女達の顏を眺めるとどこまでも執拗に絡みついて、虐めたくなる衝動に驅られた。隱されてゐた彼の陰性的な嫌な一面が拍車をかけられて鮮かに浮び出て來たのだ。

——俺を嫌ひ、俺に背く女を征服する、これは復讐だ!

彼はさう思ひ込んだ。娘、女、嫌がるものは何處までもつけ狙つて、暴力、金力あらゆる力でいまはしい征服は始つた。かくて部落の人達からは、彼は蔑視せられ恐れられるやうになつた。

三年間の計畫

「唯事でねえ」かういつて部落民が彼を遠ざけ始める。女達も自分の思ふやうに行かなくなる。俺が病氣だからといふ僻目と自棄が手傳ふ。

「非常にようしやア・・・みなが俺を敵にしやがる。それならこちらも皆を敵にしてやる」

彼はさういふんだ。狂暴性は募つた。彼は何處からか猟銃と狩猟免許状を手に入れ、部落民に露骨な敵視を現はし始めた。彼はいつも自分の考へ行ふことは正しいと信じる癖がついてゐた。これには彼が學校時代級長を勤め秀才であつたといふ優性自覺が禍したであらう。歪められた信念、誤つた復讐と怨恨とは燃えて、遂に殺人計畫にまで昂じて來たのである。

かくて都井睦雄は、自分の氣に入らぬものを何日は殺してやらうと密に準備を始めたのである。こんな恐ろしいことを誰が知らう。彼は銃を手に、山道二十數町を登攀、高田村と西加茂村との境、人の子一人通らぬ天狗山の密林に分け入り、松の木を人と見てズドーン、ズドーンと射撃の練習を續けた。狂つた樣に熱中する彼、銃口からはパッと呪詛の火が飛散つた。山から山へ谺するこの音を聞いた村民たちは最初軍隊の演習位に暢氣に考へてゐた。しかし誰いふともなく鐵砲の主は睦雄だといふ噂が立ちはじめ、村人たちはいづれもゴクンと生唾を飲んでその音を聞くやうになつた。恐怖の戰慄の、それは復讐鬼となつた睦雄の、身の毛もよだつデモンストレーションであつた。

かうした村人の恐れによつて、睦雄は本年三月津山警察署加茂駐在所で取調を受け、銃と免許状とは奪はれた。この時睦雄の家からは石炭箱に一杯詰められた實彈、火藥類が發見せられ全部沒收されたといふ。

彼はニヤリと笑つた。そして今度は密に狂猟用ブローニング五連發銃（後に九連發に改造）を手に入れた。部落のほゞ中央に位しおぶさる樣な背景に息詰まる陰氣な彼の家、チーンと森羅萬象が眠りに陥ちてしまつた深夜、都井睦雄は獨り密に戰慄の〝殺人表〟を完成して行つた。彼を見捨てた女、彼の惡口をいつた女、部落の娘を他處に縁付けた人々――彼の〝殺人表〟は漸次人數を増して行つた。かうした彼の形相が常人と變つて來ぬはずはない。部落を睥睨する西條柿の青葉蔭、むつつりと蒼褪めた彼の額、兩眼はギラ〳〵と血走つた異樣な光を帶びて來た。人々は言ひ合はした樣に〝眼に見えぬ恐怖〟の迫るのを感じた。

惡鬼夜行繪卷

「都井の睦雄、あいつ何んとかならんものぢやろか」

「あんな男、早くどこぞへ行けばええのに」

「いまに見てろ、村に恐ろしいことが起るけん」

「ぢやア・・（肯定の言葉）氣をつけんとあかんでえ」

「あアあ、氣味悪いこつちや、桑原桑原」

部落の人々の話は既にこゝまで迫つて皆期せずして恐ろしい豫感に戰いてゐた。近頃では娘はおろか男でさへ夜の一人歩きはパッタリ杜絶えてしまつた。

山に圍まれ平和であつた貝尾部落に、この時から死霊の陰慘な翳が色濃く下りた。五月二十日の夜のことである。

「どうしたんぢやろか、何處ぞ電線が切れたんやな」

「眞暗で何も見えんがナ……」

貝尾部落の人々はその日いつまで經つても點らぬ電燈を見上げた。睦雄はかねて計畫してゐた通り部落への送電線である電柱に梯子をかけてよぢ登りトランスのスヰッチを切斷、いよ〳〵決行の夜更けを待ちかねてゐたのだ。

あゝ、呪はれた夜!!

正しくは二十一日の午前一時四十分。今まで寢てゐるかに見えた都井睦雄はサット刎ね起きた。暫くは起きたまゝ耳を澄してゐたが、間もなく用意してゐた黑の詰襟服を着、卷ゲートルは地下足袋を履き、兇器を身につけ始めた。皮帶に双進り二尺の日本刀を吊しそれに短刀二口をつけ、匿してゐた銃彈（猛獸用ダムダム彈）百發を袋に入れ、ブローニング獵銃を手にしつかと摑んだ。頭にはズックをもつて鉢卷し、それに左右二箇の懷中電燈を角のやうに差込み更に首から紐を下げナショナルランプを腹に縛りつけた。正にこの世ながらの〝惡鬼〟である。いまに全く〝殺人鬼〟と化した彼は先づすや〳〵と眠つてゐる祖母■（七十五年）の前にヌックと立つた。暫く凝然と突立つてゐたが手斧を揮つた。

そとは陰慘な雲間に妖しい牛月が隱り、闇底に沈んだ部落の上に運命の死光をそゝいでゐた。

睦雄は眞先に裏下の(1)「現場圖の數字參照」岸■方を襲ひ用意周到にも日本刀をもつて同人母■（五十年）妹■（十九年）を殺し弟■（十四年）同■（十一年）を射殺、續いて(2)岸■方に乘込み熟睡中の■（二十二年）弟■（十八年）を布團の上にまたがつたまゝ射殺、祖母■に重傷を負はせ、血を見て狂つた彼は更に引返して自宅の隣家(3)西■方を襲ひ■（五十年）その妻■（四十三年）逃げ惑ふ娘■（二十三年）同■（二十年）泊り合せてゐた■の姪片■（二十四年）を次々に殺害、ダーン、ダーンと轟き渡る銃聲の絕間にキャーッと叫ぶ斷末魔の女の烈聲は部落を戰慄の中に追ひ込んだ。

續いて東隣の(4)寺■方の戶を蹴破つて飛込み、■（六十年）■（二十年）を射殺仰天して泣きわめく■妻■（二十二年）妹■（十五年）■（十二年）を戶袋の隅に、或は緣に、或は庭先に無殘にも射殺し、引返してゐた同家の娘■を追つて(5)寺■方に至つた。同家では「助けて！」と絕叫して飛込んだ■を入れるや否や戶を固く閉めたので犯人は大聲で

「戶を開けろ、開けぬと斧で叩き破るゾ」

と叫んで表裏から四、五發を擊込み、運惡く離座敷で寢てゐた■（八十六年）を殺害、山の端に出てゐる月光を浴びて血達磨となつた彼は畦道をまるで宙を飛ぶ樣に(6)寺■方を襲ひ、■（二十一年）その母■（四十五年）を即座に射殺し、犯人の家の上手になる(7)寺■方へ躍り込んだ。こゝで犯人は■と問答をしてゐる。犯人は■氏に銃口を突つけたので■氏は

「睦ちやん、わしや年寄りだからこらへて呉れ、な……」

「お前は惡口いはないんだから、こらへてやる。しかしあとで惡口いふんぢやろ」

さういひながら■氏を見逃して、登靈室で、より（五十年）と手伸に來てゐた隣家の■波■（二十一年）を一擊の下に倒し、坂道を(8)■波■方に至り同人母■（四十七年）に瀕死の重傷を負はせ（■さんは間もなく死亡）昏倒するのを見濟ましたのち小川を越えて(9)池■方に侵入、恐愕してゐた同人妻■（三十四年）と四男■（五年）を無殘にも即死せしめ父■（七十四年）母■（七十二年）を丸で電光石火の如く殺戮し、犯人の家を中心とする周圍の家を殆ど血祭りに上げ、小川に沿つた小道を疾風の如く二、三町飛んで(10)寺■方に至つた。

その時■■氏の妻■■さん(五十六年)は丁度外に出ようとしてゐたところで、血塗れとなつた犯人がまるで三ツ目の悪鬼の如く、サット光を放つたので思はず立竦みかけたが咄嗟の間に戸をピッチリと閉め手で固く押へてゐた。犯人は開けようとしたが開かぬので「殺すぞ」と叫んで外から二、四發射つた。これが■■さんの片腕にあたり、■■さんは後で切開手術を受けたが遂に死亡した。この時二階にゐた■■さんが「人殺し、人殺し」と連呼したので犯人は上に向つて二、三發射ち込み同家を引上げたが、このため貝尾部落は一瞬にして阿鼻叫喚、地獄さながらの修羅場と化し騒然となつた。犯人はこゝで急轉回し裏山傳ひに山道を迂回して約十町離れた坂元部落へとヒタ走りに走つた。この時陰惨な月光に照されて飛んで行くこの殺人鬼の姿はさながら〃惡靈〃の如く見えた。かくて犯人は坂元部落のはづれに住む、(山)岡■■方を襲ひ、助けて呉れと哀願する■■(五十一年)妻■■■(三十一年)を殺した。肉塊飛び散り、血は滾々と噴き出で、まことに殘忍無比な殺し方であつた。これが兇劇の最後である。

覺悟した自殺

このころ、戰慄の銃火を逃れた人々は、夫々に坂道を轉びながら部落々々へ急を報じた爲全村には警鐘が亂打されてゐた。

も早これまでと殺人鬼都井睦雄は裏山傳ひに西加茂村樂井、武■■方の表戸をドンドン叩いて

「起きろ、出ないと撃ち殺すぞ!!」

と叫び声の根が嗄はつて顫へる家人から鉛筆と紙を奪ふや千ケ城山の方へ走り去つた。

丁度時間は三時過ぎだつたといふから三十名(うち一名は重傷後死亡)の命を奪ふのに僅か一時間餘を要したのみであつた。如何に冷然と人殺しをしたかが窺はれる。

かくて至める呪詛に三十人を斃した犯人はかねての計畫通り、生れ故郷倉見と惨劇の部落を一望のうちに俯瞰する千ケ城荒坂峠の頂上に辿りつき、松の疎林の中に五坪程の草地を選び、血汐を浴びたシャツを白い新しいシャツと着更へて靜かに遺書を認めた。書き終へると頬の筋肉をピリッと無氣味に笑ふが如く動かし、銃口を自らの心臓部に押當て足の指で引金をひいて至める二十二歳の生涯を閉ぢた。その死體は冷然たる落着を湛へ兇器、地下足袋などはキチンと列べられてゐた。

× × ×

急報により津山署をはじめ附近警察、消防組、青年團等約二千名が「犯人山に逃げ込む」の報に鳥取縣警察まで動員して大包圍陣を布き、警戒に努めると共に往年の鬼熊事件を髣髴せしめる大山狩りが〃恐怖の眼〃を輝いて因美國境、中國山脈一帶に亙つて行はれた。何がさて犯人は銃を持つた兇暴無類の殺人鬼、附近町村は忽ち戰慄の中に追ひ込まれたが、決死の先發隊の一員平井孝雄氏によつて午前十時半、自害してゐる犯人の死體を發見、搜査隊に凱歌が上げられた。

× × ×

惨劇の部落は悲嘆に沈んだ。被害者の死體はいづれもダムダム彈を撃ち込まれ、目を掩はしめるものがあつた。全部落二十三戸のうち十二戸までが襲撃され一夜のうちに冷たい骸となつたものは全部落の三分の一に達したといふか

ら全く想像以上だ。悲劇は至る處で展開されたが、そのなかでも兇手に倒れた娘三人が近く嫁入ることになつてをり、棺の上に打ちかけられた婚禮の晴着が一入涙を唆つた。三十の白木の棺桶はその日のうちに造られ、鬼氣迫る二十三日の正午時、折柄催つく雨の中に涙の葬式は執り行はれた。部落民は當分……見ぬ影……に脅かされることであらう。以上が大體前後を綜合した三十人殺し事件の顛末である。

冷酷なる遺書

一世を震駭せしめた殺人鬼都井睦雄は三つの遺書を殘してゐる。一つは姉宛のもので、「僕の死が國の爲になるなら非常時國民として嬉しいが、極惡非道な大罪人です、許して下さい。」と書いてゐるかと思へば、他の遺書には「銃をとり上げられたが新しい銃を更に買つた。こんどは皆安心して油斷してゐるらしい。計畫は三年前からたてた」と殺害すべき人物、自殺僻めいたことなど十八枚の便箋に細々と書いてゐる。自殺直前に書かれた遺書は左に掲げる。

（遺書省略）

× × ×

一人で三十人を一時に殺したといふことは世界犯罪史を繙いても恐らく見當らぬだらう。

何故斯の如き大量殺人ができたか、先づ犯人都井は三年間に亙つて、恐るべき殺人計畫を完成して行つた。襲撃すべき家の間取の如き悉く知り盡してゐた。そして何處から何處へといふ手順もちやんと決めてゐた。自殺の場所でさへ決めてゐたらしい。次に銃猟使用の猛獸用猟銃を兇器としたことで、彼は射撃についても十分練習を積んでゐた。殺害された人々はいづれも致命的な心臟部か腹部を射抜かれてゐる。更に犯人は兇行に於て極めて冷然と落着いてゐる。兇行の後逃がしたものまでチヤンと知つてゐるのには全く驚くの外はない。遺書に「人でないものばかり狙つて」とあるが、これが彼の歪んだ批判に相違ない。彼は稀代の性格破綻者であつた。また慘劇の貝尾部落が人口百餘の孤立した場所で、犯人都井には皆恐れを懐いてゐたため、銃聲を聞くと、直ぐ彼奴がやつてゐると直感し、恐怖心のため誰も手出しをしなかつたためと、養蠶期で家々が比較的開放されてゐたことなども舉げ得られるであらう。

彼の行狀記

世界犯罪史上に新記錄を殘した稀代の殺人鬼都井睦雄の精神狀態には誰しも一應は疑を持つ。しかし彼は決して氣狂ではなかつた。兇行の途中に於てさへ彼の精神には少しの錯亂も見出せない。それは射殺された人々はいづれも致命的な個所を狙ひ射ちされてゐる點でも分る。また寺■■氏との會話にも見らるる如く、銃を胸口に突きつけながらも自分の狙つた男でないが故に殺してゐない。兇行の目撃者の語るところによれば、コトツと音がしただけでも「そこには誰々がゐるな」と判然指し、一家五人を鏖殺した後銃の彈を詰めかへるにも外の方に氣を配り、實に悠々と注意を拂つてゐたさうだ。ただ彼が常人と異なつたところは些細な根に對し殺害をもつて復讐しようと考へた點にある。この異常な判斷の狂ひにある。部落内の娘を他に縁付けるため仲人した者まで殺人表に記入してゐるなどは到底常識では判斷できない。彼は自らを大罪人と認めながら、しかもこの殺人に關する限り少しの悔ひも反省をも見出せないことだ。彼は殺害しようとした人物に對してはただ「殺すべきだ」と頭から斷定し自らもそれを確信しこの考で一貫してゐる。だから彼の兇行はまるで人間を殺すやうな心でやつたのではなかつたと見るべきだらう。これが彼の異常な性格で、常人には見られぬ破綻した一面である。肺病だと宣言し、財産もなくなり、誉るべき係累も少なく、すでに人生に希望を失つてゐたことがこの歪んだ性格に相当強く反映してゐる。

彼は殺人の決意を抱いて三年間過してゐる。これには家の財産がなくなるまでといふ功利的な考への片鱗も見出せる。何にしても三年間にわたつて殺人計畫を一分の隙もないまでに考へ詰めたといふその異常な執拗さには全くあきれざるを得ない。彼はこの大量殺人の兇器に銃を選び五連發では十分でないため九連發に改造してゐる。更に驚くべきことは襲撃すべき家々の距離を測り、何處から何處へ行き自殺は何處でやるといふことまで調べ上げ、自分が兇行を開始してから附近消防組、警察などが馳せつけるまでの時間も豫め豫定してゐたさうだ。だから彼は兇行を一時間餘で切上げてゐる。彼は靜かに死にたかつたのだ。彼が頭につけた電燈の如きは特にズックを選び兩側に皮のチャックをつけ、少しも動かないやうにしてゐる。この一事をもつてしても彼が如何に根强く計畫を進めてゐたかゞ窺はれる。

彼は女には甘かつたらしい。最初に關係を結んだと目される未亡人には相當の金を貢いでゐる。それ以來女には異常な執心を見せ、部落内の若い女には全部執拗くいひ寄つてる「陰性で執拗い」といふのはすでにこのころからの定評であつた。このため大半の女には片思ひで終始したらしい。かうした彼が女に見捨てられてしまつたのだから自暴心から来る復讐心は想像も及ばぬ極端へと走つてしまつたのだ。陰性、孤獨、厭世感、變態性慾、性格破綻、執拗——から見れば彼は正に犯罪者の典型だ。

兇行後鉛筆と紙を貰つた家の人々が語るところによれば荒々しい壁に似ず、その態度は比較的感態で弱々しさが浮び上つてゐたさうだ。彼の性格の一面が窺知できさうだ。

「紀　川　洋　太」

研究篇

現場に赴きて

岡山地方裁判所津山支部検事局
検事　遠山　茂

一

徐州陥落の捷報ありたる翌日、五月二十一日のまだ明けきらぬ早暁、けたゝましき電鈴の音に電話口に出てみると、津山警察署からの殺人の通報であつた。その要旨は苫田郡西加茂村地内で昨夜数名の者が殺されたが詳細は不明だと云ふことであつた。朝飯をしたゝめて居る時分に第二報が来た。その要旨は死者三十名、重傷者一名で兇器は猛獣用の猟銃であり、犯人は同村字行重の都井睦雄と思料せらるゝが、同人は附近の山林中に逃げ込んだらしいので、目下捜索中だといふのである。私は之を聞いて愕然とした。之は稀有の大事件だ。兎に角現場へ行つて見ねばならぬと思ひ、直に登瀬豫審判事に出張を求め又屍體検案の爲醫師をも伴ふこととし共に現場へ急行した。

二

其の途すがら橋畔とか岐路とかには、消防組員の多数屯してゐるのが見受けられた。逃走した犯人出て来らば之を取押へんが為の手配だと肯かれた。軈て現場附近に到着してみると、所轄署の署長、司法主任、刑事係の諸氏は固より、縣の刑事課長、隣接各署の署長、司法主任等が来り集ふてゐた。何れも緊張した面持である。捜査に萬全を期し懸命な努力をしやうとの意気組の溢るゝばかりなるを感知した。が間もなく犯人は二十町許りを距てる山中にて、現行に使用したと思はるゝ銃器を用ゐて自殺してゐることが發見されたとの報が出たので、さしもの緊張も聊か弛んだのであつたが、所轄署員はまだ／＼犯行に至る迄の動機とか、犯行當時の情況とかの捜査に奔走して居り、我等一行は兎に角一應の檢證と檢案とをせねばならぬので、同署司法主任の嚮導の下に現行現場へ赴いたのである。

三

平素は靜寂なりし平和なる山村に、一夜にして斯様なる不祥事が起つたのである。時恰も春蠶の掃立季であり、農事も稍々繁忙を來す時期であるのに、被害者の家の大部分は働き人を失つたのである。中には軍務に服して入營中に又は修學旅行に而も伊勢神宮に參拜に赴いた留守中に、家人が鏖殺されたと云ふいとも悲惨な家もあるのである。被害者の家の事情はとり／＼で一様でないことは勿論だが何れも傷ましき限りである。檢證と檢案とを次々にやつていつたが、何處にいつてみても其の現場の有様や屍體を見たときには、何れも凄惨を極め正視するに忍びなかつたのである。屍體の多くは胸部を射たれてゐたが中には背部、臀部等を射たれたものもあつた。寢床に寢たまゝ死んでゐたものもある。犯人は闖入するや間髪を容れず胸部に銃口を當てがつて殺害の目的を達し、又は逃走せんとしたのを追撃し、若は邀撃して殺害の目的を達したものと思はれた。屍體に於ける創口と屍體の附近に落ち散つてゐた空のケースの形状より推して、警察署よりの報告の通り猛獸用の獵銃で射殺したものと認められたが、創傷の部位より推して、犯人は平素より所謂急所を狙ふことを心掛けてゐたものであり、極めて敏捷に短時間内に犯行を成し遂げたものだと思つた。檢證檢案の順序として犯人の宅にも立寄つた。其處には犯人の祖母が首を斬られて死んでゐるのを認め思はず慄然とした。其の創傷の形状と裏口に斧が立てかけてあつて、血痕の洗ひ落されたらしい形跡のあることから推してその斧を以て殺害したと云ふことは容易に肯定することが出來た。

四

犯人は一體如何なる動機からこんな大それたことをしたのかといふことは通報を受けた當時から私の腦裡に徂徠してゐたのだが、目前に展開される現場の惨状を逐次にみていつて一層その念を深くした。また捜査の途上にあつた犯行後間もない時であつたので、勿論詳細なことは判らなかつたのであるが、犯人は近來行状不良であつて婦人との關係に就ては色々の取沙汰があつた。自分が懸想を通じてゐた女性に背かれたことを憤つたり、自分の行状に付、忠言するものに恨を呑んだりした。しかも遂には部落の者全部が自分に好意を有せぬやうに思はれて仕方がなく、その中で平素殊に憤を感じ恨を呑んで居たものに對して兇行に及んだものだらうといふ推測もあつた。それにしても餘りに多數の人を殺めてゐる。徳義人情の常道からすればかやうなことは出來得ることではないのだ。そこで犯人の平素の精神状態、犯行當時のそれなどが今後話題に上る譯であり、法律的に見ても、學問上より見てもかなり大きな問題として取扱ふ價値のある案件だと思ひ／＼現場を引揚げたのである。

（完）

津山事件の展望

岡山地方裁判所檢事　鹽田末平

目次

（四）事後状況一般

結　論

序　論

筆者が此の前古未曾有とは云へない迄も、短時間に然も單獨犯人に依つて犯された多數殺としては、恐らく世界の犯罪史上最も著名な事件として特筆大書に値するであらう兇悪極まる津山三十三人殺傷事件の報告に接したのは忘れもしない昭和十三年五月二十一日早朝であつた。此の事件は、犯罪原因論乃至は犯罪心理（殊に精神病學的）の方面から云つても又犯罪史の立場から眺めても、更には又兇器取締、警察官の心構へ若くは犯罪豫防と云ふ様な警察的見地から論じても、共に多くの興味深い問題を持つ事件だと思はれた。爾来筆者等は國枝檢事正及市島次席檢事の御指導の许に、凡ゆる角度よりする此の事件の調査研究に志したのであるが、生来の非才に加へて公務多忙に追はれ一年近く經つた今日に於ても尙漸く此の貧弱な報告を爲すに過ぎないのは省みて甚だ慚愧の至である。唯願はくは先輩各位の御垂敎を得て今後尙調査研究を續け他日の完成を期する次第である。

第一、環境風土

此の戰慄すべき事件が發生した岡山縣苫田郡西加茂村大字行重字貝尾と字坂本の兩部落は、津山市より北へ約六里、因美國境に程近く、因美線加茂驛より南西へ約一里三十丁餘距つた中國山脈の懐に抱かれた様な山峽僻陬の小農村部落である。村の役場から相當急な坂道を一里十丁近く登り詰めた處、青葉に埋もれた濕つぽい峽谷の中に眠つた様に静かな山村である。

同村の全戶數は約三百八十戶全人口約二千であつて、貝尾部落は全戶數二十二戶全人口百十一人、坂本部落は全戶數二十戶人口九十四人であつて、其の内犯人都井睦雄の居住して居たのは貝尾部落で被害の大半は同部落に於けるものである。此の兩部落の住民は其の大部分が零細農であつて山田の耕作と養蠶を主たる產業とし雪に閉される冬期は主として炭燒、樵人、藁仕事に從事して居る。畜產としては特別のものはない。貝尾部落には狩獵に從事する者は皆無だが、坂本部落と同村大字楢井には若干の獵人が居る。然し何分山の淺い中國山脈のことゝて獲物は鳥と兎の類を出でず猪其の他の猛獸は全く棲んで居ない。父祖傳来の限りある土地、それも地味の肥えて居ない山間の瘦地を守つて生きて行く部落民の生活は食つて行くには困らない迄も決して豊かなものではない。其の九割迄が普通農家として中流の下又は下流に屬して居ると言つてよい。殊に最近は養蠶業の不景氣も因を爲して各農家の負債は想像以上に嵩み行き、元来平和なるべき此の山村生活の内幕はうら淋しく暗澹たるものがある。

由来岡山縣下に於ては、南部備前備中の兩國が地味肥え交通に便なるに加へて住民又極めて積極的であつて「小賢しい」と云ふ惡評ある程に逞しく怜悧で果物に或は蔬菜に又或は藺草の栽培に花筵疊表の製造にと各方面に農家的副業の開拓を敢行して利を圖り、恐らく全國にも稀に見る程豊かな農家經濟を營んで居るに反して、性概ね純朴ではあるが其の反面因循姑息極めて消極退嬰的な作州地方の農民は傳来の土地を守るのが關の山であつて、時代と共に進むことを知らず徒に世の中から取殘され、各農家の經濟は窮迫のどん底に喘いで居て其の大部分が土地山林を擔保にして農工銀行、勸業銀行等より借金して漸くその行詰りを彌縫して居る始末であるが、此の慘事のあつた兩部落も亦其の例に洩れないのである。事件の約一ケ月後に此の部落を訪ふた筆者が部落より得た第一印象は「あゝ全く陰鬱な部落ちた」と云ふ感じであつたが、それは此の大惨事の悪夢尚未だ醒めず事件に因る戦慄と暗い追憶が部落民全部の面上に漂つて居つて居た爲めのみからでもなければ又梅雨空の鬱陶しさに加へて部落の各家屋の多くが藁葺切妻造の古い家であつてどの空地も夏草族の外花々として繁り一見極めて陰鬱の感あらしめた爲のみではない。全く此の山村の底に横たはる深刻な経済的急迫には胸打たれざるを得なかつた。

氣候は鳥取山陰地方のそれに近く年中雨量が多く且大抵十二月より二月末頃迄積雪があり各家に北風の囲壇堤の設備のある事は他の作北地方と異らない。然し夏は相當涼しく稀に日中の最高温度が九十度に達することもあるが平均八十度位に過ぎないといふことだ。

次に風習に就てであるが、先づ此の事件發生の有力なる原因の一つと思はれる男女關係の淫風存否の問題である。此の問題に就ては、出來得る限りの調査をしたのであるが部落外の者が大部分此の悪習の存在を肯定するに反して部落民の大半及駐在巡査は其の風習の現存することを否定し去つて此の事件によつて暴露された色々の男女關係醜態の事實は此の犯人都井睦雄を中心とする例外の事たるに過ぎないと主張し唯二三十年前迄夜這の弊風があつたことを認むるに止るのであるが、彼此調査の結果を綜合するに近時此の村が教化村として指定せられた事情もあり小學校長等が中心となり聲を大にして青年男女の風紀改善を叫び淫風排除につとめ來つた爲若い男女間には倫理風紀の觀念が進み今日では何等特別の悪風を認め難くなつたが中年以上の既婚男女の間にあつては未だ貞操觀念の水準低く原始的淫風の尚多少乍ら殘存する事を認めざるを得ない。一例として人妻を姦し問題を起した場合には其の問題を起した者が一升和解の酒を買つて事を解決するといふ様な習がある。

部落民の氣風は甚だ純朴であつて犯罪者も極少數であるが一面極めて退嬰的で進取の氣風にとぼしい。而して山村特有の極端に吝嗇なところがあり例へば本件發生の前夜犯人によつて部落内の電燈が全部消され暗黒の部落と化し去つたのだが當時恰も養蠶の最盛期であつて電燈の光を最も必要としたにも不拘僅かに蠟燭又は洋燈の光を以つて濟ませ部落の人誰一人として二十丁近く下つた處にある電燈會社の散宿所に修理をたのみに走るものがなかつた位である。そして遂に本件の惨事に見舞はるゝに至つたのである。

部落に肺病患者が特に多いと言ふ譯ではないが肺病患者を極端に嫌惡し癩病と同一視して之等患者と接近を甚だ嫌がることは他の農村と同樣であり、又山奥に土着する人達の通癖として他所者(よそもの)即ち他來者を忌避し之に對して不親切な態度を執る悪風亦なしとしない。尚此の附近の部落が其の地理的關係等からして娯樂機關には全く惠まれて居ないことは勿論である。

第二、遺傳關係

都井睦雄の父亡都井■■は甚だ柔和にして圓滿な人であつた。酒は相當に飲み本籍地岡山縣苫田郡加茂町大字倉見■■■■番地に於て、農の傍ら炭焼を業として居た。彼は後備役陸軍上等兵であつて性格並素行上非難すべき點は何等なかつた。睦雄が二歳の時惑胃(或は肺結核)が原因で、三十八九歳で死亡した。

母亡■■は同郡阿波村大字於曾の農業太田■■の娘に生れ都井家に嫁したもので、性質極めて短氣であつて激怒し易く且きつい性格の所有者ではあつたが、其の他には性格並素行上格別非難すべき點はなかつた。此の母は常に病弱であつて、自らは憑性氣管枝カタルだと言つて居た相だが實は肺結核を患つて居たものと思はれる。此の母も夫の跡を追ひ其の死の二三ヶ月後二十八歳を以て世を去つた。父母の夫婦仲は良かつたといふことである。次に父方の祖父は六十二歳で死亡したが大變氣の良い圓滿な人で大酒家であつた。祖母■は犯行當時七十六歳で健存して居たが、此の大事件の際の血祭に擧げられて慘死した。此の祖母も亦性善良圓滿な普通人であつた。母方の祖父母の性質は尙未だ之を詳かにして居ないが、睦雄の血族中に精神病者は全く無いことだけは確め得たのである。

睦雄には唯一人姉■(大正三年生)がある丈で、他に兄弟姉妹はない。姉■は四年前同郡一宮村■に嫁したが之も亦病弱な女で肋膜か肺結核を患つて居る樣子である。其の性格は快活であつて且殊の外愛情深い女だといふことである。

第三、生　活　史（家庭、體質、性格）

睦雄の父母は正當に結婚したものであつて、彼は其の長男として同郡加茂町大字倉見(貝尾部落より北方へ五里)に於て生れた。家庭は中流の農家であつた。彼は呪はれし二十二年の運命は既に其の二歳の時兩親を僅か二三ケ月の中に相次いで失はなければならない悲慘なる運命を以て始められた。切めて彼に片親なりともあつたならば、本件の如き兇事は絕對に惹起されて居ないと確信する。彼が親の愛に缺けて居たことが本件の有力なる一原因を形成することは否めない事實だと思ふ。兩親に死別した當時の家產としては、約一町三段の田畑と約八反の山林が殘されて居り、相當裕福な農家であつたことが想像せられる。兩親の死後暫くは前記加茂町に居住を續けて居たが彼が六歳の時貝尾部落が祖母■の里であり同地に親戚知人の多い關係で、此の姉弟は祖母に連れられて同部落に轉住し來つて同所■番地の家を買受けて此處に住むことになつた。其の家は構へ丈は一段と大きく立派であるが、古色蒼然且相當荒廢して居るばかりでなく、屋內甚だ暗く文字通り鬼氣迫るの感ある家である。本件の被害者の一人である平■の姑寺■(當八十年)の語るところによれば、此の家は宿命の家であつて、元同女等の住宅であつたが之に居住の當時(昭和十三年より六十三年前)■の先夫亡寺■が居村大字楢井の藤■(同所藤■の先代)の妻■と姦通し、その現場を本夫■に發見せられて腹を立て一旦自宅に引返し日本刀を持出して■方に乘込み■を殺害して無理心中を圖らうとしたが、■を斬ることが出來ず■に斬付けた上切腹自殺したことがあるが當時右■は年齡二十二歳であつたと云ふことである。犯行の荒筋が稍本件と類似してゐるのみならず犯人の年齡が同年であること等轉た因緣の深きを感ぜずには居られない。

扨て斯くして此の天涯の孤兒二人は唯祖母を賴りに其の盲目的溺愛の裡に養育せられて生長した爲め自然睦雄は我儘な性質となつてしまつた。十五歳の年西加茂尋常高等小學校高等科二年を卒業したが、生來病弱の性質であつて、小學校在學中も病氣の爲め缺席することが多かつた。然し頭腦明晰、常に優秀な學業成績を擧げ將來を囑目されて居たのである。

今本人小學校在學中の擔任敎師の感想を綜合するに、溫順にして眞面目、頭腦明晰、言語明瞭、服裝端正特に記憶力、推理力に秀いで智能學科に優秀な成績を擧げて居たが技能學科に於て稍劣るところがあつた。又生來病弱(腺病質)であつてよく風邪に罹り顏色常に勝れず頭痛持の癖あり、既に小學一年の時に腸が下つて其の大半を缺席した程で其の後も缺席することが多く、動作に敏活を缺き體操や運動を好まなかつた。順位は級中第二位であつたが其れは缺席が多かつたのと體操等が不成績であつたのに基因するものであつて、頭腦に於ては寧ろ第一位の者を凌駕して居た樣である。同級生等の氣受けも良く常に級長又は副級長に選擧せられ、眞に模範的小學生であつた。唯家庭的事情に因るか將又病弱の故か性格陰性であつて快活明朗を缺いて居た。時に理窟を言ふ癖があつたが一般に無口で陰氣にさびしく、神經質で感受性が強く些細な叱責に對しても敏感であつて、何となく淋しさのある子供であつたと謂ふことである。

生來眞面目の質で、先輩親族友人間には指導者となつたり親交を結んだりした者もなく、其の他本人の性格に特別の影響を與へた人物は全くないが、唯實姉■■は情愛深い女で特別に睦雄を愛して之に深い感化を與へたらしく本人の性格も優しく女性的であつて祖母に對しては孝心深く非常に姉思ひであつた。殊に子供好きで、部落の人達より白眼視せらるゝに至つた最近に於てもよく近隣の子供等と遊び之に物語などをしてやるのを唯一の慰安とし子供等も亦稱めて彼に懐いて居た樣である。

高等小學校卒業の際其の才能を惜しまれ擔任教師より、此の儘百姓になるより寧ろ上級學校に進んだらどうかと勸められたが孫一人の祖母は彼を手離すことを肯んぜず、爲に其の儘家に殘ることになつたが生憎くも其の卒業の春肋膜炎を患ひ約三ヶ月ぶら／＼するの悲運に遭遇した。其の爲百姓仕事を續けることが自己の身體にとつて至難なのを自覺したが、確固たる志望を立てゝ之に邁進せんとするだけの氣力もなく又前述の通り親族其の他に本人に對し正確な人生の指針を與へてやる適當な指導者も無く、唯盲目的祖母愛の蔭に憩して何の目的も、何の希望もなく毎日毎日を過して行くに過ぎなかつたのである。

間もなく肋膜炎も少康を得たので居村の補習學校に入學したが、病弱の爲其の第一年度は殆んど全部缺席し次で青年訓練所に入所したが此の間に於て病氣は益々惡化して居たものゝ樣で「體がえらい」と訴へて餘り熱心に通はなかつた。斯くするうち其の陰鬱性は次第に深刻化し外出を好まず。部落の青年團及隣人達との交際に無關心となり、親族等より注意しても青年團の會合や夜警等にも餘り出ず又近隣の寄合事、法會、葬式等にも顔を現はさず入營兵の見送り等も怠り勝で、次第に孤獨に陷り終日家に閑居して炬燵にあたり込み雜誌を讀む程度で他に爲すこともなく徒食を續けて居た。殊に昭和九年三月（本人十八歳の時）實姉■■が他に嫁入つた後は語るべき相手もなく、一層孤獨の度を増し益々放縦怠惰に陷り勞働を嫌ひ家業の農は老ひたる祖母の手一つに委せて自らは時折その手傳ひを爲すに過ぎない狀態であつたが昭和十年初頃巡査採用の試驗乃至は小學校教員檢定試驗を受ける氣持に爲り勉强を始めた處又も同年春頃病氣再發し、津山市大谷病院中島病院等に診察をこふたところ孰れからも大した事もないが肋膜が多少惡いから動かぬ樣にせよとの診斷を受け勉强を中止し療養を續けたが病勢捗々しからず其の間に實母等の死因が肺結核にあつたことを聞知したらしく彼自身も亦その自覺症狀に照して同病に罹つたものと自認するに至つたが同年十二月三十一日居村の醫師万袋市三の診察を受けた際左肺尖加答兒の診斷を受け翌十一年五月中旬頃迄同醫師方に通院して服藥を續ける傍ら親族先に當る居部落の寺■■より「自然療法」なる書物を借受け所謂「開放療法」を實行した。その爲か其の後病勢は特別惡化することもなく寧ろ多少快復しかけたかに見えたに拘らず、肺結核を以て絶對不治の病と盲斷する本人の信念は餘りにも强く自己の症狀を實際の程度以上に重患の如く思ひ込んで居た樣に考へられる。殊に昭和十二年五月徴兵檢査を受けた際軍醫より十分な靜養を爲す樣注意せられ且書類に肺結核患者と記入せられたのを見て益々悲觀し自己の死期近きにありと做し茲に曾て抱いた青春の夢は勿論闘病の氣力や生きてゆく希望すらも喪失し全く自暴自棄の虚無の闇底に堕ちて行った。それ以来彼の性格は一変し極端に猜疑心深く事物に対する認識乃至判断も甚しく偏倚し事毎に偏執的観方考へ方を為し殊に道義的感情が鈍り極端に主我主義、自己中心主義的傾向を示し、自己の行為に対する反省力薄弱となり其の行動常規を逸し、無暗に近隣の婦女子に手を出し始め為に甚しく部落民から嫌悪せらるゝに至った。彼が婦女に挑みかけ始めたのは昭和十年か十一年初頃（寺■■■の陳述によれば同人に挑みかけた最初は昭和十一年春頃といふ）であって既に相当進行した肺患を擁蓄し乍ら家に閑居して居た当時の時分と思はれるが其の相手方は大部分自己より年上の人妻或は寡婦であって、其の挑み方や性欲満足の態様は甚だ變態的であったのみならず情交を迫って應じなければ之を恨み、應ずるも其の關係を続けなければ怠ると謂ふ有様であった。斯くて其の行動は益々執拗露骨となったので部落民の彼に對する嫌悪顰蹙は日を追って加って行った。確かに其の當時の彼の行動は「色氣狂」の世評を裏書するものであった。然も彼は其の周圍の嫌悪が自己の非行と非常識に原因する當然のものであることを思はないで、専ら自己の肺患を嫌悪する部落民一同の無情な仕打であると獨斷し、然も其の嫌悪を以て實相以上に重く感じて迫害と邪推し益々憂鬱焦燥に陥り、道徳的反省力全く薄弱となり殆ど無良心の境に達し吾が非行を正當なる行動の如く思惟し些少なりとも自分の意に反するものを仇敵視し遂に昭和十二年秋頃より密かに其の報復を企圖するに至ったのである。他面當時の彼の家計は全く行詰りの状態に陥って居た。遺産の一部は彼と其の姉の養育費として先づ處分せられ殘りの田地によって得る僅かの小作米と僅少の自作收入とにより家計が立てられて來たのであるが、彼が勞働せず他に特別の收入もないのに加へて病氣の療養費に相當多額の金を費した等の關係から漸次所有地を人手に渡して行ったのである。自殺後家宅捜索をしたときに彼の家には現金が僅か六十六銭し

か殘って居なかった。殘存せる唯一の財産である家屋敷も田地二段一畝も共に借金の抵當となって居た様である。乃ち先づこの田地に一番抵當權を設定して岡山縣農工銀行から昭和十一年五月頃金四百圓を借受け、更に家屋敷に一番抵當權を田地に二番抵當權を設定して昭和十三年一月居村大字行重字楢井■■から金六百圓を借受けて其の全部を使ひ果して居る始末であった。

貝尾部落は大部分眞言宗であるが都井家の宗旨は天台宗である。然し祖母も彼も共に格別の信仰心はなかった様であって唯時折先祖の位牌に燈明を上げて拜することある程度に過ぎなかった。本人は身長五尺五寸位身體も相當肥え體重も十六貫位あると思はれる程一見堂々たる體格の所有者であって、容貌も亦相當美しい青年であった。殊に片頬に笑窪があり女の如く靜かに談話をするなど所謂人好きのする青年であったが、其の病弱を物語るか幼時より顔色蒼白又其の目は變質的な光を放って若干の凄味を帯び且陰性神經質（憂鬱性）の性格を反映して面上に一種の暗さを漂はせ人と對談する際も最初一寸は面を上げて居るが、間もなく顔を伏せて仕舞ふ癖があった。又時々にやっと笑ふ癖もあったと云ふことである。尚茲に調査の結果蒐集せられた材料の中から彼の性質や本件事案の本質判断の資料とするに足るものを追記することにする。

一、性格關係

先づ迷信話になるが彼が俗に執念深い性と謂はれて居る巳の年の生れであることに注目したい。事實彼が甚だしく執念深く、高度の偏執性のあったことは爭ひのないことである。元來無口であったが物の言ひ方は相當上手で、殊に近年の彼は虚言も相當平氣で吐く様になり、謂はば陰性の巧言家とも云った様な風であった。又幼時より大變刃物類を

好み常に小刀、鋏、斧の類を研いで楽しむ癖があつた。性格は小心翼々の方で例へば貰へられた小遣錢の十錢でも一度に使ふ度胸がなく、五錢宛二回に分けて使ふと云ふ樣なところがあつた。彼が近年極度に猜疑心邪推心深く物事に對する判斷が甚だしく偏倚して居た例は、嘗て近所の岸■■が眞の好意で彼に對しもう相當年も行つたことだから考へ直して自墮落を止め妻を貰つて眞面目に働けと訓戒の手紙を寄越したところ、彼は其の時附近の田で働いて居たと云ふ遠縁に當る寺■に對し、いらんことを言ふてやるからこんなつまらぬことを言つて來た誰が言つてやつたか分つとるぞ、と大變憤怒して話した事實がある。又或る時此の寺■が學校の先生になるが良からうと勸告したことがある。すると彼は此の病氣の自分に對して先生に爲れと云ふのは自分に死ねと云ふも同じだ。俺を早く死なせて俺の家を横領しやうと思つて居るのだらう云々と激怒しながら放言した事實もある。之は嘗て■が親族としての好意上其の家計の困窮に同情の末彼の家を買取つて遣る話をしたことがあるので斯く邪推したものと思はれる。

貝尾部落に肺患嫌惡の傾向なしとせず又事實部落民達が彼の肺患を知り多少之を嫌つて居た事實は認められるが、部落民達が後日彼の肺患は彼自身が想像して居たよりも遙かに輕症のものであつたと思ふと云つて居る位で、特別に其の肺患を嫌惡して排斥した事跡は認められない。部落民達の嫌惡して居たのは彼の性的放埒であつて、其の病氣ではなかつたと思はれる。結局肺患嫌惡に因る迫害感は彼の錯覺、邪推に歸せられるのではあるまいか。他所者排斥の惡風も彼に對しては何等作用して居なかつた樣に看取される。又彼は一匹の犬を飼つて居たが、最近自ら其の犬を射殺して其の肉を食つた事實があるがそのこと丈でも、彼の變質性と慘虐性を物語るに十分だと思ふ。更に彼が無暗に密室を作つたり又物を隱匿したりする癖のあつたことも見逃し難い點である。自宅入口の左側に堅牢な密室を作り尙

又母家の天井裏に秘密室を拵へ常に此の秘密室に立籠つて人目に觸れるのを避けて居た。此の天井裏の密室の藁天井の上に彼は獵銃用の道具を隱匿し又多數の散彈を自宅奥の間の緣の下に藏匿し他から發見の出來ない樣にして居たのである。尙後の事だが彼の自宅家屋を取毀した際に彼自製の拳銃一挺が屋根の藁の中に藏匿されて居るのが發見された。

二、色情關係

彼が早熟好色であつたこと及徒食閑居と肺患が彼の情慾を不自然に刺戟して之を昂進せしめたことは明瞭と信ずる。

先づ彼は既に高等小學校時代から女に艶文を出し始めて居た事實もあるし、津山市の遊廓にも數回登樓して居る樣である。其の詳細の調査は困難だが斷片的の資料として昭和十二年五月二十一日津山市材木町の貸座敷業鈴木島方に、苫田郡加茂村商業都井幸美當二十三年と詐稱して同村の内■と稱する者と共に登樓して娼妓市丸(大正四年生)を相手として一圓消費してゐる事があるが、諸般の狀況上彼の登樓だらうと認められる。近親の寺■■は彼が人妻に挑み掛るとの噂を耳にして忠告した際、人妻を姦する樣なことをするよりも寧ろ遊廓遊びをした方がよいぞと言つたところ彼は默して語らなかつたと謂ふことである。又彼は或時居村の消防組の部長をして居る寺■某に對し飲食店の仲居の淫賣をするのに幾何金がかゝるかと聞いた事實もある。彼の自殺後家宅捜索をした時自宅納戸の簞笥の抽斗内よりルーデサック一打位と子宮サック一個が發見せられたが以て彼の性的隨落の一端を語つて居ると思ふ。彼が最も仇敵視して居た寺■■■(寺■■の妻にして當時三十五年、三男一女の母)の語るところによれば、昭和十一年春頃睦雄方に部落の電燈代の集金に行つたとき其の祖母が不在であつた折同人から關係をして異れと何度も言はれたが夫ある

逆で左様なことは出来ぬと拒絶したところ、關係してくれなければ殺すと言つて脅かされた。罪科もないものにそんな無茶なことが出来るものかと言つたら殺してやると言つて居たが其の時は逃げて歸つた。其の後田圃の歸りや自分方で睦雄に會つた時自分の身邊に近寄つて來て自分の尻の邊へ陰莖をつけて使れる樣にしたことが三四回あつたが、睦雄は其の都度得心が行つた樣であつた。自分が睦雄と普通の方法による情交をしたのは前後二回丈で、先づ最初は昭和十二年五月頃の正午過頃自宅の板の間に腰を掛けて居たところ睦雄が入つて來て自分を押倒し自分の前を捲つて陰莖を自分の陰部に當てた。中へは十分に入らなかつたと思ふが當てた位で氣をやつて了つた。後で彼は出来心ですまぬ事をした堪へて呉れと云ふて歸つた。二度目は同年七月頃の午後二時頃で、自宅の座敷で晝寢をしてゐたところへやつて來て私の上に乘り陰莖を自分の陰部に入れ樣としたが、此の時も十分中に入らず入口で氣をやつて了つた。此の時も時々こんな變な氣になるので濟まぬことをした、妻も貰はねばならぬから誰にも言つてくれるなと謝つて歸つた。自分は睦雄より金を貰つたことなどは全然ない。遺書にあるのは噓だ。睦雄が斯樣な變なことをするのは自分丈でなく山■、同■、寺■、寺■、西■等に對しても側へ寄りかゝつて氣持良さそうにしたことがあると本人達から聞いたことがある。又之等の人達が度々關係してくれと言寄られ困つて居るといふ話も聞いた。部落中で睦雄は色氣狂で、肺病のくせに側へ寄ると變なことをするから逃げて居れと皆が言つて居た。昭和十二年七月十日頃岸■が、私等澤山居る前で、昨夜睦雄が來て自分の道具を突張つて「させさせ」と言つて困つた。手の切れる樣な十圓札を押付けて、之でさせてくれと言つたがそんなことをするのならお祖母さんの處へ此の金を持つて行つて話をするぞと言つたところ歸つたと話して居た。睦雄が自分に變なことをした最後は昭和十二年十一月頃で、其の時も自分を無理に押付けて一寸股を使つた丈で氣をやつた樣子であつたと言ふ始末で、其の性慾は餘程亂調子、變態的であつたものと思はれる。

被害者岡■當五十一年の妻■との醜關係も亦彼が如何に良心的に麻痺して居たかを物語つて居ると思ふ。岡田雄■は牛馬牛喰者で、馬鹿に近いお人好しであつた。二十歳程違ふ小綺麗な龜■を昭和十一年頃妻として迎へたのであるが、睦雄は昭和十二年十月頃西加茂村の今■の紹介によつて岡■方に出入する樣になつた。■との間には同年十二月頃から醜關係が生じた樣子で、■も薄々は之に感付いて居たらしかつた。昭和十三年三月初頃の或夜突然■が襖を開いたところ、炎の間に睦雄と■の二人が居た。睦雄は驚いて其のマント、靴、帽子等を殘して戸外に飛出した。■は怒つて■を里に歸らせた。此の事の噂が高くなり近親の寺■と岸■の二人が仲裁に入ることになつたが、此の兩名が先づ睦雄に對して、左樣な事實の有無を訊ねた處睦雄は初めそんな覺えはない、貸金の催促に行つたに過ぎぬ。左樣なことを云ふのなれば證據を出せと逆捻的態度に出たが、二人が歴たる證據があると云ふ話だがと言ふたところ漸く其の醜交の事實を認めて改悛を誓つたので、■が■を■方に連れ戾り同人に對し極力謝罪した上自ら酒を買つて和解の印とした。ところが睦雄は其の後も相變らず岡■方に夜遊びに行つた樣子で■も怒り再び岸■等に對し、毎日毎日夜遊びに來るので困る、何とか處置してくれと苦情を申込んだので、■等が其の非行を責めて詰問したところ、睦雄は白ばくれて行つた覺えはない、行かないのに拘らず行つたと云ふのなればぶち殺してやると放言したとのことで、其の後■は妻の身邊より離れず、睦雄に對して極力■を匿して居たと云ふことである。

三、健康關係

睦雄は常に強壯劑「わかもと」を常用し滋養の爲一日卅六個位宛食つて居たと云ふ噂がある。姉宮子の語るところによれば、彼は昭和十一年春頃より、不眠症に罹つて居た樣子で最近迄睡眠藥を服用して居た事實がある。如何なる藥であつたかは詳でないが姉が昭和十三年三月頃見たのは小瓶入の白い粉末であつたと謂ふことである。祖母■■は同月上旬頃睦雄から大變臭い香ひのする散藥らしいものを飲んで見ぬかと言はれて吃驚して親族寺■■方に走つて其の事を告げたので隣人達も驚いて、警察に申告するに至つたのであるが其の事に就て取調を受けた後姉■■が歸宅して睦雄に對し事情を訊ねたところ、彼は祖母が眠られぬと云ふので睡眠藥だと言つて服用させ樣としたに過ぎない。何等他意はなかつたと答へて小瓶入りの粉末藥を示したと云ふことである。この祖母に藥を服用させ樣としたことに付いて寺■■から質問を受けた睦雄は「わかもと」を飲まさうとしたに過ぎぬと陳辯してゐるが、果して彼の云ふ通りであつたか否か大きな疑問のあるところだと思ふ。

四、趣味讀書の關係

趣味は讀書映畫位に止まる。但し其の讀書範圍も、キング、講談倶樂部、富士、少年倶樂部等の雜誌類を時々買つて讀む位の程度であつて小說は大變好きな樣であつたが探偵小說等を特に讀んだ事跡は認められない。思想的書籍耽讀の事實は全然ない。映畫も割に好きと謂ふ程度で土地柄其の機會にも惠まれず特に之から影響を受けたものとは思はれない。

酒は自ら健康の爲めと稱し二、三年前より多少飲み始め其の酒量は一、二合程度であつたが、煙草は全然喫まなかつた。

次に狩獵であるが、之は趣味や健康の爲めとして始められたと云ふよりは寧ろ本兇行の準備行爲として始められたものと云ふのが適當ではないかと考へる。

第四、兇　　行

（一）兇行の動機

斯くの如くに彼は自己の肺患を其の實相の程度以上に重患と妄想し人生の希望の總てを失つて自暴自棄に陷つた一面肺患の蟄居は彼の情慾を不自然に昂進せしめて、無暗矢鱈に近隣の婦女に手を出し始めた。然し其の邪慾は到底容れらるべくもなくして殆ど全部相手方の拒絕に遭ひ徒らに部落民の輕蔑と嘲笑を買ふのみであつたが夫れは本來極端に我の強い彼にとつては堪へられない苦痛であつた。然も漸く道義的反省力を喪失して居た彼は自己の非行を反省して他を思ふの心の餘裕もなく、其の全部を他人の故に歸し全く情なき隣人達の肺患嫌惡に由來する排斥なりと妄想し剩へ其の嫌惡排斥を過大に評價して迫害と過信し、直接間接自己に對立關係にあるもの一切を不倶戴天の敵と同一視し例へば一度情交ある婦人が他の男と結婚すればこれを恨み執念は更に其の夫親族のみならず其の媒酌人にまで及ぶと謂ふ有樣で常に彼自身のみ正しくして部落民に惡意ありと解し、假令夫れが如何に間接些細の關係であらうとも自己の意に添はない一切の人物を殺害して全く希望のない自己の生活を清算し、彼の病弱を笑つた部落民の前に自らの持つ強さを誇示せんと企圖するに至つたのである。此の兇行心理を通觀してその本筋が主我主義的虛無主義に在るかそれとも精神分裂症の前驅的異常性格に在るかは暫く別の問題としても、青年特有の英雄主義が多分に織込まれて居ることは間違ひないと思ふ。此の點に於て彼の十六歳の時に起つた五・一五事件或は彼二十歳の時の出來事である二・二六事件等の影響必ずしも絶無と云ひ得ない。

さて此兇行の企圖が朧氣乍ら彼の腦裏に浮び始めたのは、恐らく昭和十二年七月頃の事ではあるまいかと思ふ。（狩獵期でない同年七月銃器を買入れて居る事實と五月十八日附遺書を參照）この遺書に依つても解る如く、果して其の計畫を決行すべきや否やに就て其の後多少の心理的動搖はあつた樣子であるが死期近きに在りと妄斷する彼の深刻な厭世感とエゴイスチツクな虚無心理は遂に彼を轉向の道に導かず却つて益々其の性的放埒さと募らせ隣人達の嫌惡を増さしむるばかりで、胸中に燃ゆる呪はしき復讐の邪念と其の範圍を徒らに強化擴大するに過ぎなかつた。愈々彼の腦裡に此の兇行決意が確固なものになつたのは、恐らく昭和十三年一月頃であつたらうと思ふ。（五月十八日附遺書參照）彼と各被害者との關係の詳細は別項に於て記述するが、彼が父の遺産を蕩盡し當時其の家計が全く行詰りの状態に在つた事が此の兇行動機の一つを爲したことは言ふ迄もない。

（二）兇行の準備

先づ昭和十二年五月頃農工銀行より借受けた金四百圓の殘金を以て同年七月津山市二階町片山銃砲店より猟銃一挺を買入れ、獵期に入るや同年十月二十七日津山警察署に出頭して乙種狩獵免許を受け、爾來毎日の樣に附近山中に銃獵に出掛けたが、實は狩獵とは名のみであつて獵物も一、二回見る許りで、一途に銃器の取扱ひと射撃の練習に專念して居た樣である。更に昭和十三年二月二十八日神戸市湊東區相生町二丁目高橋銃砲店に赴き右銃器を十二番口徑中古ブローニング自動式五連發銃と追金百十圓を出して交換し、その彈倉を改造して九連發式とし尚多量の火藥を買入れて自ら猛獸用實包を製造し、其の頃部落より相當離れた密林に隱れて、樹齡三十年位の松樹を的に射撃の練習を重ね、一方夜間時々部落内を徘徊して各戸の就寢状況等の内偵を進め、心密かに時機の來るのを待つて居た。其の遠謀周到なることは全く驚かざるを得ない。然し斯る不穩な射撃練習や火藥の買入等の行動は漸く隣人達の感付くところと爲つたのみならず、其の後稍もすれば「殺してやる」「生かして置かぬ」等と口走り或は飼養中の愛犬を射殺して其の肉を同■■方で同人等夫婦と共に喰ふ等其の言動見角常規を逸し普通人とは見えなかつたので、偶々前述の通り同年三月十日頃何故か祖母に對して眠り藥と稱して白色の臭氣ある粉末を與へてこを嚥ませ樣とした爲め祖母は睦雄が俄かに發狂して自分を毒殺するのではないかと解し恐怖の餘り其の夜は近親の寺■■方に赴いて泊り家には歸らなかつたことがあつたので、部落民の恐怖は益々深刻となり遂に同月十一日、貝尾部落の居住民にして西加茂村役場の吏員である西■■が寺■■（前記寺■■の夫）の話に依つて事情を知り直に之を同村受持の隣町加茂町巡査駐在所詰巡査今田武司に申告したので同巡査は早速睦雄と親戚又は遠縁に當る寺■■、寺■■、寺■■の三名を同駐在所に招致して詳細なる事情を聽取した。其の時偶々睦雄が附近を徘徊して居るらしい氣配が見えたので、三名共甚だ之を恐れて駐在所の裏口からこつそり入つて來るといふ始末であつた。■■は餘り實情に詳しくなかつた樣子であるが■■及■■の兩名は交々睦雄が最近火藥を多量に買込み猛獸彈を作り、獵銃を以て松の木を打ち捲り又近隣の者達に對し無暗に殺してやる等と口走り部落全體不安で仕方ないこと、最近祖母に毒藥らしきものを嚥ませ樣とした等甚だ氣違ひじみた言動のあること及■■の妻■■を執拗に追ひ廻して脅し付け困つて居ること等を告げて窮迫せる不安の事情を訴へ何等か適當な處置を採つて部落の不安を除かれ度いと歎願した。

今田巡査は直に此顛末を所轄津山警察署司法主任警部補北村好に報告し事情の切迫を告げて、即時検挙の上相当の處置を執る必要ある旨意見を具申し、同警部補は更に之を津山警察署長山本德一に報告したので署長の指揮により即時同署外勤監督警部補臼井一男及中島敏夫、黒住榮治の二巡査（中島巡査は元同村に勤務したことがあり黒住巡査は銃砲火藥係であつた）を特派して至急其の實情を調査せしむることゝなつた。臼井警部補等は同日午後現場に出張、駐在所に於て一應前記三名より事情を聽取した上睦雄の宅に赴いた。彼は丁度自宅に居合せたので先づ本人に當つたところ態度極めて從順であつて狂人らしき言動は全く認められず「暴れ廻つたこともなければ、馬鹿なことをする考へも持つて居ない」と極めて素直に答へ次で祖母■も亦「一度他家へ泊りに行つたことはあるが、それは睦雄が大變腹を立てたからであつて遊藥らしいものを睦雄より嚥まされた樣なことはない、あれは「わかもと」である。可愛い孫が祖母にそんなことをする譯がない」と述べる樣な始末で彼に不穩の計畫あるものとは到底考へられなかつた。然しその承諾を得て家宅搜索をしたところ天井裏の彼の居室（秘密室）に於て

一、日本刀　　一振
一、短刀　　一口
一、猛獸用實包　　八十一發
一、散彈實包　　三百十一個
一、雷管付藥莢　　百十一個
一、雷管　　百二十六個
一、藥火　　五十匁
一、獵銃　　三挺
一、鉛彈　　五十匁

を發見し、更に身體檢査の結果匕首一口を携帶して居たので其の事情に付答辯を求めたところ、實包等多量にあるのは既に獵期終末に近い際ではあるが、次年度は支那事變の關係で其の價格が暴騰する見込なので買溜めしたものであり、匕首は山仕事に出る必要上持つて居るのだと巧に辯解をした。然し同警部補等は之等を全部任意提出せしめて領置することゝし尚狩獵免状の提出をも命じた。彼は免状に就ては健康の爲の狩獵なる故提出は免ぜられ度いと懇願して居たが結局之が提出をも承諾したので同樣領置することゝした。更に同日夕方頃睦雄を加茂町巡査駐在所に出頭せしめて臼井警部補より懇々と將來を說諭した。彼は終始從順で恐れ入つた態度をとり將來再び此の樣な誤解の種となる行動を執らないことを堅く誓つたので寺■を呼出し同人に身柄を引渡して歸宅を許した。日本刀、匕首、短刀は署に持歸つたが獵銃其の他は村役場に保管を托して歸署した。其の後此の獵銃の內一挺は今田巡査の斡旋により百三十五圓を以て同村消防組部長平■某に賣却せられ其の代金も彼が受取つた樣である。

此事があつてから今田巡査は前後六回位睦雄方に情況調査に赴き其の都度彼に面接して熱心に說諭し、彼に國策の意義の必要なることを力說すると共に他方同村の万袋醫師に相談して彼の病氣治療に特別の配慮をなし或は又鐵道職員になることを勸告して其の就職に奔走する等彼の心境を變化せしむることに極力努力した。最後に彼が當代の通帶すら行つて居ないのを見て早くやる樣注意したが、その時彼は早速着手する心算だと答へた。此間に寺■■等近親

の者達も極力過去の不心得を責めて正道に邁進すべきことを説き聞かせた。然し之等恩情ある数々の處置も、既に復讐の鬼と化し去つて居た彼の良心を甦生さすには餘りにも無力であつた。彼は孰れの説諭に對しても從順恐縮の態度をとり何等の反抗もせず、涙を流さんばかりに其の好意に感謝して正道を歩むことを誓ふのであつたが此れこそ内に燃ゆる復讐の一念を巧に隱蔽して周圍に油斷を與へる彼獨特の陰險な僞裝戰術であつた。

三月十二日の捻挙が彼の目的遂行上大きい痛手であつたことは間違ひないが、執拗な彼は其の時既に内心「今に見ろ遣つて見せるぞ」と氣味惡い惡魔の北叟笑を洩したことであらう。事實此の不徹底極まる捻擧は一先づ隣人達を安堵させることに依つて却つて其の後の彼の目的遂行を容易ならしめたとさへ云へる。果して彼は此の捻擧の翌日事情を知らない友人西加茂村今■■に依頼して同人の狩獵免狀に依つて津山市二階町の片山銃砲店から、マーズ無煙火藥二百五入一罐（代二圓）を買入れて貰ひ別に同年四月中旬自ら同市の平岡火藥店からポンプ式詰替器、ケース保護器、口径器各一個宛を代金合計六圓八十錢で購入したが何故か之は約一週間後同店に返却した。更に同月二十四日大阪市に行き先づ同市西區京町通五丁目栗谷火藥店で猛獸用實包アイデアル百個（代十二圓）とケース一個（代一圓）とを買入れ翌二十五日同市東區内本町三丁目三十六番地鷲見火藥店からポンプ式詰替器一個を買入れて歸り之等の器具を使用して自ら本兇行に使用せられた實包百發位を製造したと思はれる（實包を解いて檢査をして見るに火藥は一發に付二瓦宛充塡されて居り且販賣者は孰れもその火藥が自店で販賣したものに相違ないことを認めた）。次で五月一日再び右鷲見火藥店に行き岡山縣勝田郡加茂村西山政男と僞名して本兇行に使用せられた十二番口徑中古ブローニング五連發銃（彈倉を改造して九連發としたもの）を金百四十五圓で買受けて歸り又同月八日同縣苫田郡加茂町の歯科醫伊藤光義から本兇行に使用せられた日本刀一振（其の刄渡一尺九寸）を金三十圓で買入れた。斯かる武器購入には何時も其の歸宅の時間に夜間を選び銃器は最終の列車で白布卷にして持歸り日本刀は賣主の歯科醫と除夏加茂驛を避けて其の次驛である知和驛で落合ひ相手の自宅に赴いて買入れた上深夜持歸つた事實がある。祖母殺害に使用した斧は嘗て自家で薪割等に使用して居たものであるが、柄の長さ二尺一寸五分刄の長さ二寸七分、峰より刄迄の長さ六寸五分のもので兇行の前より磨き上げて居た樣である。尚他にヒ首二口（刄渡六寸五分と五寸二分）を携帶して居たが其の購入先が神戸であることは遺書によつて明かだが詳細のことは分らない。

其の間小形圓筒型の懷中電燈（徑一・六糎長さ一三・七糎）二個を恰も牛の角の樣な恰好に頭の左右に取付け得る裝置の布製鉢卷を作成し又胸部前面に吊し下げる爲の徑六糎のレンズ付大型圓筒形の自轉車用ナショナル電燈一個を準備した。猟奇性の一表現とも見得るであらう。此の牛の角の樣に懷中電燈を前面に向つて裝置した鉢卷の裝備が何にヒントを得て考案せられたものか詳細は判らないのであるが此の地方に於て夜間川漁をする時懷中電燈を一個手拭等で頭上に結び付けることは屢々行はれることであるのでこれにヒントを得たものか或は彼が最近迄愛讀して居たと云ふ雜誌「少年倶樂部」昭和十二年度十二月號第十頁に銃附銃を構へた日本兵が支那人を突殺さんとして居る挿畫があるが、其の日本兵が前面に相當大きい擴聲器を取付け頭の左右兩側に懷中電燈型の聽音器を一個宛結び付けて居て、彼の裝備と音と光の差異こそあれ其の恰好が全く類似して居るので或は之にでもヒントを得て自ら考案したものであるまいかと考へる。

又其の頃夜中密かに部落内を徘徊して目的の家の戸締狀況、家族の就寢位置等に就て詳細な偵察を遂げると共に兇行に要する時間、部落民が兇行を知って最寄の加茂町巡査駐在所（西加茂村に巡査駐在所はあるが當時缺員中で加茂町詰の巡査が兼務して居た）に急訴して出る迄の所要時間（距離約一里二十町大體二十分前後を要するものと推定せられる）、更に事が本署に急報せられて警官隊が自動車で現場に來着する迄の所要時間（一時間前後と推定せられる）等緻密な時間的計算をした上で據りに據つて綿密周到な犯行の順序、手筈を作り上げたのである。

斯くて一切の準備を整へ好機の到來を待つ中、恰もよし五月十八日頃據て色情關係より相當深い恨みを持つて居た寺■■、西■■の二人が相前後して夫々其の嫁入先より歸村したので時こそ來たれと兇行斷行の決意を固め同日夜自宅で別掲の様な二通の遺書（後に自宅奥の間の床の上に置いてあるのを發見した）を認めた。

そして愈々決行の前日である五月二十日の夕刻送電前に部落内配電線石山線八號電柱以下四箇所を鋭利なペンチ様の物で切斷し點燈不能にして部落を暗黒にして深き夜の更けるのを待つた。切斷用のペンチは其の後遂に發見せられなかつたが彼は此の方面に付ても相當の研究をしたらしく他の部落には何等の影響のない様に極めて巧みに切斷されてあつたと云ふことである。

此の間の挿話として同夜八時頃右寺■■は彼の宅に行き彼より自轉車用ナショナルランプを借りて其の附近の電柱に登り停電の原因を調べ始めたが所詮駄目で修理を斷念して間もなく歸宅したのであるが彼は其の修理中其の下に來て何喰はぬ顔で見物を續け同■より「お前直して呉れぬか」と云はれ「儂は慣れないので出來ぬ」と答へたといふ事實がある。

（三） 兇行の經過

A 大要

呼、斯くして呪はれた夜は深々と更けて行つた。恰も陰暦四月二十一日朧月夜の薄ら寒い晩であつた。此の靜寂な山峡には陰惨な死魔の翳が色濃く降りて居た。今迄静かに寝て居たかに見えた彼はサット刎ね起きた。祖母に覚られない様氣を配りながら黒セルの詰襟服を着し茶褐色の巻ゲートルを纏ひ地下足袋を穿き豫て準備してあつた懐中電燈取付の鉢巻を頭にし更に自轉車用ナショナル電燈を細紐で首より胸部に吊り下げ、猛獸入雑嚢を左肩より右脇に掛け、日本刀一振とヒ首二口を左腰に差込んで紐で括り是等の上を革帯で締め其の動揺を防ぎ九連發ブローニング銃と弾藥實包約百個を携帶し豫て磨いて置いた斧を手に持ち兇行着手の物々しい服裝を整備し終つて立上つた。それから

1 先づ五月二十一日午前一時三十分頃自宅中六疊の間に姫蒲をして西枕に安眠して居た祖母■の頭部に斧で一撃を加へ、其の首を約一尺五寸離れた西の障子戸近くに飛ばせて即死させ後裏口より戸外に出て斧は裏口北側の壁に立て掛けて放置し

2 次で北隣りである岸■■（當時呉海兵團に入團中）方の戸締なきを幸ひ直ちに納戸六疊間に忍込み同室に熟睡して居た■の母岸■■、弟■■、同■の三名の頭部に所携の日本刀を拔いて順次二、三太刀宛斬付けて三人とも惨殺し

3 西■■方の戸締のない表座敷口より屋内に侵入し、先づ四疊の間で就寝中の其の妻■■の臍部上方一寸の箇所を狙撃し貫通銃創を負はせて即死させ次で其の隣室四疊半の間に姫蒲して就寝して居た■、其の長女西■■及■■の實妹■岡■■、の三名の各心臓部等を順次狙撃して殺害した。孰れも蒲團の傍に銃口を胸

部に當てるか乃至は近付けて撃つたものと思はれるが何故か當時縁側の戸袋に納められて居た雨戸の各枚に一つ宛の彈痕が見出された。

4 更に岸■■方に轉じて戸締なきを奇貨として奥六疊の間に侵入し同室に同衾して熟睡して居た同人及其の内縁の妻■■（當時姙娠六ヶ月）の心臓部乃至上腹部を狙撃して唯一發宛にて即死させ次で裏八疊の間に就寢して居た■■の母■■と同女の外孫寺■■の二人に對し「何の罪科もない譯だが■■（西■■方を指す）の娘を貰つたから撃つのだ」と言ひ放つた上夫々其の胸部等を撃つたが■■は即死し■■は左胸部に相當重い創傷を受けたに止まつて危く一命を取止め得た。

5 寺■■方では戸締のない表入口を開いて屋内に闖入し先づ臺所の間で■■の右前胸部を射撃して一發で即死させ、奥納戸六疊の間より裏に向つて逃走せんとした其の次男■■の背後より數發浴せ背部より心臓部に貫通する銃創を負はせて其の軒下に昏倒即死させ、新婚僅か九日目の■■の妻■■を表廊下の隅に追詰めて胸部を射撃して慘殺し次で其の廊下より表庭に飛出さんとした■■の五女■■、六女■■の二少女の各胸部を狙撃して、■■を廊下口に、■■を軒下に倒れさせて殺害したが目指す仇敵である同家の四女■■は逸早く廊下口より表に飛出して逃走したため撃ち逃して仕舞つた。■■は最初西■■方に避難せんとしたが途中で轉じ方向を轉じて寺■■方に逃込んだのである。

6 寺■■方でも戸締のない表口を開いて侵入し先づ納戸六疊の間に熟睡して居た其の母■■の胸部上端に銃口を接近させて狙撃し次で中の間に就寢中の■■を布團越しに射撃して夫々殺害した。同家の次男■■は岡

山市に奉公に出て居り三男■■は偶々伊勢參宮の修學旅行に出て不在であつた爲め何れも難を免れた。

7 寺■■方は襲撃計畫の外に置かれて居たのであるが、偶々目指す寺■■が同家に逃げ込んだのを知つたので同家に驅付け先づ表戸及表雨戸を開いて侵入■■を殺害せんとしたが、戸締嚴重のため如何ともすることが出來ず頻りに表戸を銃底で叩いて開扉を迫つたが、其の物音に隱居部屋に寢て居た■■の父■■が目醒めて障子を開いて何事か叫んだらしいが、激怒する犯人は忽ち忠四郎の心臓部を狙つて射撃し即死させた。其の間に■■の伜■■（當時十七年）は右寺■■方に大事を急報する爲め横裏口より出たのである。之に氣付いた犯人は直ちに裏に廻り、竹籔中に潜み隱れた■■を追跡し「逃げると撃つぞ」と恫喝したが遂に發砲はしなかつた。其の時犯人は尚相當の落着を持つて居たらしく内より戸を開かしめる策略として宛かも■■を捕へ居るものゝ樣に裝つて裏口前で「白状せよ、白状せぬと撃つぞ」と二回叫んで芝居を打つた（斯く云ふと遂一の親達が子供の可愛さに内より戸を開けて命乞ひに出て來るだらうと察したものと考へられる）、だがこれも徒勞に歸したので「開けぬと斧を持つて來て打ち割るぞ」と怒號を續けたが萬策盡きて裏戸口前より屋内に向つて蠻然二發撃ち込み彈は裏口の戸、内庭の格子戸、下駄箱、大戸棚と四重に貫通して表廊下に達し偶々其の隅であらん限りの力で表雨戸を押へ續けて居た■■の四女■■の右大腿部に盲管銃創を負はせた。■■等の語るところに依れば同家に來たのが午前一時五十分頃らしい。そして■■は同家の家族三名と共に奥の間の床の下に隱れて居て幸ひ事無きを得たのである。

8 斯くして遂に■■を斷念せざるを得なかつた犯人は轉じて寺■■方を襲つた。同家の主家では家人等が

數發の銃聲に驚いて全部起き上り如何に處置したものかと、恐怖に戰き乍ら評議をし万吉の妻■は床の下に隱れ孫■夫婦は二階に隱れた。此の時犯人は同家に來り先づ其の表納屋に設けられた共同養蠶室に闖入した。同室には偶々岸■（岸■の娘）と■波■（■波■の娘）の二人の外に■の悴■の內緣の妻平井よりが養蠶仕事のため泊り合せて居た。犯人は室內に就寢中の■、■の兩名に夫々二彈宛加へて即死させ、其の餘勢を以て頻りに「堪えて呉れ」と哀願し續ける平■を同室表緣側で射撃し腹部銃創大腿部銃創等を負はせ慘殺した後、母家緣側の雨戸を開けて屋內に入り先づ「居るか」「鐵砲はあるか」と問ひ表六疊の間で炬燵に居た■に對し「老人でも結構撃つぞ、本家の爺さん（寺■を指す）もやつたぞ、どうしようか」と言ひ乍ら銃口を■の首に當て「お前は儂の惡口を言はなかつたから堪えて遣らう、然し儂が死んだら又惡口を言ふことだらうなあ」と云つて其の傍らを去り奥納戸の間に進み同室に就寢して居た■の枕を蹴つた上「若い者（男を指す）は逃げたな動くと撃つぞ」と言ひ■が決して動かぬから助けて呉れと手を合せて哀願するや銃口で同人の肩先を小突き乍ら「助けてやらう」と云ひ殘して同家を立去つた。立去る際自轉車が入口附近に在るのを自分のナショナル電燈の光で見付け「これなら逃げたとしても心配はない」（■が既に警察に急訴して出たとしても徒步の事だからさう早く追手も來ないだらうから安心だと云ふ意味）と云つたといふことである。

9 ■波■方では其の妹は前記の様に寺■方で襲撃されたが犯人は■方の納屋に設けられた養蠶室で偶々其の時保溫用の爐の火を見に來て居た■の母■の腰部附近から下肢一帶に兇彈を放つて殆ど原形を止めない程度に粉碎し約六時間の後死亡するに到らしめた。■等は母家に就寢して居て難を免れ同人は擱も無く警察に急訴して出たのである。

10 次で池■方に向つた。同家では■が■方の方向で響いた銃聲に目を醒まし早速表雨戸を開いて見たところ既に早や犯人は「殺すぞ殺すぞ」と連呼しながら坂を登つて自家に迫つて來て居たので家族達に「逃げよ」と命ずると共に直ちに裏口に廻り雨戸を開いて戸外に飛出した。其處には既に犯人が現れて撃ち始めたが初は素早く巧みに身を竹藪中に潛めたので僅かに左膝に極めて輕微な擦過傷を受けたに止まり間もなく急訴する爲めに走り出たのであるが、不幸其の妻■と四男■は納戸六疊の間で心臟部又は腹部を撃たれて二人とも即死し、中の間に居た母■は表より廻つて來た犯人の爲め背部を狙撃されて慘死し父■は屋內に於て手に二發を受け更に表軒下まで逃れた時左背部から乳に貫通する銃創を受けて斃れた。二男、三男は就寢して居て難を逃れ長男■當十五年は伊勢參宮の修學旅行中で之亦助かつた。

11 續いて數町離れて山手にある寺■方を襲つた。同家の表門附近に來た時偶々■の妻■が蠟燭の火を右手に持ち廊下の雨戸を開いて何事だらうかと姿を出したので先づ一發轟然と放つた。彈は灯を持つたままの右肘に命中したが氣丈の■は直に戸を締めて夫と共に犯人の侵入を極力防いだ。如何とも策の施し様のない犯人は戸外から盲滅法屋內に向つて五發連續して撃ち込んだ。階下に居たたまれなくなつた■は二階に上り「人殺し助けて呉れ」と叫んで近隣の救助を求めた。すると犯人は又もや二階に向つて二發發射したが遂に■には命中せずに終つた。■は大出血の爲め約十二時間後に死亡した。

次で犯人は同家の上の山道を走り約二十丁離れた岡■方に向つたのである。

12 最後の家岡[redacted]方では戸締のない表口より屋内に入り先づ入口近い表六畳の間で[redacted]の左胸部及上腹部を狙撃し次で逃れ様とした妻[redacted]を其の背部から狙撃して奥六畳の間の裏縁で昏倒させ二人とも殺害の目的を達したのであつた。

兇行完了は略午前三時頃と推測される。兇行着手後僅々一時間三十分位で此の戦慄すべき全犯行が完了せられたのである。結局

即死者	二十八名
重傷後死者	二名
重傷者	一名
軽傷者	二名
合計	三十三名
被襲撃戸数	十二戸

(内六戸二十一名は全滅)

といふことになる。

B 今兇行の順序、状況及原因関係を表にすると左の如くなる。

但し兇行の順序に就ては

(1) 自宅祖母　(2) 岸[redacted]方　(3) 西[redacted]方
(4) 寺[redacted]方　(5) 寺[redacted]方　(6) 寺[redacted]方
(7) 寺[redacted]方　(8) [redacted]波[redacted]方　(9) 岸[redacted]方
(10) 池[redacted]方　(11) 岡[redacted]方

とする説(岡山県警察部報告)と

(1) 自宅祖母　(2) 西[redacted]方　(3) 岸[redacted]方
(4) 岸[redacted]方　(5) 寺[redacted]方　(6) 寺[redacted]方
(7) 寺[redacted]方　(8) 寺[redacted]方　(9) [redacted]波[redacted]方
(10) 池[redacted]方　(11) 岡[redacted]方

とする説とがあるが、現場の地理的関係と最も生存者の多い寺[redacted]方家人の陳述及池[redacted]の陳述等を綜合すると此の表の順序が最も妥当な見方ではないかと思はれる。

進行順序	被害場所	原因関係	被害別	被害状況	被害者住所氏名年齢職業	備考
(一)	自宅中六畳就寝中	最後ノ遺書ニ於テ述懐シ居ル如ク後ニ残ル不憫ヲ考ヘタルモノヽ如シ	即死	頭部割創	岡山県苫田郡西加茂村大字行重[redacted]部 農 井[redacted] 当時七十六年	
(二)ノ一	自宅納戸六畳ノ間就寝中	生活史ノ欄ニ於テ説明セル如ク[redacted]及娘[redacted]ニ對シ屢々情交ヲ迫リテ拒絶セラレ尚其ノ事實ヲ部落内ニ言觸ラサレテ輕蔑セラレタルニヨル	同	右頭部刺創左前胸部切創右肩胛間部刺創口唇部刺創	同所[redacted] 戸主 農 [redacted]母 岸[redacted] 当時五十年	

ノ二	同	右岸■、岸■ニ對スル怨恨關係外ニ特記スヘキモノナシ	即死	前頭部刺創	同所 戸主■ノ弟 無職 岸■ 當時十四年男	
ノ三	同	同	同	左頭部切創左頬部切創等合計八ヶノ切創	同所 戸主■ノ弟 無職 岸■ 當時十一年	
(三)ノ一	自宅四疊ノ間就寢中	■ハ西■方ニ再婚シ來リタルモノナルカ性極メテ淫奔且多辯ニシテ嘗テ同女カ犯人ニ對シ年頃タカラ蟲カツイタノカモ知レヌト水ヲ向ケタルニヨリ情交ヲ迫リタルニ却テ拒絶セラレ其後モ同樣情交ヲ求メテ拒絶ニ會ヒ且口喧シク部落內ニ言觸ラサレタルニヨリ最モ深キ恨ヲ抱キタルモノヽ如シ	同	上腹部盲管銃創	岡山縣苫田郡西加茂村■ 戸主 西■妻 農 西■ 當時四十三年	
ノ二	同	■ニ對スル關係以外ニ特記スヘキモノナシ	同	心臟部ヨリ下部頸椎ニ至ル貫通銃創	同上 農 西■ 當時五十年	
ノ三	同	情交關係ハナキモノヽ如シト雖モ嘗テ同女ニ戀シ居リタルニ他家ニ嫁キタル爲失戀シタルモノヽ如シ	同	左腰部ヨリ右肩胛部ニ貫通銃創胸骨下端部銃創	同郡東加茂村桑原 只■ノ內縁ノ妻■ノ長女 農 西■ 當時二十三年	母ノ看護ノ爲犯行ノ前日來合セタルモノ
ノ四	同	全ク關係ナク偶々實姉■ノ病氣看護ノタメ來合セ居リ此ノ難ニ遭ヒタルモノ	同	心臟部銃創外創二ケ	同郡高田村 ■ 岡■ノ妻 農 ■ 岡■ 當時二十四年	實姉■ノ看護ノタメ來合セタルモノ
(四)ノ一	自宅奧六疊ノ間就寢中	本人ニ付テハ格別ノ事ナキモ犯人カ最モ恨ム西■ノ娘■ヲ妻ト爲シ居ルニヨル	同	前胸部銃創	同縣苫田郡西加茂村大字行重■ 農 岸■	

研究篇

					當時二十二年	
ノ二	同	右西■ノ娘ナルニヨル	同	上腹部銃創	同上(岸■內妻) 農 西■ 當時二十年	西■ノ次女ナリ姙娠六ヶ月
ノ三	自宅表八疊ノ間ニ於テ就寢中	一ニソノ嫁カ西■ノ娘ナルニヨル	重傷	五週間程度ノ左胸部銃創	同上(岸■ノ母) 農 岸■ 當時七十年	
ノ四	同	何等ナシ	即死	左肺部ヨリ前胸部ニ貫通銃創鈍體ニヨル顏面挫創	同上(■ノ甥) 農 寺■ 當時十八年	
(五)ノ一	自宅臺所ノ間	同家ノ娘寺■ニ對スル怨恨ヲ原因トスルモノ	同	右手助部盲管銃創	岡山縣苫田郡西加茂村大字行重■ 農 寺■ 當時六十年	
ノ二	逃走セントシテ自宅奧納戸六疊ヲ出タ戸外軒下	同	同	背部銃創一ヶ左胸部銃創二ヶ	同所(■長男) 農 寺■ 當時十九年	
ノ三	奧ノ間廊下ノ隅	同	同	心臟部銃創右背部銃創	同所(■內妻) 農 仁■ 當時二十二年	
ノ四	同廊下上	同	同	右背下端銃創右胸部銃創	同所(■ノ五女) 無職 寺■ 當時十五年	

ノ五	同廊下ヨリ飛出シ軒下ニ於テ	同	即死	胸部銃創二ケ 左上膊銃創	同所（[redacted]ノ六女） 寺[redacted]子 當時十二年	
ノ六	寺[redacted]方ニ避難セルモ逃走ノ際受傷	犯人ハ終始[redacted]ヲ戀シ居リタルモノ、如ク屢々情交ヲ求メテ拒絶セラレ居タル如シ同女ハ嘗テ[redacted]波[redacted]ノ妻ナリシモ犯人トノ關係カ原因トナリテ離婚ト僞リ其ノ後無斷他家ニ嫁シタルヲ以テ恨ム	輕傷	前頭部擦過傷	同郡上加茂村大字物見 農北[redacted]ノ內妻 寺[redacted] 當時二十二年	寺[redacted]ノ四女ニシテ當時里歸リヲ爲シ居リタルモノ
(六)ノ一	自宅納戸六疊ノ間就寢中	[redacted]ハ後家ナルヲ以テ屢々情交ヲ挑ミテ拒絶セラレ又犯人ト戀愛乃至情交ノ關係アリタル西[redacted]、寺[redacted]ノ兩名ノ結婚媒酌ヲシタルニヨリ恨ム尚豊野ハ寺[redacted]ト情交關係アルモノ、如シ	即死	胸部上端貫通銃創 右背部銃創	同郡西加茂村大字行重[redacted] 農（[redacted]ノ母） 寺[redacted] 當時四十五年	
ノ二	自宅中ノ間就寢中	右ノ外本人ニ付テハ何等ナシ	同	右肩胛部ヨリ胸腔ニ貫通スル銃創 左前膊上部銃創	同所 農 寺[redacted] 當時二十一年	
(七)ノ一	自宅隠居部屋ノ窓口附近	本人ニ付テハ何等ナシ唯犯人ノ深ク恨ム寺[redacted]カ同家ニ逃ケ込ミタル際戸ヲ開キテ何事カ習ヒテ射殺サレタルモノ	同	心臓部銃創二ケ 左拇指部銃創	同所（戸主寺[redacted]ノ父） 無職 寺[redacted] 當時八十六年	
ノ二	自宅母家ノ表廊下隅	何等ナシ	輕傷	二週間程度ノ右大腿中央外側盲管銃創	同所（[redacted]ノ四女） 農 寺[redacted] 當時二十一年	
(八)ノ一	寺[redacted]方ノ納屋内ノ共同蠶室内就寢中	同女[redacted]ハ病弱ニシテ同病相憐ム心理ヨリ同女ニ戀シ情交ヲ求メテ拒絶セラレタリト風評アリ	即死	左右腹部銃創三ケ 前胸部銃創一ケ	岡山縣苫田郡西加茂村行重[redacted]（戸主[redacted]妹） 農[redacted] 波[redacted]	

					當時二十一年	
ノ二	同	屢々[redacted]ニ情交ヲ求メテ拒絶セラレ恨ムニ至リシモノト思ハル	同	後頭部銃創 左肩胛部銃創	同所七五〇（岸[redacted]ノ妹） 農 岸[redacted] 當時十九年	
ノ三	同室表縁	何等ナシ同室ニ居リタル右[redacted]、[redacted]兩名襲撃ノ餘波ヲ受ケタルモノ、如シ	同	左腹部銃創二ケ腸管露出 左右大腿部銃創二ケ	同所七七六（[redacted]內妻） 農 平[redacted] 當時六十五年	
(九)	自宅納屋内養蠶室内	[redacted]ニ情交ヲ求メテ拒絶セラレタルニ非ルヤトノ風評アリ尚其ノ長男[redacted]ハ寺[redacted]ヲ妻トシ居リタルモ犯人ト[redacted]ト情交關係アルヤノ風評ニテ離婚シタルモノナリ	重傷死	右大腿外側銃創 左大腿前面銃創（皮下注射ヲ受ケタルモ大出血ニヨリ死亡）	同所七六三（戸主[redacted]波[redacted]ノ母） 農 [redacted]波 當時四十七年	
(一〇)ノ一	自宅納戸六疊ノ間就寢中	犯人ノ最モ恨ム寺[redacted]ノ實家ナルニヨル（[redacted]ハ戸主初ノ妹ナリ）	即死	左胸部ヨリ右背部ニ貫通スル銃創	同所七一〇（戸主[redacted]ノ妻） 農 池[redacted] 當時三十四年	
ノ二	同	同	同	右腹部及右胸骨下端銃創、左前膊部銃創、肝臓腸露出	同所（[redacted]ノ四男） 無職 池[redacted] 當時五年	
ノ三	同	同	同	右胸部盲管銃創	同所（[redacted]ノ母） 農 池[redacted] 當時七十二年	

ノ四	自宅表縁側ノ軒下	同	即死	左肩胛部肺尖ヨリ前胸部ニ貫ク銃創及其他胸部左右腕ニ銃創六ヶ所肺臟露出	同所 農 池■（■ノ父） 當時七十四年	
（一一）	自宅表廊下雨戸ヲ開キタル際狙撃セラル	■ノ夫■カ裕福ニシテ寺元豊野其他多數ノ婦女ト情交關係アリ恨ムニ至リシモノト思ハル	重傷死	右肘關節及右前膊上部銃創ニヨル大出血ノタメ死亡	岡山縣苫田郡西加茂村行重■ 農 寺■（戸主■ノ妻） 當時五十六年	
（一二）ノ一	自宅表六疊ノ間	生活史ノ項ニ於テ説明セシ如ク犯人ト妻女■トハ醜交關係アリテ問題トナリ其ノ後モ犯人尙出入スルヲ以テ同女ヲ匿シ居リタルモノ	即死	左胸部銃創三ヶ、上腹部銃創一ヶ	同村大字坂本■ 農 岡■ 當時五十一年	
ノ二	自宅奥六疊ノ間ノ裏縁	同	同	左背部銃創二ヶ右腰部銃創	同所 農 岡■（植■） 當時三十二年	

C 補遺

1 被害戸數十二戸の中■方を除く其の他の十一戸は全部貝尾部落に屬する。其の中寺■姓の五戸は、夫々前記寺■方と遠緣又は株内たるに止り犯人と深い關係はない。

結局貝尾部落で襲撃を受けなかつた家は　（イ）杉■　（ロ）谷■　（ハ）奥■　（ニ）山■　■　（ホ）小■　（ヘ）山■　（ト）西■　（チ）西■　（リ）岸■　（ヌ）寺■　（ル）寺■

の合計十一戸であるが、（イ）乃至（チ）は犯人と何等關係なく（ヌ）寺■及（ル）寺■は各々犯人の祖母の實甥であつて、從來もよく犯人の面倒を見て來たのであるが此の大兇行の發生によつて甚だしく苦境に陥り、被害者の遺族達からは右兩名が身を挺して制止したならばこれ程迄にならなかつた筈だと其の責任を問はれ困惑して居る樣子であつたが、圓一自身が語る如く假令同人等が危險を冒して制止せんとしたとしても所詮は無駄ではなかつたかと思ふ。

岸■に對しては例の留■の妻の一件で相當不滿を持つて居た樣であつて最後の遺書に於ても同人を密獵常習者として非難して居るのだが同人は何故か襲撃を免れて居る。同人方は寺■方の附近にあり恐らく追手の迫り目的遂行の妨げられるのを終始心配して居た犯人が■方に來る迄に於て既に寺■、寺■等が警察に急訴の爲め出向いたことを知つて居るので追手の迫らぬうちに早く■田方を襲撃して自殺を決行しやうと焦りその結果■方襲撃を斷念したものではないかと思ふ。

2 寺■（寺■の實弟）方は其の妻■子に對する關係に於て最も深く恨まれて居た樣だが同人等は昭和十三年三月中旬先づ津山市に移り更に同月下旬頃家財道具を取纏めて京都府愛宕郡花背村大字別所に轉住し貝尾の住宅は兇行當時空家であつたので此の難を避け得た。其の轉住の理由に就ては部落民一般の噂では最近に於ける犯人の甚だ不穩な行動を逸早く知り他に轉住でもしなければ近く大難あるべしと怖れたによると云ふのであるが、■等は其の事を否定し轉住は單に夫■の山仕事の都合によるに過ぎないと云つて居る。

又■が犯人と情交關係を結ぶに就て金錢を代償としたか否かに付ては、同女は極力之を否定して居るので斷定は困難であるが二月十一日檢擧の際日井警部補が■■との關係を訊ねたところ犯人は一回情交關係のある事實を認め其の代償として五圓と反物一反を與へたこと及其の他に■■より三十圓貸與の要求があつたが嫌らしくなり斷つたことを陳述したさうである。

3　犯人が所持して居た實包は略百發位と推定せられるが自殺の時殘つて居たのは十四發で其の他に現場附近に數發の未使用實包が落ちてゐたさうであるから實際に使用した實包の數は八十發前後ではないかと思ふ。

其の銃聲は大變大きなものであつたと云ふ者もあれば、水の中で音のする樣な重く低い音だつたと云ふ者もあり又板戸を竹で叩く樣な音であつたと云ふ者もあり此の地方に多い長太郎水車の音の樣に感じたと云ふ者もあつて色々と違ふが結局目標物の性質の相違、夫れとの距離の遠近、或は聽く者の位置等によつて斯樣な結果になつたものと思ふ。殊に人體に押當て乃至は之に極めて接近して發射した場合には重く低い銃聲であつたものと思はれる。

匕首一本は實包の盡きた際における兇行繼續や介入した邪魔物排擊或は自殺に使用する目的で準備的に携帶したものと思はれるが實際には全く使用して居ない。

4　猛獸彈であるため其の威力は眞に物凄いものであつて其の射入口は一錢銅貨大の創傷で比較的小さいが射出口は其の二倍以上あり出血甚だしく其の死體の慘狀全く見るに忍びなかつたと云ふことである。然し各死體には孰れも苦悶の狀はなかつたさうである。

第五、兇行後の狀況

（一）犯人の自殺

午前三時頃略其の目的を遂し終つた彼は岡■■方より北方に向つて走り午前三時五分頃同人方より約四丁離れた西加茂村大字楢井武■■（當六十六年）方に其の異樣な姿を現した。同人は表で「今晩は今晩は」と呼ぶ人聲に目を醒まし返事をした。すると彼は直に■■の寢室に入り、強盜と思つて恐怖する同人に對し先づ「お爺さんおびえなさんな」と前置して「急ぐから鉛筆と紙を早く貰ひたい。今警察の自動車が此の下まで自分を追つて來て居るのだ」と云ひ、同人が紙を捜し始めると同室で就寢して居た儘で顏見知の其の孫を見て「君の家は此處か、爺さんでは間に合はないから君早く鉛筆と雜記帳を出して呉れ」と云ひ其の孫が雜記帳の書き殘りを出すと其の一部を破り取り「なんぼ俺でも罪のない人は撃たぬ、心配するな」と云つた。■■が「これ程迄にして居るのに撃つて貰つては困る」と云ふと「此處へ來れば用が足して貰へると思つたので來た。俺が此處で死ぬとお家の迷惑になるから早くやつて呉れ」と催促し漸く孫が捜し出した鉛筆を取るや否や直ちに同家を立去つた。そして更に北方に向つて走り續け相當急な荒坂峠を登り■■方から約十五丁貝尾部落から一里近く距つた仙ノ城山頂に達し一先づ裝備を解いて一松方から奪ひ取つた雜記帳の紙片に別記の如き最後の遺書を鉛筆で認めた。案外平靜に之を認め終つた彼は自己の成長した部落及近隣一帶の村落を一望の裡に見下しながら兇行當時の服裝を全く解き携帶品を其の場に列べ地下足袋を脱ぎ揃へ洋服のボタンを外し、シャツの上から此の慘虐を敢てした猟銃の銃口を其の心臟部に押當てゝ足指で引金を引き從容として自殺してしまつた。時刻は夜明も程近い午前四時半頃であつただらう。

あたりは何等取り亂した跡もなく其の後犯人の死體發見の際調べたところ、銃器には尚五發の實包が裝塡されて居り雜囊には尚九發の實包が殘存して居た。此の山頂は曾て慶應二年貝尾部落出身の仁木直吉郎が同志を糾合百姓一揆を起し蓮旗を押し立てゝ農民を群集せしめた地だと傳へられる。

（二）犯人搜査の狀況

先づ貝尾部落■波■■、小■■■の兩名によつて五月二十一日午前一時三十五分頃加茂町巡査駐在所詰今田巡査に對し急訴が行はれた。同人等は午前一時十分頃此の兇行を知り間も無く竊かに同部落を脫出し途中迄徒步で走り途中より他家の自轉車に依り都合二十分程を要して駐在所に到達した。共の時の申告は都井睦雄が氣が狂ひ銃を持つて暴れ出し既に部落民十數名殺られた樣だと云ふ趣旨であつた。同巡査は直ちに津山署宿直の北村警部補に對し警察電話を以て報告應援の急派を求むると共に隣村東加茂村巡査駐在所詰米澤巡査と聯絡を執り消防組集合の手配をなし急訴人等と共に現場に急行した。一方此の報告を受けた山本津山署長は直ちに署員の非常召集を行ふと共に縣警察部に報告先づ午前三時十分北村、臼井の兩警部補及新山巡査部長、北谷、藤原の兩巡査をして警察自動車で先發現場に急行させた。此の先着隊は午前四時頃現場に到達し相次いで現場附近に集合した消防組援助の下に犯人の逮捕及附近の警戒連絡に努めた。又縣警察部では關係各署に署員の非常召集を行ひ警戒網を張らしめ附近一市十一ヶ町村の消防組も亦出動（出動人員合計千五百七十九名）警戒に任じた。共の後午前八時二十分頃に至り附近警戒中の消防組員の一人によつて犯人が武■■■方に於て鉛筆と雜記帳を入手した事情を聽取し得、次で間もなく犯人が右■方から入手した雜記帳の紙片と思はるゝものを同人方より約六丁北方の路上に於て發見したので其の逃走方向も略判明、地下足袋の足跡を追ふて犯人逮捕に向つたが同十時三十分頃前記場所に於て自殺せる犯人を發見した。署長は犯人の死亡を確認した上正午に至り非常警戒を解くと共に消防組にも亦解散を求めた。

（三）事件の處理

事件の發生は五月二十一日午前六時三十分岡山地方裁判所津山支部檢事局遠山檢事に報告せられ、同檢事は國枝檢事正の指揮を受け直ちに現場に出張犯人搜査の指揮に當ると共に同行の有地豫審判事に對し現場の檢證及被害者の死因の鑑定に付强制處分を求めたが、間もなく犯人の自殺が確認せられたので搜査指揮を其の程度にて打切り同月二十三日事件を公訴權消滅により不起訴處分に附した。

（四）事後狀況一般

(1) 死者に對する葬送は村主催の合同葬によつて行はれた。五月二十二日が友引の日であつたので、翌二十三日午前三時より始められ同七時に全部埋葬を終つた。■岡■■■を除く其の餘の被害者は全部夫々概ね各家の裏附近に設けられた自家の墓地に埋葬せられ、■岡■■は其の婚里の墓地に葬られ、都井■■及犯人睦雄は其の姉夫婦によつて出生地倉見にある都井家の墓地に相並んで土葬せられた。

(2) 家族全滅等によつて作付不能となつた田畑約六町步は被害者等の親族及貝尾部落に於て村當局援助の下に分配耕作した。都井家の田は寺■■■に於て其の世話をみることになつたが、處分は未だされて居ない。其の住家は昭和十三年八月下旬五十圓で他に賣却せられて同年十一月二十五日取毀されてしまつた。この五十圓は岡■■■に對する債務の內入として支拂はれたが結局實姉が殘債務全部を引受けるのであらう。又飼育不能となつた蠶種約四十枚は部落民の具備によつて一時放任さるゝ狀態であつたが、村當局の斡旋により他部落の養蠶家に分配飼育せられることになつて其の成績も案外良好だつた相だ。之による收講高は約百八十貫千圓位のものであつた。

(3) 事件直後に於ける部落の人達の畏奮は餘りにも激しく唯茫然自失する許りであつたが其れも漸次穩靜に歸し其の後は別に不安も動揺もない樣子である。流言や迷信の流行も特別のものはなかつたらしく、唯一時他の地方からの逆輸入的に幽靈が出るとか火の玉が飛ぶとかの流言が飛んだ程度に止まる。八月五日合同慰靈祭が村主催で行はれ、同時に關係者の懇談會が行はれたが部落の人達が一致して一日も早く此の不吉な追憶を捨て去つて清新な部落に甦生せんとする意氣に燃えて居るのは眞に喜ぶべきことであつて、筆者等も法外に不運であつた此の部落に今後神の特別の加護のあらんことを祈つてやまない。

(4) 此の事件發生の責任を負ひ當時の津山警察署長山本警視と臼井警部補は其の職を辭し北村警部補と今田巡査は他に轉勤を命ぜられるに至つたのである。

結　　論

第一、兇行の内的原因

最も中心的な問題は此の兇行が果して精神病者の行爲であるか否かと云ふことである。彼は自ら其の遺書に於て頻りに精神病者でない事を宣言して居る。寧ろ其の宣言の爲めにこそ態々此の遺書を書くのだと言つて居る。併し果してこれを信じてよいかどうか結局斯道の權威者の判定に俟たねばならないことであるのみならず未だ此の程度にしか集められて居ない材料を以て此の疑問を解決することは困難事ではあるまいかと思ふ。尤も彼の遺族達からは若し學術研究の資料になるなれば、彼の死體を其の道の權威者の研究の爲め提供して彼が大變な迷惑をかけた社會に對するせめてもの罪滅しにしたいと當局に上申して來て居るし、彼の頭蓋を解剖することは當初よりの部落民の一致した希望であつた。

若し筆者の感想を問はれるなれば、兇行全般甚だ慘虐を極め殊に其の劈頭大恩ある祖母の首を斧で一擊し殘忍にも切落した點、其の周圍に對する反抗憎惡が餘りに深刻且執拗に持續せられて居ること、自己の前患並周圍の壓迫を實相以上に重く感じ殆んど妄想の程度に進んで居ること、其の道義的判斷著しく鈍り周圍を顧慮せず審地に自分の目的追及にのみ沒頭して最後の瞬間に至る迄何等の道德的反省の跡が認められず遺書の最終行迄隣人に對する呪咀の言葉を以て滿されて居ること等の諸點より見て彼が異常な變質者であつたこと及神經衰弱の症状にあつたことは間違ひないと思ふが所謂精神病者(狹義の)即ち法律上の心神喪失者であつたとは考へられない。兇行前多少の奇行はあつたとしても特別に精神病者と思はるゝ程の言動があつた譯ではなく極めて周到綿密に兇行が企圖且實行せられて居り遺書の如きも三通共何等思考の分裂を示して居らない點等から見て精神病者とする說には遽かに贊成し難い。

結局生來變質者であつた彼が其の特殊な家庭的事情に起因して、長ずるに從つて愈々孤獨感を募らせて全く社會と隔離し自己中心的性癖を助長させ、他方生來の病弱が肺患に迄進行するに及んで其の宿命的な劣弱感と厭世感を深刻化させ其の性格の中心に潛む致命的な弱さは性的放埒となつて現はれ、其のため益々隣人達に嫌惡排斥せられることは彼の孤獨感と厭世觀を救ひ得ない迄の極度の自暴自棄に陷し人生の有りとあらゆるものを呪ふ氣持となり虛無の憂鬱は遂に一切の憎惡の對照に對して死を以て復讐し、此の不幸不快な人生の淸算をしやうとして此の兇行が行はれたものと思ふ。勿論兇行全部を通じ弱さを內包する彼の英雄主義(即ち虛榮心)が多分に織込まれて居ることは爭はれない事實である。

第二、兇行の外的原因

（一） 家庭的事情

彼が両親愛といふものに少しも恵まれず而も唯一の祖母は彼を盲目的に愛する許りで指導能力を全く缺き親族其の他にも適當な指導者保護者のなかつたことが本兇行の一原因を爲して居ることは前記の通りで、若し彼に片親なりともあつたならば本件は決して發生しなかつたものと信ずる。

（二） 家計の行詰り

之が彼の厭世心と自暴自棄を深刻化し兇行決意に一大拍車を加へたことは否めない事實だと思ふ。

（三） 部落の一部に存する淫風及肺患嫌惡の習俗

彼の周圍に對する怨恨の大部分は彼自身の非行と偏見とに其の責があることであるし又其の淫風存在程度も餘り盛んと謂ふ譯ではなく、殊に肺患嫌惡の習俗は農村としては已むを得ないことではあるが之等の習俗が本兇行の因を爲したことは否定出來ないと思ふ。人妻に情交を挑んで容れられなければ怒り又それを嫌けなければ怨むといふことはそれ自體變態的なことであつて之も亦彼の持つ特異な變質性に基因することではあるが、左樣な考へ方を彼に與へた環境の性的腐敗を遺憾とする。

（四） 警察取締の失態

銃砲火藥類其の他兇器一般に對する警察取締が甚だルーズ不十分であることは本件に於て痛感せられることで、此の方面の取締の改革を切望するのであるが、特に三月十二日の檢擧の際に於ける取調が甚だ皮相的形式的であつて警察官としての熱意と徹底を著しく缺いて居たことはまことに遺憾の極みと云はねばならない。若しあの際取調がもう少し徹底したところ迄進み爾後の處置が適切に講じられて居たならば本兇行の發生は防ぎ得たのではあるまいか。

從來作州地方勤務の警察官が一般に其の地方の人心の呑氣さに染んで多少緊張を缺いて居ると云ふことは縣警察部に於ても夙に認めて居り、當局者は從來も其の改善に極力努めて居たのではあるが未だ其の徹底的改善に至らない矢先支那事變の關係で元氣旺盛な警察官の多くを戰地に送つて警察力が著しく不足し、現に此の兇行の村の駐在巡査も缺員中で隣の加茂町勤務の巡査が兼務せざるを得ない狀態であつた事、三月十二日の檢擧の際の主任である臼井警部補等が新任間もなくのことで此の地方の實狀に通じなかつた事等は孰れも已むを得なかつた事情であるにしても考へさせられる點である。

第三、最後に惡い言葉ではあるが此の兇行が犯罪として眞に歴史的な成功を贏ち得た諸原因を探究して見たい。

（一） 計畫の周到且精密であつたこと

殊に全部落點燈不能に陷つても敢て電工の修理をなひに走らないといふ極端に呑氣な部落民の急所を掴んで、全部落を暗黑化して置いて自分丈燈火を持ち敵にあたつた事、又兇行の初めは斧又は日本刀を用ひ次で銃器を使ひ初めそれもなるべく熟睡の隙を狙つて銃口を相手の身體に押當てるか或は之に極く近づけて發砲するの方法を執り銃聲等の爲めに隣人達が早期に騒ぎ出すのを防止した事等まことに巧な戰術と云はねばならない。而も此の

周到に樹てられた計畫を比較的沈着に遂行し得た彼の冷靜さには驚かざるを得ない

(二) 兇器並に其の射撃技術の優秀性

彼が病弱非力な者にとつて最も適當な兇器である銃器を武器としたこと、其の使用銃が猛獸狩使用の十二番口徑ブローニング九連發銃と云ふ甚だ威力の强いものであつたこと、大部分が乘込襲擊の狙ひ擊とは云へ寺■■、寺■■、寺■■等の狙擊に於て見られる通り射擊に就て彼が餘程の修練を積み其の技術が卓拔であつたことは兇行成功の重要素因であると考へられる。

(三) 被害者側の油斷と戶締不完全

部落民全員が三月十二日の檢擧で全く安心してしまつて此の兇行を全く豫知せず油斷して兇行に對する何等の防備もせず、兇行發生を知つても唯茫然自失狼狽するばかりでなすところを知らなかつたこと、殊に其の殆んど全部が戶締不十分のために彼の侵入及兇行を甚だ容易ならしめてゐることは明瞭な事實である。現に寺■■方及寺■■方の如きは戶締が相當嚴重であつたが爲めに其の被害が比較的寡少で濟んで居る實情である。

(四) 兇行現場が甚だ交通不便の地であること。

此の兇行の行はれた兩部落が全く他の部落より孤立しそれも電話等の通信機關もなく、駐在所迄出るにさへ二十分間餘りも要すると云ふ土地柄であつたことは本兇行をして略犯人の希望する通り遂行するを得しめた一要因だと思ふ。

以　上

三つの遺書に現はれた犯人の倫理觀

岡山地方裁判所檢事局
思想係檢事　林　　隆　　行

犯人の遺書にどれだけの信賴がおけるか疑はしい。けれども、彼の遺した三つの遺書だけを讀む者にとつて奇異な感じに捉はれるものが二つある。その一つは犯人の年若い年齡にもかゝはらず、犯人が犯行に對していかにも大膽で周到で、しかも冷徹に近い自覺性を有してゐること、もう一つは勿論歪められてはゐるが、犯人がしばく遺書の中で繰返してゐる「非常時」とか「國家」とかいふ言葉に代表される國民道德乃至は國民的倫理の一應の認識把握である。

犯人が犯罪決行の三日前、五月十八日の遺書の冒頭に記してゐる遺書の目的、即ち「僕がこの書物を遺すのは自分が精神異常者でなくて、前以て覺悟の死であることを世の人に見て貰ひたいためである」この言葉の中にも犯人が自分の犯行に對する自覺や、その犯行の必然性を誇つてゐるのである。又自分の犯行が止むに止まれぬもので實は社會惡に對して死を決しての行爲である事を主張してゐる。しかも一方彼は自分の犯意を全面的に肯定してゐない。自分の犯行が一つの罪惡であるといふことを認めてゐる。それが面白いのである。その分裂の仕方に犯人のもつ倫理の片鱗が現はれるのである。さうした二つの矛盾が遺書には次の樣に現はれてゐる(傍線筆者)

「少しのことなら如何にしいたげられても、こんな氣持を惡い方に變えぬけれど」

又、犯人の唯一人の戀人であつたとも言へる■の一家が京都、東京方面(?)へ遁走した際犯人は彼女等を生かし

て死ぬことの覺悟さへを述べてゐるがその最後の部分に、

「けれど考へて見れば、小さい人間の感情から一人でも殺人をするといふことは非常時下の日本國家に對してすまぬわけだ」

これ等の遺書からの言葉を味つてゐると、犯人の何處かに、國民的道徳がメスの様にではないが光つてゐて、自分が決行しようとする犯罪との間につねにある葛藤があつたことだけは確かである。又、犯人の唯一の肉身である姉（■■■）への遺書には非常時の國民が國民として凡ゆる方面に溌剌として活動を見せてゐる時、自分だけがかうして幻滅の悲哀に泣いてゐることを淋しがり

「自分も强く正しく生きて行かねばならぬとは考へて居ましたけれど、不治と思はれる結核を病み大きな恥辱を受けて、加ふるに近隣の冷酷壓迫に泣き遂に生きて行く希望を失つてしまひました」

と、犯人がかゝる犯罪を犯す過程と心意とをともかくある程度の倫理觀を滲ませて書き記し、殊に死後の自分の死體に就いても强烈なる罪惡感を漏らしてゐる。

「僕も父母のそばに行きたいけれどなにしろこんな事を行ふのですから姉さんの考へなさる様でよろしい。けれど僕は出來れば父母のそばにゆきたい」と述べてゐる。

この實姉■■■に與へた犯人の手紙は特に犯人が生存する唯一の肉身に對して可成の信頼と希望をもつて反省をし、係累の及ばない様に努め、なほ、犯人が二歳の時からの育ての親である祖母■■の殺害を悲んでその行爲を詫びてゐるのも目立つてゐる。

なほ、この姉への遺書の終りには犯人にとつて非常に殘り惜しげに次のやうな事が加筆されてゐるのも先頭遺書として見逃してはならぬものである。

「おなじ死んでも、これが戰死、國家のため戰死だつたらよいのですけれど、やはり事情はどうでも大罪人といふことになるでせう」

この様に犯罪史上稀有の大罪人と謂へども生を皇道日本に受くる以上、國民的感情に捉はれずにはゐられないのである。特に犯人の短い生活にとつて唯一の明るさともいふべき小學校時代、彼が涵養された國民道德は、つねに犯人をして犯罪の決行を躊らせてゐる。「日夜もんもんとすること一年」とか「年老いた祖母の事を思ふ度に强く强く、そして正しく生きて行かねばならぬ」とか、ともかく犯人は犯罪の計畫と、犯罪の決行にあたつて逡巡逡巡をしてゐるのは事實である。とりわけ彼犯人が愉しかつた小學時代への渇仰は切々たるものがあるのである。

「その間にも以前、小學校時代先生皆の人に可愛がられて幸福に活して居た當時を思ひ起してなつかしい。（中略）人に對する憎しみを捨て、眞面目なりし以前の様な僕にならうかと考へたこともあつた」

犯人のかゝる素朴な告白も、年若い彼の年齡と、彼の育つた環境とを想像してそのまゝ正直に背けられないことはない。

しかし、問題はさうした犯人の國民的良心の側にはない。犯人は國民的道德等の呵責にもかゝはらず頑として自分の犯行の正義を主張して止まない一點をもつてゐる。つまり犯人の自らは小犯行に對する自覺であり、「世の人にみて貰ひたい」といふ不敵にも自分の犯行を正當として强要する精神である。犯人は國民的な良心や心情によつて自分の

生活や、環境への反省はするが、決して自分の決行しようとする犯罪に對しては一向根底的な反省の眼を向けない。向けないどころか、それを堅く固持して主張さへするのである。犯人の記した遺書もまた犯人のさうした主張を世の多くの人に識らすための目的をもつてゐる。「自分が精神病者で無くて前以て覺悟の死であることを世の人に見て貰ひたいためである」。遺書の目的は明らかに犯行の正義化のためである。こゝに犯人のもつ更に複雜な人生觀、倫理觀の究明が必要となつて來る。

犯人は如何なる目的をもつてかゝる多數の同胞を殺害したか。遺書の中には明らかに次のやうに書かれてゐる。

「あいつらは生かして居いて僕だけ死ぬるのは殘念でしかたがない」

何故、あいつらが生きるのが、犯人にとつて殘念で仕方がないのか。その動機を犯人は遺書に細々と記してゐるのである。大別し、要約してみれば、先づ犯人が他の人々に較べて體質が贏弱なこと、小學校卒業當時から抱いてゐた青年らしい希望を捨てなければならなかつたこと、死期を前にして世間一般が犯人に對して冷酷であること、「あれ程深くして居た女でさへ、病氣になつたらすぐ心がわりがする」こと、「僕は人の心のつめたさをつくづく味つた」こと、「社會ももう少しみよりのないもの結核患者に同情すべきだ」憎しみに對しては憎しみで報ゆること、彼等を生かしては自分は死ねないこと、彼等を生かしては世のためにならぬこと、彼等を殺すことはそれだけでは惡いが、結果としては良いと考へてゐること、自分の育ての親、祖母は死後のことを思ひ、又愛する故に殺害しておくこと等である。

以上の如く犯人が問題を自分の方へ持つていく場合、徹底的に自己中心であり、個人主義的である。彼は飽くまで利己主義的にものを解釋してゐる。例へば自分の病弱についての不幸がそのまゝ受入れられないので、なにか周圍或は社會的な責任の如く考へてゐる、病弱なものに特有な歪んだ眼をもつて凡てのものを眺めてゐる、殊に女性の問題にそれが著しい。例へば一度關係をし、又關係を求めた女性は己れの獨占物の如く考へてゐる。自分は幾多の女性に歪んだ關係を求めながらその女性が自分より去ると激しい憎惡をもつてこれに報いてゐる。他人の權利や人格といふものを全く認めないで、自己の所有物の如く考へて何事も恣に結論しては勝手に行爲してゐる。唯一の肉親である祖母を殺し、情婦を殺害する有様は丸で無理心中に似てゐる。さうして執拗に自分の意思を遂行する手段は復讐に燃ゆる惡鬼の如くである。

かくの如く全く非社會的な犯人の生活態度は前述した犯人の國民的心情と決して一致するものではない。この平行線的な矛盾は彼の犯罪が計畫的に押しすゝめられゝば進められる程如實に現はれて來るのである。換言すれば犯人の倫理は次第に分裂し、矛盾し、こゝに犯人の自滅の様相をさへ眺めずにはゐられなくなる。そのために犯人は懊悩し、逡巡する。ある時は肉親のことを考へ、國家のことを考へる。しかも、犯人は犯意に對しては執拗に固執して決して犯意そのものを翻へさうとはしない。その點非常に意思的である。意思の行使といふものはその對象や性質が、たとへいかなるものであらうとも一つの快感を與へるものである。犯人は遂に年來の計畫を實行する好機を得た。それが犯人の遺書を書いた五月十八日である。彼は遂に世界犯罪史上稀有な犯罪を惹起したのである。

犯人は己れの犯意に對して相當の罪惡的自覺と、世相に對する可成りの認識を有しながら、有してゐるかに見えるにもかゝはらず何故かゝる犯罪を構成したか。また、犯人が犯意決行に對してあれ程の逡巡と懊悩とを示しながら何故、犯行を遂行しなければならなかつたか。

それよりも一體犯人は自分の犯行に對してはつきりした自覺を有してゐると自ら言つてはゐるが、眞に犯人が自ら言ふ程、犯行に對して自覺があつたか、どうか。又、犯人は遺書の中に言葉としては、「國家」を論じ、「非常時」を論じてはゐるが、その言葉程に犯人は「國家」を考へ「非常時」を考へたかどうか。一見犯人は國民的良心と社會的倫理を自覺してゐるかに見える、犯人の倫理觀といふものは眞に信頼出來るものであるか否か。さういふ風に問題をすゝめてみれば吾々の誰一人犯人の倫理を信頼することは出來ない。つまり、犯人は自分では犯罪に對して冷徹で、自覺を有してゐると思つてはゐるが、それはたゞさう思つてゐるに過ぎない。犯人の倫理は前述した如く全く正反對のものをその儘、矛盾として内包してゐる。個人的利慾と、社會的利益とが相反する關係にある。つまり犯人の倫理に缺陷があるのである。缺陷どころではない。國民的倫理の不足からくる迷妄に過ぎない。犯人の犯罪動機たるや、單なる復讐手段に過ぎない。素朴な復讐觀念といふものが、又、單に元始的な復讐手段といふものが犯人にいかなる精神結果を與へたかは犯人自らが一番よく體驗した。

「決行するにはしたが」

これは犯人が年來の宿怨(?)を果した直後、自殺を前にして記した冒頭の言葉である。此の無氣力な全く溜息に近い言葉こそ彼が最後に獲得した精神的狀態であつた筈である。しかも次のやうな犯人さへも豫想してゐない新しい結果を附隨條件としてた。即ち、

「うつべきをうたずうたないでもよいものをうつた」

かゝる新たなる犯罪と結果とを招來したことを犯人は如何に反省したであらうか。一見冷徹にさへ見える犯人の犯罪に對する「自覺」とはこのやうな單純素朴なものであつたのである。その點、犯人の姉への遺書に絕望的に述べてゐる「決してはかをして下されなくてもよろしい、野にくされば本望である」は眞に犯人が自分の犯意決行に對する赤裸な、しかも本能的でさへある價値の感得であるかも知れないのである。

扨て、結論として何が得られたか。即ち、犯人が大正六年生れといふ非常に年齡的に若年であること、犯罪が世を擧げて國民的精神昂揚の時機に起つたこと、犯人が犯行を自覺してゐること、それから犯人の犯罪に對する「自覺」といふことが、實は個人主義的教育から無意識的に與へられた西歐的理智の代名に外ならない點、更に犯人がかゝる犯行を決意するに至る過程として、最も重要な役割を演ずる犯人の環境、とくに犯人を包む周圍の風俗風習への反省、更に又、犯人がもつ社會的倫理觀の缺如等々、吾々に提供する新たなる課題は檢察の任にある吾々の前に、幾多の反省を强ひるものとして甚だ興味がある。たゞ、こゝでは犯人の倫理的實體を探るには最も危險である犯人の三つの遺書による。遺書に現はれたゞけの犯人の倫理の追求を試みたのである。

—完—

津山事件に關する若干の考察

岡山區裁判所檢事　守　谷　芳

事件約一週年後犯行現場並犯人自殺現場を目のあたり見て全く感慨無量なものがある。事件の全貌に就ては既に書き盡された感があるが此の記錄的大事件に關し聊か私が調査した結果と之を基礎とした卑見の一端を述べてみたい。

第一、西加茂村殊に貝尾部落に就て

事件の發生した西加茂村の經濟狀勢は岡山縣下に於ける約三百八十ヶ町村の中位に在る。其の詳細は別添同村々勢一覽の示す通りで、備前備中に於ける豐饒富裕な農村には較ぶべくもないが相當に裕福な農山村である。岡山縣下一般に於けると同樣、二割程度の減收を以て凶作と名付ける有樣で東北關東等に於ける貧農寒村とは全くその趣を異にする。而して同村書記西■■君の語る處に依れば、此の地方の農家は藁屋根の家が多く家屋も古く縣南部地方の瓦葺で皆比較的最近の建築で一見して内福であることを推知し得るものと趣を異にして居るが實は却つて裕福だと云ふことである。そして適確には云へないが貝尾部落の經濟情勢は同村の中等に位するとのことである。

私が同村内の山林を歩き廻つて見た時木の大枝の折れたもの等が多數散亂してゐて村民等が拾ふ樣な形跡が少しも認められないので村民等に入會權が無いのだらうと考へたが、歸廳後縣山林課に就て調べると、西加茂村に於ける山林は八百二十七町歩餘で殆ど全部が部落有で、部落民はこれに共有の性質を有する入會權を持つてゐたさうである。處が数年前迄は村有に統一しその際僅々十二町歩位が個人有となつたが其の後と雖も部落民の入会権は従来の通りにしてある相である。この事實から見ると部落民は尠くとも入会山に燃料を求める程窮迫してゐないことが判る。私は西加茂村殊に貝尾部落を親しく見て全體から受けた感じ特に田畑の有様、被害者等の家の調度品或は村人等の服裝等に徴し前記西山君の言葉に嘘がないと考へる。

尤も此の點に就て縣經濟更生課に訊いて見ると西加茂村は昭和十四年度に經濟更生指定町村に指定されて居るが、この指定は申請主義に依つて居るので村の經濟状勢決定の目安にはなり得ない。岡山縣に於ける三百八十ヶ町村中昭和十四年度迄に既に二百九十五の指定をみ、本年中には全町村を指定する豫定だそうである。

次に同村の風俗習慣に就てゞあるが西加茂村は昭和十年度に縣當局より教化村として推薦指定せられ昭和十一年四月に宣誓式を擧げて居る。其の推薦の理由は縣社會教育課に訊いて見ると

(一) 同村が農山村として模式的の村であること

(二) 同村青年學校專任指導教員の活動顯著なること

(三) 民心の純朴なること

等であつて、此の指定が最優良町村に對するものでないとしても習俗劣惡なるものに對し縣當局が斯る指定を爲す筈がないことは明かである。

新聞紙の報導等に依ると此の村は特に男女間の風儀が亂れて居る樣に云はれて居るが、一體娯樂機關に惠まれぬ此の種山村では青年男女間の風儀が比較的ルーズであることは顯著な事實で貝尾部落のみを特に責めるのは酷に失する嫌がある。

第二、犯罪原因に就て

岡山醫科大學法醫學科遠藤教授の論文(別掲)中に於ける殺人犯人ワグナーが醫學上より見て精神異状者であることは、本件殺人犯人都井睦雄の精神状態考察に對し多大の示唆を與へるものである。然し乍ら私は都井睦雄が尠くとも常識的に所謂狂人でないことを前提としてこの問題を檢討して見たい。

後に述べる樣な種々な理由からして私は此の事件の原因は都井睦雄の先天的犯罪性格に在りと斷じたい。譬へ何時の時代、如何なる社會に又如何なる環境に彼が置かれたとしても、多少程度の差はありとせよ彼は相當な此種兇惡犯罪を敢行したであらう。

此の事件の原因として諸家の擧げられる點例へば犯人に兩親の愛が缺けて居たこと、或は彼が村人から所謂他所者として賓斥せられたこと、或は肺患嫌忌の風習により虐げられたこと、或は村に淫らな風習の存在したこと又は彼が經濟的に行詰つたこと等は確かに彼の犯罪性格に爆發の拍車をかけたことは否定出來ない。然し乍ら此等の拍車も彼の犯罪的性格あつて初めて大いに役立つたので、犯罪的性格を除いたならば極めて平凡な日常茶飯事でしかない筈である。

私は兩親に早く死別し他の肉親に育てられ乍らも相當立派に成功して居る多くの人々を知つて居る。家庭的に惠まれぬことが多く犯罪の原因となることは明かであるが、これと、この兇惡殘忍なる犯行との間に特殊の因果關係ありとする見方には異論がある。

未に由来岡山縣人は利己的排他的であると云ふ批難を受けて居るが、都井の場合は貝尾部落に於て他所者として排斥せらるゝ理由はない。同部落には彼から斧で首を切斷惨殺された祖母■の實家である寺■あり其の他に相當濃い親族の寺■、寺■等がある。彼の實姉■も彼等が村人から他所者として迫害された樣なことはないと云つて居る。又彼が肺患に罹つたことがあることも恐らく事實であらう。然し乍ら前記西■や被害家族の一人寺■等の語るところに依つても當時彼はぶら〳〵遊んで居たが肉附もよく顔色も良く決して村人は彼を肺病として嫌惡した樣な事實はないと云ふことである。殊に西■などは其の小供等が常に睦雄の處へ遊びに行つて居たが自分として少しも病氣について心配などしたことはないと云つて居る。唯此の病氣の問題は彼から淫らな行爲をされた女性間には、彼に對する惡口として口走られたことはあるかも知れないし又肺患を嫌惡することは都會と田舍とに於て差異はない。彼の遺書に依れば村人より肺患として嫌惡せられ他所者として排斥せられたりと確心して居る樣であるが、彼が果して斯く信じ良心に從つてこの遺書を認めたりや否やさへも疑はれる。唯眞實彼が斯く信じ切つて居たとすれば、之は彼の犯罪性格の爆發に對する大きな拍車であつた事は間違ひなく、部落民にとつては天災である。

村の淫風の問題は前述の通りであるが彼が犯行當時經濟的に行詰つて居たことは事實である。然し乍ら彼は父祖讓りの財産を一部病氣療養の爲或は關係した女の歡心をかふ爲等に使つたことは間違ひないが、殘餘はこの兇行準備の爲に使用して居る。經濟的行詰りが此の事件の原因であると考へる前に、この犯行迄に財産をすつかり使つて了ふ豫定であつたとさへ推測出來るのではあるまいか。

最後に犯罪原因の一として警察取締の失態を數へることも可能であるが、當時西加茂村を管轄して居た隣町加茂町

巡査駐在所詰の今田巡査(目下出征中)は都井に關する危險性を極力上司に報告して居る。此の報告を輕視して最上の方策を講じなかつた上司の責任は大きい。然し假へ今田巡査の報告があつたとは云へ、犯人都井を未然に檢擧し得る樣な警察官が澤山居るとしたならば最近に於ける重大犯罪の過半は皆未然に防止し得た筈だと思ふ。犯罪なきこの平和な山村に此の類兇惡犯人の存在したことはこの事件で責任を負はされた警察官にとつて災難であつたと云へよう。

斯く觀じ來る時この大事件の原因の大半は犯人の異状性格にあることが首肯出來ると思ふ。彼は環境を誤解し恨むべからざる者を憎惡し、極端な利己心の囚となつてしまつたのである。社會が人間に及ぼす影響の内惡の方面のみを吸收し且之を過大に信じ込まねばならなかつた彼の先天的性格は實に憐れむべきものであると云へよう。

第三、銃砲火藥類の取締に就て

歐米に於ては獵銃類に對する取締が比較的緩漫であるに拘らず、獵銃並之に使用する火藥類に就ては相當嚴重な取締を爲して居るそうであるが我國に於ては軍用銃砲や獵銃、仕込銃等に就て相當嚴重な規定を設け乍ら獵銃並之に使用する火藥類等に對する取締が餘りに緩に失するのではなからうか。

獵銃が獵銃短銃等と共に銃砲火藥類取締法に所謂非軍用銃砲の一種であることは同法の解釋上疑がない。然るに同法施行規則は獵銃短銃仕込銃等に就てのみ嚴格な規定を設けてゐるが獵銃に就ては何等規定する處がない。從つて之が授受運搬等に就ては何等の制限がない。銃砲火藥商は何人に對しても何等の手續も要求もなさずに獵銃を讓渡する。而して警察の許可があれば勿論のことだが狩獵期間中狩獵免許證の提示さへあれば、雷管附獵莢は二千發迄、彈丸に使用する火藥は一回に一貫三百匁以内(四、八七五瓩)を自由に購買し得る實狀にある。從つて火藥の方も同一人が一

日に数回来ても各一回の制限量の範囲内であれば直に買渡しても違法でなく唯之を帳簿に記載すべく警察官署より命ぜられて居るに過ぎない。此の一回の制限量は裕に實彈千發を發射することが出來る。而して本件犯行に使用された彈丸の鉛の如きは(雷管附藥莢に火藥を裝塡し其の先に着けるもの)單なる鉛塊であつて何等警察取締の對象でない。之を要するに獵銃に對する警察取締は、狩獵免許を爲すに際し相當嚴重な身許調査を爲すこと及一狩獵期間中に於ける使用殘火藥は警察官を臨檢檢査せしむるに止る樣であるが之のみを以ては甚だ不充分であると思ふ。

今迄我國に於ては幸に集團犯罪に澤山の獵銃が使用された例は無い樣であるが、將來取締上相當考慮を要するのではないだらうか。私は現在の爆發物取締罰則、銃砲火藥類取締法に基く諸法令並狩獵法等では甚だ不十分で可及的速に獵銃及之に使用する火藥に就て相當嚴重な取締規定を制定すべきだと考へる。

本件犯行に付て之を見るに獵銃に對する取締がもう少し嚴重で、せめて許可なくしては購入出來ぬことになつて居たならば一旦警察より獵銃を取上げられた後の犯人が斯くの如く遂に此の犯行を敢行し得なかつたらうし、犯行が遲引して居る間に相當の注意を加へたならば或は未然に本件犯行を防ぎ得べき機會を摑み得たかも知れないとさへ思はれる。

第四、補　　遺

（一）　本件犯人都井の讀方に付て京都帝大小南博士はM・Mと書いて居られるので「ミヤイ」或は「ミヤコイ」とでも讀まれたのではなからうかと考へ、西加茂村役場戸籍係及都井の親族等に訊いて見たが「トイ」と讀むのが正しい。同村倉見部落には同姓が澤山あるさうである。

（二）　此の犯行が容易且迅速に達成された一原因として同部落の戸締が不完全であつたことが擧げられるが、此の點は前にも述べた樣に村が平和で所謂コソ泥すらない爲に自然戸締の必要がなかつたのであつて、油斷と云へば云へないこともないが村人にとつて甚だ氣の毒なことである。

（三）　次に檢證調書添附の寫眞を見ると裸體の者が多いので就寢時の服裝に付て調べて見たが、特に裸で寢る習慣と云ふ程のものはない樣である。被害者の中裸體で殺されて居る一老婆が居るが其の家人の言に依れば彼女は若い時から裸でなければ寢られぬ癖があつたさうである。その他一般に云ひ得ることは、比較的年寄は寢る時裸になり、その上に晝間着て居た着物をかけ更にその上に夜具を着て寢るものが多いさうである。

（四）　犯人の姉██████は夫との間に一子を設け甚だ肉付もよく元氣で健康を樂しんで居る樣だが、此の事件による精神的な打擊は相當大きい樣に見受けられた。

（五）　貝尾部落の被害者等の家を全部廻つて見たが異口同音に新聞紙に對する不滿を述べて居た。報導價値のみに重點を置くジャーナリズムに對し極度の反感を抱いて居る樣である。

例へば部落に於て男女間の風儀が特に紊れて居たと云ひ淫風吹き荒ぶと云ふ樣な文字を使ひ、或は部落民が他所者或は肺病患者として平素から犯人を排斥して居たと事實を誇張して報導し犯人をして本件犯行に及ばしめたのは部落民の責任であるかの如く書き綴つて居る點等に關し特に憤慨して居るのである。

（六）　犯人都井は事件當時京都に居た寺██████に相當強い愛着をもち前以てこの犯行を同女に豫告し態々逃がしたものではないかと云ふことが相當の根據を以て想像される。此の點は西加茂村役場書記西█若の陳述(別添)にある通りである。

（七） 最後に犯人が電線を切断し且變壓器一箇を破壞したことに就ては別掲電燈會社提出の書面の通りであるが、非常に用意周到に他部落に影響を及ぼさぬ樣に且夕刻より直ちに修理に取かゝつても到底短時間内には修覆不能な程度にしてあつたことは此の犯行に就て犯人の計畫が如何に綿密であつたかを雄辯に物語つて居る。週間朝日等の記事に「犯人が斷線した梯子と電柱」と云ふ說明附で電柱に梯子が立てかけてある寫眞が掲載されて居るが、犯人の親族寺■の語るところによるとこの點は明白な誤でその梯子は同人方の物で犯行前夜に電燈が點かないので變壓器のある電柱にこれを立て自分が登つて見たのださうで、その時犯人はその下に來て電燈の故障に關し話をし同人が修理を頼むと自分は經驗がないから判らぬと嘯いて居たさうである。村人は電燈の故障等があれば何時も青年團等の誰かゞ直ぐに電燈會社まで走るのが例であるのに其の晩に限つて誰も行かなかつたのは丁度運命が斯くあらしめたもので止むを得なかつたと云つて居る。（完）

三十三名殺傷事件の現場を訪れて

岡山地方裁判所檢事局
中 垣 清 春

私は最近曾て世上を騷がせた津山警察署管内の三十三名殺傷事件に關與するやうになつた。昭和十三年五月二十一日の未明に起つた此の事件は其の當時の新聞雜誌に喧傳せられ、私も一、二それ等の記事を讀んでゐたので事件の大體の輪廓だけは記憶に留めてゐた。

事件は檢事局の處置としては被疑者死亡を理由とする不起訴處分で簡單に解決せられ、若し犯人が生存し之を訴追する必要がありとすれば爲されたに相違ない徹底的な犯罪捜査も皆無に終つてゐたのであつた。然し何分事件が事件なので之に關する諸種の資料を整理し、各種の方面から事件の全貌を檢討してみることは將來の檢察事務の上に大いに望ましいことだつたので事件發生以來當時の多忙の中を根氣のよい努力が續けられて來てゐた。

私は司法官試補の生活を終へて此の一月以來當岡山に豫備檢事として赴任して來てゐた。某日市島次席檢事殿から此の事件に關する資料の蒐集とその編纂とをやつてみないかとの御話を承け、守谷檢事を助けて報告書の作成に努めるやうになつた。然し事件發生以來既に一年近く經過し、鹽田檢事等の貴重な調査報告も出來上つてゐたので私の仕事は單に足らない處を補足し、完全なものに纏め上げることを出なかつた。

昭和十四年五月十日、此の事件の現地である、岡山縣苫田郡西加茂村大字行重字貝尾の部落を親しく踏査するの機會に惠まれ、僅か一日ではあつたが後で探究し度いと思つてゐた其の土地に我が足跡を印し、嘗て犯人が歩いた道々、眺めた四圍の風物を自らの體驗の對象と爲し得、部落に流れてゐる其の土地特有の雰圍氣に浸りながら其の中に住む部落民の談話に耳を傾け、今迄書類を通じてだけ構成してゐた此の事件に對する朧氣な幻影を生き〳〵した印象に迄高めることが出來た。之を轉機に私の此の事件に對する觀察の角度も變り、事件の全貌も異なつた姿として浮び上つて來るやうに思はれた。以下其の當日の見聞記を隨筆風に記述し事件に對する若干の感想も之に交へ度い。唯私達一行が現地を訪れた時、部落の人々は此の痛ましい悲劇を一日も早く其の記憶から抹殺せんと努力してゐる状態であつたので、私達が斯うした調査に赴き、其の思出を新たにさせることは人情として大きな苦痛を感じた。さうした氣持が突込んだ觀察を困難にし、此の一文を物足らないものにしたことは如何とも避け得られないことであつた。

天氣は朝から良く晴れてゐた。青磁の空が五月の太陽と青葉を暇がす薫風を孕んで起伏重疊する四邊の山々を抱擁してゐた。前日岡山を立ち、二時間許りバスに搖られて津山へ着た。其の晩は其處で一泊し、朝早く宿を出て七時半、津山發の鳥取行に乘つて。鶴山城が車窓から北に見えた。小高い丘阜の上に美しい姿が流れゆく狹霧の中に浮ぶ。右手車窓から差込む陽の膜が漸く眩しくなりだす。昨曉宿を拔けてお城に上つた時、まだ一面白い霧の中に眠つてゐた津山の街がもう一日の營みを始めてゐた。夜をかけて草と地との上を這つた露の冷たさが朝まだき步む宿の借衣の裾にしつとりと纏ひついた其の冴々しい感觸が新らしく甦つて來た。汽車は帶の樣に長い津山の町を南に沿つて東へと走つた。涯しなく續くやうに思はれた甍の波がやつと切れると東津山である。吉井川の上流と覺しき大きな流が爛銀を浮して洸洋と流れる。東津山を出てからは吉井川の支流加茂川に或は沿ひ、或は離れつゝ大きく迂回して北に曲つ

た。高野、美作瀧尾、此の驛前に山から伐り出された杉、松の巨材が廣場も狹しと横たはつてゐた。左右の山々が段段車窓に迫り耕地は愈々尠くなる。如何にも山國に這入つたといふ感じがして來た。犯人都井が其の殺人計畫のプログラムに從つて、射撃の練習をしたといはれる天狗寺山八百三十一米八が左に仰がれる頃から加茂川の清流も汽車路の左手を走る。

流れに迫つた翠巒が川面に綠の影を投げ緩い波紋がその影を亂しながら又整へて行く。

貝尾の部落は恰度天狗寺山の西側にあるので車窓からは見えない。津山驛から數へて四つ目の驛、美作加茂で汽車を捨てた。此の驛は東加茂村にある。驛前から約五町、西北に線路に沿つて步いた。眞直に行けば鳥取縣に通ずるその道を左に折れて鐵路を越し、加茂の流れも渡つた。加茂川は此の邊で川幅約半町位、水流は其の三分の一、石が多く水はそれにぶつかり、ぶつかりして泡を立てゝ流れてゐた。案外の淺瀨であるが之でも鮎は隨分とれるところもあると云ふ。雲雀の聲が頻りにする。蜂の羽音、牛の啼き聲も之に交る。全くの田園風景であつた。日は益々良い。遠く山の方で冴えた鶯の音がした。十町餘して西加茂村大字中原に入つた。西加茂村役場がある處だ、役場の近くに金刀比羅神社が鎭座する。今日はその緣日でお詣りの善男善女が三々五々役場の前の通りを賑はす。道行く土地の人々も私達一行に挨拶する。それを見ると田舍の純朴さは何處も同じであると感じさせられた。私は犯人都井の住む此の村が陰慘な山間僻地で文化にとり殘され、豐かな生活も阻まれた寒村であると想像してゐた。

そしてそれが此の事件の發生に何パーセントかの影響を與へてゐるものと固く信じてゐた。それが見事に裏切られた。陽氣の加減もあつただらうがあの東北の冷害地方を知り、四時雪を戴く信濃の高原地帶を見てゐる私には山國と

は云へ相当豊饒な農家生活を営み得る餘裕を此の土地に見出した。土地の気候、風土等が犯人都井にどれだけ作用したかは大いに案つて見ねばならぬ問題となつた。役場で同村役場書記である西■氏に案内して頂くことにした。同氏は犯人都井の隣家であつたが危く銃火を免れた人であつた。目指す貝尾部落は役場から一里少しあつた。私達は西加茂小学校の前を通つてゐる県道を採らずに金刀比羅神社の石の鳥居をくゞつて近道を行くことにした。神社の森を抜けて行く。鬱々とした老杉の間を赤茶けた落葉と黒土の上をじつとりと水分の浸透した冷たさを感じながら山路を辿つた。深い木立の間をチカ／＼と瞬くやうに日が洩れる。鶯の美しい音色が斜に樹間を走つて谷間に落ち、冴えた谺となつて反響した。と思ふと又暫く森となつて私達一行の跫音だけとなつた。山を一つ越した。そして県道へ出た。白い乾いた県道を真夏を思はせる陽を背にして約一里、上衣を小脇にし、額の汗を拭ひながら愈々近づく目的地を頭に描きつゝ行く。草のいきれが香ぐはしい。山峡を通り抜けて来る空気が肌に快よい。県道は平坦な良い道である。その上の砂塵を捲上げて疾駆する乗合バスの姿はなかつた。萌黄と濃緑との麦畑が詩情を唆る。貝尾部落の小学生は此の道を一日に二度小学校のある中原迄毎日通ふのだ。行く時は自転車で二十分で飛ばせると云ふ。ずつと降り勾配になつてゐるからである。然し帰路は反対に自転車を押して汗だく／＼になる。犯人都井も西加茂小学校に通つてゐたのだから思は同じだつたらう。まだ田植はない苗代の一面水を張つた黒土の中に僅かに水面より出て、其の鋭先を見せてゐる稲苗、紫紅の毛氈を敷いた蓮華の花、そして桑畑、これ等が段々をなして、不規則形に麦畑の間に点綴してゐた。

道は山と山との間を縫ふやうに大字楢井に出、更に南に漸次勾配の急を加へつゝ細くなつていつた。大字行重に入つてからは小字に分れて下行重、坂本、貝尾と登つて行く。

続る山々の起伏は遥か六里を距つる津山への遠望を遮るが新緑の樹々は若葉の色も鮮かに日に映える。ベツトリと油絵を見るやうな杉、松の深緑、さつと薄くはかれた青空風の柿、栗、檜等の淡緑、狭い耕地に比べて如何にも林相の豊饒さを物語つてゐた。見渡す限りの平野の美は求められないとしても狭い土地を出来るだけ利用してゐる村民の努力は十分に酬ひられて此処にも麦の秋が好日と共に収穫の謳歌を謳つてゐた。

愈々貝尾部落に入つた。犯人が犯行の前夜切断したと云ふ電線が西■によつて教へられた。修理した痕跡が歴然と残つてゐた。同氏の話では竿に鎌をつけて切つたらしいとのことだ。行手の右側の道に接して、少し高くなつてゐる。その電柱の立つた処へ上つてみた。電線の下は田圃で鋤返され足の踏み場もない。切断個所迄はかなり高く容易に届き難い程である。真青な空に細いが強靭な線の強さを見せてくつきりと大きな弧を画いてゐるその電線は風に揺れることもなく垂れて一年前の惨劇もよそに、無言に静まり返つてゐた。警察署が切断個所の目印とした新聞紙が風の為大分移動したのか、少し離れて小さく靡いてゐた。暫く行くと犯人が時折、登つて居り兇行の前夜にも登つて變壓器をいぢつたと云ふ電柱がこれも田圃の中に突立つてゐた。その日田圃で仕事をしてゐた部落の人も犯人の姿を認め、又何時ものことかと別に気にも留めなかつた。

軈て貝尾部落の公会堂に着いた。木の皮で屋根を葺いた二十畳、一部屋位の簡素な建物であつた。堂の前を葦に隠れながら清冽な水が流れる。この辺から坂は相当険しく爪先上りとなる。突然「あれがさうです」と云ふ西■の聲に、その指さゝれる方を見ると道から右手に少し入り込んだ藁葺屋根が二つ見えた。

「あれが一家全滅した岸■■の家です」

私は愈々現地に来たのだ。緊張感に全身が引き締るのを感じた。然し家の趣居には何の變哲もなかつた。何も知らずに通り過ぐれば一路傍の家に過ぎない。「誰も今、管理する者がなくて、空家の儘です」と云ふ。それから直ぐ之又一家全滅の悲運をみた岸■■の家が目にはいつた。その家はすつかり取り毀されて當時の名殘はなかつた。私達はもう一度、改めて見直すことにしてざつと眺めて通り過ぎた。私達の辿つてゐる道は眞直に行けば下苧峠を越して津山に抜けてゐる。昔この近在の百姓が年貢米を納める爲、牛に牽かせて津山の城下へ運んでゐた道だと云ふ。その道を右に折れて、今見て来た岸■■宅の廢址を右にして五、六間行くと犯人都井の家の横手に出た。道より一間位高く石崖になつてをり、その石崖に斜に石の段々をつけ、横向きになつて上るやうにしてあつた。上つてみると丁度家の裏手に出た。家は勿論毀されてゐた。しかし後片附が十分でなく、株木や梁が處狹しと投出されてゐた。礎石がその上に炎えて、ひしがれた雜草が垂木の下から陽を慕つて喰み出してゐた。隨分大きな屋敷の構へである。石の段々を元の道に降りて崖に沿つて行き、今度は崖の角を曲り二、三歩行くと犯人の家の表先に出た。西南に當つて便所がまだ毀されずに殘つてゐた。右手側が之も一丈程の石崖になつて居り、崖の上に被害家族の一人、寺■■氏の家があつた。兇行の行はれた蠶室もその壁の方が見えた。

他人の家の表入口だつたらしい一寸した空地から廻されてTつてゐる屋敷跡の方へ入つてゆくと、柿の木の背の高さ程になつたのが數本ある。犯人が植樹したものである。嘗て此の部落に柿の植樹が流行して近傍には到る處に植えられた。桑と共に柿の木が繁く目に付いたのもその故であつた。捷々掘り返された敷地には、湯殿の跡、竈の跡等が生々しく殘つて、犯人に對する私の一種の感情を一層刺激した。裏手に直徑三尺位の古風な井戸があり、その傍に梅の木が一本あつた。その梅の木から一間位づゝ間を置いて梨とすゝめの木とが並んでゐた。犯人が兇行の計畫を樹て、その準備中、一度官憲の手入を喰ひ、用意してゐた獵銃その他をすつかり取上げられたことがあつた。その後公然と獵銃を携帯し、射撃を練習することも出來なかつたので、木樵を始めると言ひながら自宅にあつた斧を根氣よく研ぎ出した。そして裏のすゝめの木の幹に斬付け、斬味を試してゐた。研いでは打ち込み、打ち込んでは研ぎしてゐる犯人の姿を近所の子供は無心に見てゐたのだ。何分、犯人は自分で病氣だと云ひ、仕事を殆どせずにゐたので子供の良い遊び相手と爲り、殊に銃獵等には何時も數名の小學生を連れて行つてゐた。西■氏の子息もよく一緒に遊んだのだ。事件から一年を經つてゐるので生々しい痕跡は見られなかつたが、それでもすゝめの木の處々には、斧で打込んだらしい裂傷跡やかなり太い枝の叩き落された後の木肌が露に現はれた。祖母■■を殺害するのに使つたと云ふのは其の斧である。私は暫く現場を徘徊し、兇行の當時を回顧して冥想に耽つた。

當夜、薄明の星月夜の中を、異樣な裝束に身を固め、九連發の獵銃をしつかと握りしめ、日本刀一口とヒ首二口を腰間に下げて恰も魍魎の如く彷徨し、春蠶の用意と豐秋への期待とに平和な夢路を辿つてゐた貝尾の部落を一瞬にして修羅の巷と化せしめた、あの慘劇の當夜が彷彿として眼前に髣髴した。

犯人の遺骸は貝尾の土地を憚かつて、加茂町倉見の父母の墓と並んで、其の傍に埋められた。其の冷たい土の下に凝然と、そして永遠に凝然と横たはりながら何を考へてゐることだらう。被害者の亡骸は遺族の涙に護られて、空しく散つたその土地に怨嗟と痛恨を呑んで果敢なく葬られた。間もなく一週忌も近い。村の合同慰靈祭も、それとなくしめやかに行はれるらしい。ダーン／＼と高く澄んで曉闇の空を衝き、或は、ブスーン／＼と鈍く無氣味な音を立てゝ生身に射ち込まれた、――それは霜手拭で瀬戸を叩く音に聴えたといふ――鐵銃の響が立ち竦む私を強く揺り動かすやうに脳裡に去来した。私は强烈な感情の旋風に捲き込まれた。光と闇の交錯。善と惡との坩堝である此の火宅の世には斯る悲慘事も亦不可避の罪業の一つか。

罪業の深重を超えてこそ彌陀の願船を信じ得るのだ。恩讐の彼方に彼岸の花が咲く。一切の惡を呑み、邪を干し些の悔恨もなく歴史の歯車は久遠に悠久の回轉を續ける。三十三人殺傷事件も亦我が現實なる人の世への職籬なる神の捉なのか。

「まあ、拙宅でお茶でも一服召上つて下さい。」と云ふ西■氏の聲で地上の我に戻つた。夢ではない。初夏の烈日は中天にあつて熾烈な日射は大地に氾濫してゐた。青葉の滴る綠が目に痛い程迫む。掛樋に通された溪流の水が撒の音も美しく潺湲たる涼しさを誘ふ。

大きな自然石の蔭に苔の色が水々しく目を惹ふ。西■氏方では今年から煙草を栽培すると云はれて畦近く一畝四方ほどの板圍の中に煙草の苗を作つてをられた。

私達は犯人都井の家を中心に、大體犯人が兇行を演じたと思はれる道順で一軒々々被害者方を訪ねることにした。被害者中坂本部落である岡■方を除いては何れも犯人宅から一町と離れてゐない。最初襲撃した家は犯人宅の眞向へである西■宅か、それとも北隣の岸■宅か判然としてゐない。西■宅も一間位の田舎道を距てゝゐるだけであり、岸■家も前述した如く犯人の家の裏手から出れば右の突出た段々を降りて、北側の道を五十歩と行かない處にある。犯人が最初自宅で祖母■を慘殺した兇器の斧が事件發生當初逸早く、警察官が臨檢した時、裏手壁際に立てかけてあつたこと。岸■家では猟銃を使用せず、日本刀で目的を達してゐること、――之は最初から發砲すれば直に近隣の者に警戒せられ、多數殺の目的を遂げ得ないとから特に斯うした配慮を加へたものと思はれる――等から推して、最初の家は矢張岸■であらうと察せられた。同家は海軍に勤務中の勝敏を除いて當時住んでゐた一家四人が全滅してゆつた。家の址はすつかり取拂はれ後片附も綺麗に濟まされてゐた。敷地の周圍には桑の木ががらんとした空地を抱いて幾本も淋しく並んでゐた。古井戸が一つ、その傍に小さい地藏尊が祭られ、名も知らぬ花の供へてあるのも佗しい。此處の東隣が岸■の家であり、北側が岸■方である。■方へは勝敏の家の東添の小徑を傳つて五間位だら／＼と坂道を降りればもう鼻先である。■家も全滅だつた。一様の藁葺平家が白晝の中に寂然と靜まり返つて人の氣配もなかつた。田舎家には珍らしい調板の標札がもの錆びて岸■の四字も判じ難い。後を追つて行く遺族がないので事件以来門を閉した儘であつた。私達は貝尾部落に入つて來る時も右手間に一度瞥見して來たのだ。家の周圍を一廻りした。縁下には雜草が蔓り檐先には蜘蛛の巣が大きく張られてゐるのも哀調を掻き立てる。氣の故か血の匂が微に漂ふ。農繁期に汲々として農事に勤しむ今日此の切森閑として門前雀羅を張るこんな農家を見ることはとりわけ淋しい。泌み透る傷心の悲哀が一同を捉へた。

犯人は勝敏方を襲つてから前述の如く西■へ引返してゐる。■家と目と鼻の先にあるこの岸■宅には後剥来てゐる。何故さうしたか、その邊の消息は判らない。私達も西■宅に引返す。此處も、もうすつかり片附けられてゐて、屋敷址には藁屑の排跡や焚火の痕が慘しかつた。季節の野菜を作つた場所もあつた。■は植欄も立派で頑健な百姓だつた、それがあんなに脆く殺られたのは終日の勞働にぐつたりと疲れて熟睡してゐたからだらう、と西■氏が云はれた。■の直ぐ裏手北側に面して寺■の家がある。此處も亦一家全滅で現在■の二女が京都西陣より歸郷して後を遣つてゐた。此處は一番悲慘だつた。新婚の夢■妻女も呪の銃火の犧牲となつて硝煙の中に消えた。軒下に、縁側に、座敷に、裏庭の隅に、虚空を掴んだ慘死體が見る者の顏を背けしめた。西山氏は當時此の血の海の中に、茫然自失された苦杯の思出を瞑目しながら物語られた。私達もその日の慘狀を偲んで暗然と佇立した。同家は村では中流以下の生活だつたらしく家の構へも見るからに貧弱で調度類も極く粗末であつた。

犯人は此處の娘寺■を狙つてゐたが、同女は幸運にも厄を避け得て、東隣である寺■方に逃げた。

犯人は彼女を追つて■方へ來た。繁美方では其の頃、鐵砲の異樣な音に家中目を覺し、何事が起つたのかと外に出て、様子を見てゐたところだつた。其の矢先へ■が轉げ込んだ。■は縁先にゐた。犯人が都井睦雄であることを先刻、承知してゐた彼は自家の危險も省みず、■を内に匿した。そしてピッタリと戸を締めた。

犯人は彼女と踵を接して表へ來た。そして戸を開けるやう怒號した。激しい狂聲も固い戸の前には空しく跳ね返された。妖精の身でない犯人には流石この鐵扉の前に坐視せざるを得なかつた。一切の事情を素早く察した■は急を駐在巡査に告げしむべく二男、逵二を裏口から出した。犯人は機敏にも此の氣配に氣付き、瞬間裏口に廻つて、■を狙撃した。■は闇に身を托して竹籔の中に紛れた。此の若者の勇敢さは遂に兇彈を逸れしめ、彼は無事その目的を果すことが出來た。

犯人は執拗にも再三、裏口から屋内に侵入せんと試み、幅一間の板戸を破れよとばかり亂打した。そして開けなければ■を射つぞと脅迫した。然し家人は懸命に此の板戸一枚を死守した。犯人にとつて貴重な數秒が流れた。萬策つきて遂に銃口を戸板に擬し、盲射ちに戸内に撃ち込んだ。彈丸はその板戸をぶち抜き、二間の炊事場を飛んで土間との仕切である細い桟のある板戸二枚を貫き、更にその板戸に接着してゐた下駄箱を裏から表へ突き抜け、土間一間を越して、鼠入らずの頑丈な戸棚の角を斜に二枚の板を撃破して、遂に座敷に出、折柄縁側の戸を押へてゐた寺■■の前頭部を僅かにかすり、同じところにゐた■の四女■當二十一年の右下腿に喰込んだのだ。その當時の詳細をその時裏口の戸を押へてゐて、間一髪、彈道から逸れて助かつた■の妻女が話して呉れた。私達は犯人の足取りを追つて寺■宅から■の家に來てゐた。表口から裏手に廻り、左手の竹籔も見て、裏出入口から家の中には入つた。彈道の跡も仔細に點檢した。板を張つて修理を終へた處もあつたが撃ち抜かれた穴の儘の處もあつた。螺旋狀に推進する猛獸用鉛彈の彈痕が如實に當時の恐怖を語つてゐた。

■の居宅は村中、有數の素封家らしく、家財の配置も整然と家人の衣服、應待振りにもそれが現はれてゐた。私は寺の寄附者芳名簿にも、道路建設碑の碑面にも■の名が刻まれてゐたことを想起した。一行はコーヒーの接待を受けながら暫く休憩した。勇敢に戸を守つてゐた爲遂に銃創を受けた當の■は丁度母と臺所で土筆の袴を取つてゐた。黒光りに光澤を帶びた戸棚や、時代のついたその他の調度が障子を遮して柔味を含んだ光の中に淡く漂ひ、それを背景にした母娘の姿が、仄かな雅趣を匂はせた。■君も奥から出て來た。青年團の團服を身に付けた凛々しい若者だつた。主人公の■が丁度田圃から歸つて來て、訥辯に熱を罩めて此の事件の經過を語つた。冒頭に新聞紙の誤報を攻撃して、漸次事件の内容に立入り、事件の動機と思はれる點を一つ〳〵反駁していつた。私も彼の主張を悉く肯定することは出来なかつたが推して首肯し得た。此處では■の父、■が本宅の前の納屋で藁り縄で居り、犯人が■を追つて来た時、物音に目を覚し、不覚にも外に出たところを殺害された。本宅の裏には白壁の土藏と大きな倉庫風の建物が二棟程あつた。土藏の白い壁は犯人都井の家から桑畑の垣根越しによく見えてゐた。

犯人は■の家の次ぎ何處を襲つたかことも判明しない。私達は兎も角、寺■方に出かけた。此家は寺■方の北西の一寸した高臺の上にあつた。都井の家から約半町位の距離であつた。一人住居で一人共殺され、■の弟■が岡山より歸つて耕作を續けてゐた。私達は再び引返し犯人宅の前を通り過ぎて、その背隣寺■を訪れた。此處では養蠶室で寝てゐた若い娘二人と老婆一人が殺戮された。本家にゐた■の家族は既に銃聲を聞いてゐたので、夙に戸外に遁れ、身の安全を保ち得た。■の孫、寺■は屋根裏に潜み侵入して来た犯人の様子を覗つてゐた。■氏は逃げ後れたかどうかして犯人が来る迄家に居た。此處で彼は犯人と問答した。■は屋根裏から耳を澄してそれを聞いてゐたのだ。■氏には出會つた。綿入に赤い帯、蹣跚とした足の運び、すつかり耄碌した老翁で途切れ〳〵に一年前の記憶を手繰る。

犯人は此處から■方の南の壁際を傳つて裏口に出、少し東に上つて、■波■方に駆けつけたのだ。此處でも養蠶室で二人を殺めた。■は危く難を遁れ、前の田を宙を飛んで急を告げた。この邊の小徑は草に隠れた石礫混りの歩き難い田舎道で幅も二、三尺しかない。それが赤頻りに上下してゐる。一體に此の部落は山腹の傾斜面に段々と仕切つて、その一段々々に家が建てられてゐるので、戸毎の往復には必ず上り下りしなければならぬ。私達は■方から田の畦を少し通つて前述した津山へ抜ける道迄行き、そこから小川の土橋を渡つて又少し坂を昇り、犯人宅からは東北に當る池■方に行つた。犯人も同じ經路を採つたことは間違ない。犯人は襲撃した戸毎に、闖入に、先立ち、大聲に家の者の名を呼び自己の侵入を豫告して躍り込んだと云はれてゐるが、池■方でも同様怒鳴りながら驀進した。■の父、■は老體に似ず相當抵抗したらしく無残な死に方をしてゐた。西■氏は次々に起る銃聲に不審を懐き裏戸を細目に開け、外を見た時、この池■方の邊で「ヮッツ！」といふ裂帛の絶叫を耳にした。それが犯人都井が立向ふ■に對して放した叫び聲らしかつた。西■氏は犯人が寺■方を襲つた時頃から大體の様子を知り、警戒に努められたのだ。同氏宅は■方の西隣でそことは三尺位の小徑一つ距てただけである。戸締を嚴重にし、家族を床下に匿まつて、若し犯人が侵入せば、せめて何の遺恨の殺傷沙汰ぞと問ひ度い、理不盡に殺害されるのは遺憾だからと既に心を決められてゐた。斷續する銃聲に幾度か身の危險を意識された。

西■氏の妻女は犯人が同家の黒い板戸を銃床で叩く、その音を聞いた。翌朝、戸を繰つた時縁先に血痕の點々たるを發見された。恐らく犯人は同家の前を低徊し、侵入を躊躇したのだらう。

池■は自分だけが狙はれてゐると直感し、裏口から遁走した。犯人は逃げ遅れた■の妻、兩親、四男を次々と殺害した。犯人はかなり疲れて来てゐた。銃の狙も正鵠を外れ、遂多射になつて来てゐた。既に三十人近い人を葬つたのだから無理もない。犯人は此處から引返して小川の縁に出、急坂を鼬のやうに飛んで、約半町、寺■方に迫つた。戸内では家族は皆起きてゐた。■の妻女は縁側で戸を押へてゐた。■は二階へ上り、助けを求めた。その聲は悲愴そのものだつた。

その頃、犯人宅附近の家々は大部分血煙に咽び、恐怖のどん底に呻吟してゐたのだが、辛うじて難を遁れた人々は■

■の前跡を削る吐血の聲を聴いて今更ながら驚駭した。■■の家は天狗寺山への上り口で、部落では高い方にあつた。犯人の家も西■氏の家も眼下し得る場所だつた。■■の咆哮に似た哀號の聲が終るや銃聲の耳を突ん裂く音が星空を走つた。二發、三發、そして一時間を置いて■■宅より遙か上手に當る處で又一發した。西■氏は■■の叫聲を聞き、連續した銃音を數へて、最後の一發で犯人は自害したものと直感したのです、と語られた。私達は池■の家から■■宅へ行つた。もう正午に近い。暑さは一向に衰へさうにもなかつた。興奮と疲勞とにすつかり參つて、只黙々と歩いた。後に一層强く感じたことだが、眞に東奔西走、勾配の階路を、小石と雜草と路面の凹凸に妨げられつゝ、縱横に馳驅した犯人都井の體力の躍動さには胸を衝たれずにはゐられなかつた。

それも一貫もある猟銃を提げての動作である。犯人はその遺書にも殺人の計畫以來、不思議に病氣が快くなつたと云つてゐるが、犯行當時は全く好調にあつたものと云へる。血を見て狂ひ、一氣の衝動に驅られ敢行したとも見えるけれど、さう輕く事を運べるものではない。そこには時間的、場所的の幾多のポイントがあり、反省の機會も、衝動の切斷される機縁も多分に惠まれてゐた。それを毅然に突き抜けたのだ。文字通り、プログラムの順を追ふて、しかし■■方でも所期の目的は阻まれた。階下で戸外より數發撃ち込んだが■■には命中せず、不幸その妻女が重傷を負ふて後に死んだ。■■が二階にゐることを知つた犯人は銃口を屋上に向けた。階上は表口の方が硝子戸になつてゐた。射ち込めば微塵となり、中にゐた■■は一溜りもなかつたのだが、此の時犯人は慌てゝゐた。屋根を見ずにぶつ放した爲、軒に當り、屋根瓦を拔いて空に飛散つた。私達が出かけた時、■■の子息■が兇行の當夜を物語つた。■は警防團の部長をしてゐる村の青少年の指導者であつた。最近一、二年部落の青年と交際を絶つてゐた犯人睦雄の憑宿振りを語るやうに話し出した。睦雄が小學校の高等科を卒業して、教員檢定試驗を受ける爲、一年間勉强してゐる内、それが昂じて神經衰弱に患り、だんだん仲間外れに自らを遠ざけていつた。勉强の爲の獨居から病氣の爲の獨居、そして性格的に逆發展した獨居、――かうした一連の孤獨癖と自己嫌惡症とが豹變して恐るべき殺人計畫への誘惑となつていつた。戸數二十數戸、人口百そこそこの山間の狹い部落で、村の集團的な行事から一切歩を隱してゐた犯人の心中に萠したのは、此の永遠に惡の記念塔として殘さるべき大量殺人計畫への芽生だつた。

同家の前には小さな池があり、鷄、兎の小舍もあつた。椎茸を培養してゐると云つて、五尺位の長さに切つた雜木の數十本、池の端の樹木に凭らせてあるのを見せて呉れた。

木の中に菌を打込み、適當な濕度を與へ、影干しておくと椎茸が出て來るとのことだつた。

この家で貝尾部落の被害者は全部廻つたことになる。犯人は■■宅から南の山腹を駈けて、楢原の部落を横切り、再び貝尾の西北の端に出、眞言宗を奉ずる貝尾の眞福寺に通ずる道を通つて、坂本部落のはづれ、岡■■方に飛んだ。それは雜草を掻分けて通れる道で、平素人の歩く道ではない。これを犯人は豫てからよく調査しておいたらしい。

兇行前、自轉車を押し上げ、抱へながら、道のない處をあちらこちらしてゐる犯人の姿を部落の人はよく認めたと云ふ。闇に近い深更を迷ひもせず一散に、疾風の如く迅來した。■■宅では何故か胸に吊したナショナル・ランプは消えて了つてゐたのだ。殘るは頭の二燈のみである。それも極く小型のものだ。これだけで■■宅から岡■迄十町に近い山腹の小徑を驅け拔けたことになる。尤も小型電燈の方は買つたばかりで光度が新鮮だつた。私がこの文を綴る當時も、證據品として押收されてゐるのを調べた時、その一つは尚電池が殘つてゐて明りが點いた。

犯人は岡■方に到る途中、眞福寺の戸を敲いたと噂されるが其の眞僞の程は闇の彼方にある。住職は固よりその事實を否定してゐるさうだ。私達は犯人の行つた道を辿り度かつたが難コースと、強い日照りに妨げられて一應引返し平坦な路を選んだ。

私達は途中、前述の公會堂で休憩し携帶して來てゐた汽車辨當を喫した。此の事件で下賤に輕傷を負つた前述の由子がお茶を持つて來て呉れた。公會堂の傍に椿の木が一本眞紅の花を咲かせ、落花が土に塗れて流血の惨を思はせる。私達は一休みして、晝食を終へて來られた西■氏と一緒に坂本部落へ向つた。

途中、眞福寺へ行く道を通つたが、此處に珍らしい櫻があつた。事變前迄は季節に、櫻の樹下に人々が集り、櫻見に興じ酒席が何日も續いたといふ。五月も半ばを過した此の日に爛漫と咲き競つてゐた。それは桃色の分厚さうな花瓣が何枚も重なりあつた不思議な櫻だつた。公會堂からかなり歩いた。五、六丁もしてやつと岡■方に着いた。同家は坂本部落から荒坂越へ通ふ小徑の路傍にあたつてゐた。屋敷はすつかり取拂はれてゐた。木蓮の赤い花が午後の油照りの中に、萎れて力がなかつた。大きな柿の幹が僅かに綠蔭を作る。

裏手側は溪流となり、小學生が二人、雜魚を採つてゐるのか草の間から經木織の夏帽子が二つ、隱見してゐた。野薔薇が微かに匂ふ。■■は犯人の襲撃に際し空氣銃を以て抵抗したと云ふ。妻■■は合掌して生命乞ひをしたが空しかつた。彼方の家で人影がチラリとして又消えた。水車が大きく水を切りつゝ回轉した。

私と守谷檢事は犯人の自殺した荒坂越に向つた。坂路は小石を混へた難險で山襞を流れた雨水の爲幾重にも龜裂を

生じ、登攀極めて困難だつた。數丁、犯人が遺書を認めるべく雜記帳と地理附圖を奪つた武■■方に辿りついた。峠道から大分入り込んでゐるが一應訪ねることにした。生憎留守だつた。前の田圃で黄と黑の羽根をもつた輕快な鶺鴒が翼を休めてゐた。更に荒坂越の尾根へと迫る。

道は益々狹く且險しくなる。私達の呼吸も荒くなる。三十餘名を殺戮して此の峻嶮を踏破した犯人都井の脚力と膂力に驚歎の外なかつた。暗い細い山路を、多數の人を殺傷し、只一人分け登るありし日の犯人の姿を想像して、今更四圍の情景を見直した。森々とした夜の靜寂、冷然たる夜氣、ひた／＼と遁ひ寄る木の精の呼吸──點滅する星宵、その中を全身返り血を浴びて惡鬼の如く自らの冥路へ急いだ犯人の全靈を捉えたものは何であらうか。

私は登りつめて、此處だと思はしい處を探した。鑑で敎はつた場所も來て見ると頗る漠然としてゐた。數尺、堆重なつた杉の病葉を踏みしめ、灌木の繁みを分けて、それらしき處へ出て見た。そこからは貝尾の部落は一望の下にあつた。遙かに西加茂小學校も俯瞰し得る。犯人の生地、加茂町倉見も見えるとのことだが私達にはよく判らなかつた。此處で犯人は悠々最後の遺書をものして、呪はれた二十二年の生涯に永劫の別離を告げた。

此の日、恰も征途に在つた皇軍は、尊き犧牲者を出して徐州の快捷を贏ち得、擧國その感激に醉つてゐた時だつた。明くれば、黎明の東天を破つて、曉の太陽は惜しげもなく、此の殺人鬼に朝の瑞光を注いでゐた。斯くて我が犯罪史に、特筆大書せらるべき、新たなる一頁が加へられたのだ。後日、私は再び只一人この地を訪ひ、被害者の滿一週忌に心ばかりの默禱を捧げた。

何が犯人をかうさせたか、私はこゝに蒐集せられた諸種の資料から讀者が一人賢察されるところに任ぜる。私には

明確なる何の答もない。只私の此のさゝやかな一文が本事件の解決に何等かの鍵を示唆し得るものと自負することは望蜀の譏を得るであらうか。

三十三名殺傷事件を略述して精神異狀者保護監視の必要を論ず

京都帝國大學教授醫學博士
小南又一郎

甲、緒言

昭和十三年五月廿一日、岡山縣北部山間の一小部落に於て、恐らく精神に異狀ありと思はるゝものが、突如として銃器、日本刀、匕首及斧等を以て部落民三十三名を殺傷し、その被害戸數十一戸、即死廿八名、重傷後死者一名及び輕傷者三名を出し、一家全滅の悲運に會したるもの六戸に及びし大慘事發生せり。

予は此慘事突發を耳にするや、直にその加害者の精神狀態に付ては、社會防衞上十分研究し置くべき必要ありと信じ、該地方に在る數名の知人を介して、その事情調査に着手し、約二ヶ月にして大體之を終了したるも、岡山縣に在りて同調査に直接便宜を有せらるゝ方の精密なる調査の發表を待ち、予が調査發表の要不要を決定せんと考へ居りし所、毫も之なきを以て此不滿足なる調査の結果を擬報的に發表し、且加害者の精神狀態に付、精神病學的の憶測を下し、併せて精神病者の保護監視の忽にすべからざる所以を一言せんと欲す。

乙、事歷

岡山縣苫○郡○加○村大字○貝七九九番地

加害者　農　M・M・（當二十二歳）

大正六年三月五日生

此MM一人にて昭和十三年五月二十一日午前一時三十分頃より同三時頃迄の間に於て、前記の如く多人數を殺傷したるものなるが、予は普通精神狀態鑑定の際になすが如く、先づMMの遺傳關係、生活史、該慘事敢行の動機、實行の有樣乃至兇行後の狀況等を記載し、次で彼の精神狀態に付若干の吟味を加へんとす、勿論本人を直接診察したるにあらざれば、その診定が正確なるものにあらざるは論を俟たず。

（イ）遺　傳　關　係

MMの祖父は如何なる性質の人なりしや、又何病にて死亡せしや不明なるが、祖母Iはその當時七十五歳にして健存し、兩親は圓滿なる人格者なりしが、MM二歳の時父、三歳の時母は何れも肺結核にて死亡せし外、その血族中に精神病に罹りしものなしと云ふ。

（ロ）生活史及病歴

MMは正當に結婚せる兩親の間に長男として生れ、同胞としては唯一人の姉を有するのみ、兩親死亡後祖母の手に依り溺愛養育され、村内中流の下の生活をなせる家に成長したるが、生來身體弱く小學校在學中病弱なりしも、頭腦明晰にして純情、學業の成績優秀、將來を囑望され居れりと云ひ、小學校に於けるMMの成績表を示せば概ね左の如し。

學年別＼科目	修身	國語	算術	國史	地理	理科	圖畫	唱歌	體操	手工	農業	操行	席順位
尋常六年	9	9	9	9	9	9	8	8	9	1	1	上	2
高等一年	9	9	8	10	9	9	9	8	8	9	9	上	2
高等二年	9	9	8	10	10	10	9	8	8	9	10	上	2

然るに小學校卒業後もMMの健康は一向恢復せず、病弱の爲めか彼は居常怠惰にして家業に精勵せず、一時自ら肺結核に罹れりと認定し、自宅療養を努めたるに、外見上全快せる如く見えたるが、其頃よりMMは部落の青年團並に隣人などの交際に無關心となり、殊に姉が他に嫁ぎし後は一層放縱に陷り、從つてMMには殆んど友人なく、孤獨の生活をなし居る内、昭和七年秋彼は又復肺病に罹れりと思惟し、近在の醫師TK及びFIの診察を受けたるに、兩醫師共肺尖カタルと診斷せしを以て、彼は甚しく苦惱し始め、種々療養の方法を研究し、爾來自然療法乃至開法療法等を實行したるに、約一ヶ年にして甚だしく快方に向ひたりと。

斯る間にMMはその兩親が肺結核にて死亡せることを聞知し、且自己も種々研究の結果とその自覺症狀とを綜合する時は、彼自身も亦同病に罹れりと自認し、部落民も彼を結核患者として忌避する傾向なきにしもあらざりし所、昭和十二年五月二十二日MMが徵兵檢査を受けし際、軍醫より十分なる靜養をなすべき旨を注意され、且その通知書に肺結核と記入しあるを見て、彼は愈々不治の疾病に罹れること確實なりと悲觀し、爾來自暴自棄に陷りしが如く見え、社會を猜疑し偏見を生じ、事物に對する正當の認識乃至推理不十分となり、節度を失し、その行動も亦常軌を逸し、無暗に近隣の婦女に手を出し、爲めに甚しく部落民より嫌惡さるゝに至れりと。

殊に昭和十二年より翌十三年に亙り、ＭＭは部落の婦女に挑みかけ、情交を迫り應ぜざれば之を恨み、應ずるもその關係を續けざれば憤怒し彼の行動漸次露骨となりしかば、部落民の彼に對する嫌惡嘲笑日を追ひて加はりしかば、その頃より更にＭＭに於て自制心愈〻薄弱となり、我が非行を正當なる行動の如く思惟し、彼の意に反するものを仇敵視し、窃かにそが報復手段を講ずるに至れりと。

（八） 兇行の大要

上、その動機

斯くてＭＭは疾病の療養と自恣なる生活の爲め兩親より受けたる僅かの遺産を殆んど蕩盡したることも、亦此兇行動機の一に加へらるべく、その當時に於て彼は金錢にも全く行詰りを生じ居り、彼の自殺後家宅捜査に於て、ＭＭの家には現金僅かに六十六錢を發見したるのみにして、家屋は全く抵當となり居り、その上千二百圓餘の負債ありしを知りしと云ふ。

然り而してＭＭは益〻身體の病弱を歎き、人生を曲解し、將來の希望を捨て、曾ての純情は遂に偏狹の域に進み、その病況による部落民の彼に對する敬遠を迫害と邪推して之を恨み、次第にその自制心を失ひ、自ら恥づべきを恥ぢず、自我的に部落民を怨むに至り、例へば一度情交ある婦人が他の男と結婚すれば之を恨み、怨みは更にその夫に及び、且媒介者をも憎むと云ふ有様となり、又女に情交を迫まりて拒まれればＭＭは其婦人に對し憤怒を感じ、常に彼自身は正しくして部落民に惡意ありと解し、終に總べて自己に關係ある人を殺害して、將來の希望なき自己の生涯を清算せんと決意したるものゝ如し。

玆に於て本慘事の全被害者とＭＭとの關係を簡明に記載して、その動機と思はるゝものと被害の程度とを知るに便せんとす。

（一） ＴＤの一家（六名全滅）、ＴＤの四女ＴＹ（二一）は近時Ｎと結婚し、一年間同棲し居りたるも、曾てＭＭはＴＹと情交關係ありたる中にて、常に家庭の平和を缺き離縁となり、直にＴＹはＫＩ方に嫁し居りしが、偶々今回彼女が實父方に歸り居ることＭＭの知る所となり、その襲擊を受けし故、ＴＹは身の危險を豫知し、ＴＳ方に避難したる所ＭＭは彼自身と直接關係なきＴＤの一家六名を射殺したる後、ＴＹを追擊してＴＳ方に至りしも、その戸締嚴重にして家内に侵入し能はざりし爲め、戸外より同屋内に向ひ狙擊したるも、ＴＹは僅かに前頭部に負傷したるのみにして一命を取止め、ＴＳの四女（二一）は右大腿部に輕傷を負ひたり。

（二） ＴＳ一家（死者一名輕傷者一名）に對してＭＭは平常好感を有したるものなれども、ＴＹが同家に避難したる爲め、その傍杖を喰ひて襲擊されＴＴ（八六）は即死し、四女（二一）は前記の如く輕傷を被り、二男（一七）は此兇行を警察に急報せんと、裏口より逃れ出でたるを、ＭＭに氣付かれ背後より數發射擊せられたるも、幸にして命中せざりしものなり。

（三） ＮＳ一家（四名全滅）ＮＳの妻ＮＴ（四三）は部落內兎角の評ありし婦人にして、約一年前ＭＭは之に情交を挑みたるも強く拒絶せられたるのみならず、部落内に之を云ひ觸らされたるを恨み、其上長女ＮＹ（二三）はＭＭと戀愛關係ありたるに、そのまゝ他家に緣付して深く恨みたり。

（四）　ＣＴ夫婦（全滅）、ＯＴの妻（三三）は或利益を得て、ＭＭと情交関係ありしものなる所、当時その罹病を嫌悪して、彼を袖にしたると恨みたるものなりとの風評あり。

（五）　ＫＫ一家（四名即死）、ＫＫは入営し居り、その母（五〇）はＭＭと物質によりて情交を結び居りたるも、近時之を拒絶し、而も此事実を近隣の人に悪し様に云ひ觸したるを、ＭＭが聞込み非常に憤慨したるものなりと。

（六）　ＫＴの一家（四名全滅）、ＭＭが兼て恨み居れる、ＮＹの二女（二〇）と結婚したるものなり。

（七）　ＴＨの一家（四名の内二名即死）、ＴＨの母がＭＭより挑まれたるを拒絶し、且ＭＭと情交関係ありしＮＹ及ＴＹの二女を、他人に媒酌したると恨みたるものなり。

（八）　ＮＹＴの一家（七名の内一名死亡、一名重傷）、ＭＭはＮＹの母（四七）及妹（二一）に情交を迫り、拒絶せられたるやの風評あり、其上ＮＹＴは嘗てＭＭと情交ありたるＴＹを妻とし居りたることあるに依り、ＭＭより悪感を抱かれ居りたるものなり。

（九）　ＴＭの一家（家族十一名の内死者一名）、ＭＭがＴＭ一家に対する関係は極めて薄きも、偶々同家に在りたるＫＭ（一九）及ＮＫ二女を殺害する餘波にて、ＴＭの妻（五五）が加害されたるものにして、且その長男が嘗てＭＭの計画を警察に申告せりと疑ひ居りたるものゝ如く、襲撃の際先づ戸外より射撃せられたるも被害なく、ＴＭの妻はＫＭ及Ｎと共に射殺され、ＴＭはＭＭに發見されたるも「お前は平常悪口をせざる故許すが、自分が死亡せば後に至りて悪口するならん」と云ひつゝその頭部を撫して加害せざりしと云ふ。

（十）　ＩＨの一家（家族八名の内四名即死）、ＩＨの妹ＩＳ（二二）は結婚後も金銭によりてＭＭと情交を結び居りしものゝ如きも、近時彼に不穏の状況ありしを以て恐れをなし、京都市に避難せる為め、ＭＭは同家を恨むに至りしものにして、襲撃を被るやＩＨは戸外に逃出せる故に漸く免れ、両親、妻及四男は射殺され、二男及三男は就寝し居りて難を免れたるものなり。

（十一）　ＴＦの一家（家族三名の内重傷死一名）、此一家も亦ＭＭと殆んど関係なきも、ＴＦは嘗てＴＨの母と情交関係ありし風評あり、而して同女がＭＭに肱鉄を食はせしを怒り、従つて之と関係あるＴＦを恨むに至り、為に襲撃を被りたるものならん。

但しＭＭの最も恨めるＴＭＭの一家は津山に逃れ襲撃されず故にＴＭＳは安全なりき。而して前記（一）乃至（十一）の犯行動機と思はるゝものは、加害者及び被害者共に殆んど全く死亡し居り、その真相を知ること困難なるが上に、余は唯知人によりて調査し得たるものなれば、或は多少の錯誤あるやも保し難く、更に詳細なる事情を知れる方は、之に追補若くは訂正あらんことを希望す。

中、犯行の準備

昭和十二年七月、ＭＭは津山市に在る某銃砲店より猟銃一挺を購入し、同所警察署に出頭して狩猟免許を受け、狩猟をなすが如く偽装して世人を欺き、銃器の取扱ひ乃至射撃の練習を為し更に翌十三年一月神戸市に至り、某銃砲店にて若干の追加金を出して前記の銃器を十二番口径ブローニング五連発銃と交換し、此弾倉を改造して九連発となし、ＭＭは附近の山中に入りて松樹を的に射撃の練習をなし、その當時動もすれば人に對し「殺してやる」或は「生かしてはおかぬ」などゝ口走り、或は飼養中の番犬を射殺して、ＯＴ夫婦と共に之を喰ひ、遂に同年三月十日頃精神異状を来せしものか、祖母に眠り薬と称して異臭ある粉末を具へ毒殺を企てたるが如く、又猛獣狩撃用實包を多數隱匿し居るやにて、兎角その言動常軌を逸し、普通人と見えざるものありしを以て、同三月十一日近隣のものより津山警察署に對し、MMの不穩なる行動を申告し、又受持巡査よりも同樣の狀況を同署に急報せるを以て、同署長は即時警部補一名、巡査二名を特派して之を調査したる所、MMは一見精神病者とは認め難く、飽くまで取調べに對し無抵抗にて、不穩の計畫あるものゝ如く見えざりしかば、MMの身體檢査及家宅搜索の結果日本刀及匕首各一挺、獵銃三挺、火藥及銃彈各五〇〇、その他雷管、實包等多數發見したるを以て、警官は之等を狩獵免狀と共に任意提出せしめたり。

然るにMMは此事情を知らざる友人IMを通じて、三月十一日再び火藥類を入手しその後彼は再三阪神地方に往來して、精巧なる銃器、鋭利なる匕首及日本刀等密かに購入藏匿し、且時々手斧を研ぎ、其上圓筒形懷中電燈二ヶを恰も牛の角の如き形に左右側頭部に結び付け得る樣なる鉢卷を作成し、一切の準備を整へ、時機の到來を待ちつゝありし時、恰もよし五月十八日兼て色情關係より恨を抱けるNY及TYの二女が、各嫁入先きより歸村したるにより、MMは時こそ來れと遂に兇行を決意し、自宅に於て左の如き長文の遺書を認めたり。

自宅に在りたる遺書(省略)

(一) 兇　行

斯くてMMは五月二十日夕刻送電直前に、其部落内の配電線四ヶ所を切斷し、配電を不能ならしめ部落を暗黑となし置き、自身は黑セル詰襟の洋服を着し、茶褐色の卷ゲートルをなし、地下足袋を穿ち、左右側頭部に兼て準備せる圓筒形懷中電燈を前面に向て裝置せる布製鉢卷をなし、更に自轉車用ナショナル電燈を細紐にて首より胸部に吊り下げ、藥莢入雜囊を左肩より右脇にかけ、刃渡一尺九寸の日本刀、同六寸五分及び五寸二分の匕首各一本、合計三本を左腰に差し、是等の上を革紐にて締め、その筋搭を制し十二番口徑九連發ブローニング銃及彈藥實包約百ヶを携帶し、更に前來研ぎ置ける斧一挺を持ち、先づ五月廿一日午前一時卅分頃、自宅に安眠せる祖母Iの頭部を斧にて一擊を加へ、その首を約一米も飛ばせて即死せしめたる後、直ちに戸外に出で使用の斧は其處に放置し、次で北隣家なるKO方表入口より侵入し、その奥納戸に安眠せる家族三名を日本刀にて慘殺し、血に狂へるMMは相次でTD、TS、NS、OT、KT、TH、NT、TM、IH、及びTFの十戸を襲擊し、合計三十三名を殺傷し、内即死二十八名、重傷死二名、重傷一名、輕傷二名を出したるものなるが、最初に銃聲の發するを嫌ひ、日本刀を用ゐて殺傷し、次で睡眠中胸部に銃口を當てゝ狙擊即死せしめ、或は兇行に驚き逃走せんとせるを背後より數發狙擊して死に致し、若くは廊下に追詰めて射殺し、戸締嚴重にして侵入し能はざる家は、外部より狙擊して負傷者乃至即死者を出したる如く、その有樣は雨戸に多數の彈痕あり、兇行現場にありし慘殺死體の狀況、鮮血四散せる工合等により、MMの兇暴を暗示し、慘狀名狀し難く、慘虐の限りを盡くしてMMは午前三時頃部落を逃走したるものゝ如し。

(二) 兇行後の狀況

此戰慄すべき兇行は僅々約一時間半位にて全部敢行されたるものゝ如く、最後にMMはOT夫婦を殺害したる後西方に走り、約五丁隔りたるTI方にその姿を現はしたるは午前三時五分頃にして、「自分は今警察に追はれて居るが、紙と鉛筆とを呉れ、出さぬと彈丸があるから擊つぞ」と威嚇し、TIより古雜記帳一冊及鉛筆一本を强奪し、午前三時二十分頃同家を出で、更に西方二十丁餘ある荒坂峠に登り、次で仙之城山林中に進して先づ裝備を解き、前記强奪せる雜記帳を裂きて、左の如き最後の遺書を認めたり。

自殺現場にありたる遺書（省略）

茲に於てMMは自己の成長せる部落、及び近隣の村落を見下しつゝ、兇行當時の服裝を解き、携帯品を其場に列べ、地下足袋を脱ぎ揃へ洋服のボタンを外づし、シャツの上より銃口を心臓部に押當て、足指にて引金を引き自殺したるものにして、彼が自殺せる附近には、何等取亂したる跡なく、MMは從容として死に就きたるものゝ如く、後の調査により、銃器には尚五箇の實包裝塡しあり、雜嚢中には九個殘存し居るを發見したりと云ふ。

丙、說　明

以上の事態（乙）は信用すべき數人より得たる情報中、其相一致せる部分を取りたるものなれば、殆んど眞實に近きものならんと信じ、之を基礎として次の如き說明乃至結論を導かんとす。

若し夫れ精神病者とはその周圍或は環境によく適應し能はざるものを云ふとせば、MMは正しく精神病に罹り居りしものと云はざるべからず、何となれば、彼は定住せる所の部落民の容るゝ所とならず、五十歳を越ゆる人妻より妙齢の娘にかけ多數の女に手を出し、之に嫌はるれば憎み、拒まるれば怒る、假令淫風甚しき土地なりとも、こは餘りに道義を無視したる行爲にして普通道德的感情を有するものゝ所爲とは思はれず、況んやかゝる場合に於ても、彼は餘りに主我的の考へ方をなし、非は皆他に在りて、自己のみを正しとなし他人を恨むに於てをや。

もしMMが精神異常者なりとせば、彼の生活史病歷及言動より推察するに、彼は實際肺患に罹り居り、その爲め精神は壞棄的乃至悲觀的となり、遂に自暴自棄に陷りたるか、或は生來的にMMは變質者なりし所、周圍の壓迫若くは

肺患に由來せる精神の刺戟性より、此の如き狀態に陷りしものか、乃至彼は兇行前一、二年來已に精神病學に所謂早發性痴呆症＝精神分裂症（乖離症）の前驅期に陷り居りしものにあらずやとの、三つの場合を考ふるを至當とす。

然り、MMの肺患は既に地方醫二人及一軍醫に依りて確められ居れば、彼の肺に多少の結核性病竈はありしならんも、之に對する彼の精神的反應は餘りに大にして、その道義的感情の鈍麻乃至主我主義の考へ方は、單なる肺患に因する自暴自棄的のものとしては、其の色彩餘りに濃厚に過ぐ、而してその他の狀況をも綜合して、予はMM兇行時の精神狀態が、單なる肺結核患者の刺戟性のみによりて來りしものにあらずと思惟す。

次にMMは小學校時代には純情にして學業の成績優秀なりしが、學校卒業頃より彼は次第に怠惰となり、家業に精勵せず、周圍に無關心乃至友人等より孤立性となりしと云へば、予はMMが生來性の變質者にして、兇行當時感情の激發したりしものと見做すには、その冷酷及び周圍に對する反抗が、餘りに深大に過ぐと信じ、MMを單なる變質者が偏執性考へ方をなすものなりと推定する能はず。

彼是を綜合して、MMは數年來より此兇行時にかけ、精神分裂症の前驅期にありしものと診定するを最も無理なき考へ方とし、彼が精神各界發展の狀況が全く不揃にして、感情は甚しく鈍麻せるが上に自己中心主義となり、判斷は偏倚し、周圍より無暗に嫌はれ或は壓迫さると思ひ、彼自身が感ずる肺患の程度の如きも、亦其實在よりも非常に重く感ぜられ居り、或は妄想の域に進みしものにあらずやとも思はれ、又周圍の人を恨むの情餘りに深く、而も智能は比較的に低下せずして、兇行に對する準備の如き周到を極め、且その一日前に書きし遺書の如きにも、毫も思考の分裂せる徵候なしと雖、兇行時の裝備の如きは獵奇的の色彩濃く、懷中電燈を牛の角の如く兩側頭に裝置し、他の一個

を胸に吊り下げ、三刀を腰に差したる兇行當時の彼のいでたちは、一種の街奇症とも見ることを得ん、況んや兇行の劈頭、二十年愛育の大恩ある祖母Ｉの首を、斧にて一撃の下に切落したるを始めとし、兇行全般に亙れる慘虐なる行爲は、到底單に感情を刺戟されたる程度のもの丶能くする所にあらず、即ち予はＭＭが數年來既に輕微の肺結核を有したる上に、精神分裂症の前驅が同時に發來し居りしものならんと推定す、而してＭＭの精神狀態を斯く診定すれど、彼が今回なせる兇行の動機、及その實行の狀況等を極めて圓滑に說明することを得べし。

勿論こは予の知り得たる前記の事實を基礎としての立論なれば、若し更に他の新らしき事實を提供さるれば、或は此診定を訂正せざるやも計り難し。

丁、結　論

此の如き有樣なれば、普通人の間に於て奇行の多き、或ひは周圍と甚しく調和せざる精神異狀者或はそれに近しと思はる丶が如きものあらば、よく注意して直に之をその筋に申告し、社會危險防衛の資とすべく、又此申告を受けたるもの、或はその診察を乞はれたる醫師は、そが精神異狀者なるや否やを叮嚀に調査決定し、その保護監視を十分嚴重にすべく周圍のものに指示すべきなり。

又精神異狀の疑あるものを起訴、若くは審理する職務を有する司法官は、完全精確なる調査と醫師の鑑定とを待ちて、その法的責任を決定すべく、奇行ある犯罪者と雖、直に精神異常者と云ふ能はず。

次に吾人醫師が精神病者と診定して、刑法上の犯罪者が免訴となりたる後、その保護監視不十分なりし爲め、再三同樣の犯行を反復し、社會を毒したるものも亦少からず、甚しきに至りては一旦精神病を原因として責任無能力者と鑑定されたるものが、自ら犯罪無責任證を得たりと社會に云ひふらし、屢々同樣の犯行をなし恬として恥ぢざるものありしことあり、精神病性犯罪者の保護監視豈に忽にすべけんや。

尙此等の詳細は他に筆を改めて記述することあらんも、今回は唯題示の如き大慘事の突發したる機會を無にせず、精神異狀者或はそれに近きもの丶保護監視を十分にせざるべからざる所以を强調して筆を止めんとす。

東京醫事新誌第三一一七號拔冊
（昭和十四年一月十四日發行）

Massenmord の一例として獨逸に於けるワグネル(Wagner)事件の概要

岡山醫科大學法醫學教室
醫學博士　遠　藤　中　節

西暦千九百十三年と云ふと今から二十六年前、丁度欧洲大戦勃發の前年で、欧洲から云ふ近東諸國では恰も昨今の様に不安があつたであらうが、それから一年を經ずして幾百萬の生命を犠牲とした大戦が起らうとは誰一人として考へ及ばなかつた。此の年の九月四日拂曉、南獨逸ヴュルテンベルグ州(Württemberg)の首都スッツトガルト市(Stuttgart)の南郊デーゲルロッホ(Degerloch)で夫が其の妻と實子四人を殺害した事件が起つた。犯人である夫はエルンスト・ワグネル(Ernst Wagner)といふ次席訓導で曾て刑罰等を受けたことのない數へ年四十歳の男であつた。犯行の前晩即ち、九月三日の夕、ワグネルは家族や家主等と共に晩夏の黄昏を樂しさうに過し、午後九時頃には既に寢室に入つたのであつたが、翌け方の五時頃に起き上つたワグネルは先づ妻の頭部を豫て用意してあつた棒で撲り、斯くて失神した妻の頭部や胸部を短刀で刺傷し、遂に之を死に至らしめ、次で二人の男兒の寢室に行き、此の兩兒を刺傷殺害し、更に二人の女兒の寢室に入つて二人共に同様殺して仕舞つた。此の現場は犯人が捕へられてから、即ち九月五日の午前に至り、警官によつて檢證せられ、各死體は剖檢せられ、何れも肺、心臓、大血管の刺創に因る失血が死因であると確認せられ、殺された妻の兩腕や左拇指等に小創傷があつたので防衛的行動のあつたことが推察せられた。

犯行が以上記しただけであつたならば犯行の原因は兎に角として特に取り立てゝ玆に照會することを要しない家庭悲劇の一であるが、不幸にして慘劇は以上に止まらなかつた。卽ちワグネルは血液の附着したシャツを脫ぎ、體を拭ひ、衣類を更め、兇行に用ゐた短刀を其の儘抽斗に仕舞ひ、三挺の銃器、五百發以上の實彈、鐵棒、革帶、緣なし帽、妻の黑色面被等を旅嚢に入れて携へ、連發小拳銃のみは上衣のポケットに藏し、兇行を演じた自分の家を去つたのであつた。家を去るに臨み、表戶に「ルードウキッヒスブルグ(Ludwigsburg)に遠足する」旨を認めた石盤をかけ、更に家主の家の戶の石盤には三十五ペンニッヒの金を添へて三ショッペンの牛乳を注文して欲しい旨を書き遺し、自分の自轉車に前記の旅嚢をつけ、先づスツットガルト市に向つた。因に、一ショッペンは約半リートル、又、ルードウキッヒスブルグはスツットガルト市の北方にある小都市で古城竝に美しい公園があり、好個の遠足地であつて後記するビーチッヒハイム(Bietigheim)町への途中にあたり汽車の便もある。

斯くてスツットガルト市に來たワグネルは午前八時〇一分の列車でルードウキッヒスブルグに向つたが、自轉車は手荷物として預け、列車內に携へた旅嚢から車中でモーゼル式大拳銃を出して携へた。之はデーゲルロッホでの犯行が發覺して捕へられはせぬかとの心配があつた爲であると、後に犯人が自供してをる。ルードウキッヒスブルグ驛で下車したワグネルは別に怪まれることもなかつたので驛の便所で一旦出しておつた大拳銃を再び旅嚢に納め、驛を出て、とある飮食店で輕い食事をとり(此の時には酒類を呑んではをらぬ。)午前十一時頃には近郊の親戚の家を訪れて、其の家族と常の如く話し、之からミュールハウゼン(曾てワグネルの居つた村邑で、ルードウキッヒスブルグ市の略々西方の山間にある。此のミュールハウゼンを流れるエンツ河は北部シュワルツワルド(Nördische Schwarzwald)に源を發して東流し、ミュールハウゼンやビーチッヒハイムを貫通し、ネッカー河に合し北流してハイデルベルグ市を流れてライン河に注ぐ)に行つてをる四人の子供を連れに行くのであると語り、何か食べないかと勸められたが欲しくないとてビールを少し飮んだ。其の家でワグネルがあちこちするのに常に旅嚢を離さなかつたことは當時家人の氣付いてをつた點であつたが、その外に別に變つた樣子もなく親戚の子供に送られて驛に行き、午後一時の列車でビーチッヒハイム町に來り町で自轉車の壞れた部分を修理せしめ、兇行の發覺如何を偵察する爲に自轉車で町を廻り、一旦宿に入つて輕い食事をとり、夕方の七時頃にはミュールハウゼンに向ふべく此の町を去つた。途中で世話になつた人々、知人同僚等に遺書を發送し、夜の十一時頃にはミュールハウゼンの畔に來た。其の前にワグネルは一人の男に行き會ひ、何者かと尋ねられたが何も答へなかつたので、其の男はイルリンゲン(ワグネルの來た方向卽ちビーチッヒハイムの方向)の方に去つた。自轉車を畑に乘り棄て旅嚢から取り出した革帶を腰に締め、モーゼル式拳銃を腰につけ、他の拳銃、實彈、棒、小刀、面被等を手提鞄に入れ、緣なし帽を被り、折惡しく降出した雨の中を村の方に入つて行き、一電話架線柱に鐵棒を打ち込んで昇り、ミュールハウゼンと他の村との連絡を絕たんとしたが、電話線は彼が數週間前の遠足に際して經驗したよりも高く架せられ、且雨の爲に體は濡れ、更に他の電柱にも試みたが矢張成功しなかつたので斷線を斷念し、村に入りかけたが、モーゼル拳銃が腰にないのに氣付き、再び電話柱の處に戾つて發見し、妻の面破を以て覆面し、拳銃を一つ宛左右の腰につけ、鞄に實彈を入れて再び村に入つて行き、先づ農家の穀倉にベンチン・ライターを以て放火したのを初めとして村中を步き廻り、次々に放火殺人を犯して村中を震駭恐怖に陷らしめ、放火は四個所、卽死八人、重傷十二人、其の中一人は間もなく死亡したと云ふ世にも恐るべき兇行を恣にしたのであつた。ワグネルは歩行者と云はず、家の窓から見える人と云はず、男子を狙つて数米の距離から射撃し、多くは心臓部を射たれた。特に男を狙ひ、婦人を避けた點は注意せらるべきことであつたが、偶々二人の女児、二十歳餘りの娘及家畜二を傷けた。然しワグネルは遂に勇敢な一警官及二人の村民の爲に打ち倒され、捕へられたが其の際彼は頭面に二個の割創を受け、左腕は破碎せられ（左腕は後に肘關節部からの切斷手術を受けた）、其の他尚若干の打撲傷を受けた。捕へられたワグネルはまだ二百發足らずの實彈を持つてをつたから、三百發餘を發射したことになり上記の勇敢な警官や村民の犧牲的な行爲がなかつたならば慘害は更に甚大となつたことであらう。

捕へられたワグネルは上記の如く實彈二百發足らずを持つてをつた他に、ライタ１、一端尖つた鐵棒、小刀、黑色面被、眼鏡線（レンズなし）帽子を携へ、背に負つたリュックサックには小拳銃と短い鐵棒とが入つてをつた。さうして殆ど死んだものの様になつてをつたが、呼吸及脈目が認められたので、生きてをることが判り、興奮してをる村の人人はワグネルの監置せられてをる所に殺到し、どんな事を仕出かすかと憂慮せられたので憲兵や警官が之等を取締つた。又放火に因る火災は折よく附近に宿營してをつた軍隊が駈けつけて助力し漸く鎭火した。更にワグネルはデーゲルロッホの己が家に於ける兇行を自供したので直に電話で連絡せられ、既記の様に九月五日朝初めて現場が發見檢證せられた。

以上は千九百十三年（大正二年）九月四日拂曉及四日深更、夫々デーゲルロッホ及ミュールハウゼンに起つた慘劇の大要であつてワグネル鏖殺事件として有名である。

ワグネルは正氣に復してからもミュールハウゼンではロを緘して犯行の動機其の他については殆ど何事を聞かれても答へなかつたが、其の村からヴューヒンゲン（區裁判所のある町）に送られ、病院で受けた傷を充分に手當せられ六日には監督判事から訊問せられたが、此の時には色々と答へてをる。ワグネルがミュールハウゼンでは何と訊ねられても答へず、ヴューヒンゲンで監督判事の訊問に答へたのは自分の犯した兇行やその原因等を區裁判所で供述するのが正しいと考へたので決してミュールハウゼンの官憲を輕蔑したのではないのであると解せられた。

判事はワグネルのミュールハウゼンに於ける兇行が同人の明瞭な意識に於て行はれたことを認め、兇行の動機については同人の陳述及ワグネルが諸方面に出した遺書によつて判明し、又確められるものと信じ、其の日の聽取は簡單に濟まされたが、此の六日の訊問に於てワグネルは家族を殺害した方法を詳述し、更に恐るべき兇行を遂ずるに至つた動機を語つた。その動機と云ふのは此の兇行から十二年も前に、同人がミュールハウゼンで犯した道徳的な過失であつて、それは動物との逆行であつた。此の過失について同人は非常に後悔し、苦しめられたばかりでなくミュールハウゼン及デーゲルステッテンの人々の表示や暗示から人々は同人の過失を知つて居るものと推察してをつたが然し之は後に記す如く、全く同人の邪推であつた。それで人々が表はしたであらう嘲笑や態度はその爲であるとして同人を非常に苦しめ且激せしめ、遂に自殺を決意せしめると共に同人は家族を道連れとし、其の上過失を犯さしめた村に復讐すべく決心するに至つたのであつた。以上の動機の外、訊問に於てワグネルは如何にして兇行を企圖したか、是れまで兇行の出來なかつた理由、遺書等について判事に語つた。斯くてワグネルは未決監に入れられるべくハイルブロン市に送られたがそれまでの若干週間はヴューヒンゲンの警察署に拘留せられてをつた。

ハイルブロン市の裁判所ではワグネルは豫審判事から何回も訊問を受け、又澤山の證人が呼び出されてワグネルの

(解り易くするために想像略圖をつけました)

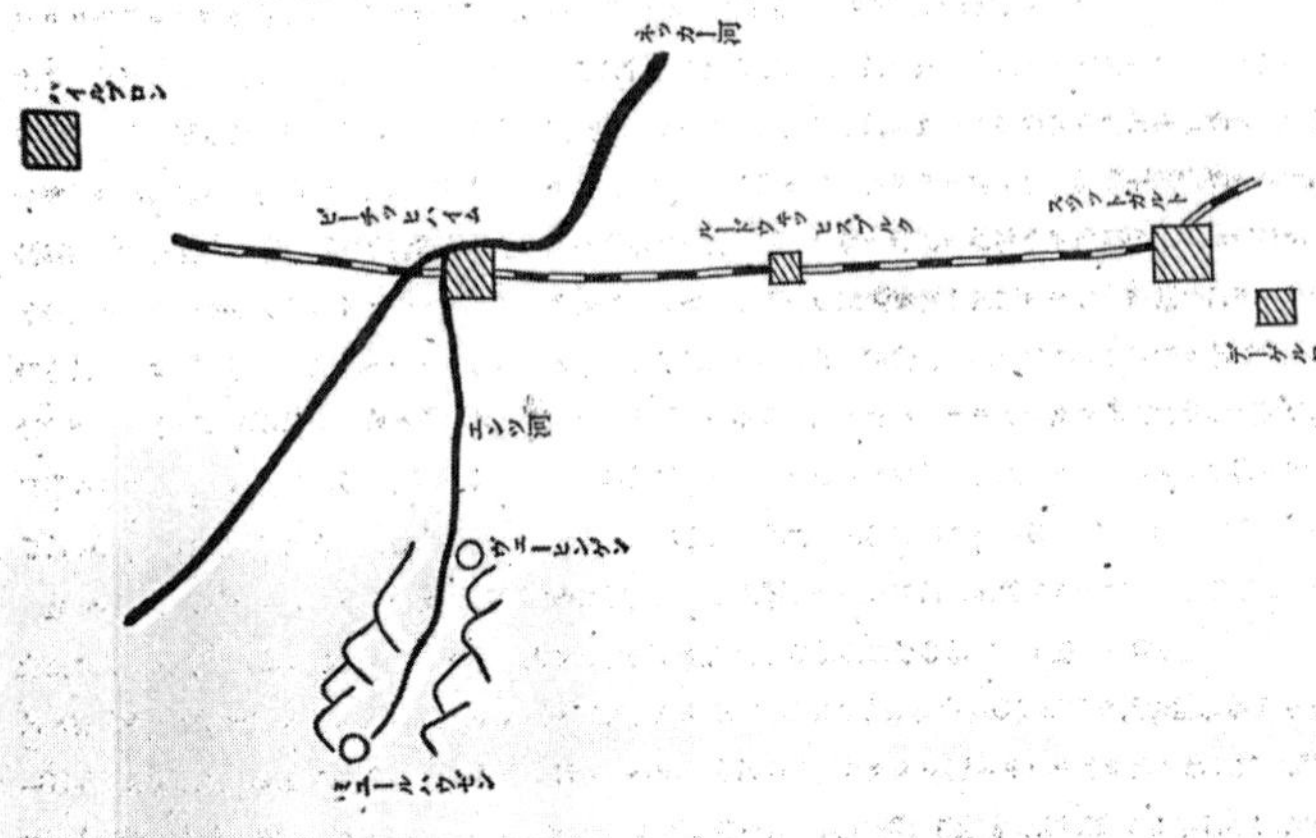

人格や其の他のことについて色々と調べられた。ワグネルの陳述、同人の自叙傳、人々の證言等に據るとワグネルは稀に見られる眞理の愛好者で學校での成績も良く、勤務も眞面目で何事も隱し立てをしない公明な人間の樣に思はれたが云ふべき事でないと信じた場合には如何な答をも與へなかつた。從つて同人の人格についての觀察や判斷が捏造的な供述とか巧妙な瞞着などに因つて妨げられる樣なことはなかつた。

數多の證人につき、調べられて判つた事柄の中で最も著しいことは、ミュールハウゼン、デーゲルロッホ、ラーデルステッテンの人々の殆ど誰もがワグネルのミュールハウゼンで犯した過失を知つてをらぬことであつて、十年以上の長きに亘つて堅く守られた同人の秘密を洩らしたのは實に餘人ではなくヴューヒンゲンの區裁判所で監督判事に告白したワグネル自身であり、友人等に送られた彼自ら書いた遺書であり、又彼自らが書いて送つた新聞社への手紙であつた。證人の證言とワグネルの供述との間に於ける此の著しい矛盾から、同人の兇行には何か病的な精神作用が關係してをるのではなからうかとの考は誰しも頭に浮ぶ所であつてハイブロンの裁判所はワグネルの精神鑑定を命ずることとなり、二人の精神病學者が別々に之に當つた。其の結果は二人の鑑定人共にワグネルを精神異狀者であるとなし、同人には一定の系統的な追跡妄想があつて自由な意思決定が不可能であると認められ、斯る狀態は兇行當時に於ても然りし旨を鑑定したのでワグネルは免訴せられ、病院に入れられることゝなつた。此の精神鑑定が終了した日付は千九百十四年一月二十四日となつてをつて、之から半年を經過するかしないかの中に別な意味に於ける Massenmord が世界大戰或は歐洲大亂と云ふ名で勃發してをる。

以上の大半は H. Gluhle und A. Wetezl Verbrechertypen の第一卷第三冊に收められた Der Fali Wagner に依つたる

ので同書は精神鑑定を主として取扱つてをる。私の譯出は極めて拙なく、その上に可なり誤もあることゝ思ふが事件の筋だけは解つて戴けることゝと思ふ。然りとせば此のワグネル事件と昭和十三年五月二十一日午前一時四十分頃から同三時までの間に作州北部の山村に起つた三十三名殺傷事件との間に多大の相似性の存在することは恐らく何人も肯定する所であらう。

ワグネルは自殺する迄に捕へられ、保護せられたので後に十分な精神鑑定が行はれたが我が作北の事件では犯人である都井睦雄が自殺し、從つて精神狀態の檢査が出來なかつた點は事件の全貌を明にすると云ふ上から考へると惜しいことではある。岡山並津山の檢事局で蒐集せられた色々有力な資料に基いて睦雄の精神狀態が推定せられないこともあるまいと想はれるが、精神病學の素養乏しき私の能くする所でないから、茲には此の問題に觸れない。然し之等の資料について睦雄の精神狀態其の他を色々と考察してみてもワグネル事件の樣に犯人の訊問や檢證が缺如してをる以上それは結局一つの推定に過ぎないであらう。とは云へ一は獨逸に、一は我國の山村に、起つた驚くべき鏖殺事件であつて、時間の上からは兩事件の間に二十數年の歳月を距ててをるが、兩事件における相似性又は共通性の各點を考へると犯罪學上に資する所が尠しとしないであらう。兩事件の比較の一々を茲に記す必要はあるまいが、犯行の動機について比較しても一は村人の殆ど誰もが知つてゐない犯人の過去の過失を村人が知悉してをつて其等の人々の言動を侮蔑嘲笑と邪推憤慨し、一は村人が犯人を肺結核患者であるとは知らず、假に之を嫌へる人とてもその爲に犯人を疎外する等のことなかりしに、犯人自らは肺結核に罹れるものと信じ、自ら好んで孤獨に陷りて村の人々の言動を故らに犯人を疎外するものと邪推怨恨し、兩者共遂に恐るべき慘劇を演ずるに至つたのである。怨恨の種類程度と

之に基いて起つた兇劇の程度とを比較することは固より困難ではあるが、如何に考へても原因に對して復讐があまりにも過大であり、常規を逸してをるとしか思はれない。

更に兩事件の細大各點を比較するならば、相似或は共通せる事項について思ひ半ばに過ぎるものがあらう。

作北鏖殺事件について檢事局に蒐められた資料に據り何か感想を書くべく塩田檢事、守谷檢事及中垣檢事各位から御話があつたが、犯人は犯行直後に自殺して訊問や檢證は出來ず、假に出來たとしても精神病學に暗い私に感想のあらう筈もなく又犠牲者の創傷や死因等については特に記載しなければならぬと思はれるやうな點もないらしい。只寫眞の撮り方が死體全體を主とし、創傷を主としてないのは後で創傷を考察する上に多少不便であらうと思はれた。更に本件を醫學的以外の見地から觀察した場合の感想は自ら其の人がをられるので私としては最初何を書くべきかについて大に謂り、あれこれと書物を渉る中に本件に似た外國に於ける一例を探し出し、そのほんの一部を右に御照會して責を塞いだやうな次第で各位の御希望に副はない點について深く御詫するものである。

尚上記の書物(Verbrechertypen)には、Kasuistik des Massenmords としてワグネル事件を加へ、一〇〇例の鏖殺事件を極めて簡單に抄錄してあるが、多くは家庭悲劇又は之に類するもので我が作北事件に比すべきものとしては唯此のワグネル事件あるのみである。而して本件をワグネル事件に比べると犠牲となつた人の數から云つても、犯人の準備から云つても本件の方が勝れてをり、固より自慢にはならぬが眞に之世界一の Massenmord といつてよいであらう。上記の Verbrechentypen なる書物が改版せられる場合には本件は必ず抄錄せられるべきものであつて Massenmord の文獻には必ず引用せられなければならぬ。最後に私は本件の犯人都井睦雄が何かで此のワグネル事件の詳細を知つて

だつたのではなからうかと一時は集つた程であつて、此の曩は勿論本件について集められた資料から否定せられ、ワグネル事件を詳記した和本も恐らくなく従つてこれはほんの一時の曩に過ぎないが、斯る感を懐くのは吾等獨り一人では恐らくないであらう。

追記、獨逸の法醫學雜誌第十七卷（一九三一年）二百四十七頁以下に Karl Berg が詳細報告し、更に單行本として Olga Illner and George Godwin が The sadist に英譯記述してゐる Dusseldorfer Massenmord 即ち一九二九年獨逸有數の工業都市デュッセルドルフに起つた Massenmord は犧牲者の數から云ふと、未遂を合し、一九二九年以前の分を加へて八十人に垂んとし我が作北事件以上の Massenmord であるが然しこれだけの犯罪を犯した期間は長く、千八百九十九年（明治三十二年）から千九百二十九年（昭和四年）に亘る三十有一年間で、その間三回（千九百年――千九百四年、千九百五年――千九百十三年及千九百十三年――千九百二十一年）は刑務所に入つてをつたから、正味十年餘りの間の犯行である。作北事件やワグネル事件の樣に短時間に行はれた大量殺人事件ではないが、Massenmord としては之亦代表的な事件として記錄せらるべきであらう。犯人は殺人淫樂者 Peter Küsten と云ふ千八百八十三年生れ（Köln-Müllheim）の職工で殺害の方法は斯く長期に亘つて行はれたので色々であつたが絞殺が比較的に多く銃殺はなかつた。

（完）

二三の感想

警視廳刑事部搜査第一課長

田　多　羅　雄　志

自分は寡聞ではあるが單數の犯人によつて行はれた殺人事件として被害者の數の極めて多數なる事、その犯行の手段方法の甚だ殘忍なる事等の點でこの津山事件は我國犯罪史上は勿論世界の犯罪記錄の上に於ても未曾有の事件といふべく將來と雖も斯樣な例は絕無に近いのではなからうか、當に特筆大書に値する大事件である。

自分は今此事件に關する岡山縣警察部の報告書を一讀して頭に浮んだ感想の二三を申し述べて見たいと思ふ。

一、凡そ物は極端と極端とは相接着しその差は紙一重であるといふ如く本件の犯人都井睦雄は小學校時代極めて成績優良秀才の噂があつた者であるが斯樣な者は一度偏見に陷り思ひ詰めると精神病者と同樣の行動に出るものである。殊に小學校時代將來を嘱望せられ周圍の者から寵愛を受けて來ただけに一旦社會から白眼視せられる樣なことになるとその反動的な刺戟は他の者より以上に强大となり甚しい猜疑と偏見を生ずる傾向があるのである。

二、我國に於ては拳銃の取締は嚴重に勵行されてゐるが獵銃の取締は殆ど放任狀態に在る。然しその危險なる點に於ては寧ろ拳銃よりも獵銃の方が多い譯であるから既に滿洲國等に於ては拳銃と同樣獵銃に就ても相當嚴重な取締を行つて居る實狀である。本件の場合でも、もう少し獵銃の取締が徹底して居たら是程迄の事件にはならなかつたのではあるまいかと思ふ。將來此種銃器の取締法規の改正の必要を痛感する。

三、重大な殺傷事件を犯す者は例外なく平素は無口で虫も殺さない樣な性格の者で體格も多くは弱々しい。徒に大言壯語し常に喧嘩口論を事とする者は慘劇性の犯罪を犯すことがないのが通常である。この犯罪者の特質を十分に理解して居つたならば本件發生直前の三月十一日に受持巡査から注意報告があり署長の命により現地に急行調査をした警察官は犯人に直面してその性格に觸れた際に必ずや犯人の恐るべき計畫の眞相を看破し得たことゝ思ふ。又若しその時に直にそれを究明し得なかつたとしても、その後の内偵査察を怠ることがなかつたならば或は此犯罪を豫防し得たのではなからうか。

四、不治の病患に罹り自暴自棄に陷つた者は一度偏見に囚はれると益々その度を加へ到底それから解脱する事が出來ないものである。その結果は自殺するか大罪を犯すかになるのであるから斯樣な者に對しては警察官は勿論周圍の者も決して視線を外らす譯にはゆかない。

五、何人も名譽心のないものはない。そして名譽心といふものは死の直前まで失はれないのが常であつて既往の實例に徵しても自殺者は好んで有名な場所を選んで自殺を決行する傾向がある。藤村操によつて多くの自殺者を出した華嚴瀧、最近夥しい自殺者を生んだ伊豆大島の三原山の如き皆この例である。犯人睦雄が仙之城と稱する山嶺に於て自殺したのは此種の名譽心から出たのではないかと思はれる。

津山事件に對する感想

警視廳刑事部鑑識課長

高　木　保　三

平和な山陽道の山村貝尾部落が一瞬にして阿鼻叫喚の修羅場と化し殘忍無比な慘劇が演ぜられた所謂津山の三十人殺しに付て私は事件に直接當つても居ないし記錄を通して見ただけで充分な感想など述べられないのでありますから果して其の眞相に觸るゝか否かは斷言出來ないのでありますが此の事件は單獨の犯行であることと殺傷人員の多い點では我が國犯罪史上の「レコード」であると云つても差支ないものではありませんでせうか、擬して多數の人間を殺傷する犯罪の動機は怨恨か性格異常者の發作に因る兇行が多いように思はれるので、之れは警視廳管下で行はれた大量殺人事件に徵しても明かなのであります。

古くは大正九年の夏頃淀橋署の部内に居住して居た市電運轉手李龍能當二十七歲が十數人を殺傷した事件、之れは棟割長屋に住んで居た李が隣家の者を恨んで日本刀を振り翳して隣家に飛込み居合せた隣人二名と騷ぎを聞いて馳せ來りし自分の家族を叩つ斬つて街頭に躍出した通行人を片つ端から斬つて歩いたが結局牛込の若松町交番の警官に捕へられた事件、次には大正十四年の六月一日に有名な「榧事件」と云ふのが東京府北多摩郡久留米村前澤新田に發生した。此處にあつた老木「榧」が朽ちかけたので村民協議の上伐り拂ふことになり同村の木挽細田萬次郎當時四十四歲が依頼された。此の榧は古來神木と傳へられ村民の信仰を集めて居ただけに萬次郎は恐怖心に驅られながら幹に斧を入れる中木がゆら／＼揺れ出したので驚いた寅次郎は誰だと叫びながら殺人鬼と化し遂に周囲に見物して居た者通行人等合せて十三名を斧で斬伏せ即死五名重傷八名に上り寅次郎は所轄田無署に検挙されたが完全に発狂して居たのである。

新らしいのでは昭和十年九月三十日の夜半、東京府北多摩郡千歳村字船橋に一家六人を殺傷した事件がある。被害者は同村農高橋龍蔵の一家、犯人は同村芹澤章次と云ふ二十二歳の青年で、章次は幼馴染の高橋の長女妙子當時二十二歳に求婚したが一方は村内屈指の富有な家であり、章次は貧農の倅、それに村内の評判もよくなかつたので拒絶された。それを恨んで電光石火の大兇行を演じた末犯人は縊死したのであるが此の事件の原因は失戀から来た憤怒とそれに嫉妬が加はり其の反面に怨恨が加はつたもので憤怒に基く妨碍者の排除行為である點は實によく今回の津山事件に酷似して居るのである。更に昨年十月二日には血に狂つた放蕩児が父親初め一家七名を惨殺した有名な下谷區御徒町名簿製造業池上喜重郎方で行はれた殺人事件で犯人は被害者喜重郎の三男辰三當時二十二歳、彼は集金を遊蕩に費消し父親に叱責されたのを恨んでの兇行で其の現場に於ける悽惨さ陰惨さは實に眼を覆はしむるものがあつたのである。犯人辰三は翌朝西武電車に飛込んで自殺したのであります。

以上は大體警視廳管内の大量殺人事件を申述べたのですが、要するに此種犯人は何れも性格上變質者多き點から推して津山事件の犯人も綜合的には大體本人自身肺病質に起因する病者排斥に對する呪詛的反抗心、失戀嫉妬に基く憤激が遂に大兇行を演ぜしめたるには非ざるかと想はしめたのである。然も短時間に多數人を殺傷せしめた原因の一としては事件の發生時が深夜であり警察警戒力の手薄な山間部落であつたことや兇器が銃器であつたことなども相當關係あることと思はれます。

之迄全國的には同様の小さな犯罪は他に澤山あつたらうと考へますが猟銃で三十名も射殺するなどと云ふ事件は實に空前絶後のことであらうと思ひます。

警察部を通じて觀た捜査の經過は何を物語る

岡山縣刑事課

長 瀬 謹 治

組織、制度、設備等の觀點から見ても、全國的には所謂中間縣の範圍を出でぬ岡山縣の刑事警察も、大正十年四月、當時の保安課から獨立して、以來二十年其の間幾多の變遷を經て、常に積極的進取的な方針の確立と一面急激なる變動を來してゐる社會情勢とに、その重要性を認識されて、漸次組織に、制度に、設備に、内容にと目まぐるしく、日を追ふて擴大され、犯罪捜査も亦向上進歩して内外共にその認識を深められ、中間縣としてはより以上の好成績を收め、頻繁に突發する重要異例の犯罪も、比較的順調に解決して、岡山縣刑事警察史は一枚、一枚と彩られて行く、その元締役である刑事課の勤務は、一度經驗を持つものならでは味はへぬ心勞がある。即ち事務分掌の確立不可能なる中間縣のこと、深夜に黎明に電鈴の響を聽かぬ夜とては稀な程の、時間外の事務繁盛の状態は、實に想像以上のものがあるが、馴れるにつれて、深夜の電話を手にせぬことによつて、却つて警察活動の状況に不安を生じ、物足りなさ、物淋しさを感じるまでに、變質的な心境まで醸成される。それ丈に又一面電話の情報も之を聽かされつゝ其の措置對策がつぎ／＼と考究計畫され、即決の出來る心の餘裕も養はれて來る日常の明け暮れなのである。

左様な環境の中に突發した世界犯罪史上稀有と傳へられてゐる大量殺人事件は果して如何に扱はれたのか、それは知るもののみが知る、不安であり、焦燥であつたのである。

その夜も近府縣からの手配について、その取扱方の二、三を電命した後、眠近く的途もなく追ふてゐた夢を破る電鈴、時計を見れば午前五時、受話器を採れば耳朶を打つもの、それは『西加茂村の貝尾部落、都井睦雄(當二十二年)が午前一時頃附近住民七人を殺害し數名の負傷者ある模樣、兇器は拳銃らしく犯人は逃走中、原因は發作的精神異狀と認められる』との情報である。

七人の即死、數名負傷、犯人の逃走の報は、流石の變質的事件燒性症にも、ドキッと胸を突かれるものがある。曾て同地所轄署に勤務した經驗から見れば、其の犯罪地が極めて交通不便な山村であることも直感されたが、既にして事件の發生が午前一時頃だと云ふに、本縣への情報は、三時間を經過してゐるではないか、逃走する氣になれば少くとも三里は現場から遠ざかつてゐる筈である。交通不便の地と云ふも、自轉車を乘用すれば、己に相當の距離が出來てゐる樣に思われる。

失敗つた、犯人を逃走させたかも判らぬぞ、明けば署員も司法主任も現場に急行してゐる。署員は非常召集して警戒に從事させて居る。一部消防組も出動させて在るとの事であつたが、犯人の足取り、被害の模樣等一切不明であると云ふ。苟も精神異狀者が殺傷事件を敢行して拳銃を携へた儘逃走したとあれば、山林續きの同地方の事、第二の鬼熊事件の如き態樣を想像され戰慄を覺へる。斯程の重大事件を届出が遲れたのか、手配を怠つたのか追及せざるを得ない。而し當の責任者等は現場に急行してゐるので、中間取次の者には他の狀況は一切判明せぬ。何れにしても事件は寸刻を爭ふ危險の重大性がある。社會の不安があるばかりではなく、今後幾人の犧牲者が出るか判らぬ。普通手段では到底駄目である。犯罪地方面に連絡のある道路は一齊警戒の必要が迫られる。而も彼が山林の峰續きの作州路に、五十人や七十人の警察官を動員したとて、何をすることも出來まい。勢ひ消防組の應援も需めなくてはなるまいが、隣接各署に對しては、徹底した張込警戒、足取搜查方を上司から電命された。そして北位に隣接する鳥取縣に對しては、地理的關係から見て什ふしても御手數を煩はさぬ譯には行かない。

斯くして三十分を出でぬ内に、犯罪地を中心にした、水も洩さぬ包圍線は確立したのであつた。

顧るにこの事件は、犯人逮捕に余程の危險性が伴ふ重大事である。万が一にも警察官が犧牲に斃れることがありとて止むを得ざるにしても、警戒に應援の消防組員に犧牲者を出す樣なことはないか、犯人今後の兇暴の狀況に依れば、縣下警察官の非常召集も考へねばならない。待たれるのは第二報である。

時は刻々進むが、二報はない督促しても判明せぬ。如何に不便な土地柄とは云へ事件の性質に鑑みれば、之等の情報には特命者を置いて報はせても當然ではないか、待つこと久し午前七時に至り『犯人未だ發見せず、死者十八名、負傷三名、尚他に被害ある見込み、兇器は五連發獵銃なり』と、意外、被害者は死者七名が十八となる、事態は益々重大である、果して何人の死者があるか、犯行は襲込みを狙擊したのか、集團を殺つたのか、制止に來た者を次々に殺つたのか、大人か小人か、男か女か詳細の狀況は一切不明である。

彙警察部長の緊命は、其儘現地には命令され乍ら、求むる資料は齎らされない、從つて第二段の搜査の方法も講ぜられず、指揮も出來ず、勿論事件の見透し等は思ひも寄らぬことである。

相當な犧牲者を出して居るのではないのか、犯人を發見し得ず、遠くへ落ち延びさす樣な失敗が出來てゐるのではないか、而し別の所からの報告がない所から見れば、犯人は逃走後更に別のヶ所で兇行を演じてゐるものとは考へられない等々。

情報の不充分の爲に色々と、不安は不安を生んで本部としては一方ならぬ焦燥にかられる。

その後又約一時間にして、被害者は即死二十八名重傷二名輕傷一名計三十一名であるが氏名や年齢は調査中であるとの情報があつた。一體被害の狀況と云ふのはどんなのであらう。死者七名が十八名に訂正されたのみでなく今又二十八名に報告されてゐるのではないか、而も兇行後已に七時間、どんな不便な土地であらうと、即死してゐるものの數である。さう報告の都度數字の變つて來るのは何故なのか、果してどの位死んでゐさうなのか、どう云ふ方法なのか、追及しても中間取次の者にはそれ以上何も判明せぬ。

然るに其の時刻には新聞紙の號外は、事件の槪要と共に被害者の氏名年齢等詳細を極め且犯人は附近山林中に逃走してゐると報導してゐるではないか。

被害者數が一報毎に增加して來ること自體から見れば、現地は狼狽して適正な措置を誤つて居るのではないかとも思はれる。かくまで即死してゐるのなれば、生きてゐる被害者もあらうがその救助は如何にして在るのか、犯罪の手段方法が判明せぬ爲、之等の狀況の催促とも、指令ともつかぬ電話の連絡に、不安と焦燥とを交へて可成りの應接であつた。勿論現地では犯人逮捕に向つて全力を擧げてゐることは想像はされるが、それならそれとして犯人逃走の模様、足取の狀況の情報があつて可然筈である。それにも不拘その狀況すら何の情報もない。

犯人は逃走する見透しがあるのか、或は自殺する樣子でもあるのか求めても何の得る所もない。

事態の重大性は、縣下警察官の非常召集も計畫され犯人逃走の狀況によつては、何時でも發令し得られる準備は出來てゐるがそれとて待機の態勢を持して爾後の情報を待つ、一觸即發の緊張である。

かくする内午前九時過か『犯人は貝尾部落より西方に當る、坂元部落の西端に居を有する武██方に午前三時頃突如として、異樣の服裝で立寄り猟銃を突付け「今人を殺して來たが、鉛筆と紙を出せ、早くせぬと後から追人が來るかも知れぬ」と云ふから吉爾記帳と鉛筆一本を與へたら

それを持つて西方に立去つた、未だその時に、彈丸も持つてゐた樣子であつた』と聞込み、進んで捜査中、雨後の路面に犯人のものと覺しき、足跡を發見して之を追跡中との情報があつた。玆に初めて犯人の足取が出來た譯だが、それに依れば縣外に脫出して居らぬことだけは確信されるに至つたが進路は矢張り山林中である。

而も兇行後の犯人が、そのまゝの服裝で追人を怖れ逃走中、鉛筆と紙とを求めたのは、何を意味するのか、恐らく犯人は自殺を決意して居るのであらうふことを想像することが出來た。されば再應犯人の生死を確めねば、新手の應援隊の派遣も意義をなさない。

現地の模樣を聽けば、村内及隣接町村の消防組の應援で、山狩をしてゐると云ふ。而も犯人は自殺してゐるものとの見込だとのことである。

この情報に接して犯人に次の兇行はあるまいと考へられ、此の點に對する不安は幾分薄らいで來たとは云ふものの殘るは追跡隊と衝突した刹那の不安である。犯人を發見した際それが自殺してゐればそれ迄であるが、生存してゐれば必らず彈丸の續く限り抵抗するものと覺悟せねばならぬ。

而も武██の證言は彈丸を所持してゐたと云ふことである。警察官たるもの撃たれゝばとて、飛込んで行くに違ひ

ないが出来れば殺したくはない、犠牲を無くして犯人を逮捕させたい、その頃の不安と焦燥は只この一點ばかりであつた。

それから又二時間、それがとても一日千秋の思ひである。「犯人らしい者の自殺をしてゐるのを發見して居て首實驗中である」との情報を受話機から聽いたとき、今迄の緊張の反動の爲か、それとも一人の犧牲者も出さずして解決した安堵の爲の氣の抛みか、呆然たらざるを得なかつた。恰も暗夜に一道の光明を得たかの樣な氣持と、疑る不安、本當に自殺して居るのであらうかと疑念を持つ氣持との錯綜は、今でも思ひ出の種である。

而もその情報に泉警察部長が「さうか、逮はなければ宜いがね」と洩らされた一言とは、終生忘れ得ない印象であらう。その後三十分、自殺屍體は犯人都井睦雄に相違ないとの詳報があつて、當面の急務は解消したのであつた。

その後に於て判明した情況によれば

一、犯罪の申告を受理したのは午前二時四十分で署長、司法主任等は半時間後には現場に到着して居た。

一、犯人の遺書は午前五時その自宅に於て發見し同時に自殺するものとの見透しは出來てゐた。

一、被害は死者三十名(即死二八、重傷死二)、重傷一名、輕傷二名、合計三十三名なりしこと。

等の事實がある。

交通不便な山村とは云へ、駐在所には警察電話の設備もある。事件に呑まれたのか或は斯種の事件も局部的に處理せんとしたのか、結果から見れば何等支障を生じては居らぬとも云ひ得るけれども、これが妥當か否か敢て批判は差控へたい。

岡山縣下に於ける大殺傷事件

警保局防犯課情報係

和 泉 正 雄

は し が き

昭和十三年五月二十一日、山陽、山陰を通ずる因備線の沿線、作北の一山村に近代犯罪史上未曾有の大殺傷事件が惹起した。一犯人單獨にて僅々一時間前後の間に於て三十人を殺害、三人に重輕傷を與へたと謂ふ、此の人もなげなる暴虐振には、人をして此の聖代に果して斯ることがあり得るかとさへ疑はしむる程の空前の出來事である。されば此の事件を殺人事件として見るのみならず、大なる社會問題として其の眞相を究め、深き考察を拂ふ必要が痛感される。事件發生以來岡山縣に於ては各種應急措置、事件の眞相調査等多大の勞を拂はれ來つた。同縣に於て得た資料等に基き、玆に事件の概要を報道する次第である。

犯罪發覺當時の狀況

犯人 岡山縣苫田郡西加茂村大字行重字貝尾█████

農業 都 井 睦 雄(當二十二年)

犯人都井の出生せる西加茂村は隣接の四ヶ町村と共に、古來より加茂五鄕と呼ばれ、北は鳥取縣に東は岡山縣勝田郡、西は苫田郡加賀美北村等に接し、南方の一隅を除いては悉く中國山脈の連峰を以て繞らされ、鄕を北より南に流る、加茂川に沿つて僅かに南方が拓けて居るに過ぎぬ農山村である。美作の中樞地津山市には五里を距て、昔は交通不便を以て知られた。因備線が此の郷の南方を通過するに及んで、其の沿線のみは漸次文化の惠みを吸收しつゝある状況で、西加茂村は郷の南部に在り人口約二千、犯人居住の貝尾部落は山間に在る二十二戸の小部落である。

五月二十一日午前一時四十分頃同部落の■波、小■両名が一里半を距てた加茂町巡査駐在所（西加茂村は昨年以來駐在巡査缺員）に駆けつけ、犯人都井が獵銃を持ち出し數名を殺傷したとの急報あり同駐在巡査は津山警察署に急報すると共に、現場に急行した所全部落が腥風に覆はれた大慘状に吃驚し、眞相を再び本署に急報したのである。當時犯人は既に犯行を終へて、兇器を手にして山中に遁入した後であり、部民は戰々兢々の淵に逐ひ込まれて居た。

津山署長山本警視は重大事件發生を縣刑事課に即報、隣接の應援を要求し、時を移さず全署員に西加茂村駐在所への召集令を發して現場に馳せ付け、消防組、青年團員等一千五百餘名を非常動員して、逸早く犯人を檢擧すべく附近一帶の山林捜索に當つたのであつた。夜の白々と明け初めた頃、村の西方仙之城山、荒坂越の頂上にあたつて轟然たる銃聲一發。只さへ不安の部落民は此の銃聲に「犯人再び現る」との懸念より其の恐怖は名状し難きものあり、山本署長は「民衆の生命財産は警察が全力を盡して保護するから安心して各自の家を警戒せよ」と激勵大いに努むる所があつた。多數協力一致の賜か同朝十時半頃消防組幹部に依り荒坂越頂上に於て、犯人は兇行に使用したる銃に依り自殺し居るを發見し、茲に民・警共に安堵の胸を撫で下ろすことを得たのである。

鬼氣迫る犯行の模樣

犯行のあつた前日、即五月二十日午後五時頃貝尾部落入口の電柱に攀ぢ登る犯人睦雄らしき男を目撃した部落民があつたが、夜に至るや部落内は電燈つかず、部落民は發育盛りの養蠶期の事とて狼狽したが、何分遠く離れた山里の事とて、其儘夜を過したのであつた。電線の切斷は勿論犯人の計畫的準備と見るべく、犯行は其の夜半前一時前（二十一日）から敢行された。祖母と二人暮しの犯人は、豫ねてより研ぎすましたる薪割斧を揮つて、静かに夢路を辿る恩愛の老婆の頭部を無殘にも切斷し、四邊は血の海と化した。犯人は此の物凄い犯行の後悠然と隣家○井方に至り、日本刀を以て四名の家族を鏖殺、續いて前隣○山○二方の雨戸を蹴つて侵入、四名の家族を獵銃を以て之亦鏖殺したる外、犯人は時ならぬ銃聲に怖れ戰く部落内を阿修羅の如く馳け巡つて合計十戸を襲ひ、二十七名（犯人祖母共に二十八名）を即死、五名に重輕傷（二名は間も無く絶命）を負へ、血の滴る兇器を携へて後方の山林中に逃げ入つた。其の間約一時間、犯行當時の犯人の扮裝は、黒詰襟洋服にゲートル、地下足袋、頭部の兩側に懐中電燈各一個を鉢卷内に堅く取り付け、尚ナショナル電氣ランプを胸部に吊り下げ、之を以て照明と爲し、彈丸約百發を容れた袋を肩より腰に吊るし、日本刀一本、匕首二本を亦腰部に吊るした用意周到、世にも怪異極まる扮裝であつた。此の三ヶ所に電燈をとぼした異樣の形相の怪人が、闇中に銃を擬した惡鬼の如き兇行は、思ふだに慄然たるものがある。襲はれた被害者中には銃聲に愕ろき起き上らうとする刹那一發の下に射殺されたる者、竹籔、庭の隅等に追ひ詰められ射殺されたる者、親子、夫婦等一家團欒の夢路のまゝ一發の銃聲を最後に黄泉の客となりし者、犯人に追はれ乍ら辛うじて生還した者の、物の怪に憑かれた如き其の戰のき、實に此の世乍らの地獄とや言はん。

兇行に用ひた獵銃は十二番ブローニング九連發銃（五連發を改造）であり、彈は猛獸狩用の威力大なる一ツ玉であることは餘計に被害を大ならしめ、創傷部位は肉が裂け内臓露出する等慘酷の限を盡して居る。一家悉く鏖殺されしもの六戸、二十一名に及び、親を失ひ子を失ひ又は妻を失ひたるもの等あり、幼兒の路頭に親を呼ぶ樣は實に悲哀の極みで正視するに忍びない。全くの鬼と化した犯人は斯かる慘虐後貝家から遺書用の鉛筆、紙を强奪したる後、全村を一望に俯瞰する荒坂越、曾つては百姓一揆の首謀が落城を謀したとの傳説ある此の頂上に於て、多くの村人の血を吸つた銃を以て、心臓部を打ち貫き自殺を遂げたのである。

犯行の原因、動機等に就いて

犯行原因(動機)を主觀的方面より之を見ると

一、犯人の變質的性格

二、疾病よりの厭世觀

三、離反せる女に對する復讐心

を最も大いなるものと考察され得るのである。犯人は小學校時代學業成績優秀にて小學校を卒業し教師や村民から可成り將來を囑望されたものであつたが十六歳の時肋膜炎を患ひ全快に至らざる内に肺を侵され、十九歳の頃は相當重態に陷つた。斯うして病に惱まされる一方、彼の心境に大なる變化を與へたものは婦人關係である。娯樂機關皆無の交通不便の山村が、男女間の道義著しく低級であることは往々見受ける現象で、同地方亦此の例に洩れず、之は今回事件を通して廣く僻陬農村の教化上鋭き示唆を與ふるものがある。早熟の犯人が十七、八歳の頃より部落内の多くの女性と關係を持つに至つたが、女の操守薄きことゝ彼が結核なりとの理由等より、女は漸次離反し、時には惡罵嘲笑を遺して去つて行く。斯うした犯人に對する風儀上の風評が部落の内外に噂さるゝに連れ、祖母の下に我儘に育つた

彼に強い反抗心が醸成されるに至つたのであらう。又一面兩親を結核で失つた彼が、己れの病氣が結核だとの診斷は生命に對する危惧からいたく憂鬱となると共に、之に伴ふ女關係の破綻は幼少時代明朗の彼の性格に大いなる變化を來し、憂鬱であるかと思ふと亢奮狀態となり、偏狹、執拗、猜疑、復讐心の旺盛等變質的徵候が顯れ、從て結核を不治の惡疾なりとする理解無き村人が、犯人を疎んずれば疎んずる程彼と村人との間の溝は深まり、全く孤立の狀態に至り、其の變質性は愈々甚しくて行つた。そして餘命幾何も無しと妄信悲觀した犯人が、社會を呪ひ村人等を呪ひ、日頃より含む所の者を殺害して、死の道連れとすべく決意したものと略々推察し得る所で犯行一日前五月十八日夜認めた長文の遺書に此の點細々と記されてゐる。

「身體さへ丈夫であらばこんな事は起さぬであらう」「今度生れる時は丈夫な人間に生れたい」「此のまゝ暮して肺病で自滅すれば○○等は手をたゝいて喜ぶだらう、そうなれば僕は浮ばれぬ、僕の恨はそんななまやさしいものではない」等の遺書の一節に犯人の心境が現はれる。村人達が犯人を嫌惡して居た事は認め得らるゝも、僅かの事にも激怒やまざる犯人の病弱的な變質性から來る偏見に因る所の多いことは想像される所である。思もあれ反國家思想を抱持する者の中に結核患者が多い樣に、不健康者が性格的(思想上)に及ぼす影響の大なるに考へ及ぼす時、身體と精神、保健問題と精神問題に不可分的關係を痛感する次第である。

次に客觀的諸原因である。事件は各種の微妙なる原因の綜合に依り發生したものではあるが、主なるものとして

一、風紀頽廢

二、部落民の自警心の缺けて居る點

三、兇器の種類及入手の容易なる點

四、地理的關係(僻陬地たりし點)

等が擧げられる。

風紀の問題は前掲の通りである。部落民の自警心の問題であるが、同地方が平和な山村なる爲平素戸締を爲す家が稀な有樣である。

之等も犯人の侵入を容易ならしめ、慘害を大ならしめた直接原因であらう。犯人睦雄の不穩の氣配は薄々部落民の感付いて居た所であり乍ら、犯行前日電燈線を切斷された事を略々察し乍ら、迂濶にも屆出なかつた不用心さには今更乍ら、恨事とする所である。去る三月犯人が曾つて關係のあつた女を「殺して仕舞ふ」と放言した事が警察の耳に入り、津山署から司法主任等が出張して犯人を嚴重戒めた後、家宅內を搜索して所持の獵銃、日本刀、匕首、彈藥、狩獵免狀に至る迄領置したので、部落民は一時安堵したものかとも思はれるが、然し尚不安の空氣は潜在した事は想像されるのである。部落民と警察との間に今少しく積極的な連携があれば未然に察知し、之を防止することが必ずしも不可能とはしなかつたであらう。

兇器は曩に述べた樣に銃、日本刀、及斧である。犯人は昨年以來犯行を決意し、田地を抵當として資金を借り入れ、昨年十月には乙種狩獵免許を受け百數十圓を投じて之等のものを購入し、用意を整へて居た所、本年三月十二日其の全部が警察に領置されたるも、執拗此の如き犯人の決意は尚強硬となり、再び兇器入手に專念し、翌十三日情を知らざる隣村の狩獵家に依賴し、火藥類を入手すると共に五月一日獵銃を大阪市にて、同八日日本刀を隣村にて、從兄出征用と稱して購入して居るのである。用ひた實包は極めて威力大なるものたりしこと、銃が精巧なる九連發銃なりし點が、共に被害を大ならしめた直接理由の一と見らるゝが、之等兇器入手の間に於ては火藥の不正授受の外、何れも適法に入手し得る點は、今後之等危險物に對する取締、並に一般警備、警戒上考慮すべき問題である。犯行地が僻地であり、村には昨年以來駐在巡査が缺員で、最も近き加茂町駐在所に一里半、津山警察署に約六里距てゝ居る點等も犯行を容易ならしめた客觀的事象とも見られぬでは無いが、さりとて警察に近く又巡査が在勤して居たからとて事前に察知し、或は犯行を小さからしめたか否かは疑問である。が然し一般的に犯罪を未然に察知して防止する爲めには、警察力の充實が欲求さるゝのであるが、現在の警察機構に於ては是以上は止むを得ない實情にあり、故に現在の警察力に於て尚一層耳目の活用が要求さるゝと共に、一般民衆に於ても警察の外廓となり、或は民衆自身の警防の爲めの活動が要求され來るのである。

むすび

以上の狀況より之を考察するに、彼の遺書中には「國家非常の際定に申譯なし」との意を洩らして居り、現在迄の調査に於ては、彼の精神狀態に異狀認めず、正常意識の下に爲されたと認めらるゝ點等は、社會的に本事件が一層大なる波紋を投げ與へて居る所以である。

犯罪防止等の警察問題は素より、風教刷新、保健、衛生問題等社會問題として考究すべき幾多の題材が藏されて居ることを痛感する次第である。

嗚呼、長閑なる山村に突如として銃丸の嵐に消え失せた三十一の靈魂、果して何處に彷徨するであらうか。事案の

全貌を靜かに省察する時、蓋に聖代に於ける一大痛恨事である。簡單乍ら概要を報告して責を果す次第である

（完）

精神病者にあらず（週刊朝日昭和十三年六月十二日號所載）

教研醫　佐　野　甚　七

平和な山村を一瞬にして恐怖の深淵に叩き込んだ津山の三十人殺しの惨劇について私は事件に直接當つてゐないしたゞ新聞記事を通じて見ただけで犯人が精神病者であつたか否かすら斷言出來ないから果してよく、その眞相に觸れ得るかどうかも疑はしいが、殺傷人數の多いことは外國はさて、わが國では記錄的なものである。兇行の動機並に犯行後の模樣から推察するに狹義の精神病者とは思へないが少くとも變質者或は性格異常者であつたことは想像するに難くない。

彼は小學校在學中すでに神童といはれてゐたやうだが「天才と狂人とは等しい」といはれてゐる如く天才的なものは時にはその行動が狂人のそれの如く見られることがあるものだ。

この事件の原因は少くとも三つあつたと思はれる。一つは失戀からきた憤怒と、後に於てはそれに嫉妬が加はり、その反面に怨恨……と數へられる。

憤怒には色々の定義があるがここでは「自我の活動と幸福とを妨碍される時乃至はせられた時またはせられんとする時に反射的に起る一つの情緒で、これには妨碍者を排除せんとする破壞行動を伴ふものだ」と定義すべきである。と二に角、彼が早熟で情的に幸福な家庭を營まうとしたことが、周圍から妨碍され、そのために憤怒の激情を發し、さらに後には情人が他に結婚したことによつて嫉妬が加はつた。一面彼が結核の素質を持ち、村人から爪彈きされた

といふことに對する怨恨も大きな役割を演じ遂には情人或は周囲時に彼を排斥した村人に對して復讐殺傷の行動に出たものであらう。

この三つの原因動機によつて斯様な行爲に出たものとしてもその結果から見ると餘りにも大きい。これについてその人間の個性および周圍の環境を考へて見る必要が大いにある。彼は明らかに變質者であつたのだ。そのため前述の三つの原因に反應する行爲の結果は常人で考へられないものを生んだのであらう。しかもその原因たるや最近に起つたものではないらしい。

さらに肝要な素材に氣象がある。即ちとかく晩春から初夏にかけてかういふ變質的素質の持主には精神的變調が著しくあらはれるものである。私の長い經驗からすれば一年のうち殺伐な事件が多く起るのは十二月と一月、および五、六、七月のこの二つの波がある。そして冬季には經濟的色彩を帯びたもの、また夏季には性的興奮後で色情的なものおよび精神的變調による事件が多い。今度の事件も偶々その時期に當つたといふか、もともとその素質を持つてゐた人間に精神的變調、興奮を來したものでないかと思はれる。

一方肉體的方面から見ると肉體的缺陷殊に結核患者といふものは比較的道義心が麻痺することが多い。即ち前から社會主義者といはれる人にこんな痼疾を持つた人の多いことはよく知られてゐるしまた最近結核の豫防のため痰を路上に吐くことを嚴しくいふやうになつたが彼らは他人に傳染することについて道義心を持たない……まあかういつたやうに今度の犯人も多數の人を殺めた大罪を悔いて自殺したと考へるより寧ろ不治といはれる結核に患り餘命も長くないといふところから自棄的念慮を生じ「同じ死ぬなら自殺する道伴れに……」と怨恨を抱いてゐた人達を殺傷したものだと推定した方が妥當かもしれない。

また純粋な精神病者の犯行と性的原因を基調とする情怒、嫉妬、怨恨より發した犯行は非常な慘虐性をもつことを私の經驗は教へる。

彼もその例に洩れてゐない。

さらに私の立場から見て興味あることは、彼が短時間に斯る多人數を殺傷することに成功したのは第一に警察力の薄い場所で兇行が行はれたこと、次に時を夜間に選んだこと、第三に兇器が銃器であつたこと、この三つにかゝつてゐる。第一と第二についてはいはずもがな。第三の場合もし刃器によつたならばこれだけ多數を殺傷するのは可成むつかしいことと思はれるから……しかもこれらは彼が深い計畫の下に事を運んだことを物語つてゐる。斯様に觀察するならば主觀的に見てもこの兇行が必ずしも精神病者的犯行とは考へられない。常人もしくは變質者の憎むべき犯行と認められるのではないかと思へる。

問題は違ふが多人數を同時に殺害した事件で私の知つてゐるのに大正十二年の猪間野の七人斬がある。これは犯人も動機もわからぬ全く迷宮事件であるが慘虐な點から見て今度のに匹敵するかも知れないが三十人といふのは正に驚異に値する。

三十人殺し（サンデー毎日昭和十三年六月十二日號所載）

阿部眞之助

岡山縣で起つた慘劇は、多分世界的記錄だらうに數へられた。記錄破りでないまでも、世界稀有の椿事であるに違ひない。三十人といふ大量殺人が、一瞬の間に行はれたといふ如きは、少なくも我國では、前代未聞のことであつた。これは犯罪ではないが、講釋師の叩き出す、荒木又右衞門は、伊賀上野で三十六人を斬つたといふが、實際は、たゞの二、三人を斬り捨てたに過ぎないさうである。この調子だと岡山の出來事なども百年も先になると、三百人ぐらゐ殺したことになるかも知れない。芝居の方では、佐野次郎左衞門が、吉原で百人を殺して、大量殺人の横綱格に据つてゐるが、架空の造り話なら、百人は愚か、千人でも萬人でも、樂々と殺し得る譯合ひである。

私はこの事件を機會に、物好きに西洋の文獻を漁つてみた。ところで私の狹い探索では、彼地にも、三十人ぐらゐの大量殺人がないではないらしいがそれ等は、長い年月に涉つて、秘密に稼ぎためた數であり、岡山の青年のやうに、一時に多量を稼いだ例しは遂に見當らなかつた。

かやうに、大量殺人の實例を見て行くうちに、私に氣がついたことは、それ等の大量殺人者が、例外なしに、素質的の殺人者、いひ換へれば、生れながら、精神的、肉體的に、何らかの缺陷を持つ人々である點だつた。普通の人だつたら、長年にわたつて殺人生活を營むといふ如きは、彼の良心が許さないのであらうが、これをあへてして何等の苦痛を感じないのが、彼等の素質者たる所以であつて、平靜に、事務的に、殺人を處理して行くことから却つて、他人の最後を見れてゐたといふようなものがすくなかつた。

素質的でないものでも、一時的の逆上から、カツとなつて、思ひもよらぬ惨劇を演出しない限りではない。しかし、大抵は、一人を殺しただけで、おのれの犯した罪に、ふるへ上るのが普通であり、それでもなほ心が鎮まらず、数人を殺傷することもあるが、これはむしろ、一時的の発狂と見なさるべきもののようである。ところが、岡山の殺人青年の場合は、偶発的にしても、一時的に逆上した発狂状態とは、いさゝか趣を異にしてゐる。それは第一に、殺人が計画的であるといふこと、そして又殺人が、極めて冷静に行はれたといふことで理解される。

つまり、生得的、素質的殺人者ではない彼が、恰かも、素質者の犯罪でもあるかの如く、落ちつき払つて、殺人を処理したところに、この事件の特徴があるのであつて、こゝに時代の影響があるかないかを見究めるのが、いはゆる時代批評家の仕事のように思はれる。彼の遺書によると、かうまでする気はなかつたが、成行で致し方がなかつたといふ意味が書いてあつた。成行とは、客観的の事件の発展であるか、それとも彼自身の心の上の展開についていつたものか判然としないが、何か彼自身の意志しない力が、彼を强曁して、かくあらしめたといふつもりなのかもしれない。社会意識といふ言葉が、社会それ自体の意識を意味するものであるか、個人の精神の上の状態であるに過ぎないか、といつたような事柄は、私などの知る限りではないが、いやしくも社会が有機的の結びつきであり、単位として個体であることを信ずる人々なら、個体の部分に対し、責任を感じないはずはないと思はれる。

今朝、新聞を拡いて見ると、愛人と一緒になれるまでは、断じて警察の留置所を出ないと、頑張つてゐるモダン娘の話が載つてゐる。かやうな気違ひじみた、苦々しい話を聞くにつけても、私は何時でも、世の中といふものを振返つて見る習慣に馴らされてゐるのだ。三十人殺しの彼も、留置所のモダン娘も、つまり世の中の一分子であつて見れば、世の中の意思が働いてゐないといふ道理はない。して見れば世の中が自覚し、反省するより外かに、致し方がないのであらう。

跋

管下作北山間の小村に、突如一青年の手に依つて惹き起された兇行が、犯罪史上空前の記録を殘すことにならうとは、何人か豫想し得たであらうか、刑事訴訟の問題としては、犯人の自決に依り清算せられたとはいへ、之に依つて生ずべき各方面に於ける幾多の問題は、犯人の死亡の爲め未解決の儘殘されることになつた。犯人を生かして親しく告白を聽き、若くは其の身體を醫學的に觀察することが出來なくなつたことは、貴重の鍵を失ひたるもので甚だ遺憾である。數通の遺書は全面的に肯定し難き點もあるべし、又生存關係者の陳述にも同樣信憑し難き憾もあらん、然しながら遺書を其の儘に見、關係者の陳述も其の儘に記錄し置くことは、所謂眞理を其の間に求むる途に外ならずと思ふ。かくして研究の資料を後日に殘すも偶、此地に職を奉ずる者の責務であると信ずる。卽ち同僚檢事の協力を求め此編を成したのである。猶缺くる處は他日補ふことゝし、取り敢へず終點を打つ、若し將來識者が此記錄に依つて何等か得る所あらば、此擧徒爾ならざる次第である。

昭和十四年黃梅の節

岡山地方裁判所
檢事正　國枝鎌三

石川清 ……いしかわ・きよし

1964年、埼玉県生まれ。上智大学卒業後、NHK記者を経てフリーに。津山事件をはじめとする日本各地の埋もれた事件の取材の傍ら、2000年ごろから長期ひきこもりの支援に関わり始める。主な著作に『ヤシの実のアジア学』(コモンズ)、『津山三十人殺し 最後の真相』(ミリオン出版)、『津山三十人殺し 七十六年目の真実』(学研)、『元報道記者が見た昭和事件史』『ドキュメント 長期ひきこもりの現場から』(以上、洋泉社)などがある。2022年6月8日、逝去。享年57。

カバー装画／髑髏ヨシキ
校正／青山典裕
ブックデザイン・DTP／長久雅行

津山三十人殺し 最終報告書

2024年11月10日 初版発行

著者　石川清
発行所　株式会社 二見書房
〒101-8405
東京都千代田区神田三崎町2-18-11
電話 03(3515)2311[営業]
03(3515)2313[編集]
振替 00170-4-2639

印刷　株式会社 堀内印刷所
製本　株式会社 村上製本所

落丁・乱丁本はお取替えいたします。
定価は、カバーに表示してあります。

本書籍は、令和6年9月4日に
著作権法第67条第1項の裁定を受け作成したものです。

ISBN978-4-576-24047-3
https://www.futami.co.jp